주해가 있는 새 창세기(중) 강해

주해가 있는 새 창세기(중) 강해

1판 1쇄 인쇄 2011년 7월 1일
1판 1쇄 발행 2011년 7월 5일

지은이 김서택
발행인 한동인
펴낸곳 (주)기독교문사
등 록 제1- c0062호
주 소 서울 종로구 충신동 5-13
출판부 T. 741-5184~5 F. 744-1634
특판부 T. 744-1633 F. 744-1635
도매부 T. 741-5181~3 F. 762-2234
직영서점 기독교문사
서울 종로구 종로5가 412-2
T. 2266-2117~9 F. 2266-6397

책값은 뒤표지에 있습니다.
ISBN 978-89-466-2145-9
978-89-466-2134-3(전집)

Web www.kclp.co.kr
e-mail kclp@kclp.co.kr

기독교문사는 독자와 함께 기독교 출판문화를 이끌어 가겠습니다.
공급처 기독교문사 도매부 T. 741-5181~3 F. 762-2234

주해가 있는 새 창세기(중) 강해

김서택

기독교문사

서 문

우리가 살아가고 있는 이 시대는 참으로 미래를 예측하기 어려운 불안의 시대입니다. 우리는 어떻게 해야 이런 세상에서 아름답고 복된 삶을 살아갈 수 있을까요? 우리는 그 해답을 믿음의 조상들의 삶에서 찾아볼 수 있습니다. 아브라함이나 이삭이나 야곱이 살았던 시대는 우리의 시대보다 훨씬 불안정하고 위기가 많은 시대였습니다. 그러나 그들은 그런 위기의 시대에서 오직 하나님의 말씀 하나로 너무나도 멋있고 능력 있게 살았습니다. 믿음이라고 하는 것은 단순히 일요일에 성경책을 들고 교회에 가는 것을 의미하지 않습니다. 믿음은 아무것도 의지할 것이 없는 시대에서 오직 하나님의 말씀 하나만 붙들고 하나님이 주시는 축복과 능력으로 사는 역동적인 삶을 말합니다. 결국 우리가 하나님 앞에 섰을 때 하나님께서 우리에게 보기를 원하시는 것도 바로 이런 삶인 것입니다.

창세기에는 우리 인간이 찾고 있는 인생의 질문들에 대한 답이 들어 있습니다. 우리는 하나님의 형상을 따라 지음을 받은 존귀한 자들입니다. 우리 모든 인간은 하나님께로 돌아와야 자기 자신을 찾을 수가 있습니다.

우리 인간에게 가장 심각한 문제는 하나님 없이 내 욕심만 가지고 세상을 살아가겠다는 것입니다. 우리가 아무리 세상을 아름답게 꾸미고 문명화시킨다 하더라도 죄가 해결되지 않는 이상 인간들은 망할 수밖에 없습니다.

창세기 강해에 주해를 단 것은 우리가 좀 더 성경을 깊이 있게 이해하는 것을 돕기 위한 것입니다. 이런 주해를 통해서 우리는 설교가 만들어지는 과정을 좀 더 잘 이해할 수 있고, 결국 어느 설교도 완전할 수 없다는 것을 알게 됩니다. 설교는 하나님의 말씀을 가지고 오늘 이 시대의 구체적인 상황에 처해 있는 우리에게 하나님의 뜻을 선포하는 것입니다. 그러나 그 말씀은 단순히 내 머리에서 나와서는 안 되고 성경을 바로 해석하는 데서 나와야 합니다. 그래서 성경 주해를 음식의 재료에 비유한다면 설교는 그 재료를 가지고 요리한 음식인 것입니다. 따라서 성경 주해는 지속적인 성격을 가지고 있지만 설교는 구체적인 시기와 장소에 한정되는 느낌이 있을 것입니다.

그러나 우리는 이 모든 것을 통해서 조금이라도 하나님의 뜻에 더 가까이 나아가고자 하는 노력을 하게 됩니다.

이 부족한 강해서를 책으로 출판하여 많은 목회자들과 성도들과 나눌 수 있는 길을 열어 주신 기독교문사 한동인 사장님과 직원들에게 감사를 드립니다. 그리고 언제나 저의 말씀의 동역자가 되셔서 기도와 뜨거운 사랑으로 밀어 주시는 대구동부교회 성도들에게 감사를 드립니다.

대구 수성교 옆에서

김서택 목사

CONTENTS

21_아브라함의 믿음

창세기 15:1-21

전체적 설명

아브라함은 큰 전쟁에서 이겼지만 순수하게 자기 힘으로 이긴 것이 아니었다. 그것은 하나님께서 아브라함을 도와주셔서 그야말로 요행으로 이긴 것이지 자기 실력으로 이긴 것이 아니었다. 그래서 아브라함은 큰 전쟁에서 승리한 후에 자신의 부족함을 더 생각하게 되었고, 그로 인해 영적 침체에 빠질 수도 있었다. 이때 하나님께서 아브라함에게 찾아오셔서 다시 말씀을 주시고, 미래에 될 일을 아브라함이 제사를 드리는 가운데 환상으로 체험하게 하신다.

설교 프리노트

1절, "이 후에 여호와의 말씀이 이상 중에 아브람에게 임하여 가라사대 아브람아 두려워 말라 나는 너의 방패요 너의 지극히 큰 상급이니라"

'이 후에' 라는 것은 아브라함이 큰 전쟁에서 이긴 후를 말한다. 아브라함은 큰 전쟁에서 이긴 후 유명한 사람이 되었지만 그럼에도 불구하고 자기 자신은 별 볼 일이 없다고 생각하고 있었다. 왜냐하면 이 전쟁은 아브라함이 자기의 힘으로 이긴 것도 아니었고, 또 전쟁이 끝난 후에 아브라함은 막대한 전리품도 가지지 않았기 때문이다. 오히려 아브라함은 신분이 노출되어서 다른 왕들의 시기나 공격의 대상이 될 수 있었다. 하나님께서는 아브라함이 힘들어 할 때마다 말씀으로 찾아오셨는데 이번에도 하나님은 아브라함에게 '두려워 말라' 고 말씀하셨다. 하나님께서 아브라함에게 두려워 말라고 말씀하셨다는 것은 이때 아브라함이 두려워하고 있었다는 것을 의미한다. 하나님께서는 아브라함에게 하나님 자신을 '너의 방패요 지극히 큰 상급' 이라고 소개하셨다. 아브라함은 군대도 없고 자기를 지킬 만한 성도 없지만 하나님은 자신을 아브라함을 모든 공격에서 지켜 주시는 방패라고 말씀하셨다. 옛날 로마 군인들이 사용하던 방패는 온몸을 가릴 수 있을 정도로 커서 어떤 화살이나 창도 막을 수 있었다. 아브라함은 이번 전쟁에서 큰 부자가 될 수도 있었지만 환난당한 사람들의 덕을 보지 않으려고 모든 재물을 포기하였다. 그래서 아브라함은 전쟁에서는 이겼지만 물질적으로는 큰 이익을 본 것이 없었다. 그러나 하나님이 아브라함에게 지극히 큰 상이 되어 주겠다고 약속하셨다. 하나님이 우리의 상이 되신다면 우리는 하나님의 모든 복과 능력을 가진 자가 될 수 있다. 이 세상의 재물은 우리가 다 쓸 수 있는 것도 아니고, 얼마 지나지 않으면 썩어 없어지지만 하나님의 능력과 축복은 결코 없어지지 않는다.

2절, **"아브람이 가로되 주 여호와여 무엇을 내게 주시려나이까 나는 무자하오니 나의 상속자는 이 다메섹 엘리에셀이니이다"**

아브라함은 나이가 많이 들었지만 아직까지 상속자가 없는 상태였다. 옛날이나 지금이나 아무리 부자라 하더라도 자식이 없이 죽는다면 그의 모든 재산은 공중에서 분해되고 말 것이다. 여기서 아브라함이 하나님께 '무엇을 내게 주시려나이까' 라고 물은 것은 하나님께서 자기에게 자식을 주실 줄 알고 기다렸지만 지금까지 자식을 주지 않으셨기 때문에 거의 포기하고 있었다는 것을 보여 준다. 아브라함은 하나님께 자기가 집에서 기른 종 중의 하나인 다메섹 사람 엘리에셀을 상속자로 삼겠다고 말을 하고 있다.

3절, "아브람이 또 가로되 주께서 내게 씨를 아니주셨으니 내 집에서 길리운 자가 나의 후사가 될 것이니이다"

아브라함은 다시 한 번 왜 자기가 엘리에셀을 후사로 정하려고 하는지를 설명하고 있다. 그것은 하나님께서 아브라함에게 지금까지 아들을 주시지 않았기 때문이다. 그래서 아브라함은 이제 더 이상 자식을 기다리지 않고 종을 후사로 삼아 자식 문제를 매듭지으려고 하는 것이다. 때로는 우리가 하나님의 응답을 기다리는 것이 너무나도 힘이 들어서 포기하고 싶은 유혹에 빠질 수도 있다. 그러나 하나님께서 우리로 하여금 오래 기다리게 하시는 것은 우리의 힘과 능력이 아니라 순전히 하나님의 능력으로 이루려고 하시는 것이다. 그래서 아브라함의 입장에서는 더 이상 기다릴 수 없는 상태이지만 하나님은 아브라함이 더 늙을 때까지 기다리게 하시는 것이다.

4절, "여호와의 말씀이 그에게 임하여 가라사대 그 사람은 너의 후사가 아니라"

아브라함이 하나님과 대화를 나누는 가운데 새로운 하나님의 말씀이 임하면서 하나님의 뜻이 조금씩 더 명확해지는 것을 알 수 있다. 아브라함이 하나님께서 자식을 주시지 않는 모양이라고 생각해서 포기하려고 했을 때 하나님께서는 반드시 아브라함의 몸에서 태어나는 자가 그의 후사가 될 것이라고 말씀하셨다. 결국 이 말씀이 성취되려면 아브라함은 반드시 아이를 낳아야만 하는 것이다.

5절, "그를 이끌고 밖으로 나가 가라사대 하늘을 우러러 뭇별을 셀 수 있나 보라"

나이가 많아 늙은 아브라함이 아이를 낳는 것은 불가능한 일로 생각되었다. 그러나 하나님은 아브라함을 밖으로 데리고 나가셔서 밤하늘의 많은 별을 헤아리게 하셨다. 아브라함은 밤하늘의 수많은 별을 보면서 '원래는 별이 하나도 없었는데 하나님께서 오직 능력으로 저 수많은 별을 만드셨다. 하나님은 하고자 하시면 없는 아들을 만드실 것이며, 죽은 자도 살리실 것이다.' 라고 생각했고, 그것을 확신했다. 아브라함의 믿음은 무에서 유를 만드시며 죽은 자를 살리시는 하나님을 믿는 믿음이었다.

6절 하, "아브람이 여호와를 믿으니 여호와께서 이를 그의 의로 여기시고"

아브라함이 하나님을 믿었다는 것은 자기 생각을 버리고 절대적으로 하나님의 말씀이 옳다는 것을 인정했다는 것이다. 결국 우리가 하나님을 믿는다는 것은 하나님의 말씀을 믿는 것이며, 하나님께 자기의 모든 인생을 의탁하는 것이다. 하나님은 이것을 그의 의로 여기셨다. 여기서 '여기신다' 는 것은 인정하는 것을 말한다. 아브라함도 인간인지라 하나님 앞에서 죄인이지만 그가 하나님의 말씀을 믿고 자신의 인생을 하나님께 맡겼을 때 하나님은 아브라함에게 하나님의 의를 전가시켜 주셔서 의인으로 인정해 주셨다. 사도 바울은 바로 이 말씀에서 '믿음으로 의롭다 함을 얻는 것' 이 모세의 율법보다 우선하는 하나님의 뜻인 것을 역설하였다(롬 4:3). 즉 하나님 앞에서 자기 행위로 의롭다 함을 받은 사람은 아무도 없지만 누구든지 아브라함처럼 하나님의 말씀을 믿고 자기 인생 전부를 하나님께 맡기는 자는 하나님께서 의롭다고 인정하시고, 의롭게 살도록 힘과 능력을 주신다.

7절, "또 그에게 이르시되 나는 이 땅을 네게 주어 업을 삼게 하려고 너를 갈대아 우르에서 이끌어낸 여호와로라"

아브라함에게 가나안 땅을 주시겠다는 하나님의 계획은 아브라함이 갈대아 우르에 있을 때부터 생각하신 것이었다. 비록 아브라함은 하나님을 모르고 있었고 우상을 섬기고 있었지만 하나님은 아브라함에게 믿음을 주시고 축복하시기로 이미 오래전부터 계획을 가지고 계셨던 것이다. 하나님은 아브라함에게 두 가지를 약속하셨는데, 그 중에 하나는 후사에 대한 것이고, 다른 하나는 땅에 대한 것이었다. 그러나 이 두 가지 약속 모두 아브라함이 보기에는 전혀 성취될 가능성이 없는 것 같았다. 우리 인간이 하나님 앞에서 마음이 조급할 수밖에 없는 것은, 우리의 생명은 한정되어 있기 때문이다. 그러나 하나님은 영원하시기 때문에 얼마든지 우리 대를 뛰어넘어서 하나님의 뜻을 이루어 가신다.

9절, "여호와께서 그에게 이르시되 나를 위하여 삼 년 된 암소와 삼 년 된 암염소와 삼 년 된 수양과 산비둘기와 집비둘기 새끼를 취할찌니라"

하나님께서 아브라함에게 왜 이렇게 다양한 짐승을 준비하게 하셨는지는 알 수 없다. 하나님이 준비시키신 짐승들 중에는 완전히 다 자란 암소와 암염소와 숫양이 있는가 하면, 산비둘기나 집비둘기 새끼 같은 아주 작은 것들도 있었다. 하나님께서 이 짐승들을 준비하게 하신 것은 하나님께서 아브라함에게 어떤 중요한 약속을 증명하는 의식을 행하려고 하시는 것이다. 고대에는 왕과 그 봉신이나 백성들 사이에 언약을 세울 때 언약을 이행할 책임이 있는 사람이 짐승의 시체 사이를 행진했다. 그러면 그들은 목숨을 걸고 그 언약을 지켜야 하며, 만일 그 언약을 어길 때에는 그 죽은 짐승처럼 자신의 몸이 쪼개어져야 하는 것이다. 하나님께서 아브라함으로 하여금 다양한 짐승을 준비하게 하신 것은 앞으로 아브라함에게서 태어날 여러 자손과 그 자녀를 포함하는 것을 의미하는 것 같다.

10절, "그 중간을 쪼개고 그 쪼갠 것을 마주 대하여 놓고 그 새는 쪼개지 아니하였으며"

짐승을 죽여서 불로 태우지 않고 쪼개어 마주 보게 하는 것은 언약의 의식을 행하는 것으로, 하나님께서 아브라함에게 장차 가나안 땅을 주실 것을 약속하시는데 당시의 풍습을 따라 보여 주시는 것이다. 그런데 짐승은 죽여서 쪼개는 데 비해 새를 쪼개지 않은 것은, 새는 너무 작고 신체 구조가 네 발 달린 짐승과는 다르기 때문인 것 같다. 그렇다고 해서 그 의미가 달라지는 것은 아니다.

11절, "솔개가 그 사체 위에 내릴 때에는 아브람이 쫓았더라"

짐승을 잡아서 벌여 놓고 불로 태우지 않았으므로 솔개들이 짐승의 시체를 뜯어 먹으려고 내려왔고, 아브라함은 솔개들이 고기를 먹지 못하도록 쫓았다. 아브라함은 하나님의 응답을 받는 데 상당한 시간을 기다려야만 했는데, 기다리는 동안 솔개들이 고기를 빼앗아 가려고 덤벼들었던 것이다. 이것은 이스라엘 백성이 가나안 땅을 차지하는 것이 자신들의 힘으로 되는 것이 아니라 하나님의 능력으로 되는데, 하나님의 뜻이 이루어질 동안에 솔개 같은 가나안 족속들이 거룩한 땅을 차지할 것을 보여 주는 것이다.

12절, **"해질 때에 아브람이 깊이 잠든 중에 캄캄함이 임하므로 심히 두려워하더니"**

아브라함은 하나님의 응답은 오지 않고 솔개들이 짐승의 고기나 새의 고기를 가져가려고 했기 때문에 쫓느라고 피곤했던 모양이다. 그래서 이미 해가 지려고 할 때에 아브라함은 지쳐서 깊이 잠이 들었는데, 이번에는 솔개 대신에 깊은 어두움이 그에게 찾아왔다. 이것은 아브라함이 꿈이나 환상을 통해서 본 것으로, 정체를 알 수 없는 어두움이 아브라함과 그가 준비한 짐승들을 에워쌌고, 아브라함은 심히 두려워하였다. 이것은 우리가 때때로 하나님의 뜻을 기다리는 가운데 이유를 알 수 없는 환난과 고난의 시기를 겪게 된다는 것을 의미한다.

13절, **"너는 정녕히 알라 네 자손이 이방에서 객이 되어 그들을 섬기겠고 그들은 사백 년 동안 네 자손을 괴롭게 하리니"**

하나님께서는 아브라함이 겪었던 어두움의 정체에 대하여 하나님의 말씀으로 설명해 주셨다. 그것은 아브라함의 자손들이 다른 나라에 가서 종이 되어서 고생하는 기간을 말하는 것이다. 즉 하나님께서 아브라함에게 가나안 땅을 유업으로 주신다고 해서 그 후손이 당장 가나안 땅을 차지하는 것이 아니라 다른 나라에 가서 긴 시간 동안 종살이를 하면서 고생한 후에 하나님의 능력으로 구원받고 이 땅을 차지하게 된다는 것이다. 하나님은 그 기간이 400년이 될 것이라고 하셨다. 성경의 다른 곳(출 12:40, 갈 3:17)에는 430년이라고 말하고 있다. 하나님께서 아브라함에게 말씀하신 것은 대략적인 기간으로 생각하면 좋을 것이다.

14-15절, 하나님께서 앞으로 일어날 일에 대하여 좀 더 구체적으로 말씀하신다. 즉 아브라함의 후손은 400년 동안 객이 되어 다른 곳에서 종살이를 하다가 그 나라를 치고 많은 재물을 가지고 나오게 되며, 아브라함은 장수하다가 죽어 장사될 것이라고 하셨다.

16절, "이는 아모리 족속의 죄악이 아직 관영치 아니함이니라"

하나님께서 당장 가나안 족속들을 심판하시지 않는 이유를 설명하신다. 하나님은 당장 가나안 족속들을 심판하시고 그들을 이 땅에서 내어 쫓고 싶으시지만 아직 그들의 죄가 덜 찼기 때문에 기다리고 계시는 것이다. 하나님은 이 세상 죄인들에 대해서도 오래 기다리시는 자비로우신 하나님이시다.

17절, "해가 져서 어둘 때에 연기 나는 풀무가 보이며 타는 횃불이 쪼갠 고기 사이로"

대체로 '연기 나는 풀무'라고 하는 것은 이스라엘 백성이 애굽 땅에서 노예 생활을 하면서 고통 받는 것을 의미한다. 어쩌면 아브라함을 에워싸고 있는 어두움과 대조적으로 이스라엘 백성과 함께하시는 하나님의 임재를 상징할 수도 있다. 드디어 하나님의 횃불이 죽은 짐승들 사이를 통과함으로 하나님의 약속은 성립되었다. 즉 이스라엘 백성이 가나안 땅을 차지하는 것은 이스라엘 백성의 맹세가 아니라 하나님의 맹세인 것이다. 그것도 보통의 맹세가 아니라 하나님의 생명을 담보로 한 맹세인 것이다.

18절, "내가 이 땅을 애굽 강에서부터 그 큰 강 유브라데까지 네 자손에게 주노니"

하나님께서 이스라엘 백성에게 주시는 땅의 경계를 말한다. 여기서 애굽 강은 나일 강을 말하는데 사실 이스라엘 백성이 이 땅을 다 차지한 것은 다윗과 솔로몬 때의 일이다.

본문 이해를 위한 질문

1. 하나님은 아브라함에게 어떤 모습으로 나타나셨는가?

하나님께서는 아브라함에게 자신을 그의 방패요, 지극히 큰 상급이라고 하셨다.

2. 아브라함의 후사 문제에 있어서 아브라함과 하나님의 뜻은 어떻게 달랐는가?

아브라함은 더 이상 아들을 가질 수 없다고 생각해서 자기 종 엘리에셀을 후사로 삼으려고 했지만 하나님은 반드시 아브라함의 몸에서 나는 자가 그의 후사가 될 것이라고 하셨다.

3. 아브라함은 어떻게 하나님 앞에서 의롭다 함을 받게 되었는가?

아브라함은 아무것도 없는 가운데 수많은 별을 만드신 하나님의 능력을 믿고 하나님의 말씀을 믿었다. 하나님은 아브라함의 그 믿음을 보시고 그를 의롭다고 인정하셨다.

4. 하나님은 아브라함에게 어떻게 그의 후손이 가나안 땅을 차지할 것인지 보여 주셨는가?

하나님은 아브라함의 자손들이 400년 동안 타국에서 종살이를 한 후에 이 땅을 차지하게 될 것을 짐승을 잡아서 갈라 놓고 그 사이를 통과하는 의식으로 맹세하셨다.

성경 강해

얼마 전 신문 보도에 의하면 우리나라는 제2차 세계대전 후에 원조받던 나라들 중에서 유일하게 원조하는 나라가 되었다고 합니다. 아이티에서 큰 지진이 나서 십만 명이 넘는 사람들이 건물 더미에 깔려 죽는 재앙이 일어났을 때에도 처음에는 우리나라가 백만 달러를 원조하겠다고 하다가 곧 천만 달러로 상향 조정했습니다. 그 이유는 우리나라가 그만큼 경제적으로 부강한 나라가 되었기 때문에 국제적 위상에 걸맞게 국제 구조활동에 주도적으로 나서야 한다고 생각했기 때문입니다.

우리나라는 일제 식민지 지배를 겪고, 한국전쟁을 겪으면서 나라 전체가 폐허가 되었고, 절대 빈곤 상태에서 고통을 당해야 했습니다. 그러나 하나님은 우리 민족을 축복하셔서 먼저 신앙적인 부흥이 일어나게 하시고 그리고 경제적인 부흥이 일어나게 하셨습니다. 최근에 미국 경제의 몰락으로 전 세계가 경제 위기를 겪고 있을 때 가장 먼저 경제가 일어난 나라도 바로 우리나라입니다. 그 이유는 우리나라에는 하나님의 복이 있기 때문입니다. 우리는 우리에게 있는 이 하나님의 복이 무엇인지 알아 내어야 합니다.

하나님께서는 하란에서 안정된 생활을 하고 있던 아브라함을 불러내시면서 아브라함을 복의 근원이 되게 하겠다고 약속하셨습니다. 아브라함은 하나님의 말씀 하나만을 붙들고 하란에서 가지고 있던 모든 것을 버리고 아무것도 보장된 것이 없는 가나안 땅으로 이사했습니다.

우리가 알아야 할 것은, 하란은 이미 아브라함에게 있어서 거의 자기 나라였습니다. 그래서 성경에 '본토 친척 아비 집을 떠나' 라고 했습니다. 이것은 이제 거의 자기 나라와 같은 곳에서 모든 유리한 조건을 포기하고 새로운 곳으로 이사하라는 것을 의미합니다. 그러나 아브라함은 가나안 땅에서 기대한 축복을 하나도 받지 못했습니다.

그동안 아브라함은 하나님의 복을 받기 위해서 나름대로 많은 것을 포기했습니다. 아브라함은 하란의 안정된 생활을 포기했습니다. 그리고 흉년을 피해 내려갔던 애굽 땅을 포기하고 다시 가나안 땅으로 돌아왔습니다. 또 그는 조카 롯과 목초지를 나눌 때 물이 좋고 풀이 좋은 소돔 들판을 포기했습니다. 더욱이 아브라함은 그돌라오멜의 연합군을 격파했을 때 그돌라오멜 군대가 약탈해 갔던 그 많은 재물을 다 포기했습니다.

아브라함이 이 세상의 많은 복을 포기한 이유는 하나님으로부터 오는 복이 있다고 믿었기 때문입니다. 그러나 이제까지 하나님으로부터 아무런 복이 오지 않고 있었습니다. 그래서 아마도 아브라함은 하나님을 믿고 너무 많은 것을 손해 봤다는 생각을 하고 있었는지도 모릅니다. 또 아브라함은 안정되지 않은 상태에서 또다시 불안한 미래를 살아갈 것을 생각하니까 깊이 침체되었던 것 같습니다. 그래서 하나님은 아브라함이 그돌라오멜의 연합군을 격파하고 소돔의 많은 재물을 포기한 후에 그에게 나타나셔서 다시 하나님의 축복을 확인시켜 주셨습니다.

그런데 오늘 본문에는 다른 곳에서 볼 수 없는 특이한 사실을 두 개나 볼 수 있습니다. 하나는 하나님께서 자식이 없는 아브라함에게 하늘의 별을 헤아려 보라고 하신 것입니다. 그래서 아브라함은 밤하늘의 별을 헤아리면서 하나님을 믿게 됩니다. 그리고 또 하나는 하나님께서 아브라함 앞에서 의식을 행하신 것입니다. 이 의식은 아주 장엄하고도 두려운 것이었습니다. 그리고 하나님께서는 아브라함에게 무려 400년 후에 이루어질 일을 약속하셨습니다.

우리는 하나님의 손에 붙들려 사용될 때에는 마치 우리 자신이 하나님인 것처럼 영화롭고 능력이 있습니다. 이것은 아브라함도 마찬가지였습니다. 아브라함은 하나님의 손에 붙들려서 소돔의 다섯 나라가 해내지 못한 일을 자기 혼자서 해치워 버렸습니다. 그러고도 돈 한 푼 받지 않았습니다. 그러나 그 일이 끝난 후에 아브라함은 깊은 침체에 빠졌습니다. 왜냐하면 아브라함이 이 모든 일이 끝난 후에 자기 자신을 보니까 되어 있는 일이 아무것도 없었던 것입니다. 아브라함은 하나님의 손에 붙들려서 소돔과 고모라 사람들의 생명을 건져 주었고 재산을 찾아 주었는데 막상 자기 자신을 보니 땅도 없고, 군대도 없고, 심지어는 상속할 아들조차 없었던 것입니다. 그래서 우리는 어떤 큰일을 해낸 후 자기 자신을 바라보면 침체에 빠지게 되는 것입니다.

이때 하나님께서 다시 아브라함에게 찾아오셔서 그의 믿음을 붙들어 주시고 무려 400년 후에 이루어질 일까지 예언하셨습니다.

1. 아브라함의 상급

우리가 어떤 일을 할 때에 상을 바라고 한 것은 아니지만 만일 좋은 결과를 얻어 상을 받게 된다면 큰 격려가 될 것입니다. 올림픽에서 금메달을 딴다거나 혹은 대학을 수석으로 졸업한다거나 혹은 노벨상 같은 큰 상을 타면 물론 상을 타는 것 자체도 큰 명예가 되지만 부상으로 돈을 받거나 물건을 받으면 큰 부자가 된 것 같고 풍성한 느낌이 들 것입니다.

우리가 신앙생활을 하는 것도 마찬가지입니다. 꼭 하나님께 상을 받으려고 하는 것은 아니지만 하나님의 축복을 기대하는 것은 사실인 것입니다. 특히 하나님은 이 세상 모든 복의 주인이시기 때문에 우리는 하나님을 믿을 때 하나님으로부터 오는 복을 기대하는 것이 사실입니다.

하나님은 아브라함을 부르시면서 '복의 근원이 되게 하겠다' 고 약속하셨습니다. 그런데 아브라함은 하나님을 믿고 하나님의 말씀에 순종하는 삶을 살면서 하나님으로부터 복다운 복을 하나도 받지 못했습니다. 아브라함은 나름대로 하나님의 복을 받기 위해서 이 세상의 많은 것을 포기했습니다. 그런데 아브라함은 아직 하나님으로부터 오는 특별한 복을 받지 못했습니다. 그래서 아브라함은 침체에 빠지려 하고 있었습니다. 즉 '도대체 하나님이 나에게 주시려는 복은 무엇일까? 그리고 이 복은 과연 어떤 복이기에 이렇게 시간이 오래 걸리는 것일까? 과연 하나님은 언제 이 복을 나에게 주려고 하시는 것일까?' 하는 생각이 들었던 것입니다. 그때 하나님께서 아브라함에게 나타나셔서 다시 말씀을 주셨습니다.

1절, "이 후에 여호와의 말씀이 이상 중에 아브람에게 임하여 가라사대 아브람아 두려워 말라 나는 너의 방패요 너의 지극히 큰 상급이니라"

'이 후에' 는 아브라함이 그돌라오멜의 군대를 쳐서 격파하고 믿음으로 승리한 후를 말합니다. 이때 하나님께서 아브라함에게 '두려워 말라' 고 말씀하십니다. 하나님께서 아브라함에게 두려워 말라고 말씀하시는 것은 이때 아브라함이 두려워하고 있었기 때문입니다.

왜 아브라함은 전쟁에서 이겼음에도 불구하고 두려움에 빠져 있었을까요? 그 이유는 아브라함이 실력이 있어서 이긴 것이 아니었기 때문입니다. 아브라함이 그돌라오멜을 이긴 것은 그야말로 우연이었습니다. 아브라함은 사실 조카 롯을 빼내려고 그돌라오멜을 쳤는데 자기도 모르게 그돌라오멜의 군대가 무너지면서 전쟁에서 이긴 것입니다. 그러고 난 후에 아브라함은 깊은 두려움에 빠지게 되었습니다. 그 이유는 아무 힘도 없고 능력도 없는 것이 아브라함의 본래 모습이었기 때문입니다. 전쟁이 끝난 후에 아브라함은 원래의 상태로 돌아온 것입니다. 원래 아브라함은 전쟁을 할 수 있는 사람이 아니었습니다. 생각지도 못하게 전쟁에서 이기기는 했지만 아브라함은 실력이 전혀 없는 사람이었습니다. 그런데 그는 사람들에게 아주 실력이 있는 사람처럼 알려지게 되었습니다. 그러나 자기 자신의 문제에 있어서는 아무것도 되어 있는 것이 없었던 것입니다. 아브라함은 군대가 있는 것도 아니고, 땅이나 요새가 있는 것도 아니고, 자식이 있는 것도 아니었습니다. 그런 상태에서 아브라함은 유명해져서 완전히 자기 자신을 노출시키는 결과만 가져오게 되었던 것입니다.

아브라함은 유명하게 되었지만 인간적으로 보면 실속이 전혀 없었습니다. 그래서 아브라함은 아주 불안해진 것입니다. 예를 들어 어떤 선수가 운이 좋아 올림픽에서 금메달을 따게 되었다고 합시다. 온 국민은 그를 칭찬하면서 앞으로도 그가 계속 금메달을 딸 것이라고 기대할 것입니다. 그러나 이 선수는 이번에는 운이 좋았지만 자기 실력으로는 다음 번에는 예선에서 탈락할 것을 알고 두려워할 것입니다.

사실 사람이 유명해지는 것이 좋기도 하지만 실속이 없이 유명해지면 오히려 불안해집니다. 왜냐하면 이제부터는 다른 사람들이 기대도 많이 하고 공격도 할 텐데 그것을 감당할 자신이 없는 것입니다. 그러나 아브라함이 더 침체되었던 것은, 자기는 나름대로 하나님 앞에서 최선을 다한다고 했는데 하나님으로부터 아무것도 받지 못했다는 생각이 들었기 때문입니다. 하나님은 아브라함에게 복의 근원이 되게 하겠다고 하셨는데 아브라함은 아무것도 가진 것이 없었습니다. 이때 하나님께서 아브라함에게 말씀하셨습니다.

'나는 너의 방패요 너의 지극히 큰 상급이니라.'

아브라함은 지금까지 하나님의 복을 받기 위해서 이 세상에서 좋아 보이고 자신을 행복하게 해 줄 것 같은 것을 다 포기하고 양보했습니다. 그 이유는 하나님의 진짜 복은 따로 있다고 생각했기 때문입니다. 그런데 드디어 하나님은 아브라함에게 진짜 복을 주셨습니다. 하나님이 아브라함에게 주신 진짜 복은 땅이나 물건이나 명예가 아니라 하나님 자신이었습니다. 하나님께서 아브라함에게 주신 진짜 상은 하나님 자신이었던 것입니다.

보통 상을 받는다고 하면 상금이나 물건을 받지 사람을 상으로 받는 경우는 없습니다. 그러나 하나님은 우리에게 최고의 상으로 하나님 자신을 주시기를 기뻐하십니다. 결국 하나님이 우리의 상이 되면 하나님이 가지신 모든 지혜와 능력과 축복이 우리의 것이 되는 것입니다. 그래서 하나님은 자신을 두 가지로 표현하셨습니다. 즉 '방패'와 '상급' 입니다. 하나님께서는 아브라함에게 이 세상의 모든 공격이나 위험으로부터 지켜 주는 방패 역할을 하겠다고 약속하셨습니다. 아브라함은 지금 군대도 없고 자기 자신을 지킬 수 있는 성이나 도시도 없습니다. 그러나 하나님이 아브라함의 방패가 되어 주셔서 어떤 위험이나 공격으로부터 지켜 주겠다고 약속하셨습니다.

사실 이 세상의 도시나 성은 함락될 수 있습니다. 그 대표적인 예가 바로 소돔 성입니다. 당시 사람들은 소돔이 가장 안전한 도시인 줄 알았으나 사실은 가장 약한 도시였습니다. 소돔은 그돌라오멜의 공격으로도 무너졌고, 그 후에 하나님의 유황불 공격으로 없어집니다.

요즘 우리나라의 젊은이들은 무조건 서울에 가야 한다고 생각합니다. 서울에 가야 직장을 얻을 수 있고, 또 좋은 사람들을 만날 수 있다는 것입니다. 서울에 가야 돈도 많이 벌 수 있고, 좋은 학교도 서울에 몰려 있습니다. 그러나 하나님은 자기 자신을 우리에게 상으로 주시기를 기뻐하십니다. 하나님은 아브라함에게 '나는 지극히 큰 상급' 이라고 말씀하셨습니다. 이것은 하나님을 상으로 얻는 것이야말로 돈으로 환산할 수 없는 가치라는 뜻입니다.

그 이유가 무엇입니까? 하나님은 살아 계신 능력의 하나님이기 때문입니다. 하나님은 살아 계시기 때문에 언제 어디서나 우리의 의논의 대상이 되시고, 자신이 가진 그 모든 축복으로 우리에게 상 주시는 것입니다. 하나님은 먼저 우리 자신을 가치 있게 변화시키시고, 그 다음에 우리 안에 부흥의 불을 주십니다. 그리고 우리의 기도에 응답하시고 이 세상에 있는 복까지 우리에게 부어 주십니다. 그래서 하나님께서 우리의 상이 되시는 것이야말로 돈이나 물건으로 환산할 수 없는 가치인 것입니다.

2. 아브라함의 현실적인 문제

아브라함은 하나님께서 친히 그의 상급이 되어 주겠다고 하셨을 때 그 말이 잘 이해가 되지 않았던 것 같습니다. 왜냐하면 아브라함은 하나님이 자신의 상급이 된다는 말이 구체적으로 마음에 와 닿지 않았기 때문입니다.

사람들은 누구나 이 세상에 살면서 다양한 욕구를 가지고 살아갑니다. 이러한 욕구가 채워질 때 사람들은 무한한 만족감을 느낍니다. 일단 사람은 먹어야 합니다. 그러나 먹는 문제만 해결된다고 해서 행복한 것은 아닙니다. 먹는 문제가 해결되면 이제는 좀 더 안정되고 싶어하고 그리고 사람들에게 인정을 받고 싶어합니다. 그리고 이 세상에는 가지고 싶은 것들이 많습니다. 이런 것들이 채워질 때 마음속에 무한한 행복을 느끼는 것이지 하나님이 나의 상급이 되어 주신다는 말은 구체적이지 않고 마음에 와 닿지 않는 것입니다. 아마 우리 교인들 중에 어떤 분들은 하나님이 나의 상급이 되는 것보다는 좋은 직장이 생기고, 차가 생기고, 아파트가 생기고, 많은 돈이 생기는 것이 더 실제적이라고 생각할 것입니다.

그래서 아브라함은 생각해 보았습니다. '나에게 지금 필요한 것이 무엇일까?' 아브라함에게는 지금 필요한 것이 너무나도 많았습니다. 물론 아브라함은 재산이나 가축은 상당히 있는 편이었습니다. 그러나 그에게 가장 문제가 되는 것은 미래가 없고 안정되어 있지 않다는 것이었습니다. 즉 미래가 없다는 것은 당시 사람들이 가장 중요하게 생각했던 아들이 없다는 것이었습니다. 그리고 아브라함의 생활이 안정되어 있지 않다는 것은 자기 소유의 땅이 전혀 없었다는 것입니다. 물론 아브라함에게는 권력도 없고 군대도 없고 명예도 없었습니다. 그러나 아브라함에게는 아주 중요한 것 두 가지가 해결되어 있지 않았습니다. 그래서 아브라함은 하나님께 여쭈었습니다.

2-3절, "아브람이 가로되 주 여호와여 무엇을 내게 주시려나이까 나는 무자하오니 나의 상속자는 다메섹 엘리에셀이니이다 아브람이 또 가로되 주께서 내게 씨를 아니 주셨으니 내 집에서 길리운 자가 나의 후사가 될 것이

니이다"

아브라함은 하나님의 말씀과 현실 사이에서 괴리감을 느꼈습니다. 왜냐하면 하나님께서 자신을 아브라함의 상급이라고 하시면서 하나님의 모든 복을 다 주겠다고 하시는데 실제로 아브라함은 아무것도 된 것이 없었기 때문입니다. 그 중에서도 아브라함은 후계자 문제가 가장 급한 문제라고 생각했습니다. 왜냐하면 다른 것은 기다릴 수 있지만 아이를 낳는 것은 시간이 지나면 불가능해질지도 모르는 일이기 때문입니다. 아니, 이미 아이를 낳을 수 없게 되었는지도 모르는 일이었습니다. 그래서 아브라함은 하나님께 후계자 문제는 이제 포기하겠다고 솔직하게 말씀드렸습니다.

아브라함이 하나님께 '주 여호와여 무엇을 내게 주시려나이까' 라고 질문하는 것은, '이렇게 중요한 문제가 안 되어 있는데 다른 무슨 복이 필요합니까?' 라는 의미가 있습니다. 즉 '지금 내게 가장 중요한 문제는 자식이 없는 것인데 이 중요한 복을 빼 놓고 무슨 복을 주시겠느냐' 는 것입니다. 그러면서 아브라함은 이제 아들 문제는 포기하겠다고 말씀을 드립니다. 그 이유는 이루어지지도 않을 꿈을 가진다는 것이 사람을 너무 힘들게 하기 때문입니다. 아예 안 되는 것은 포기를 해야 고통을 덜 받지 안 되는 것을 가지고 기대하고 기다린다면 너무나도 고통스럽기 때문입니다. 그래서 아브라함은 하나님이 주시려는 복이 무엇인지는 모르겠지만 자기 집에서 아들처럼 키운 다메섹 엘리에셀에게 재산을 물려주고 자기는 편안하게 살다가 죽겠다고 말한 것입니다. 즉 아브라함은 자기 나이에 새로 꿈을 가진들 무슨 소용이 있으며, 또 다른 복을 받는 것이 무슨 의미가 있겠느냐는 것입니다. 즉 아브라함은 이제 하나님이 주시는 복에 대해서 별로 기대를 하지 않고 그저 편하게 살다가 죽고 싶다는 것입니다.

우리는 아브라함의 경우처럼 하나님의 말씀과 현실 사이에서 괴리감을 느낄 때가 있습니다. 하나님의 말씀을 들으면 모든 것이 잘될 것 같은데 현실에 부딪쳐 보면 아무것도 안 되는 것입니다. 그래서 우리는 때때로 하나님의 복을 포기하고 다른 사람들처럼 평범하게 살고 싶어합니다. 그때 우리는 나의 실망이나 현실적인 어려움을 하나님 앞에 그대로 이야기해야 합니다. 그래야 우리는 현실을 이길 수 있는 새로운 하나님의 말씀을 받게 됩니다.

4절, "여호와의 말씀이 그에게 임하여 가라사대 그 사람은 너의 후사가 아니라 네 몸에서 날 자가 네 후사가 되리라 하시고"

여기서 아브라함과 하나님의 생각이 엄청나게 다른 것을 볼 수 있습니다. 아브라함이 생각하는 후사는 지금 자기가 가지고 있는 양이나 소를 물려받을 사람을 말하는 것입니다. 즉 아브라함이 가지고 있는 가축이나 재산을 누군가는 물려받아야 하는데 아브라함은 그래도 자기 종 중에서 가장 착실하고 말을 잘 듣는 엘리에셀을 후사로 삼겠다는 것입니다. 그러나 하나님이 주시려고 하는 후사는 아브라함의 양이나 소를 물려받을 사람을 말하는 것이 아닙니다. 하나님이 주시는 후사는 아브라함의 축복을 상속할 자를 말하는 것입니다. 즉 다른 사람을 축복하면 그에게 복이 임하고, 저주하면 저주가 임하는 복의 근원을 상속할 자를 말하는 것입니다. 그 사람은 아브라함의 종이 될 수 없었습니다. 그는 아브라함의 몸에서 난 자라야 했습니다. 더 정확하게 말하면 하나님의 말씀으로 만들어진 자라야 했습니다.

지금 우리는 바로 그 아브라함의 복의 상속자가 된 것입니다. 하나님은 우리에게 세상의 복을 상속시키려고 하는 것이 아니라 하나님 나라의 복을 상속하게 하시려는 것입니다.

그런데 지금 아브라함에게는 하늘의 복도 보이지 않고, 영적인 상속자도 보이지 않았습니다. 그래서 하나님은 아브라함을 밤에 밖으로 데리고 나가셔서 밤하늘의 별을 헤아리게 하셨습니다.

5절, "그를 이끌고 밖으로 나가 가라사대 하늘을 우러러 뭇별을 셀 수 있나 보라 또 그에게 이르시되 네 자손이 이와 같으리라"

하나님은 아브라함에게 밤하늘의 별을 헤아려 보라고 하셨습니다. 그러나 아브라함은 그 수많은 별을 다 헤아릴 수가 없었습니다. 아브라함은 별을 헤아리다가 문득 생각했습니다. 처음에 하늘에는 별이 하나도 없었는데 하나님께서 오직 말씀으로 저 많은 별을 만드셨다는 것입니다. 그래서 그는 '하나님께서 능력으로 저 많은 별을 만드셨다면 능히 내 자손들을 만드실 것이다.' 라고 생각했습니다. 그는 하나님이 아무것도 없는 데서 이 모든 것을 만드셨다면 죽은 자도 능히 살리실 수 있다고 믿었습니다. 바로 이것이 아브라함의 믿음이었습니다. 아브라함의 믿음은 이 세상에 있는 것을 누가 더 많이 가지느냐 하는 것이 아니라 하나님의 말씀을 믿으면 하나님은 없는 데서도 아들을 생기게 하실 것이고, 죽은 사람도 살리실 것임을 믿는 믿음이었습니다.

우리가 하나님의 말씀을 붙들면 그런 일이 일어납니다. 즉 가족이 전혀 없는데 가족이 생기고, 길이 전혀 없는데 길이 생기는 것입니다. 거의 죽게 되었는데 살게 되고, 살아도 그냥 사는 것이 아니라 많은 복을 받으면서 살게 되는 것입니다.

6절, "아브람이 여호와를 믿으니 여호와께서 이를 그의 의로 여기시고"

아브라함은 여호와를 믿었습니다. 여기서 여호와를 믿었다는 것은 그의 모든 것을 믿었다는 뜻입니다. 즉 그의 인격과 그의 능력과 그의 신실하심과 그의 자비하심 등 모든 것을 믿었던 것입니다. 아브라함은 자기 자신을 보거나 세상을 보면 믿을 수 있는 것이 없었습니다. 그러나 하나님을 보니까 모든 것이 믿어졌습니다. 그래서 아브라함은 자신의 미래를 하나님께 맡겼던 것입니다.

우리가 하나님을 믿는다는 것은 지금까지 내가 불끈 쥐고 있던 내 인생을 하나님께 맡기는 것입니다. 우리는 우리의 인생을 내 뜻대로 살기를 원합니다. 그리고 내 뜻과 내 생각대로 살아야 가장 확실하다고 생각합니다. 그러나 우리는 우리의 미래를 책임질 수 없습니다. 결국 우리가 하나님을 믿는다는 것은 내 미래를 하나님께 완전히 맡겨 드리는 것을 말합니다. 하나님께서 나를 높이실 수도 있고, 나를 평범하게 쓰실 수도 있습니다. 하나님께서 나를 부자가 되게 하실 수도 있고, 가난하게 하실 수도 있습니다.

내 모든 것을 하나님께 맡길 때 하나님은 이것을 아브라함의 의로 여기셨다고 하셨습니다. '이를 의로 여기신다' 는 말은 실제로는 아브라함이 의인이 아닌데 하나님이 의인으로 인정하셨다는 뜻입니다. 이것이 성경에서 가장 중요한 진리입니다. 우리 인간은 절대로 하나님 앞에서 의인이 될 수 없습니다. 왜냐하면 우리는 속속들이 죄인이며 부패해 있기 때문입니다. 우리 인간은 아무리 종교적인 체험을 많이 하고, 기도를 많이 하고, 선행을 많이 한다고 해도 절대로 하나님 앞에서 의인이 될 수 없습니다. 그런데 우리가 하나님의 말씀을 믿고 자신의 인생을 하나님 손에 맡길 때 하나님께서 모든 죄를 가져가시고 하나님의 의를 우리에게 주셔서 의인으로 인정하십니다. 이때부터 우리는 마음껏 하나님 앞에 나아가 기도하여 응답받고 무한정으로 축복을 받을 수 있게 됩니다.

여기서 '의'라고 하는 것은 하나님 앞에 무한정으로 나아갈 수 있는 자격을 말합니다. 그래서 우리는 이 세상에서 나 자신을 버려야 하나님 앞에서 인정받을 수 있습니다. 그때부터 우리의 삶에는 부흥이 일어나고, 기도 응답이 일어나는 것입니다.

3. 하나님의 맹세

아브라함은 자신의 후계자 문제를 하나님 앞에서 믿음으로 해결했습니다. 즉 하나님께서 주신다면 주신다고 믿은 것입니다. 아브라함은 하나님께서 하늘에 저 많은 별들을 만드신 것처럼 내 자손도 만들어 주신다는 것을 믿었습니다. 이것으로 아브라함의 갈등은 끝이 났습니다. 하나님께서 자손을 주시겠다고 약속하셨으니까 아브라함이 죽는다 해도 자손을 주실 것입니다. 이것이 우리의 믿음입니다. 그래서 우리는 할 수 있는 대로 지금 붙들고 있는 것을 하나님 앞에서 포기해 버리는 것이 좋습니다. 그래야 갈등에서 벗어날 수 있고, 또 새로운 미래를 향하여 나아갈 수 있습니다. 그러나 아직 아브라함에게 두 번째 문제가 남아 있었습니다. 그것은 바로 땅 문제였습니다.

땅 문제는 하나님께서 먼저 아브라함에게 말씀하셨습니다.

7절, "또 그에게 이르시되 나는 이 땅을 네게 주어 업을 삼게 하려고 너를 갈대아 우르에서 이끌어낸 여호와로라"

하나님께서는 아브라함에게 '내가 너를 갈대아 우르에서 데리고 나온 것은 이 땅을 업으로 주기 위해서라' 고 말씀하셨습니다. '내가 너를 왜 갈대아 우르에서 데리고 나온 줄 아느냐? 바로 이 땅을 너에게 주기 위해서였다.' 라는 것입니다.

그러니까 아브라함이 하나님께 묻습니다.

8절, "그가 가로되 주 여호와여 내가 이 땅으로 업을 삼을 줄을 무엇으로 알리이까"

이때 아브라함은 하나님께 이 땅을 당장 달라고 요구하지 않습니다. 왜냐하면 가나안 땅이 너무 커서 지금 가져도 소용이 없다는 것을 알았기 때문입니다. 예를 들어 하나님께서 어떤 사람에게 자식도 없는데 아파트 백 채를 당장 주시겠다고 하면 아마 받아도 소용이 없을 것입니다. 오히려 아파트 관리비 때문에 스트레스를 받을 것입니다. 몇 년 후가 되더라도 하나님께서 자식을 많이 주시고 나서 자식들이 아파트에 입주해서 산다면 그것이 더 좋을 것입니다. 마찬가지로 아브라함은 하나님께서 지금 가나안 땅을 자기에게 주셔도 소용이 없다는 것을 알았습니다. 그래서 아브라함은 지금은 약속만 받고 앞으로 하나님께서 확실하게 자기 후손에게 이 땅을 주시겠다는 표시만 달라고 했습니다.

이스라엘 백성이 축복의 백성이 되는 이유는 바로 이런 조상을 두었기 때문입니다. 어떤 조상들은 살았을 때 하나님 앞에서 죄라는 죄는 다 지어서 자손들이 태어나기도 전부터 영원한 멸망이 상속되는 백성들이 있습니다. 그런데 이스라엘 백성은 조상이 하나님 앞에서 일찌감치 중요한 약속들을 받아 두어서 이스라엘 자손들은 태어나기 전부터 복이 상속되어 있는 것입니다.

하나님께서는 아브라함에게 아주 중요한 의식을 행하셨습니다. 이것은 바로 하나님의 맹세의 의식이었습니다.

아브라함 당시에는 아주 중요한 약속을 할 때 짐승을 죽여 놓고 약속을 하는 사람이 그 사이를 지나가는 의식을 행했습니다. 이것은 약속을 하는 사람이 생명을 걸고 이 약속을 지키겠다는 뜻입니다. 그리고 만일 이 약속을 지키지 못하면 쪼개져서 죽은 짐승처럼 죽임을 당해도 좋다는 뜻이 포함되어 있었습니다.

하나님께서는 아브라함에게 3년 된 짐승을 죽여서 쪼개게 하셨습니다.

9절, "여호와께서 그에게 이르시되 나를 위하여 삼 년 된 암소와 삼 년 된 암염소와 삼 년 된 수양과 산비둘기와 집비둘기 새끼를 취할찌니라"

왜 하나님께서 3년 된 암소와 암염소와 숫양으로 준비하라고 하셨는지는 잘 알 수 없습니다. 그러나 일단 3년 된 암소나 암염소는 이제 막 성인이 된 청년과 같습니다. 늙은 소도 아니고, 어린 소도 아니며, 이제 막 성인이 되려고 하는 한창 젊은 암소나 암염소인 것입니다. 이때의 암소나 암염소는 새끼를 가장 잘 낳을 것입니다. 그래서 '3년 된 암소와 암염소'는 이제 막 번창하려고 하는 이스라엘을 나타낸다고 생각할 수 있습니다. 하나님의 축복이 이루어지려면 이스라엘 백성을 잡아야 하는 것입니다. 그러나 이스라엘 백성을 잡을 수는 없습니다. 결국 당시에는 이해할 수 없었겠지만 3년 된 암송아지나 암염소나 숫양은 예수 그리스도를 상징하는 것이었습니다.

그리고 산비둘기는 야생에서 잡아온 비둘기입니다. 이것은 순수한 이스라엘이 아니고 밖에서 종으로 데리고 온 사람들을 의미합니다. 또 집비둘기 새끼는 그야말로 작습니다. 비둘기도 몸집이 작은데 비둘기 새끼는 더 작은 것입니다. 이것은 앞으로 태어날 이스라엘 백성 혹은 장차 생겨날 하나님의 백성을 의미한다고 봅니다.

3년 된 암소나 암염소나 숫양은 완전히 몸을 쪼개어서 둘로 만들었습니다. 그러나 산비둘기나 비둘기 새끼는 너무 작아서 쪼개지 않고 마주 대하게 했습니다. 이것은 하나님의 축복이 이루어지기 위해서는 이스라엘 전체가 쪼개어지든지 하나님이 죽든지 해야 하는 것을 의미합니다.

그런데 이상하게도 하나님은 금방 나타나지 않으셨고, 아브라함은 짐승만 잡아 놓고 애를 먹고 있었습니다. 왜냐하면 낮에는 솔개들이 짐승의 시체를 뜯어먹으려고 모여들었고, 해가 질 무렵에는 아브라함이 깊이 잠든 가운데 깊은 어둠과 공포가 그를 짓눌렀기 때문입니다. 이것은 하나님의 뜻이 이루어지는 것을 방해하는 사탄의 시험과 하나님의 백성이 절망 가운데 고통 받는 때가 있다는 것을 보여 주는 것입니다. 그래서 아브라함은 환상 중에 앞으로 하나님의 백성이 당할 심리적인 고통을 미리 체험했습니다. 이 체험은 가깝게는 이스라엘 백성이 애굽에서 종살이하면서 받게 될 고통이요, 멀리는 하나님의 아들이 십자가 위에서 당하실 고통이었습니다. 예수님이 십자가에 달리셨을 때 솔개들이 덤벼들지는 않았지만 사람들이 조롱하며 내려오라고 소리쳤습니다. 예수님이 우리 같으셨으면 사람들이 십자가에서 내려오라고 할 때 내려오셨을 것입니다. 그러나 예수님은 끝까지 참으시고 죽으셨기 때문에 우리가 살게 된 것입니다.

하나님께서는 아브라함에게 설명하셨습니다. 하나님은 당장이라도 가나안 땅을 아브라함에게 주고 싶으셨지만 그것은 결코 현명한 것이 아니었습니다. 왜냐하면 아브라함이 그 땅을 감당할 수 없기 때문입니다. 오히려 하나님께서 아브라함에게 많은 자손을 주시고 그 자손들이 들어와서 이 땅에 살게 되는 것이 더 좋은 것이었습니다.

그래서 하나님께서는 400년 후에 될 일을 아브라함에게 알려 주셨습니다. 즉 아브라함의 자손들이 이방 땅에서 종살이하다가 400년 후에 강한 나라가 되어서 그 나라를 이기고 많은 재물을 가지고 나와서 이 땅을 차지하게 될 것이라고 하셨습니다. 그리고 아브라함은 그가 원하는 대로 편안하게 살다가 하나님의 품에 들어가게 될 것입니다. 즉 아브라함은 자기 땅에서 이방인같이 사는 것입니다. 하나님께서 아브라함에게 가나안 땅을 주겠다고 하셨는데 아브라함은 그 땅에서 나그네같이 사는 것입니다.

하나님께서 그렇게 하시는 이유가 무엇입니까? 가나안 땅 말고 진짜 엄청난 땅이 따로 있었기 때문입니다. 즉 가나안 땅은 하나님께서 약속의 표시로 주시는 것이고, 진짜 영원한 땅은 따로 있었습니다. 그것이 바로 하나님의 나라인 것입니다. 아브라함은 이 세상에서는 땅 한 평 차지하지 못했지만 하나님 앞에서는 수억만 평의 땅을 가지고 있을 것입니다. 사람들은 이 세상이 자꾸 좁아진다고 말합니다. 그것은 사실입니다. 그러나 진짜 땅은 따로 있습니다. 우리는 그 땅을 상속받게 되는 것입니다.

하나님은 그것을 가장 엄숙한 의식으로 맹세하셨습니다. 즉 하나님은 캄캄한 가운데 풀무불이 나타나게 하셨습니다. 이 불은 바로 하나님의 임재를 상징하는 것이었습니다. 그리고 그 풀무 가운데서 횃불이 나타나서 쪼개 놓은 짐승 사이를 지나갔습니다.

이것은 번제와는 다른 것이었습니다. 즉 번제는 짐승을 다 태우는 것이지만 이 의식은 통과하는 것입니다. 그런데 통과하는 주체가 사람이 아니라 하나님이었습니다. 즉 하나님의 아들이 죽으심으로 우리의 영생과 축복을 약속하시는 것입니다.

하나님은 가나안 땅에 있는 아모리 족속을 위시한 모든 족속이 멸망할 것이라고 말씀하고 있습니다. 단지 아직 그들의 죄가 관영치 않아서 기다리고 계신다고 말씀하고 있습니다. 여기의 가나안 땅의 족속들은 실제로 하나님을 모르는 모든 사람들을 대표합니다. 이 세상은 하나님과 원수 된 관계에 있기 때문에 그대로 있으면 구원을 받지 못합니다. 구원받을 수 있는 길은 아브라함의 하나님을 믿는 것입니다. 하나님께서는 그들에게 그럴 수 있는 시간을 무려 400년이나 주셨습니다. 하나님께서는 인간의 교만과 죄에 대하여 진노하시지만 급하게 심판하시지 않습니다. 그 이유는 할 수 있는 한 한 사람이라도 더 회개하고 하나님께로 돌아오게 하기 위해서입니다. 그러나 결국은 심판하십니다.

아브라함 때에 이미 가나안 땅에는 두 개의 나라가 존재하고 있었습니다. 하나는 세상 나라입니다. 그들은 국가의 체계를 갖추고 있었습니다. 사람들도 많이 있고, 군대도 있고, 땅도 있고, 성도 있었습니다. 그러나 그들은 하나님 앞에 죄악의 심판을 쌓고 있었습니다. 그런데 눈에 보이지 않는 또 다른 나라가 있었습니다. 바로 아브라함과 아직 나타나지 않은 후손으로 이루어진 하나님의 나라입니다. 하나님께서는 아브라함에게 맹세하시기를, 때가 되면 반드시 이 세상 나라를 심판하시고 하나님의 백성이 온 세상을 차지하게 될 것이라고 하셨습니다. 우리가 차지할 나라는 이 세상 나라가 아닙니다. 단지 우리는 이 세상에서 믿음으로 살 뿐입니다. 눈에 보이지 않는 하나님의 약속을 붙들고 무에서 유를 만드시는 하나님을 믿고 내 모든 미래를 하나님께 다 맡기고 사는 것입니다. 우리는 너무 세상적으로 성공하려고 할 필요는 없습니다. 우리에게는 하나님의 말씀을 붙들고 사는 것이 더 중요합니다. 그때 하나님께서는 우리가 상상하지 못했던 땅과 나라를 우리에게 주실 것입니다.

우리에게는 아직 나타나지 않은 엄청난 축복이 있습니다. 이 세상에서 아무리 돈이 많은 부자라 하더라도 그때 우리가 받을 축복에 비하면 비교가 되지 않을 것입니다. 그때까지 우리는 인내하면서 이 믿음을 지켜 나가야 합니다. 때로는 무서운 어두움의 장막이 우리를 덮을 때도 있을 것입니다. 때로는 하늘에서 솔개가 나타나서 하나님 앞에 바친 우리의 인생을 뜯어먹으려고 덤벼들 때도 있을 것입니다. 그리고 아무리 하나님의 약속을 믿고 기다려도 하나님의 응답이 나타나지 않을 때도 있을 것입니다. 그러나 아무것도 두려워할 것이 없습니다. 왜냐하면 하나님 자신이 우리의 상급이 되시기 때문입니다.

하나님은 그 대신 우리에게 가나안 땅보다 수백 배, 수천 배 좋은 것을 주셨습니다. 그것은 바로 약속의 성령, 보혜사 성령입니다. 우리에게 성령의 감동이 있는 이상 우리는 절대로 이 세상에서 실패하지 않을 것입니다. 우리는 이 세상에서 어떤 어려움이나 환난을 당해도 믿음으로 승리할 것입니다.

우리는 성령 안에서 무한히 기도할 수 있으며, 하나님의 모든 좋은 것으로 공급받을 수가 있습니다. 이 세상에서 믿음의 선한 싸움을 싸운 만큼 우리의 축복은 커집니다. 오늘도 하나님의 위대한 축복을 바라보고 믿음의 선한 싸움에서 승리하시는 성도들이 다 되시기 바랍니다.

성경 토의

1. 하나님은 경쟁적이고 공격적인 이 세상 현실 가운데서 우리를 어떻게 도우시며 지켜 주시는가? 그리고 우리는 지금 어떤 상을 자신의 가장 큰 자랑으로 삼고 있는가?

2. 아브라함은 무에서 유를 만드시며 죽은 자도 능히 살리실 수 있는 하나님을 믿었다. 이 신앙이 오늘 나에게는 어떻게 적용될 수 있는가?

3. 왜 하나님은 이스라엘 백성으로 하여금 애굽 땅에서 400년 동안 종살이를 하게 하셨는가? 또 하나님이 죽은 짐승을 통과하는 것으로 아브라함에게 맹세하신 것이 영원한 천국을 바라보는 우리에게 어떤 교훈이 되는가?

22_이스마엘의 출생

창세기 16:1-16

전체적 설명

하나님께서 아브라함에게 아들을 주겠다고 약속하셨지만 그 후로 10년이 지나도록 아들을 주지 아니하셨다. 자신들이 이렇게 늙도록 자식이 없다는 사실을 더 견디기 힘들어 했던 사람은 아브라함의 아내 사라였다. 그리하여 사라는 비록 자신은 늙어서 임신할 수 없다 하더라도 더 늦기 전에 아브라함의 씨를 받아서 아이를 낳게 하는 것이 좋겠다고 생각하여 자기 여종 하갈을 아브라함의 첩으로 주어 임신하게 해서 이스마엘을 낳게 된다. 사라의 생각은 현실적인 대안인 것 같지만 이는 결코 하나님의 뜻이 아니었다.

설교 프리노트

1절, "아브람의 아내 사래는 생산치 못하였고"

하나님께서 아브라함에게 자식을 주겠다고 약속하셨지만 그 후로 10년이 지나도록 아브라함에게 아이가 생기지 않았다. 아브라함과 사라는 10년 동안은 하나님께서 아이를 주실 것을 잘 기다렸으나 10년이 지나자 믿음이 흔들리기 시작했다. 특히 이렇게 늙도록 자식이 없는 것에 대하여 더 불안해하고 수치스럽게 생각했던 사람은 사라였다.

"그에게 한 여종이 있으니 애굽 사람이요 이름은 하갈이라"

고대에는 여주인에게 아이가 없을 때 남편에게 종을 첩으로 주어서 아이를 낳게 하고 그 아이를 자기 아이로 입양하는 것이 흔한 일이었다. 사라는 이미 자신은 아이를 낳을 수 없게 되자 자기의 여종 하갈을 통하여 아브라함의 자손을 낳아야 되겠다고 생각하고 하갈을 아브라함의 첩으로 주었다. '하갈'은 '도망자'라는 뜻으로, 나중에 붙여진 이름일 수도 있다.

2절, "여호와께서 나의 생산을 허락지 아니하셨으니 원컨대 나의 여종과 동침하라"

사라는 자기가 아이를 낳지 못하는 것을 하나님께서 자기에게 아이를 허락하시지 않는 것으로 생각하였다. 그렇다면 사라는 끝까지 하나님을 붙들고 맡겨야 했으나 이것을 견디지 못하여 인간적인 생각을 하게 되었다. 그것은 자기 여종 하갈을 남편에게 첩으로 주어서 여종이 낳은 아이를 자기 아이로 키우겠다는 것이다. 신앙이란 자신의 형편이나 처지가 어떻든지 간에 자신의 생각대로 하지 않고 끝까지 하나님을 따라가는 것인데 사라는 믿음이 흔들렸던 것이다.

"아브람이 사래의 말을 들으니라"

아브라함은 지금까지 하나님의 말씀만 믿고 잘 기다리고 있었는데 사라의 말을 듣자 귀가 솔깃해졌던 모양이다. 우선은 사라가 그런 상황을 견디기 힘들어 했고, 아브라함이 첩을 통해서 아이를 낳는 것은 분명히 아브라함의 몸에서 나는 아이이기 때문에 하나님의 말씀을 거역했다고 볼 수도 없는 것이었기 때문이다. 그리고 어쩌면 아브라함 자신도 무작정 하나님의 때만 기다리는 것에 한계를 느꼈는지도 모른다. 어찌됐든 아브라함은 사라의 말을 듣고 선뜻 하갈을 첩으로 삼았다.

3절, "아브람이 가나안 땅에 거한지 십년 후이었더라"

아브라함은 75세에 하나님의 부르심을 받아서 하란을 떠나 가나안 땅으로 왔으므로 이때 아브라함의 나이는 85세였다. 사람들은 대개 어떤 일을 기다릴 때 마음속으로 한계선을 정해 놓는다. 아브라함은 나름대로 적어도 10년 안에는 하나님께서 아들을 주시리라고 생각했던 것 같다. 그러나 아브라함이 가나안에 온 지 10년이 지나도록 아들이 생기지 않자 더 이상 기다리지 못하고 사라가 제안한 인간적인 방법을 택하게 되었다. 물론 이것을 제안한 사람은 사라였지만 그 모든 책임은 아브라함에게 있었다.

4절, "그가 자기의 잉태함을 깨닫고 그 여주인을 멸시한지라"

아브라함은 인간적인 방법을 동원하여 원하는 것을 빨리 얻을 수 있었다. 즉 하나님의 말씀만 믿고 기다릴 때에는 무려 10년이 지나도록 아이가 생기지 않았으나 인간적인 방법을 사용한 결과 즉시 아이가 생긴 것이다. 그렇기 때문에 우리는 말로는 믿는다고 하면서도 인간적인 방법을 쓰지 않을 수가 없는 것이다. 아브라함과 사라는 인간적인 방법을 사용하여 자신들이 원하는 것을 쉽게 가질 수 있었지만 마음에 기쁨이 없어지고 가정의 평화가 깨어지게 되었다. 즉 천한 여종에 불과했던 하갈이 자기가 임신한 것을 알자 여주인을 멸시한 것이다. 하갈은 눈에 드러나게 사라를 업신여겼고 자기가 여주인 행세를 하려고 했다. 사라는 사람들의 멸시를 피하기 위하여 인간적인 방법을 썼으나 결과적으로 여종에게 멸시를 당하게 되었다.

5절, "나의 받는 욕은 당신이 받아야 옳도다"

아브라함의 가정은 단순한 가정이 아니라 요즘으로 치면 하나의 교회와 같았다. 그런데 이런 가정 안에서 위계질서가 무너지고 있었고, 아브라함과 사라가 부부 싸움을 하게 되었다. 사라는 남편 아브라함을 주님처럼 공경하며 따르던 존귀한 여성이었으나(벧전 3:6) 하갈의 멸시를 견디지 못해서 남편에게 화풀이를 했다. 그런데 아브라함이 이렇게 욕을 먹을 수밖에 없었던 것은, 아무리 사라가 제의를 했다 하더라도 아브라함은 하나님의 말씀을 들어야 하는 선지자였기 때문이다. 하나님의 선지자가 하나님의 말씀을 순종하지 않고 사람의 말을 들을 때에는 욕을 먹는 것이다.

6절, "그대의 여종은 그대의 수중에 있으니 그대의 눈에 좋은 대로 그에게 행하라"

사라와 하갈의 갈등은 생각보다 심했던 것 같고, 아브라함은 두 여인 사이에서 중재하기가 힘들었던 것 같다. 결국 아브라함은 자식도 중요하지만 아내인 사라의 편을 들어서 사라가 하갈을 학대하는 것을 허락하였다. 아마도 사라는 버릇없는 하갈을 매로 다스려야 한다고 생각했는지도 모른다.

"사래가 하갈을 학대하였더니 하갈이 사래의 앞에서 도망하였더라"

사라는 아마도 하갈을 불러서 야단을 치든지 매로 때리든지 해서 버릇을 고치려고 했던 것 같다. 그런데 하갈은 이미 교만하여져서 여주인의 말을 듣지 않고 집을 뛰쳐나가서 도망을 쳐 버렸다. 당시에 종이 도망을 치는 것은 아주 큰 죄에 속했다. 그럼에도 불구하고 하갈이 아브라함의 집에서 도망을 친 것은 아이를 낳아 봐야 여주인에게 빼앗길 것 같으니까 자기 아이로 키우려고 했던 것이다. 아브라함과 사라는 인간적인 방법으로 아이를 가지려고 했으나 오히려 이로 인해 가정이 시끄러워졌다. 두 사람 모두 여종 때문에 망신을 당했고, 결국 여종은 아이를 임신한 채로 도망을 친 것이다.

7절, "여호와의 사자가 광야의 샘결 곧 술 길 샘물 곁에서 그를 만나"

하갈은 아마도 고향인 애굽으로 가려고 한 것 같다. '술'은 광야로 해서 애굽으로 가는 길인데 아마 하갈이 그 길로 갔다면 틀림없이 기진해서 죽었을 것이다. 아마도 하갈은 해변 길로 가면 아브라함이 자기를 잡으러 올지 모르니까 인적이 드문 광야 길로 가려고 했던 것 같다. 그러나 그 길은 임신한 여인의 몸으로는 갈 수 없는 험한 광야 길이었다. 하갈이 이렇게 무모한 짓을 하려고 할 때 하나님의 사자가 나타나서 하갈을 더 이상 가지 못하도록 붙잡았다. 하나님께서는 아브라함을 사랑하셔서 아브라함의 여종까지 지켜 주셨다.

8절, "사래의 여종 하갈아 네가 어디서 왔으며 어디로 가느냐"

주인의 집에서 도망을 치는 여종 하갈에게는 자신의 신분을 아는 사람에게 붙들렸다는 것 자체가 두려운 일이었다. 그런데 그것도 하갈의 신분을 정확하게 알고 있는 사람이 하갈을 붙잡았기 때문에 하갈은 이제 꼼짝 못 하고 붙들려 가는 수밖에 없었다. 그러나 하나님의 사자는 하갈을 억지로 끌고 가지 않고 그에게 의미심장한 질문을 던졌다. '사래의 여종 하갈아 네가 어디서 왔으며 어디로 가느냐.' 하나님의 사자는 가장 먼저 하갈에게 그의 신분을 말씀하셨다. 하갈은 아무리 자기가 임신을 했다고 하지만 엄연히 사라의 여종의 신분인 것이다. 지금까지 모든 것이 복잡하고 어지러웠던 것은 하갈이 자신의 신분을 망각했기 때문이다. 그리고 '네가 어디서 왔으며 어디로 가느냐' 는 것은 우리 모든 인생에게 던지는 하나님의 질문이다. 우리 인간은 모두 어디서 왔으며, 어디로 가는 존재인가? 하갈은 자기가 어디서 왔는지는 알고 있었다. 하갈은 아브라함의 집에서 도망쳐 나왔다. 그러나 하갈은 자기가 어디로 가야 아름다운 삶을 살 수 있는지 알지 못했다. 하갈은 막연하게 애굽으로 가면 잘살 수 있을 것이라고 생각했는지 모르지만 사실 그 길로 가는 도중에 죽을 가능성이 많았다.

9절, "여호와의 사자가 그에게 이르되 네 여주인에게로 돌아가서 그 수하에 복종하라"

하나님의 뜻은 간단명료했다. 지금 하갈이 살 수 있는 길은 여주인에게 돌아가서 복종하는 것밖에 없었다. 그래야 아이도 살 수 있고, 하갈도 살 수 있었다. 하갈이 사라의 학대를 견디지 못했다고 하지만 사실은 이 모든 것이 하갈의 교만에서 비롯된 것이었다. 누구든지 하나님의 말씀대로 순종하기만 하면 얼마든지 생명의 위협에서 벗어나서 아름다운 삶을 살 수 있다. 그러나 인간들은 언제나 자기 분수를 벗어나서 기질대로 행하려고 하기 때문에 위험을 자초하는 것이다.

10절, "내가 네 자손으로 크게 번성하여 그 수가 많아 셀 수 없게 하리라"

하갈이 가장 두려워했던 것은 자기가 낳은 아이를 사라에게 빼앗기는 것이었다. 그러나 하나님의 사자는 하갈에게 아이를 빼앗길 것을 두려워하지 말라고 하였다. 그 이유는 사라는 굳이 하갈의 아이를 빼앗을 필요가 없었기 때문이다. 왜냐하면 하나님께서 사라에게 아들을 주실 것이기 때문이다. 하나님께서는 하갈이 낳을 아이가 약속의 자녀가 아님에도 불구하고 그의 후손을 번성케 해서 그 수가 셀 수 없을 정도로 많아지게 하겠다고 하셨다. 즉 하갈이 낳을 아이에게도 복을 주시겠다는 뜻이다. 그러나 그 복은 믿음의 복이 아닌 일반은총의 복인 것이다.

11절, "그 이름을 이스마엘이라 하라 이는 여호와께서 네 고통을 들으셨음이니라"

'이스마엘' 이라는 이름은 '하나님께서 들으셨다' 라는 뜻이다. 하나님께서는 하갈이 고통 중에 신음하는 소리를 들으셨고, 이제 하나님의 사자가 찾아오셔서 그의 갈 길을 가르쳐 주시는 것이다. 이것을 보면 하갈이 하나님의 사자를 만나기 전까지 많은 고통 가운데 있었던 것을 알 수 있다. 그리고 하갈은 그 고통 중에서 나름대로 하나님께 살려 달라고 기도했는지도 모른다. 하갈은 감히 하나님께 기도할 자격도 없고 더욱이 믿음의 사람들의 마음에 고통을 주고 도망친 처지이지만 하나님은 그가 아브라함의 가족이기 때문에 부르짖는 소리를 들으셨고, 그에게 응답하셨다. 하갈이 낳을 아이의 이름을 '하나님이 들으셨다' 라고 지은 것은 대단히 신앙적인 의미가 있다. 즉 앞으로도 하갈이나 이 아이가 하나님께 부르짖으면 하나님께서 들어주시겠다는 약속의 이름인 것이다.

12절, "그가 사람 중에 들나귀 같이 되리니 그 손이 모든 사람을 치겠고"

앞으로 태어날 이스마엘의 미래에 대하여 하나님께서 예언을 하신 것이다. 이스마엘은 신앙이 좋은 아브라함의 아들임에도 불구하고 성격이 전혀 길들여지지 않아서 하나님의 우리 안에 있지 못하고 뛰쳐나가 야생동물 같은 인생을 살게 될 것이다. 그래서 누구든지 신앙의 부모 밑에서 태어난다고 해서 신앙을 가지는 것은 아니다. 모두 각자가 개인적으로 하나님을 인격적으로 만나야 하며, 영적으로 거듭나는 체험이 있어야 한다. 이스마엘은 다른 사람들과 어울려 지내지 못하고 그 손으로 다른 사람을 치며, 또 다른 사람들도 이스마엘을 칠 것이라고 하였다. 여기서 다른 사람이 이삭과 같은 믿음의 사람을 말하는지, 아니면 다른 사람들을 말하는지는 분명치 않다. 그러나 분명한 것은 이스마엘이 아브라함의 아들임에도 불구하고 이삭과 함께 아브라함의 믿음의 축복을 상속받지 못한다는 것이다. 나중에도 이스마엘 자손들은 이스라엘 백성에 대하여 원수 같은 관계로 지내게 된다.

"그가 모든 형제의 동방에서 살리라"

지금 아브라함에게는 자식이 없고, 아들이라고 해 봐야 이제 태어날 이스마엘밖에 없는데 '모든 형제' 라고 하신 것은 하나님께서 앞으로 아브라함에게서 많은 자손이 태어날 것을 내다보시고 말씀을 하시는 것이다. 장차 이스마엘 자손들이 살 곳은 아마도 가나안 동쪽이 될 것인데, 이스마엘 자손들은 이스라엘 자손들과도 섞이지 않고, 그렇다고 해서 가나안 족속들과도 섞이지 않고 나름대로 독립적으로 살게 된다는 뜻이다. 이스마엘 자손들이 가나안 족속들과 어울리지 않는 것은 다행이었다. 왜냐하면 이스마엘 자손들이 가나안 족속들과 섞이면 함께 타락해서 망하게 되기 때문이다.

13절, "여호와의 이름을 감찰하시는 하나님이라 하였으니"

'감찰하시는 하나님' 은 '엘 로이' 이다. 하갈은 애굽인이었기 때문에 하나님에 대한 믿음이 크지 않았을 것이다. 그러나 하갈은 아브라함의 집에 있으면서 살아 계신 하나님이 계시며, 하나님을 보면 죽는다는 말을 들었을 것이다. 그러나 하갈은 그 하나님께서 자기에게 나타나실 줄은 생각지도 못했고, 더욱이 자기가 하나님을 보고서도 살아 있다는 것이 놀라웠을 것이다. 그래서 하갈은 나름대로 하나님을 '보고 계시는 하나님' 이라는 뜻으로 '엘 로이' 로 불렀는데 이것이 하갈의 신앙 고백인 셈이다. 즉 하갈은 아무도 모르게 아브라함의 집에서 도망쳤고, 보는 사람이 아무도 없는 줄 알았는데 하나님께서는 하갈의 일거수일투족을 다 보고 계셨고, 알고 계셨던 것이다. 지금까지 하나님에 대한 모든 지식과 체험은 아브라함이 독점적으로 가지고 있었는데 하나님의 사자가 하갈에게 나타나셔서 말씀을 하신 것은 아브라함에 대한 일종의 징계로 생각할 수 있다. 즉 아브라함이 하나님의 말씀을 맡은 자로서 하나님의 말씀에 순종하지 않고 자기 아내 사라의 말만 듣고 인간적인 방법을 썼을 때 하나님의 은혜는 얼마든지 이방인에게로 흘러갈 수 있다는 것을 보여 주는 것이다.

본문 이해를 위한 질문

1. 가나안 땅에 온 지 10년이 지나도록 자식이 생기지 않자 사라는 아브라함에게 무엇을 제안했는가?

사라는 자기 여종 하갈을 첩으로 들여서 아브라함의 자식을 낳게 하자고 했다.

2. 아브라함이 사라의 말을 듣고 하갈을 첩으로 얻었을 때 어떻게 되었는가?

아브라함과 사라가 하나님의 뜻을 기다릴 때에는 10년 동안이나 소식이 없던 아이가 인간적인 방법을 쓰자마자 바로 생기게 되었다. 그러나 아브라함이나 사라는 마음이 결코 평안하지 못했다. 왜냐하면 하갈이 자기가 임신했다는 것을 알면서 여주인인 사라를 멸시했기 때문이다.

3. 사라의 학대를 피하여 도망친 하갈은 어떻게 되었는가?

하나님의 사자가 광야 술 길 샘물 곁에 있는 하갈에게 나타나 태어날 아이에 대하여 축복하시고 하갈로 하여금 다시 아브라함의 집에 돌아가게 하시므로 무사히 이스마엘이 태어나게 되었다.

성경 강해

우리는 종종 책이나 TV에서 어렸을 때부터 한 가지 꿈을 가지고 죽도록 노력한 결과 세계적인 인물이 된 사람들을 볼 수 있습니다. 세계적인 피겨스케이팅 선수인 김연아도 어렸을 때부터 큰 꿈을 가지고 죽도록 연습한 결과 세계 최고의 선수가 되었습니다. 타이거우즈 같은 선수도 어렸을 때부터 골프로 성공할 꿈을 가지고 엄청난 연습과 훈련을 한 결과 세계 정상의 선수가 되었습니다.

그러나 대다수의 사람들은 자기가 잘할 수 있는 것이 무엇인지 알지 못합니다. 어렸을 때부터 자기가 잘할 수 있는 것을 알고 죽어라고 연습해서 성공하는 사람들은 만 명이나 십만 명에 한 명 있을까 말까 하고, 나머지 사람들은 모두 평범하게 살아가고 있습니다.

우리가 무엇인가를 잘하려면 한 가지 일에 에너지를 집중해야 합니다. 그러나 우리는 신앙생활을 하면서 한 가지 일에만 집중할 수가 없습니다. 왜냐하면 우리에게는 내가 원하는 것도 있지만 하나님이 원하시는 뜻이 따로 있기 때문입니다.

우리는 신앙생활을 하면서 인간적인 방법과 하나님의 방법에 대하여 배우게 됩니다. 우선 인간적인 방법이라고 하는 것은 자신의 처지에서 가능한 방법을 모두 나열해 보아서 그 중에서 가장 가능성이 높은 방법에 전력을 기울이는 것입니다. 아마도 인간으로서는 이런 방식으로 사는 것이 가장 성공할 가능성이 높고 효과적으로 사는 길일 것입니다. 거기에 비해서 하나님의 방법은 하나님의 약속만 붙들고 하나님께서 이루어 주실 것을 기다리는 것입니다.

사실 우리가 인간적으로 생각해 볼 때 하나님의 방법보다 더 대책이 없고 미련한 일은 없는 것 같습니다. 왜냐하면 아직 시간이 있고 무엇인가 할 수 있는 방법이 충분히 있을 때에는 인간으로서 최선을 다하는 것이 옳기 때문입니다. 무조건 하나님께서 다 해 주신다고 해서 아무것도 하지 않고 멍청하게 기다리는 것이야말로 시간을 낭비하는 것 같고 무책임한 것처럼 보이는 것입니다.

그러나 하나님은 우리에게 있어서 가장 중요한 것을 자신의 머리나 자신의 방법을 써서 인간적으로 해결하는 것을 기뻐하지 아니하십니다. 오히려 하나님은 중요한 것을 하나님의 손에 맡기고 하나님이 하나님의 때에 알아서 해 주시기를 기다리는 것을 더 기뻐하십니다.

하나님께서는 아브라함에게 하늘의 별처럼 많은 자손을 주시겠다고 약속하셨습니다. 그런데 어떻게 된 것인지 하나님은 오랜 시간이 지나도 자식을 단 한 명도 주시지 않았습니다. 어느 정도의 시간이 지났는가 하면 아브라함은 90세가 다 되어 가고, 아내 사라는 이미 아이를 낳을 수 없게 되었습니다. 이때 객관적인 상황이나 인간의 상식으로 판단하면 아브라함이 사라를 통해서 아이를 낳는 것은 불가능했습니다. 그래서 아브라함은 객관적으로는 전혀 아이를 낳을 수 없음에도 불구하고 미련하게 하나님의 약속을 붙들고 끝까지 기다릴 것인지, 아니면 더 늦기 전에 인간적인 방법을 써서 아이를 낳을 것인지 고민했습니다. 결국 아브라함은 더 이상 기다리지 못하고 인간적인 방법을 써서 아내의 여종 하갈을 첩으로 받아들여서 아이를 낳게 되었습니다. 그러나 이 아이는 하나님께서 약속하신 그 아이가 아니었습니다. 오늘 말씀은 아브라함에게 약속의 자녀가 아닌 아들이 어떻게 해서 태어나게 되었으며, 그 아이가 어떤 식으로 살아갈 것인가 하는 것입니다.

1. 아브라함의 기다림

하나님은 아브라함에게 밤하늘의 별처럼 많은 자손을 주겠다고 약속하셨습니다. 밤하늘의 별처럼 헤아릴 수 없이 많은 자손을 주시겠다는 것입니다. 그러나 그것은 어디까지나 하나님의 약속에 불과하고, 실제로 아브라함에게는 단 한 명의 자식도 없었습니다. 이것이 하나님의 말씀과 현실의 차이인 것입니다. 하나님께서는 아브라함에게 가나안 땅을 영원한 소유로 주겠다고 하셨는데 실제로는 한 평의 땅도 주시지 않았습니다. 그런데 다른 것은 나이가 들어도 할 수 있지만 임신이나 출산은 젊어서 하지 않으면 안 되는 것입니다. 요즘 우리 사회에서도 젊은이들의 결혼 연령이 높아지면서 아이가 생기지 않는 불임 부부가 많아졌다고 합니다.

하나님께서는 아브라함에게 하늘의 별처럼 많은 자손을 주시겠다고 약속을 해 놓고서도 아브라함이 90세가 다 될 때까지 단 한 명의 자식도 주시지 않았습니다. 이때 아브라함과 사라는 비록 인간적으로는 임신을 해서 아이를 낳을 수 없게 되었지만 그럼에도 불구하고 하나님의 말씀을 붙들고 끝까지 기다려 보아야 하는지, 아니면 아직 남편에게 생식 능력이 남아 있을 때, 즉 더 늦기 전에 인간적인 방법으로 아이를 가지는 것이 더 현명한지를 놓고 고민을 했습니다. 여기서 인간적인 방법이라고 하는 것은 젊은 여자를 첩으로 받아들여서 임신을 시키는 것을 말합니다.

3절, "아브람의 아내 사래가 그 여종 애굽 사람 하갈을 가져 그 남편 아브람에게 첩으로 준 때는 아브람이 가나안 땅에 거한 지 십년 후이었더라"

하나님께서는 아브라함과 사라가 가나안 땅에 온 지 10년이 될 때까지 자식을 주시지 않았습니다. 아마도 이 10년이 아브라함과 사라가 마음속으로 정한 데드라인(deadline)이었던 것 같습니다. 그들은 '아무리 자식이 없어도 10년 안에는 자식이 생기겠지.' 라고 생각하면서 기다렸던 것입니다. 그런데 그들이 마음속으로 정한 10년이 다 될 때까지 자식이 생기지 않자 이들의 마음속에 하나님의 약속에 대하여 회의가 들기 시작했습니다. 즉 하나님의 약속이 무엇인가 잘못된 것이 아니냐 하는 것입니다. 이때 더 참지 못했던 쪽은 아브라함의 아내 사라였습니다. 사라는 남편 아브라함에게 '여호와께서 나로 생산을 허락지 아니하시니 나의 여종과 동침해서 아이를 얻자' 고 제안을 했습니다.

왜 사라가 이렇게 기다리지 못했을까요? 그것은 사라가 이미 임신을 할 수 없게 되어 버렸기 때문입니다. 그리고 조금 더 있으면 남편 아브라함도 아이를 가질 수 있는 능력을 상실하게 될지 모릅니다. 그러니까 여자가 조금 더 현실적이었던 것 같습니다. 그래서 사라는 아브라함에게 더 늦기 전에 '나의 여종과 동침해서 아이를 가지자' 고 제안을 했던 것입니다.

여기서 우리가 생각해 보게 되는 것은, 하나님께서는 아브라함에게 하늘의 별처럼 많은 자손을 주시겠다고 약속을 해 놓고서 왜 이렇게 늦도록 아이를 주지 않으셨을까 하는 것입니다. 그것은 우리가 당장 알 수 없습니다. 하나님께서는 단지 아브라함이나 사라가 얼마나 잘 견디는지 인내심을 테스트해 보시기 위해서 이렇게 오래 기다리게 하지는 않으셨을 것입니다. 아마도 아브라함과 사라도 이 부분이 가장 이해가 되지 않았을 것입니다. 왜 하나님께서는 하늘의 별처럼 많은 자손을 주시겠다고 약속해 놓고서 이렇게 늙도록 단 한 명의 아들도 주시지 않는 것일까 하는 것입니다. 물론 하나님의 약속이 이루어져서 사라가 아이를 가지고 난 뒤에는 이것이 이해가 될 것입니다. 그러나 아이가 생기지 않고 기다리는 동안에는 그 이유를 알 수 없는 것입니다. 이것이 우리가 신앙생활을 하면서 가장 힘든 부분입니다.

물론 나중에 하나님은 아브라함에게 하나님께서 주실 자손이 단순한 자손이 아니라 믿음으로 만들어지는 자손이며, 장차 오실 예수 그리스도를 상징한다는 것을 깨닫게 하십니다. 그러니까 하나님이 약속하신 자손은 아브라함이 생각했던 그런 자손이 아닌 것입니다. 그래서 믿음으로 기적적인 자손이 생기려면 아브라함은 더 늙어야 하고, 더 아이를 낳을 수 없게 되어야 했던 것입니다. 그러나 기다리는 동안에는 이것이 이해가 되지 않았습니다.

또한 우리가 생각하게 되는 것은 인간적인 방법으로 아이를 가진다고 해서 전혀 죄가 되는 것이 아니라는 것입니다. 사라가 말했던 것처럼 본부인이 임신이 되지 않을 때 주인이 여종을 첩으로 삼아서 아이를 낳게 하는 것은 당시에는 얼마든지 할 수 있는 방법이었습니다.

우리가 주의해야 할 것은 인간적인 방법을 쓴다고 해서 반드시 죄가 되는 것은 아니라는 것입니다. 우리는 신앙생활을 하면서 실제로는 인간적인 방법을 많이 쓰고 있고, 또 그것이 유익할 때도 많이 있습니다. 그럼에도 불구하고 하나님은 어떤 문제에 있어서는 일체 인간적인 방법을 인정하지 않으실 때가 있습니다. 중요한 것은 바로 이 문제입니다. 즉 하나님께서 왜 어떤 것에 있어서는 인간적인 방법을 일체 허용하시지 않는가 하는 것입니다.

2절, "사래가 아브람에게 이르되 여호와께서 나의 생산을 허락지 아니하셨으니 원컨대 나의 여종과 동침하라 내가 혹 그로 말미암아 자녀를 얻을까 하노라 하매 아브람이 사래의 말을 들으니라"

우리는 이 세상에 살면서 사회의 일반적인 관습을 전혀 무시할 수는 없습니다. 그리고 실제로 어떤 일을 할 때에 인간적인 방법을 쓰는 것이 아주 유익할 때도 많이 있습니다. 만일 우리가 인간적인 방법을 전혀 쓰지 않는다면 우리는 자녀들을 학교에 보내지 말아야 하며, 학원에도 보내어서는 안 됩니다. 또 전화를 사용하거나 텔레비전을 보지도 말아야 합니다. 아이가 아파도 병원에 가서는 안 되며, 무조건 기도만으로 낫게 해야 합니다. 그러나 우리는 이미 이 세상에 살고 있고, 하나님께서는 이 세상에 있는 많은 관습이나 문명의 방법을 사용할 수 있게 하셨습니다.

그러나 어떤 부분에서는 하나님께서 세상적인 방식을 절대로 인정하시지 않는 부분이 있습니다. 그것은 바로 우리의 구원에 대한 것입니다. 하나님은 우리를 구원하는 데 있어서 인간적인 방법이 개입되는 것을 일체 허락지 아니하십니다. 즉 우리의 구원이 백 퍼센트 하나님의 능력으로 이루어지게 하십니다. 그래서 구약 율법에 보면 구원과 관계되는 부분에는 모두 기름을 바르셔서 거룩하게 구별하셨습니다. 즉 이것은 적어도 여기에는 인간의 방법이 개입될 수 없다는 것을 의미합니다.

아브라함은 아들을 가지는 것을 자기 개인의 아들을 가지는 것으로 생각했습니다. 만일 아브라함이 자기 개인의 아들을 가지는 것이라면 하나님께서는 얼마든지 인간적인 방법으로 아기를 가지는 것을 허락하셨을 것입니다. 이렇게 늙을 때까지 기다리게 하지도 않으셨을 것입니다. 그런데 아브라함으로 하여금 이렇게 기다리게 하신 것은 하나님께서 아브라함의 아들을 통하여 두 가지를 보여 주시려고 하신 것입니다. 즉 이 세상에 오실 하나님의 아들 예수 그리스도를 보여 주시는 것과 우리가 예수 믿고 믿음으로 하나님의 자녀가 되는 것입니다. 이것은 모두 인간적으로는 완전히 불가능한 가운데 오직 하나님의 말씀의 능력으로 이루어져야 하는 것입니다. 그러니까 하나님이 보시기에는 아브라함이 더 가능성이 없어질 때까지 기다려야 하는 것이었습니다. 다시 말해서 아브라함이 더 죽어야 하나님의 능력이 나타나게 되는 것입니다.

바로 이것이 우리가 신앙생활을 하면서 가장 힘든 부분입니다. 하나님은 분명히 나의 아버지가 되시며 나를 축복하겠다고 약속하셨는데 아무리 기다려도 하나님의 복이 오지 않는 것입니다. 이것은 하나님께서 나의 어려움을 통하여 무엇인가를 부어 주시려고 하시는 것입니다. 하나님은 나의 이루어지지 않은 것을 통해서 하나님의 살아 계심을 나타내려고 하시는 것입니다. 즉 하나님께서 나의 어려움에 기름을 바르심으로 인간적인 방법이 통하지 않게 하시고, 하나님의 능력으로만 응답받게 하시는 것입니다. 이것은 우리에게 굉장히 특별한 것이며, 좋은 것입니다. 만일 나의 어떤 어려움이 나 개인의 일로 끝나지 않고 많은 사람의 축복이 되며 하나님의 살아 계심을 나타내게 된다면 이것은 너무나도 기쁜 일인 것입니다.

아브라함과 사라도 아이를 낳는 문제에 있어서는 더 이상 기다리지 못했습니다. 사라가 먼저 아브라함에게 더 이상 하나님의 뜻을 기다리지 말고 인간적으로 가능한 방법으로 아이를 가지자고 하니까 아브라함도 그 말에 선뜻 동의했습니다. 그리고 인간적인 방법을 쓰니까 즉각 응답이 이루어졌습니다. 아브라함과 사라가 하나님이 해 주실 것을 기다릴 때에는 무려 10년을 기다려도 응답이 없었는데 인간적인 방법을 쓰니까 바로 응답이 나타났습니다.

이것을 보면 인간의 눈으로 볼 때 하나님의 방법을 기다리는 것이 미련하며 대책이 없는 것처럼 생각됩니다. 상식적으로 생각해 보아도 젊은 여자를 첩으로 얻으면 그 즉시 임신이 되는데 하나님의 약속을 믿고 무려 10년을 기다렸으나 응답이 없었던 것입니다. 그래서 이 세상에서는 하나님의 때를 기다린다는 것이 너무나도 어리석은 것 같습니다. 그러나 하나님 앞에서는 인간적인 방법으로 응답을 받고 성공한 것은 전혀 인정이 되지 않습니다.

2. 아브라함의 가정에 일어난 갈등

아브라함과 사라가 하나님의 때를 기다리지 못하고 인간적인 방법을 동원했을 때 원하던 것을 금방 얻을 수 있었습니다.

4절, "아브람이 하갈과 동침하였더니 하갈이 잉태하매 그가 자기의 잉태함을 깨닫고 그 여주인을 멸시한지라"

여기에 보면 두 가지 현상이 나타납니다. 하나는 아브라함이 사라의 말을 듣고 인간적인 방법을 썼을 때 원하는 것을 쉽게 가질 수 있게 된 것입니다. 첩 하갈은 오래 기다리게 하지도 않고 즉시 임신을 했습니다. 그러나 다른 하나는 아브라함의 가정에 평화가 깨어지고 갈등이 생긴 것입니다.

하갈은 자기가 임신했다는 것을 알게 되었을 때 늙도록 아이를 가지지 못하는 여주인 사라를 업신여겼습니다. 아마도 하갈은 자기가 임신한 것을 알고서 여주인 행세를 하려고 했던 것 같습니다. 그래서 사라가 일을 시켜도 말을 듣지 않고 오히려 사라를 무시하거나 자존심을 상하게 하는 말을 쉽게 했습니다. 이것은 사라의 마음을 아프게 했고, 결국 사라는 남편 앞에서 분노를 터뜨리게 되었습니다.

참으로 이해가 되지 않는 것이 바로 이것입니다. 아브라함과 사라는 서로 의논을 해서 이 일을 했고, 그 결과 그렇게 원하던 것을 얻을 수 있게 되었습니다. 아마 자기들 생각으로는 하갈이 임신을 하면 하갈의 배를 만져가면서 부부가 함께 기뻐할 줄 알았을 것입니다. 그런데 이상하게도 엉뚱한 데서 문제가 터지기 시작했습니다. 즉 지금까지는 아무 말 없이 여주인이 시키면 시키는 대로 고분고분하던 하갈이 임신을 하자마자 태도가 달라진 것입니다. 하갈은 여주인을 무시했고, 아예 자기가 여주인 행세를 하려고 했습니다. 아브라함과 사라는 원하는 것을 가질 수 있게 되었지만 마음의 평강이 없어졌습니다. 그 이유는 그들이 지금 가지고 있는 것이 하나님이 기뻐하시는 것이 아니기 때문입니다. 하나님의 종들이 하나님의 방법을 쓰지 않고 인간적인 방법을 써서 원하는 것을 가지려고 했을 때 존경심을 잃어버리게 되었고, 가장 가까운 사람으로부터 멸시와 천대를 당하게 되었습니다.

5절, "사래가 아브람에게 이르되 나의 받는 욕은 당신이 받아야 옳도다 내가 나의 여종을 당신의 품에 두었거늘 그가 자기의 잉태함을 깨닫고 나를 멸시하니 당신과 나 사이에 여호와께서 판단하시기를 원하노라"

사라는 참으로 존귀한 여인이었고, 여종인 하갈과는 비교가 되지 않는 귀부인이었습니다. 그런데 사라가 하나님의 때를 기다리지 못하고 인간적인 방법으로 아이를 가지려고 했을 때 천한 여종인 하갈이 그를 업신여기게 되었습니다. 왜냐하면 사라가 아브라함에게 인간적인 방법을 제시한 것이 하나님의 말씀을 멸시한 것이었기 때문입니다.

하나님은 분명히 아브라함에게 '네 몸에서 네 후사가 태어날 것이라' 고 말씀하셨습니다. 하나님께서 말씀하셨다면 아무리 초조해도 사라는 하나님의 말씀을 믿었어야만 했습니다. 그 시기나 방법은 알 수 없지만 하나님이 아브라함의 몸에서 후사가 난다고 했으면 그것을 믿었어야만 했습니다. 그러나 사라는 하나님의 말씀을 굳게 붙들지 못하고 남편에게 인간적인 방법을 제안했고, 그것이 응답받게 되었을 때 생각지도 못하게 여종에게 무시를 당하고 멸시를 당하는 일이 일어나게 되었습니다. 그것은 하나님께서 사라를 멸시하는 것이었습니다.

하갈에게 멸시를 당한 사라는 아브라함을 찾아가서 분풀이를 했습니다. '내가 받는 욕은 당신이 받아야 마땅하다' 고 했습니다. 사라가 왜 자기 남편에게 분풀이를 했을까요? 그것은 아무리 사라가 제안을 한다 하더라도 아브라함은 하나님의 종으로서 하나님의 말씀이 아닌 것은 거부해야 했는데 사라의 말을 들음으로 하나님의 말씀을 멸시했기 때문입니다. 하나님의 말씀을 무시하고 인간적인 방법을 쓰면 금방 원하는 것을 가질 수 있지만 업신여김을 당하게 됩니다. 왜냐하면 하나님의 종이나 종이 아닌 사람이나 별 차이가 없어지기 때문입니다.

여기서 우리가 알게 되는 것은 물론 인간적인 방법을 쓴다고 해서 죄가 되는 것은 아니지만 인간적인 방법으로 이루어지는 것은 이 세상 것을 얻는 것으로, 이 방법으로는 하나님의 축복을 가져오지 못한다는 것입니다. 그러나 정반대로 끝까지 하나님의 때를 기다리고 하나님의 방법으로 응답받는 것은 하늘 문을 열고, 하나님의 축복을 가져오게 됩니다. 그래서 기적으로 응답이 되고 믿음의 큰 축복을 받게 되는 것입니다.

하나님께서 남자에게 아내를 주신 이유가 무엇일까요? 무조건 남편이 자기 아내의 말을 들으라고 하신 것이 아닙니다. 하나님은 아내에게 남편을 신앙적으로 조언해 주고, 또 위해서 기도해 주라고 하신 것입니다. 그리고 남편은 아내의 말을 분별하고 결정을 해야 합니다. 또한 아무리 아내가 하는 말이 세상적으로는 맞는 말이라 하더라도 하나님의 말씀과 맞지 않으면 안 된다고 해야 하고, 또 마음 상하지 않도록 설득해야 하는 것입니다. 부부가 서로 인간적인 방법으로 하나가 될 때에는 서로가 멸시를 당하게 되어 있습니다.

남편에게 가장 위대한 것은 아내가 그의 신앙과 헌신을 인정해 주는 것입니다. 아내가 자기 남편에 대하여 '내 남편은 내가 생각해도 신앙적으로 살려고 몸부림치고 있으며 정말 존경스러운 분' 이라고 말할 수 있다면 그 남편은 정말 대단한 사람인 것입니다. 그러나 많은 경우에 서로가 서로를 무시하고 깎아내립니다. 어떤 경우에는 많은 사람이 있는 장소에서 아내가 자기 남편을 공개적으로 무시하기도 합니다. 그 집은 말씀에 기초하지 않은 집인 것입니다.

이것은 교회도 마찬가지입니다. 목회자가 인간적인 방법으로 교회를 이끌어 가고 자신이 원하는 것을 다 가질 때 교인들의 마음속에는 존경심이 사라집니다. 왜냐하면 그것은 하나님의 종이라기보다는 기업체 사장이나 세상 사람들과 다를 바가 없기 때문입니다. 그러나 목회자가 아무리 누가 뭐라고 해도 끝까지 하나님의 때를 기다려서 응답을 받을 때 교인들은 그를 신뢰하게 됩니다. '아, 우리 목사님은 하나님의 때를 기다릴 줄 아는 분이구나. 그렇다면 다른 일들도 하나님을 기다리면 다 해결될 것이다.' 라는 믿음이 생기는 것입니다.

교회는 아주 다양한 사람들의 모임이기 때문에 하나님의 말씀에 대한 믿음이 없으면 세상과 다를 바가 없게 됩니다. 그러면 사람들이 각자 자기 생각을 가지고 떠들기 시작하는데, 그렇게 되면 교회는 세상의 믿지 않는 사람들의 모임보다 더 무질서하고 예의가 없는 집단이 되고 마는 것입니다.

그래서 인간적인 방법을 썼는데 일이 형통하지 않을 때 어떻게 해야 합니까? 하던 일을 중단하고 하나님 앞에 회개해야 합니다.

사라가 남편 아브라함 앞에서 여종 하갈 문제를 두고 분통을 터뜨리니까 아브라함은 또 이것을 사라에게 떠넘겨 버렸습니다.

6절, "아브람이 사래에게 이르되 그대의 여종은 그대의 수중에 있으니 그대의 눈에 좋은 대로 그에게 행하라 하매 사래가 하갈을 학대하였더니 하갈이 사래의 앞에서 도망하였더라"

남편은 여자들 사이에 분쟁이나 다툼이 생겼을 때 타이르기도 하고 야단칠 것은 야단을 쳐서 바로잡아야 합니다. 그런데 어떤 때에 남편은 뒤로 빠져 버릴 때가 있습니다. 그것은 어느 쪽 편을 들어야 할지 곤란한 때입니다. 대개 남편들은 집에서 자기 어머니와 아내 사이에 다툼이 생기면 뒤로 빠져 버립니다. 즉 어머니를 편들려고 하니까 아내가 섭섭해할 것이고, 아내를 편들려고 하니까 어머니가 배신감을 느낄 것 같으니까 여자들끼리 싸우도록 내버려 두고 뒤로 빠져 버리는 것입니다. 이것은 남자로서 무책임한 것입니다. 남자는 어머니나 아내가 울고불고하면서 하소연을 하면 일단 양쪽 이야기를 다 들어본 후에 지나치다고 생각되는 쪽을 타이르든지 해서 어느 한 쪽이라도 상처를 입지 않도록 해야 합니다. 그러나 대개 고부간의 갈등은 워낙 성격이 다르고 둘 다 만만치 않은 사람들 사이에 일어나는 것이기 때문에 남자가 골치가 아프니까 침묵을 시켜 버리는 수가 있습니다. 그러면 결국 약한 쪽이 치이게 되는 것입니다.

아브라함은 아내 사라의 말을 듣고 일단 하갈을 불러서 양쪽 이야기를 다 들어야 옳았습니다. 그런데 아브라함은 두 여자 사이에 끼이는 것을 원치 않았습니다. 왜냐하면 하갈은 그야말로 그토록 오래 기다렸던 자기 아이를 임신한 여자였기 때문입니다. 아브라함은 자기 아이를 임신한 여자에게 나쁜 이야기를 하고 싶지가 않았던 것입니다. 또 사라는 아브라함이 한평생을 사랑했고 동고동락한 아내입니다. 그러니까 아브라함은 사라에게도 상처 되는 말을 하고 싶지가 않았습니다. 그래서 아브라함은 두 여자 사이에서 중재하는 것을 포기하고 아내 사라에게 '알아서 하라' 는 식으로 떠넘겨 버렸습니다. 그랬더니 아마도 사라가 어느 날 하갈을 불러서 심하게 야단을 쳤던 것 같습니다.

여기서 사라가 하갈을 '학대했다' 고 한 것은, 옛날에 종에게 하듯이 매를 가지고 종아리를 때렸는지, 아니면 말로 심하게 야단을 쳤는지 알 수 없지만 단단히 버릇을 고쳐 놓으려고 했던 것입니다. 그런데 하갈은 사라의 말을 듣지 않았습니다. 하갈은 사라의 책망에 화가 나서 임신한 채로 도망쳐 버렸습니다.

하갈의 도주는 어떤 의미를 가지고 있습니까? 이것은 하갈이 아브라함과 사라를 전혀 인정하지 않고 제멋대로 행동하고 있는 것입니다. 즉 아브라함과 사라가 하나님의 말씀을 붙잡지 않았을 때 이들은 여종에게 무시를 당하고, 업신여김을 당하고, 그들이 원하던 것마저도 잃어버리게 되었던 것입니다.

아마도 이때 아브라함은 너무나도 비참했을 것입니다. 아브라함과 사라는 인간적인 방법을 써서 자신들이 원하던 것을 얻은 것 같았는데 결국은 엉망진창이 되고 말았습니다.

아브라함의 집은 여종의 도주로 완전히 수습이 불가능한 상태에 빠졌습니다. 여종은 주인의 허락도 받지 않고 도망쳐 버렸고, 아브라함과 사라는 이 여종이 어디로 도망을 쳤는지도 알지 못했습니다. 그리고 그 일로 인해 아브라함과 사라는 마음이 상하게 되었습니다.

이때 하나님께서는 아브라함과 사라를 내버려 두지 아니하시고 개입해서 도와주셨습니다. 왜냐하면 하나님은 아브라함을 사랑하셨기 때문입니다. 하나님은 아브라함의 모든 것을 사랑하셨기 때문에 그 여종 하갈까지도 사랑하셨습니다.

7-8절, "여호와의 사자가 광야의 샘곁 곧 술 길 샘물 곁에서 그를 만나 가로되 사래의 여종 하갈아 네가 어디서 왔으며 어디로 가느냐 그가 가로되 나는 나의 여주인 사래를 피하여 도망하나이다"

하갈은 사라를 피해서 임신한 무거운 몸을 이끌고 열심히 도망을 치고 있었습니다. 그런데 하갈은 갈 곳이 있는 것이 아니었습니다. 하갈은 여주인의 야단을 듣고 너무 화가 나서 대책도 없이 가출을 했던 것입니다. 그런데 하갈은 자기가 이런 식으로 계속 가면 어떻게 될지 아무것도 알지 못하고 있었습니다. 아마도 하갈이 그 길로 계속 갔다면 분명히 나쁜 사람들에게 붙들려서 무시무시한 곳에 종으로 팔려 갔을 것입니다. 아마 거기에서는 사라의 야단이 문제가 아니라 죽도록 두들겨 맞았을 것입니다. 그래서 하나님께서는 광야 샘 곁에서 하갈을 만나서 말씀하셨습니다.

'사라의 여종 하갈아, 네가 어디서 왔으며 어디로 가느냐?'

일단 하갈은 광야 샘 곁에까지 갔습니다. 이것은 나름대로는 상당히 먼 길을 도망쳐 온 것인데, 거기서 계속 가게 되면 광야에서 목말라 죽든지 강도나 산적을 만날 것입니다. 아직 위험 지역에 들어가기 직전에 하나님의 사자는 하갈을 만나서 그의 이름을 부르셨습니다.

'사래의 여종 하갈아.'

하갈은 아무도 자기를 알지 못할 것이라고 생각하고 있었는데 자기 이름을 정확하게 아시는 분이 있었습니다. 그런데 그분은 하갈로 하여금 생각하게 하셨습니다. 즉 '네가 어디서 왔으며 어디로 가느냐?' 라고 하신 것입니다. 이것은 이 세상을 빠르게 살아가고 있는 모든 인생에 대한 하나님의 질문이기도 합니다. '너는 어디서 왔으며 어디로 가고 있느냐?' 다시 말해서 '너는 지금까지 무엇을 위해서 살아왔으며 앞으로 무엇을 위해서 살아가려고 하느냐?' 하는 것입니다. 이것은 하나님께서 우리 인생을 향하여 던지시는 질문입니다. 이 질문에 대답해야 우리는 생명을 건질 수 있습니다. 사람들은 이 세상을 살아가면서 많은 위기의 순간을 겪습니다. 진학 문제로 인해 혹은 결혼 문제로 인해 위기를 겪기도 하고, 사랑하는 가족을 잃었을 때는 자신이 세상에서 가장 불행한 사람인 것 같습니다. 이때 하나님께서 우리에게 물으십니다.

'너는 어디서 왔으며 어디로 가고 있느냐?'

아마 우리는 이 세상에 있는 많은 행복을 위해서 살아왔으며, 또 그 야망을 위해서 살아가려고 할 것입니다. 그러나 그것은 신기루를 좇는 인생입니다. 광야에서 신기루를 따라가다가는 결국 목말라 죽든지 강도를 만나든지 할 것입니다.

하나님의 사자는 하갈에게 인생의 목표가 무엇인지 생각해 보게 하셨습니다. '너는 지금 무엇 때문에 이렇게 생명의 위험을 무릅쓰고 가출을 해서 가고 있느냐.' 하는 것입니다. 하갈이 위험을 무릅쓰고 위험한 길을 가고 있는 이유는 두 가지였습니다. 하나는 아이를 빼기기 싫어서이고, 또 하나는 화가 났던 것입니다. 하나님의 사자는 그러면 이렇게 계속 가면 아이를 빼앗기지 않고 목숨을 건질 자신이 있느냐는 것입니다. 그것은 결코 아니었습니다. 하나님께서 지켜 주셔야만 안전한 것이지 자기 혈기대로 한다고 해서 안전한 것은 아닌 것입니다.

하나님은 하갈에게 가장 안전하고 쉬운 방법을 가르쳐 주셨습니다. 그것은 아브라함의 집에 가서 복종하라는 것입니다.

9-10절, "여호와의 사자가 그에게 이르되 네 여주인에게로 돌아가서 그 수하에 복종하라 여호와의 사자가 또 그에게 이르되 내가 네 자손으로 크게 번성하여 그 수가 많아 셀 수 없게 하리라"

하갈에게 가장 안전한 곳은 아브라함의 집이었습니다. 그 집은 하나님이 주신 축복의 집이고, 그 집에 있는 것 자체가 복이었습니다. 하갈이 다른 집을 몰라서 그렇지 지금 하갈에게 가장 안전하고 행복한 곳은 아브라함의 집이었습니다.

그리고 하나님께서는 하갈에게 중요한 것을 약속하셨습니다. 그것은 그가 아이를 빼앗기지 않는다는 것입니다. 하나님은 정반대로 그 자손의 수가 헤아릴 수 없을 정도로 많아질 것이라고 하셨습니다. 즉 하갈이 자존심을 조금 버리면 얼마든지 살 수 있고 복을 받을 수 있었습니다. 하나님께서는 하갈에게 교만을 버리고 살라고 말씀하시는 것입니다.

3. 이스마엘의 출생

아브라함과 사라가 하나님의 방법이 아닌 인간의 방법으로 낳게 된 아들이 아브라함의 큰아들 이스마엘입니다. 이스마엘은 아브라함의 큰아들이었지만 아브라함의 믿음을 닮지 않아 제멋대로 날뛰는 야생마와 같은 성격을 가졌습니다.

12절, "그가 사람 중에 들나귀 같이 되리니 그 손이 모든 사람을 치겠고 모든 사람의 손이 그를 칠찌며 그가 모든 형제의 동방에서(개역개정: 모든 형제와 대항해서) 살리라 하니라"

오늘 성경이 본문에서 말씀하고자 하는 것은 아무리 믿음이 좋은 아브라함의 맏아들이라 하더라도 육신적으로 태어나는 아들은 믿음이 하나도 없는 아들이 될 수 있다는 것입니다. 즉 믿음의 자손은 인간의 힘으로는 만들어질 수 없고 하나님의 말씀으로 태어나야 하는 것입니다. 그래서 누구든지 믿음이 좋은 아버지나 어머니 밑에서 태어난다고 해서 믿음이 좋은 사람이 되는 것이 아닙니다. 하나님의 말씀을 듣고 거듭나야 하는 것입니다.

하나님의 말씀을 자꾸 들으면 믿음이 없던 사람에게 믿음이 생기고, 믿어지지 않던 하나님이 믿어집니다. 이것이 바로 새로 태어나는 것입니다. 이것은 마치 음악을 전혀 알아듣지 못하는 사람이 음악을 반복해서 듣고 설명을 들으면 어느 순간부터 음악이 귀에 들어오는 것과 같습니다. 외국어도 마찬가지입니다. 처음에는 아무리 외국인이 설명을 해도 귀에 들어오지 않습니다. 그런데 외국에 가서 생활하고 외국인과 만나서 대화를 하다 보면 어느 순간부터 외국어가 귀에 들어오기 시작합니다. 그것이 귀가 트이는 것입니다. 하나님의 백성이 되려면 귀가 트여야 하는 것입니다.

성경은 하나님의 말씀으로 변화되지 못한 이스마엘이 마치 '들나귀' 같은 기질을 가지고 이 세상을 살게 될 것이라고 말씀하고 있습니다. 들나귀는 우리나라에서는 볼 수 없지만 팔레스타인에서는 들판에서 야생하고 있었던 것 같습니다. 그런데 이 들나귀는 너무나도 고집이 세고 기질이 강해서 어느 누구도 잡아서 길들이지 못합니다. 들나귀는 어느 누구의 말도 듣지 않고 다른 짐승들과 어울려서 살지도 않습니다. 그저 자기 혼자 돌아다니다가 늑대 떼에 걸리면 물려 죽는 것입니다.

아브라함의 맏아들은 영적인 들나귀였습니다. 즉 이스마엘은 아무리 하나님의 말씀을 들어도 말씀으로 길들여지지 않았습니다. 그리고 이스마엘은 말씀의 틀에 매이는 것을 견디지 못했습니다.

호세아 선지자는 이스라엘 백성에 대하여 이렇게 말하고 있습니다.

"저희가 홀로 처한 들나귀처럼 앗수르로 갔고 에브라임이 값 주고 연애하는 자들을 얻었도다" (호 8:9).

하나님께서 이스라엘 백성에게 아무리 말씀을 주시고 고난을 주셔도 이스라엘 백성은 길들여지지 않았습니다. 결국 이스라엘은 앗수르에 의해서 망할 수밖에 없는 것입니다.

하나님은 우리 스스로 하나님의 뜻을 찾아서 복종하기를 원하십니다. 그러나 우리 인간은 하나님의 틀에 매이는 것을 너무 싫어합니다. 그 대신 자신들의 목표나 야망을 따라서 끝없이 가 보는 것을 좋아합니다.

안데르센의 동화에 "분홍신" 이라는 것이 있습니다. 어떤 여자 아이가 있었는데 엄마가 일요일은 까만 구두를 신고 교회에 가라고 합니다. 그러나 그 아이는 엄마의 말을 듣지 않고 분홍구두를 신고 교회에 갔습니다. 가다가 마술사가 그 아이의 구두에 마술을 걸어 주었습니다. 그래서 그 구두는 춤을 추게 되었습니다. 그런데 그 분홍구두는 절대로 춤을 멈추지 않는 구두였습니다. 즉 한번 춤을 추면 죽을 때까지 춤을 춰야 하는 것입니다. 결국 그 여자 아이는 발목을 자르고 나서야 그 미친 춤에서 벗어날 수 있었습니다.

현대인들의 특징은 어느 것에도 만족하지 못한다는 것입니다. 사람들은 모든 것에 만족하지 못하고, 자기가 원하는 것을 다 가질 때까지 몸부림을 칩니다. 그러나 그 결과는 허무이고 죽음인 것입니다.

예수님은 오셔서 우리를 이 미친 욕망에서 벗어나게 하셨습니다. 즉 자신의 형편으로 만족하게 하시고, 하나님이 주시는 능력 안에서 모든 것을 하게 하신 것입니다.

"수고하고 무거운 짐 진 자들아 다 내게로 오라 내가 너희를 쉬게 하리라" (마 11:28).

내가 짊어지고 있는 야망과 욕망의 짐을 십자가에 못 박을 때 우리는 아주 가벼운 예수님의 멍에를 메게 되고, 예수님과 함께 걸음을 맞추어서 걸어가게 됩니다.

성 어거스틴은 젊었을 때 들나귀 같은 인생을 살았습니다. 그는 끝없이 방황하면서 하고 싶은 것을 다 해 보았습니다. 그래서 그의 어머니는 암브로스 주교를 찾아가서 자기 아들을 위해서 기도를 해 달라고 부탁했습니다. 그때 암브로스 주교는 '당신의 아들은 지금 너무나도 야망에 차 있어서 어느 누구의 말도 듣지 않는다' 고 했습니다. 그러나 '이 기도의 아들은 망하는 법이 없다' 고 하면서 위로를 했습니다. 결국 성 어거스틴은 예수님께 돌아오고 난 후에 욕망의 미친 방황에서 벗어나게 되었습니다. 성 어거스틴은 말하기를, "내가 그리스도께로 돌아오기 전에는 내 마음에 평안이 없었다." 라고 했습니다. 이 세상에는 평안이 없습니다.

사람들이 그리스도인을 가장 부러워하는 것이 무엇입니까? 이 광란의 춤을 추지 않는다는 것입니다. 세상 사람들이 그리스도인들을 이해할 수 없는 것은 그리스도인들에게는 평안이 있다는 것입니다. 예수님은 말씀하시기를, '내가 너희에게 평안을 주노니 내가 주는 평안은 세상이 주는 것과 같지 아니하다' 고 하셨습니다.

우리가 예수를 믿는다는 것은 지금까지는 정신 나간 것처럼 살아왔고 술 취한 상태에서 내 인생을 운전해 왔으나 이제는 내 인생의 핸들을 하나님께 완전히 맡긴다는 것입니다. 이때 비로소 우리는 자기 자신을 되찾게 됩니다.

그러나 하나님은 이스마엘을 사랑하셨습니다.

11절, "여호와의 사자가 또 그에게 이르되 네가 잉태하였은즉 아들을 낳으리니 그 이름을 이스마엘이라 하라 이는 여호와께서 네 고통을 들으셨음이니라"

'이스마엘' 이라는 이름은 '하나님께서 들으셨다' 라는 뜻입니다. 아마도 하갈이 화가 나서 씩씩거리면서 걸어왔을 때 아기도 배 속에서 힘겨워했던 것 같습니다. 사람의 귀에는 들리지 않았을지 몰라도 하나님은 아기가 배 속에서 부르짖는 소리를 들으셨던 것 같습니다. 그래서 하나님은 하갈의 아기의 이름을 '이스마엘' 이라고 지어 주셨습니다. 이는 '하나님이 들으신다' 라는 뜻입니다. 하나님께서 한번 부르짖는 것을 들으셨기 때문에 앞으로도 이스마엘이 하나님께 돌아와서 부르짖기만 하면 얼마든지 들어주시겠다는 뜻인 것입니다.

하갈이나 이스마엘은 하나님이 택한 사람은 아니었습니다. 그러나 하나님은 하갈이 고통 중에 울부짖는 소리를 들으셨고, 또 그의 배 속에 있는 아기를 불쌍히 여기셨습니다.

오늘날 많은 사람이 크게 오해하고 있는 것 중의 하나가 하나님은 믿지 않는 사람들을 미워하신다고 생각하는 것입니다. 그러나 하나님은 믿지 않는 자들도 사랑하십니다. 하나님은 악한 자들에게도 햇빛과 비를 주시며, 그들을 은혜로 품으십니다. 아무리 그들의 기질이 들나귀와 같고, 하나님의 은혜를 박차고 자기 야망을 따라서 달려가더라도 그들이 돌아와서 부르짖으면 하나님은 들어주십니다.

이때 하갈은 하나님의 사자가 자기 앞에서 말씀하시는 것을 보고 하나님에 대한 신앙을 고백했습니다.

13절, "하갈이 자기에게 이르신 여호와의 이름을 감찰하시는 하나님이라 하였으니 이는 내가 어떻게 여기서 나를 감찰하시는 하나님을 뵈었는고 함이라"

하갈은 하나님이 안 계신 줄 알았고, 아무것도 모르시는 줄 알았는데 하나님은 하갈을 알고 계셨고, 배 속에 있는 아기도 알고 계셨습니다. 하나님은 모든 것을 보고 계셨습니다. 하갈은 자기가 하나님을 만나고 고백한 것에 대하여 놀랐습니다. 왜냐하면 그때까지 하나님에 대한 모든 지식은 아브라함이 독점하고 있었기 때문입니다. 그런데 아브라함이 하나님의 말씀을 업신여기고 사라의 말을 들었을 때 하나님은 이방인인 하갈에게 나타나셔서 은혜를 주시고 놀라운 고백을 받으셨던 것입니다. 이것이 언제나 하나님이 하시는 것입니다. 하나님은 잘 믿는 자들이 하나님의 말씀을 무시하고 업신여기고 인간적인 방법을 따라가면 은혜를 이방인들에게 주셔서 놀라게 하시고, 은혜 받게 하시고, 부흥이 일어나게 하시는 것입니다.

우리는 다시 한 번 하나님의 은혜를 간절히 구하여 하나님의 말씀을 빼앗기지 않으므로 오늘 이곳에서 큰 부흥이 일어나도록 합시다.

성경 토의

1. 믿음으로 하나님의 응답을 기다릴 때에는 아무리 기다려도 소식이 없다가 인간적인 방법을 썼을 때 금방 좋은 결과가 나타난다면 우리는 어떤 생각을 해야 하는가?

2. 우리는 우리 자신에 대하여 생각해 볼 때, 나의 정체성은 무엇이며, 지금까지 내가 살아온 길은 어떤 길이며, 나는 지금 어떤 길로 가고 있다고 생각하는가?

3. 때때로 자녀나 직장의 부하들이 자신의 말을 무시하고 업신여기는 것 같을 때 우리는 물리적인 힘을 써서라도 바로잡아야 하는가, 아니면 인내하면서 믿음으로 참아야 하는가?

4. 언제나 아브라함에게 나타나셔서 말씀하시던 하나님께서 아브라함이 사라의 말을 듣고 인간적인 방법을 썼을 때 하갈에게 나타나신 것을 통해서 무엇을 생각하게 되는가?

5. 이스마엘은 아브라함의 아들임에도 불구하고 신앙이 전혀 없는 들나귀같이 살게 될 것이라고 했다. 믿음의 가정에서 자라는 자녀들을 어떻게 가르쳐야 들나귀가 되지 않고 하나님의 약속의 자녀들이 되게 할 수 있는가?

23_아브라함의 언약

창세기 17:1-27

전체적 설명

하나님은 이스마엘이 태어나고 나서 약 14년 동안 아브라함에게 아무런 말씀을 하지 않으셨다. 아브라함의 입장에서는 이 기간이 이스마엘을 키우느라고 행복한 기간이었는지 몰라도 영적으로는 하나님께서 침묵하신 기간이다. 그러다가 아브라함이 99세가 되었을 때 하나님께서는 다시 아브라함에게 나타나셔서 언약을 새롭게 하시고, 그의 이름을 바꾸시고, '할례' 라는 의식을 행하게 하신다.

설교 프리노트

1절, "아브람이 구십구 세 때에 여호와께서 아브람에게 나타나서 그에게 이르시되 나는 전능한 하나님이라 너는 내 앞에서 행하여 완전하라"

'아브람이 구십구 세 때' 라는 것은 아브라함이 이스마엘을 낳은 후 14년 정도 될 때이다. 당시에는 남자 아이들이 13, 14세 정도가 되면 성인식을 하고 부모를 떠나서 독립할 수 있었다. 하나님께서는 이스마엘이 태어난 후에 충분히 자랄 때까지 기다리셨다. 그리고 드디어 이스마엘이 어느 정도 자라서 독립할 수 있게 되었을 때 다시 아브라함에게 나타나서서 말씀하셨다. 하나님께서 아브라함에게 다시 말씀하실 때까지 아브라함은 이스마엘을 키우느라고 행복한 시간을 보냈는지 몰라도 신앙적으로는 완전한 공백기였다. 하나님은 아브라함에게 자신을 '전능하신 하나님'(엘 사다이)이라고 소개하셨다. 엘 샤다이 하나님은 모든 것을 보고 계시며, 모든 것을 알고 계시며, 복을 주기도 하시고, 화를 주기도 하시는 생사화복의 하나님이신 것이다. 하나님은 다시 한 번 아브라함에게 자신을 전능하신 하나님으로 소개하심으로 더 이상 자식에 대한 기대를 가지지 못하고 있는 아브라함에게 믿음을 주려고 하셨다.

하나님은 아브라함에게 '너는 내 앞에서 행하여 완전하라'고 하셨다. 이 말씀은 지금 아브라함이 하고 있는 것이 하나님의 완전한 기준에 미치지 못할 뿐 아니라 아예 하나님의 뜻을 포기하고 주저앉아 있다는 것을 의미한다. 물론 우리 인간은 전능하신 하나님 앞에서 결코 완전할 수 없다. 아무리 아브라함이라 하더라도 하나님 앞에서 완전히 행한다는 것은 불가능한 일이다. 그러나 여기서 '행하여 완전하라'는 것은 하나님의 온전한 뜻을 향하여 계속 나아가야 함을 의미한다. 지금 아브라함이 이스마엘을 키우면서 만족해하는 것은 하나님의 뜻을 포기하고 있는 것과 같은 것이다.

2절, "내가 내 언약을 나와 너 사이에 세워 너로 심히 번성케 하리라 하시니"

강한 자와 약한 자 사이에 언약을 세우면 약한 자가 엄청난 도움을 받게 된다. 하나님께서 아브라함과 언약을 세우려고 하시는 것은 하나님께서 아브라함을 속박하려고 하시는 것이 아니라 아브라함의 힘으로는 하나님의 축복을 받을 수 없기 때문에 하나님의 능력으로 이 언약을 이루어서 아브라함에게 복을 주려고 하시는 것이다. 이 복을 위해서 아브라함이 할 수 있는 것은 끝까지 하나님을 붙들고 있기만 하면 되는 것이다. 이미 하나님은 아브라함의 후손에게 가나안 땅을 주시겠다고 언약하셨지만 그럼에도 불구하고 우리 인간은 연약하기 때문에 자주 하나님의 언약을 재확인할 필요가 있다.

3절, "아브람이 엎드린대 하나님이 또 그에게 일러 가라사대"

아브라함이라고 해서 하나님 앞에서 조금도 실수가 없거나 완벽한 신앙을 가진 것은 아니었다. 그러나 아브라함의 신앙의 장점은 아무리 하나님의 말씀이 자기 생각과 다르다 하더라도 일단 하나님이 말씀하시면 그 앞에 엎드려서 말씀을 듣는 자세를 가졌다는 점이다. 아브라함이 하나님 앞에 엎드리니까 하나님은 또다시 아브라함에게 말씀을 주셨다. 이는 오늘날 우리에게도 필요한 자세이다. 우리가 처음부터 하나님의 뜻에 완전히 행하거나 조금도 실수하지 않는 것은 아니다. 그러나 우리는 하나님의 말씀 앞에는 엎드릴 수 있어야 하고, 하나님이 우리에게 새롭게 말씀하실 때 그 말씀에 순종해서 바꿀 것은 바꾸고 버릴 것은 버리면 되는 것이다.

5절, "이제 후로는 네 이름을 아브람이라 하지 아니하고 아브라함이라 하리니 이는 내가 너로 열국의 아비가 되게 함이니라"

하나님께서 이번에 언약하시는 내용은 아브라함으로 하여금 열국의 아비가 되게 하신다는 것이다. 그래서 하나님은 아브라함의 이름을 '아브람' 에서 '아브라함' 으로 바꾸게 하셨다. 여기서 '아브람' 은 '높은 아버지' 라는 뜻이고, '아브라함' 은 '무리의 아버지' 라는 뜻을 가지고 있다. 사람에게 있어서 이름을 바꾼다는 것은 옛 생활을 청산하고 새로운 인생을 시작한다는 의미가 있다. 아브람이라는 이름도 좋은 이름인데 하나님께서 굳이 이름을 아브라함으로 바꾸게 하신 것은 이제부터 아브라함에게 많은 후손이 태어난다는 것을 강조하시려는 것이다. 여기서 아브라함에게서 열국이 나온다는 것은 아브라함의 자손이 워낙 많다 보니까 여러 나라로 발전하게 된다는 뜻으로 생각할 수 있다. 그러나 나중에는 다른 많은 민족들이 하나님의 말씀을 듣고 하나님의 백성이 되어 아브라함의 후손으로 입양된다. 그래서 아브라함의 후손으로는 혈통상의 후손도 있지만 믿음의 후손이 더 많아진다.

7절, "내가 내 언약을 나와 너와 네 대대 후손의 사이에 세워서 영원한 언약

을 삼고 너와 네 후손의 하나님이 되리라"

하나님께서는 아브라함을 언약의 당사자로 삼아서 아브라함의 후손 전체와 언약을 맺으신다. 여기서 하나님께서 아브라함과 맺으시는 언약이 바로 '아브라함의 언약' 이다. 하나님께서 아브라함과 맺으신 언약의 내용은 앞으로 그의 후손을 하나님의 백성으로 삼으신다는 것이다. 즉 하나님은 모든 아브라함의 후손을 아브라함과 같은 믿음을 가진 것으로 간주하셔서 일단 아브라함의 후손으로 태어나는 자들은 모두 하나님의 백성으로 삼으신다는 것이다. 즉 아브라함의 자손들은 모두 출생과 동시에 하나님의 백성의 자격을 얻는 것이다. 그러나 아브라함의 자손들이 하나님의 백성의 자격을 계속 유지하려면 나중에 나오게 되는 모세의 율법을 지켜야 한다. 즉 이스라엘 백성은 모세의 율법을 지킴으로 하나님의 백성의 자격을 얻는 것이 아니라 아브라함의 자손이기 때문에 태어남과 동시에 하나님의 백성의 자격을 얻게 된다. 그러나 아무리 아브라함의 자손이라 하더라도 모세의 율법을 어기면 하나님의 백성의 자격을 박탈당하게 된다. 이것이 바로 이스라엘 백성 중에서 끊어지는 것이다(예. 레 7:28).

8절, "내가 너와 네 후손에게 너의 우거하는 이 땅 곧 가나안 일경으로 주어 영원한 기업이 되게 하고"

하나님은 아브라함의 후손이 하나님과 바른 언약 관계에 있다는 보증으로 가나안 땅을 아브라함의 후세에게 주겠다고 약속하셨다. 즉 하나님의 언약이라고 하는 것은 눈에 보이는 것이 아니기 때문에 잘 알 수가 없다. 그런데 이스라엘 백성이 가나안 땅에서 복을 받으면서 잘 지내는 것을 보면 그들이 하나님의 언약을 잘 지키는 것을 알 수 있는 것이다. 그러나 이스라엘 백성이 하나님의 말씀을 어기고 우상을 섬기거나 죄에 빠지면 이스라엘 백성은 외적의 침략이나 기근이나 질병 등으로 어려움을 겪게 된다. 더욱이 이스라엘 백성이 완전히 하나님을 배신하고 버리면 그들은 가나안 땅에서 쫓겨나게 될 것이다.

9절, "그런즉 너는 내 언약을 지키고 네 후손도 대대로 지키라"

하나님께서는 아브라함과 그 후손에게 '믿음'이 무엇인지 분명하게 가르쳐 주셨다. '믿음'이라고 하는 것은 단순히 머리로 생각하는 것이 아니라 하나님의 언약을 지키는 것이다. 물론 이때 하나님의 언약이 모세의 율법같이 명문화되지는 않았다 할지라도 어느 정도는 드러난 것으로 생각된다. 즉 하나님 외에 다른 신을 섬기지 말며, 하나님께는 번제로 제사를 드리고, 살인이나 간음을 해서는 안 되는 계명들은 불문율로 이미 알고 있었던 것이다.

10절, **"너희 중 남자는 다 할례를 받으라 이것이 나와 너희와 너희 후손 사이에 지킬 내 언약이니라"**

'할례'라고 하는 것은 남자의 성기의 표피를 잘라내는 의식이다. 사람들이 어떤 중요한 문서를 작성하고 나면 거기에 도장을 찍어서 진정성을 확인하는 것처럼 할례는 하나님과 이스라엘 백성 사이의 언약의 도장을 몸에 간직하는 것이다. 마치 목장에서 주인이 자기 소의 등에 낙인을 찍어서 자기 소유인 것을 표시하듯이 할례는 이스라엘 백성이 하나님의 백성인 것을 나타내는 표시였다. 그런데 왜 굳이 하나님은 남자의 성기의 표피로 거룩한 하나님의 언약의 표시를 삼으려고 하셨을까? 아마도 남성의 성기의 표피는 이물질 등으로 인하여 불결한 것으로 인식되었던 것 같다. 그래서 하나님은 이스라엘 백성의 할례를 통하여 그들이 이 세상에 태어날 때부터 부패한 본성을 가지고 태어났는데 그것을 잘라 내어야 진정한 하나님의 백성이 될 수 있다는 것을 말씀하시는 것이다. 그런데 하나님께서 여성들에게는 할례를 하게 하시지 않은 이유는 남성을 언약의 대표로 삼으셨기 때문이다.

12절, **"이방 사람에게서 돈으로 산 자를 무론하고 난지 팔일만에 할례를 받을 것이라"**

하나님은 이스라엘 자손들에게만 할례를 시키신 것이 아니라 이방인에게서 산 종이나 혹은 종의 자식들도 할례를 행하게 하셨다. 결국 할례는 완전히 폐쇄적인 제도가 아니라 이방인들에게도 개방이 된 제도였다. 단지 이방인들은 할례를 받고 싶다고 해서 할례를 받을 수 있는 것이 아니라 이스라엘 백성의 종이 되어야만 했다.

14절, **"할례를 받지 아니한 남자 곧 그 양피를 베지 아니한 자는 백성 중에서 끊어지리니"**

아브라함의 자손들은 모두 태어나면서 아브라함의 언약에 의해 자동적으로 하나님의 백성이 될 수 있지만 할례를 거부하는 자는 그 자격을 박탈당하게 된다. 왜냐하면 할례라고 하는 것은 하나님께서 이스라엘 백성의 믿음이 부족함을 보시고 그 연약한 신앙을 눈에 보이는 증거로 도와주시려고 하는 것인데 그것을 거부하는 자는 하나님의 언약을 멸시하는 자이기 때문에 하나님의 백성이 될 자격이 없는 것이다.

15절, **"네 아내 사래는 이름을 사래라 하지 말고 그 이름을 사라라 하라"**

'사래' 라는 이름은 '나의 고귀한 부인' 혹은 '나의 공주', '나의 황태자비' 라는 뜻을 가지고 있다. 그런데 여기서 '나의' 를 뜻하는 '이' 를 빼면 그냥 '고귀한 부인', 또는 '황태자비' 라는 의미를 가지게 된다. 하나님은 '사래' 의 이름에서 '나의' 라는 소유격을 빼게 하심으로 사라가 '모든 사람의 귀부인' 이라는 뜻의 이름을 가지게 하셨다.

16절, **"내가 그에게 복을 주어 그로 네게 아들을 낳아주게 하며 내가 그에게 복을 주어 그로 열국의 어미가 되게 하리니 민족의 열왕이 그에게서 나리라"**

하나님께서 사라의 이름을 바꾸게 하신 이유를 설명하신다. 즉 지금까지 하나님께서 사라에게 자녀를 낳는 복을 주지 않으셔서 사라가 아이를 낳지 못했지만 이제부터는 하나님께서 사라에게 복을 주셔서 많은 자손을 낳게 되며, 특히 열국의 어미가 될 것이라고 하셨다. 결국 사라는 끝까지 인내하여 하나님의 말씀을 붙듦으로써 앞으로 이런 믿음을 가지는 모든 백성의 신앙의 어머니가 되는 것이다.

17절, **"아브라함이 엎드리어 웃으며 심중에 이르되 백세 된 사람이 어찌 자식을 낳을까 사라는 구십 세니 어찌 생산하리요 하고"**

아브라함이 하나님의 말씀을 듣고 웃었던 것은 기가 막혀서 웃은 불신앙의 웃음은 아닐 것이다. 아브라함은 하나님께서 너무나도 귀한 약속을 하시니까 기뻐서 웃었을 것이다. 그러나 다른 한편으로 자기 자신의 육체를 보면 자신은 이미 100세가 되어 있었고, 사라는 90세가 되어서 하나님의 말씀대로 자식을 낳는다는 것은 불가능한 형편이었다. 그럼에도 불구하고 아브라함은 자신들의 늙은 몸을 생각하지 않고 하나님의 말씀을 믿었기 때문에 믿음의 조상이 될 수 있었다.

18절, **"아브라함이 이에 하나님께 고하되 이스마엘이나 하나님 앞에 살기를 원하나이다"**

아브라함이 이렇게 말한 것은 자신의 후손이 가지는 중요성을 아직 잘 깨닫지 못했기 때문이다. 아브라함은 자기 후손이 앞으로 전 인류를 구원할 예수님의 예표라는 것을 알지 못하고, 후손의 문제라면 이스마엘이 있으니까 자기는 더 이상 욕심을 부리고 싶지 않고 이스마엘로도 충분하다고 말을 하였다. 그러나 아브라함이 하나님의 약속에 따라 후손을 가지는 것은 욕심의 문제가 아니라 영원하신 하나님의 뜻인 것이다.

19절, **"하나님이 가라사대 아니라 네 아내 사라가 정녕 네게 아들을 낳으리니"**

여기서 하나님은 한 걸음 더 발전해서 사라가 아이를 낳는다는 것을 분명히 밝히셨다. 하나님께서는 반드시 사라가 아이를 낳게 될 것이라고 말씀하신 것이다. 결국 이 하나님의 말씀의 능력으로 사라는 임신을 해서 아이를 낳게 된다. 나중에 사도 바울은 아이의 신분은 어머니의 지위에 따라서 결정된다고 하면서 자유가 있는 본처에게서 난 자가 언약의 자손이라고 하였다(갈 4:23).

"너는 그 이름을 이삭이라 하라 내가 그와 내 언약을 세우리니"

'이삭' 이라는 이름은 '웃음' 이라는 뜻이다. 이것은 아브라함이 하나님의 말씀을 듣고 웃었기 때문이기도 하지만 이 아들의 탄생이 모든 사람에게 큰 기쁨이 될 것이기 때문이다. 하나님께서는 이삭과 언약을 세울 것이라고 하셨다. 그러나 실제로는 이삭이 상징하는 예수 그리스도와 전 인류를 구원하는 언약을 세우시게 되는 것이다.

20절, **"이스마엘에게 이르러는 내가 네 말을 들었나니 내가 그에게 복을**

주어"

하나님은 아브라함의 언약의 자식이 아닌 육체의 자식 이스마엘에게도 복을 주어서 생육하고 번성하게 하겠다고 축복을 약속하셨다. 그러나 그 복은 영적인 복이 아닌 일반은총의 복인 것이다. 영적인 복은 반드시 언약의 자손을 통해서만 상속된다.

21절, **"내 언약은 내가 명년 이 기한에 사라가 네게 낳을 이삭과 세우리라"**

하나님은 이제 사라가 더 이상 기다리지 않고 1년 안에 이삭을 낳게 될 것이라고 약속하셨다. 오래 기다렸던 아들을 드디어 낳게 되는 것이다. 하나님께서는 하나님의 언약을 내년에 낳게 될 이삭과 세우겠다고 하셨다. 즉 이스마엘은 아브라함의 아들이고 먼저 태어난 자이지만 이 언약의 상대자가 되지 못하는 것이다. 다시 말해 이스마엘은 결코 하나님 앞에서 언약을 체결할 수 있는 상대가 되지 못하는 것이다. 왜냐하면 그는 종의 자식이요, 언약의 자손이 아니기 때문이다.

22절, **"하나님이 아브라함과 말씀을 마치시고 그를 떠나 올라가셨더라"**

하나님께서 사람의 모습으로 아브라함을 찾아오셔서 그와 대화를 나누시고, 그가 보는 앞에서 하늘로 올라가신 것을 말한다. 아브라함은 하나님께서 하늘로 올라가시는 모습을 통하여 자기에게 말씀하신 분이 전능하신 하나님이신 것을 더 확실히 믿게 되었을 것이다.

23절, **"이에 아브라함이 하나님이 자기에게 말씀하신대로 이 날에"**

아브라함의 신앙의 장점은 하나님께서 말씀하신 것은 주저하지 않고 그 즉시 실천에 옮긴 것이다. 하나님께서 아브라함에게 이름을 바꾸라고 하셨을 때 아브라함은 즉시 이름을 바꾸었고, 할례를 행하라고 하셨을 때 그날 즉시 할례를 행하였다.

본문 이해를 위한 질문

1. 이스마엘이 어느 정도 자란 후에 하나님은 아브라함에게 나타나셔서 무엇이라고 말씀하셨는가?

하나님께서는 자신을 전능하신 하나님으로 말씀하시

면서 아브라함에게 하나님 앞에서 행하여 완전하라고 하셨다. 이것은 아브라함이 이스마엘 때문에 하나님의 말씀에 순종하는 것을 중단하고 있는 것을 의미하는 것이다. 그리고 하나님은 아브라함에게 그 이름을 아브람에서 아브라함으로 바꾸게 하셨다.

2. 하나님은 아브라함과 그 후손이 하나님의 백성이 된 것을 어떻게 표시하게 하셨는가?

하나님은 아브라함과 그 후손이 남성의 성기의 표피를 잘라내게 하심으로 하나님의 백성 된 표를 몸에 지니게 하셨다.

3. 하나님은 사라에게 어떤 약속을 주셨는가?

하나님은 사라의 이름을 '사래' 에서 '사라' 로 바꾸게 하시면서 열국의 어미가 되게 하겠다고 하시고, 사라가 낳을 이삭과 언약을 세우겠다고 약속하셨다.

성경 강해

우리는 잘 느끼지 못하지만 우리는 언제나 어떤 언약 속에서 살아가고 있습니다. 예를 들어 우리나라 사람들은 모두 날 때부터 우리나라와 어떤 약속을 맺고 있습니다. 그것은 우리가 태어남과 동시에 우리나라 국민이 되는 자격을 가지고 있는 것입니다. 그래서 우리나라 사람들은 어떤 죄를 지었다고 해서 나라 밖으로 추방되지 않습니다. 그러나 만일 외국인이 우리나라 안에서 심각한 죄를 지었다면 그는 추방되든지 할 것입니다. 그러나 우리나라 시민권을 가진 사람은 어떤 특별한 죄를 짓지 않는 이상 우리나라 안에서 생활하는 데 어떤 제약도 받지 않고 외국으로 추방되지도 않습니다. 그 이유는 나라와 우리 한 사람 한 사람 사이에 약속이 되어 있기 때문입니다.

또 학생들이 대학에 시험을 쳐서 합격하면 그 학교와 어떤 약속을 맺게 됩니다. 즉 그 사람은 그 학교의 학생으로 공부할 권리가 있고 신분이 보장됩니다. 또 중요한 잘못을 하지 않는 이상 그 학교 학생의 자격을 박탈당하지 않습니다.

이것은 부부 관계에서도 마찬가지입니다. 남녀가 서로 결혼을 해서 부부가 되면 정당한 사유가 없는 이상 어느 누구도 그들의 부부 자격을 박탈할 수 없으며, 함께 사는 것을 막을 수 없습니다.

이 세상에는 이렇게 많은 언약이 있지만 그 가운데 가장 중요한 언약이 있는데 그것은 바로 하나님께서 우리와 맺으신 믿음의 언약입니다. 이 믿음의 언약은 우리가 하나님의 말씀을 통해서 하나님을 믿기만 하면 하나님께서 우리를 의롭다 하시고 우리는 축복하시는 언약입니다.

하나님께서 처음 인간이 타락하기 전에 주셨던 언약은 행위 언약이라고 하는 것입니다. 이것은 우리가 하나님 앞에서 죄를 짓지 않고 완전하게 살면 죽음을 통과하지 않고 영생에 들어가는 언약입니다. 그러나 우리 인간은 교만하여 범죄하였으므로 이제는 행위 언약을 지킬 수 없게 되었습니다. 우리 모든 인간은 죄에 빠졌고, 멸망할 수밖에 없게 되었습니다.

그런데 하나님께서는 우리 인간에게 그야말로 파격적인 축복을 주셨는데, 그것은 누구든지 믿음으로 하나님 앞에서 완전해질 수 있는 약속을 하신 것입니다. 이 축복을 가장 구체적인 형태로 받은 사람이 아브라함입니다. 하나님은 아브라함에게 이 약속이 얼마나 위대한 약속인지 기억하도록 하기 위해서 아브라함의 이름을 바꾸게 하셨고, 또 그와 그의 가족 모두가 할례를 받게 하셨습니다. 이것을 보면 하나님께서 아브라함에게 주신 언약이 얼마나 대단한 것인지 알 수 있을 것입니다.

1. 하나님 앞에 완전

우리는 오늘날 나름대로 많은 인생의 숙제를 가지고 살아가고 있습니다. 어떤 분은 직장에서 엄청난 스트레스를 받아 가면서 어려운 과제를 해결해야 하는 분도 있을 것이고, 또 젊은이들은 결혼이나 혹은 진로 문제를 해결해야 할 것입니다. 또 어떤 분은 몸에 있는 병을 치료받아야 하는 숙제를 가진 분도 있을 것이고, 직장 동료와의 관계, 가족과의 관계를 풀어야 하는 숙제를 가진 분도 있을 것입니다. 고3 학생들은 원하는 학교에 들어가야 하는 숙제가 있을 것입니다. 이렇듯 모든 사람은 다 나름대로 이 세상을 살아가면서 풀어야 할 숙제가 있습니다.

그러나 우리가 안고 있는 그 많은 숙제들 중에서 가장 중요한 것이 있습니다. 오늘 성경 말씀은 그것을 지적하고 있습니다.

1절, "아브람의 구십구 세 때에 여호와께서 아브람에게 나타나서 그에게 이르시되 나는 전능한 하나님이라 너는 내 앞에서 행하여 완전하라"

'아브람의 구십구 세 때' 는 아브라함이 이스마엘을 낳고 13년이 된 때입니다. 아마도 아브라함은 이스마엘을 자신의 상속자로 확신하고 지냈던 13년 동안 참으로 행복한 세월을 보내었던 것 같습니다. 그리고 이제 조금 지나면 이스마엘은 성인이 될 것이고 곧 결혼을 하게 될 텐데 그렇게 되면 하나님께서 자신에게 하신 약속이 이루어질 것으로 믿었던 것 같습니다.

그런데 아브라함이 99세가 되었을 때 하나님께서는 아브라함에게 나타나셔서 '나는 전능하신 하나님이라' 고 하시면서 아브라함에게 '너는 내 앞에서 행하여 완전하라' 고 하셨습니다. 이것은 아브라함의 지금까지의 삶이 하나님의 뜻과 전혀 맞지 않고, 또 그의 신앙이 전능하신 하나님을 믿는 신앙이 아니라는 뜻인 것입니다. 즉 하나님은 지금까지 무려 13년 동안 아브라함이 이스마엘을 낳고 열심히 살아온 것을 전혀 인정하지 않으시는 것입니다. 하나님은 아브라함에게 '나는 전능하신 하나님이니까 지금까지 네가 엉터리로 했던 것은 다 버리고 새로 시작하자' 고 말씀하시는 것입니다.

하나님은 아브라함에게 두 가지를 말씀하셨습니다. 하나는 하나님 자신을 소개하신 것입니다. 즉 하나님은 자신을 '전능하신 하나님' 이라고 소개하셨습니다. 이것은 히브리 원어로 '엘 샤다이' 입니다. 하나님은 이 세상에서 못 하시는 것이 없는 분입니다. 하나님은 없는 데서도 모든 것을 만드실 수 있고, 죽은 자도 살리실 수 있는 분입니다. 하나님은 모든 능력과 축복을 다 가진 분입니다. 그런데 하나님께서는 아브라함에게 '너는 내 앞에서 행하여 완전하라' 고 하셨습니다. 하나님은 아브라함에게 이 세상에서 돈을 많이 벌거나 유명해지거나 성공하는 것으로 만족해서는 안 되고, 하나님 앞에서 전혀 죄가 없고 완전한 사람이 되어야 한다고 말씀하신 것입니다.

하나님은 우리 인간의 가장 큰 숙제를 여기에서 말씀하셨습니다. 즉 우리의 가장 큰 숙제는 아이를 낳는 것도 아니고, 직장을 얻어서 돈을 많이 버는 것도 아니며, 병을 고치는 것도 아니고, 공부를 잘하는 것도 아닙니다. 모든 인간의 근본적인 숙제는 하나님 앞에서 완전해야 하는 것입니다.

그러면 하나님께서 아브라함에게 '너는 내 앞에서 행하여 완전하라' 고 하신 것이 아브라함이 하나님 앞에서 전혀 죄가 없이 살 수 있다고 해서 이런 말씀을 하신 것일까요? 그것은 결코 아닙니다. 아브라함도 인간인 이상 하나님 앞에서 절대로 완전하게 살 수 없습니다.

하나님께서 아브라함에게 이 말씀을 하신 것은 두 가지 의미로 생각할 수 있습니다. 첫 번째는 하나님께서 아브라함에게 약속하신 엄청난 축복에 대한 것입니다. 즉 하나님은 아브라함이 하나님의 말씀을 믿고 하나님을 믿었을 때 그의 모든 죄를 다 덮어 주시고 의인이 되게 하셨습니다. 그렇다면 앞으로도 아브라함은 자신의 처지나 세상의 형편을 보지 말고 전능하신 하나님만 믿고 살아가야 하는 것입니다. 결국 믿음은 '믿음으로 살아가는 것' 까지 포함하는 것입니다. 우리가 하나님을 믿음으로 죄 용서를 빌고 새사람이 되었다면 이 세상을 살아가면서 겪는 모든 어려움도 전능하신 하나님을 믿는 믿음으로 이겨 내어야 하는 것입니다.

결국 하나님이 우리에게 원하시는 것은 완전한 삶이 아닙니다. 우리는 아무리 완전하게 살려고 해도 절대로 완전하게 살 수 없습니다. 우리 주변에는 자녀들을 전혀 실수도 하지 않고 잘못도 저지르지 않는 완전한 아이로 키우려고 하는 부모들이 의외로 많습니다. 그래서 아이가 조금만 실수를 하거나 잘못을 해도 야단을 치거나 방에 가두어 두는 등 가혹한 벌을 줍니다. 그러나 그렇게 하면 아이는 심한 강박증을 가지게 되어서 나중에 자신을 전혀 용서하지 못하는 사람이 되고 맙니다.

하나님께서 우리에게 요구하시는 것은 우리가 실수하고 잘못을 저질러도 하나님께서 다 용서해 주신다는 것까지 믿어야 한다는 것입니다. 그러면 우리가 해야 할 것은 무엇입니까? 하나님 앞에서 정직하고 솔직하면 되는 것입니다. 그러나 우리가 그 믿음을 가지고 이 세상을 살아나갈 때 할 수 없는 것이 너무나도 많을 것입니다. 그때 우리는 하나님께서 해결해 주실 것을 믿고 기다려야 하는 것입니다. 그러면 하나님의 때에 하나님의 방법으로 우리를 축복하실 것입니다.

그리고 두 번째는 지금 아브라함은 하나님 앞에 완전하지 못하다는 뜻입니다. 아브라함은 지금 99세에 아들 이스마엘과 함께 매우 만족스러운 생활을 하고 있습니다. 이제 아브라함의 소원은 이루어졌고, 그는 더 이상 자식 문제로는 걱정할 것이 없다고 생각하고 있습니다. 그러나 이스마엘은 하나님이 주실 아들이 아닌 것입니다. 그래서 하나님께서 아브라함에게 '내 앞에서 행하여 완전하라' 고 하신 것은, '네가 이스마엘을 얻은 것은 엉터리 응답이니까 이제부터 다시 시작해야 한다' 고 말씀하시는 것입니다.

예를 들어 어떤 사람이 수술을 받아서 상처가 다 아물었는데 잘못해서 엉뚱한 쪽을 수술한 것이라면 수술을 다시 할 수밖에 없을 것입니다. 마찬가지로 아브라함은 자기 나름대로는 하나님의 응답을 받았고, 모든 것이 다 해결되었다고 생각하고 있었지만 이것이 하나님 앞에서는 잘못된 것이기 때문에 다시 시작해야 하는 것입니다. 그래서 하나님은 아브라함에게 지금 내 앞에서 잘못된 것을 바로잡으라고 말씀하시는 것입니다.

아브라함의 신앙이 위대한 것은, 아무리 자기 생각이 옳다 하더라도 하나님이 아니라고 하시면 자기 뜻을 버리고 다시 시작하는 것이었습니다. 결국 아브라함은 99세의 나이에 다시 시작을 해서 이삭을 가지게 되는 것입니다.

2. 하나님이 주시는 언약

하나님은 아브라함이 99세가 되었을 때 나타나셔서 '내 언약을 나와 너 사이에 세우겠다' 고 말씀하셨습니다.

2절, "내가 내 언약을 나와 너 사이에 세워 너로 심히 번성케 하리라 하시니"

하나님께서는 아브라함에게 '내 언약을 나와 너 사이에 세워 너를 심히 번성케 하겠다' 고 말씀하셨습니다. 즉 하나님께서 아브라함에게 주시는 언약의 결과는 엄청난 축복인 것입니다. 여기서 '번성케 한다' 는 것은 영적으로나 세상적으로 모든 것이 풍성하게 하시겠다는 것입니다. 우선 자손이 많아질 것이며, 이들이 하나님의 복을 받고 세상적인 복도 많이 받게 될 것입니다. 하지만 하나님은 그 언약의 내용이 무엇인지 여기서 구체적으로 설명하지는 않으십니다. 그러나 이 언약은 이스라엘 백성만이 아니라 오늘 우리에게도 아주 중요한 것입니다.

하나님께서 원래 인간에게 요구하신 것은 말씀에 대한 완전한 순종입니다. 즉 우리 인간이 하나님 앞에서 절대적으로 말씀에 순종할 때 죽음을 경험하지 않고 영생에 들어가는 것입니다. 그러나 인간들은 이미 이 자격을 아담 때 상실해 버렸습니다. 그리고 우리 인간의 힘으로는 이 자격을 회복할 수가 없습니다.

그런데 하나님께서는 인간들에게 새로운 축복을 제안하셨습니다. 그것은 하나님이 인간들의 모든 죄를 책임지시겠다는 것입니다. 단지 우리 인간은 죽어라고 하나님의 말씀을 믿기만 하면 되는 것입니다. 하나님의 말씀을 믿는 것은 하나님을 믿는 것입니다. 우리가 하나님을 믿을 때 하나님께서 이것을 우리의 의로 인정하시는 것입니다. 이것이 성경 전체의 대복음입니다. 결국 성경 전체와 기독교 사상을 한마디로 요약하면, 우리가 하나님의 말씀을 믿으면 하나님은 우리를 의인으로 인정하신다는 것입니다.

여기서 우리가 하나님을 믿는다는 것은 일단 자기 자신을 믿지 않는 것입니다. 그리고 세상이 하는 소리를 믿지 않는 것입니다. 그리고 가장 중요한 것은 우리 인생을 하나님의 손에 맡기는 것입니다.

하나님께서 아브라함에게 약속하신 것은 아브라함이 하나님을 믿었을 때 하나님께서 아브라함의 자손들까지도 모두 자동적으로 하나님의 백성이 되는 자격을 주신 것입니다. 즉 이스라엘 백성은 모두 아브라함의 언약 안에서 의인이 되고 하나님의 백성의 자격을 가지고 태어나는 것입니다.

원래는 이스라엘 백성이라고 해서 모두 태어나면서 자동적으로 의인이 될 수는 없습니다. 그러나 하나님께서는 아브라함에게 약속하시기를, 이스라엘 백성은 모두 부모에게서 태어나면서 전도가 되기 때문에 이스라엘 백성은 모두 태어나면서 자동적으로 하나님의 백성의 자격을 가지고 태어난다는 것입니다. 하나님의 율법을 어기지 않는 이상 그들은 결코 하나님으로부터 버림받지 않습니다.

이것을 비유로 들자면 한국인 부모 밑에서 태어나면 자동적으로 대한민국 국민이 되는 것과 같습니다. 우리는 우리나라 안에서 계속 살았기 때문에 국적의 중요성을 잘 모르지만 중국이나 동남아 국가에서 우리나라에 들어온 사람들 중에는 시민권이 없어서 불법 체류를 하다가 발각되어 추방당하는 사람들이 많은 것입니다.

그러나 이스라엘 백성은 단지 아브라함의 자손이기 때문에 태어나면서부터 하나님의 백성의 자격을 얻게 됩니다. 정확하게 말하자면 태어나면서부터가 아닐 수도 있습니다. 왜냐하면 이스라엘 백성은 난 지 8일 만에 할례를 받기 때문입니다. 그래서 태어나서 8일 동안은 할례를 받지 않은 상태에 있습니다. 그러나 그것은 아주 짧은 기간이기 때문에 거의 태어남과 동시에 의인의 자격을 얻게 된다고 보아야 합니다. 그 이유는 아브라함의 자손들의 피가 거룩하기 때문이 아닙니다. 그것은 하나님의 언약 때문입니다. 하나님께서 그렇게 약속을 하셨기 때문입니다.

이스라엘 백성은 그야말로 조상 한 분을 잘 두는 바람에 엄청난 축복을 받았습니다. 그것은 하나님 앞에서 믿음으로 의인이 되는 자격을 얻는 것입니다. 그리고 그 축복의 결과는 '심히 번성케 되는 것' 입니다. 즉 하나님께서 이들에게 하늘의 복을 부어 주셔서 이 세상에서 최고로 복을 받는 사람들이 되게 하실 뿐 아니라 세상적인 복도 모두 주시는 것입니다.

하나님의 말씀을 들은 아브라함은 땅에 엎드렸습니다. 이것은 무엇을 의미합니까? 아브라함이 이 모든 것을 인정한다는 것입니다. 아브라함은 하나님의 말씀 앞에 엎드렸습니다. 아브라함은 하나님의 말씀 앞에 따지거나 논쟁하지 않았습니다. 즉 '내가 이 아들을 13년 동안 키웠고, 또 하나님께서 나의 아들로 태어나게 하셨는데 지금에 와서 이 말씀을 하시면 어떻게 하느냐' 고 반박하지 않았습니다. 아브라함은 하나님이 말씀하실 때 그 앞에 엎드렸습니다. 그 이유는 아브라함도 마음속으로는 그동안 은혜를 받지 못해서 답답했기 때문입니다. 그래서 이제는 자기의 모든 생각을 버리고 하나님의 말씀 앞에 전폭적으로 복종하겠다는 뜻을 보인 것입니다.

이것이 신앙인의 아름다움입니다. 신앙인의 아름다움은 아무리 자기 생각이 옳고 하나님의 뜻이 이해가 되지 않더라도 일단 하나님의 말씀 앞에 무릎을 꿇는 것입니다.

아브라함은 이제 하나님께서 무엇을 말씀하시든지 전적으로 복종할 뜻을 보였고, 하나님께서는 아브라함에게 새로운 이름을 주셨습니다.

5절, "이제 후로는 네 이름을 아브람이라 하지 아니하고 아브라함이라 하리니 이는 내가 너로 열국의 아비가 되게 함이니라"

우리가 어떤 사람에게 새로운 이름을 주는 것은 지금까지 살아온 것은 무효로 하고 새로운 인생을 살아가라는 것을 의미합니다. 새 출발을 할 때 보통 우리는 이름을 새 이름으로 바꿉니다. 예를 들어 어느 가게가 있는데 운영이 잘 되지 않아서 주인이 바뀌면 인테리어나 간판을 바꾸고 이름도 바꾸어서 새롭게 장사를 시작합니다. 이것은 이제 새로운 가게로 새로 시작하겠다는 뜻입니다.

하나님께서 아브라함에게 새로운 이름을 주신 것은 아브라함이 99세에 다시 출발한다는 뜻입니다. 아브라함은 지금까지 이스마엘을 자기 아들로 삼고 만족했지만 하나님은 그것을 다 무효로 하고 새로 시작하게 하셨습니다.

'아브람' 은 '존귀한 아버지' 라는 뜻입니다. 아마 원래 발음은 '아비람'

이었을 것입니다. 왜냐하면 히브리 어에서 '아비'가 '아버지'라는 뜻이기 때문입니다. 그런데 '아브라함'은 '많은 사람들의 아버지'라는 뜻입니다. 아람 어에서 '루함'이라는 말은 큰 숫자를 의미합니다. 그래서 '아비-루함'이라고 하면 '아주 큰 무리의 아버지'라는 뜻이 됩니다. 아브라함은 아들 하나로 만족하려고 했지만 하나님은 그가 아주 큰 무리의 아버지가 될 것이라고 약속하셨습니다. 아마 다른 사람들은 아브라함이 이름을 바꾸는 것을 보고 '저 노인이 앞으로 산다면 얼마나 산다고 이제 이름을 새로 바꾸는 거야?' 라고 속으로 욕했을지도 모릅니다. 그러나 하나님이 바꾸라면 바꾸는 것이고, 새로 시작하라면 새로 시작하는 것입니다.

그런데 여기서 아브라함의 이름을 바꾼 것이 아주 중요합니다. '아브라함'은 '열국의 아비'라는 뜻인데, 이것은 문자 그대로 해석하면 아브라함에게서 많은 민족이 나온다는 뜻입니다. 즉 아브라함은 단일 민족의 조상이 아니고 복수 민족의 조상이 된다는 뜻입니다. 요즘 우리나라는 이미 단일 민족이 아니라고 합니다. 농촌에 가 보면 베트남이나 필리핀 등지에서 시집온 여성들이 많이 있습니다. 그래서 사회에서는 한국인 남자와 베트남이나 필리핀에서 온 여성 사이에서 태어난 아이들을 '다민족 어린이'라고 합니다. 또 해운대 같은 바닷가에 가 보면 한국 여성들이 서양 남자들과 결혼을 해서 아이들을 데리고 나온 것을 심심찮게 볼 수 있습니다. 특히 외국에 이민을 간 교포 2세들은 국제결혼을 많이 한다고 합니다.

그런데 여기에서 말하는 다민족은 아브라함과 상관이 없는 자들이 아브라함의 가족 안으로 들어오게 되는 것입니다. 어떻게 들어옵니까? 접붙임을 통해서입니다. 이것을 사도 바울은 아주 놀라운 예를 가지고 설명을 합니다. 어떤 감람나무가 있었습니다. 그런데 그 나무 자체는 좋은데 열매가 잘 맺히지 않았습니다. 그래서 주인은 가지를 잘라버리고 돌감람나무를 접붙였습니다. 그랬더니 엄청나게 많은 열매가 맺혔습니다.

하나님께서 택하신 백성들을 잘라 내시고 많은 이방인들을 아브라함의 가족으로 접붙이셨습니다. 어떻게 접붙이셨습니까? 믿음으로 접붙이셨습니다. 이것이 예수 그리스도 안에서 폭발적으로 이루어지게 되었습니다.

그래서 이제는 누구든지 예수를 믿기만 하면 인종이나 피부색이나 언어나 신분의 귀천에 상관없이 모두 하나님의 자녀가 되게 되었습니다. 우리도 예수 그리스도를 믿음으로 복된 아브라함의 가족이 되었습니다.

3. 언약의 표시

우리는 대개 언약을 세울 때 말로 하지만, 말로 하는 언약은 잊어버릴 수 있습니다. 그래서 중요한 언약은 예식을 통해서 하고, 증서를 만들어서 도장을 찍습니다. 예를 들어 결혼의 언약은 결혼식을 함으로써 확증되고, 국민이 되는 것은 호적을 함으로써 자격을 얻게 됩니다. 학생은 입학식을 하고 학생증을 교부받아야 그 학교의 학생이 됩니다. 옛날에는 대학생들도 교복이 있었고, 배지를 달았습니다. 즉 배지를 단다는 것은 그 학교 학생이라는 표시였던 것입니다. 그런데 어느 순간부터 대학생들이 배지를 달지 않게 되었습니다.

또 짐승 같은 경우에는 낙인을 찍어서 자기의 짐승인 것을 표시합니다. 소나 말에게 낙인을 찍으면 아무리 도둑질을 해도 어느 집 소인지 표시가 납니다. 하나님께서는 아브라함에게 모든 이스라엘 백성으로 하여금 난지 8일 만에 몸에 할례를 받도록 하셨습니다. 이 할례가 하나님의 백성이라는 표시인 것입니다.

10-11절, “너희 중 남자는 다 할례를 받으라 이것이 나와 너희와 너희 후손 사이에 지킬 내 언약이니라 너희는 양피를 베어라 이것이 나와 너희 사이의 언약의 표징이니라”

‘할례’라고 하는 것은 남성의 성기 표피를 자르는 것입니다. 요즘으로 말하면 포경수술과 같은 것입니다. 그런데 왜 하나님께서는 하필 하나님의 거룩한 언약의 표시로 남자들의 성기 표피를 자르게 하셨을까요?

우리는 할례의 의미를 두 가지로 생각할 수 있습니다. 하나는 영적인 의미입니다. 하나님께서 우리 몸에서 성기의 표피가 불결하다고 보셔서 모든 남자의 성기 표피를 자르게 하심으로 우리 안에 있는 정욕과 혈기와 타락한 본성을 하나님 앞에서 자르게 하신 것입니다. 물론 성기 표피를 자른다고 해서 혈기나 타락한 본성 자체가 없어지는 것은 아니지만 그것을 하나님 앞에서 인정하는 것이 중요합니다. 즉 '우리는 태어날 때부터 악한 죄인이지만 오직 하나님의 은혜로 거룩함을 받습니다' 라는 뜻입니다.

그리고 또 하나는 옛날에 성기에 언약을 세우는 것은 상속의 의미가 있었습니다. 즉 성기에 언약을 표시함으로 하나님의 백성의 자격이 자식에게 상속되는 것입니다. 즉 몸에 할례가 있는 사람은 하나님의 소유이기 때문에 어느 누구도 함부로 훔쳐 가지 못합니다. 또 우리 자신도 죄를 짓고 불순종할 때에는 하나님의 백성이 아닌 것 같은데 이 표시를 통해서 하나님의 은혜를 회복할 수 있습니다.

한때 불량 서클에 가입한 청소년들이 위세를 과시하느라고 몸에 문신을 새기는 것이 유행한 적이 있습니다. 어떤 사람은 정말 혐오감이 생길 정도로 등과 배 전체 그리고 다리에 문신을 새겨 넣은 사람도 있습니다. 그런데 이 청소년들이 소년원에 가서 정신을 차리면 가장 많이 하는 것이 문신을 지우는 시술을 받는 것이라고 합니다. 그러나 할례는 완전히 잘라버리는 것이기 때문에 지울 수가 없습니다. 그러니까 한번 하나님의 백성이 되면 죽을 때까지 그 표시를 가지고 살아야 하는 것입니다.

그런데 하나님께서 진심으로 원하신 것은 마음의 할례였습니다. 이것은 내 안에 있는 혈기나 정욕이나 타락한 본성에 깊이 실망하고 하나님 앞에서 내 가슴에 칼을 찔러서 나의 옛사람을 죽이는 것입니다. 그리고 예수님과 함께 새사람으로 태어나는 것입니다. 그래서 할례는 일종의 세례의 전단계였습니다. 세례도 정확한 의미는 우리가 한번 죽는 것입니다. 우리가 십자가에 못 박히신 예수님을 믿을 때 우리는 예수님과 함께 죽게 됩니다. 그리고 우리의 옛사람은 완전히 청산하고 새사람으로 다시 태어나게 됩니다.

가끔 스파이 영화를 보면 죄를 짓고 감옥에 있는 죄수를 죽은 것으로 가장하고 새 신분증을 주어서 새로운 임무를 주는 것을 볼 수 있습니다. 우리가 예수를 믿을 때 우리의 옛사람은 죽게 됩니다. 그리고 우리는 완전히 새사람으로 다시 태어나게 됩니다. 그런데 실제로 우리는 새사람이 됩니다. 그 이유는 우리가 하나님을 믿을 때 우리의 생각과 가치관과 사는 방식이 모두 완전히 변하기 때문입니다.

그런데 하나님은 모든 이스라엘 백성이 난 지 8일 만에 할례를 받게 하셨습니다. 물론 태어나자마자 할례를 주는 것도 좋을 것입니다. 그러나 하나님께서 8일을 기다리게 하신 것은, 아무리 이스라엘 백성이라 하더라도 8일 동안은 무할례자이고 죄인이라는 것입니다. 그러다가 할례를 받음으로 하나님의 백성의 자격을 얻게 되는 것입니다. 그리고 아무리 아버지가 할례를 받았다 해도 자식도 할례를 받아야 합니다. 왜냐하면 아무리 아버지가 이스라엘 사람이고 신앙이 좋다고 해도 자식은 여전히 죄인의 상태에서 태어나기 때문입니다. 그래서 이스라엘 백성은 태어나면서부터 전도받고, 자라면서 전도받는다고 생각해야 합니다. 즉 이스라엘의 자녀들은 지속적으로 하나님의 말씀을 배우는 것을 전제로 하고 미리 은혜로 하나님의 백성의 자격을 얻는 것입니다.

하나님께서 아브라함과 그 자손들에게 언약을 지키라고 한 것은 그들 스스로의 능력으로 언약을 지키라는 뜻이 아닙니다. 이것은 우리가 날마다 자신의 부족함을 발견하고 계속 하나님의 도우심을 구할 때 우리가 믿음을 지킬 수 있다는 뜻입니다.

만일 하나님의 언약의 표시를 다른 곳에 새겨 놓았더라면 사람들은 날마다 그것을 자랑하면서 다녔을 것입니다. 언약의 표시를 팔뚝에 새겨 놓았더라면 이스라엘 백성은 매일 팔뚝을 자랑했을 것이며, 다리에 새겨 놓았더라면 매일 다리를 걷어 내 놓고 자랑했을 것입니다. 그러나 그 표시를 부끄러운 곳에 새겨 놓으시니까 도저히 자랑할 수가 없는 것입니다. 하나님께서는 이 언약의 표시를 자랑거리로 삼지 못하게 하시고 혼자 은밀하게 하나님의 언약을 생각하며 어려울 때마다 하나님의 도우심을 구하게 하셨습니다. 하나님만이 내 속 깊은 곳에 있는 언약의 상처를 아시고 나의 연약함을 아시고 도와주실 것입니다.

그러나 이 할례는 이방인에게도 열린 약속이었습니다.

12-13절, "대대로 남자는 집에서 난 자나 혹 너희 자손이 아니요 이방 사람에게서 돈으로 산 자를 무론하고 난지 팔일 만에 할례를 받을 것이라 너희 집에서 난 자든지 너희 돈으로 산 자든지 할례를 받아야 하리니 이에 내 언약이 너희 살에 있어 영원한 언약이 되려니와"

하나님은 이스라엘 백성 가운데 있는 이방인들도 이 할례를 받을 수 있을 뿐 아니라 오히려 할례를 받지 않으면 안 되게 명령하셨습니다. 이들은 모두 빚을 갚지 못해서 이스라엘에 노예나 종으로 팔려 온 사람들입니다. 하나님은 이들도 하나님의 이 귀한 언약에 동참하게 하셨습니다. 이스라엘 사람들 가운데 살고 있는 이방인들은 아주 불행한 사람들입니다. 그들은 가족과 친구들을 다 잃고 이스라엘에 노예로 팔려 와 있습니다. 그러나 하나님은 이들이 세상에서는 불행한 사람일지 몰라도 하나님의 축복에 동참할 수 있게 하셨습니다. 그래서 그들에게도 안식일 제도가 적용되었습니다. 특히 이방인 여자들 가운데 이스라엘 남자와 결혼하여 아들을 낳은 자는 당당하게 하나님의 땅을 소유할 수 있었습니다.

하나님께서는 요엘 선지자를 통하여 놀랍게도 '남종과 여종에게 내 영을 부어 주겠다' 고 약속하셨습니다.

우리는 이방인으로서 하나님을 알게 되어 이 놀라운 축복 안에 들어오게 되었습니다. 하나님께서 우리에게 기대하시는 것이 무엇입니까? 완벽하고 세련된 신앙생활이 아닙니다. 오직 하나님의 은혜에 감사하고, 부족하지만 하나님의 말씀에 순종하는 것입니다.

누구에게 하나님의 능력이 나타납니까? 자기가 완전하지 않다는 것을 인정하고 실수를 두려워하지 않고 믿음대로 행하는 사람들에게 나타납니다. 하나님은 그런 사람을 참으로 사랑하셔서 성령의 역사가 나타나게 하시고, 하나님의 능력이 나타나게 하십니다.

하나님께서는 아브라함의 자손들과 접촉하는 모든 사람들이 이 축복 안으로 들어오기를 원하셨습니다. 즉 자기가 원해서 들어왔건 원하지 않아서 들어왔건 결과적으로 큰 축복이 되게 하셨습니다.

그러나 하나님은 만일 누구든지 할례를 행하지 않으면 더 이상 이 공동체 안에 있을 수 없음을 분명히 하셨습니다.

14절, “할례를 받지 아니한 남자 곧 그 양피를 베지 아니한 자는 백성 중에서 끊어지리니 그가 내 언약을 배반하였음이니라”

이것은 아무리 믿음에 자신이 있다 하더라도 지킬 것은 지켜야 한다는 뜻입니다. 즉 누구든지 할례를 무시하는 자는 하나님의 축복이 끊어지게 됩니다. 결국 우리는 하나님의 도움이 없으면 끝까지 살아 있는 믿음 생활을 할 수가 없습니다. 자기 나름대로는 잘 믿는 것 같은데 결국 죽은 믿음이 되고 맙니다.

4. 불임의 여성 사라

아브라함의 아내 사라는 믿음이 좋은 여인이었으나 90세가 될 때까지 아이를 낳지 못해서 많은 고통을 받아야만 했습니다. 그런데 하나님께서는 사라가 90세가 되었을 때 새로운 이름을 주셨습니다.

15-16절, “하나님이 또 아브라함에게 이르시되 네 아내 사래는 이름을 사래라 하지 말고 그 이름을 사라라 하라 내가 그에게 복을 주어 그로 네게 아들을 낳아주게 하며 내가 그에게 복을 주어 그로 열국의 어미가 되게 하리니 민족의 열왕이 그에게서 나리라”

지금까지 아브라함의 아내의 이름은 ‘사래’ 였습니다. 그런데 하나님께서는 이제부터 ‘사라’ 로 바꾸라고 말씀하십니다. ‘사래’ 라는 이름과 ‘사라’ 라는 이름은 뜻이 같은데 끝에 ‘이’ 라는 모음이 붙었다는 것이 차이가 있습니다.

원래 사라나 사래는 모두 영어로 ‘프린세스’, 즉 ‘왕자비’ 혹은 ‘귀부인’ 이라는 뜻입니다. 그런데 히브리 어에서 ‘이’ 라는 말은 ‘나의’ 라는 뜻입니다. 그래서 ‘사래’ 라고 하면 ‘나의 왕자비’ 라는 뜻입니다. 그런데 하나님께서는 ‘나의’ 라는 말을 빼고 그냥 ‘왕자비’ 로 부르게 하셨습니다.

이것은 사라가 지금까지는 아브라함의 왕자비요, 귀부인이었다는 뜻입니다. 다른 사람들은 전혀 사라를 존경하지 않았습니다. 왜냐하면 사라는 불임 여성이어서 아이를 낳지 못했기 때문입니다. 그런데 이번에 하나님께서는 이름을 '사래'에서 '사라'로 바꾸라고 명령하셨습니다. 이것은 '나의'라는 말을 빼라는 뜻입니다. 즉 하나님께서 이제부터 사라를 모든 사람들로부터 존경을 받고 높임을 받는 여성으로 만들겠다는 뜻입니다. 그 이유가 무엇입니까? 아들을 낳게 해 주시는데, 이 아들이 그냥 아들이 아니라 온 세상을 품에 안을 위대한 아들이기 때문입니다.

그러면 왜 하나님께서는 그동안 사라의 태를 열어 주지 않으셔서 그를 부끄럽게 하시고 다른 사람들로부터 무시를 당하게 하셨을까요? 그것은 하나님께서 사라를 낮추시기 위해서였습니다.

보통 어머니들은 하나님을 믿는다고 하면서도 사실 하나님보다는 남편이나 아들을 믿을 때가 더 많습니다. 그런데 아들이 없으면 남편도 붙들지 못하니까 죽어라고 하나님을 붙잡을 수밖에 없습니다. 그러면서 먼저 어머니 자신이 하나님 앞에서 철저하게 죽어집니다. 이런 식으로 준비된 어머니에게서 태어난 아이들이 이스라엘의 위대한 구원자가 되는 것입니다.

구약성경에서 위대한 어머니들은 모두 이렇게 아이를 낳지 못하는 불임 여성들이었습니다. 사라가 그런 사람이었고, 사무엘의 어머니 한나가 그러했으며, 삼손의 어머니인 마노아의 아내도 그러했습니다. 신약 시대의 세례 요한의 어머니 엘리사벳도 불임 여성이었습니다. 그들은 모두 아이를 낳지 못하는 비참한 경험을 통하여 하나님 앞에 철저히 깨어지고 또 깨어졌습니다. 그러면서 그들의 모든 자존심이나 교만은 다 사라지고 철저하게 모든 것을 하나님께 맡기는 사람들이 되었습니다. 그들은 많은 어머니들이 자식을 통하여 자신을 뽐내고 자식을 통하여 더 교만해지는 것을 보았습니다. 그래서 이 어머니들은 먼저 자신들이 철저하게 죽었고, 그 다음에 아이들을 자기 사람으로 키우지 않았습니다. 하나님의 손에 실컷 연단받게 하고 하나님의 사람으로 자라게 했습니다. 이런 위대한 어머니 밑에서 자란 사람들이 모두 이스라엘을 어려움에서 건져 낸 구원자들이 되었습니다. 진정한 신앙의 인물들은 자기도취에 빠진 자들이 아니라 사실을 사실로 인정하면서도 하나님을 의지하는 믿음을 가진 자들입니다.

이것은 오늘날도 마찬가지입니다. 이 세상을 이기고 이 세상에서 모든 사람을 건져 낼 수 있는 자는 자기 신화나 우월감에 빠져서 우쭐거리는 자가 아닙니다. 현실을 현실로 인정하면서도 철저하게 하나님을 의지하는 믿음을 가진 자들입니다.

이런 불임 여성들은 자신도 모르는 사이에 그리스도의 탄생을 준비하는 사람들이 되었습니다. 불임 여성 가운데 가장 주목할 만한 불임 여성은 예수님의 모친 마리아입니다. 그는 신체적인 불임이 아니라 도덕적인 불임 여성이었습니다. 즉 마리아는 결혼을 하지 않았기 때문에 아이를 낳아서는 안 되는 여인이었습니다. 그러나 마리아 그도 믿음으로 아이를 낳음으로 모든 사람을 죄에서 건지는 일을 도왔습니다.

만일 하나님께서 분명히 나를 사랑하시는데도 불구하고 나를 계속 낮아지게 하신다면 분명히 이유가 있을 것입니다. 그것은 나로 하여금 자랑하지 말라는 것입니다. 하나님은 아직도 내 안에 남아 있는 교만의 껍질을 깨심으로 진정으로 하나님의 손에 사용되는 자가 되기를 원하시는 것입니다. 모든 사람의 사랑과 존경을 받는 신앙의 사람으로 만들려고 하시는 것입니다.

그러나 아브라함은 아직도 자기 나이에 자신이 없었습니다. 그래서 그는 웃으면서 백 세 된 사람이 어떻게 아이를 가지겠느냐고 하면서 이스마엘이 아들이 되기를 바란다고 했습니다.

17-18절, "아브라함이 엎드리어 웃으며 심중에 이르되 백세 된 사람이 어찌 자식을 낳을까 사라는 구십 세니 어찌 생산하리요 하고 아브라함이 이에 하나님께 고하되 이스마엘이나 하나님 앞에 살기를 원하나이다"

하나님께서 아브라함에게 사래의 이름을 사라라고 고치라고 하시면서 이제 사라가 그에게 아들을 낳아 줄 것이라고 말씀하셨을 때 아브라함은 엎드려 웃었습니다. 어떤 사람은 아브라함이 하나님의 말씀 앞에서 웃은 것에 대하여 그가 너무 기뻐서 웃은 것이라고 해석합니다. 그러나 여기서 아브라함이 웃은 것은 기뻐서 웃은 것이 아니고 너무 기가 막혀서 웃은 것입니다. 아브라함은 일단 하나님의 말씀 앞에서는 무릎을 꿇고 엎드렸습니다. 그러나 역시 아들 문제에 있어서만은 하나님의 말씀을 받아들이기가 어려웠습니다. 아브라함은 하나님의 말씀이 너무 현실성이 없어서 웃음이 나왔던 것입니다. 그러나 이것은 분명히 아브라함의 불신앙이었습니다.

아브라함이 하나님의 말씀에 대하여 웃은 이유가 무엇입니까? 백 살이 된 노인에게 아들을 주신다고 하니까 기가 막혀서 웃음이 나온 것입니다. 백 살 된 노인이 어떻게 아이를 낳으며, 90세 된 할머니가 어떻게 아이를 낳아서 젖을 먹일 수 있습니까? 아브라함은 하나님의 말씀을 믿지만 현실을 보니까 너무나도 어처구니가 없고 기가 막힌 말씀이었습니다. 그래서 아브라함은 하나님께 이제 아들 이야기는 그만 하시고 이스마엘이나 아들을 삼게 해 달라고 했습니다.

'이스마엘이나 하나님 앞에 살기를 원하나이다.'

이 말이 무슨 뜻입니까? 그는 하나님께 이제 아들 문제에 대해서만큼은 더 말씀하지 말아 달라고 한 것입니다. 그러나 하나님은 분명히 말씀하셨습니다.

19절, "하나님이 가라사대 아니라 네 아내 사라가 정녕 네게 아들을 낳으리니 너는 그 이름을 이삭이라 하라 내가 그와 내 언약을 세우리니 그의 후손에게 영원한 언약이 되리라"

하나님께서 아브라함에게 새 아들을 주시려는 것은 그 아들이 언약의 당사자이기 때문입니다. 즉 아브라함의 언약은 말만 아브라함의 언약이지 그가 주인공은 아닌 것입니다. 언약의 당사자는 아브라함의 아들이었습니다. 그러나 그 아들 이삭도 주인공이 아니었습니다. 바로 그리스도가 이 약속의 아들인 것입니다.

아브라함은 왜 하나님께서 아들을 빨리 주시지 않는지 이해가 되지 않았습니다. 그런데 차차 시간이 지남에 따라 하나님이 주시는 아들이 보통 아들이 아닌 것을 깨닫게 되었습니다. 그는 모든 인간을 구원하실 하나님의 아들이셨던 것입니다. 그래서 예수님은 유대 인들에게 "너희 조상 아브라함은 나의 때 볼 것을 즐거워하다가 보고 기뻐하였느니라"(요 8:56)라고 말씀하셨습니다. 결국 아브라함은 단순히 한 개인의 아들이 아니고 하나님의 아들을 믿는 믿음을 가지게 된 것입니다.

그래서 아브라함에게는 두 자손이 생기게 됩니다. 하나는 이스마엘 같은 육신의 자손이고, 다른 하나는 이삭과 같은 믿음의 자손입니다. 즉 말씀으로 변화되면 믿음의 자손이 되는 것이고, 말씀이 없으면 육신의 자손이 되는 것입니다.

20절, "이스마엘에게 이르러는 내가 네 말을 들었나니 내가 그에게 복을 주어 생육이 중다하여 그로 크게 번성케 할찌라 그가 열 두 방백을 낳으리니 내가 그로 큰 나라가 되게 하려니와"

우리는 나름대로 많은 숙제를 가지고 살아가고 있습니다. 그러나 가장 중요한 것은 하나님 앞에서 의인이 되는 것입니다. 이것이 안 되면 이스마엘이 받은 복밖에 받지 못합니다. 즉 이 세상의 복만 움켜쥐고 사는 것입니다.

우리가 하나님을 믿으면 이제는 믿음으로 사시기 바랍니다. 모든 것을 믿으시기 바랍니다. 그리고 우리는 하나님 앞에서 완전하지 못합니다. 그러나 우리 자신을 하나님의 말씀과 성령에 쳐 복종시키면 완전하게 됩니다. 오늘도 하나님이 우리를 깨끗게 하시며 우리의 부족하고 깨어지고 상처 난 부분을 다 고쳐 주셔서 다시 믿음으로 새 힘과 능력을 얻으시기를 바랍니다.

성경 토의

1. 하나님은 앞으로 하나님이 주실 언약의 자손인 이삭 대신에 종의 아들인 이스마엘로 만족하고 있는 아브라함에게 '나는 전능하신 하나님이라 내 앞에 행하여 완전하라'고 하셨다. 나는 혹시 내 수준에서 하나님의 뜻을 왜곡되게 생각해서 더 이상 하나님의 말씀을 좇지 않고 주저앉아 있지는 않은가?

2. 하나님은 아브라함과 그 자손들에게 하나님의 백성 된 표시로 몸에 할례를 받으라고 하셨다. 할례의 의미는 무엇이며, 세례와는 무엇이 다른가?

3. 아브라함이 99세가 되어서 하나님으로부터 새로 아들을 낳게 하겠다는 말씀을 들었을 때 한편으로는 기뻐서 웃으면서도 다른 한편으로는 굳이 그렇게까지 하실 필요가 없다고 생각하여 이스마엘이나 하나님 앞에서 살기를 바란다고 말했다. 우리도 하나님의 말씀을 듣고 한편으로는 너무나도 기쁘고 반갑지만 다른 한편으로는 믿을 수가 없어서 반신반의하는 경우는 없는가?

24_하나님의 방문

창세기 18:1-33

전체적 설명

하나님께서 사람의 몸으로 이 세상에 오셔서 우리 인간을 만나시고 교제를 나누신다는 것은 우리 인간의 머리로는 도저히 상상할 수 없는 일이다. 그러나 실제로 하나님께서는 전혀 예고 없이 자신의 신분을 드러내지 아니하시고 아브라함을 찾아오셔서 아브라함과 만나시고 그와 교제하시면서 인간의 언어로 하나님의 계획을 들려주셨다. 이것은 장차 그리스도께서 인간의 몸으로 이 세상에 오셔서 우리 인간을 만나시고 하나님의 뜻을 전해 주실 것의 예표가 되는 일이다. 하나님께서는 인간의 몸으로 찾아오셔서 사라가 1년 후에 아이를 낳을 것과 소돔과 고모라가 그 죄악으로 인하여 멸망할 것을 말씀하신다.

설교 프리노트

1절, "여호와께서 마므레 상수리 수풀 근처에서 아브라함에게 나타나시니라"

하나님께서 친히 사람의 몸으로 아브라함을 찾아오셨다. 성경에는 하나님을 본 사람은 아무도 없다고 했는데(요 1:18) 아브라함을 찾아오신 여호와는 과연 누구신가? 이분은 나중에 인간의 몸을 입고 이 세상에 오신 성자 하나님이시다. 우리가 이것을 보면 구약성경에서 '여호와'라는 칭호가 반드시 성부에게만 쓰인 것은 아니라는 것을 알게 된다. 그리고 성자께서 구약 시대에도 자기 백성들을 위하여 적극적으로 일하셨고, 자주 그들을 위하여 나타나신 것을 볼 수 있다.

'마므레 상수리 수풀'은 당시에는 헤브론에서 어느 정도 이름이 있는 수풀이었던 것 같고, 아브라함은 헤브론에 있을 때 자주 이 수풀 근처에서 장막을 치고 목축을 했던 것으로 보인다.

"오정 즈음에 그가 장막 문에 앉았다가"

원문에는 '더운 시간'으로 되어 있다. 팔레스타인은 정오 무렵은 날씨가 매우 덥기 때문에 사람들은 거의 활동을 하지 않고 나무 그늘에서 잠을 자면서 휴식을 취한다. 특히 목축하는 사람들은 양이나 소를 치려면 아침 일찍부터 움직여야 하기 때문에 더운 낮에는 쉬어야 저녁에 일을 할 수가 있다. 그런데 이 쉬는 시간에 사람이 찾아왔다면 그 사람은 불청객임이 분명했다. 하나님께서 우리에게 은혜를 주실 때 언제나 우리의 믿음을 시험해 보신다. 그래서 하나님은 귀찮은 시간에 우리를 찾아오셔서 우리가 하나님의 축복을 받을 준비가 되어 있는지 확인해 보신다. 그래서 우리는 특히 힘들거나 어려울 때 하나님께서 은혜 주시는 때인 줄 알고 다른 사람에게 함부로 대하지 않는 것이 좋다. 혹시 나를 성가시게 하는 사람이 있다 할지라도 하나님이나 천사일지 모른다는 생각을 가지고 친절하게 대하다 보면 오히려 그런 사람을 통해서 은혜를 받게 될 때도 많이 있다.

2절, **"셋이 맞은편에 섰는지라 그가 그들을 보자 곧 장막 문에서 달려나가"**

아브라함을 찾아온 불청객은 세 사람이었다. 그 중에 한 분은 여호와이셨고, 다른 두 사람은 소돔과 고모라를 멸망시키기 위하여 온 하나님의 천사였다. 아브라함은 귀찮은 시간에 자기 앞에 나타난 낯선 사람들을 보았을 때 조금도 귀찮아 하거나 모르는 체하지 않고 적극적으로 그들 앞에 달려 나가서 그들을 영접하였다.

3절, "내 주여 내가 주께 은혜를 입었사오면 원컨대 종을 떠나 지나가지 마옵시고"

우리는 아브라함이 알지도 못하는 사람들에게 어떻게 이렇게 친절할 수 있었는지 이해가 되지 않을 것이다. 그러나 아브라함은 이렇게 더운 날씨에 어디론가 가야 하는 나그네가 있다면 그는 분명히 어려운 일이 있는 사람이며, 그런 사람을 도와야 하는 것이 자신의 의무라고 생각한 것 같다. 나중에 신약 교회에서도 모르는 사람들에게 친절하게 대하는 것이 미덕이 되었다(히 13:2).

6절, "아브라함이 급히 장막에 들어가 사라에게 이르러 이르되"

아마도 아브라함의 식구들은 모두 이 더운 시간에 나무 그늘에서 낮잠을 자고 있었을 것이다. 그러나 아브라함은 갑자기 나타난 세 사람의 불청객을 위해서 식구 전체를 깨워서 이들을 대접할 음식을 준비하게 했다. 그러나 아브라함의 가족 중에는 자는 시간에 사람을 깨워서 일을 시킨다고 불평하는 사람이 한 사람도 없었다. 이것을 보면 아브라함의 가족이 남을 섬기는 일에 얼마나 준비가 되어 있었는지 알 수 있다.

6절 하, "속히 고운 가루 세 스아를 가져다가 반죽하여 떡을 만들라 하고"

아브라함이 알지도 못하는 손님들을 위하여 준비한 음식을 보면 대단히 융숭했던 것을 알 수 있다. '가루 세 스아'는 세 사람이 먹을 양식으로는 너무 많은 것이다. 그리고 아브라함은 가축들이 있는 곳으로 달려가서 그 중에서 기름지고 좋은 송아지를 끌고 와서 하인들에게 요리를 하게 하였다. 왜 아브라함은 손님을 대접하는 데 이런 정성을 보였는가? 가끔 선교지에서 산지족이나 도시에서 멀리 떨어진 부족을 찾아가 보면 그들이 정성을 다하여 손님을 대접한 후에 손님들이 먹고 남은 음식을 자기들이 먹는 것을 볼 수 있다. 아마 아브라함도 그런 생각이었던 것 같다. 어차피 저녁이 되면 식사를 준비해야 하는데 기왕 손님을 대접할 바에야 정성껏 풍성하게 준비하고 자기들은 남은 것을 먹으면 되는 것이다. 아브라함이나 그의 가족에게는 새로운 손님이 오는 날이 오히려 잔칫날이었던 것이다. 그래서 이들은 손님을 더 정성껏 대접할 수 있었다.

8절, "그들의 앞에 진설하고 나무 아래 모셔 서매 그들이 먹으니라"

하나님과 두 천사는 사람이 아니기 때문에 음식을 먹지 않으신다. 물론 그들이 사람의 모습을 하고 찾아왔지만 진짜 사람은 아니었던 것이다. 그럼에도 불구하고 하나님과 두 천사가 마치 사람인 것처럼 아브라함이 준비한 음식을 먹은 것은 참으로 놀라운 일이다.

9절, "그들이 아브라함에게 이르되 네 아내 사라가 어디 있느냐"

이번에 하나님께서 아브라함을 방문하신 중요한 목적은 사라를 만나려는 것이었다. 당시의 풍습으로 부인이 외간 남자를 직접 대면하는 것은 불가능했던 모양이다. 하나님은 아브라함에게 '네 아내 사라가 어디 있느냐' 고 물으심으로 지금부터 하는 이야기는 사라에게 하는 말씀인 것을 나타내셨다.

10절, "그가 가라사대 기한이 이를 때에 내가 정녕 네게로 돌아오리니 네 아내 사라에게 아들이 있으리라"

'기한이 이를 때에' 를 직역하면 '때가 찰 때', 즉 1년이 지나고 때가 다시 시작될 때를 의미한다. 하나님께서는 정확하게 1년 뒤에 다시 아브라함의 집을 방문하실 텐데 그때는 이미 사라가 아들을 안고 있을 것이라고 확정적으로 예언하셨다. 하나님께서 아브라함을 방문하신 이유는 오랜 시간을 하나님의 말씀을 믿고 기다려 온 사라를 위로하시고 다시 그의 믿음을 붙들어 주시기 위한 것이었다.

12절, "사라가 속으로 웃고 이르되 내가 노쇠하였고 내 주인도 늙었으니"

사라는 하나님이 남편에게 하시는 말씀을 듣고 웃었다. 사라는 왜 웃었을까? 어떻게 생각하면 잘 알지도 못하는 손님이 찾아와서 사람의 힘으로는 도저히 불가능한 이야기를 하니까 기가 막혀서 웃었다고 생각할 수도 있을 것이다. 그러나 사라에게 아들을 낳는다는 것은 그렇게 간단한 문제가 아니었다. 사라는 지금까지 오래 기다리면서 붙들어 왔던 중요한 하나님의 약속이 드디어 이루어진다는 이야기를 손님으로부터 듣게 되었다. 그러나 사람은 너무나도 듣고 싶은 이야기를 들었을 때 혹시 이것이 사실이 아니어서 실망하게 될까 봐 두려워하게 된다. 마찬가지로 사라는 간절히 바라고 있던 이야기를 다른 사람으로부터 듣게 되어서 기뻐서 웃지만 혹시라도 이번에도 사실이 아니어서 실망하게 될까 봐 그것을 시인하지 못하는 것이다.

13절, "여호와께서 아브라함에게 이르시되 사라가 왜 웃으며 이르기를"

하나님은 사라가 문 뒤에서 하나님이 하시는 말씀을 듣고 웃고 있는 것을 아셨다. 아마도 사라는 큰 소리로 웃지는 않았을 것이다. 그래서 사라가 문 뒤에서 웃고 있다는 것을 아는 사람은 아무도 없었을 것이다. 그러나 하나님께서는 사라가 문 뒤에서 웃고 있다는 것을 아셨으므로 지금 남편과 말씀하시는 분이 하나님이신 것을 사라로 하여금 깨닫게 하셨다.

14절, "여호와께 능치 못한 일이 있겠느냐"

하나님께서 사라를 찾아오신 중요한 목적은 바로 '여호와께는 능치 못한 일이 없다'는 것을 알려 주시기 위해서였다. 인간의 머리로는 아무리 불가능하게 생각된다 할지라도 하나님께서 한번 말씀하신 것은 하지 못할 일이 없으시다. 하나님께서는 사라에게 육성으로 이 말씀을 들려주셨다. 우리가 하나님의 말씀을 인간의 언어로 들을 수 있다는 것은 놀라운 이적에 속한다.

15절, "사라가 두려워서 승인치 아니하여 가로되 내가 웃지 아니하였나이다"

아마도 사라는 말씀하시는 분의 권위를 생각할 때 하나님이시라는 생각을 했는지 모르겠다. 그래서 사라는 자기가 감히 하나님의 말씀에 웃은 것이 혹시라도 하나님의 말씀을 믿지 못하고 불순종하는 것이 될까 봐 웃지 않았다고 했다. 그러나 하나님께서 사라에게 웃었다고 말씀하신 것은 사라의 불신앙을 벌주시기 위해서가 아니라 하나님께서 그의 마음을 알고 계신다는 것을 알려 주시기 위해서였다. 그래서 하나님은 사라에게 '아니라 네가 웃었느니라'라고 말씀하셨다.

17절, "여호와께서 가라사대 나의 하려는 것을 아브라함에게 숨기겠느냐"

하나님께서는 하나님의 말씀을 믿고 끝까지 순종하는 아브라함을 귀하게 생각하셔서 자신의 계획을 말씀하셨다. 그래서 이 세상에서 가장 존귀한 자는 하나님의 말씀을 듣고 그 말씀을 붙들고 믿음으로 사는 자이다. 왜냐하면 하나님은 그런 자들에게 자신의 계획을 말씀하시며, 결국 모든 것이 하나님의 말씀대로 이루어지기 때문이다. 하나님께서 아브라함에게 말씀하신 계획은 두 가지였다. 하나는 아브라함의 미래에 대한 것이고, 다른 하나는 소돔과 고모라의 미래에 대한 것이었다.

18절, "아브라함은 강대한 나라가 되고 천하 만민은 그를 인하여 복을 받게 될 것이 아니냐"

하나님께서 아브라함에 대하여 가지고 계신 계획은 그가 큰 나라를 이루고 온 세상 사람들이 그를 통하여 복을 받는 것이었다. 하나님께서는 아브라함에게 하늘의 복을 맡기셨는데 이제 그것이 이 세상에 있는 하나님의 나라로 발전하게 되는 것이다. 사람들은 아브라함과 그의 후손을 통하여 죄 씻음을 받고 하늘의 복을 누리게 될 것이다. 그리고 이 나라는 아주 강한 나라가 되어서 어떤 세력도 이기지 못할 것이다.

19절, "여호와의 도를 지켜 의와 공도를 행하게 하려고 그를 택하였나니"

아브라함과 그의 후손은 하나님의 말씀이 이루어지기 위하여 하나님의 말씀을 지키고 그 말씀에 순종하여 살 책임이 있다. 왜냐하면 하나님의 말씀은 하나님의 나라가 이루어지게 하는 능력이기 때문이다. 그런데 만일 아브라함과 그의 자손들이 하나님을 배반해서 하나님의 말씀을 지키지 않으면 하나님의 복은 중단된다. 이것은 본인들이나 다른 모든 민족에게도 큰 불행이다.

20-21절, "소돔과 고모라에 대한 부르짖음이 크고…내가 이제 내려가서"

인간들이 이 세상에서 죄를 짓게 되면 그로 인해 피해를 입은 사람들의 부르짖는 소리가 하나님의 귀에도 들리게 된다. 하나님께서 과연 소돔과 고모라의 죄가 그렇게 큰지 직접 내려가서 보시겠다고 한 것은, 하늘에서는 너무 거리가 멀어서 확인이 안 된다는 뜻이 아니라 하나님이 심판하시겠다는 뜻이다. 하나님은 인간의 죄가 어느 수준까지 오를 때까지 기다리고 계시다가 그 정도를 넘어서면 심판을 하신다.

23절, "가까이 나아가 가로되 주께서 의인을 악인과 함께 멸하시려나이까"

아브라함은 하나님이 소돔과 고모라를 멸망시키려 하신다는 것을 알았다. 그러나 아브라함이 생각하기에는 아무리 소돔과 고모라가 악하다 하더라도 소돔 성 안에는 덜 악한 자도 있을 것이고, 또 자기 조카 롯도 살고 있었다. 하나님의 보편적인 심판의 두려운 점은 심판이 임할 때 그 현상에 있는 사람은 모두 멸망한다는 것이다. 예를 들어 평소에는 죄를 지은 사람만 경찰에 붙들려 가서 재판을 받지만 지진이 일어나거나 쓰나미가 덮치면 의인이든 죄인이든 현장에 있는 사람들은 모두 죽게 되고, 또 전쟁이 터지면 전쟁터에 나간 사람들은 모두 죽을 가능성이 많은 것이다. 아브라함은 이 세상에 일어나는 모든 재앙은 하나님이 허락하셔야 일어날 수 있다는 것을 알게 되었고, 그래서 조금이라도 의로운 자들을 살리기 위해서 하나님께 매달렸다.

24절, **"그 성중에 의인 오십이 있을찌라도 주께서 그곳을 멸하시고 그 오십 의인을 위하여 용서치 아니하시리이까"**

아브라함은 적어도 소돔과 고모라의 다섯 개 성에서 의인이 50명은 있을 것이라고 생각했다. 여기서 '의인' 은 아브라함처럼 하나님을 믿고 의인으로 사는 사람을 말하지는 않을 것이다. 여기서 '의인' 은 다른 사람에게 죄를 끼치지 않는 도덕적이고 양심적인 사람을 말할 것이다. 그러나 세상이 타락하면 사람들이 겉으로 보기에는 멀쩡한 것 같지만 속으로는 죄를 짓지 않는 사람이 없게 된다. 예를 들어 공무원이 부패하면 자기들끼리는 잘 모르지만 너도 나도 뇌물을 받는 것처럼 결국 너 나 할 것 없이 다 죄에 빠지게 된다.

25절, **"주께서 이같이 하사 의인을 악인과 함께 죽이심은 불가하오며 의인과 악인을 균등히 하심도 불가하니이다"**

아브라함이 하나님께 강하게 도전을 하고 있다. 즉 인간은 모두 똑같지 않으며, 아무리 죄인이라 하더라도 그 중에는 분명히 더 악한 죄인이 있고 덜 악한 죄인이 있는 법인데 이들을 모두 한날한시에 심판하는 것은 옳지 않다는 것이다. 아마도 아브라함은 사람이 죽은 후에 모두 하나님의 심판대 앞에서 자기가 지은 죄에 대하여 심판을 받아야 한다는 것을 잘 몰랐던 것 같다. 만일 사람이 이 세상에서 당하는 일이 전부라면 분명히 하나님의 심판은 불공평한 것처럼 보일 것이다. 그러나 하나님은 모든 인간을 공평하게 심판하신다. 단지 하나님의 사랑과 긍휼이 너무 많아서 인간들을 당장 심판하지 않고 참으시니까 마치 인간들의 눈에는 하나님께서 불의하신 것처럼 보이는 것 뿐이다.

26절, "내가 만일 소돔 성중에서 의인 오십을 찾으면 그들을 위하여 온 지경을 용서하리라"

하나님의 뜻은 결코 소돔 성 사람들을 멸망시키는 것이 아니었다. 하나님께서는 소돔에서 죄 짓지 않고 양심적으로 살려고 하는 사람을 50명만 찾아도 기꺼이 거기에 있는 모든 악인들까지 살려 주실 의도가 있다고 말씀하셨다. 결국 이 세상을 살리는 것은 악인의 수가 아니고 의인의 수인 것이다.

27절, "티끌과 같은 나라도 감히 주께 고하나이다"

처음에 아브라함은 하나님께서 조금 무자비하게 소돔과 고모라를 심판하려고 하시는 줄 알고 항의하고 대어들 듯이 하나님께 말씀을 드렸는데 알고 보니까 하나님이야말로 소돔 성 사람들을 살리기를 원하시며, 할 수만 있으면 그들을 용서하기를 원하신다는 것을 알고는 마음이 겸손해지게 되었다. 우리가 아무리 의롭다고 하지만 하나님보다 의로울 수 없고, 우리가 아무리 정의롭다고 하지만 하나님보다 정의로울 수가 없는 것이다.

28절, "오십 의인 중에 오인이 부족할 것이면"

아브라함은 하나님으로부터 소돔 성 중에 의인 50명만 있으면 소돔은 망하지 않을 것이라는 약속을 받았다. 그러나 아브라함은 조금 불안해졌다. 왜냐하면 혹시라도 소돔 성 안에 의인이 50명이 안 되고 47명이나 48명쯤 되면 어떻게 하나 하는 것이었다. 그래서 아브라함은 하나님께 다시 협상을 해서 의인의 수가 다섯 명이 부족해도 심판하시겠느냐고 물었다. 대개 엄격한 사람들 같으면 단 한 사람이 모자라더라도 안 된다고 불합격 판정을 내릴 것이다. 그러나 하나님은 무한히 자비하셔서 의인이

다섯 명이 모자란다고 해서 소돔 성을 멸하시지는 않는 것이다.

30절, "아브라함이 가로되 내 주여 노하지 마옵시고 말씀하게 하옵소서"

아브라함은 자기가 하나님 앞에서 자꾸 따지고 이랬다저랬다 하는 것이 하나님을 상대로 하여 소돔을 위해 협상하는 것 같고 하나님을 진노하시게 하는 것처럼 생각되었던 모양이다. 그러나 하나님은 결코 진노하지 않으셨다. 오히려 하나님은 누군가가 죄인들을 위해서 협상을 해 주어서 할 수만 있으면 한 사람이라도 멸망치 않고 살 수 있기를 바라는 마음이셨다. 그래서 하나님은 우리가 죄인들을 위해서 기도하고 협상하는 것을 기뻐하시고 좋아하신다.

32절, "거기서 십 인을 찾으시면 어찌 하시려나이까"

아브라함은 하나님과 협상을 하다가 드디어 열 명까지 내려가게 되었다. 여기서 하나님의 자비와 긍휼의 극치를 보여 준다. 하나님은 소돔 성에 의인 열 명만 있어도 소돔 성과 주위에 있는 성 전체를 살려 주겠다고 말씀하셨다. 결국 소돔과 고모라는 의인 열 명이 없어서 멸망하게 되는 것이다. 그런데 여기서 왜 아브라함은 열 명에서 더 협상을 하지 않았을까 하는 의문을 가지게 된다. 아브라함은 아무리 의인이 없어도 열 명은 있을 것이라고 생각했거나, 아니면 적어도 열 명은 있어야 한다고 생각했을 것이다.

본문 이해를 위한 질문

1. 하나님은 어떤 시간에 어떤 모습으로 아브라함을 방문하셨는가?

하나님은 두 천사와 함께 사람의 몸으로 가장 더운 시간에 아브라함을 방문하셨다.

2. 하나님은 사라에게 무엇이라고 말씀하셨는가?

1년 후 이맘때 다시 방문할 텐데, 그때는 사라가 아들을 안고 있을 것이라고 하셨다.

3. 하나님은 아브라함에게 어떤 계획을 말씀하셨는가?

아브라함은 강한 나라가 되어서 천하 만민이 아브라함을 인하여 복을 받게 되고, 죄악이 가득한 소돔과 고모라는 멸망하게 될 것이라고 하셨다.

성경 강해

우리가 유명한 정치인이나 기업인, 또는 가수를 만나는 것은 쉽지 않을 것입니다. 유명한 사람을 만나려면 연락을 해서 약속을 정해야 하고, 그것도 꼭 만나야만 하는 이유나 자격이 있어야 합니다. 아마 우리가 꼭 만날 이유도 없이 유명한 사람을 찾아가거나 식사에 초대를 해도 유명한 사람들은 우리를 만나 주지 않을 것입니다. 더욱이 유명한 사람이 아무 예고도 없이 우리를 찾아온다는 것은 상상도 할 수 없는 일일 것입니다. 그러나 만일 아주 유명한 사람이 전혀 예고도 없이 우리를 찾아와서 몇 시간 동안 교제를 하고 갔다면 우리에게 우리 자신도 모르는 어떤 좋은 것이 있기 때문일 것입니다.

미국의 대통령이 외국의 원수들을 초청할 때 가장 극진한 대접이 자신의 별장에 초청해서 격의 없이 대화를 나누는 것입니다. 꽉 짜여진 일정에 따라 백악관에서 잠시 만났다가 헤어지는 것은 좋은 대접이 아닌 것입니다. 그래서 우리가 유명한 사람을 만나게 된다면 공식적으로 만나는 것보다는 개인적으로 만나는 것이 더 좋을 것입니다. 왜냐하면 유명한 사람을 공식적으로 만나면 시간도 제한되어 있을 뿐 아니라 개인적으로 충분한 대화를 나눌 수 없기 때문입니다. 그러나 유명한 사람을 개인적으로 만나면 격의 없이 충분한 시간을 두고 온갖 이야기들을 나눌 수 있을 것입니다.

그런데 가끔 유명한 사람을 개인적으로 만나는 데 있어서 상대방은 나를 아는데 나는 그를 모르고 만날 수 있습니다. 왜냐하면 상대방과 미리 약속이 되어 있지 않은 상태에서 유명한 사람이 불쑥 찾아와서 교제를 나눌 때도 있기 때문입니다. 그래서 처음에는 누군지도 모르고 만나서 실컷 이야기를 했는데 나중에 알고 보니까 세계적으로 유명한 가수나 학자나 기업인인 것입니다. 특히 유명한 사람이 신분을 드러내지 않고 감추는 것은 상대방에게 부담을 주지 않으려는 배려일 수도 있고 혹은 처음에는 모르고 만나다가 나중에 아는 것이 더 극적인 효과를 나타낼 수 있기 때문입니다.

오늘 본문 말씀을 보면 아브라함이 자기도 모르는 사이에 세계에서 최고로 유명한 분을 만나게 됩니다. 그분은 바로 하나님이었습니다. 그러나 하나님께서는 자신의 신분을 숨기시고 불쑥 아브라함을 찾아오셨기 때문에 아브라함은 그분이 하나님이신 줄 전혀 몰랐습니다. 더욱이 아브라함은 그분들이 자기를 찾아오신 분인 줄도 몰랐습니다. 어쨌든 아브라함은 자기를 찾아온 줄도 모르는 손님들을 극진하게 대접했다가 자기를 찾아온 하나님과 천사들을 대접하게 되었습니다.

하나님은 아브라함을 직접 찾아오셔서 다른 때는 들을 수 없었던 중요한 말씀을 듣게 하시고, 또 대화까지 나누셨습니다.

1. 아브라함을 찾아오신 하나님

우리는 가끔 전혀 생각지도 못했던 손님의 방문을 받을 때가 있습니다. 그가 아주 오랫동안 만나지 못했던 귀한 친구라면 그 방문은 더 기쁘고 반가울 것입니다. 그러나 우리에게 중요한 것은 우리가 전혀 생각하지도 못한 순간에 하나님께서 우리를 방문하실 때가 있는 것입니다.

1-2절, "여호와께서 마므레 상수리 수풀 근처에서 아브라함에게 나타나시니라 오정 즈음에 그가 장막 문에 앉았다가 눈을 들어 본즉 사람 셋이 맞은편에 섰는지라 그가 그들을 보자 곧 장막 문에서 달려나가 영접하며 몸을 땅에 굽혀"

하나님은 전혀 예고 없이 아브라함을 찾아오셨습니다. 그런데 하나님께서 아브라함을 찾아오신 시간은 '오정 즈음', 즉 날이 가장 뜨거울 때였습니다. 팔레스타인에서 오정 무렵은 태양이 가장 뜨거운 시간이어서 이때는 아무도 움직이지 않고 낮잠을 잡니다. 하나님께서는 바로 이 시간에 아무 예고도 없이 아브라함을 찾아오셨습니다. 하나님은 아브라함의 믿음을 시험해 보려고 하신 것입니다. 하나님은 우리에게 가장 귀한 축복을 주시기 전에 반드시 우리의 믿음을 시험해 보십니다. 그래서 우리는 때때로 짜증스럽고 모든 것이 귀찮더라도 '하나님께서 나에게 은혜 주시려고 하시는구나' 라고 생각하고 하나님을 기대해야 합니다.

하나님께서 아무 예고 없이 아브라함을 찾아오신 시간은 아브라함에게는 가장 피곤하고 성가신 시간이었습니다. 우리는 몹시 피곤하고 지쳐서 잠을 자야 할 때 다른 사람이 찾아오면 반갑지 않을 것입니다. 특히 주부들 중에 늦게까지 잠을 자는 분들은 누군가가 아침에 찾아와서 벨을 누르거나 전화를 하면 짜증이 날 것입니다. 그러나 하나님은 일부러 그런 시간에 우리를 찾아오실 수 있습니다.

또한 아브라함의 집은 자기들 나름대로 걱정거리가 있어서 다른 사람을 영접할 형편이 되지 못했습니다. 즉 아브라함의 집에는 '자식' 문제가 언제나 시험거리였습니다. 그래서 아브라함의 식구들은 다른 사람의 형편을 돌아볼 여유가 없었을 수도 있습니다. 우리 교인들 중에도 집에 수험생이 있다든지 혹은 환자가 있으면 표정이 밝지 못할 것입니다.

그러나 우리가 하나님의 은혜를 받으려면 개인적으로 피곤하고 짜증스러운 것이나 자신을 내리누르는 무거운 짐들을 벗어버리고 하나님 앞에서 마음을 활짝 열어야 합니다. 우리가 여러 가지 인생의 무거운 짐을 지고 있으면 자꾸 자기 생각이나 자기감정에 빠지기 때문에 하나님이 찾아오셔도 마음을 열지 않게 됩니다. 그래서 우리가 은혜 받기 위해서는 내 무거운 짐을 하나님 앞에서 내려놓아야 합니다.

아마도 아브라함은 아침 일찍 일어나서 짐승들을 돌아보고, 먹을 것을 먹게 하고, 이제 잠시 텐트에 누워서 쉬려고 하던 중이었을 것입니다. 이때 아브라함은 장막 건너편에 낯선 세 사람이 서 있는 것을 보게 되었습니다. 그래서 아브라함은 그 사람들을 보자마자 벌떡 일어나 장막 문 밖으로 달려나가 땅에 엎드려 절을 하고 집으로 모셔 들였습니다. 아브라함은 가장 정중한 자세로 이들을 영접했습니다. 성경은 그가 세 사람에게 달려 나가서 몸을 땅에 굽히고 '내 주여' 라고 하면서 자신이 주의 은혜를 입었다면 그냥 지나가지 마시고 제발 와서 물로 발을 씻고 음식을 좀 잡수시고 기분이 상쾌해진 다음에 가시라고 하였다고 기록하고 있습니다. 그랬더니 그들은 그렇게 하라고 하면서 아브라함의 집으로 들어왔습니다.

이때 아브라함은 잠을 자려고 하고 있는 사라와 하인들을 깨워서 열심히 음식을 준비해서 손님들을 정성껏 대접했습니다. 성경을 보면 아브라함은 고운 가루 세 스아를 반죽해서 떡을 만들게 하고, 짐승들이 있는 곳으로 달려가 기름지고 좋은 송아지 한 마리를 잡아서 종으로 하여금 요리를 하게 하여 손님들에게 송아지 요리와 버터와 우유를 가지고 와서 정성껏 대접했다고 했습니다. 이것을 보면 아브라함이나 그의 가족이 얼마나 건강한 사람들인가 하는 것을 알 수 있습니다. 그들은 결코 자기 문제에 빠져 있지 않고 기꺼이 손님들을 영접해서 무엇인가 새로운 이야기를 듣고자 했습니다.

현대의 크리스천들은 마음의 벽이 너무 두꺼운 것 같습니다. 그래서 나름대로 열심히 믿는 것 같은데 혼자만 믿으려고 하기 때문에 다른 사람의 이야기를 들으려고 하지도 않고, 함께 어울려 교제를 하려고 하지도 않습니다. 이런 경향은 대도시로 갈수록 더 심해집니다. 그러나 사람은 아무리 훌륭하다고 해도 다른 사람을 만나서 새로운 이야기를 들어야 정신적으로 건강할 수 있습니다. 특히 여성들의 경우에는 사람들을 만나서 대화를 나누지 않으면 우울증 같은 병이 생깁니다. 우리가 보다 더 넓은 신앙의 자리로 나아가려면 반드시 자신의 벽을 허물고 다른 크리스천을 만나서 새로운 이야기를 들어야 합니다.

마음의 벽은 강을 막고 있는 댐과 같습니다. 우리가 그 벽을 뛰어넘지 못하면 결코 더 넓은 세계를 경험해 보지 못할 것입니다. 내 문제가 어렵고 답답할수록 귀찮은 것이나 성격적인 결함을 무릅쓰고 더 적극적으로 다른 성도들과 만나서 말씀의 교제를 나누는 것이 필요합니다.

여기서 놀라운 것이 아브라함을 찾아온 세 분 중 한 분이 여호와였다는 것입니다. 1절에 '여호와께서 마므레 상수리 수풀 근처에서 아브라함에게 나타나시니라' 라고 했습니다. 본문을 계속 읽어 보면 세 사람이 아브라함을 찾아왔는데, 두 사람은 천사이고 한 분은 여호와라고 분명히 기록하고 있습니다. 즉 하나님 자신이 아브라함을 찾아오신 것입니다.

그러나 더 놀라운 것은 하나님께서 아브라함을 찾아오신 방식입니다. 지금까지 하나님께서는 수없이 아브라함에게 나타나셨고, 대화도 주고받았습니다. 그러나 이번에 하나님은 거의 완전한 사람의 형태로 찾아오셨습니다. 그래서 하나님은 아브라함의 텐트에서 발도 씻으시고, 아브라함이 준비한 음식도 잡수셨습니다.

천사는 영이기 때문에 음식을 먹지 않습니다. 또 천사는 발을 씻지 않습니다. 이것은 하나님도 마찬가지입니다. 하나님도 물론 사람의 형상으로 나타나실 수는 있지만 발을 씻거나 음식을 잡숫지 않으십니다. 그럼에도 불구하고 아브라함을 찾아오신 하나님과 천사들은 발도 씻고 음식도 잡수시면서 아브라함과 교제를 나누셨습니다.

사사기에 보면 하나님의 사자가 기드온을 방문한 이야기가 나옵니다. 그때 기드온은 그가 하나님의 사자인 줄 모르고 음식을 대접하려고 했습니다. 그러나 하나님의 사자는 무엇을 바치려면 하나님께 번제로 바치라고 하면서 음식을 먹지 않았습니다. 그 대신에 음식을 바위 위에 올려놓고 그 위에 국을 부으라고 한 뒤 지팡이를 거기에 대어 불이 나오게 하여 음식을 불살랐습니다. 삼손의 부모 마노아 때도 하나님의 사자가 찾아왔는데 마노아도 하나님의 사자인 줄을 모르고 자꾸 음식을 대접하려고 했습니다. 그러나 하나님의 사자는 음식을 먹지 않았고, 마노아가 염소 새끼와 곡식을 제물로 바쳐 불꽃이 제단에서 하늘로 치솟았을 때 하나님의 사자는 그 불을 타고 하늘 위로 올라갔습니다.

구약성경 어디에도 하나님이 사람의 몸으로 찾아오셔서 발을 씻게 하시고 음식을 잡수신 곳이 없습니다. 그러나 이번에 아브라함을 찾아오실 때에는 거의 완전한 사람의 육체로 찾아오셨습니다. 이것은 두 가지 의미가 있습니다. 하나는 하나님께서 아브라함을 그만큼 가깝게 생각하신다는 뜻입니다. 하나님은 아브라함을 예고도 하지 아니하시고 불쑥 찾아오셔서 함께 음식을 나누실 정도로 친하게 생각하신다는 뜻입니다. 우리도 아주 친한 사이에는 불쑥 찾아가도 언제나 반갑게 맞이해 줍니다. 하나님께서는 아브라함을 이 정도로 친하게 생각하셨던 것입니다. 하나님은 말씀을 붙드는 종을 종으로 생각하지 않고 친구로 생각하십니다. 그래서 예수님은 제자들에게 '내가 너희를 종으로 생각하지 않고 친구로 생각한다' 고 말씀하셨습니다(요 15:15). 그렇기 때문에 우리가 하나님의 말씀을 사랑하는 것이 얼마나 존귀한 자가 되는 것인지 알아야 합니다. 우리는 하나님의 친구가 되어서 전혀 격의 없이 하나님과 모든 이야기를 나눌 수 있게 되는 것입니다.

그리고 또 하나는 앞으로 하나님께서 직접 사람으로 오실 가능성을 미리 보여 주시는 것입니다. 여기에 아브라함을 찾아오신 하나님은 성부가 아닙니다. 성부는 인간이 볼 수 없습니다. 여기에 찾아오신 하나님은 성자이십니다. 성자 하나님은 성육신하신 것은 아니지만 거의 성육신에 가까운 모습으로 찾아오셨습니다. 이것은 앞으로 하나님이 완전히 인간이 되실 가능성을 보여 주는 것입니다. 즉 하나님께서 궁극적으로 원하시는 것은 직접 사람이 되셔서 직접 그 입으로 하나님의 말씀을 전하시고 우리와 함께하시는 것입니다.

우리는 몸을 가지고 있어서 시험들 때가 많습니다. 우리는 몸 때문에 먹어야 하고, 잠을 자야 하고, 화를 내기도 하고, 병들면 또 아프기까지 합니다. 그러나 예수님은 이 몸을 가지고 하나님의 뜻에 온전히 순종하셨습니다. 그래서 우리도 이 몸으로 하나님의 뜻에 순종하도록 길을 만들어 놓으셨습니다.

하나님이 원하시는 것은 천사의 순종이 아닙니다. 천사들은 늘 하나님의 뜻에 순종하게 되어 있습니다. 왜냐하면 몸이 없기 때문입니다. 우리에게 가장 중요한 것은 몸을 가졌음에도 불구하고 혈기나 정욕대로 살지 아니하고 하나님의 뜻에 자신을 자발적으로 쳐 복종시키는 것입니다. 이것보다 더 귀한 것은 없습니다.

2. 사라를 찾으신 하나님

하나님께서 아브라함을 특별히 찾아오신 것은 사라에게 무엇인가 중요한 말씀하시기 위해서였습니다. 그래서 하나님은 아브라함에게 사라가 어디 있느냐고 물으셨습니다.

9절, "그들이 아브라함에게 이르되 네 아내 사라가 어디 있느냐 대답하되 장막에 있나이다"

하나님께서 아브라함에게 사라가 어디 있느냐고 물으신 것은 사라가 어디 있는지 몰라서 물으시는 것이 아닙니다. 하나님은 이제부터 사라에게 말씀하시려고 사라를 찾으시는 것입니다. 사람은 다른 사람들이 대화를 하는 중에 자기 이름이 나오면 주의를 기울여서 듣게 됩니다. 아마 아브라함 당시의 문화로는 외간 남자가 찾아왔을 때 주인 여자가 직접 대면해서 대화를 나누는 것이 금지되었던 것 같습니다. 그래서 사라는 장막 뒤에서 남편과 손님들이 나누는 대화를 엿듣고 있었습니다. 즉 처음 보는 사람들이 와서 남편과 대화를 나누는데 그들이 나누는 대화를 엿듣고 싶었던 것입니다.

이때 하나님께서는 아브라함에게 놀라운 말씀을 하셨습니다.

10절, "그가 가라사대 기한이 이를 때에 내가 정녕 네게로 돌아오리니 네 아내 사라에게 아들이 있으리라 하시니 사라가 그 뒤 장막 문에서 들었더라"

하나님은 드디어 사라가 아이를 낳는 시기를 구체적으로 말씀하셨습니다. 여기서 '기한이 이를 때' 는 약 1년으로, 하나님께서 내년 이맘때에 다시 오실 텐데 그때 사라는 이미 아이를 낳았을 것이라고 분명하게 말씀하셨습니다. 이것은 사라가 90세가 될 때까지 들을 수 없었던 말씀입니다. 그런데 전혀 알지 못하는 세 사람이 와서 발을 씻고 식사를 하시더니 갑자기 1년 뒤에 사라에게 아이가 있게 된다는 것입니다. 이 얼마나 반가운 이야기입니까? 그러나 사라는 이 말을 받아들일 수가 없었습니다.

11-12절, "아브라함과 사라가 나이 많아 늙었고 사라의 경수는 끊어졌는

지라 사라가 속으로 웃고 이르되 내가 노쇠하였고 내 주인도 늙었으니 내게 어찌 낙이 있으리요"

사라는 하나님이 하시는 말씀을 듣고 웃었습니다. 그리고 사라는 속으로 '나도 늙었고 내 남편도 늙었는데 어떻게 우리에게 그런 기쁜 일이 생길 수 있을까?' 라고 말을 했습니다. 이때 하나님은 사라가 속으로 하는 말을 들으시고 책망하셨습니다.

13절, "여호와께서 아브라함에게 이르시되 사라가 왜 웃으며 이르기를 내가 늙었거늘 어떻게 아들을 낳으리요 하느냐"

하나님은 사라가 장막 뒤에서 하나님의 말씀을 듣고 속으로 웃는 것을 아셨습니다. 그리고 그가 마음속으로 이것을 인정하지 못하는 것을 아셨습니다. 그러므로 책망하셨습니다. 그러나 사라는 웃지 않았다고 말을 합니다. 그러나 하나님은 '네가 분명히 웃었다' 고 말씀하셨습니다.

사라는 과연 웃었을까요, 웃지 않았을까요? 아마도 하나님께서 웃었다고 하셨으니까 사라는 분명히 웃었을 것입니다. 그러면 사라는 그렇게 원하던 아기를 가지게 된다는데 왜 웃으면서 인정을 하지 않았을까요? 이것이 바로 나이 든 여자의 마음인 것입니다. 사라에게 있어서 아이를 가지는 것은 한평생 소원이었습니다. 그리고 평소에도 수도 없이 사라는 아기를 가지는 것에 대하여 기대를 가졌습니다. 그러나 이제는 나이가 많이 들어서 인간적으로는 아기를 가지는 것이 불가능하게 되었습니다. 그런데 웬 낯선 사람 셋이 찾아와서 1년 안에 아기를 가지게 된다는 것입니다.

물론 이 말은 사라가 너무나도 기다렸던 말이고, '아멘' 할 수밖에 없는 말씀이었습니다. 그러나 사라는 지금까지 너무나도 많이 실패를 했기 때문에 이번에도 인간적인 기대에 불과할까 싶어서 감히 '아멘' 이라고 할 수 없었던 것입니다.

사라는 1년 안에 아이를 갖게 된다는 말을 듣고서 웃었습니다. 이것은 결코 비웃는 웃음이나 기가 막혀서 웃는 웃음이 아닙니다. 사라는 너무 기뻐서 입을 다물 수 없었습니다. 그럼에도 불구하고 사라는 인간의 연약함 때문에 입으로 시인할 수가 없었습니다. 왜냐하면 이번에도 기대를 잔뜩

했다가 실패하면 자기 자신을 감당하기 어렵다는 것을 잘 알고 있었기 때문입니다.

하나님은 마음으로는 말할 수 없이 기쁘지만 입으로는 시인하지 못하는 사라의 마음을 아셨습니다. 그래서 하나님은 사라에게 왜 웃으면서 시인하지 않느냐고 말씀하시는 것입니다. 이것을 다른 말로 표현하면 '나는 네 마음을 다 알고 있다' 는 것입니다.

여성들이 신뢰하는 남자는 자기 마음을 잘 알아주는 남자입니다. 때로는 여성들이 자기 생각이나 감정을 말로 다 표현하지 못할 때가 있습니다. 그런데 누군가가 그것을 잘 알아서 인정해 준다면 말로 표현할 수 없는 행복감과 신뢰를 가지게 되는 것입니다. 하나님은 사라의 마음을 너무나도 잘 알아주셨습니다. 이것만으로도 사라의 마음속에 한평생 자리잡았던 응어리는 다 풀어지는 것입니다.

그런데 거기에다가 하나님은 결정적으로 폭탄 같은 말씀을 하셨습니다. '여호와께는 능치 못함이 없다' 는 것입니다.

우리 인간은 다른 사람들에게 희망 사항밖에 말해 줄 수가 없습니다. 왜냐하면 인간의 능력은 한계가 있기 때문입니다. 그래서 사람들은 희망을 주고 격려를 하면서 좋은 쪽으로 생각하도록 도와주는 것밖에 하지 못합니다. 그러나 하나님의 말씀은 결코 희망 사항이 아닙니다. 하나님께서 말씀하시면 반드시 이루어집니다. 그것이 아무리 불가능한 일이고 도저히 일어날 수 없는 일이라 하더라도 하나님에게는 능치 못한 것이 없는 것입니다.

하나님은 사라에게 지금 말씀하시는 분이 사람이 아니라 하나님이시란 것을 결정적으로 말씀하셨습니다.

'여호와께 능치 못함이 있겠느냐.'

하나님의 말씀은 결코 사람들의 희망 사항과 같지 않습니다. 하나님께서 말씀하시면 반드시 이루어지는 것입니다.

오늘날 사람들은 교회에 와서도 자꾸 인간의 위로의 말을 들으려고 합니다. 그러나 사람이 하는 위로의 말은 당시에는 듣기 좋은 격려의 말이지만 반드시 그대로 된다는 보장이 없습니다. 그래서 우리는 교회에 와서 성경 안에 있는 하나님의 말씀을 가져야 합니다. 하나님이 나에게 하시는 말씀을 들어야 하고, 하나님이 하시는 말씀을 붙들어야 합니다.

사도 바울은 데살로니가 교인들을 향하여 "우리 복음이 말로만 너희에게 이른 것이 아니라 오직 능력과 성령과 큰 확신으로 된 것이니"(살전 1:5)라고 하였습니다.

사람의 말은 귀를 통하여 뇌로 전달됩니다. 그러나 하나님의 말씀은 우리의 가슴을 통해서 마음으로 받아들여집니다. 바로 이것이 하나님의 말씀이 가지는 놀라운 능력입니다.

하나님께서 결국 사람의 몸으로 아브라함을 찾아오신 것은 사라의 마음을 다 아신다는 것을 확인시켜 주고 하나님의 말씀을 붙들도록 하기 위해서였습니다. 즉 사라로 하여금 분명한 하나님의 말씀을 들음으로 믿음을 가지게 하기 위한 것입니다. 그런데 사라가 하나님의 말씀을 듣고 믿었을 때에 이 말씀이 능력이 되어서 늙은 사라의 몸이 치료되었습니다. 즉 지금까지는 아기를 낳을 수 없는 몸이었으나 말씀을 들으면서 치료가 되어서 아기를 가질 수 있는 몸이 되었습니다. 하나님의 말씀은 불가능한 것을 가능하게 하며, 없는 것을 있게 하는 능력의 말씀입니다. 하나님께서 찾아오신 것은 사라로 하여금 하나님의 말씀을 육신으로 들음으로 믿음을 가지게 하기 위해서였습니다.

천사가 마리아를 찾아와 처녀의 몸으로 아이를 낳을 것이라는 말을 전했을 때 마리아는 그 말을 이해할 수도, 받아들일 수도 없었습니다. 그때 천사는 "대저 하나님의 모든 말씀은 능치 못하심이 없느니라"(눅 1:37)라고 했습니다. 이때 마리아는 "주의 계집종이오니 말씀대로 내게 이루어지이다"(눅 1:38)라고 대답했습니다.

하나님께서는 지금 사라와 말씀하시는 분이 사람이 아니라는 증거를 보여 주셨습니다. 하나님은 사라가 장막 뒤에서 웃었다는 것을 아셨습니다. 하나님은 사라가 장막 뒤에서 웃으면서 속으로 한 말을 들으셨습니다. 그리고 하나님은 사라에게 '여호와에게는 능치 못한 일이 없다' 고 하심으로 말씀하시는 분이 사람이 아니고 하나님이신 것을 확인시켜 주셨습니다.

우리가 때때로 마음이 좋지 않을 때 하나님께서는 그것을 알고 계심을 보여 주십니다. 하나님은 전혀 생각지도 않은 일을 통하여 나의 상한 마음을 알고 계신다는 증거를 보여 주십니다. 사라에게는 그것이 '웃음' 이었습니다. 하나님은 사라의 마음을 너무나도 잘 알고 계셨습니다. 사라는 하나님이 멀리 계신 줄 알았고, 남편의 하나님이신 줄로만 알았는데 하나님은 사라의 마음을 알고 계시며, 사라에게 이 말씀을 주시기 위해서 찾아오셨습니다. 이때 사라는 하나님의 말씀을 붙들었습니다. 그리고 이 말씀은 살아 있는 말씀이 되었습니다.

3. 소돔과 고모라를 위한 기도

하나님께서는 장차 사라에게 일어날 중요한 일을 말씀하신 후에 아브라함에게 자신의 계획을 말씀하셨습니다.

16-17절, "그 사람들이 거기서 일어나서 소돔으로 향하고 아브라함은 그들을 전송하러 함께 나가니라 여호와께서 가라사대 나의 하려는 것을 아브라함에게 숨기겠느냐"

사람들은 아주 중요한 일에 대하여 가까운 사람과 의논을 합니다. 아이들은 부모와 의논하고, 아내는 남편과 의논합니다. 정치인들은 자신의 중요한 문제를 아주 친한 친구나 믿을 수 있는 참모와 의논합니다. 사람들은 자기가 생각하고 있는 아주 중요한 문제에 대하여 매우 가까운 사람들과 먼저 나누고 그들의 지지를 받고 싶어합니다. 그런데 하나님도 아브라함에게 그렇게 하셨습니다. 즉 하나님이 아브라함에게 자신의 속을 털어놓으시면서 계획을 말씀하신 것입니다.

하나님은 자신이 하시고자 하는 아주 중요한 일들을 사랑하는 자에게 미리 알려 주시거나 의논하십니다. 하나님은 자신이 하시고자 하는 것에 대하여 천사나 사람들의 지지나 동의를 필요로 하시지 않습니다. 왜냐하면 하나님께서 하려고 하시는 것은 절대적으로 옳으시기 때문입니다. 그럼에도 불구하고 하나님은 자신의 중요한 계획을 사랑하는 자기 백성에게 알게 하십니다. 즉 결코 그들을 소외시키지 않으시는 것입니다.

하나님은 하나님의 말씀을 사랑하는 자들을 친구로 생각하십니다. 그래서 천국에 가지 않아도 이 세상에서 하나님의 뜻을 다 듣게 됩니다. 그래서 이 세상에서 가장 안전한 사람들은 바로 하나님의 말씀을 듣고 믿는 자들입니다.

우리가 겉으로 보기에는 이 세상 사람들이 참으로 약삭빠른 것 같습니다. 그들은 이 세상에서 좋다는 것은 다 움켜쥐는 것 같습니다. 그러나 이 세상 사람들은 하나님의 계획을 알지 못하는 것입니다. 그래서 가장 안전하다고 생각할 때에 갑자기 멸망이 찾아옵니다. 그러나 하나님은 우리에게는 중요한 것을 반드시 알려 주시고 의논해 주십니다.

하나님께서 이런 식으로 자신의 생각을 종들에게 알려 주시는 이유가 무엇입니까? 그들로 하여금 우연이라는 것은 없으며, 모든 것이 하나님의 뜻대로 이루어진다는 것을 깨닫게 하기 위해서입니다. 하나님은 우리 믿는 자들에게 일어나는 일이나, 아니면 그들의 원수들에게 일어나는 일이 모두 하나님이 하시는 일이라는 것을 깨닫게 하십니다. 그래서 우리로 하여금 더 하나님을 신뢰하고 의지하게 하시는 것입니다.

하나님께서 아브라함에게 말씀하신 것은 두 가지였습니다. 그 첫 번째는 아브라함에 대한 예언입니다. 하나님은 아브라함에 대하여 이렇게 말씀하셨습니다.

18-19절, "아브라함은 강대한 나라가 되고 천하 만민은 그를 인하여 복을 받게 될 것이 아니냐 내가 그로 그 자식과 권속에게 명하여 여호와의 도를 지켜 의와 공도를 행하게 하려고 그를 택하였나니 이는 나 여호와가 아브라함에게 대하여 말한 일을 이루려 함이니라"

아브라함은 지금 가나안 땅에서 전혀 땅을 차지하지 못하고 떠돌이 생활을 하고 있는 외국인 신세였습니다. 그러나 하나님은 아브라함이 아주 강한 나라를 이룰 것이라고 약속하셨습니다. 그런데 그 나라가 어떤 나라입니까? 온 천하 만민이 아브라함을 통해서 복을 받게 되는 나라인 것입니다. 즉 아브라함의 가족은 하나님의 복이 임하는 나라입니다. 아브라함은 이 세상에 있는 복을 많이 움켜쥐고 있는 사람이 아니라 하늘을 열어서 하나님의 복이 쏟아지게 하는 사람인 것입니다.

우리에게 하나님의 복이 쏟아지면 어떻게 됩니까? 가장 중요한 것이 우리 자신이 가치 있게 변한다는 것입니다. 하나님을 믿고 하나님의 말씀에 순종해서 사는 과정을 통해서 우리는 보석같이 변하게 됩니다. 그리고 기도 응답이 나타나고, 영적인 부흥이 일어납니다. 즉 우리 마음이 뜨거워지고 하나님의 뜻에 순종할 용기가 생기는 것입니다. 그리고 하나님께서는 많은 물질의 복이나 건강의 복까지 부어 주십니다.

그것을 위해서 아브라함과 그 자손들이 꼭 지켜야 할 것이 있습니다. 그것은 바로 하나님의 말씀을 지켜 행하는 것입니다. 왜냐하면 그들이 죄를 지으면 하나님의 은혜가 막히기 때문입니다. 그래서 우리는 우리 자신이 이 세상에 하나님의 복이 임하게 하는 파이프라는 것을 알아야 합니다. 우리가 세상을 붙잡으면 하나님의 축복이 막혀 버립니다. 그러므로 우리가 세상을 가장 잘 도울 수 있는 방법은 하나님 앞에 죄짓지 않고 자신의 신앙을 잘 지키는 것입니다. 교회가 교회다워지며, 신자들이 신자다워지는 것이 세상을 가장 잘 돕고 축복하는 방법입니다. 그러면 우리는 하나님의 능력으로 더 강해지고, 더 뜨거워지고, 더 능력 있게 됩니다. 그래서 하나님의 백성이 가장 강할 때는 하나님의 말씀만 붙들고 부흥이 일어날 때입니다.

결국 아브라함이 강대한 나라가 된다는 것은 마침내 세상의 악을 이긴다는 뜻입니다. 악한 마귀는 세상 사람들을 충동질해서 하나님의 백성을 이 세상에서 뿌리 뽑으려고 합니다. 그러나 우리는 사탄의 공격을 이겨서 더 풍성한 하나님의 축복이 나타나게 할 것입니다.

그리고 하나님은 아브라함에게 소돔과 고모라에 대하여 말씀하셨습니다.

20-21절, “여호와께서 또 가라사대 소돔과 고모라에 대한 부르짖음이 크고 그 죄악이 심히 중하니 내가 이제 내려가서 그 모든 행한 것이 과연 내게 들린 부르짖음과 같은지 그렇지 않은지 내가 보고 알려 하노라”

하나님께서 결국 악에 대하여 두 가지 방법을 사용하십니다. 즉 하나님의 자녀들에 대해서는 죄를 짓자마자 책망하시고, 침체되게 하시고, 양심의 가책으로 괴롭게 하셔서 결국 죄를 다 토해 내게 하십니다. 그러나 세상 사람들에 대해서는 상당한 기간을 기다리시면서 방치해 두십니다.

이것은 그릇과 쓰레기통으로 비유할 수 있습니다. 우리가 음식을 담아 먹는 그릇은 그때 그때 깨끗하게 씻어 말려야 다시 음식을 담아 먹을 수 있습니다. 그러나 쓰레기통은 그때 그때 비우거나 씻지 않습니다. 쓰레기가 찰 때까지 기다렸다가 한꺼번에 치우는 것입니다. 이처럼 하나님은 이 세상의 죄에 대해서도 죄를 짓자마자 바로 치우거나 심판하시는 것이 아니라 상당한 기간 동안 채워 두었다가 한꺼번에 치우시는 것입니다.

하나님께서는 아브라함에게 이제 소돔과 고모라라는 쓰레기통을 치울 때가 다 되었다고 말씀하셨습니다. 하나님께서 오랫동안 참으셨다가 심판하실 때에는 선한 자나 악한 자 구별 없이 한꺼번에 심판을 하십니다. 보통 때에는 죄를 지은 사람만 경찰서에 붙들려 가서 처벌을 받기 때문에 죄를 짓지 않은 사람들은 경찰을 무서워할 필요가 없습니다. 그러나 하나님께서 지진이나 전염병이나 전쟁으로 심판하시면 그곳에 있는 사람들은 악한 자, 선한 자 구별 없이 다 죽게 되는 것입니다.

하나님은 소돔과 고모라를 심판하시기 전에 아브라함에게 이 사실을 알려 주셨습니다. 하나님께서 그렇게 하신 것은 이 세상에 일어나는 모든 재앙이 하나님의 심판이라는 것을 보여 주시려는 것입니다. 재앙으로 죽는 사람들이 자기들은 죄가 없다고 하지만 사실은 전체적으로 죄의 수위가 많이 올라갔기 때문에 재앙이 터지는 것입니다.

그런데 놀라운 것은 하나님께서 소돔과 고모라를 심판하겠다고 하셨을 때 아브라함은 "잘 알았습니다."라고 하지 않고 소돔과 고모라 사람들이 멸망당하지 않도록 그들을 위해서 중보 기도를 했습니다. 여기서 중보 기도라고 하는 것은 다른 사람들이 멸망당하지 않도록 그들을 대신해서 하나님께 기도드리는 것을 말합니다. 왜 중보 기도가 필요합니까? 본인들은 하나님의 무서운 심판도 모르고 살아가고 있기 때문입니다. 그리고 우리는 같은 인간입니다. 인간은 인간이 망하는 것을 원치 않습니다.

하나님은 아브라함이 소돔과 고모라 사람들을 위하여 중보 기도를 하는 것을 대단히 중요하게 생각하셨습니다. 왜냐하면 하나님은 결코 이 세상이 망하는 것을 원치 않으시기 때문입니다. 그래서 하나님은 아브라함과 함께 소돔과 고모라가 살 수 있는 길을 찾으려고 하셨습니다. 그래서 하나님은 누구든지 조금이라도 구원받을 수 있는 가능성이 있으면 우리의 기도를 통해서 심판을 낮추어 주시는 것입니다.

우선 아브라함은 하나님께서 소돔과 고모라를 멸망시키겠다고 하셨을 때 매우 놀라서 하나님께 항의를 했습니다.

25절, "주께서 이같이 하사 의인을 악인과 함께 죽이심은 불가하오며 의인과 악인을 균등히 하심도 불가하니이다 세상을 심판하시는 이가 공의를 행하실 것이 아니니이까"

아브라함이 소돔과 고모라를 위해서 기도하는 이유는 소돔과 고모라가 이웃이고, 그곳 사람들을 아브라함이 어느 정도 알고 있었기 때문입니다. 또 거기에는 아브라함의 조카 롯도 살고 있었습니다. 그런데 아브라함이 보기에는 소돔과 고모라 사람들이 그렇게 악한 것 같지가 않았습니다. 그래서 하나님께서 소돔과 고모라 전체를 멸망시키겠다고 하니까 아브라함은 하나님께 어떻게 의인을 악인과 함께 멸망시키려고 하시느냐고 하면서 항의를 했습니다.

이것을 보면 아브라함은 소돔과 고모라에 의인이 많이 살고 있다고 생각한 것 같습니다. 아브라함이 보기에 소돔 사람들이나 고모라 사람들은 전혀 문제가 없는 것 같았고, 의로운 사람들인 것 같았습니다. 그러나 그들은 사실 너무나도 악한 사람들이었고, 음란한 사람들이었고, 도저히 하나님께 용서를 받을 수 없는 사람들이었습니다.

이것은 오늘날 우리 시대와도 비슷합니다. 우리도 외모만 보고서 멋있고, 깨끗하고, 믿음이 좋은 사람이라고 판단할 때가 있습니다. 그러나 실제는 우리가 생각하는 것과 아주 다른 것입니다. 조금만 깊게 파고 들어가 보면 너무나도 죄가 심각한 것을 발견할 수 있는 것입니다. 현대인들은 겉으로 보는 것과 완전히 다른 모습을 가지고 살아가고 있습니다.

그래서 아브라함은 하나님께 "소돔과 고모라에 의인이 적어도 50명은 살고 있을 텐데, 하나님께서는 의인 50명이 있어도 소돔과 고모라를 멸망시키실 것입니까?"라고 하면서 따지듯이 물었습니다. 이때까지만 해도 아브라함은 하나님에 대하여 화가 나 있었고, 하나님이 너무하시다는 생각을 가지고 있었던 것입니다. 그러나 아브라함은 하나님으로부터 너무나도 놀라운 대답을 들었습니다. 하나님은 아브라함에게 소돔과 고모라에 의인이 50명만 있어도 멸망시키지 않겠다고 말씀하셨습니다. 하나님은 이유 없이 사람들을 멸망시키시는 하나님이 아닌 것입니다. 이때 아브라함은 생각했습니다. '만일 소돔 성에 내가 생각한 것보다 의인이 조금 적으면 어떻게 될까?' '만일 소돔이나 고모라에 내가 말한 50명보다 의인이 다섯 명이 적으면 어떻게 될까?' 그러고는 아브라함은 걱정이 되어 다시 하나님께 기도했습니다. "하나님, 만일 소돔이나 고모라에 제가 말씀드린 것보다 의인이 다섯 명이 적어도 멸망시키시겠습니까?" 이때 하나님은 놀라운 대답을 하셨습니다. 소돔과 고모라에 의인이 45명만 있으면 멸망시키지 않으신다는 것입니다.

여기서 과연 의인은 어떤 사람을 말합니까? 하나님을 두려워해서 죄를 짓지 못하는 사람입니다. 그런 사람들이 45명만 있으면 하나님은 악인이 아무리 많아도 아무 소리 하지 않고 이 성을 내버려 두시겠다는 것입니다.

여기서 아브라함은 소돔과 고모라가 망하지 않을 수 있는 비결을 알게 되었습니다. 그것은 바로 의인의 수였습니다. 의인의 수에 따라 성 전체가 살 수도 있고 심판받을 수도 있었습니다. 이때부터 아브라함의 과감한 협상이 시작됩니다. 아브라함은 소돔과 고모라를 살리기 위해서 하나님 앞에서 의인의 수를 가지고 협상을 하기 시작했습니다.

처음에는 하나님 앞에 화를 내듯이 말을 던졌지만 이제는 겸손하게 소돔과 고모라를 위해서 협상을 했습니다. "하나님, 의인이 40명 있으면 멸망시키시겠습니까?" '내가 의인 40명을 찾으면 멸망시키지 않겠다." "내 주여, 노하지 마옵소서. 만일 거기서 의인 30명을 찾으면 어떻게 하시겠습니까?" "거기서 의인 30명을 찾으면 멸망시키지 않겠다." "감히 주께 고하나이다. 의인 20명을 찾으면 어떻게 하시겠습니까?" "내가 의인 20명을 인하여 멸망시키지 않겠다." "주는 노하지 마옵소서. 마지막으로 말씀드리겠습니다. 만일 의인 열 명을 찾으면 어떻게 하시겠습니까?" "내가 의인 열 명만 있어도 멸망시키지 않겠다."

하나님과 아브라함은 의인 열 명을 끝으로 협상을 끝내었습니다. 그런데 결국 소돔과 고모라는 의인 열 명이 없어서 모두 멸망을 당하고 맙니다.

여기서 궁금한 것이 왜 아브라함은 좀 더 깎지 않고 의인 열 명에서 그쳤을까 하는 것입니다. 이는 두 가지로 생각할 수 있는데, 하나는 아브라함이 설마 소돔과 고모라에 의인 열 명이 없겠는가 하고 생각한 것입니다. 그러나 소돔과 고모라는 아브라함이 생각한 것보다 더 썩어 있었고, 더 타락해 있었던 것입니다. 또 한 가지는 의인 열 명이 한 도시나 나라가 사는 데 최소 단위라는 것입니다. 즉 적어도 의인이 열 명은 되어야 그 도시가 소생할 가능성이 있다는 것입니다. 물론 열 명이라는 숫자가 어디서 나왔는지 모르지만 아브라함은 아무리 소돔과 고모라 사람들이 불쌍하다 하더라도 의인이 최소한 열 명도 없으면 가능성이 없는 곳이라고 보았다는 것입니다.

우리는 왜 아브라함이 열 명까지만 협상하고 더 이상 협상을 하지 않았는지 알 수 없습니다. 그러나 하나님은 아브라함의 중보 기도를 아주 중요하게 생각하셨고, 할 수만 있으면 그의 기도대로 소돔과 고모라를 살려 주려고 하셨던 것입니다. 하지만 소돔과 고모라의 죄는 이미 정도를 넘어서서 막을 수 없게 되어 있었습니다.

그런데 의인의 수는 어느 도시나 나라를 지진이나 홍수나 전쟁으로부터 지키는 근거가 됩니다. 그래서 이 세상이 타락해서 하나님의 심판이 임박해 있다 하더라도 우리가 하나님께 기도하고 기회를 달라고 하면 하나님은 살려 주시는 것입니다. 하나님은 이 세상 사람이 한 사람이라도 멸망하지 않기를 원하십니다. 누구든지 조금이라도 변화될 가능성이 있으면 하나님은 얼마든지 기다리십니다.

아브라함이 소돔과 고모라에서 의인 열 명의 명단만 작성할 수 있었으면 그 성 전체가 살 수 있었습니다. 그러나 어느 누구도 그 성에서 의인 열 명의 명단을 제시할 수 없었습니다.

오늘 하나님께서 우리에게 원하시는 것이 무엇입니까? 하나님의 백성인 우리가 자기 문제에 빠지지 말고 이 세상의 죄인들을 살리기 위하여 중보기도를 하라는 것입니다. 그리고 하나님의 백성으로 부흥을 일으키라는 것입니다. 그렇게 하기만 해도 이 세상에 임하는 하나님의 대재앙은 막을 수가 있습니다.

아무리 악한 죄인이라 하더라도 그를 위하여 기도해 주는 사람이 있을 때 그에게는 아직 소망이 있습니다. 하나님께서는 아무리 멸망할 수밖에 없는 자라 하더라도 누군가가 그를 위하여 기도하고 전도하기를 원하시는 것입니다. 그러나 전혀 진리가 활동할 수 없을 정도로 죽어 있을 때 하나님은 그 사회를 심판하실 것입니다. 왜냐하면 진리의 등불이 꺼져 있으면 가능성이 없기 때문입니다.

예수님은 제자들에게 주검이 있는 곳에 독수리가 덮친다고 말씀하셨습니다. 즉 하나님의 진리가 죽어 있고, 아무리 복음을 증거해도 반응이 없는 곳에는 하나님의 심판이 임하는 것입니다.

우리는 오늘 하나님 앞에서 우리의 모든 죄를 자백하고 깨끗한 믿음이 되기를 바랍니다. 그리고 나 자신의 문제에만 빠져 있지 말고 이 나라와 다른 민족을 위해서 기도할 수 있기를 바랍니다.

성경 토의

1. 우리는 개인적으로 짜증스럽고 힘들 때 성도나 목회자의 방문을 받거나 혹은 교회에서 어떤 일을 부탁받으면 어떻게 하는가?

2. 하나님은 사라가 하나님의 말씀을 듣고 한편으로는 기쁘지만 다른 한편으로는 받아들이기 어려워서 혼자 웃고 있는 것을 알고 계셨다. 우리는 때때로 하나님의 말씀이 한편으로는 반갑고 기쁘지만 다른 한편으로는 내 믿음이 부족해서 받아들여지지 않을 때 어떻게 해야 하는가?

3. 아브라함은 당장 멸망할 수밖에 없는 소돔과 고모라를 위해서 하나님과 협상을 했다. 우리는 내 주위의 멸망할 사람들을 위해서 어떻게 하나님과 협상을 벌여야 하는가?

25_소돔과 고모라의 멸망

창세기 19:1-38

전체적 설명

하나님은 음란하고 악한 소돔과 고모라를 멸망시키시기 전에 두 천사를 보내셔서 소돔과 고모라의 실상을 보게 하시고, 아브라함의 조카 롯을 성에서 건져내심으로 다시 한 번 아브라함에게 긍휼을 보이셨다. 하나님께서 소돔과 고모라를 멸망시키시기 전에 보여 주신 소돔의 모습은 동성연애자들이 밤에 몰려와서 알지 못하는 사람들을 성적으로 폭행하려고 한 것이다. 결국 이것이 소돔과 고모라 전체에 대한 도덕적인 평가인 것이다. 소돔과 고모라는 하나님의 천사가 강제적으로 끌어내다시피 한 롯과 그의 두 딸 외에는 한 사람도 살지 못하고 전멸을 당하게 된다. 단지 하나님은 롯을 살리시기 위해서 롯이 피했던 소알까지는 멸망하지 않도록 지켜 주신다.

설교 프리노트

1절, "날이 저물 때에 그 두 천사가 소돔에 이르니"

멸망하는 도시에 두 천사가 사람의 모습으로 나타난 것은 대단히 이례적인 현상이다. 아브라함과 대화를 나누었던 세 사람 중에서 한 분은 여호와이셨고, 두 명은 천사였다. 멸망하는 도시에 두 천사가 나타난 것을 보면 이 세상에 임하는 모든 재앙이 하나님의 심판으로 임하는 것을 알 수 있다. 단지 사람의 눈에는 천사가 보이지 않을 뿐이다. 그러나 유달리 소돔 성에 천사가 사람의 모습으로 나타난 것은 소돔이 얼마나 악한 자들이기에 이렇게 멸망을 당하는지 보여 주기 위한 것이다. 그리고 아직도 이 성이 망할 줄을 모르고 이 성에 집착하고 있는 롯을 건져 내시기 위해서이다.

"롯이 소돔 성문에 앉았다가 그들을 보고 일어나 영접하고 땅에 엎드리어 절하여"

롯이 소돔 성문에 앉았다는 것은 그가 소돔 성에서 상당히 영향력 있는 위치에 있었음을 보여 준다. 아마도 소돔 사람들이 모두 전쟁 포로가 되었다가 아브라함에 의해 구출된 후에 롯은 소돔에서 높은 지위를 인정받았을 것이다. 대개 성문에서는 정치적인 토론이나 재판 같은 것이 이루어지는데 롯은 그 무리 가운데 있었다. 롯은 저물 때에 낯선 두 사람이 성 안에 들어오는 것을 보고 땅에 엎드려 절을 하며 그들을 영접했다. 이것은 아브라함이 하나님과 두 천사를 영접하는 자세와 비슷한데, 이것을 보면 롯이 이런 점에 있어서 아브라함의 영향을 받은 것을 알 수 있다. 롯이 두 천사를 영접한 것은 그들이 천사인 것을 알고 영접한 것이 아니라 당시 소돔 성 안에는 마땅한 숙소나 여관이 없었기 때문인 것 같고, 어쩌면 소돔 성은 밤이 위험하다는 것을 롯이 알았기 때문인 것 같다.

2절, "그들이 가로되 아니라 우리가 거리에서 경야하리라"

롯이 두 천사에게 자기 집에 와서 식사도 하고, 발도 씻고, 잠을 잔 후에 가라고 친절을 베푸는데도 두 천사는 거절하는 것처럼 행동했다. 그것은 롯의 간청이 진심인지, 아니면 입에 발린 친절인지 시험해 보려는 것이었다. 이 두 낯선 사람은 소돔의 실정을 전혀 모르는 것처럼 거리에서 노숙을 하겠다고 했다. 그러나 롯은 그들에게 간청을 해서 자기 집으로 모셔 간다. 여기서 롯과 그 가족의 운명이 결정된다. 그래서 하나님의 백성은 다른 사람들에 대하여 늘 관심을 가져야 하고, 특히 낯선 사람들에 대하여 긍휼한 마음을 가지고 있어야 자신들이 살 수 있다. 다른 사람의 고통에 대하여 외면하고 모르는 체하는 것은 악한 것이다.

4절, "그들의 눕기 전에 그 성 사람 곧 소돔 백성들이 무론 노소하고"

롯의 가족과 두 천사가 잠을 자려고 한 시간이 언제인지 정확하게 알 수 없지만 그들이 저녁 식사를 하고 잠자리에 들기 전에 소돔 사람들이 몰려왔다. 이것을 통해서 우리는 소돔은 낮에는 정상적인 도시처럼 보였을지 몰라도 밤이 되면 사람들이 미쳐서 날뛰는 죄악의 도시였다는 것을 알 수 있다. 밤에 롯의 집에 몰려온 자들은 동성연애자들이었고, 이들은 낯선 사람이 롯의 집에 와서 유숙한다는 말을 듣고 강간하기 위해서 몰려든 것이다.

5절, "이끌어내라 우리가 그들을 상관하리라"

여기서 '상관하리라' 라고 한 것은 성적으로 관계를 하겠다는 뜻이다. 즉 그들은 밤에 낯선 사람들에게 몰려와서 폭행하고 강간하는 것을 취미로 삼는 자들이었던 것이다. 대개 동성애라고 하는 것은 군대나 감옥처럼 여성을 오랫동안 볼 수 없는 상황에서 비정상적인 성관계가 이루어지면서 생긴 것이다. 그런데 세상이 악해지면 정상적인 상황에서도 동성연애자들이 많이 생길 뿐 아니라 이들이 아예 드러내 놓고 거리를 활보하면서 멀쩡한 사람을 성적으로 폭행하는 일을 하게 된다.

7-8절, "내 형제들아 이런 악을 행치 말라 내게 남자를 가까이 아니한 두 딸이 있노라 청컨대 내가 그들을 너희에게로 이끌어내리니"

롯은 자기가 소돔 성 안에서는 영향력이 있기 때문에 안전할 것이라고 생각했던 것 같다. 그래서 롯은 폭도들이 몰려와서 자기 집에 온 손님들을 끌어내려고 할 때에 자기가 직접 나가서 소돔 사람들을 설득하려고 하였다. 롯은 소돔 사람들을 향해서 '형제들아' 라고 부르면서 서로 아주 가까운 사이인 것을 나타내려고 하였다. 그러면서 롯은 폭도들을 달래기 위해서 자신의 딸 두 명을 그들에게 내어 주겠다고 제안을 했다. 이것을 보면 당시에 남자들이 자기 딸들을 어떻게 생각했는지 짐작할 수 있다. 즉 당시에 남자들은 딸들을 자신의 소유물 정도로 생각했던 것이다. 롯은 하나님을 믿는 경건한 사람이었는데 소돔에 와서 소돔 사람들과 어울려서 살다 보니까 그의 가치관이 세상적으로 변한 것이다. 롯은 자기 집에 온 손님들을 지켜야 한다는 체면을 자기 두 딸의 생명이나 정조보다 더 중요하게 생각하였다.

9절, "이 놈이 들어와서 우거하면서 우리의 법관이 되려 하는도다"

소돔 사람들은 결코 롯을 자기들과 같은 소돔 사람으로 인정하지 않았다. 오히려 소돔 사람들은 롯이 외지인으로 소돔에 들어와서 자기들의 관리 노릇을 하려고 한다고 하면서 배척하였다. 즉 롯은 자기 나름대로 소돔 사람들에게 인정을 받으려고 애를 썼지만 소돔 사람들은 결코 롯을 자기들과 같은 부류의 사람으로 인정하지 않았다.

11절, "문밖의 무리로 무론 대소하고 그 눈을 어둡게 하니"

하나님의 두 천사는 곤경에 빠진 롯을 보호하기 위해 롯을 집 안으로 끌어들이고 밖에 있는 무리의 눈을 어둡게 해서 문을 찾지 못하게 하였다. 그러나 밖에 있는 무리는 자신들의 눈이 잘 보이지 않는 것도 깨닫지 못하고 여전히 욕망을 채우기 위해서 문을 찾느라고 소동을 벌였다. 이것을 보면 롯의 집에 몰려온 자들은 이미 정상적인 상태가 아닌 것을 알 수 있다.

12절, "그 사람들이 롯에게 이르되 이 외에 네게 속한 자가 또 있느냐"

천사는 할 수만 있으면 롯과 관계된 사람을 한 명이라도 더 살려 내기 위해서 롯에게 가족이나 종이나 롯에게 속한 사람은 누구든지 성 밖으로 끌어내라고 말했다. 이것은 하나님의 말할 수 없는 자비요, 긍휼이다.

13절, "그들에 대하여 부르짖음이 여호와 앞에 크므로 여호와께서 우리로 이곳을 멸하러 보내셨나니 우리가 멸하리라"

두 천사는 자신들이 소돔에 온 목적을 분명하게 말했다. 소돔의 죄는 그 부르짖음이 하나님 앞에 클 정도로 심각했다. 성경이 우리에게 보여 주는 소돔의 죄는 동성연애자들의 성폭행이지만, 이것 외에도 많은 죄의 부르짖음이 있었던 것을 알 수 있다. 죄인들이 하나님의 말씀을 듣는 것은 그들의 목숨을 건지는 유일한 길이다. 롯은 자기가 두 천사를 도와주는 줄 알았지만 실제로는 천사가 이 성을 심판하러 온 것으로, 롯과 그 가족을 살리기 위해서 천사는 하나님의 계획을 롯에게 알려 주었다.

14절, **"여호와께서 이 성을 멸하실터이니 너희는 일어나 이곳에서 떠나라 하되 그 사위들이 농담으로 여겼더라"**

롯은 우선 자기 두 딸과 예비 사위들에게 소돔 성이 멸망할 것을 알려 주었지만 그들은 롯의 말을 농담으로 생각하여 믿지 않았다. 왜냐하면 소돔 성은 겉으로 보기에는 전혀 망할 것 같지 않았고, 어디를 보아도 이 성이 멸망할 것 같은 징조가 보이지 않았기 때문이다. 이것이 하나님을 믿지 않고 세상을 살아가는 사람들의 모습이다. 사람들은 이 세상이 겉으로 보기에 전혀 망할 것 같지 않기 때문에 이 세상을 믿으면서 살아가고 있다. 그래서 하나님을 믿지 않는 사람들에게 이 세상이 장차 망할 것이라고 말하면 그들은 그것을 농담으로 생각한다. 그러나 이 세상은 결코 안전하지 않다. 이 세상은 하나님의 말씀 한 마디에 의해서 언제든지 멸망할 수 있다.

15절, **"동틀 때에 천사가 롯을 재촉하여 가로되"**

소돔이 멸망할 것이라는 천사의 말을 듣고서도 얼마나 주저하고 망설였던지 롯은 동틀 때까지도 소돔 성을 벗어나지 못하고 있었다. 롯이 이렇게 소돔 성을 떠나지 못하고 있었던 것은 아마도 두 사위를 설득하느라고 많이 지체했기 때문인 것 같고, 또 어떤 물건을 챙겨 가야 하고 어떤 재산을 가져가야 할지 몰라서 왔다 갔다 하느라고 시간을 많이 지체했기 때문인 것 같다. 우리는 죄에서 떠나고 멸망에서 벗어날 때에는 많은 것을 챙기려고 하지 말고 몸만 신속하게 빠져나와야 한다.

16절, **"그러나 롯이 지체하매 그 사람들이 롯의 손과 그 아내의 손과 두 딸의 손을 잡아 인도하여 성밖에 두니 여호와께서 그에게 인자를 더하심이었더라"**

롯이나 그 가족이 자신들의 의지로는 소돔을 포기하지 못할 것 같으니까 두 천사가 양손으로 롯과 그 아내와 두 딸의 손을 잡아서 강제로 성 밖으로 끌어내었다. 이것을 보면 우리 인간이 얼마나 미련한지를 알 수 있다.

즉 하나님의 천사가 와서 이 성이 망한다고 하면서 밖으로 나가라고 해도 롯이나 그 가족은 소돔 성에 미련이 남아서 떠나지 못하고 아침 동틀 때까지 지체한 것이다. 아마도 롯이나 그 가족은 그동안 키우던 양들을 팔아서 소돔에 좋은 집을 마련했던 것 같고, 그곳에다 모든 것을 투자했던 것 같다. 그래서 롯은 소돔에 투자한 것이 아까워서 끝까지 망설이고 있었던 것이다.

17절, **"돌아보거나 들에 머무르거나 하지 말고 산으로 도망하여 멸망함을 면하라"**

천사는 롯에게 뒤를 돌아보아서는 안 된다고 했다. 그 이유는 뒤를 돌아보는 것은 여전히 소돔에 대한 미련이 있다는 것이기 때문에 소돔과 함께 망하게 되는 것이다. 그리고 들에 머물지 말라고 한 것은 심판의 범위가 들판까지 적용되는 것을 보여 준다. 그래서 아무리 소돔 성을 떠났다 하더라도 들판에 있으면 죽게 될 것이다. 산으로 도망하라고 한 것은 산은 이번 심판의 범위가 아니라는 뜻이다.

19절, **"내가 도망하여 산까지 갈 수 없나이다"**

롯은 들판에 머무르지 말고 산으로 가라는 천사의 말을 듣고 자기는 도저히 산으로 도망칠 수가 없다고 하소연하였다. 롯이 나이가 들어서 산으로 갈 수가 없든지, 아니면 건강이 좋지 못하였든지 혹은 시간을 너무 지체하는 바람에 제한된 시간 안에 산까지 갈 수 없다는 뜻인지는 알 수 없지만 롯은 산까지 갈 수 없다고 했다. 그 대신에 롯은 가까이에 있는 작은 도시 소알로 피하게 해 달라고 했다. 이것은 아직 롯이 문제의 심각성을 잘 모르고 하는 말이었다. 롯은 소돔과 고모라는 많이 타락했지만 소알은 작은 도시이니까 죄가 적을 것으로 생각했던 것이다. 그러나 소알도 소돔이나 고모라와 마찬가지로 죄악의 도시였다. 그러나 하나님은 아브라함의 기도를 들으시고 롯을 살리기로 결심하셨기 때문에 롯의 요구를 다 들어주셨다. 즉 하나님은 롯이 산까지 가지 않아도 되게 하셨고, 소알로 피하도록 허락하셨다.

24절, **"여호와께서 하늘 곧 여호와에게로서 유황과 불을 비같이 소돔과 고**

모라에 내리사"

하늘에서 불과 유황이 내린다는 것은 사람의 머리로는 상상할 수 없는 일이다. 대개 유황은 화산지대에서 많이 나오는데 이번에는 화산 폭발 없이 하늘에서 직접 불과 유황이 비같이 내리면서 소돔과 고모라의 모든 성과 들판을 불바다로 만들었다. 유황은 성냥을 만드는 원료인데 불을 붙이면 폭발하듯이 불이 붙는다. 결국 소돔과 고모라와 스보임과 아드마는 폭발하듯이 불에 타 멸망하고 말았다.

26절, **"롯의 아내는 뒤를 돌아 본고로 소금 기둥이 되었더라"**

롯의 아내는 소돔 성에 두고 온 재산에 대한 미련을 떨쳐버리지 못해서 뒤를 돌아보았기 때문에 즉사하고 말았다. 롯의 처가 어떻게 즉사했는지는 알 수 없지만 하나님의 징계로 선 채로 목숨을 잃었는데 순간적으로 몸에서 수분이 모두 빠져 나가고 소금 성분이 붙으면서 소금 기둥으로 변하고 말았다.

27절, **"아브라함이 그 아침에 일찍이 일어나 여호와의 앞에 섰던 곳에 이르러"**

아브라함은 자신이 하나님과 소돔의 멸망에 대하여 대화를 나눈 것을 기억하고 그 결과가 궁금해져서 여호와와 대화를 나누었던 곳으로 가 보았다. 그런데 결국 소돔과 고모라는 의인 열 명이 없어서 하나님이 말씀하셨던 대로 완전히 불로 멸망하고 말았다. 아브라함이 소돔과 고모라가 있었던 곳을 바라보니 그곳에는 옹기점의 불가마같이 연기가 올라가고 있었다. 즉 하나님이 말씀하신 그대로 된 것이다.

30절, **"롯이 소알에 거하기를 두려워하여"**

롯과 두 딸은 멸망당한 소돔과 고모라에서 유일한 생존자들이었고, 그들은 소돔과 고모라가 어떻게 해서 망하게 되었는지 가장 분명히 아는 자들이었다. 또 소알 성이 멸망하지 않은 것은 순전히 롯이 거기로 피했기 때문이었다. 그런데 롯이 소알에 살아 보니 그들도 소돔 사람들과 마찬가지로 악하여 하나님이 소알도 심판하실까 두려워졌고, 그래서 그는 처음에 천사가 말한 대로 산으로 피하여 살았다. 롯은 그 무서운 재앙에서 구원을 받았지만 하나님의 말씀을 믿지 않았기 때문에 구원의 기쁨을 누리지도 못하고 오히려 더 불안한 생활을 하였다. 사람들은 이런 것을 고통후유증(post trauma syndrome)이라고 하는데 요즘은 어떤 끔찍한 사고나 고통을 당한 사람들은 정신 치료를 받기도 한다. 사람들은 무서운 재앙에서 살아난 것이 감사하기는 하지만 그 후유증으로 인해서 정신적으로 계속 고통을 받는 것이다.

31절, "우리 아버지는 늙으셨고 이 땅에는 세상의 도리를 좇아 우리의 배필 될 사람이 없으니"

롯은 두 딸을 데리고 산에서 따로 살다 보니까 두 딸을 결혼시킬 수가 없었다. 그래서 롯의 두 딸은 아버지에게 술을 마시게 해서 근친상간을 범하여 자손을 얻어서 더 죄악된 후손을 만들게 되었다.

본문 이해를 위한 질문

1. 소돔을 방문한 하나님의 천사들은 어떤 일을 당했는가?

마침 소돔 성문 가까이에 앉아 있던 롯의 초청을 받아서 그의 집으로 갔지만 밤중에 소돔 사람들이 몰려와서 천사들을 강간하려고 하는 바람에 소동이 벌어졌다.

2. 두 천사는 어떻게 롯의 가족을 피신시켰는가?

롯에게 자신들이 온 목적을 설명하고 성에서 피하게 했지만 두 사위는 롯의 말을 농담으로 알았고, 롯의 가족도 지체하는 바람에 거의 동틀 때까지 성을 피하지 못했다. 그러자 두 천사는 양손으로 롯과 그 아내와 두 딸의 손을 붙들고 거의 강제로 이끌다시피 해서 롯과 그 가족을 성 밖으로 데리고 나갔다.

3. 롯은 어디로 피했는가?

원래 하나님의 계획은 소돔 들판에 있는 다섯 개의 성을 멸망시키는 것이었기 때문에 하나님은 롯에게 산으로 피하라고 하셨지만 롯은 산으로 피할 수가 없다고 하면서 소알로 피했고, 나머지 성들은 다 멸망하고 말았다.

4. 소돔 성이 멸망한 후 롯의 생활은 어떠하였는가?

소돔을 탈출할 때 롯의 아내가 뒤를 돌아보았기 때문에 소금 기둥이 되어서 죽었고, 롯은 두 딸과 함께 소알 성에서 살다가 위협을 느껴 산으로 도망쳐서 살았다.

성경 강해

최근에 전 세계적으로 지진이나 홍수, 바다 지진 등으로 수십만 명이 죽거나 실종되는 일들이 일어나고 있습니다. 그 대표적인 사건으로 인도네시아의 쓰나미와 중국 쓰촨성의 지진 그리고 최근 아이티에서 일어난 지진을 들 수 있습니다. 우리는 대재난을 통해서 자연의 이상이 얼마나 무서운지 알게 됩니다. 자연이 정상적일 때에는 이 세상은 너무나도 살기 좋은 곳인데 자연의 질서가 깨어지면 홍수나 지진이나 쓰나미로 도시 하나가 하루 만에 없어지기도 하고 수십만 명이 땅에 파묻혀서 죽기도 합니다. 그러나 사람들은 아직 이런 자연의 대재앙의 원인을 모르고 있습니다. 어떤 사람은 주기적으로 발생하는 사건이라고 하기도 하고, 어떤 사람은 지구 온난화 혹은 빙하기 현상이라고 하기도 합니다.

로마 시대에 가장 끔찍했던 재앙은 베수비오 화산이 폭발한 것입니다. 이 화산 폭발로 인해 폼페이라는 도시가 완전히 화산재에 파묻혔습니다. 그때의 상황을 증언한 기록들을 보면, 갑자기 바다가 출렁거리기 시작하면서 화산의 유독 가스가 뿜어져 나왔다고 합니다. 그리고 돌이 날아들고 화산재가 떨어지기 시작했는데, 사람들은 우왕좌왕하면서 제대로 피하지 않았다고 합니다. 그래서 그곳에 남아 있던 사람들은 가장 먼저 유독 가스에 질식되어 죽었고, 그 다음에는 화산재가 덮었습니다. 화산재의 높이는 2미터에서 3미터 정도였는데, 거기에 비가 내려 화산재가 콘크리트처럼 단단하게 굳어져서 온 도시가 돌무덤처럼 되고 말았습니다.

아브라함 당시에도 하늘에서 유황불이 내려와 네 개의 도시가 없어지고 사람들이 전멸당하는 대재앙이 일어났습니다. 이 도시들은 소돔과 고모라와 인근에 있던 두 도시였습니다. 이 도시의 멸망에서 중요한 것은 이 무서운 재앙에서 살아남은 사람이 있다는 것입니다. 즉 도시의 멸망을 지켜본 사람이 있었던 것입니다. 그가 바로 아브라함의 조카 롯입니다.

우리는 본문 말씀을 세 가지 상황으로 정리할 수 있습니다. 첫 번째는 성이 멸망당하기 전의 상황입니다. 여기서는 하나님의 천사가 와서 롯과 그 가족을 구하려고 애를 쓰는 모습과 그런 가운데서 죄를 지으려고 미쳐서 날뛰는 소돔 사람들의 모습을 볼 수 있습니다. 그리고 두 번째는 드디어 소돔 성이 하나님의 심판으로 하루아침에 망해 버리는 것입니다. 하늘에서 불과 유황이 쏟아져서 네 개의 성을 둘러엎는데 살아남은 사람이 아무도 없었습니다. 그리고 세 번째는 소돔의 멸망에서 살아남은 롯과 그 두 딸의 형편입니다. 소돔과 고모라의 멸망에서 특이한 것이 하늘에서 유황과 불이 쏟아졌다는 것입니다. 소돔과 고모라가 멸망한 것은 지진이나 화산 폭발이나 홍수로 인해서가 아니었습니다. 우리 머리로는 도저히 상상할 수도 없는 유황과 불이 하늘에서 쏟아져서 망한 것입니다. 이것은 너무나도 분명한 하나님의 진노의 심판입니다. 그런 중에도 하나님은 아브라함의 조카 롯을 구원하기 위해서 최선의 노력을 다하신 것입니다.

1. 소돔을 방문한 천사

성지를 여행하는 분들이 꼭 들르는 곳이 바로 예루살렘 남쪽에 있는 사해입니다. 사해는 수면이 해수면보다 낮을 뿐 아니라 소금기가 많아서 물고기나 생물들은 살 수 없습니다. 이곳이 바로 유황불로 망하기 전에는 가나안 땅에서 가장 비옥하고 아름다웠던 소돔과 고모라 땅이었습니다. 그런데 이 아름다웠던 곳이 하나님의 진노의 심판으로 하늘에서 유황불이 쏟아지는 바람에 불바다가 되어서 영원히 멸망하고 말았습니다.

하나님은 소돔과 고모라를 멸망시키시기 전에 두 천사를 소돔 성에 보내셨습니다.

1절, "날이 저물 때에 그 두 천사가 소돔에 이르니 마침 롯이 소돔 성문에 앉았다가 그들을 보고 일어나 영접하고 땅에 엎드리어 절하여"

성경은 여러 곳에서 하나님께서 심판하실 때 천사들을 사용하시는 것을 말씀하고 있습니다. 이것은 이 세상의 어떤 재앙이든지 우연히 일어나는 것은 없고 모두 하나님의 심판으로 이루어지는 것임을 보여 주는 것입니다. 그래서 모든 재앙의 현장에 하나님의 천사가 나타나는 것입니다. 물론 사람들의 눈에는 천사가 보이지 않지만 재앙이 있는 곳에는 천사가 반드시 입회합니다. 그 이유는 하나님의 뜻이 아닌데 재앙이 일어나는 경우는 없기 때문입니다.

사람들은 재앙이 갑자기 일어나는 바람에 억울한 사람들이 많이 죽었다고 말을 합니다. 그러나 재앙이 일어나는 것은 반드시 죄가 어느 수준 이상 쌓였기 때문이고, 하나님께서 그 죄에 대하여 진노하셨기 때문입니다. 이 세상은 애당초 만들어질 때부터 죄가 어느 정도 이상 차면 예고 없이 자동적으로 재앙이 터지도록 설계되어 있습니다. 그래서 죄가 넘쳐서 재앙이 터져 버리면 죄가 많든 적든 거기에 있었던 사람들은 모두 죽게 되는 것입니다. 그럼에도 불구하고 하나님은 소돔과 고모라가 멸망할 때에는 특별히 천사를 사람의 모습으로 보내셔서 롯을 심판에서 건져 주셨습니다.

그러나 하나님께서 천사를 보내실 때 롯과 아무 상관없는 여행객의 신분으로 보내셨습니다. 이것은 하나님께서 롯의 믿음을 시험해 보려 하신 것입니다. 즉 아무리 하나님이 롯을 유황불 심판에서 건지려고 해도 롯 자신이 천사들에게 관심이 없었더라면 그는 구원을 받지 못하게 됩니다. 그래서 하나님의 백성은 자신들의 처지가 만족스럽든 어려움에 처해 있든 상관없이 고통당하는 사람의 처지를 불쌍히 여겨야 합니다.

천사들이 소돔을 찾아왔을 때는 해 질 무렵이었습니다. 롯은 성문에 앉았다가 이 여행객들이 성안으로 들어오는 것을 보고는 벌떡 일어나 그들을 영접했습니다. 그 이유가 무엇입니까? 이 사람들이 멋도 모르고 소돔 성 거리에서 자려고 하는 것 같은데 소돔은 매우 위험한 곳이었기 때문입니다. 보통은 어느 도시든지 성안이 성 밖보다 훨씬 안전합니다. 그러나 소돔은 정반대였습니다. 소돔은 성안이 성 밖보다 훨씬 위험했습니다. 왜냐하면 소돔 성 사람들은 밤만 되면 아주 난폭한 동성연애자 깡패들로 변했기 때문입니다. 그래서 롯은 손님을 영접할 준비가 전혀 되어 있지 않았지만 이 낯선 여행객들을 자기 집으로 영접하였습니다.

그리스도인들은 항상 다른 사람의 어려움에 대하여 마음이 열려 있어야 합니다. 왜냐하면 하나님은 우리에게 좋은 것을 주시기 전에 항상 우리의 믿음을 달아 보시기 때문입니다. 그것은 내 사정도 어렵지만 나보다 더 어려운 사람들의 형편을 보고 도와주라는 것입니다. 그래서 하나님의 백성에게 가장 위험한 것은 자기 문제에 빠져 버리는 것입니다. 우리가 자기 문제에 빠져 버리면 다른 사람에 대하여 관심을 가질 수가 없습니다. 그러면 하나님께서 나에게 주시려고 준비하신 은혜를 놓치게 됩니다.

롯의 집에는 누룩 있는 떡이 없었습니다. 이것은 롯의 집은 손님이 올 것을 예상하지 않았다는 것입니다. 그럼에도 불구하고 롯은 낯선 손님들에게 절을 하면서 자기 집으로 모셔 갔습니다. 결국 이것이 자기 자신과 가족이 사는 길이었습니다. 하나님의 백성은 남을 도우면서 살게 되어 있습니다. 즉 하나님의 백성은 자기 혼자 살려고 하면 이상하게 살지 못합니다. 그런데 자기도 어렵지만 다른 사람을 도우려고 하면 이상하게 살게 됩니다.

롯의 이런 자세가 어디서 나왔을까요? 롯은 이것을 어렸을 때 아브라함에게서 보고 배웠던 것입니다. 그래서 어렸을 때부터 눈으로 보고 배운다는 것이 굉장히 무서운 것입니다. 왜냐하면 위기의 순간에는 어렸을 때 보고 배웠던 것이 무의식적으로 튀어나오기 때문입니다.

천사들이 소돔 성을 방문한 것은 두 가지 목적 때문이었습니다. 하나는 아브라함이 기도했던 롯을 구원하는 것이고, 또 하나는 소돔 성의 타락한 모습을 확인하기 위해서였습니다.

그런데 두 천사가 롯의 집에 들어가 저녁 식사를 하고 잠자리에 들려 할 때 소돔 사람들이 사방에서 몰려와 롯의 집을 에워쌌습니다.

4-5절, "그들의 눕기 전에 그 성 사람 곧 소돔 백성들이 무론 노소하고 사방에서 다 모여 그 집을 에워싸고 롯을 부르고 그에게 이르되 이 저녁에 네

게 온 사람이 어디 있느냐 이끌어내라 우리가 그들을 상관하리라"

'그들이 눕기 전' 은 잠자리에 들기 전이라는 뜻입니다. 요즘은 보통 열두 시는 되어야 잠자리에 들지만 옛날 사람들은 해가 지고 나서 얼마 후에 잠자리에 들었던 것 같습니다. 그래서 그렇게 늦지 않은 시간에 소돔 사람들이 노소를 막론하고 롯의 집에 몰려왔습니다. 그러고는 밖에서 소리 지르기를, '네게 온 사람이 어디 있느냐 이끌어 내라 우리가 그들을 상관하리라' 라고 했습니다. 여기서 '상관한다' 는 말은 성관계를 가지겠다는 뜻입니다.

소돔 사람들 중에는 동성연애자들이 많았습니다. 그리고 형제나 친척들 사이에서 동성연애가 예사로 이루어지고 있었습니다. 그런데 거기서 한 걸음 더 나아가서 소돔 사람들은 외부에서 잘생긴 남자가 오면 성관계를 가지기 위하여 노소를 막론하고 몰려와서 행패를 부리고 성폭행을 했던 것입니다. 영어로 동성연애자를 '소도마이트' 라고 하는데, 이는 '소돔 사람들' 이라는 뜻입니다.

우리나라 사람들은 동성연애가 무엇인지 몰랐습니다. 그러다가 서구의 퇴폐 문화가 들어오면서 동성연애자들이 부쩍 많아졌습니다. 몇 해 전에 상영된 "왕의 남자" 라는 영화는 동성애적인 내용을 담은 영화입니다. 그런데 이런 영화가 우리나라에서 천만 명 가까운 관객을 모았다는 것이 이해가 되지 않는 것입니다.

원래 동성애라고 하는 것은 남자들끼리만 오랫동안 격리된 외국의 감옥이나 군대 같은 사회에서 발생한 것으로 알려져 있습니다. 그런 곳에 새로운 죄수나 신참이 들어오면 동성연애자 고참이 성폭행을 하는 것입니다. 그런데 최근에 서구 사회에서는 아예 내어 놓고 동성들끼리 부부 생활을 하거나 관계를 가지는 사람들이 너무나도 많습니다. 그러나 하나님께서는 이미 동성연애자들을 에이즈라고 하는 무서운 병으로 치셨습니다. 그래서 많은 동성연애자들이 에이즈로 죽어 갔습니다. 그럼에도 불구하고 동성연애는 줄어들거나 없어지기는커녕 더 많아지고 있습니다. 그 이유는 이들의 정신 상태가 정상이 아니기 때문입니다.

아마도 소돔 성을 찾아온 두 천사는 소돔 사람들의 눈에 잘생겨 보였던 것 같습니다. 그러니까 소돔 사람들은 잘생긴 사람들을 보고 욕정이 생겨 성폭행을 하기 위해서 너도 나도 밤중에 몰려들었던 것입니다.

이것을 보면 이 일이 처음이 아니라 늘 그렇게 해 왔다는 것을 알 수 있습니다. 즉 소돔 사람들은 오래전부터 낯선 사람이 성에 들어오면 그들을 성폭행하기 위해 떼를 지어서 몰려다녔던 것입니다.

이때 롯은 혼자 집 밖에 나가서 이 사람들을 설득하려고 했습니다.

6-7절, "롯이 문밖의 무리에게로 나가서 뒤로 문을 닫고 이르되 청하노니 내 형제들아 이런 악을 행치 말라"

그런데 놀랍게도 소돔 사람들은 롯의 말을 들으려 하지 않았을뿐더러 롯은 천사들 대신 자기 두 딸을 내어 주겠다고 제안을 했습니다.

참으로 이해가 되지 않는 것이 바로 이것입니다. 롯은 자기 집에 온 손님들을 보호하기 위해서 자기의 두 딸을 희생시켜도 된다고 생각한 것입니다. 이것을 보면 롯이 자기의 딸들을 어떻게 생각했는지 알 수 있습니다. 롯은 자기 집에 온 손님을 보호하는 것은 중요하고, 두 딸이 소돔 사람들에게 욕을 당하든지 죽는 것은 괜찮다는 것입니다. 이것은 하나의 악을 없애기 위해서 다른 악을 사용하는 것입니다. 즉 빌려 준 돈을 받아 내기 위해서 깡패를 이용하는 것과 비슷한 것입니다. 물론 정상적인 방법이 통하지 않기 때문에 극단적인 방법을 사용하려고 하는 것이지만 이것은 더 무서운 악인 것입니다. 롯도 소돔에 오래 살다 보니까 자기도 모르는 사이에 소돔의 사고방식에 젖어 버렸던 것입니다. 그런데 소돔 사람들은 이미 정욕에 미쳐서 롯의 말은 귀에 들어오지도 않았습니다. 그래서 롯에게 욕설을 퍼부으면서 롯을 밀치고 문을 깨뜨리고 들어와서 두 손님을 끌어내려고 했습니다. 롯은 졸지에 모르는 두 사람을 도우려고 하다가 자기 자신이 곤욕을 치르게 되었습니다.

롯의 생각으로는 자기가 소돔 사람이고, 또 소돔에서 어느 정도 큰소리를 칠 수 있기 때문에 손님들을 자기 집으로 데리고 오면 안전할 것 같았습니다. 그러나 정욕에 눈이 어두워진 소돔 사람들에게는 롯이 아무것도 아니었습니다. 그들은 오히려 이번 기회에 롯까지 엎어서 폭행을 하겠다고 했습니다.

이때 하나님의 천사들은 문 밖으로 손을 내밀어서 롯을 집 안으로 끌어들이고, 몰려온 사람들의 눈을 멀게 했습니다. 그런데도 사람들은 욕망을 채우기 위해서 문을 찾느라고 더듬었습니다. 이 모습을 보고 천사들은 롯을 재촉해서 소돔 성 밖으로 나가라고 했습니다.

하나님께서 아브라함과 협상을 하셨던 의인의 수는 열 명이었습니다. 하나님은 아브라함에게 의인 열 명만 있으면 소돔과 고모라를 손도 대지 않고 그대로 두시겠다고 약속하셨습니다. 그러나 소돔과 고모라에는 의인 열 명이 없었습니다. 그러면 하나님은 즉시 소돔과 고모라를 멸망시키실 수도 있었습니다. 그러나 하나님은 롯을 구원하시기 위하여 심판을 지체하셨습니다.

천사는 먼저 롯에게 하나님의 계획을 이야기하면서 가족을 빨리 소돔 성 밖으로 이끌어 내라고 했습니다.

12-13절, "그 사람들이 롯에게 이르되 이 외에 네게 속한 자가 또 있느냐 네 사위나 자녀나 성중에 네게 속한 자들을 다 성밖으로 이끌어내라 그들에 대하여 부르짖음이 여호와 앞에 크므로 여호와께서 우리로 이곳을 멸하러 보내셨나니 우리가 멸하리라"

하나님은 한 사람이라도 더 구원하시기 위하여 롯에게 하나님의 심판 계획을 알려 주셨습니다. 즉 천사들은 롯에게 '우리가 여기에 온 것은 그냥 성을 구경하기 위해서 온 것이 아니라 멸망시키기 위해서 온 것이기 때문에 네가 알 만한 사람들을 다 데리고 여기서 나가라' 고 한 것입니다.

여기서 롯의 영향력이 나타납니다. 만일 롯이 소돔 성에서 진정으로 영향력이 있고 하나님의 말씀에 대하여 준비되어 있었더라면 이 말씀을 듣자마자 많은 사람들을 데리고 소돔 성을 떠날 수 있었을 것입니다. 그러나 소돔 성에서 롯의 말을 믿어 주는 사람은 아무도 없었습니다. 왜냐하면 평소에 롯에게 하나님의 말씀이 없었기 때문입니다. 만일 롯이 평소에 하나님의 말씀을 붙들고 살았고, 그 말씀을 가지고 사람을 가르쳤더라면 말씀의 영향을 받은 사람들이 분명히 있었을 것입니다. 그래서 롯이 하나님의 심판을 이야기하면서 소돔을 버리고 나가자고 했다면 아마도 그의 말을 들은 사람들은 거의 따라서 나갔을 것입니다. 그러나 롯이 평소에는 전혀 하나님의 말씀이 없다가 갑자기 하나님의 말씀이라고 하면서 이야기를 하니까 아무도 그 말을 믿어 주지 않았던 것입니다. 심지어 롯의 딸들과 결혼할 사위 둘은 그의 이야기를 농담으로 알아들었다고 했습니다. 이로 미루어 보아 롯이 평소에 얼마나 쓸데없는 소리를 많이 하고 우스갯소리를 많이 했는지 알 수 있습니다. 평소에 하나님의 말씀을 열정적으로 가르치는 것이 중요한 이유는 위기의 순간에 사람들이 하나님의 말씀을 믿고 따르게 되기 때문입니다.

그러나 롯은 평소에 하나님의 말씀을 붙들지 않고 인간적으로 살았기 때문에 많은 사람을 살릴 수 있는 기회를 얻었지만 아무도 건질 수가 없었습니다. 결국 롯의 두 딸도 천사가 양손으로 붙잡고 끌어낸 것이지 자발적으로 나간 것은 아니었습니다.

이제 하나님은 의인 열 명도 따지지 아니하셨습니다. 누구든지 지금이라도 천사가 롯에게 알려 준 사실을 믿고 소돔을 떠나기만 하면 다 살 수 있게 하셨습니다. 그러나 롯은 아무도 데리고 나가지 못했습니다. 그 이유는 그가 그만큼 소돔 사람들에게 신뢰를 주지 못했기 때문입니다. 롯은 자기 나름대로는 소돔 사람들에게 한다고 했지만 소돔 사람들은 롯을 맛을 잃은 소금처럼 생각했습니다. 그래서 아무도 롯의 말을 믿지 않았습니다. 이것은 그만큼 소돔 사람들의 마음이 강퍅하고 악했다는 것을 보여 줍니다.

2. 소돔과 고모라의 멸망

이제 하나님께서 소돔과 고모라를 멸망시키실 시간이 다 되었습니다. 하나님이 소돔과 고모라를 멸망시키신 방법은 지금까지 한 번도 사용하시지 않은 방법이었습니다. 그것은 바로 하늘에서 불과 유황이 쏟아지면서 소돔과 고모라가 거의 폭발하다시피 해서 불에 타서 없어지는 것이었습니다. 유황은 폭탄의 성분이 되는 것입니다. 성냥에 주로 사용하는 것도 황 성분입니다. 그런데 과연 하늘 어디에 그렇게 많은 유황이 있어서 소돔과 고모라 위에 쏟아졌을까요? 그것은 우리 인간이 아무리 머리를 짜내어서 연구를 해도 알 수 없는 하나님의 신비인 것입니다. 우리는 땅속에는 불이 있어서 화산이 폭발하고 지진이 일어난다는 것을 압니다. 그리고 하늘에서 비가 한꺼번에 쏟아지면서 홍수가 나기도 합니다. 그런데 유황불은 과연 어디에 있던 것일까요? 우리는 그것을 알 수 없습니다.

그런데 하나님께서 그렇게 심판하신 것은 소돔과 고모라의 멸망이 단순한 자연재해가 아니라 하나님의 진노의 심판이었다는 것을 알리기 원하셨던 것입니다.

이제 하나님의 천사들은 소돔과 고모라를 심판해야 하는데 롯은 동이 틀 때까지도 소돔을 떠나지 못하고 성안에서 우왕좌왕하고 있었습니다. 그래서 두 천사는 롯을 독촉해서 더 이상 데리고 나갈 사람이 없으면 네 아내와 두 딸이라도 데리고 나가라고 하면서 롯의 아내와 딸들의 손을 잡아끌어서 성 밖으로 나가게 했습니다.

왜 롯은 천사들의 말을 듣고서도 동이 틀 때까지 소돔을 떠나지 못하고 있었을까요? 가장 중요한 이유가 '설마' 했던 것입니다. '설마 소돔과 고모라 성이 이 두 사람에 의해서 멸망될 수 있겠느냐' 는 것입니다. 롯 자신은 하나님의 말씀을 잘 믿는 사람이 아니었습니다. 그래서 잘될 것이라거나 혹은 복 받을 것이라는 말을 듣는 것은 좋아했지만 망한다는 말은 잘 믿으려고 하지 않았습니다.

그런데 더 중요한 것이 있었습니다. 롯은 아직도 마음속으로 소돔을 떠날 준비가 되어 있지 않았던 것입니다. 아마도 롯은 자신의 전 재산을 소돔에 투자했던 것 같습니다. 그런데 갑자기 소돔이 망한다고 하니까 그 아까운 재산을 두고서 떠날 수가 없었던 것입니다. 그래서 결국 롯의 아내는 성 밖까지 나갔다가 뒤를 돌아보는 바람에 구원받지 못하고 소금 기둥이 되고 말았습니다.

롯은 이 세상에 있는 것들은 모두 한순간에 없어질 수도 있다는 것을 생각지 않았습니다. 롯은 이 세상이 영원히 있을 줄 알고 자기의 재산을 모두 투자했습니다. 그런데 천사들이 그곳을 떠나라는 것입니다.

롯은 이제 어떻게 해야 합니까? 재산을 다 포기하고 목숨만 건져야 합니까? 아니면 조금이라도 건지기 위해서 무슨 수를 써야 합니까? 그런데 그는 조금이라도 재산을 건지고 싶었고, 그러려면 일단 날이 밝아서 사람이 잠에서 깨야 빌려 준 돈을 받아내든지 물건을 챙기는데, 지금 그것이 아까워서 갈팡질팡하고 있는 것입니다. 그래서 결국 천사가 롯과 그의 가족의 손을 하나씩 붙잡고 억지로 성 밖으로 끌고 나가야 했습니다.

소돔과 고모라 성에는 수많은 사람이 살고 있었습니다. 그런데 하나님은 유독 롯에게만 엄청난 사랑과 긍휼을 보여 주셨습니다. 그 이유가 무엇일까요? 롯을 위해 기도해 주고 있는 사람이 있었기 때문입니다. 하나님은 아브라함의 기도가 살아 있는 이상 롯을 멸망시킬 수가 없었습니다. 그래서 우리가 다른 사람을 위해서 기도하는 것은 매우 중요한 것입니다.

천사는 롯에게 들에 머무르지 말고 산으로 도망하라고 했습니다. 이것은 하나님의 심판이 모든 평지까지 임한다는 것을 보여 줍니다. 그런데 롯은 말하기를, 자기는 죽어도 산까지 못 가겠다고 합니다.

18-20절, "롯이 그들에게 이르되 내 주여 그리 마옵소서 종이 주께 은혜를 얻었고 주께서 큰 인자를 내게 베푸사 내 생명을 구원하시오나 내가 도망하여 산까지 갈 수 없나이다 두렵건대 재앙을 만나 죽을까 하나이다 보소서 저 성은 도망하기 가깝고 작기도 하오니 나로 그곳에 도망하게 하소서 이는 작은 성이 아니니이까 내 생명이 보존되리이다"

아마도 롯이 저녁에 출발해서 갔더라면 해 뜰 때까지는 산에 도착할 수 있었을 것입니다. 그러나 롯은 밤새도록 주저하면서 성을 떠나지 못했기 때문에 시간상으로도 산까지 갈 수가 없었습니다. 롯이 몸에 지병이 있어서 산까지 갈 수 없다고 했는지, 아니면 자신은 도저히 산과 같은 열악한 환경에서는 살 수 없다고 생각해서 못 가겠다고 했는지 모르지만 천사는 롯에게 산까지 도망을 쳐야 안전하다고 하는데 롯은 산까지는 못 가겠다고 하면서 죽어도 옆에 있는 작은 성으로 도망을 치겠다는 것입니다. 그래서 하나님은 다시 한 번 크게 계획을 변경시키셔서 작은 성 소알은 심판에서 제외시키시고 롯에게 거기로 도망을 치라고 허락하셨습니다. 그 이유는 아브라함 때문이라고 했습니다. 그러면서 하나님은 롯에게 '네가 거기 갈 때까지 하나님은 아무것도 하실 수가 없다' 고 하셨습니다. 즉 롯 한 사람 때문에 하나님의 엄청난 계획이 지연되는 것입니다. 그 이유는 하나님께서는 할 수만 있으면 한 사람이라도 건지기를 원하시기 때문입니다.

29절, "하나님이 들의 성들을 멸하실 때 곧 롯의 거하는 성을 엎으실 때에 아브라함을 생각하사 롯을 그 엎으시는 중에서 내어 보내셨더라"

하나님은 아브라함이 롯을 위해서 기도하는 것을 아시고 소돔에서 망할 수밖에 없었던 롯이었지만 많이 양보하시고 심판을 지연시키셔서 롯을 구원하셨습니다. 그래서 구원받은 사람 옆에는 그를 위해서 기도해 주는 사람이 반드시 있습니다. 누군가 그를 위하여 기도해 주는 사람이 있다는 것은 하나님께서 그를 사랑하신다는 증거입니다. 이것을 볼 때 믿는 자의 기도가 얼마나 힘이 있고, 능력이 있는지 알 수 있습니다.

그리고 드디어 소돔과 고모라에 하나님의 심판이 임했습니다.

24-25절, "여호와께서 하늘 곧 여호와에게로서 유황과 불을 비같이 소돔과 고모라에 내리사 그 성들과 온 들과 성에 거하는 모든 백성과 땅에 난 것을 다 엎어 멸하셨더라"

하나님의 심판이 임한 방법은 하늘에서 유황과 불이 비같이 섞여서 내린 것입니다. 결국 하늘에서 억수 같은 불과 폭탄 성분인 유황이 쏟아지면서 소돔과 고모라 성은 완전히 불바다가 되어서 멸망하고 말았습니다. 거기에 남은 것이라고는 아무것도 없었습니다. 소돔과 고모라의 멸망은 자연재해가 아니라 하나님의 적극적인 심판이었습니다.

성경은 지옥에는 꺼지지 않는 유황불이 있다고 말씀하고 있습니다. 물론 이것은 상징적인 표현일 수도 있지만 소돔과 고모라를 멸망시킨 것은 지옥의 주성분이었습니다. 그들이 지옥 자식 같은 생활을 했기 때문에 결국 지옥과 같은 유황불이 그들을 덮쳤던 것입니다.

그런데 롯의 아내는 소돔에서 달아나면서 뒤를 돌아보았습니다. 천사는 절대로 뒤를 돌아보지 말라고 했습니다. 즉 두고 떠나는 것에 대하여 미련을 가지지 말고 완전히 포기하라는 뜻인 것입니다. 그러나 미련한 롯의 아내는 소돔에 두고 가는 재산을 완전히 포기할 수가 없었습니다. 그래서 너무나도 아까워서 뒤를 돌아보았다가 그 즉시 소금 기둥이 되고 말았습니다. 아마 하나님께서 치셔서 돌같이 굳어 버렸던 것 같습니다. 우리는 과감하게 버릴 것은 버려야 살 수 있습니다.

결국 하나님을 두려워하지 않고 정욕의 노예가 되어서 살던 소돔과 고모라 사람들은 가장 처참한 방식으로 멸망을 당했습니다.

3. 멸망 이후의 롯의 생활

사람들은 어떤 큰 재앙에서 살아남게 되었을 때 두 가지 반응을 보입니다. 어떤 사람들은 재앙의 후유증으로 인해 악몽을 꾸거나 환청에 시달려 정상적인 생활을 하지 못합니다. 거기에 비해서 어떤 사람들은 위기에서 살아남은 것이 너무 감사해서 봉사 활동을 하면서 기쁨 속에서 살아갑니다. 이것은 결국 믿음의 차이인 것입니다.

롯은 하나님의 말할 수 없는 자비하심으로 멸망 직전에 소돔에서 살아나왔습니다. 조금만 지체하였더라면 롯과 그의 딸들은 유황불 바다에서 멸망하고 말았을 것입니다.

우리가 롯 같았으면 이 엄청난 멸망에서 구원받은 것에 대해 기쁘고 감사한 마음으로 살아갈 것 같습니다. 그러나 롯이나 그의 두 딸은 그렇게 살지 못했습니다. 그들은 소돔과 고모라가 멸망한 것에 대한 충격에서 벗어나지 못해서 너무나도 고독하고 비참하게 살아야만 했습니다.

롯과 두 딸은 소돔과 고모라가 멸망한 후 소알이라는 곳에 가서 살았습니다. 그리고 하나님은 롯에게 약속하시기를, 소알은 멸망시키지 않겠다고 하셨습니다. 그런데 롯이 보니까 소알은 작은 성이었지만 소돔이나 고모라와 마찬가지로 죄악의 도시였습니다. 그래서 롯은 다시 하나님의 심판이 임할 것이 무서워서 소알을 떠나 산으로 가서 살았습니다.

30절, "롯이 소알에 거하기를 두려워하여 두 딸과 함께 소알에서 나와 산에 올라 거하되 그 두 딸과 함께 굴에 거하였더니"

우리가 이것을 보면 하나님의 말씀을 믿지 못하면 구원을 받은 후에도 얼마나 불안하게 살아야 하는지를 알게 됩니다. 즉 하나님은 롯에게 '네가 산으로 도망치지 못하고 소알로 가야 하겠다면 가라. 내가 지켜 주겠다.' 라고 하셨습니다.

만일 롯이 하나님의 말씀을 믿었더라면 소알에서 다시 산으로 도망칠 필요가 없었습니다. 그러나 롯은 소알 사람들이 여전히 소돔 사람들과 마찬가지로 사는 것을 보고 다시 산으로 가기로 했습니다. 왜냐하면 소알도 유황불로 멸망할까 두려웠기 때문입니다. 중요한 것은 내 생각이나 기분이 아니라 하나님의 말씀입니다. 하나님이 멸망하지 않는다고 말씀하셨으면 멸망하지 않는 것을 믿어야 하는 것입니다.

롯은 소돔의 멸망에서 유일하게 살아남은 사람이었습니다. 롯은 소돔 사람들이 과연 어떻게 살다가 멸망했는지, 또 무엇으로 멸망했는지 모든 것을 증거해 줄 수 있는 사람이었습니다. 하나님의 천사가 찾아왔는데도 불구하고 소돔 사람들이 그를 성폭행하려고 했던 것이나, 자기가 머뭇거렸을 때 천사가 억지로 끌어낸 것이나, 아내가 뒤를 돌아보았다가 소금 기둥이 되어서 죽은 것이나, 원래는 소알도 망해야 하는데 자기가 산까지 못 간다고 하는 바람에 살게 되었다는 것을 증거해야 하는 것입니다. 이것은 소알 사람들에게도 엄청난 충격이었을 것입니다. 그러나 롯은 자기가 하나님의 말씀을 믿지 못하니까 소알 사람들에게 증거하지 못했습니다. 그는 불안해서 살 수가 없었고, 결국에는 산으로 올라갔습니다.

멸망에서 살아 나온 사람들의 말은 강력한 호소력을 가집니다. 인생의 밑바닥까지 내려갔다가 올라온 사람들의 말은 위력을 가집니다. 요나 선지자는 하나님의 명령을 거역하여 바다 밑바닥까지 내려갔던 사람입니다. 그런데 그가 다시 니느웨에 돌아와서 하나님의 말씀을 외쳤을 때 니느웨 사람들은 요나의 증거를 듣고 하나님 앞에 무릎 꿇고 회개했습니다. 그리고 온 니느웨에 대부흥이 일어났습니다.

그러나 롯은 자기 혼자 살기 위해서 소알을 버리고 더 깊은 산으로 올라가서 동굴로 들어가 버렸습니다. 롯은 언제 소알을 버려야 합니까? 하나님께서 롯에게 소알을 떠나라고 하실 때입니다. 그때 떠나면 되는 것입니다. 하나님께서 '롯아, 이제는 소알도 안 되겠다. 이곳을 버리고 다른 곳으로 가도록 하자.' 라고 하실 그때 떠나면 되는 것입니다. 그러나 아직 하나님은 포기하지 않으셨는데 롯은 자기 혼자 살기 위하여 산으로 가 버렸습니다.

롯과 두 딸은 산으로 가서 굴에서 생활했습니다. 굴은 그들이 파서 만들었는지, 아니면 자연 동굴을 이용했는지 모르겠습니다. 그들은 아마도 필요한 식물을 직접 재배해서 만들어 먹었던 것 같습니다. 아무도 찾아오는 사람이 없는 곳에서 롯의 식구들은 깨끗한 생활을 하는 것 같았습니다.

그러나 그들이 아무리 세상을 떠나 산다고 해도 죄는 이미 마음속에 들어와 있었습니다. 롯의 두 딸은 산에서 살았으므로 아이를 낳을 수 있는 남자들을 만날 수가 없었습니다. 아마 그들은 너무 깊이 들어갔던 것 같습니다. 산으로 간다고 하면 아브라함이 있는 곳으로 가면 되었을 텐데 이들은 너무 깊이 들어간 것입니다. 아브라함이 있는 곳도 산이었고, 거기에는 사람들이 많이 있었습니다. 그러나 이들은 다시 아브라함을 찾아가는 것은 자존심이 허락하지 않는다고 생각했거나, 아니면 또다시 아브라함의 잔소리 같은 설교가 듣기 싫었는지도 모릅니다. 그래서 그들은 깊은 산속에 자기들끼리만 있었고, 두 딸은 결혼할 사람을 만나지 못하니까 악한 생각을 하게 되었는데, 그것은 아버지를 남자로 생각해서 포도주를 마시게 하고 취중에 관계를 해서 자식을 가지는 것이었습니다. 그렇게 해서 생기게 된 아이들이 모압과 벤암미이고, 벤암미는 암몬 족속의 조상이 되었습니다.

모세는 말하기를, 암몬 족속과 모압 족속은 영원히 성전에 들어오지 못한다고 했습니다. 왜냐하면 하나님께서 멸망에서 건져 내셨으면 그 뒤에는 믿음으로 살아야 하는데 전혀 믿음으로 살지 않고 더 악한 방법으로 후손을 만들어 내었기 때문입니다.

롯이 살 수 있는 길은 말씀이 있는 곳으로 찾아가는 것이었습니다. 즉 아브라함에게는 말씀이 있었습니다. 롯이 말씀이 있는 곳을 찾아가서 거기서 함께 신앙의 공동체를 이루어서 살았더라면 롯과 두 딸은 아름답게 살 수 있었을 것입니다.

세상을 피해서 무조건 다른 곳으로 간다고 해서 잘되는 것은 아닙니다. 우리가 어디로 가든지 죄는 우리의 생각과 의식 속에 들어와 있습니다. 그래서 우리가 이 세상에서 타락하지 않는 방법은 하나님의 말씀이 있는 교회를 찾아서 거기서 다시 신앙생활을 시작하는 것입니다. 그렇지 않으면 어디를 가더라도 죄가 찾아오게 될 것입니다.

사람들에게 가장 필요한 것은 하나님의 말씀입니다. 하루라도 태양이 떠오르지 않으면 우리가 살 수 없는 것처럼 우리는 단 하루라도 하나님의 말씀이 우리를 새롭게 하지 않으면 살 수 없습니다.

하나님은 어떤 자들을 사랑하십니까? 하나님은 가장 비참한 자리에서 하나님의 은혜를 찾는 자들을 사랑하십니다. 자기는 하나님의 은혜를 받을 자격이 없지만 하나님께서 은혜의 부스러기만이라도 주시기를 원하는 자들을 하나님은 높여 주십니다.

하나님의 은혜를 구걸하는 것은 결코 못난 것이 아닙니다. 하나님께서는 그런 자들에게 은혜를 주시지 않는 법이 없습니다. 롯이 아브라함을 찾아갔더라면 아마 롯은 참으로 놀라운 영광과 풍성한 삶을 얻을 수 있었을 것입니다. 왜냐하면 롯은 그 멸망에서 구원받은 영웅이었기 때문입니다. 아마 아무도 롯을 무시하지 않았을 것입니다. 그러나 롯은 자신의 모습을 영적으로 생각하지 못했습니다. 롯은 자신의 구원이 얼마나 엄청난 구원인지 생각하지 않았습니다. 그래서 구원받고 난 후에 믿음으로 살지 못해서 더 추악한 삶을 살았습니다.

우리는 오직 믿음으로 살아가시기를 바랍니다. 롯의 두 딸도 멸망에서 살아나서 결혼 같은 것은 하나님께 맡기고 철저하게 믿음으로 살았더라면 참으로 아름다운 믿음의 어머니들이 되었을 것입니다. 그러나 그들은 믿음이 없었기 때문에 불신앙의 어머니가 되고 말았습니다.

우리는 우리가 받은 구원이 얼마나 큰 구원인지를 깨닫고 오직 하나님의 영광만을 나타내는 성도들이 되시기 바랍니다.

성경 토의

1. 최근에 세계적으로 많은 사람이 죽는 지진이나 쓰나미 같은 재앙이 많이 일어나고 있다. 그런 재앙들이 일어나는 이유는 무엇이며, 그런 재앙들을 피할 수 있는 방법은 무엇인가?

2. 롯이 소돔 성에서 떠나지 못하는 것이나 그의 아내가 소돔 성을 탈출하다가 뒤를 돌아보아서 소금 기둥이 된 것을 통해서 우리는 재산이나 재물에 대해 어떤 자세를 취해야 한다고 생각하는가?

3. 소돔 성은 동성연애자들이 밤에 몰려와서 천사를 강간하려고 할 정도로 성적으로 타락했다. 왜 하나님은 소돔의 상태를 이런 성적인 타락으로 보여 주셨으며, 오늘 우리 시대는 소돔과 고모라와 비교하면 어떻다고 생각하는가?

26_아브라함의 똑같은 실수

창세기 20:1-18

전체적 설명

하나님을 믿는 사람들은 이 세상에서 하나님을 믿지 않는 사람들과 함께 살면서 서로의 가치관이 너무 달라서 오해를 사기도 하고, 또 어려움을 당하기도 한다. 아브라함은 그랄이라는 곳에 살면서 또 자기 아내를 누이라고 했다가 그랄 왕에게 아내를 빼앗기는 일을 당하게 된다. 그러나 이때도 하나님은 그랄 왕에게 간섭하셔서 사라를 해치지 못하게 하시고 무사히 아브라함에게 돌려주게 하신다.

설교 프리노트

1절, "아브라함이 거기서 남방으로 이사하여 가데스와 술 사이 그랄에 우거하며"

아브라함은 목축업을 했기 때문에 풀이 있고 물이 있는 곳을 찾아서 이동을 해야만 했다. 아브라함은 소돔과 고모라의 멸망이라는 엄청난 재앙을 바로 옆에서 경험한 후에 남쪽으로 이동하게 되었다. 아브라함이 남쪽으로 이동한 이유는 분명치 않지만 소돔과 고모라의 멸망과 무관하지 않은 것 같다. 아마도 많은 가나안 사람들이 소돔과 고모라의 멸망을 보고 충격을 받았을 것이며, 그래서 아브라함이 있는 헤브론으로 사람들이 몰려들어서 아브라함은 보다 남쪽으로 내려갔을 가능성이 있다.

2절, "그 아내 사라를 자기 누이라 하였으므로"

아브라함은 그랄 땅에서도 애굽에서 했던 것과 똑같은 실수를 하게 된다. 당시에는 독신으로 이민 오는 남자들은 완전히 그곳에 뿌리를 내리고 살 사람이라고 생각하여 환영했지만, 결혼을 해서 아내를 데리고 오는 사람은 언젠가는 떠날 사람이라고 생각하여 차별을 했던 것 같고, 심지어는 남자를 죽이고 아내를 빼앗는 일이 많이 일어나고 있었다. 아브라함은 계속적으로 살던 가나안 땅에서는 하나님의 은혜로 무리 없이 잘 살 수 있었지만 하나님을 믿지 않는 사람들이 사는 새로운 곳으로 이사하기만 하면 그곳 사람들에 의해서 자기는 살해당하고 아내는 빼앗길 것이라는 강박관념을 가지곤 했다. 그래서 아브라함은 애굽에 가서 사라를 누이라고 하는 바람에 애굽 왕에게 아내를 빼앗겨서 큰 어려움을 당했음에도 불구하고 그랄 땅에서도 똑같은 잘못을 저지른다.

"그랄 왕 아비멜렉이 보내어 사라를 취하였더니"

아브라함은 애굽에서 범했던 실수를 그랄에서도 되풀이했다. 그랄 왕의 이름이 아비멜렉이라고 했는데, 이것은 이름이라기보다는 '바로' 처럼 직책명이었을 것이다. 아비멜렉은 부자로서 가축과 종이 많은 아브라함의 누이라는 사라를 보고 매력을 느껴서 청혼을 하게 되었고, 아브라함은 그 청혼을 거절할 입장이 못 되어서 결국 사라는 아비멜렉의 후처로 들어가게 되었다. 후처로 들어가기에는 사라의 나이가 많았지만 옛날 사람들은 그런 것은 크게 상관하지 않았던 모양이다. 또 사라는 나이에 비해 아주 젊어 보였던 것 같다.

3절, "그 밤에 하나님이 아비멜렉에게 현몽하시고…네가 취한 이 여인을 인하여 네가 죽으리니 그가 남의 아내임이니라"

하나님은 이방인의 땅에서 아무 힘이 없는 아브라함을 그냥 내버려 두지 아니하시고 간섭하셔서 아비멜렉의 꿈에 직접 나타나셨다. 하나님께서 바로를 막으실 때에는 질병을 사용하셨는데 아비멜렉의 경우에는 그 집안에 질병도 주시고(17절), 아비멜렉의 꿈에도 나타나셨다. 하나님께서는 아비멜렉에게 말씀하시기를, '네가 새로 얻은 여인과 관계하면 정녕 죽을 것이라' 고 하시면서 '그 여자는 남의 아내라' 고 분명히 말씀하셨다. 당시에도 다른 사람의 여자와 간통하면 죽어야 한다는 법이 있었던 것 같다.

4절, **"주여 주께서 의로운 백성도 멸하시나이까"**

아비멜렉은 사라를 궁으로 데려오기는 했지만 여러 가지 사정으로 가까이할 수 없었던 것 같다. 그래서 아비멜렉은 비록 꿈속이지만 하나님께 큰소리를 칠 수 있었다. 즉 자기 자신은 이 일에 잘못이 없으며, 의로운 자라는 것이다. 그래서 아비멜렉은 스스로 변명하기를, 아브라함이 사라를 자기 누이라고 해서 데리고 왔고, 그런 과정에서도 전혀 자기는 잘못한 것이 없다고 주장했다.

6절, **"네가 온전한 마음으로 이렇게 한 줄을 나도 알았으므로 너를 막아 내게 범죄하지 않게 하였나니"**

아비멜렉은 자기가 잘해서 사라를 범하지 않은 줄 알았는데 알고 보니까 하나님께서 아비멜렉을 아끼셔서 범죄하지 않도록 막으신 것이었다. 즉 아브라함은 그랄 땅에서 그곳 사람들을 두려워해서 자기들의 관계를 밝히지 못했는데 하나님은 아브라함의 잘못으로 엉뚱한 사람이 죄를 짓지 못하도록 막아 주신 것이다. 하나님은 이방인의 생명도 귀하게 생각하신다.

7절, **"이제 그 사람의 아내를 돌려보내라 그는 선지자라 그가 너를 위하여 기도하리니"**

하나님께서는 아비멜렉이 처한 현실을 말씀하셨다. 이유야 어떻게 되었든지 간에 그는 다른 사람의 아내를 취했으므로 죽어야 하는 처지에 있었고, 그가 살 수 있는 길은 죄를 짓기 전에 여자를 돌려보내는 것밖에 없었다. 하나님은 아브라함의 신분을 하나님의 '선지자' 라고 말씀하셨다. 선지자는 하나님의 말씀을 대언하는 자이며, 왕보다 높은 신분이다.

하나님께서는 아브라함이 아비멜렉을 위하여 기도하면 아비멜렉이 살 수 있지만, 기도하지 않으면 아비멜렉과 그 온 집을 병으로 몰살할 것이라고 경고하셨다.

8절, "아비멜렉이 그 아침에 일찍이 일어나 모든 신복을 불러"

아비멜렉은 그렇게 미련한 사람이 아니었다. 악하고 미련한 사람은 하나님이 아무리 경고하시고 말씀하셔도 더 반발해서 시간을 끌거나 악한 짓을 하는 데 비하여 아비멜렉은 아침에 신복들을 불러서 지금까지의 일을 모두 이야기했다. 하나님 앞에서 잘못을 용서받고 사는 길은 자존심이나 체면을 버리고 하나님의 말씀에 순종하는 것밖에 없다.

9절, "아비멜렉이 아브라함을 불러서 그에게 이르되 네가 어찌하여 우리에게 이리 하느냐"

아비멜렉이 아브라함을 불러서 거칠게 항의를 하는 모습이다. 아브라함의 입장에서는 아내를 누이라고 거짓말한 것이 왕에게 탄로 났으므로 큰 죄를 지은 셈이었다. 그러나 이미 하나님께서 아비멜렉에게 경고를 하신 상태이기 때문에 아브라함은 사실 그대로를 이야기하면 되는 것이다. 하나님의 백성이 큰 위기에 처했을 때 살 수 있는 길은 사실을 그대로 말하기만 하면 되는 것이다. 그러면 하나님은 오해를 풀어 주셔서 어려운 문제가 원만하게 해결되게 하신다.

11절, "이곳에서는 하나님을 두려워함이 없으니 내 아내를 인하여 사람이 나를 죽일까 생각하였음이요"

아브라함이 그랄 땅에서 하나님의 선지자라는 신분을 숨기고, 또 아내도 누이라고 속였기 때문에 아비멜렉은 아브라함이 자기와 나라를 망하게 하려고 온 줄로 오해할 수도 있었을 것이다. 그러나 아브라함이 그랄 사람에게 아내를 누이라고 속인 것은 너무나도 단순한 이유였다. 즉 그곳 사람들은 하나님을 믿지 않기 때문에 하나님의 법이 통하지 않을 줄 알고 아내 때문에 자기를 죽일 것을 두려워한 것이다. 이방인들은 아브라함의 솔직한 말을 통해서 하나님의 위대한 선지자에게도 약한 부분이 있다는 것을 알게 되었다. 세상 사람들은 하나님의 종이나 크리스천을 약점이라고는 조금도 없는 완벽한 사람들로 생각하기 쉬운데 실제로 하나님의 종들도 약한 부분이 있고, 어떤 때에는 생각지 못한 것으로 고민할 때가 있는 것이다.

12절, "또 그는 실로 나의 이복누이로서 내 처가 되었음이니라"

아브라함이 사라를 자기 누이라고 한 것은, 실제로 사라가 아브라함의 이복 누이였기 때문이다. 그러나 그것은 예전 이야기이고, 결혼한 후에는 엄연히 아내인데 이 반쪽 진실이 많은 사람을 오해하게 만든 것이다. 하나님의 백성이 이 세상에서 하나님을 믿지 않는 사람들과 어울려 살면서 완전히 거짓말은 하지 못하고 때때로 반쪽 진실을 이야기해서 위기를 넘겨 보려고 할 때가 있는데 이것 자체도 우리의 믿음이 부족하기 때문인 것이다.

13절, "하나님이 나로 내 아비 집을 떠나 두루 다니게 하실 때에"

아브라함이 사라에게 자기를 오라비라고 말하게 한 것이 애굽에 갔을 때나 이번뿐만이 아니라 새로운 곳으로 이사를 할 때마다 그렇게 한 것을 알게 된다. 즉 아브라함은 자기 아비 집인 하란을 떠나 가나안 땅을 돌아다니면서 늘 불안해했고, 그때마다 하나님을 믿기보다는 자기 생각을 더 믿었다는 뜻이다. 그러나 그 결과는 생각보다 나쁘게 나타날 때가 많았다. 하나님께서 아브라함과 늘 함께하시면서 지켜 주시지 않았더라면 아마도 아브라함은 자기의 우려대로 사라도 빼앗기고 자신도 죽임을 당했을 것이다.

16절, "사라에게 이르되 내가 은 천개를 네 오라비에게 주어서…수치를 풀게 하였노니"

사라가 아비멜렉의 후처로 들어갔다가 다시 돌아오게 되었을 때 많은 사람은 사라의 정조를 의심했을 것이다. 아비멜렉은 그가 오라비라고 불렀던 아브라함에게 은 천 개를 주어서 사라와 아비멜렉 사이에 아무 일이 없었다는 것을 증거하는 증표로 삼게 했다.

17절, "아브라함이 하나님께 기도하매 하나님이 아비멜렉과 그 아내와 여종을 치료하사 생산케 하셨으니"

하나님은 아비멜렉에게 꿈으로 나타나셨을 뿐만 아니라 실제로 가족들의 건강을 치셔서 모두에게 병이 생기게 하셨다. 그 중에서도 특히 아비멜렉이나 여인들에게 불임이라는 재앙을 내리셔서 자녀를 가질 수 없게 하셨다. 이것을 보면 사라가 아비멜렉의 궁에 붙들려 있던 기간이 적어도 몇 달 이상인 것을 알 수 있다. 그러나 아브라함이 하나님께 기도했을 때 하나님은 그 기도를 들으셔서 병이 낫고 불임도 치료되어서 아이를 가질 수 있게 되었다.

본문 이해를 위한 질문

1. 아브라함은 그랄 땅에서 어떤 실수를 하였는가?

아브라함은 그랄 땅에서 아내 사라를 누이라고 하는 바람에 그랄 왕 아비멜렉이 사라를 데리고 갔다.

2. 하나님은 아브라함을 어떻게 도우셨는가?

하나님은 그랄 왕 아비멜렉의 꿈에 나타나셔서 사라가 아브라함의 아내이기 때문에 만일 사라와 관계를 하면 그와 그의 온 가족이 죽을 것이며, 아브라함은 선지자이기 때문에 그가 기도하면 살 수 있다고 하셨다.

3. 아비멜렉이 아브라함에 대하여 알게 된 사실은 무엇인가?

아브라함은 결코 악한 의도로 자기 아내를 누이라고 거짓말을 한 것이 아니며, 그도 인간인지라 하나님을 믿지 않는 사람들 가운데 들어가게 될 때에는 아내 때문에 죽임을 당할까 봐 어쩔 수 없이 아내를 누이라고 했다는 것과 사라는 아브라함의 이복 누이로서 아내가 되었다는 것을 알게 되었다. 아비멜렉은 사라가 자기와 아무 상관이 없었다는 증표로 은 천 개를 아브라함에게 주었고, 아브라함이 그랄 땅에 살 수 있게 하였다.

성경 강해

우리가 어떤 일을 하는 데 있어서 육체적인 상태보다 정신력이라든지 감정적인 상태가 결과에 더 큰 영향을 미칠 때가 있습니다. 예를 들어 어떤 사람이 육체적으로는 전혀 문제가 없는데 정신적으로 충격을 받았다든지 혹은 기분 나쁜 일이 있다면 자기의 기량을 다 발휘하지 못할 것입니다. 특히 운동선수들에게 있어서 가장 무서운 적은 상대 팀이 아니라 자기 자신의 슬럼프일 때가 많습니다. 왜냐하면 일단 선수가 슬럼프에 빠져 버리면 전혀 자신의 능력을 나타내지 못하기 때문입니다. 선수들이 슬럼프에 빠지는 이유는 여러 가지가 있지만 그 중에서 승리에 도취되어 자만심에 빠지거나 훈련을 게을리 하는 것 혹은 부상이나 성적 부진 등에 대한 심리적 부담을 들 수 있을 것입니다. 선수들이 슬럼프를 극복할 수 있는 길은 체계적인 훈련과 코치에 대한 절대적인 신뢰일 것입니다. 마찬가지로 우리 믿는 사람들도 영적인 슬럼프에 빠지면 자신의 능력을 제대로 발휘하지 못합니다.

현대인들 중에는 강박증에 시달리는 사람들이 많습니다. 강박증은 어떤 일에 대하여 너무 염려하거나 불안해한 나머지 사실이 아닌 어떤 증세가 실제로 나타나는 것을 말합니다. 예를 들어 우리는 살아가면서 순간순간 이상하고 희한한 생각이나 충동을 느낄 때가 있습니다. 그러나 대다수의 사람들은 이러한 생각들을 머릿속에서 지워 버립니다. 그러나 어떤 사람들에게는 그런 순간적인 생각이나 충동들이 머릿속에 계속 남아서 생각을 지배합니다. 그래서 어떤 사람은 갑자기 자기에게 좋지 않은 일이 일어날 것 같은 생각이 들어서 하루 종일 우울하게 지내기도 하고, 어떤 사람은 운전을 하면서 다리를 건너왔는데 밤에 자다가 갑자기 그 다리에서 무슨 이상한 일이 일어날 것 같은 생각이 들어서 자동차를 몰고 그 다리까지 가서 아무 일도 없는 것을 보고서야 집으로 돌아오는 경우도 있습니다. 이 모든 것은 감정 상태가 불안정하기 때문입니다.

우리가 사는 지구에는 많은 물이 있어서 온도가 갑자기 올라가거나 내려가는 것을 막아 줍니다. 마찬가지로 사람의 마음속에는 '감정' 이라고 하는 것이 있어서 갑자기 생기는 많은 엉뚱한 생각이나 충동을 완충해서 소화하는 역할을 합니다. 그런데 사람이 오래 긴장을 하거나 혹은 불안이 지속되면 감정이 거의 말라 버려서 일시적인 충동이나 느낌이 실제인 것처럼 영향을 미치게 됩니다. 이때 사람들은 자기 자신이나 다른 사람이 도저히 이해할 수 없는 말이나 행동을 합니다.

사람들은 대개 신앙이 좋은 크리스천에게서 빈틈이 없는 완전함을 느낍니다. 즉 하나님의 손에 붙들려서 사용될 때 우리는 마치 하나님과 자신이 하나가 된 것처럼 완전한 은혜와 능력을 체험하게 됩니다. 그러나 우리는 전혀 다른 또 하나의 모습을 가지고 있습니다. 그것은 우리가 때때로 엉성하게 보이기도 하고 믿음이 없는 것처럼 보일 때가 있는 것입니다. 우리는 때때로 정신적으로 비틀거리기도 하고 주저앉기도 하면서 능력 받았을 때와는 전혀 다른 사람의 모습을 보여 주기도 합니다. 이때는 우리 자신뿐만 아니라 다른 사람들도 우리의 모습을 보고 놀랍니다.

우리는 보통 믿음의 조상 아브라함을 생각할 때에 빈틈없이 하나님만 의지하고 사는 사람으로 생각합니다. 실제로 아브라함에게는 보통 사람에게서 찾아볼 수 없는 놀라운 점이 많이 있었습니다. 아브라함은 소돔과 고모라가 패배했던 전쟁에서 뒤늦게 나타나서 그돌라오멜의 연합군을 격파하고 사람들을 건져 내기도 했고, 소돔과 고모라가 하나님의 심판으로 멸망하게 되었을 때 멸망당하지 않도록 기도하기도 했습니다.

그럼에도 불구하고 아브라함에게는 전혀 다른 면이 있었습니다. 그것은 너무나도 다른 사람들을 두려워한 나머지 자기 아내 사라를 아내라고 하지 못하고 누이라고 거짓말을 한 것입니다. 이런 것을 보면 아브라함에게도 강박증 같은 증세가 있었던 것을 알 수 있습니다. 즉 아브라함은 자기가 있던 곳에서는 인정도 받고 선한 영향도 미치면서 잘 살다가 새로운 곳으로 이사를 하면 적응을 하지 못해서 자기 아내를 누이라고 거짓말을 하고, 결국 아내를 다른 남자에게 빼앗기는 큰 곤욕을 치른 것입니다. 그러나 결국 하나님께서 개입하셔서 사라를 건져 주시고, 또 아브라함을 지켜 주셔서 큰 어려움이 생기지 않게 하셨지만 그럼에도 불구하고 아브라함에게는 현실에 적응하는 데 큰 어려움이 있었습니다. 아브라함은 그랄 지방에 가서도 애굽에서와 같은 실수를 한 것입니다.

1. 아브라함의 두려움

1-2절, "아브라함이 거기서 남방으로 이사하여 가데스와 술 사이 그랄에 우거하며 그 아내 사라를 자기 누이라 하였으므로 그랄 왕 아비멜렉이 보내어 사라를 취하였더니"

아브라함은 목축업자였기 때문에 한 지방에 정착하지 못하고 이곳저곳을 돌아다녀야만 했습니다. 즉 이스라엘은 우기와 건기가 있어서 건기 때에는 풀이 있는 곳으로 이동을 해야만 했습니다. 그런데 한번은 아브라함이 가데스와 술 사이에 있는 그랄 땅에 가게 되었는데 거기서도 아브라함은 자기 아내 사라를 아내라 하지 않고 누이라고 속인 것입니다. 아브라함이 아내를 누이라고 속인 것은 흉년이 들어서 애굽 땅으로 내려갈 때부터였습니다. 즉 아브라함은 애굽으로 내려가면서 사라에게 그곳 사람들은 하나님을 두려워하지 않기 때문에 당신을 아내라고 하면 나를 죽이고 당신을 차지할 것이지만 누이라고 하면 사람들이 남편을 죽이지는 않고 오히려 누이를 차지하기 위해서 잘 봐줄 것이므로 자기를 오라비라고 말하라고 했습니다. 그래서 아브라함은 애굽에서 자기 아내 사라를 누이라고 했다가 애굽의 바로가 사라를 후처로 데려가는 일이 발생했습니다. 그러나 하나님께서 사라 때문에 바로의 왕궁에 병을 주셔서 결국 바로는 아브라함을 불러서 사라를 데리고 가게 했습니다. 그런데 아브라함은 이런 엄청난 일을 겪은 후에도 다른 곳에 가기만 하면 사라가 자기 아내가 아니고 누이라고 거짓말을 했던 것입니다. 그래서 아브라함은 이번에 그랄 땅에 왔을 때에도 자기 아내를 누이라고 거짓말을 하는 바람에 그랄 왕이 사라를 자기 아내로 삼기 위해 데려갔습니다.

여기서 우리는 당시 팔레스타인 사람들은 타지에서 온 사람들에 대하여 아주 적대적이었다는 것을 알 수 있습니다. 즉 아내가 있는 사람은 언젠가는 떠날 떠돌이이기 때문에 남편을 죽이고 아내를 빼앗는 경우가 많았고, 또 그렇게 한다고 해서 누가 뭐라고 하는 사람이 없었던 것입니다. 그 대신 결혼하지 않고 누이를 데리고 온 사람은 그 땅에 정착할 가능성이 많았기 때문에 잘 대해 주고, 특히 돈이 많은 사람인 경우에는 왕이 그 누이를 왕비로 데려가는 경우가 많았습니다. 그래서 아브라함은 그곳의 현실에 적응하는 데 많은 어려움이 있었습니다. 이렇게 결혼한 부부가 가나안 땅에서 이곳저곳을 돌아다니는 것은 당시에는 매우 위험하고 대책이 없는 것이었습니다.

이것은 오늘날도 마찬가지입니다. 하나님의 은혜를 받은 후에 이 세상 현실에 적응하는 것이 쉽지 않은 것입니다. 이것은 마치 다른 지방이나 도시로 이사를 가게 되어 어디에서부터 시작해야 할지 알 수가 없고 길이 보이지 않는 것과 같습니다.

아브라함도 마찬가지였습니다. 하나님은 아브라함에게 가나안 땅에 살라고 하셨지만 가나안 땅은 아브라함 같은 이방인에 대해서는 배타적이고 적대적이었습니다. 그래서 아브라함 같은 신앙인조차도 다른 곳에 가면 마치 그곳에 정착하러 온 사람인 것처럼 아내를 누이라고 속여야만 했습니다.

그러나 더 중요한 것은 아브라함 마음속 깊은 곳에 자리잡은 불안이었습니다. 원래 아브라함은 하란 땅에서 안정적인 생활을 하던 사람이었습니다. 그러나 아브라함이 하나님의 말씀을 따라서 하란을 떠나 가나안으로 온 후 그의 생활은 불안의 연속이었습니다. 물론 하나님은 아브라함과 함께하셔서 아브라함을 건드리지 못하게 하셨고, 또 시시때때로 복을 받게 하셨습니다. 그럼에도 불구하고 아브라함의 마음 한구석에는 하나님께서 지켜 주지 아니하시면 망할 수밖에 없다는 불안한 마음이 있었습니다. 이 불안이 결국 아브라함에게는 하나의 강박증이 되었습니다. 즉 아브라함은 새로운 곳으로 가면 누군가가 아내 사라의 아름다움을 보고 사라를 차지하기 위하여 자기를 죽일 것이라는 두려움에 빠졌던 것입니다.

이것을 보면 아무리 신앙이 좋은 아브라함이라고 하더라도 결코 완전한 사람은 아니라는 것을 알 수 있습니다. 아브라함이 하나님의 손에 붙들렸을 때에는 능력 있는 사람이었지만 평상시에는 현실에 적응하지 못해서 불안해하고 두려워한 나머지 아내에 대해서 거짓말을 해야 하는 약한 사람이었던 것입니다.

그래서 하나님의 백성에게는 양면성이 있습니다. 그 하나는 성령 충만하고 하나님의 손에 붙들려 있을 때에는 빈틈없는 능력의 사람이지만, 혼자 있을 때에는 다른 사람들이 공격할 것을 두려워해서 인간적인 생각에 빠질 수밖에 없는 연약한 사람들인 것입니다. 결국 이 두 가지를 잘 조화시킬 수 있는 것이 자기 자신에 대한 아름다운 자아상을 가지는 것입니다. 즉 자기가 얼마나 아름답고 가치 있는 자인가 하는 것을 스스로 확신할 때 우리는 다른 사람들 앞에서도 당당할 수 있습니다.

우리의 생각으로는 아브라함이 그돌라오멜의 연합군을 이기고, 소돔 왕의 환영을 받고, 살렘 왕 멜기세덱의 환영을 받았으면 상당히 아름다운 자아상을 가질 수 있었을 것 같은데 그랄 땅에 가서는 그런 당당한 모습을 잃어버렸던 것 같습니다. 우리는 자기 자신의 아름다운 모습을 가지고 자기 자신도 설득하고 다른 사람들 앞에서도 당당할 수 있어야 합니다. 그렇게 할 수 있으려면 우리는 언제나 하나님의 말씀으로 충만해 있어야 합니다. 만일 우리가 조금이라도 말씀에서 멀어져 있을 때 자기 자신을 보게 된다면 우리는 약해질 수밖에 없습니다. 특히 하나님의 백성은 자기 자신은 힘이 없지만 하나님의 능력이 나타나는 사람들이기 때문에 굉장히 불안한 사람들입니다. 우리는 완전하지 않으면서도 하나님의 완전한 능력이 나타나야 할 때가 많습니다. 그러다가 우리가 하나님을 떠나서 나 자신만 생각하게 되면 우리는 영적으로 부도를 만난 사람처럼 비참하게 되고 마는 것입니다.

아브라함은 그랄 땅에 와서 자신의 신앙적인 축복을 믿지 못하고 다시 아내를 누이라고 거짓말을 하였고, 그것은 악한 결과로 나타났습니다.

2절, "그 아내 사라를 자기 누이라 하였으므로 그랄 왕 아비멜렉이 보내어 사라를 취하였더니"

아브라함이 자기 아내를 누이라고 했을 때 하나님께서 아브라함의 허물을 덮어 주셔서 그냥 넘어가게 하셨으면 아무 문제가 없었을 것입니다. 그런데 일이 터지려고 하니까 그랄 왕 아비멜렉이 사라를 좋아하게 되어 사라를 자기 아내로 삼으려고 데리고 가 버린 것입니다. 이것은 아브라함에게 있어서는 어느 누구에게도 말할 수 없는 위기였습니다. 아브라함이 아비멜렉을 찾아가서 사실을 말하기에는 너무 늦어 버렸습니다. 그렇다고 해서 사라를 빼앗기고 가만히 있는다는 것은 더 용납할 수가 없었습니다. 이것이 바로 인간 아브라함의 연약한 모습이었습니다.

아브라함이 하나님의 손에 붙들렸을 때에는 그돌라오멜의 연합군을 격파하고, 소돔 왕과 멜기세덱의 영접을 받을 정도였지만 아브라함을 모르는 사람들에게 자기 아내를 아내라고 하지도 못할 정도의 겁쟁이였고, 또 아내를 빼앗겨 놓고도 아무 소리도 하지 못하는 약한 사람이었습니다. 바로 이것이 우리의 이중적인 모습입니다. 우리가 하나님의 은혜를 받고 하나님의 말씀으로 충만할 때에는 어느 누구도 우리를 이길 수 없는 능력의 사람이지만 우리가 잠시라도 하나님의 손에서 벗어나게 되면 자기 자신도 지키지 못하는 겁쟁이가 되고 마는 것입니다.

그러면 왜 하나님은 아브라함이 거짓말한 것을 덮어 주지 않으시고 그랄 왕이 사라를 데려가게 하심으로 큰 문제가 되게 하셨을까요? 하나님은 아브라함의 마음 깊은 곳에 있는 불안의 덩어리를 이번 기회에 터뜨리기로 결정하신 것입니다. 즉 아브라함은 새로운 곳으로 이사를 하기만 하면 하나님을 잊어버리고 자기는 죽고 아내를 빼앗긴다는 불안에 떨었습니다. 그래서 하나님은 이번에 아브라함의 가장 약한 부분을 터뜨리심으로 아브라함이 앞으로 어느 곳에 가든지 사람들 앞에서 당당할 수 있게 하시려는 것입니다. 즉 우리 내면의 약한 부분은 그냥 덮어 둔다고 해서 자동적으로 치료되거나 해결되는 것이 아니라 사람들 앞에 노출되고 치료되어야 거기에서 벗어날 수 있는 것입니다.

2. 하나님의 도우심

아브라함은 전혀 모르는 사람들 앞에서는 하나님이 주신 축복이나 능력을 누리지 못하고 마치 철저하게 부도 난 사람처럼 대책이 없었습니다. 그래서 아브라함은 언제나 새로운 곳으로 이사를 하기만 하면 아내를 누이라고 거짓말을 하여 아내를 빼앗기는 일을 반복했습니다. 그러나 하나님은 아브라함의 이런 연약한 모습에 실망하지 아니하셨습니다. 오히려 하나님은 아브라함에게 이런 연약한 모습이 있다는 것을 아시고 아브라함도 모르게 어떤 일을 하셨습니다. 하나님은 그랄 왕 아비멜렉의 왕궁에 병을 주시고, 또 아비멜렉에게 어려움을 주셔서 사라를 가까이하지 못하게 하신 것입니다.

3-4절, "그 밤에 하나님이 아비멜렉에게 현몽하시고 그에게 이르시되 네가 취한 이 여인을 인하여 네가 죽으리니 그가 남의 아내임이니라 아비멜렉이 그 여인을 가까이 아니한 고로 그가 대답하되 주여 주께서 의로운 백성도 멸하시나이까"

아브라함은 차마 아비멜렉을 찾아가서 자기가 거짓말을 했다는 것을 말할 수가 없었습니다. 왜냐하면 당시에는 왕에게 거짓말을 하면 그 즉시 죽임을 당했기 때문입니다. 그런데 하나님이 아브라함을 대신해서 아비멜렉에게 고백하셨습니다. 하나님은 아브라함의 거짓말에 대한 고백을 부끄럽게 하신 것이 아니라 너무나도 당당하게 하셨습니다. 즉 아비멜렉의 꿈에 나타나셔서 '너는 이제 남의 아내를 취하였으니 죽어야 한다' 고 하시면서 겁을 주신 것입니다.

하나님은 아브라함과 사라를 지키시기 위해서 아무도 모르는 가운데 여러 가지 일을 하셨습니다. 그 첫 번째가 아비멜렉이 사라를 후궁으로 맞이함과 동시에 왕궁의 모든 여자들의 태를 닫으신 것입니다. 이것을 보면 사라가 아비멜렉의 왕궁에 들어가 있었던 기간이 적어도 몇 달인 것을 알 수 있습니다. 즉 사라가 아비멜렉의 왕궁에 들어간 후부터는 왕궁의 여자들은 임신이 안 되었습니다. 그뿐만 아니라 이상하게도 아비멜렉은 전혀 사라를 가까이할 수가 없었습니다. 밤마다 계속 일이 생겨서 아비멜렉은 사라를 가까이하지 못했습니다. 그리고 급기야는 하나님께서 아비멜렉에게 나타나셔서 최후 통첩을 하셨습니다. 하나님은 아비멜렉이 가장 잘 알아들을 수 있는 방법인 꿈을 통해서 그에게 직접 말씀하셨습니다. '너는 이제 죽어야 한다. 왜냐하면 네가 데리고 있는 여자는 남의 아내이기 때문이다.'

그때 아비멜렉은 하나님 앞에서 적어도 한 가지는 당당하게 이야기할 수 있었습니다. 그것은 자기는 이 여자를 결코 건드리지 않은 의인이라는 것입니다. 그러면서 아비멜렉은 꿈속에서 하나님 앞에서 자기 자신을 변명했습니다. 즉 그 사람은 이 여자를 자기 누이라고 했고, 이 여자도 그 남자를 자기 오빠라고 했기 때문에 자기는 정말 그런 줄 알고 데리고 왔다고 했습니다. 아마 아비멜렉이 꿈에 자기 자신을 하나님 앞에서 이렇게 많이 변명해 본 적은 없을 것입니다. 그때서야 하나님도 아비멜렉에게 '네가 모르고 이렇게 한 줄 알고 내가 너를 막아서 범죄하지 못하게 했다.' 고 말씀하셨습니다. 그러고는 이방 왕 앞에서 아브라함의 정체성을 분명하게 말씀하셨습니다.

7절, "이제 그 사람의 아내를 돌려보내라 그는 선지자라 그가 너를 위하여 기도하리니 네가 살려니와 네가 돌려보내지 않으면 너와 네게 속한 자가 다 정녕 죽을 줄 알찌니라"

사람들은 아브라함을 아마 여기저기 떠돌아다니는 목축업자이거나, 아니면 자기 아내마저도 누이라고 속이고 팔아먹는 거짓말쟁이인 줄 알았을 것입니다. 아마도 그랄 사람들이 아브라함이 자기네 왕에게까지 거짓말을 했다는 사실을 듣게 된다면 아브라함을 향해 거짓말쟁이라고 하면서 손가락질을 했을 것입니다. 그러나 하나님은 아브라함이 어떤 사람인지 친히 증거하셨습니다. 아브라함은 거짓말쟁이가 아니요, 하나님의 선지자라는 것입니다.

여기서 '하나님의 선지자' 라고 하는 것은 하나님의 대변인이요, 하나님의 축복의 사자를 말하는 것입니다. 이것이 바로 아브라함이 잃어버렸던 그의 정체성이었습니다.

우리는 이 세상에서 자주 우리의 정체성을 잊어버립니다. 우리는 이 세상에서 하나님을 떠나서 생각해 보면 아무것도 아닌 사람처럼 생각될 때가 많습니다. 그래서 우리는 나름대로 이 세상에서 인정을 받으려고 머리를 씁니다. 그래서 생각해 낸 것이 어처구니없는 생각인 것입니다. 우리가 아무리 머리를 써서 생각을 해도 세상 사람들의 눈에는 유치한 거짓말밖에 되지 않습니다. 그러나 하나님은 우리가 어떤 사람인지 분명하게 말씀해 주십니다. 우리는 하나님의 대변인이요, 축복의 사자들인 것입니다. 이 세상에서 사람이 할 수 있는 가장 위대한 일은 하나님의 말씀을 듣는 것입니다. 그리고 하나님께 기도하는 것입니다. 우리는 이 세상에서 가장 위대한 일을 하는 사람들입니다. 그런데 막상 우리 자신은 세상적인 기준만 가지고 '나는 아무것도 하지 않고 있다' 혹은 '나는 지금 계속 놀고 있다' 라고만 생각하는 것입니다.

하나님은 우리가 이 세상에서 하나님의 축복의 사자인 것을 말씀하십니다. 우리가 세상을 위해서 기도해 줄 때 세상은 비로소 복을 받는 것입니다. 그래서 하나님은 아비멜렉에게 아브라함을 청해서 기도를 받으라고 말씀하셨습니다. 하나님은 아비멜렉에게 '그 여자와 아브라함에게 속한 것을 다 돌려보내고 기도를 받지 않으면 너와 네 집안사람들이나 네 부하들은 모두 죽을 줄 알라' 고 말씀하셨습니다. 얼마나 두려운 말씀인지 모릅니다.

3. 아브라함의 연약함

우리는 보통 하나님의 위대한 종들에 대하여 너무나도 완전하고 흠이 없는 하나님의 사람이라고 생각합니다. 그래서 사람들은 하나님의 종들에게 아예 가까이하려고 하지 않습니다. 또 어떤 분들은 하나님의 종을 가까이하면 자기의 죄가 다 드러날 것 같아서 멀리하거나 조심합니다. 심지어 어떤 사람은 자기가 다른 사람을 위해서 기도하면 그 사람의 마음 상태를 알 수 있다고 하면서 겁을 주기도 합니다. 그러나 아무리 위대한 하나님의 종이라 하더라도 다른 사람들과 똑같은 연약한 본성을 가진 인간입니다. 오히려 이렇게 연약한 인간들을 들어서 쓰시는 하나님이 놀라운 것입니다. 그래서 아무리 목사라 하더라도 병원에서 주사 맞는 것을 두려워하고, 할 수만 있으면 채혈도 안 하려고 하는 것입니다. 믿음의 조상 아브라함은 참으로 약한 사람이었습니다.

그랄 왕 아비멜렉은 지난밤에 너무나도 이상한 꿈을 꾸었습니다. 그것은 자기가 새로 데려온 여자에 대한 꿈이었습니다. 즉 자기는 아브라함이라는 사람의 누이가 인물도 좋고 인품도 훌륭하다고 해서 후궁으로 데리고 왔는데 꿈에 하나님이 직접 나타나셔서 '네가 남의 아내를 취했기 때문에 죽는다' 고 하신 것입니다. 아비멜렉은 잠에서 깨자마자 신하들을 모두 불러 놓고 신하들과 집안사람들에게 꿈 이야기를 했습니다. 그랬더니 모든 사람이 아비멜렉의 말을 듣고 두려워서 벌벌 떨었습니다.

8절, "아비멜렉이 그 아침에 일찍이 일어나 모든 신복을 불러 그 일을 다 말하여 들리매 그 사람들이 심히 두려워하였더라"

이때 그랄 사람들이 아브라함과 사라에 대하여 무슨 생각을 했겠습니까? 그랄 사람들은 아브라함과 사라를 '그랄 땅에 대하여 원한을 가지고 나라를 망하게 하기 위하여 온 신의 사자' 라고 생각한 것입니다. 그랄 사람들은 아브라함을 자기 아내를 누이라고 속여서 아비멜렉과 결혼하게 한 후에 그 약점을 잡아서 나라를 저주하고 빼앗으려는 무시무시한 무당이나 점쟁이같이 생각했는지도 모릅니다. 그래서 그랄 사람들은 자기들이 아브라함 부부에게 약점을 잡혔기 때문에 이제 큰 재앙을 면할 수 없다고 생각했던 것 같습니다. 그러나 이것은 아브라함에 대한 엄청난 오해였습니다. 그래서 그랄 왕은 날이 밝자마자 아브라함을 불러서 심문을 했습니다.

9절, "아비멜렉이 아브라함을 불러서 그에게 이르되 네가 어찌하여 우리에게 이리 하느냐 내가 무슨 죄를 네게 범하였관대 네가 나와 내 나라로 큰 죄에 빠질 뻔하게 하였느냐 네가 합당치 않은 일을 내게 행하였도다 하고"

아비멜렉은 아주 말이 많고 변명이 많은 사람이었던 것 같습니다. 그래서 꿈에 하나님 앞에서도 열심히 자기변명을 하더니 아브라함을 불러 놓고서도 열심히 아브라함에게 따졌습니다. 즉 '도대체 네가 내게 무슨 원한을

졌기에 우리나라를 망하게 하려고 아내를 누이라 속여서 내가 장가들게 했느냐' 는 것입니다. 아비멜렉이나 그랄 사람의 눈에 아브라함은 거짓말로 나라를 해치려고 하는 아주 악한 선지자로 보였던 것입니다. 그러나 아브라함의 입에서 나온 말은 상상을 초월할 정도로 솔직하고 순진한 말이었습니다. 아브라함은 그랄 사람들이 하나님을 믿지 않기 때문에 자기를 미워해서 죽일 줄 알았다는 것입니다. 아브라함은 그랄 땅에 와서 너무 겁을 먹었기 때문에 감히 아내를 아내라고 하지 못했고, 그 바람에 이런 어처구니없는 오해와 실수가 일어나게 되었다는 것을 시인했습니다.

아브라함이 그랄 땅에서 어처구니없는 큰 실수를 저지른 것은 자기의 정체성에 대하여 너무나도 자신이 없었기 때문입니다. 즉 하나님을 믿지 않는 사람들에게는 아무리 하나님 이야기를 해 봐야 소용이 없기 때문에 자기는 아예 하나님의 선지자의 자아상을 내어 놓지도 못했던 것입니다. 그리고 더 중요한 것은 아브라함의 마음속에 자리잡은 불안이었습니다. 즉 하란 땅을 떠나서 방황하는 동안 아브라함의 마음속에는 늘 불안이 자리잡고 있었습니다. 은혜가 충만할 때에는 몰랐는데 생각보다 큰 어려움이 생기면 도저히 통제가 되지 않을 정도로 불안해지는 것입니다.

예를 들어 우리가 집도 없고 안정된 수입도 없지만 하나님을 의지하고 늘 기도하면서 말씀으로 살아가고 있는 중에 큰 어려움이 생기면 우리의 신앙은 금방 부도가 나 버리고 마는 것입니다. 또 한 예로 어떤 기계가 있는데 기계를 과도하게 사용한다든가 하여 그 기계에 부하가 걸리면 기계는 망가지든지, 아니면 타 버릴 것입니다. 마찬가지로 우리가 감당할 수 있는 범위 안에서 돈 문제나 다른 어려움이 생기면 잘 감당이 되는데, 그것을 넘어서는 큰 문제가 터지면 그만 믿음이 멈추어 서거나 타 버리는 것입니다. 이는 마치 예수님의 제자들이 예수님과 함께 갈릴리 호수를 건너갈 때에 자기들의 힘으로 감당할 수 없는 풍랑이 일자 제자들이 당황해하면서 소리를 지르고 두려움에 빠졌던 것과 같습니다.

우리가 신앙생활을 할 때 가끔 우리 힘으로는 도저히 감당할 수 없을 것 같은 어려움이 찾아올 수 있습니다. 그때 우리는 우리의 아름다운 자아상이나 축복의 유산들은 다 잃어버리고 신앙적으로 부도가 난 사람들처럼 절망하기 쉽습니다. 그러나 하나님께서는 여전히 우리의 자아상은 하나님의 선지자라고 말씀하십니다. 그래서 우리가 할 일은 우리도 얼마든지 약할 수 있다는 것을 다른 사람들에게 설명해 주는 것입니다. 아브라함도 그랄 왕에게 자기가 너무나도 믿음이 없고 불안해서 그렇게 했다는 것을 설명해 주었습니다. 그때 아비멜렉은 하나님의 선지자도 이렇게 약한 면이 있다는 것을 알고 놀랐습니다.

아비멜렉이나 그랄 사람들은 아브라함의 설명을 듣고서 아브라함에 대한 오해나 두려움을 완전히 버리게 되었습니다. 즉 하나님의 종들도 얼마든지 약할 수 있고, 또 자기들의 도움이 필요하다는 것을 깨닫게 된 것입니다. 그래서 아비멜렉은 아브라함이 자신들에게 해를 끼칠 사람이 아니라는 것을 알고는 그랄 땅 어디에서든지 살 수 있도록 허락해 주었습니다.

15-16절, "아브라함에게 이르되 내 땅이 네 앞에 있으니 너 보기에 좋은 대로 거하라 하고 사라에게 이르되 내가 은 천개를 네 오라비에게 주어서 그것으로 너와 함께한 여러 사람 앞에서 네 수치를 풀게 하였노니 네 일이 다 선히 해결되었느니라"

아비멜렉은 자기가 살기 위해서 사라가 아무 수치가 없다는 것을 은 천개로 증거를 삼아 공포했습니다. 그리고 그때 아브라함이 아비멜렉을 위해서 기도하니까 하나님께서 아비멜렉의 아내와 여종들을 치료하셔서 아이를 가질 수 있게 되었습니다.

우리 그리스도인들은 자신이 원하든 원하지 않든 이 세상에서 살아야 합니다. 이 세상에서 불필요한 오해를 받지 않고 살려면 그리스도인들이야말로 이 세상 사람들에게 꼭 필요한 사람들이라는 것을 보여 주어야 합니다. 그래서 열심히 세금도 내고, 또 맡겨진 일도 열심히 함으로써 그리스도인들은 이 사회에 해를 끼치는 사람들이 아니라 꼭 필요한 사람이라는 것을 보여 주어야 합니다.

결국 하나님은 아브라함으로 하여금 아비멜렉을 축복하게 하셨고, 아브라함이 축복했을 때 아비멜렉이나 그 집에 있는 모든 사람이 하나님의 재앙으로부터 풀려났습니다.

하나님은 아브라함을 통하여 다른 사람들이 복을 받게 하셨습니다. 아브라함은 자신이 과연 하나님을 모르는 그랄 사람들 가운데서 제대로 살 수 있을까 두려워했지만 하나님은 아브라함을 높이셔서 그 사람들에게 복이 되게 하셨습니나. 아브라함이 아비멜렉을 위하여 기도했을 때 그의 몸의 병든 부분이 치료되었습니다. 그리고 아비멜렉의 왕궁에 있는 모든 여성의 불임도 치료되었습니다.

우리가 아브라함의 경험을 통하여 깨달을 수 있는 것이 무엇입니까? 우리는 이 세상에서 너무나도 쉽게 자신의 존귀함을 잊고 오직 세상만 바라보면서 살려고 애쓴다는 것입니다. 때로는 우리가 믿는다고 하면서도 세상의 방법을 써 보기도 하고, 편법을 쓰기도 합니다. 그러나 이런 노력들은 결국 실패하게 되고, 우리는 더욱더 코너에 몰리게 됩니다. 결국 그것은 우리가 축복의 사람들인 것을 인정하지 못하고 있는 것입니다. 우리가 세상에서 하나님 앞의 아름다운 정체성을 포기하면 못난 자아상을 가지게 되고 세상에도 복이 되지 못합니다. 결국 우리가 세상에서 복이 되려면 하나님 앞에서 아름다운 모습을 되찾아야 하는 것입니다.

그렇게 하기 위해서는 우리 안에 고질적인 병 덩어리를 터뜨려야 합니다. 즉 그것이 돈이든 학벌이든 언제나 자신을 비참하게 만들고 하나님을 불신하게 만드는 쓴 뿌리를 캐내어야 하는 것입니다. 이것이 되어야 우리는 어느 곳에 가든지 하나님의 축복의 사람들이 될 수 있습니다.

그리고 또한 하나님은 과연 우리의 어떤 모습을 사랑하실까 하는 것입니다. 물론 우리가 하나님 앞에서 언제나 성령 충만하고 흠도 없고 실수도 없다면 그것보다 더 좋은 일은 없을 것입니다. 그러나 우리는 못난 모습을 보일 때가 많습니다. 그렇지만 하나님은 우리의 그런 모습을 이해하시고 우리를 어려움에서 건지시기 위해서 많은 일을 하십니다. 만일 하나님이 무조건 우리를 막으신다면 우리는 또 하나님께 반발할 것입니다. 그러나 하나님은 아브라함이 거짓말하는 것도 내버려 두셨습니다. 그 대신에 하나님은 아비멜렉의 집에 어려움을 주시고, 아비멜렉의 꿈에 나타나셔서 사라를 건드리지 못하게 하시고, 아브라함을 해치지 못하게 하시고, 오히려 기도를 받게 하셔서 아비멜렉의 모든 병과 불임이 치료되게 하셨습니다.

하나님은 우리의 연약하고 부족한 모습을 사랑하십니다. 그래서 우리는 이것을 너무 수치스럽게 생각하거나 감추려고 할 필요가 없습니다.

하나님은 우리를 이 세상에 축복의 사자로 보내셨습니다. 그러나 우리는 참으로 이 세상 사람들에 대하여 자신감이 없을 때가 많습니다. 세상 사람들은 너무나도 똑똑하고 실력이 있으며, 영적인 일에 관심이 없습니다. 그리고 우리는 세상 사람들에게 우리 자신에 대하여 설명을 잘 하지 못합니다. 그러나 우리는 하나님을 믿는 믿음으로 아름다운 자아상을 회복해야 합니다. 학벌이 낮아도 혹은 직장이 시원찮아도 나 자신이 하나님의 축복의 사자라는 자아상을 가지고 있어야 합니다. 그러다가 세상 사람들이 어려움을 겪을 때 그들을 위해서 기도하고 축복할 수 있어야 합니다. 그러면 세상 사람들은 자기들 땅에 하나님의 백성이 있는 것을 다행스럽게 생각하고 하나님께 감사할 것입니다.

성경 토의

1. 크리스천들은 신앙을 가지지 않은 사람들과 일을 할 때나 혹은 친족 관계에서 문화적으로 충돌하거나 오해를 사는 부분들이 많이 있다. 우리는 그런 차이를 어떻게 극복해야 상처나 충격을 줄일 수 있겠는가?

2. 하란을 떠난 후부터 아브라함은 늘 불안한 마음을 가지고 있었고, 그 불안은 결국 다른 사람들이 자기를 죽이고 아내를 빼앗을지도 모른다는 강박 관념으로 나타났다. 오늘 우리의 마음속 깊은 곳에 있는 강박증으로는 어떤 것이 있으며, 이것을 하나님 앞에서 어떻게 치료받을 수 있는가?

3. 하나님은 하나님을 믿지 않는 아비멜렉이라 하더라도 모르는 가운데 죄짓지 않도록 막아 주셨다. 그리고 아브라함의 기도로 아비멜렉과 그 가족의 병이 치료되게 하셨다. 우리는 내 실수로 다른 사람들을 실족하게 한 일은 없는가? 그리고 병든 자나 어려움을 당한 자들을 어떻게 기도로 도울 수 있는가?

27_이삭의 출생

창세기 21:1-21

전체적 설명

하나님께서 아브라함과 사라에게 약속하신 대로 사라는 무려 90세가 되어서 아들 이삭을 낳게 되었다. 사람의 생각으로는 아브라함이 100세에 그리고 사라가 90세에 아들을 낳는다는 것이 불가능할 것 같았지만 하나님은 말씀으로 이것을 가능하게 하셨다.

이삭이 젖을 떼게 되었을 때 아브라함의 여종이 낳은 이스마엘이 이삭을 희롱하여 결국 이스마엘은 아브라함의 집에 있지 못하고 쫓겨나게 된다.

설교 프리노트

1절, "여호와께서 그 말씀대로 사라를 권고하셨고"

여기서 '권고하셨다' 라는 말은 원어로 '파카드' 로, '찾아가다' 혹은 '방문하다' 라는 뜻을 가지고 있다. 그러나 여기에서는 하나님께서 사라에게 하신 말씀을 '기억하셨다' 또는 '그 말씀대로 능력을 행하셨다' 라는 뜻으로 생각하는 것이 좋을 것이다. 1년 전에 하나님은 아브라함을 방문하셔서 내년 이맘 때 사라에게 아들이 있을 것이라고 약속하셨는데(창 18:10) 그 말씀대로 능력을 행하셔서 사라가 아이를 낳게 되었다.

2절, **"사라가 잉태하고 하나님의 말씀하신 기한에 미쳐 늙은 아브라함에게 아들을 낳으니"**

하나님이 말씀하신 것은 한 치의 오차도 없이 모든 것이 정확하게 이루어졌다. 하나님이 말씀하신 것처럼 여종 하갈이 아닌 사라가 잉태를 하였고, 또 아이를 낳은 때도 하나님이 말씀하신 때였다. 사람의 머리로는 도저히 이해가 불가능한 나이에 아브라함이 아들을 낳게 되었다. 하나님께서 아브라함과 사라에게 이렇게 늦게 아들을 주신 것은 이 아들이 정상적인 방법으로 태어나는 것이 아니라 하나님의 말씀으로 새 생명이 태어나는 것임을 보여 주시기 위한 것이다.

4절, **"그 아들 이삭이 난지 팔일 만에 그가 하나님의 명대로 할례를 행하였더라"**

아브라함이 하나님의 말씀을 지키는 데 얼마나 열심이었는지 알 수 있다. 아브라함은 그렇게 오래 기다리던 아들이 태어났음에도 하나님의 말씀을 잊지 않았고, 하나님의 말씀대로 이삭에게 언약의 표시인 할례를 행했다.

6절, **"사라가 가로되 하나님이 나로 웃게 하시니 듣는 자가 다 나와 함께 웃으리로다"**

'이삭'은 '웃음'이라는 뜻을 가지고 있다. 하나님께서 아브라함의 아들의 이름을 '이삭'이라고 짓게 하신 것은 하나님께서 100세와 90세 된 노인들에게 아들을 낳게 하겠다고 하셨을 때 이들이 웃었기 때문이다. 아브라함과 사라가 하나님의 말씀에 대하여 웃은 것은 불신앙의 웃음이라고 말할 수는 없다. 왜냐하면 아브라함과 사라에게 있어서 아들을 낳는 것보다 더 중요한 일은 없었기 때문이다. 그들이 웃을 수밖에 없었던 것은 인간적으로 연약하여 하나님의 말씀을 완전히 받아들일 수 없었기 때문이다. 즉 그들이 웃은 것은 이 말씀이 좋기는 하지만 인간이기 때문에 혹시라도 이루어지지 않아서 실망할 것을 두려워하는 불안함의 웃음이었다. 그러나 하나님의 말씀이 이루어져서 아들을 낳게 되었을 때의 웃음은 승리의 웃음이고 완전한 기쁨의 웃음이었다. 그리고 이 믿음의 출산을 듣는 모든 사람들을 기쁘게 하는 기쁨의 웃음이었다.

8절, "이삭의 젖을 떼는 날에 아브라함이 대연을 배설하였더라"

옛날에는 아기가 태어나도 병으로 죽는 경우가 많았다. 그래서 우리나라에서도 옛날에는 아기가 1년이 될 때까지 이름을 지어 주지 않는 경우가 흔했다. 옛날 유목민들은 아기가 젖을 떼면 이제는 완전히 살았다고 해서 잔치를 베풀었다. 대개 아이들이 젖을 떼는 시기는 민족에 따라서 다른데 유목민들은 4세나 5세 정도에 젖을 뗀 것 같다.

9절, "애굽 여인 하갈의 소생이 이삭을 희롱하는지라"

'이삭이 젖을 뗄 때' 이스마엘은 17세나 18세 정도의 청년이었을 것이다. 여기서 이스마엘이 이삭을 '희롱했다' 고 했는데 '희롱하다' 에 쓰인 히브리 어는 '메사학' 이라고 해서 성적으로 애무할 때 주로 사용되는 용어이다. 따라서 이스마엘이 이삭을 희롱한 것은 단순히 짓궂은 장난을 한 정도가 아니라 성추행이었다. 그것도 아마 이런 짓을 한 번만 한 것이 아니라 습관적으로 했을 것이다. 아마도 이스마엘은 가나안 청년들과 어울리면서 나쁜 성행위를 배웠던 것 같고, 이것을 자기 동생 이삭에게 써먹었던 것 같다. 즉 이스마엘은 여종의 아들로서 만일 이삭이 태어나지 않았더라면 부모의 재산을 상속할 자격이 있었다. 그러나 이삭이 태어남으로 인해 이스마엘은 아버지의 재산을 상속할 수 없게 되었으므로 그 분풀이로 이삭을 자기 종으로 만들려고 했던 것이다.

10절, "이 종의 아들은 내 아들 이삭과 함께 기업을 얻지 못하리라"

사라가 아브라함에게 요구한 것은 정당한 요구였다. 즉 이삭이 너무 어려서 스스로 주장할 수 없는 것을 이삭의 보호자로서 어머니가 대신 그의 권리를 주장한 것이다. 종의 아들은 본부인의 아들이 태어나면 아버지의 재산을 상속할 권리가 없었다. 그러나 아브라함과 사라는 말할 수 없는 자비로 이스마엘과 그 여종을 집에 있게 했는데 그들이 본부인의 아들 이삭을 학대하는 것을 본 이상 여종과 그 아들은 아브라함의 집에 더 있을 수가 없었다.

11절, "아브라함이 그 아들을 위하여 그 일이 깊이 근심이 되었더니"

아브라함은 이스마엘도 자기가 사랑하는 아들이었기 때문에 굳이 그를 쫓아낼 필요를 느끼지 못했다. 아브라함은 이스마엘에 대해 인간적인 정을 느끼고 있었기 때문에 하나님의 뜻을 깊이 생각하지 못했던 것이다. 그러나 하나님은 이삭과 이스마엘의 관계를 통하여 나중에 율법의 아들과 복음의 아들의 차이를 보여 주려고 하신 것이다(갈 4:30). 결국 율법의 아들은 아무리 장성하고 힘이 세다 하더라도 아버지의 유업을 상속하지 못하는 것이다.

12절, "사라가 네게 이른 말을 다 들으라"

아브라함은 하나님의 뜻을 충분히 깨닫지 못하고 있었다. 또 아브라함은 사라가 여종과 그 아들을 내어 쫓으라고 말할 때 사라가 이삭을 지나치게 사랑하여 이스마엘을 내어 쫓으라고 했을 것이라고 생각했을지도 모른다. 그러나 사라는 결코 아들에 대한 맹목적인 사랑 때문에 여종과 이스마엘을 내어 쫓는 것이 아니었다. 사라는 이 문제에 있어서는 아브라함보다 하나님의 뜻을 더 먼저 깨닫고 있었던 것이다. 그래서 하나님께서는 사라의 말이 하나님의 뜻에서 나온 것임을 확인시켜 주시고 그 뜻대로 하라고 하셨다.

"이삭에게서 나는 자라야 네 씨라 칭할 것임이니라"

하나님께서는 아브라함에게 하늘의 별처럼 많은 자손을 주시겠다고 약속하셨다. 그러나 하나님은 아브라함의 자손이라고 해서 다 아브라함의 자손이 되는 것이 아니라 이삭의 후손이 아브라함의 후손이 될 것이라고 확정적으로 말씀하셨다. 즉 아브라함의 후손은 단순히 육체의 후손이 아니라 믿음의 후손인 것이다.

13절, "그러나 여종의 아들도 네 씨니 내가 그로 한 민족을 이루게 하리라"

하나님은 여종의 아들도 아브라함의 자손이지만 육신의 자손임을 분명히 하셨다. 하나님은 아브라함의 육신의 자손도 축복하시므로 그들이 번성하게 되지만 하늘의 복을 받는 것은 아닌 것이다.

14절, "아브라함이 아침에 일찍이 일어나 떡과 물 한 가죽부대를 취하여 하

갈의 어깨에 메워 주고"

아브라함의 신앙의 장점은 인간적으로 아무리 순종하기 힘든 말씀이라 하더라도 하나님의 뜻이 분명할 때에는 주저하지 않고 아침 일찍 순종을 하는 것이었다. 당시의 풍습으로 여종이나 그 아들을 내어 보낼 때에는 다른 사람의 종으로 팔지 않고 그날 먹을 양식과 물을 주어서 내어 보내었다. 아브라함은 하나님의 말씀대로 여종과 이스마엘에게는 재산을 주지 않고 빈손으로 내어 보내었다. 왜냐하면 그들의 신분이 종이었기 때문이다.

16절, "가로되 자식의 죽는 것을 참아 보지 못하겠다 하고 살 한 바탕쯤 가서"

하갈과 이스마엘은 하루치 양식과 물만 가지고 나갔기 때문에 얼마 가지 않아서 물과 양식이 다 떨어져 기진하여 둘 다 쓰러져 죽게 되었다. 우리는 재산이 많은 아브라함이 첩과 아들을 내어 보내면서 왜 그렇게 인색하게 했을까 하고 생각할 수 있지만 아브라함은 인정을 베푸는 것보다 하나님의 말씀에 순종하는 것을 더 중요하게 생각했고, 또 하나님께서 이들을 인도하실 것이라는 것을 믿었던 것이다. 또 우리가 상식적으로 생각할 때 이스마엘은 17, 18세의 건장한 청년이기 때문에 어머니보다 더 체력이 좋았을 텐데 어떻게 이스마엘이 더 빨리 기진하게 되었는지 의문이 생길 수도 있다. 우리가 성경 본문만 가지고 생각해 보면 이스마엘이 더 어렸을 때 집에서 나간 것 같은 생각이 들게 된다. 그리고 하갈과 이스마엘이 다 같이 기진했으나 하갈이 조금 더 의식이 있었던 것 뿐이다. 물론 이스마엘이 젊은 청년이기는 하지만 성격이 급해서 가는 길에 계속 화를 내었다면 더 빨리 기진할 수도 있었을 것이다.

'살 한 바탕' 은 활을 쏘아 살이 미치는 정도의 거리로, 50미터 정도이다. 여기서 하갈이 대성통곡했다고 했는데 아들은 힘이 빠져서 처져 있었고, 어머니는 그래도 아들을 생각하느라고 소리를 내어서 울었던 것이다.

17절, "하나님이 그 아이의 소리를 들으시므로"

소리를 내어서 운 것은 어머니인데 하나님은 그 아이의 소리를 들으셨다고 했다. 하나님은 이들 모두의 신음하는 소리를 들으셨는데, 특히 아들의 이름을 '이스마엘' 이라고 지으심으로 '하나님께서 들으셨다' 는 것을 나타내셨다. 즉 하나님은 이스마엘이 아브라함의 육신의 아들이지만 그를 버리지 아니하시고 고통 중에 부르짖으면 들으시겠다고 약속하셨던 것이다.

18절, "아이를 일으켜 네 손으로 붙들라 그로 큰 민족을 이루게 하리라"

하나님은 하갈에게 의식을 행하듯이 지쳐서 쓰러져 있는 아이를 일으켜 세우라고 하셨다. 즉 하나님은 하갈을 통해서 이스마엘에게 일이 자기 뜻대로 되지 않는다고 해서 자포자기하거나 혹은 자기 멋대로 행동하지 말고 용기를 내어서 하나님 앞에 굳게 서 있으면 하나님께서 그에게 힘을 주시고 능력을 주시겠다고 약속하신 것이다.

19절, "하나님이 하갈의 눈을 밝히시매"

하나님은 지쳐서 쓰러져 죽게 된 하갈과 이스마엘의 눈을 밝게 하시고 가까이 있는 샘을 발견하게 하셔서 그들을 살게 하셨다. 이 세상에는 아직도 사람들이 발견하지 못한 많은 샘들이 있다. 하나님께서 우리의 눈을 밝히시기만 하면 얼마든지 우리는 살 수 있는 길이 있다.

22절, "때에 아비멜렉과 그 군대장관 비골이 아브라함에게 말하여 가로되 네가 무슨 일을 하든지 하나님이 너와 함께 계시도다"

아비멜렉은 처음에 그랄 땅에 온 아브라함을 오해하여 그의 아내를 누이인 줄 알고 취했다가 돌려주었다. 그런데 아브라함은 그랄 땅에서 선한 사업을 많이 했는데 그 중의 하나가 우물을 많이 파서 사람들에게 물로 인한 어려움을 해결해 준 것이다. 그래서 아비멜렉과 그의 군대장관은 아브라함에게 공식적으로 감사하기 위해서 찾아왔다.

25절, "아비멜렉의 종들이 아브라함의 우물을 늑탈한 일에 대하여"

고대 가나안 지역에서는 우물이 귀하여 그 가치가 대단했다. 그런데 아브라함이 우물을 파니까 아비멜렉의 종들이 욕심을 내어서 그 우물을 강탈한 것이다. 그러나 아브라함은 외지인이었기 때문에 아무런 항의도 하지 못하고 있다가 이번에 왕과 군대장관이 찾아왔을 때 정식으로 항의했다. 하나님은 우리가 이 세상에서 억울한 일을 당했을 때 언젠가는 그것에 대하여 항의할 수 있는 기회를 주신다. 그래서 하나님의 백성은 억울한 일을 당했을 때 당장 분풀이를 하는 것보다는 자연스럽게 기회가 올 때를 기다려야 한다.

32절, "그들이 브엘세바에서 언약을 세우매"

아비멜렉과 아브라함이 언약을 세운 것은 아비멜렉이 아브라함을 자기와 거의 대등한 권세를 가진 사람으로 인정한다는 뜻이다. 아브라함은 이 세상에서 군대도 없고 땅도 없는 떠돌이에 불과했지만 세상 왕들은 그를 왕과 대등한 사람으로 인정하였다.

33절, "아브라함은 브엘세바에 에셀나무를 심고"

'에셀나무'는 '타마릭스'라고 해서 상록수의 일종인데 어떤 사람들은 아브라함이 숭배의 목적으로 심었다고 하나 그것은 잘못된 생각이다. 아브라함이 여기서 이 나무를 심었다는 것은 마음의 평정을 얻었다는 뜻이고, 이곳에 오래 살 생각으로 심었다고 생각하는 것이 옳다.

본문 이해를 위한 질문

1. 사라는 어떻게 해서 99세에 이삭을 낳게 되었는가?

하나님께서 아브라함과 사라에게 하신 말씀을 기억하시고 능력을 행하심으로 불가능한 일이 이루어져서 이삭이 태어나게 되었다.

2. 이삭이 젖을 떼던 날에 어떤 일이 있었는가?

여종의 아들 이스마엘이 이삭을 학대하는 것을 이삭의 어머니 사라가 보고 여종과 그 아들을 내어 보내게 된다.

3. 아브라함의 집을 떠난 하갈과 이스마엘에게 어떤 일이 있었는가?

하갈과 이스마엘은 물이 떨어져서 기진해서 죽게 되었는데 하나님께서 하갈에게 용기를 주시는 말씀을 하시고 눈을 열어 샘을 발견하게 하셔서 살게 되었다.

성경 강해

사람이 미래에 대한 꿈을 가지는 것은 대단히 중요한 것입니다. 그것은 마치 농부가 논이나 밭에 씨를 뿌리는 것과 같습니다. 추운 겨울이 지나면 봄이 오지만 여전히 논이나 밭은 황무합니다. 그러나 농부들은 가을의 풍성한 추수의 꿈을 가지고 논이나 밭에 씨를 뿌립니다. 그리고 봄과 여름 내내 풀을 뽑고 거름을 주고 물을 대어 주면 어느새 가을이 되어 온 들판이 누런 알곡으로 가득하게 됩니다. 마찬가지로 우리가 미래에 대한 꿈을 가지고 산다는 것은 지금 당장은 아무것도 아닌 것처럼 보일지 모르지만 10년 뒤에는 엄청난 축복으로 나타날 것입니다.

요즘 우리나라에서는 우리나라의 경제를 오늘날까지 발전시킨 몇몇 기업가에 대해서 새롭게 조명하고 있습니다. 이 기업가들은 우리나라가 일제 식민지 하에 있을 때 그리고 한국전쟁 후 폐허에 있을 때 우리나라의 미래에 대하여 큰 꿈을 가졌습니다. 그래서 이들은 아주 먼 미래를 내다보는 비전을 가지고 기업을 발전시켜서 우리나라 기업이 세계적인 기업이 되게 했습니다.

제가 어렸을 때만 해도 필리핀이나 아르헨티나는 상당히 부유한 나라였습니다. 그러나 지금은 우리나라보다 더 못사는 나라로 전락해 버렸습니다. 우리나라는 큰 꿈을 가진 기업가들이 있었기에 세계적으로 손꼽는 선진국이 되었습니다. 이것으로 보아 꿈의 가치를 알 수 있습니다. 이것은 지금 당장 눈앞에 있는 이익을 추구하기보다 멀리 내다보는 꿈을 가진 사람들이 있었기 때문에 가능한 것이었습니다.

그러나 이 세상의 꿈을 가지는 것보다 더 중요한 것은 영원한 하나님 나라의 꿈을 가지고, 위대한 부흥의 꿈을 가지는 것입니다. 아브라함과 그의 아내 사라는 하나님 나라의 꿈을 가진 자들이었고, 위대한 부흥의 꿈을 가진 자들이었습니다. 아브라함과 사라는 이 세상에 하나님의 큰 축복이 부어지고 많은 사람이 하나님의 축복 안에 들어오는 비전을 가졌습니다.

그런데 미래의 축복에는 첫 단추가 중요합니다. 우리가 옷을 입을 때 첫 단추를 잘 꿰어야지 잘못 꿰면 그 다음 단추들은 아무리 바로 꿰려고 해도 되지 않습니다. 하나님은 아브라함의 이 축복의 비전이 인간의 능력이 아니라 하나님의 말씀의 능력으로 이루어지기를 원하셨습니다. 이것이 하나님의 축복의 미래의 첫 단추였습니다. 그래서 아브라함은 무려 99세가 될 때까지 아이를 낳지 못했습니다. 그러다가 드디어 아브라함이 100세가 되었을 때 하나님께서 약속하신 대로 사라는 말씀의 능력으로 아브라함의 아들 이삭을 낳게 되었습니다.

이것이 보여 주는 것이 무엇입니까? 하나님의 말씀은 능치 못한 것이 없다는 것입니다. 그리고 우리가 하나님의 말씀을 붙들기만 하면 하나님의 복은 임하게 된다는 것입니다.

1. 말씀으로 낳은 아들

하나님께서는 아브라함이 무려 99세가 될 때까지 아들을 주시지 않다가 드디어 아브라함이 100세가 되었을 때 아들을 주셨습니다. 그런데 이 아들이 특별한 것은 하나님의 말씀으로 낳은 아들이라는 사실입니다.

1절, "여호와께서 그 말씀대로 사라를 권고하셨고 여호와께서 그 말씀대로 사라에게 행하셨으므로"

여호와께서 사라를 '권고하셨다' 고 말씀하고 있습니다. 여기서 '권고하셨다' 는 것은 하나님께서 오랫동안 기다리게 하셨던 약속이 이루어지도록 허락하셨다는 뜻입니다. 하나님께서 한번 허락하시니까 그동안 절대로 이루어질 수 없었던 일들이 이루어지기 시작했습니다. 즉 너무 늙어서 이제는 아이를 임신할 수 없었던 사람의 몸이 젊어지기 시작했습니다. 그래서 기적적으로 사라의 불임이 치료되면서 드디어 아이를 가지게 된 것입니다. 그리고 놀랍게도 때가 찼을 때 사라는 정상적으로 아이를 낳게 되었습니다.

보통 아이를 낳을 때는 자연적으로 낳습니다. 그러나 성경을 보면 하나님의 말씀에 의해서 기적적으로 태어난 아이가 나옵니다. 그 하나가 바로 사라가 90세에 낳은 이삭입니다. 그리고 또 하나가 마리아가 처녀의 몸으로 낳은 아들 예수 그리스도입니다. 물론 이 두 사람 사이에는 엄청난 차이가 있습니다. 이삭은 하나님의 말씀이 사라의 불임을 치료해서 낳은 아이이고, 예수님의 경우는 임신이 불가능한 상태에서 성령으로 잉태되어 하나님의 아들로 태어난 것입니다. 그러나 두 가지 모두 하나님의 말씀의 능력으로 된 것은 공통적인 것입니다.

예수께서 이 세상에 말씀으로 태어나신 이유는 우리 모두를 영적으로 거듭나게 하기 위해서입니다. 이 세상에 자연적으로 태어난 인간들은 모두 중요한 결함을 가지고 있습니다. 그것은 바로 하나님을 인식하지 못하는 것입니다. 그래서 우리 인간은 하나님의 존재도 모르고 하나님을 믿지도 않습니다. 그리고 아무리 하나님의 말씀을 전해도 알아듣지 못합니다. 그래서 우리 인간은 요즘 식으로 표현하면 모두 '리콜' 이 필요합니다. 우리에게 가장 필요한 것은 바로 우리 안의 고장 난 부분을 치료받는 것입니다.

이것은 비유하자면 텔레비전 수상기 자체가 고장이 나서 화면이 나오지 않는 것과 같습니다. 지금은 위성파까지 합치면 수백 개의 방송이 전파를 타고 있지만 텔레비전 수상기 자체가 고장이 나면 아예 화면이 잡히지 않습니다. 자연 상태의 사람들은 바로 고장 난 텔레비전과 같습니다. 그들은 하나님이 아무리 말씀을 하셔도 알아듣지 못하고, 아무리 좋은 복을 주셔도 받을 수가 없습니다. 하나님께서 예수 그리스도를 보내신 것은 바로 우리 안의 고장 난 부분을 고치기 위해서입니다.

하나님의 말씀이 사라의 늙은 몸을 치료해서 임신할 수 있게 만들었습니다. 이것은 사람의 머리로는 이해할 수 없는 일입니다. 그래서 사람들은 이것을 기적이라고 말하는데 이것이 바로 말씀의 능력인 것입니다.

이것은 우리가 믿음을 가지는 데 있어서도 동일하게 나타납니다. 우리는 원래 믿음이 없는 사람들입니다. 그런데 이상하게 하나님의 말씀을 듣는 가운데 믿음이 생기게 됩니다. 그래서 어느 순간부터 말씀이 마음에 와 닿기 시작하고, 자기가 그동안 얼마나 하나님을 인정하지 않고 교만하게 살아왔는지 깨닫게 됩니다. 그리고 하나님이 얼마나 자기를 사랑하시는지 깨닫게 됩니다. 이것이 영적으로 거듭나는 것입니다.

2절, "사라가 잉태하고 하나님의 말씀하신 기한에 미쳐 늙은 아브라함에게 아들을 낳으니"

여기서 '기한에 미쳐' 라고 하는 것은 정해진 기간이 다 되었다는 것을 말합니다. 다시 말해서 이삭을 임신하는 과정이 특별했지 그 뒤의 과정은 모두 정상적인 과정에 의하여 이루어진다는 것입니다.

예수 그리스도의 탄생도 그렇습니다. 그가 잉태되는 과정은 절대적인 신비였습니다. 그러나 그 후의 출산이나 성장은 모두 정상적인 과정에 의하여 이루어졌습니다.

우리는 보통 신앙을 비정상적인 신비로운 영역으로 생각할 때가 많습니다. 우리는 신앙의 세계를 순전히 기도로 병이 낫는다든지 볼 수 없는 것을 눈으로 보는 것 같은 체험으로 생각하기 쉽습니다. 물론 신앙의 세계 안에 이런 것이 전혀 없는 것은 아닙니다. 그러나 신앙은 정상적인 것을 전제로 할 때가 많습니다. 이 세상의 질서를 만드신 분은 하나님입니다. 그래서 하나님은 많은 경우 자연법칙을 이용하셔서 정상적으로 일을 하십니다.

아브라함은 사라가 낳은 아들의 이름을 '이삭' 이라고 지었습니다.

3절, "아브라함이 그 낳은 아들 곧 사라가 자기에게 낳은 아들을 이름하여 이삭이라 하였고"

'이삭' 은 '웃음' 이라는 뜻입니다. 이삭의 이름을 '웃음' 으로 지은 데는 두 가지 뜻이 있습니다. 즉 한 번은 하나님께서 아브라함 부부에게 아이를 주겠다고 하셨을 때 아브라함은 기가 막혀서 웃었습니다. 이것은 부정적인 웃음입니다. 그러나 나중에 하나님께서 약속하신 대로 불가능한 가운데서 아이가 태어났을 때는 너무 기쁘고 감사해서 웃었습니다. 이것은 모든 어려움을 이기고 승리한 기쁨의 웃음인 것입니다. 6절에서 사라가 '또 가로되 하나님이 나로 웃게 하시니 듣는 자가 다 나와 함께 웃으리로다' 라고 하였습니다.

아브라함과 사라의 첫 번째 웃음은 인간의 어쩔 수 없는 불신앙의 한계에서 나온 웃음이었습니다. 인간은 할 수 없기 때문에 하나님의 말씀에 대하여 이런 식으로 웃을 수밖에 없었습니다. 그러나 나중의 웃음은 하나님의 전능하신 능력으로 온전히 기뻐하는 웃음입니다. 하나님께서 웃게 하시니 실컷 웃을 수 있는 것입니다.

하나님께서 사라로 웃게 하신 것은 말도 되지도 않는 소리를 해 놓고 웃게 하신 것이 아니었습니다. 도저히 성취될 수 없는 하나님의 말씀이 성취되었을 때 오직 그 약속을 믿은 자들만이 기뻐하고 웃을 수 있는 웃음을 웃게 하신 것입니다.

그래서 이삭의 웃음 속에는 이 두 가지 의미가 모두 들어 있습니다. 하나는 인간의 한계에서 나오는 불가능의 웃음입니다. 그리고 다른 하나는 하나님의 능력에서 나오는 승리의 웃음입니다.

우리가 신앙생활을 하다 보면 어떤 때는 인간적으로 불가능한 것을 하나님께서 말씀하셔서 기가 막혀서 웃을 때가 있고, 어떤 때는 그런 가운데도 하나님께서 은혜를 주셔서 기적적으로 축복을 받고 기뻐하며 웃을 때가 있습니다.

예수님은 부자가 하늘나라에 들어가기가 얼마나 어려운지 낙타가 바늘귀로 들어가는 것보다 더 어렵다고 하셨습니다. 이것은 인간으로서는 불가능한 것입니다. 그러나 하나님은 하실 수 있습니다. 즉 우리가 하나님의 말씀을 믿고 하나님께 맡겼을 때 하나님께서는 정말 그 웃기는 일을 해내시는 것입니다. 그래서 하나님은 하나님의 말씀을 믿고 기다리는 자들을 진정으로 웃게 하십니다. 이것은 기가 막혀서 웃는 것이 아니라 진정으로 하나님의 능력과 신실하심을 체험하고 웃는 것입니다.

사라는 '하나님이 나로 웃게 하시니 듣는 자가 다 나와 함께 웃으리로다' 라고 했습니다. 이것은 사라가 웃고 싶어서 웃는 것이 아니라 하나님께서 웃게 하시는 것입니다.

7절, "또 가로되 사라가 자식들을 젖 먹이겠다고 누가 아브라함에게 말하였으리요마는 아브라함 노경에 내가 아들을 낳았도다 하니라"

아마 사람들이 늙은 사라가 자식을 낳아서 젖먹일 것이라는 말을 들었다면 모두 미쳤다고 욕을 했을 것입니다. 그러나 사라는 실제로 아이를 낳았고, 마음껏 사람들 앞에서 웃을 수 있고, 마음껏 사람들 앞에서 자신의 믿음을 이야기할 수 있게 되었습니다.

우리의 생애에 이럴 때가 반드시 옵니다. 처음에는 너무나도 어려워서 웃을 수가 없습니다. 늘 주눅이 들어 있고 나의 꿈을 이야기할 수도 없습니다. 그러나 모든 환난과 시험이 끝난 후에 하나님께서 우리를 축복하셨을 때 어느 누구 앞에서도 나의 믿음을 당당하게 말할 수 있게 되는 것입니다.

그리스도인들은 미래의 소망이 있어야 살 수 있는 사람들입니다. 우리는 현재의 어려움은 견딜 수 있습니다. 그러나 미래에 대한 소망이 없거나 그 소망을 실현할 수 있는 방법이 없을 때 절망하게 됩니다. 이때 우리는 무엇을 믿습니까? 아직도 자신의 젊음과 자신의 학벌을 믿습니까? 아니면 말씀 안에 있는 하나님의 능력을 믿습니까?

하나님의 말씀은 치료하는 능력이 있습니다. 하나님의 말씀은 불가능한 것을 가능하게 하는 능력이 있습니다. 하나님의 말씀은 기적을 만들어 내는 능력이 있습니다.

2. 이삭이 젖을 떼던 날

옛날에는 유아의 사망률이 높아서 첫돌이 지나기 전에는 안심을 할 수 없었습니다. 그래서 아이가 첫돌이 지나면 어른들은 이제부터는 아이가 제대로 살아서 인간 구실을 할 수 있을 것이라고 생각하여 큰 잔치를 베풀었습니다. 그러나 유목민들은 우리와 문화가 좀 달랐던 것 같습니다. 그들은 첫돌보다는 젖을 떼는 것을 중요하게 생각했습니다. 그래서 유목민들은 아이가 엄마의 젖을 떼고 어른의 음식을 먹을 수 있을 때부터 제대로 된 사람으로 취급을 했습니다. 왜냐하면 그때부터 아이는 제 발로 걸을 수 있고, 또 말귀도 알아듣기 때문입니다.

드디어 아브라함이 100세에 낳은 아들 이삭이 자라서 젖을 떼게 되었습니다. 요즘 같으면 한 살도 되기 전에 젖을 떼지만 옛날에는 4, 5세가 되어서도 젖을 먹는 아이들이 있었습니다. 심지어는 초등학교에 다닐 때까지 젖을 먹는 아이들도 있었습니다. 아마도 이삭이 젖을 뗀 것은 4, 5세 무렵이 아닐까 생각합니다.

이삭이 젖을 뗐을 때 아브라함은 관례에 따라 큰 잔치를 베풀고 사람들을 초청했습니다. 즉 이제부터 이삭은 사람 취급을 받게 되었다는 뜻입니다. 그러나 이삭이 젖을 뗀 이날은 이삭의 생애에 있어서 가장 중요한 날이었습니다. 어떤 의미에서 이삭이 이삭이 될 수 있었던 날은 바로 이날부터였다고 말할 수 있을 것입니다.

이삭이 젖을 뗄 때 어떤 일이 있었습니까?

8-9절, "아이가 자라매 젖을 떼고 이삭의 젖을 떼는 날에 아브라함이 대연을 배설하였더라 사라가 본즉 아브라함의 아들 애굽 여인 하갈의 소생이 이삭을 희롱하는지라"

이삭이 젖을 뗀 날 어른들은 잔치를 하고 난리를 치는 동안 아이들에게는 도저히 상상할 수 없는 일이 벌어지고 있었습니다. 그것은 큰아이 이스마엘이 이제 젖을 뗀 이삭을 희롱한 것입니다. 이것을 이삭의 어머니 사라가 보았습니다.

여기서 '희롱하다' 라는 의미로 사용된 히브리 단어는 '메사학' 입니다. '메사학' 은 단순히 장난을 친다는 뜻보다는 '애무하다' 라는 뜻을 가지고 있습니다. 일본에는 집단 괴롭힘을 뜻하는 '이지메' 라는 문제가 갈수록 심각해진다고 합니다. 일본인들은 아이들까지도 약한 자를 보면 집단적으로 괴롭히고 싶다는 생각이 드는 모양입니다. 그래서 힘이 센 아이들은 약한 아이들을 종처럼 굴복시켜 말을 잘 듣게 합니다. 그런데 이스마엘이 이삭에게 한 것은 그런 집단 괴롭힘의 단계를 넘어서는 일종의 아동 성추행이었습니다.

이스마엘과 이삭은 같은 아버지 밑에서 태어난 이복형제입니다. 그런데 이 두 사람의 신분은 엄청난 차이가 있었습니다. 옛날 아이들의 신분은 아버지에 의해서 결정되는 것이 아니라 어머니의 신분에 의해 결정되었습니다. 그래서 이스마엘은 아브라함의 큰아들이었지만 여종의 아들이었기 때문에 정식 아들이 아니었습니다. 그러나 이삭은 이제 겨우 젖을 뗐지만 정식 부인에게서 태어난 합법적인 아들이었습니다. 이스마엘은 이삭이 태어남으로 자신의 위치가 불안해졌으므로 이삭을 미워했습니다. 그래서 이스마엘은 이삭에게 가장 중요한 날, 즉 이삭이 젖을 떼는 날 어른들이 보지 못하는 곳으로 아이를 끌고 가서 성추행이라는 못된 짓을 했던 것입니다.

요즘 우리나라에서도 유아를 상대로 한 성추행이 많이 저질러지고 있습니다. 아이들이 힘이 없고 어른들의 말을 잘 따른다는 것을 악용해서 자기 욕망을 채우는 못된 짓을 어른들이 하고 있는 것입니다. 그래서 최근에는 우리나라에서도 아동 성추행범에 대해서는 전자 발찌를 채운다거나 혹은 형벌을 강화하는 추세입니다.

가나안은 성적으로 아주 타락한 곳이었습니다. 그러나 아브라함의 집은 그런 것이 없었습니다. 왜냐하면 아브라함의 집은 하나님의 백성의 집이었기 때문입니다. 오늘날로 말하면 아브라함의 집은 교회였던 것입니다. 그래서 가나안의 죄악된 풍습이 들어올 수가 없었습니다. 그런데 이스마엘은 그 나쁜 짓을 밖에서 배워 가지고 와서 자기 동생 이삭에게 써 먹고 있었던 것입니다.

사도 바울은 신약성경에서 진정으로 거듭난 자들이 거듭나지 못한 자들에게 당하는 괴롭힘이 이와 비슷하다고 말을 하고 있습니다. 즉 사도 바울은 교회 안에서 진정으로 거듭나지 못하고 율법적으로 믿는 자들이 너무나도 강하고 힘이 있다고 말합니다. 거기에 비해서 복음으로 거듭난 자들은 교회 안에서 너무 여리고 힘도 없어서 엄청난 괴롭힘을 당하고 있다는 것입니다. 즉 종이 주인의 아들을 두들겨 패는 식인 것입니다. 왜냐하면 율법적인 사람들은 더 완전하고, 더 형식적이고, 더 열정적인 것을 요구하기 때문입니다. 그리고 그것을 제대로 하지 못하는 자들을 정죄하고 핍박하는 것입니다. 교회는 이것을 바로잡아야 진정한 복음의 부흥이 일어날 수 있습니다.

그런데 이삭은 힘으로는 도저히 이스마엘을 당할 수가 없었습니다. 왜냐하면 이삭은 이제 겨우 젖을 뗐는 데 비해 이스마엘은 청년에 가까웠기 때문입니다. 그런데 다행히도 사라가 이스마엘이 이삭을 괴롭히는 장면을 보게 되었습니다. 이것을 보고 가만히 있을 엄마는 이 세상에 아무도 없을 것입니다. 사라는 이 문제를 정식으로 거론하고 나왔습니다.

10절, "그가 아브라함에게 이르되 이 여종과 그 아들을 내어쫓으라 이 종의 아들은 내 아들 이삭과 함께 기업을 얻지 못하리라 하매"

우리가 잘못 생각하면 사라가 여종과 그 아들을 내어 쫓는 것을 보복이라고 생각하기 쉽습니다. 그러나 사라가 생각한 것은 이스마엘에 대한 복수가 아니었습니다. 사라는 어린 이삭을 보호해야 한다는 것을 알았고, 그것을 위해서 이삭의 법적인 권리를 주장했던 것입니다. 사라는 이스마엘이 이삭을 이런 식으로 핍박하는 것은 법적으로 옳지 않다는 것을 주장한 것입니다. 이삭은 아브라함의 상속자로서 이스마엘로부터 보호될 필요가 있었던 것입니다. 특히 아브라함의 재산에 있어서 중요한 것은 가축이나 돈이나 하인이 아니라 하나님의 축복권이었습니다. 당시의 법으로는 여종의 아들은 재산을 상속할 수가 없었습니다. 그 대신 종으로 팔지 않고 자유인으로 내어 보낼 수 있었습니다.

원래 사라는 이스마엘을 내어 쫓을 생각이 없었던 것 같습니다. 그러나 이스마엘이 종의 한계를 지키지 않고 이삭을 도리어 자기의 종으로 만들려고 하는 것을 보고서는 이삭을 보호하기 위하여 이스마엘을 내어 보내야 한다는 것을 알게 되었습니다. 만일 사라가 이스마엘을 내어 쫓지 않는다면 이삭은 절대로 상속자의 특권을 행사할 수 없을 것입니다. 이스마엘이 이삭이 하나님의 상속자라는 것을 알고 이삭을 도우려고 했다면 이스마엘은 쫓겨날 필요가 없었습니다. 그러나 이스마엘은 자기 교만 때문에 아브라함의 집에 있을 수 없었습니다.

하나님은 우리에게 아브라함의 복을 주셨습니다. 이 복은 진정으로 거듭난 자, 즉 하나님의 말씀을 붙잡는 자들이 가지는 복입니다. 그러나 세상의 성공만 믿고 진정으로 거듭나지 못한 자들이 교회에서 약한 자들을 정죄하거나 괴롭힐 수 있습니다. 하지만 이것은 옳지 않은 것입니다.

아브라함은 사라의 말을 듣고 깊이 근심했습니다.

11절, "아브라함이 그 아들을 위하여 그 일이 깊이 근심이 되었더니"

아브라함이 사라의 말을 듣고 깊이 근심한 이유는 아브라함이 이스마엘을 포기하지 못했기 때문입니다. 즉 아브라함은 이스마엘에게도 좋은 점이 많기 때문에 굳이 쫓아낼 필요까지는 없다고 생각한 것입니다. 이스마엘은 아브라함이 사랑하는 아들이었습니다. 그래서 아브라함은 이스마엘을 포기하지 못하고 그에게 집착했습니다. 그러나 하나님은 말씀으로 아브라함에게 이 아들을 포기하게 하셨습니다.

12절, "하나님이 아브라함에게 이르시되 네 아이나 네 여종을 위하여 근심치 말고 사라가 네게 이른 말을 다 들으라 이삭에게서 나는 자라야 네 씨라 칭할 것임이니라"

하나님은 아브라함에게 사라의 말대로 이스마엘을 포기하라고 하셨습니다. 그 이유가 무엇입니까? 이스마엘은 하나님의 축복의 상속자가 아니었기 때문입니다. 사라가 아브라함에게 이스마엘을 내어 보내라고 한 것은 단순히 이스마엘이 미워서가 아니었습니다. 이것은 진정한 축복의 상속자를 보호하기 위한 어머니의 사랑이었던 것입니다. 그러나 아브라함은 이삭과 이스마엘 사이의 복잡하고 미묘한 관계는 보지 못하고 인간적인 정에 끌려서 결단을 내리지 못했습니다. 하지만 하나님의 축복은 인간적인 정에 끌려서 줄 수 있는 것이 아닙니다. 이것은 하나님께서 자신이 택한 자에게 주시는 것입니다. 그런데 사람들에게는 이 하나님의 축복을 인간적으로 자기가 좋아하는 사람에게 주려고 하는 경향이 있습니다. 그래서 아브라함은 이스마엘에게 미련을 가졌고, 이삭은 또 에서에게 이 복을 주려고 했습니다.

오늘날도 많은 교회에서 담임 목사를 청빙할 때 인간적으로 가까운 자기 가족이나 심지어는 아들에게 물려주려고 하는 것을 볼 수 있습니다. 그러나 하나님의 축복은 하나님이 택하신 자에게 주어야지 내가 마음에 드는 사람이라고 해서 줄 수 있는 것이 아닙니다. 이 점에 있어서 사라는 분명했습니다. 그리고 아브라함의 멋진 점도 바로 여기에 있었습니다. 아브라함은 이스마엘에 대하여 미련을 많이 가지고 있었지만 하나님이 아니라고 하시니까 바로 결단을 내렸습니다.

14절, "아브라함이 아침에 일찍이 일어나 떡과 물 한 가죽부대를 취하여 하갈의 어깨에 메워 주고 그 자식을 이끌고 가게 하매"

아브라함은 어떤 결단을 내려야 할 때에는 아침 일찍이 해 버리는 습관을 가지고 있었습니다. 그래서 아브라함은 하갈과 이스마엘을 내어 보내는 것이 하나님의 뜻이라는 것을 알게 되었을 때 이른 아침에 하갈과 이스마엘에게 떡과 물 한 부대만 주고 집을 떠나게 했습니다.

3. 쫓겨나는 이스마엘

아브라함은 이스마엘이 단순히 첩의 아들이기 때문에 그 집에서 내어 쫓은 것이 아닙니다. 아브라함이 이스마엘과 하갈을 내어 쫓은 것은 그들의 죄에 대한 징계였습니다. 아브라함의 집은 단순한 집이 아니고 하나님이 함께하시는 교회요, 하나님의 작은 나라였습니다. 누구든지 이 집의 가족으로 있으려면 하나님의 말씀을 지켜야 합니다. 즉 하나님의 말씀은 그 내용이 '거룩' 입니다. 거룩에는 두 가지 요소가 있는데 하나는 하나님께 대한 거룩이고, 다른 하나는 사람에 대한 거룩입니다. 즉 아브라함의 가족은 절대로 이방 신을 섬겨서는 안 됩니다. 그리고 또 아브라함의 가족은 남의 물건을 빼앗거나 남을 죽이거나 음란한 짓을 해서는 안 됩니다. 그러나 이스마엘이 한 행동은 분명히 죄였습니다. 이것은 아동 성추행이었고, 이 죄는 하나님의 집에 있을 수 없는 것이었습니다.

아브라함의 집에서 나온 하갈과 이스마엘은 길을 잃고 방황했습니다. 그러다가 결국 가지고 있던 물이 다 떨어져서 그들은 목이 말라서 죽게 되었습니다. 이때 하나님께서 이들을 다시 찾아오셔서 도와주셨습니다.

15-16절, "가죽부대의 물이 다한지라 그 자식을 떨기나무 아래 두며 가로되 자식의 죽는 것을 참아 보지 못하겠다 하고 살 한 바탕쯤 가서 마주 앉아 바라보며 방성대곡하니"

얼마 가지 않아서 이스마엘은 쓰러져 버리고 말았습니다. 그리고 하갈은 이제 아들이 죽을 것이라고 생각하여 조금 떨어진 곳에 가서 마주 보고 앉아서 대성통곡을 했습니다. 그때 하나님께서 하갈에게 나타나셔서 위로해 주시고 그의 눈을 떠서 샘물을 발견할 수 있게 해 주셨습니다.

17-18절, "하나님이 그 아이의 소리를 들으시므로 하나님의 사자가 하늘에서부터 하갈을 불러 가라사대 하갈아 무슨 일이냐 두려워 말라 하나님이 저기 있는 아이의 소리를 들으셨나니 일어나 아이를 일으켜 네 손으로 붙들라 그로 큰 민족을 이루게 하리라 하시니라"

오늘 본문을 보면 '하나님이 그 아이의 소리를 들으셨다'는 말이 여러 번 나옵니다. 하나님은 이스마엘이나 그 어미의 부르짖는 소리를 들으셨습니다. 그 이유는 그들도 아브라함의 가족이었기 때문입니다. 하나님께서는 믿음의 식구 아브라함 때문에 집에서 쫓겨난 자들까지도 지켜 주시고 보호해 주셨습니다.

우리의 가족 중에는 끝까지 예수를 믿지 않는 자들이 있습니다. 그들은 늘 우리 마음의 걱정거리입니다. 그러나 하나님은 우리의 믿지 않는 부모나 형제자매들도 지켜 주시고 보호해 주십니다. 그래서 우리로 하여금 믿지 않는 자들로 인하여 죄의식을 가지거나 혹은 지나친 책임감을 가지지 않도록 지켜 주시고 살길을 주십니다.

그래서 가족들 중에서 믿는 자들 덕분에 믿지 않는 가족이 복을 받습니다. 물론 이것은 영적인 복은 아니고 세상적인 복입니다. 아무리 이스마엘이라 하더라도 괴로워서 부르짖으면 하나님께서 그 소리를 들어주십니다. 예수를 믿지 않는 우리 부모님이나 형제들도 우리가 믿는 하나님의 이름을 부르짖으면서 기도하면 하나님께서 들어주시고 도와주십니다.

이것은 하나님께서 우리 믿는 자들 때문에 믿지 않는 가족들까지 지켜 주심으로 하나님이 얼마나 자비로우시며 은혜가 풍성한지 보여 주시는 것입니다. 그리고 또 하나님은 우리에게 믿지 않는 가족들 때문에 너무 걱정하지 말고, 또 너무 책임지려고 하지 말라는 것을 보여 주시는 것입니다. 하나님께서는 그들은 그들 나름대로 잘살게 하시는 것입니다.

하나님을 믿지 않는 사람들은 어려움을 당하면 자살이라는 극단적인 생각을 하기도 합니다. 아마도 하갈도 자살하려고 했는지 모릅니다. 그런데 그럴 때 누군가가 그를 바라봐 주고 말을 붙여 주기만 해도 그 사람은 살게 됩니다. 자살하려고 산이나 바다에 간 사람들 중에 우연히 다른 사람을 만나서 이야기를 하는 도중에 생각을 바꾸어서 죽지 않고 사는 경우도 많이 있습니다.

요즘 사람들은 자살을 너무 쉽게 생각합니다. 학생들은 성적이 제대로 나오지 않으면 자살을 하려고 하고, 사업가들은 부도가 나면 자살을 하려고 하고, 젊은 여자들은 실연을 하면 자살을 하려고 합니다. 이것은 사람들이 자신의 생명을 너무나도 무가치하게 생각하는 것입니다.

그러나 죽고 사는 문제는 우리 인간이 결정할 수 있는 것이 아닙니다. 우리 인간은 아무리 고통스럽고 절망스러워도 죽는 것은 생각하지 말아야 합니다. 왜냐하면 하나님께서 이스마엘의 소리를 듣고 계시기 때문입니다.

하나님께서는 하갈에게 특별한 명령을 내리셨습니다. 그것은 엄숙한 의식과도 같은 것이었습니다. 쓰러져 있는 이스마엘을 붙들고 세우라는 것입니다. 그리고 하나님께서는 이 아이로 아주 큰 민족을 이루게 하겠다고 하셨습니다. 아마도 이스마엘의 한평생에 있어서 이때보다 더 감동적이고 더 큰 체험은 없었을 것입니다. 이것은 하나님께서 이스마엘에게 비전을 주시고 꿈을 주시는 것입니다. 그러나 그 비전이나 꿈은 하나님 나라의 꿈이나 비전이 아니라 인간적인 꿈이고 야망이었습니다. 오늘날로 치면 큰 사업가들의 꿈과 같은 것입니다.

그리고 실제로 이스마엘은 이때 하나님께서 약속하신 대로 아주 큰 사람이 되었습니다.

'하나님이 그 아이와 함께 계시매 그가 장성하여 광야에 거하며 활 쏘는 자가 되었더니' (20절).

하나님께서 하갈의 눈을 밝게 하셔서 샘물을 보게 하셨습니다.

19절, "하나님이 하갈의 눈을 밝히시매 샘물을 보고 가서 가죽부대에 물을 채워다가 그 아이에게 마시웠더라"

하나님께서 우리에게 말씀하실 때에는 반드시 살길을 주십니다. 하나님은 말씀만 하시고 우리를 절망 가운데 버려두는 분이 아닙니다. 그래서 아무리 어려운 지경에 처했다 하더라도 하나님의 말씀이 들리면 우리는 살아난 것입니다. 하나님께서는 어떤 특별한 일을 하지 아니하시고 하갈의 눈을 밝혀 주셨는데 살길이 생겼습니다.

이것은 우리도 마찬가지입니다. 아주 가까운 곳에 많은 하나님의 축복이 있는데 우리는 그것을 보지 못하는 것입니다. 많은 사람들은 아주 가까운 곳에 있는 샘물을 보지 못해서 목말라 죽어 가고 있습니다.

하나님은 이미 우리에게 필요한 모든 것을 주셨습니다. 우리 주위에는 하나님이 주신 축복이 가득합니다. 그러나 우리는 눈이 어두워서 그런 것들을 보지 못하고 있습니다. 이것은 마치 숨은 그림 찾기와 같습니다. 어떤 때에는 아무리 눈을 부릅뜨고 봐도 보이지 않던 것이 어느 순간에 보이는 것입니다.

하나님이 우리 가까운 곳에 두신 샘물이 무엇입니까? 그것은 바로 말씀의 샘물이고 은혜의 샘물입니다. 이스마엘의 샘물은 어느 곳에나 있습니다. 운만 좋으면 발견할 수 있습니다. 그러나 아브라함의 샘물은 이 세상 어느 곳에도 없습니다. 이것은 오직 하나님의 말씀이 있는 곳에만 있는 것입니다.

오늘 우리에게 성령의 샘물이 터지기를 바랍니다. 그래서 우리가 그것을 눈으로 보고 마셔서 이 세상 사람들을 향해서 하나님이 그들을 보고 계시며 그들을 사랑하신다는 것을 이야기해 주어야 합니다.

우리는 모두 하나님의 축복의 상속자들입니다. 하나님께서 우리에게 말씀의 복, 성령의 복, 기도 응답의 복을 주시며, 우리를 모든 속박과 핍박에서 건져 주셔서 당당한 하나님의 자녀로 살아갈 수 있도록 만들어 주시기를 소원합니다.

성경 토의

1. 하나님은 오직 이삭에게서 나는 자가 아브라함의 후손이 될 것이라고 말씀하셨는데 어떻게 해서 믿음의 자손들이 생겨나게 되는가?

2. 이삭과 이스마엘은 모두 아브라함의 아들이지만 어머니가 달라서 권리가 달라지게 되었다. 율법의 아들과 복음의 아들은 어떻게 다른가?

3. 하나님은 이스마엘이 아브라함의 육신의 아들이지만 축복해 주시고 그가 부르짖는 소리를 들으셔서 살 수 있게 하셨다. 오늘날 믿음의 자녀들은 하나님 앞에서 어떤 믿음을 가져야 하는가?

28_하나님이 주신 시험

창세기 22:1-19

전체적 설명

우리가 보통 학교에서 시험을 치는 것은 어려운 문제를 풀게 하여 학생들의 실력을 확인하는 데 그 목적이 있다. 이와 마찬가지로 때로 하나님은 우리 안에 숨어 있는 신앙을 어려운 일들을 통해서 드러나게 하실 때가 있다. 대개 하나님의 백성이 당하는 모든 어려움을 '시험' 이라는 말로 표현하기는 하지만 거기에는 사탄이 주는 유혹도 있고, 우리가 생활 속에서 겪는 어려움도 있다. 그러나 우리는 믿음으로 모든 시험을 이겨 낼 수 있다.

아브라함의 생애는 버리는 훈련의 연속이었다. 아브라함은 고향을 버렸고, 롯과 다툴 때 목초지를 포기했으며, 소돔 성의 전리품도 포기했고, 나중에는 젊은 첩과 이스마엘이라는 아들도 포기했다. 그러나 하나님은 최종적으로 아브라함이 늙어서 낳은 유일한 아들 이삭을 버리게 하심으로 아브라함 속에 있는 믿음을 드러내게 하신다.

1절, "그 일 후에 하나님이 아브라함을 시험하시려고"

설교 프리노트

여기서 '그 일'은 아브라함이 그랄 땅에서 모든 일이 아름답게 해결되어서 평안한 생활을 누리고 있을 때를 말한다. 이때 하나님은 아브라함의 믿음을 시험하려고 하셨다. 우리가 보통 신앙적으로 '시험'이라고 할 때에는 하나님의 백성이 당하는 모든 정신적, 육체적 어려움을 말한다. 그런데 때때로 하나님은 우리의 믿음을 시험해 보실 때가 있다. 이것은 우리를 시험에서 떨어지게 해서 낙심하게 하려는 것이 아니라 우리 안에 있는 믿음을 드러내어서 하나님께 영광 돌리게 하기 위한 것이다.

2절, "네 아들 네 사랑하는 독자 이삭을 데리고 모리아 땅으로 가서…그를 번제로 드리라"

하나님께서 아브라함에게 요구하신 것은 그것이 과연 하나님이 요구하신 것인지 의문이 들 정도로 이해가 되지 않는 것이었다. 하나님께서 아브라함에게 이번에 요구하신 것은 그의 외아들 이삭을 모리아 산 어느 곳에 가서 죽여서 번제로 바치라는 것이었다. 하나님은 이삭이 아브라함에게 얼마나 소중한 아들인지 알고 계셨다. 그래서 하나님은 아브라함에게 '네 아들 네 사랑하는 독자 이삭'이라고 말씀하셨다. 하나님께서 이번에 아브라함에게 요구하신 것은 그야말로 말도 되지도 않는 요구였다. 왜냐하면 하나님은 아브라함으로 하여금 이삭이 태어날 때까지 백 살이 되도록 기다리게 하셨고, 하나님은 분명히 이삭을 통해서 후손이 날 것이라고 약속하셨으며, 오히려 이삭에게서 나는 자라야 그의 씨가 될 것이라고 말씀하셨기 때문이다(창 21:12). 그리고 지금까지 하나님은 어느 누구에게도 사람을 제물로 바치는 것을 허용하지 아니하셨다. 그런데 이번에는 하나님께서 지금까지 하신 말씀과는 완전히 다르게 아브라함의 하나밖에 없는 아들을 죽여서 번제로 바치라고 요구하셨다. 아브라함은 과연 이 시험을 어떻게 감당할 수 있었을까? 우선 우리가 인간적으로 생각해 볼 때 아브라함은 이삭을 데리고 도망칠 수도 있었을 것이고, 시간을 질질 끌면서 순종을 지연하거나, 아니면 사라에게 이 사실을 알려서 사라가 방해를 해서 순종하지 못하게 할 수도 있었을 것이다. 그러나 아브라함이 이 말도 되지도 않는 하나님의 말씀에 순종할 수 있었던 것은 하나님의 말씀을 믿었기 때문이다. 즉 하나님께서는 '이삭에게서 나는 자라야 네 씨가 될 것이라' (창 21:12)고 하셨기 때문에 이삭은 반드시 살 것이며, 이번에 이삭을 죽여도 하나님은 이삭을 능히 죽은 자 가운데서 살리실 것을 믿었다(롬 4:17). 결국 우리가 끝까지 믿음으로 승리하기 위해서는 한 번은 죽음을 통과하는 신앙이 되어야 한다.

3절, "아브라함이 아침에 일찍이 일어나 나귀에 안장을 지우고"

아브라함의 신앙의 장점은 아무리 어려운 시험이라 하더라도 한번 결정하면 주저하지 아니하고 아침에 일찍이 일어나서 행동에 옮긴 것이다. 아브라함이 있던 그랄 땅에서 모리아 산(지금의 예루살렘)까지는 상당히 먼 거리였다. 아브라함은 이삭을 제물로 바치는 것을 사라와 의논하지 않았다. 왜냐하면 사라가 절대로 용납하지 않을 것이 분명했기 때문이다. 아브라함은 이것은 하나님께서 자기에게 주신 시험이지 사라에게 주신 시험은 아니라고 생각했던 것이다.

5절, "이에 아브라함이 사환에게 이르되 너희는 나귀와 함께 여기서 기다리라"

아브라함은 하나님의 말씀에 순종하기 위하여 순종에 방해가 되는 것을 하나씩 제거하기 시작했다. 만일 아브라함이 이삭을 제물로 바치는 자리까지 사환을 데리고 간다면 사환이 아브라함을 힘으로 말려서 제물로 바치지 못하게 할 수도 있을 것이다. 그래서 아브라함은 조금이라도 하나님의 말씀을 순종하는 데 방해가 될 만한 요인들을 미리 제거했다.

"내가 아이와 함께 저기 가서 경배하고 너희에게로 돌아오리라"

아브라함은 사환에게 자기가 이삭을 제물로 바치러 간다는 사실은 말하지 않았지만 분명히 아이와 함께 돌아올 것을 약속하였다. 아브라함은 하나님께서 분명히 이삭을 다시 살게 하실 것이며, 만일 하나님이 이삭을 다시 살게 하지 아니하시면 그는 혼자 돌아오지 않을 것이라는 것을 분명히 한 것이다.

6절, "아브라함이 이에 번제 나무를 취하여 그 아들 이삭에게 지우고 자기는 불과 칼을 손에 들고"

아브라함은 번제로 쓸 나무를 어린 이삭의 어깨에 지웠다. 이삭은 그 나무가 자기를 태울 나무인지도 모르고 즐거운 마음으로 그 나무를 지고 갔다. 그리고 아브라함은 아들을 죽이고 그 아들을 자기 손으로 태우기 위하여 한 손에는 칼을 들고, 다른 한 손에는 불을 들고 갔다. 아마 그의 마음은 착잡했을 것이다. 그러나 하나님의 말씀에 순종하여 아들을 죽음의 자리로 데리고 가고, 또 그 아버지에게 순종하여 가는 아들의 모습은 하나님 아버지와 그 아들 예수 그리스도의 모습이었다. 자기가 죽을 나무를 짊어진 이삭의 모습은 십자가를 지고 골고다로 가시던 하나님의 아들 예수님의 모습이었고, 자기 아들을 죽게 하기 위해서 칼과 불을 손에 든 아브라함의 모습은 하나님 아버지의 모습이었던 것이다. 우리 성도들이 이유를 알 수 없는 어려운 일을 당해서 묵묵히 순종할 때 세상 사람들은 그 모습을 통해서 하나님의 아들의 모습을 보게 될 것이다.

7절, "이삭이 가로되 불과 나무는 있거니와 번제할 어린 양은 어디 있나이까"

이삭은 어려서부터 아버지 아브라함이 제사드리는 것을 많이 보아 왔을 것이다. 그런데 번제를 드릴 때는 반드시 번제에 쓸 양을 준비했는데 이번에는 아버지가 양을 준비해 오지 않았다. 그래서 어린 이삭은 궁금해서 아버지에게 번제에 바칠 양은 어디에 있는지 물어보았다. 이삭의 이 물음은 그렇지 않아도 슬픔을 참으면서 가고 있던 아브라함에게 큰 충격을 주었다. 아마 이때 아브라함이 감정이 북받쳐서 통곡을 하거나 이삭에게 '네가 번제할 양이라' 고 알려 주었다면 이삭은 큰 충격을 받았을 것이다. 그러나 하나님은 아브라함에게 지혜를 주셔서 가장 현명한 대답을 하게 하셨다.

8절, "하나님이 자기를 위하여 친히 준비하시리라"

아브라함은 차마 이삭에게 '네가 죽어야 할 번제물이라' 고 말하지 못했다. 어떻게 보면 이것은 책임을 회피하는 말인 것 같지만 '하나님이 준비하실 것이라' 고 해서 하나님에게 책임을 돌린 것은 잘한 것이었다. 그리고 사실 나중에 모든 것이 이 믿음대로 되었다. 우리는 때때로 다른 사람들로부터 우리의 지혜로는 대답할 수 없는 질문을 받을 때가 있다. 그때 우리는 성령님께서 대답할 말을 주실 것을 믿어야 한다(눅 21:14).

10절, "손을 내밀어 칼을 잡고 그 아들을 잡으려 하더니"

아브라함은 단순히 이삭을 잡는 흉내만 낸 것이 아니라 정말로 이삭을 죽여서 제사를 드리려고 하였다. 그래서 아브라함은 이삭이 도망가지 못하도록 묶어서 단 위에 놓고 칼을 들어서 이삭을 찌르려고 하였다. 아브라함이 이렇게까지 할 수 있었던 것은 그가 광신자였기 때문이 아니다. 우리는 아브라함이 미치지 않았으면 이렇게 할 수 없었을 것이라고 생각하지만 아브라함은 하나님의 말씀의 능력을 믿었던 것이다.

11절, "여호와의 사자가 하늘에서부터 그를 불러 가라사대 아브라함아 아브라함아 하시는지라"

여호와의 사자가 두 번이나 다급하게 아브라함의 이름을 부른 것은, 그렇게 하지 않으면 아브라함이 진짜로 이삭을 죽일 수 있었기 때문이다. 하나님의 뜻은 아브라함이 거의 아들을 죽이기까지 하나님의 말씀에 순종하는 것이지 진짜로 이삭을 죽이는 것은 아니었다. 왜냐하면 우리 인류의 죄는 하나님의 아들이 아니면 어느 누구도 대신 감당할 수 없기 때문이다.

12절, "네가 네 아들 네 독자라도 내게 아끼지 아니하였으니 내가 이제야 네가 하나님을 경외하는 줄을 아노라"

물론 아브라함이 이삭을 죽이는 자리까지 오지 않아도 아브라함은 하나님을 경외하는 믿음을 가지고 있었지만 그것은 어디까지나 속마음이지 겉으로 검증된 것은 아니었다. 그러나 아브라함이 이삭을 거의 죽이는 자리에 오기까지 하나님의 말씀에 절대적으로 순종했을 때 마음속에 있던 아브라함의 믿음은 드러나게 되었다. 아브라함이 하나님의 시험에 합격한 것이다. 이 세상에 많은 시험이 있지만 하나님의 시험에 합격하는 것이야말로 최고의 영광이고 축복이다. 그러나 이것은 그냥 되는 것이 아니고 평소에 버리는 훈련을 계속 해야 통과할 수 있는 것이다.

14절, “아브라함이 그 땅 이름을 여호와이레라 하였으므로”

아브라함은 어떤 신앙적인 체험을 할 때마다 그 장소에 이름을 짓는 습관이 있었다. 하나님께서는 아브라함에게 이삭 대신에 수풀에 뿔이 걸린 숫양을 준비하셔서 아브라함의 믿음대로 하나님이 준비하신 제물로 번제를 드리게 하셨다. 비록 아브라함이 숫양으로 제사를 드렸지만 실제로는 이삭을 바친 것과 같기 때문에 아브라함은 이삭을 하나님께 바쳤다가 다시 얻은 것이 되었다. 그래서 이제부터 이삭은 아브라함의 아들이 아니라 하나님의 아들이 되는 것이다. 아브라함은 그 장소의 이름을 ‘여호와 이레’ 라고 하였는데, ‘이레’ 는 ‘보다’ 라는 뜻을 가지고 있다. 즉 하나님께서 그곳을 보시고 제물을 준비해 주셨다는 뜻이다. 우리가 하나님의 어려운 말씀에 순종할 때 하나님은 우리의 믿음을 보시고 그 답을 미리 준비해 주신다.

16절, “내가 나를 가리켜 맹세하노니”

하나님보다 더 높으신 분은 없으므로 하나님은 자신을 가리켜 맹세하셨다. 하나님의 말씀은 절대적인 말씀이기 때문에 한번 말씀하시면 그것으로 충분하지만 하나님은 아브라함의 믿음을 보시고 스스로 맹세를 하셨다. 이것은 앞으로 어떤 방해가 있고, 어떤 반대가 있더라도 반드시 이루겠다는 의지를 나타내신 것이다.

17절, “내가 네게 큰 복을 주고 네 씨로 크게 성하여 하늘의 별과 같고…네 씨가 그 대적의 문을 얻으리라”

하나님께서 아브라함에게 약속하신 것은 지금까지 한 약속을 재확인하시는 것이다. 그러나 하나님의 말씀은 단순한 반복이 아니라 재확인을 하면서 조금씩 그 내용이 발전하고 있다. 하나님은 아브라함이 자기 독자를 아끼지 아니하고 하나님의 말씀에 순종했을 때 ‘큰 복’ 을 주겠다고 하셨다. 이것은 하나님의 복을 전적으로 아브라함과 그 후손에게 맡긴다는 뜻이다. 우리가 하나님의 축복을 독점하는 비결은 바로 하나님의 말씀을 결사적으로 붙드는 데 있다.

하나님은 ‘네 씨로 크게 성하여’ 라고 하셨는데 그 씨는 아브라함의 후손도 의미하지만 이삭이 나타내는 하나님의 아들 그리스도를 상징한다. 그리고 '대적의 문을 얻는다'는 것은 원수들을 완전히 포위해서 굴복시키는 승리를 의미한다.

본문 이해를 위한 질문

1. 하나님은 아브라함에게 어떤 시험을 하셨는가?

하나님은 아브라함에게 그의 사랑하는 유일한 독자를 모리아 산의 어느 곳에 가서 번제로 바치라고 하셨다. 하나님께서 아브라함에게 이런 요구를 하신 것은 아브라함 속에 있는 믿음을 드러내셔서 축복하시려는 것이었다.

2. 아브라함은 어떻게 이 시험을 이길 수 있었는가?

아브라함은 하나님께서 '이삭에게서 나는 자라야 네 씨가 되리라'(창 21: 12)고 하셨기 때문에 하나님이 이삭을 죽은 자 가운데서도 다시 살리실 줄 믿었다.

3. 아브라함은 어떻게 순종했는가?

아브라함은 아침 일찍 일어나서 사환과 아들과 불과 나무를 준비해서 하나님이 지시하신 곳에 갔고, 거기에서 거의 아들을 죽일 뻔했는데 하나님의 사자가 아브라함을 제지하셔서 이삭 대신 나뭇가지에 뿔이 걸린 숫양으로 제사를 드렸다.

4. 하나님은 아브라함에게 어떤 축복을 주셨는가?

아브라함이 큰 복을 받고, 그 씨가 크게 성하며, 대적의 문을 얻는다고 하셨다.

성경 강해

모든 사람에게는 이 세상에서 자기가 가장 소중하게 생각하는 것이 있습니다. 그것은 물건일 수도 있고, 부동산일 수도 있으며, 직장이나 자식이나 배우자일 수도 있습니다. 우리가 만일 가장 아끼고 소중하게 생각하는 것을 잃어버리면 너무나도 마음이 아프고 고통스러울 것입니다. 또 우리는 하나님을 원망하는 마음을 가지게 될 것입니다. '하나님은 왜 이렇게 소중한 것을 나에게서 빼앗아 가시는 것일까? 하나님은 내가 이 소중한 것을 잃어버렸을 때 내가 얼마나 고통스러워하며 괴로워할지 아시면서 이것을 빼앗아 가시는 것일까?' 라고 생각할 것입니다.

사람의 인생에 있어서 가장 소중한 사람은 배우자입니다. 그런데 어느 날 가장 아끼고 사랑하는 남편 혹은 아내가 죽는다면 그 고통과 허전함은 말로 표현할 수 없을 것입니다. 그러한 일을 당한 사람은 왜 하나님께서 나에게서 남편이나 아내를 빼앗아 가시는지 이해가 되지 않을 것입니다. 특히 부모에게 자식은 너무나도 소중한 존재입니다. 그런데 만일 그러한 자식을 잃는다면 부모는 고통 속에서 나날을 보낼 것입니다.

예전에 신문에서 어느 어머니가 세 살 때 잃어버린 딸아이를 스물이 넘어서 다시 만나게 된 이야기를 읽은 적이 있습니다. 어머니가 잠깐 볼일이 있어서 세 살 난 아이를 큰아이에게 맡기고 돌아와 보니 아이는 없어졌고 큰아이는 울고 있었다는 것입니다. 그래서 어머니는 고아원이란 고아원은 다 뒤졌지만 아이를 찾을 수 없었습니다. 아이를 잃어버리고 나서 이 엄마는 웃음을 잃어버렸습니다. 그동안 이 아이는 이탈리아로 입양되어 갔습니다.

그런데 이탈리아에 입양되어 좋은 양부모 밑에서 살던 아이가 스무 살이 넘어서 부모를 찾기 위해 한국에 왔고, 어머니와 딸은 기적적으로 만날 수 있었습니다. 하지만 이 어머니는 웃음을 잃고 살아왔기 때문에 딸을 만났어도 쉽게 웃을 수 없었다고 합니다.

선거 때마다 통반장이 이 어머니에게 왜 아이의 사망 신고를 하지 않느냐고 하면 어머니는 '내가 우리 아이가 죽은 것도 보지 않았는데 어떻게 사망 신고를 할 수 있느냐' 고 하면서 버티어서 그때까지도 호적에는 이 아이가 살아 있는 것으로 되어 있었고, 결구 그 호적 덕분에 아이를 찾을 수 있었다고 합니다.

하나님은 때때로 우리 인생에 있어서 가장 소중한 것을 가지고 우리를 시험하십니다. 때로는 내가 가장 사랑하는 사람을 데려가기도 하시고, 때로는 내가 가장 아끼는 것을 빼앗기거나 잃어버리게 하십니다. 그때 우리는 너무 마음이 아파 고통스러워합니다. 그리고 나에게 이것이 너무나도 소중한 것인 줄 알면서 가져가신 하나님을 원망합니다. 그러나 하나님은 이런 소중한 것들을 가져가심으로 우리에게 가장 중요한 질문을 하고 계시는 것입니다. 그것은 '네가 가장 좋아하는 이것보다 나를 더 좋아하느냐?' 하는 것입니다. '네가 가장 좋아하는 돈이나 직장이나 남편이나 아이나 너 자신보다도 나를 더 사랑하느냐?' 고 물으시는 것입니다. 물론 우리는 말로는 하나님께 '이 모든 것보다 하나님을 더 사랑합니다.' 라고 말할 수 있지만 실제로 내가 가장 사랑하고 아끼는 것을 잃어버렸을 때 우리는 하나님보다도 내 것을 더 사랑했다는 것을 깨닫게 됩니다.

하나님은 때때로 우리가 가장 사랑하는 것을 잃어버리는 고통을 통해서 하나님도 가장 사랑하는 것을 잃어버린 엄청난 마음의 고통이 있었다는 것을 알기를 원하십니다. 하나님께도 사랑하는 아들이 있었습니다. 하나님은 아들을 이 세상에 보내어서 죽게 하셨을 때 우리 이상으로 고통스러우셨던 것입니다. 우리가 자존심이 상하면 마음이 아프듯이 우리 인간이 하나님의 의로우심을 부정하고 죄를 지었을 때 하나님의 마음은 너무나도 아팠던 것입니다. 우리가 집이나 직장이나 아끼는 물건을 잃어버리면 마음이 몹시 아프듯이 하나님도 우리 인간들 때문에 하나님이 만드신 이 세상을 버리게 되었을 때 너무나도 마음이 아프셨던 것입니다.

우리는 흔히 자기의 것은 아깝게 생각하지만 다른 사람의 것은 당연하게 생각할 때가 많습니다. 특히 하나님이 소중한 것을 잃어버리셨거나 마음이 아프신 것을 당연하게 생각하기 쉽습니다. 그러나 하나님도 소중한 것을 잃어버리셨을 때 우리 이상으로 고통스러워하십니다. 그래서 우리도 우리의 소중한 것을 잃어버렸을 때 비로소 하나님의 고통을 조금이라도 공감하게 되는 것입니다.

하나님의 말씀에 부름 받은 후의 아브라함의 삶은 시련의 연속이었다고 할 수 있습니다. 아브라함은 하나님의 말씀에 붙잡힌 후 더 이상 평범한 삶을 살 수 없었습니다. 아브라함에게 가장 힘들었던 것은 하나님의 말씀과 현실의 차이였습니다. 하나님께서는 아브라함에게 하늘의 별만큼 많은 자식을 주신다고 하셨는데 무려 백 살이 되어서야 한 명의 아들을 주셨습니다. 하나님은 아브라함에게 가나안 땅을 주겠다고 약속하셨는데 아직 단 한 평의 땅도 받지 못했습니다. 그럼에도 불구하고 아브라함은 하나님을 믿는 믿음으로 모든 시험을 이겨 내었습니다. 그러나 이제 아브라함은 새로운 하나님의 시험을 맞이해야만 했습니다. 그것은 지금까지의 시험을 모두 합친 것보다도 큰 것이었습니다. 하나님께서 어느 날 아브라함을 부르시더니 그가 가장 사랑하는 아들을 모리아 산의 어느 곳에 가서 하나님께 번제물로 바치라고 하신 것입니다. 이것은 아버지가 아들을 자기 손으로 죽여서 불로 태우라는 것입니다.

하나님이 아브라함에게 요구하신 것은 그의 재산이 아니었습니다. 그의 시간도 아니었습니다. 하나님이 아브라함에게 요구하신 것은 그의 가장 사랑하는 아들, 그것도 백 살에 낳은 아들을 자기 손으로 죽여서 제물로 바치라는 것입니다. 이것은 완전히 정신이 나간 미친 아버지가 아니면 불가능한 것입니다. 그런데 아브라함은 이 말도 되지도 않는 하나님의 말씀에 순종하려고 이삭을 데리고 모리아 산으로 갔습니다.

1. 하나님께서 아브라함에게 주신 시험

하나님께서 아브라함에게 주신 시험은 아브라함이 이 세상에서 가장 사랑하는 것을 하나님께 바치라는 것이었습니다. 그런데 아브라함이 이 세상에서 가장 사랑하는 것은 그가 백 살이 되어서 낳은 어린 아들이었습니다.

1절, "그 일 후에 하나님이 아브라함을 시험하시려고 그를 부르시되 아브라함아 하시니 그가 가로되 내가 여기 있나이다"

우리는 보통 '시험' 이라는 말을 여러 가지 의미로 사용합니다. 보통 '시험' 이라고 하면 사람 속에 있는 생각이나 태도나 실력을 알아 내기 위하여 취하는 여러 가지 어려움을 뜻합니다. 학교에서 학생들의 실력을 알아 보기 위하여 문제를 내서 풀게 하는 것이 대표적인 시험입니다. 혹은 사람의 생각이나 태도를 알아 보기 위해서 대화를 나누거나 어떤 일을 시켜 보기도 합니다. 이스라엘 백성의 경우에는 하나님이 주신 육체적인 어려움을 이기지 못해서 자기 멋대로 행동하는 것을 시험이라고 하기도 합니다.

신약 시대에 와서는 그리스도인들이 당하는 모든 육체적, 정신적 어려움을 모두 시험이라고 불렀습니다. 이런 식으로 그리스도인들이 당하는 모든 정신적, 육체적 어려움을 시험이라고 부르는 이유는 그 어떤 것도 믿음으로 이겨 낼 수 있다는 의미가 들어 있습니다.

본문에서 하나님께서 아브라함을 시험하신 것은 아브라함의 생각과 믿음을 확인해 보기 위해서 주신 어려움입니다. 그런데 여기서 잘 이해가 되지 않는 것이, 하나님은 사람의 중심을 보시기 때문에 굳이 아브라함에게 어려움을 주시지 않아도 아브라함의 생각이나 믿음을 알 수 있으실 텐데 그럼에도 불구하고 왜 하나님은 아브라함에게 이렇게 고통스러운 시험을 주셨을까 하는 것입니다. 우리는 그 이유를 잘 알지 못합니다.

우리가 막상 어려운 시험을 당했을 때 '왜 하나님께서 나에게 이렇게 어려운 시험을 주셨을까?' 라고 생각하는 것은 오히려 더 혼란만 가져올 것입니다. 왜냐하면 그것을 생각하면 생각할수록 이해가 되지 않고 오히려 거의 미치게 되기 때문입니다. 이런 시험을 당했을 때 우리는 어떻게 하면 이 시험을 이기고 정금과 같은 신앙이 되어서 하나님께 온전한 영광을 돌릴 수 있을까 하는 것만 생각해야 하는 것입니다.

하나님께서 우리에게 어려운 시험을 주셨을 때에는 우리의 믿음을 정금과 같은 믿음이 되게 하시려는 것입니다. 그러나 우리는 그 잃어버린 것이 너무나도 중요하고 소중한 것이기 때문에 말로 표현할 수 없는 고통을 겪게 됩니다. 우리는 그것을 믿음으로 이겨 내어야 하는 것입니다.

하나님께서 아브라함에게 요구하신 것은 사랑하는 아들 독자 이삭이었습니다.

2절, "여호와께서 가라사대 네 아들 네 사랑하는 독자 이삭을 데리고 모리아 땅으로 가서 내가 네게 지시하는 한 산 거기서 그를 번제로 드리라"

아브라함에게 있어서 이 명령은 너무나도 순종하기 어려운 것이었습니다. 우선 하나님께서 이삭을 바치라고 하시면서 그 이유는 전혀 말씀을 하지 아니하셨습니다. 하나님께서 아브라함에게 그 이유라도 설명해 주셨더라도 조금은 생각할 여유를 가졌을 것입니다.

예를 들어 하나님이 '이삭은 영원한 나의 소유이다. 그러니까 이제 내게 바치라.' 라고 하신다면 '아, 이삭은 하나님의 것이구나. 그러니까 하나님께 바쳐야지.' 라고 생각할 수 있을 것입니다. 또한 하나님이 '너희의 죄가 너무 많아서 도저히 짐승의 피로는 내가 만족할 수 없다. 그러니까 네가 가장 사랑하는 아들을 바쳐서 죄 용서를 받도록 하여라.' 라고 하셨다면 '아, 우리의 죄는 이토록 무서운 것이구나. 우리 죄를 위하여 아들이 죽어야 하는구나.' 하면서 생각해 볼 수 있을 것입니다. 그러나 하나님의 말씀에는 그런 설명이 전혀 없었습니다. 무조건 하나님은 '네 아들 네 사랑하는 독자 이삭을 데리고 내가 네게 지시하는 한 산 거기서 그를 번제로 드리라'고 말씀하셨습니다. 아브라함은 도대체 하나님께서 이삭을 요구하시는 이유가 무엇인지 알 수가 없었습니다.

또한 하나님의 이 요구는 지금까지의 하나님의 성품과 일치하지 않는 것이었습니다. 물론 이방 족속들은 자기 자식을 죽여서 제물로 바치기도 했습니다. 그러나 하나님은 한 번도 그런 것을 요구하신 적이 없으셨습니다. 더욱이 하나님은 살아 있는 아들을 죽여서 제물로 바치기를 원하시는 그런 잔인한 하나님이 아니었습니다. 하나님은 결코 살인자가 아닙니다. 하나님은 사람을 바치게 하는 야만적인 신들과는 완전히 다른 분이었습니다. 그런데 그 하나님께서 그 야만적인 요구를 하시는 것입니다.

그리고 가장 중요한 것은 하나님의 이 요구가 지금까지 하나님이 하신 약속과 맞지 않는 것입니다. 하나님께서 아브라함에게 분명히 약속하시기를, '이삭에게서 나는 자라야 네 씨라 칭할 것임이니라' 라고 말씀하셨습니다. 그렇다면 이삭은 어른이 되어서 자손을 낳아야 합니다. 그런데 하나님은 아직 청년이 되지도 않은 아이를 죽이라고 말씀하시는 것입니다.

2. 아브라함의 믿음

성경은 하나님의 말도 되지도 않는 요구에 대하여 아브라함이 어떻게 반응했는지에 대해 자세하게 설명하지 않고 있습니다. 단지 아브라함은 하나님의 말씀대로 하기 위해서 아들과 종들을 데리고 아침 일찍 집을 떠났다고 했습니다.

3절, "아브라함이 아침에 일찍이 일어나 나귀에 안장을 지우고 두 사환과 그 아들 이삭을 데리고 번제에 쓸 나무를 쪼개어 가지고 떠나 하나님의 자기에게 지시하시는 곳으로 가더니"

성경에는 간단하게 언급되어 있지만 실제로 아브라함에게는 자신이 백 살에 낳은 외아들 이삭을 포기하는 것이 그렇게 간단하지 않았을 것입니다. 아브라함은 지금까지 살아오면서 중요한 것을 모두 포기했습니다. 그런데 이제 하나님은 아브라함에게 하나 남은 것마저 내어 놓으라고 하십니다. 그것도 하나님이 은총으로 내려 주신 외아들을 바치라는 것입니다. 아마도 아브라함은 다른 것은 몰라도 외아들 이삭만큼은 절대로 포기할 수 없었을 것입니다. 그럼에도 불구하고 아브라함은 이 외아들을 포기하기로 했습니다.

아마도 우리 같았으면 하나님을 불신하고 하나님으로부터 도망치든지, 아니면 하나님의 말씀에 귀를 막아 버리고 내 마음대로 모든 것을 해 버렸을 것입니다. 광야의 이스라엘 백성은 그렇게 했습니다. 애굽에서 나온 이스라엘 백성은 자기들이 기대한 것과 좀 다른 어려운 상황에 봉착하면 그때마다 하나님을 부정하고 자기 마음대로 행동했습니다. 그때마다 성경은 이스라엘 백성이 하나님을 시험했다고 표현하고 있습니다. 여기서 '시험'은 표현은 같지만 의미는 완전히 다른 것입니다.

우리가 생각하기에 아브라함이 가장 쉽게 빠질 수 있는 위험은 하나님을 시험하는 것입니다. 즉 아브라함이 하나님의 신실하심을 부정하고 지금까지의 하나님의 모든 인도하심과 보호하심을 거부하고 하나님과의 관계를 끊어버리고 자기 멋대로 행동해 버리는 것입니다. 그리고 하나님이 뭐라고 하시면 '아니, 하나님이 백 살까지 기다리라고 하면서 주실 때는 언제이고 이제는 주신 자식을 도로 빼앗아 가려고 하십니까? 저는 절대로 그렇게 할 수 없습니다. 이제부터 저는 하나님과 상관없이 살겠습니다.' 라고 할 가능성이 있습니다. 그때는 아브라함이 하나님을 시험하는 것이 되는 것입니다. 그러나 아브라함은 그렇게 하지 않았습니다.

아마 아브라함도 인간이었기 때문에 하나님의 무리한 요구에 고민도 많이 하고 분노도 했을 것입니다. 그럼에도 불구하고 아브라함은 하나님을 의심하지 않고 순종하기로 했습니다. 그 이유가 무엇입니까? 아브라함은 하나님의 말씀에 대한 믿음이 있었기 때문입니다.

하나님은 아브라함에게 '이삭에게서 나는 자라야 네 씨라 칭할 것임이니라' 라고 약속하셨습니다. 그렇다면 다른 것은 몰라도 이 말씀이 이루어지려면 이삭은 죽을 수 없는 것입니다. 만일 이삭이 죽는다 해도 하나님은 살려 내실 것입니다. 왜냐하면 하나님은 밤하늘의 별을 헤아리라고 하신 하나님이시기 때문입니다. 하나님은 없는 것을 있게 하시고 죽은 자도 살리시는 하나님이시기 때문입니다.

아브라함은 다른 것은 몰라도 하나님의 말씀만은 믿었습니다. 그랬더니 하나님이 믿어졌고 하나님을 원망하지 않게 되었습니다. 우리가 시험에서 이길 수 있는 길은 하나님의 말씀을 믿는 것밖에 없습니다.

그러면 이제 하나님께서 아브라함을 시험하신 것의 핵심이 무엇인지 알 수 있습니다. 그것은 아브라함이 얼마나 철저하게 하나님의 말씀을 믿느냐 하는 것입니다. 다시 말해서 하나님은 아브라함이 가장 소중한 것을 잃는 순간에도 하나님의 말씀을 붙들고 의심과 분노를 이기는 것을 보기를 원하셨던 것입니다.

하나님께서는 우리가 이 세상 모든 것을 다 잃는 순간이 오더라도 하나님을 더 의지하고 하나님의 말씀을 믿기를 원하십니다. 그때 우리의 신앙은 진정으로 하나님 앞에서 인정받는 신앙이 될 수 있습니다.

"저에게 이미 말씀하시기를 네 자손이라 칭할 자는 이삭으로 말미암으리라 하셨으니 저가 하나님이 능히 죽은 자 가운데서 다시 살리실 줄로 생각한지라 비유컨대 죽은 자 가운데서 도로 받은 것이니라"(히 11:18-19).

예수님도 말씀하시기를, "나를 믿는 자는 죽어도 살겠고 무릇 살아서 나를 믿는 자는 영원히 죽지 아니하리니 이것을 네가 믿느냐"(요 11:25-26)라고 하셨습니다. 결국 우리의 신앙은 죽음을 한 번 극복해야 참된 신앙으로 인정받을 수 있습니다.

3. 모리아로 가는 길

우리는 자기에게 가장 힘들고 어려운 일이 있었던 날을 '나의 생애에서 가장 길었던 날'이라고 말합니다. 아마 가족 중에서 생명을 건 큰 수술을 받아야 한다면 아마 수술을 받는 그날이 가족이나 본인에게 가장 긴 날이 될 것입니다. 아브라함의 생애에서 가장 길었던 날은 모리아로 가는 날이었습니다.

아브라함은 하나님의 말씀에 대한 믿음으로 모든 의심과 불만을 이긴 후에는 일사천리로 일을 진행시켰습니다.

3절, "아브라함이 아침에 일찍이 일어나 나귀에 안장을 지우고 두 사환과 그 아들 이삭을 데리고 번제에 쓸 나무를 쪼개어 가지고 떠나 하나님의 자기에게 지시하시는 곳으로 가더니"

우선 아브라함은 일찍이 일어났습니다. 아브라함은 순종하기 어려운 문제가 있을 때마다 아침 일찍 일어났습니다. 아브라함은 이스마엘을 내어 보낼 때에도 아침에 일찍이 일어나서 하갈과 이스마엘을 내어 보내었습니다. 그 이유는 하나님의 말씀에 시간을 질질 끌고 주저하면 마음이 변할 수 있다는 것을 알고 있었기 때문입니다. 그래서 아브라함은 하나님의 말씀에 순종할 마음이 있을 때 무조건 순종해 버렸습니다. 이것이 우리가 스스로를 다스려 나가는 방법입니다. 아브라함은 하나님의 말씀에 순종하는데 있어서 가장 큰 걸림돌이 자기 자신이라는 것을 알았습니다. 아브라함은 자신이 어떤 핑계를 대어서라도 하나님의 뜻에 순종하지 않고 도망치려고 한다는 것을 알고 있었습니다. 그래서 스스로 핑계를 대지 못하도록 아침 일찍 결심을 하고 집을 떠났습니다.

신앙에는 핑계라는 것이 있을 수 없습니다. 사람들은 흔히 남편을 핑계하고, 아내를 핑계하고, 자식들을 핑계하지만 속마음으로는 자기 자신이 그것을 원하지 않는 것입니다.

예를 들어 어떤 사람이 약속 시간에 늦었다고 합시다. 그는 교통이 막혀서 늦었다고 이유를 설명합니다. 그러나 그는 사실 마음속으로 그 약속을 중요하게 생각하지 않았던 것입니다. 만일 그가 그 약속을 꼭 지키려고 생각했다면 교통이 막히는 것을 감안해서 일찍 집을 떠났을 것입니다.

우리가 하나님의 뜻에 순종하려면 가장 먼저 여러 가지 이유를 대면서 핑계를 하는 자기 자신을 두들겨 잡아야 합니다. 우리는 모두 뱀처럼 간사한 자들이고, 어떻게 해서라도 하나님의 뜻에서 빠져 나가려고 몸부림을 치는 미꾸라지와 같습니다. 우리는 하나님의 손에 꽉 잡혀서 옴짝달싹 못할 때 그때부터 하나님의 말씀에 순종하게 되는 것입니다. 그래서 우리의 한평생은 거의 하나님의 손에 붙잡히는 훈련이라고 보아야 할 것입니다.

아브라함은 이삭을 하나님께 바쳐야 한다는 것을 사라에게 말하지 않았습니다. 왜냐하면 아브라함은 이 시험이 자기의 시험이지 사라의 시험이 아니라는 것을 알았기 때문입니다. 사라에게는 이삭을 바친다는 것이 시험이 될 수 없었습니다. 왜냐하면 사라는 그런 믿음을 가지고 있지 못했기 때문입니다. 사라에게는 살아 있는 아들을 바치는 것이 시험이 아니라 미친 짓밖에 되지 않기 때문입니다. 아브라함은 자기에게 찾아온 시험을 사라에게 미루지 않았습니다. 물론 아내나 남편은 서로 도와야 합니다. 그러나 때로는 혼자서 감당해야 할 시험도 있는 것입니다.

아브라함에게는 함께 데리고 가는 종들도 장애 요인이 될 수 있었습니다. 아브라함이 이삭을 죽이려고 할 때에 종들이 아브라함의 팔을 붙들어서 죽이지 못하게 할 수도 있었기 때문입니다. 그래서 아브라함은 종들은 모두 산 밑에 남겨 놓고 이삭만 데리고 올라갔습니다. 이것을 보면 하나님의 말씀에 순종한다는 것이 생각만 있다고 해서 되는 것이 아니라 반대되는 것을 모두 제거해야 겨우 순종할 수 있다는 것을 알게 됩니다.

아브라함이 시험을 이길 수 있었던 것은 이미 훈련이 되어 있었기 때문입니다. 사람이 한 번에 큰 바다를 헤엄쳐서 건널 수는 없습니다. 작은 웅덩이나 풀장에서 수없이 훈련을 해야 큰 바다도 건널 수 있는 것입니다.

이처럼 하나님께서 아브라함에게 이삭을 바치라고 한 것은 불쑥 주어진 것이 아닙니다. 지금까지 아브라함은 수없이 버리는 훈련을 해 왔습니다. 아브라함은 본토, 친척, 아비 집을 버리는 훈련을 했습니다. 아브라함은 비옥한 소돔의 초장을 버리는 훈련을 했습니다. 아브라함은 전리품으로 얻은 소돔과 고모라의 재물을 포기하는 훈련도 했습니다. 아브라함은 큰아들 이스마엘과 첩 하갈을 버리는 훈련도 받았습니다. 이제 하나님께서는 아브라함에게 최종적으로 가장 사랑하는 아들을 버리게 하시는 것입니다.

지금까지 수없는 시험 가운데서 하나님은 한 번도 아브라함을 버리신 적이 없었습니다. 그래서 아브라함은 무조건 하나님만 믿고 길을 가는 것입니다.

하나님이 우리에게 요구하시는 것은 자기 혼자 열정에 도취되어 날뛰는 것이 아닙니다. 그런 것은 누구든지 할 수 있습니다. 하나님이 원하시는 것은 피하려고 하면 얼마든지 피할 수 있고, 핑계를 대려면 얼마든지 핑계를 댈 수도 있지만 하나님이 주신 시험을 묵묵하게 감당하는 것입니다.

아브라함이 이삭과 함께 가면서 전혀 생각하지 못했던 충격의 순간이 있었습니다. 아무것도 모르는 이삭이 아버지에게 물을 때였습니다.

7절, "이삭이 그 아비 아브라함에게 말하여 가로되 내 아버지여 하니 그가 가로되 내 아들아 내가 여기 있노라 이삭이 가로되 불과 나무는 있거니와 번제할 어린 양은 어디 있나이까"

이삭은 지금까지 아버지가 제사드리는 것을 많이 보았습니다. 제사를 드리는 데 있어서 가장 중요한 것은 제물로 바쳐질 짐승이었습니다. 이삭은 죽여서 바쳐질 짐승이 없는 제사를 본 적이 없었습니다. 그런데 이번에 아버지는 하나님께 바칠 제물은 가지고 가지 않고 자기만 데리고 가시는 것입니다. 그래서 이삭은 아버지에게 나무와 불은 있는데 제사드릴 어린 양은 어디에 있느냐고 물었습니다.

하나님께 바쳐질 어린 양은 바로 이삭 자신이었습니다. 아마 아브라함은 아들의 물음에 마음이 터질 것 같았을 것입니다. 아들은 지금 아버지만 믿고 따라오고 있는데 아버지는 자기를 믿고 따라오는 아들을 죽이려고 하고 있는 것입니다.

이 사실은 아브라함에게는 견딜 수 없는 고통이었습니다. 이때 아브라함이 이삭에게 '바로 네가 제물이라' 고 이야기해 주었더라면 아마 이삭은 너무나도 놀라서 아버지를 의심했을 것입니다. 그러나 아브라함은 아들에게 진실을 이야기하지 않았습니다. 왜냐하면 아들은 그것을 감당할 수 없었기 때문입니다. 그 대신 아브라함은 모든 것을 하나님께 돌렸습니다.

8절, "아브라함이 가로되 아들아 번제할 어린 양은 하나님이 자기를 위하여 친히 준비하시리라 하고 두 사람이 함께 나아가서"

아마 우리 같으면 한순간에 참았던 본심이 튀어나왔을 것입니다. "글쎄, 하나님께서 너를 잡아서 죽여 제물로 바치라고 하시는구나. 도저히 안 되겠다. 이삭아, 도망쳐라. 나는 하나님께 네가 도망쳤다고 하겠다."라고 했을지 모릅니다. 그러나 아브라함은 "나는 잘 모른다. 그러나 하나님이 준비하실 것이다."라고 대답했습니다. 아브라함은 자기가 대답할 수 없는 모든 것을 하나님께 돌렸습니다. 그리고 이것이 정답이었습니다.

하나님께서 우리에게 주시려고 하는 것은 어떤 것입니까? 그것은 말도 되지 않는 축복입니다. 하나님께서 우리 같은 죄인들을 하나님의 아들을 삼으시려는 것입니다. 하나님은 그것을 위해서 말도 되지도 않는 일을 아들에게 시키셨습니다. 그것은 아들이 사람이 되어서 모든 인간을 대신해서 죽는 것이었습니다. 자기 아들을 죽이기 위하여 산으로 데려가는 아브라함의 심정이 바로 하나님의 심정이었습니다. 하나님은 아브라함을 통해서 하나님 자신의 모습을 보여 주고 싶으셨던 것입니다.

아버지는 이 사랑하는 아들을 죽이기 위하여 한 손에는 불을 들고, 다른 한 손에는 칼을 잡고 아들을 몰아가고 있습니다. 그의 얼굴에는 말할 수 없는 고민과 갈등이 나타나고 있습니다. 그는 엄청나게 번민하고 있습니다.

그는 할 수 있으면 아들을 살릴 길이 없을까 궁리하고 있습니다. 그러나 결국 아들은 죽어야 했습니다. 이것이 바로 하나님의 모습이었습니다.

그리고 자기가 죽을 나무를 등에 짊어지고 순종해서 산으로 올라가는 이 아들의 모습은 바로 예수 그리스도의 모습이었습니다. 예수님은 자기가 매달려 죽을 십자가 나무를 등에 짊어지고 골고다 언덕을 올라가셨던 것입니다.

하나님은 고난당하는 성도들을 통하여 하나님과 자신의 아들 그리스도를 보여 주시기를 원하십니다. 그래서 구약 시대에 제물로 사용되었던 소나 양은 모두 소리를 지르지 않고 묵묵하게 죽는 짐승들이었습니다. 오늘날 사람들은 조금이라도 자기 생각과 다르면 소리를 질러댑니다. 조금이라도 손해를 보면 더 큰 소리를 지르면서 울부짖습니다. 그런 짐승은 제물이 될 수가 없습니다. 우리는 하나님을 믿고 묵묵히 가야 하는 것입니다.

4. 여호와 이레의 하나님

하나님께서는 자기 아들을 바치기 위하여 모리아 산까지 온 아브라함을 위해서 다른 제물을 준비해 두셨습니다. 아브라함은 하나님의 말씀대로 아들을 잡기 위해 아들을 묶어서 나무 위에 올려놓고 칼을 들어서 아들을 찌르려고 했습니다.

아마 그때 아브라함은 아들의 눈에 나타난 겁에 질린 눈빛으로 인해 가슴이 아팠을 것입니다. 그러나 아브라함은 무조건 하나님의 말씀에 순종해서 아들을 칼로 찔러 죽이려고 했습니다. 그때 하나님은 천사를 보내어서 다급하게 아브라함을 불러서 아들을 죽이지 못하게 하셨습니다.

11-12절, "여호와의 사자가 하늘에서부터 그를 불러 가라사대 아브라함아 아브라함아 하시는지라 아브라함이 가로되 내가 여기 있나이다 하매 사자가 가라사대 그 아이에게 네 손을 대지 말라 아무 일도 그에게 하지 말라 네가 네 아들 네 독자라도 내게 아끼지 아니하였으니 내가 이제야 네가 하

나님을 경외하는 줄을 아노라"

하나님은 천사를 보내어서 아주 다급한 소리로 아브라함을 부르게 하셨습니다. 왜냐하면 아브라함은 하나님의 말씀대로 아이를 죽일 사람이었기 때문입니다. 아마 다른 사람들 같으면 하나님이 이렇게 다급해하지 않으셨을 것입니다. 왜냐하면 거의 하나님의 말씀에 순종을 하지 않기 때문입니다. 그런데 아브라함은 너무나도 무식하게 하나님의 말씀에 순종했고, 그래서 하나님은 다급해지셨습니다.

우리의 믿음이 이 정도는 되어야 합니다. 즉 하나님을 다급하게 해 드려야 하는 것입니다. 하나님은 아브라함에게 '네 아들에게 손을 대지 말고 아무 일도 하지 말라' 고 하셨습니다. 이제 드디어 아브라함은 믿음으로 승리한 사람이 된 것입니다. 하나님께서는 '이제야 네가 네 독자라도 아끼지 않고 하나님을 사랑하는 줄 아노라' 라고 하셨습니다. 그리고 하나님은 아브라함으로 하여금 뿔이 나뭇가지에 걸려 있는 숫양을 보게 하셔서 이삭 대신에 하나님께 바치게 하셨습니다.

원래 하나님은 이삭을 제물로 바치는 것을 원하지 않으셨습니다. 하나님께서 원하셨던 것은 아브라함이 가장 포기하기 어려운 것을 하나님 앞에서 칼로 내리치게 하시는 것이었습니다. 하나님은 우리에게 예배를 통하여 가장 포기하기 힘든 것을 포기하게 하십니다. 즉 내가 가장 아끼고 사랑하는 것을 칼로 내리치는 것입니다. 그러면 하나님께서는 그것을 우리에게 도로 돌려주십니다. 그러나 이것은 더 이상 내 것이 아니요, 하나님의 것이 됩니다.

내가 나의 젊음을 하나님 앞에 끌고 가서 그것을 칼로 내리치려고 할 때 하나님은 나의 젊음을 완전히 망치시는 것이 아니라 도로 나에게 돌려주십니다. 내가 나의 야망을 하나님의 제단 앞에서 칼로 내리칠 때 하나님은 나에게 새로운 소망이 생기게 하십니다.

지금까지 아브라함에게 있어서 가장 포기하기 힘든 것은 이삭이었을 것입니다. 어쩌면 아브라함은 이스마엘을 내어 보내고 난 후 더욱더 이삭에게 집착했는지도 모릅니다. 그러나 아브라함은 모리아 산에서 이삭을 바친 후부터 이 아들에게 집착하지 않을 수 있었습니다. 왜냐하면 이 아들은 더 이상 자신의 아들이 아니요, 하나님의 아들이기 때문입니다.

우리가 가장 소중한 것을 하나님께 바치면 하나님은 그것을 도로 돌려주십니다. 그러나 나의 것으로 돌려주시는 것이 아니라 하나님의 것으로 돌려주십니다. 이제부터 그 아들의 모든 문제는 하나님의 문제가 되는 것입니다.

우리는 우리의 가장 중요한 것을 하나님께 바쳐야 합니다. 그러면 하나님의 것이 되어서 돌아올 것입니다.

하나님께서 이삭 대신에 제물을 준비해 주셔서 이삭을 살게 하셨기 때문에 아브라함은 그곳의 이름을 '여호와 이레' 라고 지었습니다. 그것은 '하나님께서 우리에게 필요한 모든 것을 준비해 주신다' 라는 뜻입니다.

14절, "아브라함이 그 땅 이름을 여호와이레라 하였으므로 오늘까지 사람들이 이르기를 여호와의 산에서 준비되리라 하더라"

아브라함은 하나의 숙제를 가지고 하나님의 산으로 찾아왔습니다. 그 숙제가 무엇입니까? 그것은 어떻게 이삭을 죽인 후에 다시 살려서 이 산을 내려가느냐 하는 것이었습니다. 아브라함은 하나님의 말씀의 능력을 믿었습니다. 그래서 아브라함은 하나님이 말씀하신 이상 이삭은 반드시 살아서 자기와 함께 이 산을 내려갈 것을 믿었습니다. 그러나 구체적으로 어떻게 하나님께서 이삭을 살리실지는 몰랐습니다. 그런데 하나님께서는 다른 제물을 준비해 주신 것입니다.

여기서 우리는 두 가지를 생각하게 됩니다. 하나는 하나님께서 주신 시험은 반드시 하나님께 그 답이 있다는 것입니다. 우리는 이 세상을 살아가면서 풀리지 않는 많은 숙제를 안고 살아가고 있습니다. 그런데 그 모든 답이 하나님의 말씀 안에 있고 하나님 안에 있습니다. 우리가 하나님을 찾기만 하면 답을 얻을 수 있습니다. 제사를 드리고 돌아오는 것과 제사를 드리지 않고 돌아오는 것은 엄청난 차이가 있습니다. 만일 제사를 드리지 않고 돌아온다면 그것은 시험이 연기된 것밖에 되지 않습니다. 이삭을 하나님께 바치지 못한 것입니다. 그러나 아브라함은 거기서 하나님께서 준비하신 제물로 하나님께 제사를 드렸습니다. 아브라함은 시험을 연기받은 것이 아니라 시험에서 승리한 것입니다.

하나님은 우리에게 필요한 것이 무엇인지 알고 계십니다. 하나님은 그것을 준비하여 주십니다. 어디서 준비하여 주십니까? 하나님의 산에서 준비하여 주십니다. 하나님께서 나의 모든 것을 다 빼앗아 가시고 나를 실패와 절망의 시험에 빠지게 하신 그 산에서 하나님은 나의 가장 필요한 그것을 준비하여 주셔서 나를 축복하시는 것입니다.

우리의 가장 소중한 것을 하나님 앞에 내어 놓읍시다. 그것에 대하여 하나님께서 마음껏 하실 수 있도록 칼을 들어서 쪼개십시오. 나의 시간이나 미래의 계획에 대하여 하나님이 마음껏 사용하실 수 있도록 칼을 높이 드십시오. 그러면 하나님께서 어느 누구도 건드릴 수 없는 가장 소중한 것으로 우리에게 다시 돌려주실 것입니다.

하나님은 아브라함에게 '네 독자까지도 아끼지 않았다' 고 하시면서 그 믿음을 칭찬하셨습니다. 우리는 내가 가장 아끼는 것보다 하나님을 더 사랑해야 합니다. 그때 하나님은 아브라함에게 지금까지 주신 축복을 재확인하셨습니다.

아브라함이 하나님의 말씀에 순종했을 때 하나님께서는 아브라함에게 어떤 축복을 주셨습니까?

17절, "내가 네게 큰 복을 주고 네 씨로 크게 성하여 하늘의 별과 같고 바닷가의 모래 같게 하리니 네 씨가 그 대적의 문을 얻으리라"

왜 하나님께서는 이미 하신 약속을 자꾸 재확인하실까요? 하나님의 말씀은 반복되어야 합니다. 왜냐하면 한 번 말씀하신 것으로는 우리 불신의 벽을 뚫을 수 없기 때문입니다. 하나님의 말씀은 반복되면서 능력이 나타나고 부흥이 일어나게 됩니다.

그런데 새로운 말씀이 있습니다. 그것은 '대적의 문을 얻는다' 는 것입니다. 옛날에 적과 싸울 때 문을 빼앗으면 적은 모두 포로가 되었습니다. 하나님께서는 아브라함에게 지금까지의 모든 복을 다시 확인시켜 주셨을 뿐 아니라 모든 적을 이기는 능력을 약속하셨습니다. 즉 아브라함이 자기가 가장 아끼는 것을 하나님 앞에서 내어 놓았기 때문에 하나님도 하늘의 모든 능력으로 모든 사탄의 시험을 이기는 승리를 약속하셨습니다. 즉 우리가 하나님 앞에서 자신이 가장 아끼고 집착하는 것을 칼로 찔러서 바치면 그때부터는 세상의 모든 적을 이기는 능력을 주시는 것입니다.

우리는 이 시간 내가 집착하고 가장 아끼는 것까지도 하나님 앞에서 칼로 찔러서 제물로 바치고 믿음의 승리자가 되시기 바랍니다.

성경 토의

1. 때때로 하나님께서 내가 가장 아끼는 것을 가져가실 때 우리는 어떻게 이런 시험을 이길 수 있는가?

2. 하나님께서는 우리가 어려움을 당했을 때 하나님의 말씀을 붙들면 여호와 이레로 준비해 주신다. 나는 어떻게 여호와의 산에서 하나님의 응답을 받으며, 어떻게 하나님의 공급하심을 체험할 수 있는가?

3. 하나님께서 때때로 과거에 하신 약속을 재확인하시고 새로운 말씀을 주시는 것을 나는 어떻게 받아들이고 있는가? 또 나에게 대적의 문은 무엇인가?

29_사라의 묘실

창세기 23:1-20

전체적 설명

영원히 늙지 않을 것 같은 사라가 마침내 늙어서 죽게 되었을 때 아브라함은 사라의 시신을 매장해야 했다. 이때 아브라함은 사라의 무덤을 아무렇게나 매장하지 않고 에브론이라는 헷 사람이 소유한 막벨라의 동굴을 사서 매장지를 삼았다. 아브라함이 사라의 무덤을 중요하게 생각한 이유는 사라의 무덤이 하나의 징검다리가 되어서 아브라함의 자손들이 가나안 땅으로 돌아오게 하도록 하기 위해서였다. 그리하여 나중에 사라의 무덤에 아브라함도 묻히고, 이삭도 묻히고, 야곱도 묻힘으로써 400년 뒤에 이스라엘 자손들이 가나안 땅을 잊지 않고 돌아오게 된다.

설교 프리노트

1절, "사라가 일백이십칠 세를 살았으니 이것이 곧 사라의 향년이라"

이 세상에 태어난 사람은 누구를 막론하고 모두 죽게 되어 있다. 사라도 사람이기 때문에 이삭을 낳은 후 37년을 더 살다가 늙어 아브라함보다 먼저 죽게 되었다. 하나님께서 아브라함을 더 오래 살게 하신 것은 하나님께서 아브라함에게 오래 살게 하겠다고 약속하신 것 때문이기도 하지만 아직 아브라함에게는 할 일이 있었던 것이다. 그것은 바로 믿음으로 산 족장들의 무덤을 준비하는 일이었다.

2절, "사라가 가나안 땅 헤브론 곧 기량아르바에서 죽으매 아브라함이 들어가서 사라를 위하여 슬퍼하며 애통하다가"

사라가 죽은 곳은 헤브론이었다. 사라는 아브라함을 따라서 가나안 땅에 온 후에 여러 번 왕의 첩으로 들어가야 하는 수모를 당했으나 하나님께서 지켜 주심으로 무사히 아브라함에게로 돌아왔다. 또 사라는 아이를 낳지 못하는 수치를 가지고 살았지만 끝까지 하나님의 말씀을 믿음으로 이삭을 낳았다. 사라는 끝까지 아브라함을 따라서 믿음의 길을 걸었으며, 결국 가나안 땅에서 죽었다. 사라가 헤브론에서 죽은 것을 보면 아브라함은 가나안 땅을 많이 돌아다녔지만 헤브론 근처에서 가장 많이 살았던 것 같다. 아브라함은 한평생 신앙의 동역자로서 같은 소망을 가지고 살아왔던 사라를 잃었을 때 슬퍼하였다. 물론 아브라함과 사라에게는 영원한 천국의 소망이 있었지만 그럼에도 불구하고 끝까지 믿음으로 산 사라의 죽음은 위대한 것이었다.

4절, "나는 당신들 중에 나그네요 우거한 자니…내게 매장지를 주어"

아브라함은 헷 족속 앞에서 자신의 신분을 밝혔다. 아브라함은 한평생을 가나안 땅에서 살았지만 그는 여전히 나그네요, 이방인의 신분이었다. 아브라함은 가나안 땅에서 시민권이 없었기 때문에 사라를 매장할 장소도 가지고 있지 못했다. 물론 아브라함은 사라를 가나안 땅 어느 곳에든지 매장할 수 있었겠지만 아브라함은 다른 생각을 가지고 있었다. 아브라함은 가나안 땅에서 한 동굴을 사서 사라를 매장함으로 앞으로 그 무덤을 자손들이 가나안 땅으로 돌아오는 징검다리로 삼으려고 하는 것이다. 아브라함이 헷 족속으로부터 밭이나 굴을 사려면 그들의 승인이 필요했다.

6절, "당신은 우리 중 하나님의 방백이시니 우리 묘실 중에서 좋은 것을 택

하여"

여기에서 당시에 가나안 사람들이 아브라함을 어떤 시각으로 보고 있었는지를 알 수 있다. 당시 사람들은 아브라함을 하나님의 방백으로 생각하고 있었다. 여기서 '하나님의 방백' 은 '하나님의 천사' 와 같은 뜻이다. 아브라함은 가나안 족속들로부터 천사와 같은 사람으로 여겨지고 있었다. 그래서 헷 족속은 아브라함이 그들의 묘실 중 어느 것이든지 마음대로 사용할 수 있도록 허락하였다.

7절, "아브라함이 일어나 그 땅 거민 헷 족속을 향하여 몸을 굽히고"

아브라함은 자신을 하나님의 천사로 불러 주고 사라를 위한 매장지를 허락한 원주민들을 향하여 정중하게 예의를 갖추어서 인사를 했다. 그런데 그들이 아브라함에게 허락한 것은 그들의 묘실 중의 하나를 마음대로 사용하라는 것이지 사라 단독의 묘실을 허용한 것은 아니었다. 가나안 땅은 바위가 부드러워서 그곳 사람들은 바위를 뚫어서 묘지를 삼았고, 묘지를 하나 만들면 거기에 여러 개의 시신을 함께 장사 지낼 수 있었다. 그러나 아브라함이 바라는 것은 공동묘지 중의 하나에 사라를 장사 지내는 것이 아니었다.

9절, "준가를 받고 그 굴을 내게 주어서"

아브라함이 원하는 것은 에브론의 막벨라 굴을 돈을 주고 사는 것이었다. 아마 당시에도 가나안 사람들은 외국인에게 밭이나 땅을 사게 하는 것을 엄격하게 금하고 있었던 것 같다. 즉 아브라함은 외국인이었기 때문에 그곳에 있는 밭이나 땅을 살 자격이 없었던 것이다.

11절, "내가 그 밭을 당신께 드리고 그 속의 굴도 내가 당신께 드리되"

막벨라 굴의 주인인 에브론은 사람들 앞에서 상당히 선심을 쓰는 것처럼 아브라함에게 그 굴과 주위에 있는 밭을 아브라함에게 준다고 했다. 그러나 그렇게 하면 오래 가지 않아서 취소되거나 소유권 분쟁이 일어날 가능성이 있었다. 특히 아브라함은 외국인의 신분이었기 때문에 땅에 대한 권리가 전혀 없었다. 에브론은 처음에는 아브라함에게 선심을 쓰는 듯했지만 나중에는 상당히 비싼 가격을 불러서 아브라함으로 하여금 이 밭과 굴을 사게 하였다. 그러나 아브라함은 이미 가나안 땅에서 오래 생활을 해 왔기 때문에 이곳 사람들의 습성을 잘 알고 있었고, 그래서 일부러 상당한 가격을 주고 그 굴을 샀다.

15절, "땅값은 은 사백 세겔이나 나와 당신 사이에 어찌 교계하리이까"

'은 사백 세겔'은 상당히 큰 돈이었다. 그러나 에브론은 아브라함에게 거저 주는 것처럼 하면서 상당히 비싼 가격을 불러서 그 굴과 밭을 팔았다. 그래서 짧은 시각으로 보면 에브론이 상당히 이익을 본 것 같지만 실제로는 이 굴이 나중에 이스라엘 백성이 가나안 땅 전체를 차지하는 기초석이 되는 것이다.

20절, "이와 같이 그 밭과 그 속의 굴을 헷 족속이 아브라함 소유 매장지로 정하였더라"

아마도 요즘으로 치면 등기 같은 것을 해서 막벨라의 굴이 아브라함의 소유인 것을 확정한 것 같다. 하나님께서는 가나안 땅을 아브라함에게 주겠다고 약속하셨는데 사라가 죽을 때까지 아브라함은 오직 사라를 장사한 무덤 한 개만 자기 소유로 가질 수 있을 뿐이었다. 왜 하나님은 아브라함에게 가나안 땅을 주신다고 약속을 하시고서도 끝까지 가나안 땅을 주시지 않으셨을까? 그것은 하나님께서 더 나은 땅을 주시기를 원하셨기 때문이다.

본문 이해를 위한 질문

1. 사라의 믿음은 어떤 믿음이었는가?

사라는 아브라함과 함께 끝까지 하나님의 말씀을 붙들고 따라와서 믿음으로 이삭을 낳았고, 위대한 약속을 바라보며 끝까지 가나안 땅에 있다가 죽었다.

2. 사라가 죽었을 때 아브라함은 어떤 생각을 했는가?

아브라함은 사라의 묘실을 영구적으로 소유하여 그 묘실을 통해서 자신과 후손이 묻히고 그 후에 이스라엘 자손들이 가나안 땅을 잊지 않고 찾아오게 하려고 하였다.

3. 아브라함은 현지인들로부터 묘실을 어떻게 구입했는가?

아브라함은 외국인의 신분이었기 때문에 부동산을 소유할 권리가 없었다. 그러나 현지인들은 워낙 아브라함을 좋아해서 어느 묘실이든지 사라고 했고, 특히 에브론은 자기 굴과 밭을 무상으로 주겠다고 했지만 아브라함은 상당한 가격을 지불하고 밭과 굴을 사서 영원한 자신의 소유지로 만들었다.

성경 강해

요즘 우리나라 사람들은 이미 고인이 되신 종교인들에 대하여 굉장한 존경을 표하고 있습니다. 한 분은 천주교의 김수환 추기경이고, 다른 한 분은 불교의 법정 스님입니다. 특히 사람들은 이분들이 지위가 높고 영향력이 지대함에도 불구하고 욕심을 부리지 아니하고 깨끗하고 검소하게 살다가 죽은 것에 대하여 무한한 존경을 나타내고 있습니다. 아마 지위도 높지 않고 유명하지도 않은 사람이 그렇게 가난하고 검소하게 살다가 죽었다면 사람들은 별로 관심을 가지지 않았을 것입니다. 왜냐하면 그것은 당연하다고 생각하기 때문입니다. 아마도 이 추기경과 스님은 나름대로 이 시대에서 종교인으로서 사명감을 가졌던 것 같고, 뼈를 깎는 자기 희생을 통해서 이런 청빈한 삶을 살 수 있었던 것 같습니다.

그러나 하나님께서 우리에게 원하시는 것은 이런 뼈를 깎는 청빈한 삶이 아닙니다. 아브라함은 한평생 살면서 청빈하게 살지는 않았습니다. 물론 소돔 왕이 주는 많은 전리품을 거절하기는 했지만 아브라함의 삶은 결코 가난한 자의 삶은 아니었습니다. 그럼에도 불구하고 하나님께서 아브라함의 삶을 그렇게 복되게 하셨던 것은, 그가 다른 것을 붙잡지 않고 오직 하나님의 말씀만 붙잡고 살았기 때문입니다. 하나님께서 우리 믿는 자들에게 바라시는 것은 우리가 하나님의 말씀을 붙잡고 믿음으로 살아가는 것입니다. 그러면 하나님께서는 우리를 통하여 이 세상에 복을 주십니다.

믿음의 조상들은 하나님의 말씀을 붙들고 하나님과 동행하는 삶을 살았습니다. 이것이 그렇게 중요하고 축복된 삶이었던 것입니다. 거기에 물질적인 축복이나 명성은 부산물로 따라오게 됩니다. 물론 있을 수도 있고, 없을 수도 있는데 이것은 결코 본질적인 것은 아닌 것입니다.

이런 것을 보면 우리나라 사람들은 본질이 아닌 것을 너무나도 중요하게 생각하는 것 같습니다. 하나님의 백성이 부자로 살 수도 있고, 가난하게 살 수도 있고, 유명할 수도 있고, 유명하지 않을 수도 있습니다. 그러나 중요한 것은 하나님의 말씀을 붙잡고 살면서 영적인 부흥을 일으키는 것입니다.

오늘 본문 말씀을 보면 아브라함이 한평생 사랑하며 동고동락했던 사라가 늙어서 죽습니다. 사라의 생애는 어떻게 보면 대단한 것 같지 않습니다. 사라는 한평생 아브라함과 함께 살다가 90세에 아들 한 명을 낳았을 뿐입니다. 그러나 이것이 사라에게는 대단한 믿음의 승리요 축복이었습니다.

1. 아브라함이 받은 축복의 약속

하나님은 아브라함이 하나님의 말씀에 순종하여 모리아 산에서 이삭을 바치려고 했을 때 그의 믿음을 인정해 주셨습니다.

22:16, "가라사대 여호와께서 이르시기를 내가 나를 가리켜 맹세하노니 네가 이같이 행하여 네 아들 네 독자를 아끼지 아니하였은즉"

하나님께서 아브라함에게 사랑하는 독자를 하나님이 지시하시는 산에 가서 번제물로 바치라고 하신 것은 다른 사람에게는 시험거리가 되지 않는 것이었습니다. 왜냐하면 아무리 신앙이 좋은 사람이라고 해도 살아 있는 아들을 죽여서 하나님께 바칠 아버지는 없기 때문입니다. 만일 다른 사람이 하나님의 말씀에 순종해서 외아들을 바쳤다면 그는 정신병자요, 미친 아버지일 것이며, 하나님도 악한 하나님이 될 것입니다. 그러나 하나님은 아브라함을 잘 알고 계셨습니다. 아브라함은 이 세상 어느 것보다도 하나님의 말씀만 붙드는 순종의 신앙인이었던 것입니다.

하나님께서 아브라함을 시험하신 것은 그가 자기 아들보다 하나님의 말씀을 더 붙잡을 수 있는지를 보시려는 것이었습니다. 그런데 아브라함은 하나님의 말씀을 믿었습니다. 하나님은 '이삭에게서 나는 자라야 네 씨가 될 것이라' 고 하셨습니다. 하나님은 아무것도 없는 상태에서 별을 만드시고, 지구를 만드셨으며, 우리 인간을 만드셨습니다. 아브라함은 하나님이 말씀하셨으면 무엇이든지 그대로 된다는 것을 알았습니다. 그래서 '이삭에게서 나는 자라야 네 씨가 될 것이라' 고 하셨으면 이삭은 반드시 살아서 결혼을 해서 아이를 낳아야만 하는 것입니다. 그러므로 아브라함은 자기가 이삭을 죽이면 하나님이 다시 살리실 줄 믿었던 것입니다.

하나님께서 아브라함에게 시험하신 것은 이 세상 그 어떤 것보다 하나님의 말씀을 믿을 수 있느냐 하는 것이었습니다. 그런데 아브라함은 이 시험에 합격한 것입니다.

이때 하나님은 아브라함에게 큰 축복을 주셨습니다.

22:17, "내가 네게 큰 복을 주고 네 씨로 크게 성하여 하늘의 별과 같고 바닷가의 모래와 같게 하리니 네 씨가 그 대적의 문을 얻으리라"

우리가 모든 것을 희생하고 하나님의 말씀을 붙잡았을 때 하나님은 우리에게 부흥을 주십니다. 그래서 영적인 부흥이 일어나게 하려면 인간의 지혜나 전략을 많이 세우는 것보다 모든 것을 내려놓고 하나님의 말씀 하나만을 붙들어야 합니다. 그러나 처음부터 큰 부흥이 일어나는 것은 아닙니다. 조금씩 조금씩 작은 부흥이 일어나기 시작하다가 지속적으로 하나님의 말씀만 붙들고 헌신할 때 어느 순간에 큰 부흥이 일어나는 것입니다.

그런데 하나님께서는 아브라함이 이삭을 바쳤을 때 큰 복을 약속하셨습니다. 이것은 하나님께서 이제는 아브라함의 모든 생각과 뜻이 하나님의 뜻에 완전히 일치한다는 것을 인정하시는 것입니다. 이때부터 아브라함은 무한정으로 하나님의 축복을 이 세상에 나타나게 할 수 있게 됩니다. 마치 아브라함은 하나님과 이 세상 사이의 다리가 된 것과 같습니다. 하나님의 모든 축복이 아브라함을 통해서 막히지 않고 이 세상에 무한정으로 공급되는 것입니다.

우리 생각으로는 하나님께서 아브라함에게 '네게 큰 복을 주겠다' 고 하셨으면 이때부터 아브라함은 모세나 엘리야나 예수님 같은 능력을 나타냈어야 합니다. 그런데 아브라함은 이런 큰 복을 받고서도 그런 능력을 많이 나타내지 않았습니다. 그 이유는 이 복이 자손들에게 상속될 수 있었기 때문입니다. 즉 아브라함의 자손들도 아브라함같이 하나님의 말씀만 붙들면 능력의 종들이 될 수 있는 것입니다.

그런데 하나님께서는 아브라함에게 '네 씨가 크게 성할 것이라' 고 하셨습니다. 여기의 '씨' 에는 이중적인 개념이 있습니다. 그것은 어떤 특정 개인을 의미하기도 하고 불특정 다수를 의미하기도 합니다. 즉 하나님은 아브라함이 자기 아들을 아끼지 않고 바치려고 했을 때 하나님도 아브라함의 후손을 통해서 자신의 아들을 주실 가치가 있다고 생각하셨던 것입니다. 즉 하나님은 하나님의 아들을 아브라함의 후손을 통해서 주실 것을 약속하신 것입니다. 그리고 또 하나는 앞으로 수많은 믿음의 후손이 아브라함을 통해서 생기는 것입니다. 이 후손은 혈통적이기도 하고 비혈통적이기도 합니다. 즉 이스라엘 사람이든 이방인이든 누구나 하나님의 말씀을 믿기만 하면 참 이스라엘의 진액을 빨아들여서 하나님의 축복의 열매를 맺게 되는 것입니다. 그런데 우리가 바로 그 믿음의 후손입니다. 그리고 하나님은 아브라함의 후손이 대적의 문을 얻을 것이라고 하셨습니다. 이것은 그의 대적들을 완전히 생포하는 것을 의미합니다. 하나님의 백성의 최고의 대적은 사탄입니다. 우리의 믿음은 사탄의 세력을 완전히 포위해서 생포하는 능력을 가지게 됩니다.

22:18, "또 네 씨로 말미암아 천하 만민이 복을 얻으리니 이는 네가 나의 말을 준행하였음이니라 하셨다 하니라"

아브라함이 하나님의 말씀을 믿고 순종했을 때 하나님은 그 씨를 통해서 큰 부흥이 일어나게 할 것을 약속하셨습니다. 그래서 천하 만민이 하나님의 복을 받게 됩니다. 이것이 바로 하나님이 우리에게 주시는 말씀의 능력입니다. 우리가 하나님의 말씀을 붙들고 가기만 하면 부흥이 일어나고 하나님의 축복이 나타납니다. 이것이야말로 진정으로 위대한 삶인 것입니다.

2. 사라의 죽음

23:1, “사라가 일백이십칠 세를 살았으니 이것이 곧 사라의 향년이라”

어떤 의미에서 사라는 이 세상에서 참으로 평범한 삶을 살았던 것 같습니다. 우리는 사라의 삶에서 무엇인가 내단하다거나 위대한 것을 찾아볼 수 없습니다. 그럼에도 불구하고 사라는 위대한 믿음의 삶을 살았습니다.

우선 사라는 남편 아브라함이 하나님의 말씀을 붙들고 안정된 삶을 버리고 하란을 떠났을 때 남편을 믿고 함께 떠났습니다. 사라는 하나님께서 아브라함과 자기 사이에 나는 후손을 통해서 이 세상을 크게 축복하실 것이라는 말씀을 들었습니다. 그러나 사라는 이 말씀과는 너무나도 상반되는 위기를 몇 번이나 겪었습니다.

그 하나는 남편 아브라함과 함께 애굽으로 내려갔다가 바로의 후궁으로 들어간 것입니다. 이것은 하나님의 말씀과는 정반대되는 일이었습니다. 하나님은 분명히 아브라함과의 사이에서 후손을 얻을 것이라고 하셨는데 잘못하면 바로의 아들을 낳을 수도 있었습니다. 그러나 하나님은 사라를 지켜 주셔서 바로가 손가락 하나도 건드리지 못하게 하셨습니다.

사라는 아브라함과 함께 흉년을 피해서 그랄 땅에 갔을 때에도 아비멜렉의 후궁으로 붙들려 가는 일을 당했습니다. 이번에 사라는 그랄 왕의 아들을 낳을 판이었습니다. 그러나 하나님은 이번에도 사라를 지켜 주셔서 그랄 왕 아비멜렉이 사라에게 손가락 하나 대지 못하도록 하셨습니다.

사라의 또 다른 위기는 자신들은 늙어 가는데 수태의 기미가 보이지 않으므로 불안해져서 자기 여종 하갈을 남편의 첩으로 주어서 아이가 생기게 한 것이었습니다. 이때 사라는 더 이상 아이를 낳는 것을 포기했고, 아브라함조차도 이스마엘로 만족했습니다. 그러나 하나님은 결코 그것이 아니라고 하셨습니다. 하나님께서는 꼭 사라가 아이를 낳아야 하고, 그 아이가 아브라함의 후손이 될 것이라고 하셨습니다.

이것을 보면 사라도 처음부터 하나님의 말씀만 붙잡았던 것은 아니라는 것을 알 수 있습니다. 사라는 근본적으로는 하나님의 말씀을 붙잡았지만 사정이 어려워지면 인간적인 생각에 빠지기도 했고, 또 잘못된 길로 가려고 할 때도 있었습니다. 그럼에도 불구하고 하나님은 사라를 지켜 주셔서 어떤 의미로는 하나님께서 사라를 말씀의 길로 몰아갔다고 볼 수 있습니다.

사라는 드디어 89세에 임신을 하게 되었고, 90세에 아들을 낳았습니다. 사라는 하나님의 말씀을 믿기는 했지만 실제로 자기가 아브라함의 아이를 낳아서 젖을 먹일 수 있으리라고는 기대하지 못했다고 말을 했습니다. 그러나 사라는 기적적으로 90세에 약속의 아들 이삭을 낳고 마음껏 웃을 수 있게 되었습니다.

사라가 위대한 믿음의 삶을 살 수 있었던 것은 사라가 위대했기 때문이 아니라 하나님께서 사라를 오직 믿음의 길로만 몰아가셨기 때문입니다. 하나님은 사라가 딴 길로 가려고 할 때마다 막으셨습니다. 그러고는 드디어 90세에 말씀의 능력을 체험하게 하셨습니다. 그럼에도 불구하고 사라는 여인들 중에서 가장 큰 믿음의 여인이었습니다. 왜냐하면 끝까지 하나님의 말씀에 밀려갔기 때문입니다.

오늘 말씀을 보면 사라는 '일백이십칠 세' 를 살았습니다. 사라는 이삭을 낳고 37년을 더 살면서 사랑하는 아들 이삭의 보호자가 되어 주었던 것입니다. 나중에 사도 바울은 갈라디아서에서 사라를 '복음의 어머니' 로 비유하고 있습니다. 즉 이스마엘도 아브라함의 아들이고 이삭도 아브라함의 아들인데 무엇이 다르냐는 것에 대해서 사도 바울은 어머니가 다르다고 말을 하고 있는 것입니다(갈 4:22-24).

옛날에는 우리나라에서도 아버지가 같을 경우 어머니의 신분에 의해 자녀의 신분이 결정되었습니다. 즉 본부인의 아들이 정식 아들이 되고, 첩의 아들은 서자라고 해서 아무 권리가 없었던 것입니다. 이삭은 오늘 우리가 믿는 복음과 같습니다. 사라는 이삭을 오직 사랑으로 양육했습니다. 그러나 이스마엘은 그렇지 못했습니다. 어머니가 여종의 신분이었기 때문에 이스마엘은 사랑의 돌봄을 받지 못하고 종의 자식으로 자랐던 것입니다. 그래서 매사에 눈치를 봐야 했고, 잘못을 저질렀을 때에는 처벌을 받을 수밖에 없었습니다.

사라는 복음의 어머니였습니다. 사라는 아들을 오직 말씀으로 낳았고 그리고 사랑으로 키웠습니다. 그리고 아들이 37세가 될 때까지 사라는 아들의 보호자로 그를 지켜 주었습니다. 중간에 이삭이 젖을 떼는 날 형 이스마엘이 이삭을 못살게 굴었을 때 사라는 아들을 보호하기 위해서 아브라함에게 이야기하여 이스마엘을 내어 쫓게 했습니다.

오늘날 우리는 예수를 믿을 때에 종으로서가 아니라 아들로서 믿습니다. 하나님은 우리가 종으로 완전하게 행하는 것보다는 좀 실수를 하더라도 아들로서 진심으로 하나님을 사랑하는 마음으로 하는 것을 기뻐하십니다.

회사에서는 사장이 직원들에게 지시를 하면 직원들은 모든 것을 지시대로 잘 해 놓습니다. 그것은 사장을 사랑해서가 아니라 직장이기 때문에 인정받으려고 최선을 다하는 것입니다. 그러나 막상 사장의 아들은 실수를 하기도 하고, 어떤 때는 떼를 쓰기도 하지만 아버지는 아들을 사랑해서 모든 것을 다 주고 싶어하고 다 덮어 두려고 합니다. 왜냐하면 자기 자식이기 때문입니다. 그래서 우리가 믿을 때 무엇을 믿느냐 하는 것이 중요합니다. 복음을 믿지 않고 다른 행위라든지 기적이라든지 율법을 듣고 믿으면 너무 잘 믿는데도 한평생 종의 신분에서 벗어나지 못합니다. 왜냐하면 어머니가 여종 하갈이기 때문입니다.

3. 사라의 묘실

아브라함은 사라의 죽음을 매우 애통해했습니다. 우리가 어떤 사람의 죽음에 대하여 애통해한다는 것은 그가 한평생 하나님을 믿고 산 것에 대하여 존경의 의미를 나타내는 것입니다.

23:2, “사라가 가나안 땅 헤브론 곧 기럇아르바에서 죽으매 아브라함이 들어가서 사라를 위하여 슬퍼하며 애통하다가”

우리 믿는 자들에게는 놀라운 약속이 있습니다. 그것은 우리가 결코 죽지 않는다는 것입니다. 예수님은 말씀하시기를, “나는 부활이요 생명이니

나를 믿는 자는 죽어도 살겠고 살아서 나를 믿는 자는 영원히 죽지 아니하리니"(요 11:25-26)라고 하셨습니다. 이 세상 사람들은 모두 언젠가는 죽게 되어 있고, 죽은 후에는 더 이상 생명이 없습니다. 즉 죽음으로 하나님의 모든 은총은 끝납니다. 그러나 예수를 믿는 자들은 죽는 순간 하나님의 더 완전한 축복과 은혜 가운데로 빨려 들어가게 됩니다. 이것이 믿는 자와 믿지 않는 자의 엄청난 차이입니다. 그래서 예수님은 믿는 자가 죽었을 때 죽은 것이 아니라 잠을 자는 것이라고 말씀하셨습니다. 이것은 육체가 가만히 누워 있는 것이 마치 잠을 자는 것과 같다는 것이지 그 영혼은 오히려 더 활기 있게 살아 있게 됩니다. 그럼에도 불구하고 우리가 부모님이나 믿음의 형제자매들이 세상을 떠날 때 눈물을 흘리는 것은 결코 부활을 믿지 못해서가 아닙니다. 우리는 부활을 믿지만 그가 한평생 믿음으로 산 것에 대한 존경의 의미와 그가 이 세상에서 많은 고난 가운데 믿음을 지킨 것에 대한 감사를 나타내는 것입니다. 그리고 인간적으로 우리가 잠시 헤어져 있어야 하는 것에 대한 아쉬움을 나타내는 것입니다. 그래서 우리 그리스도인은 사람이 세상을 떠날 때 결코 경박한 행동을 해서는 안 됩니다.

아브라함은 사라의 죽음에 대하여 한편으로는 애도하면서도 다른 한편으로는 그의 죽음이 앞으로 오고 오는 자손들의 신앙의 징검다리가 되기를 원했습니다. 아브라함은 지금까지 하나님의 때를 기다리면서 단 한 평의 땅도 소유하지 않았지만 이때 처음으로 땅을 가지기로 결심합니다. 그는 사라를 자기의 묘실에 장사하고 싶었던 것입니다. 아브라함이 아무 생각 없이 사라를 장사하려고 했으면 아브라함이 살던 헷 사람들의 묘지를 사용하면 아무 문제가 없었습니다. 또 헷 사람들은 아브라함에게 얼마든지 그렇게 하라고 했습니다. 그러나 아브라함은 헷 사람들에게 사라의 묘지를 사게 해 달라고 정중하게 부탁했습니다.

23:3-4, "그 시체 앞에서 일어나 나가서 헷 족속에게 말하여 가로되 나는 당신들 중에 나그네요 우거한 자니 청컨대 당신들 중에서 내게 매장지를 주어 소유를 삼아 나로 내 죽은 자를 내어 장사하게 하시오"

사람들은 자기 나라 혹은 자기 고향에서 죽는 것을 가장 행복한 죽음이라고 생각합니다. 그래서 사람들은 외국에서 가족이나 친척이 죽으면 그의 시신을 고향으로 운구해 와서 장사를 지냅니다. 왜냐하면 외국에 묻는 것은 왠지 그를 버리는 것 같은 느낌이 들고 포기하는 것 같은 느낌이 들기 때문입니다. 그러나 선교사들은 죽었을 때 자기 나라에 시신을 가져가지 않고 그가 선교했던 곳에 묻습니다. 왜냐하면 선교사는 복음 전하는 그곳이 자기 고향이기 때문입니다. 우리나라에 와서 복음을 전했던 선교사들도 우리나라에 묻혔습니다.

아브라함과 사라는 원래 하란 사람이었습니다. 그래서 원칙대로 하면 사라는 하란에 묻혀야 했습니다. 왜냐하면 하란에 사라의 친척들이 있었기 때문입니다. 그러나 아브라함은 사라의 시신을 하란으로 가져가지 않았습니다. 왜냐하면 그곳은 이미 자신들이 떠났던 곳이기 때문입니다. 그런데 아브라함은 사라를 헷 사람들의 방식으로 장례 지내는 것을 원치 않았습니다. 왜냐하면 헷 사람들은 공동묘지를 만들어서 한꺼번에 장사를 지냈기 때문입니다. 만일 사라가 헷 사람들의 공동묘지에 묻힌다면 사라는 헷 사람으로 죽는 것이 됩니다. 그래서 아브라함은 사라가 영원한 가나안을 바라보며 죽었다는 것을 자손들이 기억하도록 하기 위해서 독립된 묘실을 사려고 했습니다.

우선 헷 사람들은 아브라함에게 상당한 호의를 가지고 그가 외국인이지만 얼마든지 자기들의 묘지에 죽은 자를 장사 지내도 좋다고 했습니다.

23:5-6, "헷 족속이 아브라함에게 대답하여 가로되 내 주여 들으소서 당신은 우리 중 하나님의 방백이시니 우리 묘실 중에서 좋은 것을 택하여 당신의 죽은 자를 장사하소서 우리 중에서 자기 묘실에 당신의 죽은 자 장사함을 금할 자가 없으리이다"

헷 사람들은 아브라함이 하나님의 방백, 즉 천사와 같기 때문에 헷 사람 어느 누구의 무덤에 장사를 지내더라도 싫어할 사람이 없다고 했습니다. 이것은 일종의 미신적인 생각이었습니다. 즉 아브라함이 하나님의 방백이기 때문에 자기의 묘실에 그의 아내가 묻히면 하나님의 복이 올 것이라고 생각한 것입니다. 그래서 헷 사람들은 서로 자기 무덤에 사라를 장사 지내기를 원했기 때문에 아브라함은 아무 무덤이든지 택해서 장사 지내면 되었습니다. 그런데 만일 아브라함이 사라를 헷 사람의 묘실에 장사 지내면 사라는 헷 사람밖에 되지 않는 것입니다.

아브라함은 사라의 죽음을 통해서 장차 후손이 가나안 땅으로 돌아오는 징검다리를 얻기를 원했습니다. 즉 아브라함이 따로 묘실을 사서 거기에 사라를 장사 지내면 나중에 아브라함이 죽었을 때에도 자식들은 아브라함을 거기에 장사 지낼 것입니다. 그리고 나중에 이삭도 거기에 묻히고, 그 후에는 애굽에 내려갔던 야곱도 죽기는 애굽에서 죽지만 시체는 아들들이 가나안 땅까지 가져와서 바로 이 막벨라 굴에 장사를 지내게 되는 것입니다. 그리고 400년 후에 이스라엘 백성은 드디어 출애굽을 해서 가나안 땅을 차지하게 됩니다.

옛날 믿음의 조상들은 젊은 사람들이 자신의 신앙이나 죽음을 하나의 징검다리로 생각해서 하나님 나라를 바라볼 수 있게 했습니다. 그래서 아브라함은 사라의 시체를 쉽게 장사 지내지 않고 굳이 독립된 묘실을 사려고 했던 것입니다.

4. 헷 사람과의 거래

오늘 본문 말씀을 보면 아브라함 당시에 토지를 어떤 식으로 매매했는지를 생생하게 볼 수 있습니다.

우리는 처음 성경을 읽으면 무엇 때문에 아브라함이 굴 하나를 사는 일을 그렇게 자세하게 설명했는지 이해가 되지 않을 것입니다. 그러나 중요한 것은 아브라함이 샀던 막벨라 동굴이 이스라엘 백성이 가나안 땅에서 처음으로 소유하게 된 땅이었다는 사실입니다. 우리는 겨우 무덤 한 개를 가지고 그렇게 대단한 것처럼 말하느냐고 할지 모르지만 끝까지 하나님의 말씀 하나 붙들고 산 사람의 무덤은 그야말로 부흥의 원자폭탄인 것입니다. 우리가 하나님의 말씀을 붙들고 죽으면 그것이 어마어마한 능력으로 나타나게 됩니다. 그래서 이스라엘 백성은 이미 막벨라의 동굴을 통해서 하나님의 원자폭탄 같은 능력을 가지고 있는 것입니다.

그리고 또 중요한 것은 분명히 이 동굴은 아브라함이 헷 사람 누구에게서 얼마를 주고 샀다는 증거가 되는 것입니다. 본문 말씀을 보면 아브라함에게 이 동굴을 판 사람의 이름이 에브론이라고 나옵니다. 그리고 그 동굴을 산 가격이 은 사백 세겔이라고 나옵니다. 결국 오늘 본문에 기록된 것은 아브라함이 그 동굴을 산 것에 대한 영수증이 되는 것입니다. 아브라함은 헷 사람들 모두가 보는 앞에서 공개적으로 대금을 치르고 이 밭을 샀습니다. 그렇게 해야 나중에 딴소리를 하지 못하기 때문입니다.

우선 아브라함은 에브론의 밭머리에 있는 막벨라 동굴이 사라를 장사하는 데 적합하다고 생각해서 헷 사람들이 보는 앞에서 소할의 아들 에브론의 밭머리에 있는 동굴을 사게 해 달라고 요청을 했습니다. 그때 에브론이 자기 동족 중에 있다가 나와서 아브라함에게 그 동굴을 거저 주겠다고 했습니다.

23:10-11, "때에 에브론이 헷 족속 중에 앉았더니 그가 헷 족속 곧 성문에 들어온 의 모든 자의 듣는데 아브라함에게 대답하여 가로되 내 주여 그리마시고 내 말을 들으소서 내가 그 밭을 당신께 드리고 그 속의 굴도 내가 당신께 드리되 내가 내 동족 앞에서 당신께 드리오니 당신의 죽은 자를 장사하게 하소서"

우리가 에브론의 말을 들으면 매우 관대하고 사람이 좋다는 생각이 듭니다. 그러나 과연 에브론의 말은 믿을 수 있는 말이었을까요? 본토인이 외국인인 아브라함에게 굴과 밭을 공짜로 주겠다는 말을 믿어도 될까요? 아마 아브라함이 이 말을 곧이듣고 공짜로 밭과 굴을 얻어서 사라를 장사 지냈다면 에브론은 분명히 뒤에서 딴소리를 했을 것입니다. 그리고 얼마 가지 않아서 아브라함은 사라의 시체를 다른 굴로 옮기든지, 에브론이 그 무덤에 자기 가족의 시체를 장사 지낸다고 해도 막지 못했을 것입니다.

아브라함은 에브론의 본심을 다 알고 있었습니다. 에브론이 밭과 굴을 공짜로 주겠다고 하는 것은 허풍이요, 진심이 아니었던 것입니다.

우리가 외국이나 다른 지방에 가서 살 때에 가장 힘든 것이 그곳 사람들의 말하는 방식입니다. 어느 곳에 가면 유달리 허풍이 센 사람들이 있습니다. 그 사람들은 자기들이 자기 돈으로 모든 것을 다 알아서 하겠다고 말을 합니다. 그러나 그 말을 믿으면 안 되는 것입니다.

그래서 아브라함은 헷 사람들이 보는 앞에서 그렇게 하지 말고 땅값을 줄 테니까 받으라고 말을 합니다.

23:12-13, "아브라함이 이에 그 땅 백성을 대하여 몸을 굽히고 그 땅 백성의 듣는데 에브론에게 말하여 가로되 당신이 합당히 여기면 청컨대 내 말을 들으시오 내가 그 밭값을 당신에게 주리니 당신은 내게서 받으시오 내가 나의 죽은 자를 거기 장사하겠노라"

아브라함은 이제 막벨라 동굴에 사라를 장사하기로 결정했다고 하면서 에브론에게 돈을 받으라고 했습니다. 이때 우리는 에브론의 본심을 보게 됩니다.

23:14-15, "에브론이 아브라함에게 대답하여 가로되 내 주여 내게 들으소서 땅값은 은 사백 세겔이나 나와 당신 사이에 어찌 교계하리이까 당신의 죽은 자를 장사하소서"

당시 거의 쓸모없는 밭과 굴 한 개를 은 사백 세겔에 판 것은 엄청난 바가지였습니다. 그럼에도 불구하고 에브론은 땅값은 은 사백 세겔이지만 어떻게 당신과 나 사이에 돈 거래를 하겠느냐고 하면서 바가지를 씌우는 것입니다. 사실 아브라함에게 있어서 굴 한 개를 은 사백 세겔에 산다는 것은 너무나도 억울한 일이었습니다. 아마 에브론이 아브라함에게 제시했던 땅값은 당시 시세의 열 배 이상 되는 가격이었던 것 같습니다. 그러나 아브라함은 아무 소리 하지 않고 사람들이 보는 앞에서 은 사백 세겔을 저울에 달아서 에브론에게 주고 그 밭을 정식으로 샀습니다.

그러나 사실 에브론은 엄청난 손해를 본 것입니다. 왜냐하면 앞으로 그 밭과 그 동굴 때문에 아브라함의 자손들은 가나안 땅을 기억하게 되고, 결국은 가나안 땅에서 헷 족속을 몰아내고 그 땅을 차지하기 때문입니다. 그래서 성경은 말씀하기를, '온유한 자가 땅을 차지한다' 고 하였습니다. 짧은 기간에는 이해에 밝고 돈 계산이 빠른 사람이 돈도 많이 벌고 성공하는 것 같지만 결국은 하나님의 말씀을 붙들고 기다리는 사람이 좋은 것을 모두 차지하는 것입니다.

아브라함은 하나님의 큰 복을 약속받은 사람이었습니다. 그러나 그는 먼 미래를 내다보고 그 복을 허비하지 않았습니다. 오히려 아브라함은 이제부터 후손이 하나님의 축복을 찾아낼 수 있도록 하나씩 징검다리를 만들고 있었습니다. 그 첫 번째 징검다리가 엄청난 바가지를 쓰고 산 동굴입니다. 그러나 그 동굴은 결코 바가지를 쓴 것이 아니었습니다. 그 동굴은 어마어마한 축복의 원자폭탄이 들어 있는 곳이었습니다.

하나님은 우리가 끝까지 하나님의 말씀을 붙들고 갈 때 우리의 후손에게도 이 복을 주십니다. 아브라함이나 사라는 결코 이 세상에서 영웅적인 삶을 살았던 사람들은 아니었습니다. 그러나 하나님은 그들을 하나님의 말씀의 길로 몰고 가셨고, 그들은 거기에 순종했습니다. 그 결과 그들은 대적의 문을 얻게 되었습니다. 작은 굴을 하나 샀지만 결국 이스라엘 자손들은 믿음을 붙들었고, 가나안 땅을 차지하게 되었습니다.

우리도 이 나라를 가나안 땅으로 만들어야 하겠습니다. 그렇게 하려면 끝까지 하나님의 말씀에 붙들려 가기만 하면 되는 것입니다. 그러면 당장은 손해를 보는 것 같아도 하나님은 영원한 복을 우리와 우리 자녀들에게 주실 것입니다.

성경 토의

1. 많은 사람들은 이 세상에서 고급 아파트나 부동산을 소유하고 있고, 또 이 세상이 너무나도 살기가 좋아서 천국 소망이 흐려지는 경향이 있다. 우리는 천국에 대하여 얼마나 소망하고 있는가?

2. 사랑하는 남편이나 아내나 가족을 먼저 보낸 슬픔 가운데서 우리는 신앙적으로 어떤 소망을 가져야 하는가?

3. 우리는 때때로 이 세상 사람들과 거래를 할 때 부당한 손해를 볼 때가 있다. 그때 우리는 어떻게 대처해야 하는가?

30_이삭의 신부 찾기

창세기 24:1-67

전체적 설명

아브라함은 죽기 전에 해야 할 일이 있었는데, 그것은 사랑하는 아들 이삭의 아내를 정해 주는 것이었다. 아브라함은 과연 누구를 이삭의 아내로 맞아들여야 할 것인지를 생각하다가 몇 가지 기준을 마련하게 되었다. 그 첫 번째는 결코 가나안 여성들은 이삭의 아내가 될 수 없다는 것이었다. 왜냐하면 당시 가나안 여성들은 너무나도 성적으로 문란했기 때문이다. 그리고 두 번째로는 자기 고향에 있는 하나님을 믿는 여자 중에서 이삭의 아내를 구해야 할 텐데 이삭을 그곳으로 가게 해서는 안 된다는 것이었다. 왜냐하면 하나님께서는 약속의 땅을 떠나지 말라고 하셨기 때문이다. 그러면 과연 어떻게 사람이 서로 만나지도 않고 아내를 구할 수 있겠는가? 아브라함은 하나님의 사자가 아브라함의 종과 함께 가셔서 이삭의 아내가 될 여인을 만나게 하시고 그녀의 마음을 움직여서 오게 하실 것을 믿었다.

1절, "아브라함이 나이 많아 늙었고 여호와께서 그의 범사에 복을 주셨더라"

설교 프리노트

하나님께서는 자기 아들을 바치기까지 하나님의 말씀에 순종했던 아브라함에게 복을 주셔서 범사에 하나님의 복이 나타나게 하셨다. 그럼에도 불구하고 하나님은 아직 이 가정에 중요한 믿음의 배필을 주시지 아니하셨다. 우리 생각으로는 하나님께서 아브라함의 자손을 하늘의 별처럼 많게 하겠다고 하셨으면 빨리 이삭이 아내를 맞이하게 하셔서 자손들을 생산하게 하셔야 할 것 같은데 이삭은 마흔이 다 되도록 아내를 얻지 못하고 있었다. 왜 하나님은 이삭에게 빨리 아내를 주시지 않았을까? 우리가 그 이유를 당장은 알지 못하지만 나중에 보면 이삭의 아내가 될 여인이 너무 어려서 그동안 기다려야만 했던 것을 알 수 있다.

2절, "네 손을 내 환도뼈 밑에 넣으라"

고대의 맹세하는 방법 중에서 새로운 방법을 보게 된다. 옛날 가나안에는 맹세하는 방법이 여러 가지가 있었다. 그 중에는 돌을 쌓는 방법도 있고, 음식을 나누는 방법도 있고, 짐승을 죽여서 그 사이를 지나가는 방법도 있었다. 옛날 사람들은 남자의 환도뼈 밑에 생식의 기능이 있다고 생각했던 것 같다. 그래서 환도뼈 밑에 손을 넣고 맹세하는 방식은 두 가지 의미가 있는 것으로 생각된다. 즉 맹세를 받는 환도뼈의 주인의 입장에서는 본인이 살아 있을 때는 물론이고, 죽은 후에도 이 약속을 지킬 의무를 가지게 된다. 그뿐만 아니라 맹세를 한 사람도 죽을 때까지 이 약속을 지켜야 하는 의무가 있고, 그 자손들까지도 이 약속을 지킬 의무가 있는 것이다. 학자들 중에는 환도뼈 밑에 손을 넣는 것을 '성기'에 손을 대고 맹세하는 것의 완곡한 표현으로 생각하는 사람들도 있다. 그러나 꼭 그렇게 해석해야 할 필요는 없을 것이다. 아브라함이 이 '환도뼈의 맹세'를 하게 한 종은 아브라함의 모든 소유를 맡아서 관리하는 종이었다. 아마도 아브라함이 양자로 삼으려고 했던 신실한 종 다메섹 엘리에셀일 가능성이 높다(창 15:2). 지금까지 조용히 기다리고 있던 아브라함이 드디어 자신의 충성된 종을 보내어서 이삭의 배필을 찾으려고 한 것은 이제는 때가 되었다는 믿음이 생겼기 때문인 것 같다.

3절, "내가 너로 하늘의 하나님, 땅의 하나님이신 여호와"

아브라함이 하나님에 대하여 가지고 있는 신앙은 하늘의 하나님이요, 땅의 하나님이신 여호와이시다. 하나님은 하늘의 별을 만드시고, 모든 인간이 하는 것을 보고 계시며, 땅에 복을 내리시는 하나님이신 것이다.

"너는 나의 거하는 이 지방 가나안 족속의 딸 중에서"

아브라함이 사는 가나안 땅의 여자들은 성적으로 아주 문란한 사람들이었다. 하나님은 장차 이들을 멸망시킬 계획을 가지고 계셨다(창 15:16). 아브라함이 이삭의 아내에 대한 기준으로 가장 중요하게 생각한 것은 외모나 집안이나 돈이 아니라 도덕적인 정결이었고, 하나님에 대한 신앙이었다.

4절, "내 고향 내 족속에게로 가서"

아브라함은 이 넓은 천지에 어디로 가서 이삭의 아냇감을 찾을 것인가를 생각하다가 자기가 떠났던 하란으로 가서 자기 친족 중에서 이삭의 아냇감을 찾기를 원했다. 그 이유는 자기 친족들은 그래도 하나님에 대한 신앙이 있었었고, 또 성적으로 가나안 사람들처럼 문란하지 않았기 때문이다.

5절, "종이 가로되 여자가 나를 좇아 이 땅으로 오고자 아니하거든"

아브라함의 종은 주인에게 가장 중요한 것을 질문하였다. 즉 결혼을 하려면 당사자들끼리 만나야 하는데 이삭을 데리고 가지도 않고 자기 혼자 갔다가 마침 좋은 처녀를 만났는데 그 처녀가 본인을 보아야 오겠다고 하면 어떻게 하느냐는 것이다.

6절, "삼가 내 아들을 그리로 데리고 돌아가지 말라"

아브라함은 종의 질문에 대하여 분명하게 답을 하였다. 우선 하나님께서 자기로 하여금 본토를 떠나 이곳으로 오게 하실 때 자기의 자손들에게 이 땅을 주겠다고 약속하셨기 때문에 이곳을 쉽게 떠날 수 없다는 것(7절)과, 더 중요한 것은 이번 여행이 혼자 가는 것이 아니라 하나님의 사자가 앞서 가셔서 모든 것을 준비해 주실 것이라는 것(7절) 그리고 만일

여자가 오려고 하지 않으면 너는 이 맹세에서 풀려나게 된다는 것(8절)
을 분명히 했다.

7절, "그가 그 사자를 네 앞서 보내실찌라"

아브라함의 신앙은 그가 하나님을 믿고 순종해서 어떤 일을 할 때 반드시 하나님의 사자가 앞서서 모든 일을 해결해 주신다는 것이었다. 만일 우리가 하나님의 사자를 앞세우지 않고 자신의 힘으로 모든 것을 하려고 한다면 우리는 아무것도 제대로 해내지 못할 것이다. 그러나 우리가 하나님의 말씀을 믿고 따라가면 전능하신 하나님의 사자가 모든 일에 우리를 앞서 가면서 길을 열어 주신다.

8절, "만일 여자가 너를 좇아오고자 아니하면 나의 이 맹세가 너와 상관이 없나니"

아브라함의 신앙은 인간의 사정보다는 철저하게 하나님의 말씀을 앞세우는 신앙이었다. 그래서 마음에 꼭 드는 여자가 있는데 그 여자가 굳이 신랑을 보아야 한다고 주장한다면 포기할 테니까 절대로 이삭을 데리고 가서는 안 된다고 하였다. 우리는 이 세상에서 조건이 좋으면 너무 아까워서 타협을 하려고 할 때가 많다. 그러나 아브라함은 타협을 하기보다는 포기하는 입장이었다. 아브라함은 그만큼 하나님의 약속을 중요하게 생각하는 신앙의 소유자였다.

10절, "이에 종이 그 주인의 약대[개역개정: 낙타] **중 열 필을 취하고 떠났는데…나홀의 성에 이르러"**

종은 이 넓은 세상 어디로 가서 이삭의 아내를 구해 와야 할지 막연했을 것이다. 그러나 종은 아브라함이 옛날에 자기가 살던 곳에 있는 친척 중에서 아냇감을 찾으라는 말만 생각하고 주인이 옛날에 살던 고향을 향해서 떠났다. 종이 열 필의 낙타와 모든 좋은 것을 가지고 갔다는 것은 신부대금을 가지고 떠났다는 것이다. 종은 메소포타미아에 있는 나홀의 성으로 갔는데 이곳은 아브라함의 동생 나홀이 살던 하란을 말한다.

11절, "저녁때라 여인들이 물을 길러 나올 때이었더라"

아브라함의 종이 나홀 성까지 왔지만 이삭의 아냇감을 만난다는 것은 바다에 빠진 바늘을 찾는 것보다 더 어려운 일이었다. 왜냐하면 근동 지방의 여인들은 모두 머리에 수건을 쓰기 때문에 일일이 얼굴을 볼 수도 없을 뿐 아니라 집집마다 방문하면서 처녀가 있는지 물을 수도 없는 노릇이었기 때문이다. 난감해진 아브라함의 종은 저녁때가 되자 일단 성 밖에 있는 우물가에서 낙타를 쉬게 하였는데 그 시간이 바로 성에 있는 여자들, 특히 처녀들이 물을 길으러 올 시간이었다.

12절, "우리 주인 아브라함의 하나님 여호와여 원컨대 오늘날 나로 순적히 [개역개정: 순조롭게] **만나게 하사"**

아브라함의 종은 자기 주인 아브라함이 중요한 일이 있을 때마다 하나님께 기도하면서 하나님의 뜻을 묻기도 하고 하나님의 인도하심을 부탁하기도 하는 것을 옆에서 많이 보았을 것이다. 아브라함의 종은 자기의 힘으로는 이삭의 아냇감을 고를 자신이 없다는 것을 알고 하나님께 기도를 드렸다. 아브라함이 아들 이삭의 아냇감을 성공적으로 데리고 올 수 있었던 것은 바로 이렇게 기도하는 종을 보내었기 때문이다.

14절, "마시라 내가 당신의 약대에게도 마시우리라"

아브라함의 종은 자기가 이삭의 아냇감을 구별할 수 있는 방법으로 모르는 자에 대한 친절을 생각하였다. 아브라함의 종은 하나님에게 성에서 처녀가 나와서 물을 길을 때 아무 처녀에게나 '나에게 물을 좀 달라' 고 할 것인데 그때 그 처녀가 물을 마시라고 하면서 '당신의 약대에게도 물을 길어 주겠다' 고 하면 하나님이 준비하신 이삭의 아내로 알겠다고 기도를 드렸다. 왜 아브라함의 종은 이삭의 아내의 조건으로 모르는 사람에 대한 친절을 생각하게 되었을까? 그것은 이 종이 어렸을 때부터 아브라함의 집에서 종으로 생활하면서 이 집 사람들의 특징인 모르는 자나 고통 받는 자나 여행하는 자에 대한 친절을 보았기 때문일 것이다. 그래서 아브라함의 종은 적어도 이삭의 아내가 될 사람은 그처럼 친절한 자라야 한다고 생각한 것이다. 어떻게 생각해 보면 저녁에 빨리 물을 길어서 음식을 만들어야 할 텐데 그 시간에 자기가 길은 물을 모르는 사람에게 주고, 또 그의 낙타가 먹을 물까지 물을 길어 준다는 것은 아름다운 마음씨가 아니면 불가능한 일인 것이다.

15절, "말을 마치지 못하여서 리브가가 물 항아리를 어깨에 메고 나오니"

어떤 때는 하나님의 응답이 빨리 이루어져서 말을 마치기도 전에 응답이 이루어질 때가 있다. 하나님께서 종의 기도를 이렇게 빨리 들어주신 것은 종의 기도가 하나님의 뜻에 맞는 기도였기 때문이다. 리브가는 아브라함의 동생 나홀의 아들 브두엘의 딸이었다. 그러니까 리브가는 아브라함의 동생의 손녀였다.

16절, "보기에 심히 아리땁고 지금까지 남자가 가까이하지 아니한 처녀더라"

하나님께서 정해 주신 사람은 사람의 눈으로 보기에도 아름다운 법이다. 리브가는 아름다웠고, 가나안 땅에서는 볼 수 없을 정도로 정숙한 여인이었다.

33절, "내가 내 일을 진술하기 전에는 먹지 아니하겠나이다"

아브라함의 종은 리브가의 집에 가서 다른 어떤 것보다 자기가 여기에 온 목적을 이루고자 하였다. 그래서 아브라함의 종은 리브가의 식구들에게 자기가 여기에 온 목적을 설명하기 전에는 먹는 것조차 하지 않겠다고 하였다. 그리하여 리브가의 집 식구들은 이 종의 임무에 대하여 관심을 가지고 듣게 되었다.

아브라함의 종은 35-48절에 기록된 대로 자신이 왜 이곳에 오게 되었는지, 어떻게 리브가를 만났는지를 소상하게 설명하였다. 이것은 이 종이 얼마나 주인의 뜻에 충성되었으며 하나님의 뜻이 한 치의 오차도 없이 이루어지고 있는가 하는 것을 보여 주기에 충분하다. 군대에서는 상사가 명령하면 부하는 그 명령을 그대로 복창한다. 왜냐하면 상사의 명령이 부하의 생각에 의해서 가감되거나 변경되지 않고 그대로 시행되어야 하기 때문이다. 아브라함의 종은 주인의 명령을 한 치의 오차도 없이 그대로 시행하였다.

50절, "이 일이 여호와께로 말미암았으니 우리는 가부를 말할 수 없노라"

아브라함의 종의 설명을 들은 리브가의 식구들은 이 일은 하나님이 하셨기 때문에 우리가 '한다', 또는 '안 한다' 고 말할 수 없고 무조건 복종할 수밖에 없다고 대답하였다. 이것은 오직 하나님을 믿는 자들만이 할 수 있는 일이다. 하나님의 백성은 어떤 일이 하나님이 하시는 것인지 아닌지만 확인을 하면 되는 것이다. 그래서 하나님의 뜻이면 순종하고, 하나님의 뜻이 아니면 순종하지 않으면 되는 것이다.

54절, "아침에 일어나서 그가 가로되 나를 보내어 내 주인에게로 돌아가게 하소서"

아브라함의 종은 이삭의 아냇감을 찾자마자 바로 다음날 아침에 그녀를 데리고 주인에게 돌아가겠다고 말을 했다. 리브가의 식구들은 열흘 정도 잔치를 하면서 놀다가 갈 줄 알았는데 종이 바로 그 다음날 가려고 하니까 놀라서 천천히 가라고 하면서 붙잡았다. 그러나 종은 자기를 기다리고 있는 주인을 생각하면 잠시도 지체할 수 없었고, 그 기쁜 소식을 하루라도 빨리 전하는 것이 도리라고 생각하였다.

58절, "네가 이 사람과 함께 가려느냐 그가 대답하되 가겠나이다"

역시 하나님께서 준비하신 사람은 생각하는 것이 달랐다. 리브가는 어린아이같이 부모의 품에 매달리는 것이 아니라 하나님의 뜻이 분명하다면 지체하지 않고 하루라도 빨리 자기를 기다리고 있는 남편감을 만나서 새로운 생활을 하기를 원했다.

60절, "우리 누이여 너는 천만인의 어미가 될찌어다 네 씨로 그 원수의 성문을 얻게 할찌어다"

오라비 라반이 자기 누이를 축복한 말이다. 이 집에서 오라비 라반이 중요한 역할을 하는 것을 보면 아버지 브두엘은 죽고 라반이 가장 노릇을 한 것 같다. 라반은 자기 누이가 많은 자손의 어미가 되며 대적의 문을 빼앗아서 꼼짝 못 하게 하는 승리의 생활을 하도록 축복하였다.

65절, "리브가가 면박을 취하여 스스로 가리우더라"

면박으로 몸을 가리는 것은 신부가 신랑을 맞이할 때 취하는 자세이다. 리브가는 누가 가르쳐 주지 않아도 이미 지혜롭게 모든 일을 감당할 수 있을 정도로 성숙한 여성이었다.

본문 이해를 위한 질문

1. 외아들 이삭의 아내를 얻기 위한 아브라함의 조건은 무엇이었는가?

아브라함은 자기 재산을 맡은 종에게 환도뼈 밑에 손을 넣고 맹세하게 하였는데 결코 가나안 여인 중에서는 이삭의 아내를 맞이하게 하지 말 것이며, 또한 이삭을 다른 곳으로 데려가지도 말 것이며, 오직 하나님의 사자가 먼저 가서 여자의 마음을 준비시켜 주실 것이라고 하였다.

2. 아브라함의 종은 어떻게 해서 리브가를 만나게 되었는가?

아브라함의 종은 아브라함의 말대로 주인의 고향 나홀의 성으로 가서 우물 옆에서 어떤 처녀든지 물을 달라고 했을 때 물도 주고 낙타에게도 물을 길어 주겠다는 여자를 이삭의 아내로 알겠다고 기도해서 만나게 되었다.

3. 아브라함의 종의 설명을 들은 리브가의 식구들은 어떻게 반응하였는가?

모든 것을 하나님께서 하신 줄 알고 무조건 순종하겠다고 했고, 리브가는 그 다음날 바로 출발하자는 종의 말을 따라 집을 떠나서 아브라함에게로 갔다.

성경 강해

하나님이 만드신 이 세상에는 아름다운 것이 너무나도 많이 있지만 그 중에서 가장 아름다운 것이 젊은 남녀가 한평생 서로 사랑하기로 약속하고 결혼식을 올리는 것입니다. 결혼식을 할 때 신랑과 신부는 가장 아름다운 예복을 입고 사람들의 축복을 받으면서 죽을 때까지 사랑하겠노라고 약속을 합니다. 물론 사람들 중에는 배우자를 가까운 곳에서 쉽게 구하는 사람이 있습니다. 그런가 하면 배우자를 구하지 못해서 애를 먹는 사람도 많이 있습니다. 아브라함의 독자 이삭은 배우자를 쉽게 구하지 못해서 애를 먹은 경우에 속합니다. 하나님은 이삭의 아버지 아브라함에게 하늘의 별처럼 많은 자손을 주시겠다고 약속하셨는데도 불구하고 이삭은 나이가 마흔이 될 때까지도 아내를 구하지 못해서 애를 먹고 있었습니다.

물론 이삭이 결혼을 하려고 마음먹었다면 오래전에 결혼할 수도 있었을 것입니다. 왜냐하면 이삭이 사는 가나안 땅에는 예쁘게 생긴 여자들이 수도 없이 많았기 때문입니다. 그러나 아브라함은 이삭이 가나안 여자들과 결혼하는 것을 절대로 허락하지 않았습니다. 왜냐하면 가나안 여자들은 순결하지 않았기 때문입니다. 이제는 이삭의 나이가 마흔이 다 되었습니다. 이때 아브라함은 더 이상 기다릴 수 없다고 생각했는지 자신의 늙은 종을 불러서 맹세를 시키고는 이삭의 아내가 될 여인을 찾아오는 임무를 맡겨서 보내었습니다.

아브라함이 종을 보내어 이삭의 아내가 될 여인을 찾아오게 하는 것에는 몇 가지 특징이 있습니다. 그 첫 번째는 이 부분이 창세기에서 가장 긴 장이라는 것입니다. 이것은 그만큼 이삭이 배우자를 찾아서 결혼하는 것이 중요하고도 어려운 일이라는 것을 보여 주는 것입니다. 두 번째는 아브라함의 종이 이삭의 아냇감을 찾는 과정이 자세하게 설명되어 있다는 것입니다. 사실 아브라함의 종이 그 넓은 천지에서 얼굴도 모르고 이름도 모르는 처녀를 찾는다는 것은 불가능한 일이었습니다. 그러나 하나님은 아브라함의 종을 인도하셔서 정확하게 그 처녀를 만나게 하셨습니다.

우리가 보통 하나님의 인도하심을 받는다는 것은 알지만 이렇게 세부적으로 인도하심을 받은 것을 보여 주는 기록은 많지 않습니다. 이것은 우리가 하나님의 뜻을 찾을 때 이런 구체적인 과정들을 참고하라는 의미가 있는 것입니다.

오늘 본문은 창세기에서 가장 아름답고 행복한 내용입니다. 그래서 오늘 본문은 창세기의 아가서라고 말할 수 있습니다. 솔로몬이 쓴 아가서에서는 술람미 여인이 솔로몬을 찾아가지만 본문에서는 아브라함의 종이 리브가를 찾아갑니다. 이삭의 결혼식은 단순히 한 개인의 결혼식이 아니었습니다. 이삭의 결혼식은 장차 메시아의 나라를 바라보는 믿음의 결혼식이었습니다. 무엇이든지 처음 시작할 때가 중요한데 아브라함은 이삭의 결혼식부터 철저하게 하나님의 뜻을 따라 하나님의 인도하심을 받아서 했고, 드디어 하나님이 준비하신 아냇감을 찾아내었습니다.

1. 가장 중요한 임무

가장 귀중한 축복은 쉽게 이루어지지 않는 법입니다. 하나님께서는 아브라함에게 하늘의 별처럼 많은 자손을 주시고 큰 나라를 이루게 하겠다고 약속하셨지만 그 중요한 약속은 아브라함이 아주 늙을 때까지 이루어지지 않고 있었습니다.

1-2절, "아브라함이 나이 많아 늙었고 여호와께서 그의 범사에 복을 주셨더라 아브라함이 자기 집 모든 소유를 맡은 늙은 종에게 이르되 청컨대 네 손을 내 환도뼈 밑에 넣으라"

아브라함은 드디어 자기가 가장 믿는 종을 불러서 자신의 환도뼈 밑에 손을 넣고 맹세하라고 하면서 이삭의 아냇감을 찾아 나서라고 명령했습니다. 지금까지 조용하게 기다리기만 하던 아브라함이 이제 움직이기 시작한 이유가 무엇입니까? 이제 아브라함은 너무 늙어서 더 이상 기다릴 수가 없었기 때문입니다. 아브라함은 건강이 허락하는 한 최대한으로 하나님께서 이삭의 아내를 구해 주실 것을 기다렸습니다. 그러나 아브라함은 더 이상 기다릴 수 없었고, 그래서 아브라함은 자신이 나서서 아브라함의 아내를 구하기로 했습니다. 그래서 아브라함은 자기 집의 모든 소유를 관리하는 종을 불러서 가장 중요한 임무를 맡겼습니다. 그것은 바로 이삭의 아내를 구해 오는 것입니다.

2절, "아브라함이 자기 집 모든 소유를 맡은 늙은 종에게 이르되 청컨대 네 손을 내 환도뼈 밑에 넣으라"

아브라함은 그의 종에게 환도뼈 밑에 손을 넣고 맹세하게 했습니다. 이것은 우리가 지금까지 보지 못했던 새로운 맹세 방식입니다. 고대 사람들은 후손이 모두 조상의 허리에 있다고 생각했습니다. 그래서 이렇게 허리 밑, 즉 환도뼈에 손을 넣고 맹세를 하는 것은 두 가지 의미로 생각할 수 있습니다. 즉 하나는 이 종이 죽을 때까지 목숨을 걸고 이 약속을 지켜야 하는 것이고, 다른 하나는 주인이 죽고 난 후에도 이 맹세를 지켜야 하는 것입니다. 아브라함은 자기가 죽을 때가 멀지 않았다는 것을 알고는 자기가 죽고 난 후에도 종이 끝까지 이삭의 아냇감을 찾도록 맹세를 시킨 것입니다. 즉 이 종은 아브라함이 죽었다고 해서 이삭의 아내를 구해 오는 일을 그만두어서는 안 되는 것입니다.

이 종이 이 맹세에서 벗어나는 길은 두 가지밖에 없었습니다. 하나는 이삭의 아내가 될 여인을 찾아서 데리고 오는 것입니다. 그러면 당연히 이 종은 자신의 사명을 다했기 때문에 이 맹세에서 벗어나게 됩니다. 반면에 이삭의 아내가 될 여인을 발견하기는 했지만 그녀가 종을 따라오지 않겠다고 거절했을 경우에도 종의 책임은 면제됩니다. 그렇지 않고 이 종이 이삭의 아내가 될 여인을 찾지 못했을 경우에는 몇 달이 걸리든 몇 년이 걸리든 전 세계를 뒤져서라도 찾아 내어야 하는 것입니다.

아마도 아브라함의 재산 전체를 책임지는 종이라면 할 일이 아주 많았을 것입니다. 그런데 아브라함은 그렇지 않아도 바쁜 종을 불러서 자기가 죽고 난 후에도 끝까지 이삭의 아냇감을 찾아서 돌아오라는 명령을 내리고 맹세하게 했습니다.

그 이유가 무엇일까요? 이제 아브라함 자신에게나 다른 사람들에게 있어서 이삭의 아내를 구하는 일보다 더 중요한 일은 없다고 생각한 것입니다. 왜냐하면 하나님께서는 이삭의 후손을 통해서 모든 민족을 축복하겠다고 하셨기 때문에 이삭의 아내를 구하는 일이 이 세상 어떤 일보다 더 중요한 일이 된 것입니다. 더욱이 이삭의 후손을 통해서 장차 온 세상을 구원하실 그리스도가 오시게 됩니다. 그러니까 이 세상 어떤 일보다도 이삭의 아냇감을 찾는 것이 가장 중요한 일이었던 것입니다.

사람들 중에는 자신의 야망을 달성하기 위해서 이런 맹세를 하는 사람들이 있습니다. 어떤 아들은 집을 나서면서 부모님께 고시에 합격하기 전까지 절대로 집에 돌아오지 않겠다고 맹세를 하기도 하고, 또 어떤 남편은 아내에게 이번 일이 성공하기 전에는 절대로 돌아오지 않겠다고 맹세를 하기도 합니다. 그러나 아브라함은 자기 종을 보내면서 이삭의 아내가 될 여인을 찾기 전에는 절대로 집에 돌아오지 말라고 하면서 보냅니다. 이것은 아브라함이 죽어도 유효한 것입니다. 아브라함이 죽었든 살았든 이 종은 무슨 일이 있어도 이삭의 아내를 구해야만 돌아올 수 있는 것입니다.

우리의 생애에도 한평생 나의 삶을 두고 추구해야 할 것이 있습니다. 그것이 무엇입니까? 우리가 그 목적을 달성하기 전까지는 절대로 돌아올 수 없는 가장 중요한 것이 무엇입니까? 우리가 반드시 찾아야 할 가장 중요한 것은 나 자신의 가치를 찾는 것입니다.

어렸을 때 외국에 입양되어 갔다가 성인이 된 후에 부모를 찾아서 한국에 오는 사람들이 많습니다. 그들이 부모를 찾으려는 것은 자기 자신에 대한 진실을 알고 싶기 때문입니다. 자신의 친부모를 찾는 것은 자신의 정체성을 찾는 것이기 때문입니다. 그래서 예수님은 온 천하를 얻고도 자기 생명을 잃으면 무슨 소용이 있느냐고 말씀하셨습니다. 우리가 온 천하를 얻고도 자신을 찾지 못하면 아무 소용이 없습니다. 그러나 우리의 뿌리는 하나님께 있고, 예수님을 만나면 나 자신을 되찾을 수가 있습니다.

그리고 아브라함이 제시한 이삭의 아내에 대한 대원칙이 있습니다. 아브라함은 자기 종에게 이삭의 아내를 구해 오라고 하면서 아무데나 가서 아무 여자나 데리고 오기만 하면 된다고 말하지 않았습니다. 아브라함은 이삭의 아내를 구하는 데 있어서 중요한 기준을 제시했습니다.

아브라함이 제시한 것은 두 가지였습니다. 그 첫 번째는 순결입니다. 즉 가나안 족속의 딸들은 안 된다는 것입니다.

3-4절, "내가 너로 하늘의 하나님, 땅의 하나님이신 여호와를 가리켜 맹세하게 하노니 너는 나의 거하는 이 지방 가나안 족속의 딸 중에서 내 아들을 위하여 아내를 택하지 말고 내 고향 내 족속에게로 가서 내 아들 이삭을 위하여 아내를 택하라"

이삭의 결혼이 이토록 늦어진 이유가 어디에 있을까요? 그것은 가나안 땅에서는 순결한 여자를 구할 수가 없었기 때문입니다. 아브라함은 이삭의 아내가 될 조건으로 다른 것은 생각하지 않았습니다. 여자는 순결해야 한다는 것입니다.

아브라함이 가나안 여자들을 보면서 내린 결론은 가나안 여자들은 이삭의 아내가 되어서는 안 된다는 것이었습니다. 그 이유는 가나안 여자들은 정조의 개념이 없고, 성적으로 문란했기 때문입니다. 이삭의 아내는 정절이 있고 깨끗한 여자이어야만 했습니다.

그리고 아브라함이 그의 종에게 두 번째로 제시한 조건은 절대로 이삭을 데리고 가서는 안 된다는 것이었습니다.

5-6절, "종이 가로되 여자가 나를 좇아 이 땅으로 오고자 아니하거든 내가 주인의 아들을 주인의 나오신 땅으로 인도하여 돌아가리이까 아브라함이 그에게 이르되 삼가 내 아들을 그리로 데리고 돌아가지 말라"

아브라함이 두 번째로 요구한 것은 여자의 믿음이었습니다. 즉 이삭의 아내가 될 사람은 이삭을 보지 않고 오직 말만 듣고 따라와야 한다는 것입니다.

이삭의 아내는 아브라함의 종의 말만 듣고 따라올 수 있는 믿음을 가진 여자이어야 했습니다. 왜냐하면 하나님의 나라는 모두 눈에 보이는 것이 아니라 눈에 보이지 않는 말씀으로 되어 있기 때문입니다. 믿음이 없는 사람은 하나님의 나라를 얻을 수가 없습니다. 그래서 아브라함은 이삭의 아내는 보지 않고 말만 듣고도 따라올 수 있는 여자이어야 한다는 것입니다.

오늘 이 땅에 하나님의 나라가 임하게 하는 데 가장 중요한 문제가 무엇입니까? 그것은 역시 그리스도의 신부를 찾는 것입니다. 그리스도의 신부를 찾기만 하면 왕의 결혼식은 벌어질 것입니다. 지금까지 이삭의 결혼이 이토록 늦어졌던 것은 이삭의 아내를 그 땅에서 찾지 못했기 때문입니다. 사실 이삭이 기다리는 동안에 이삭의 아내가 될 여인은 막 자라고 있었던 것입니다.

하나님께서 모든 종에게 내리신 가장 중요한 명령은 그리스도의 신부를 찾으라는 것입니다. 신부의 자격은 두 가지입니다. 하나는 순결해야 한다는 것입니다. 하나님의 백성은 그리스도 외에는 아무것도 바라보지 않는 자이어야 합니다. 결코 이 세상을 사랑하는 자는 안 됩니다. 그리고 다른 하나는 그리스도인들은 모두 사도들이 전하는 말만 듣고서도 따라올 수 있는 자이어야 한다는 것입니다. 우리는 그리스도를 보지 못했습니다. 그러나 오직 말씀만 믿고 따라가야 그리스도의 신부가 될 수 있는 것입니다. 하나님의 말씀이 진실하면 다른 것은 보지 않고 말씀만 붙들고 따라올 수 있는 사람이 그리스도의 신부입니다.

오늘 그리스도의 신부인 우리에게 가장 중요한 것이 무엇입니까? 그것은 그리스도가 주신 것으로 만족하는 것입니다. 이 세상이 주는 것이라고 생각하는 것은 절대로 취하지 않는 것입니다. 그리고 눈에 보이는 것을 따라가는 것이 아니라 하나님의 말씀만 믿고 가야 하는 것입니다.

아브라함은 자신의 믿음을 종에게 이야기했습니다.

7절, "하늘의 하나님 여호와께서 나를 내 아버지의 집과 내 본토에서 떠나게 하시고 내게 말씀하시며 내게 맹세하여 이르시기를 이 땅을 네 씨에게 주리라 하셨으니 그가 그 사자를 네 앞서 보내실찌라 네가 거기서 내 아들을 위하여 아내를 택할찌니라"

아브라함은 지금 누가 이삭의 아내가 될 여인이며, 또 언제 어떻게 그 여인을 찾을지 모르고 있습니다. 그러나 아브라함은 하나님의 말씀만 붙들고 있으면 하나님께서 그 사자를 먼저 보내어서 이삭의 아내가 될 여인을 만나게 해 주신다는 것을 믿었습니다. 즉 아브라함의 종은 순종해서 가기만 하면 되는 것이고, 모든 것은 하나님의 사자가 먼저 가서 길을 준비해 주신다는 것입니다.

이 믿음이 중요합니다. 우리가 하나님의 말씀만 붙들고 있으면 하나님께서 우리의 길을 준비해 주시는 것입니다. 그렇지 않고 우리가 이리 뛰고 저리 뛰면서 길도 찾고 사람도 찾는 것은 불가능한 일입니다.

2. 하나님의 인도하심

아브라함의 종은 막연한 임무를 가지고 집을 떠났습니다. 도대체 이 넓은 세상 어디에서 한 번도 본 적이 없는 이삭의 아냇감을 찾아내겠습니까? 또 주인 아브라함은 하나님의 사자가 먼저 길을 인도하실 것이라고 했지만 하나님의 사자는 눈에 보이지 않았습니다. 그러나 아브라함의 종은 믿음을 가지고 아주 먼 길을 떠났습니다.

그런데 오늘 본문의 놀라운 것은 아브라함의 종이 하나님의 구체적인 인도하심을 받아서 정확하게 이삭의 아내가 될 여인을 만난 것입니다. 상식적으로 생각할 때 아브라함의 종이 이삭의 아냇감을 만나는 것은 태평양 속에서 바늘을 줍는 것보다 더 어렵고 막연한 것이었습니다. 그런데 아브라함의 종은 두 가지 방향에서 하나님의 인도하심을 찾았습니다. 하나는 큰 것으로, 아브라함의 종은 아무 방향이나 가지 않고 큰 목적을 가지고 갔는데 그것은 아브라함의 친척을 먼저 찾자는 것이었습니다. 왜냐하면 아브라함의 친척은 가나안 사람들과는 달리 하나님을 아는 경건한 사람들이었기 때문입니다. 그리고 다른 하나는 세부적인 것으로, 그때그때 하나님께 기도를 해서 길을 묻는 것이었습니다.

그래서 아브라함의 종은 메소포타미아의 나홀 성으로 가게 되었습니다.

10-11절, "이에 종이 그 주인의 약대 중 열 필을 취하고 떠났는데 곧 그 주인의 모든 좋은 것을 가지고 떠나 메소포타미아로 가서 나홀의 성에 이르러 그 약대를 성밖 우물 곁에 꿇렸으니 저녁때라 여인들이 물을 길러 나올 때이었더라"

우리가 성경 말씀을 읽을 때 성경은 우리에게 구체적으로 이렇게 하라 혹은 저렇게 하라는 식으로 말하지 않습니다. 그 대신 우리가 가야 할 전체적인 큰 길을 보여 줍니다. 우리는 그 길을 가야 합니다. 그러면 하나님은 그때그때 또 세미한 음성으로 우리에게 구체적인 하나님의 뜻을 깨닫게 해 주십니다.

아브라함의 종은 일단 옛날에 아브라함이 살았던 메소포타미아로 가서 거기에서 하나님의 구체적인 인도하심을 구했습니다.

12절, "그가 가로되 우리 주인 아브라함의 하나님 여호와여 원컨대 오늘날 나로 순적히 만나게 하사 나의 주인 아브라함에게 은혜를 베푸시옵소서"

아브라함의 종은 어렴풋하게 목적지에 다 왔다는 것을 알았습니다. 그러나 그는 결정적으로 이삭의 아내가 될 여인을 찾아낼 수 없었습니다. 그때

이 종은 하나님께 기도를 드렸습니다.

13-14절, "성중 사람의 딸들이 물 길러 나오겠사오니 내가 우물 곁에 섰다가 한 소녀에게 이르기를 청컨대 너는 물 항아리를 기울여 나로 마시게 하라 하리니 그의 대답이 마시라 내가 당신의 약대에게도 마시우리라 하면 그는 주께서 주의 종 이삭을 위하여 정하신 자라 이로 인하여 주께서 나의 주인에게 은혜 베푸심을 내가 알겠나이다"

아브라함의 종은 하나님께 대담한 조건을 제시했습니다. 즉 자기는 이곳의 처녀들을 일일이 조사할 수도 없고, 또 조사를 한다고 해도 판단할 수 없으니 오늘 물 길으러 나온 여인 중에 '물 좀 마실 수 있겠느냐' 고 했을 때 자기에게 물을 마시게 할 뿐 아니라 낙타의 물까지 주겠다고 하는 처녀가 있다면 그를 이삭의 아내가 될 여인인 줄 알겠다고 기도를 드린 것입니다.

사실 이런 기도는 막무가내식 기도입니다. 예를 들어 어떤 청년이 하나님께 '하나님, 아브라함의 종을 인도하셨듯이 저의 삶을 인도하실 줄 믿습니다. 저는 결혼하지 않고서는 도저히 올해를 넘길 수가 없습니다. 그러니 오늘 제가 어느 여사원에게 커피를 사 달라고 하겠습니다. 그런데 만일 그 여자가 저녁까지 사 주겠다고 말한다면 그 여자를 저의 아내 될 사람으로 알겠습니다.' 하고 기도를 드렸다고 합시다. 이런 식의 기도는 탐욕스러운 기도요, 누가 들어도 유치한 것이며, 하나님을 시험하는 것밖에 되지 않습니다.

그런데 지금 아브라함의 종은 처음부터 아무 처녀나 붙들고 물을 달라고 하겠다는 것이 아닙니다. 아브라함의 종은 지금까지 착실하게 하나님의 말씀의 인도하심을 따라왔습니다. 그래서 이제 목적지에 다 온 것 같은데 가장 중요한 이삭의 아냇감을 찾아낼 자신이 없는 것입니다. 이것을 하나님께서 가르쳐 달라는 것입니다.

그런데 아브라함의 종이 이렇게 기도하는 데는 근거가 없는 것이 아니었습니다. 왜 아브라함의 종이 이삭의 아내 될 사람을 물 마시는 것으로 시험을 하려고 했을까요? 고대 사회에서는 외간 남자가 여인들을 만날 수 있는 곳이 우물밖에 없었습니다. 그리고 아브라함의 종은 적어도 이삭의 아내가 될 사람이라면 모르는 사람에게도 친절해야 한다고 생각했던 것입니다.

아마 저녁 시간에 물을 길으러 나온 여자들이라면 모두 바쁜 여자들일 것입니다. 그들은 모두 빨리 물을 길어서 집안일을 해야 할 것입니다. 그리고 낙타 한 마리가 하루 종일 사막을 걸어온 후에 마시는 물의 양은 약 한 드럼 정도입니다. 그러니까 낙타 열 마리면 열 드럼의 물을 길어야 하는 것입니다. 여자 한 사람이 열 마리의 낙타에게, 그것도 자기 낙타도 아닌 다른 사람의 낙타에게 물을 준다는 것은 보통의 열정과 사랑으로는 할 수 없는 일이었습니다. 아브라함의 종은 아브라함의 집에 종으로 있으면서 아브라함의 가족들은 모두 사랑에 넘치는 자들이라는 것을 알았습니다. 아브라함 집의 사람들은 누군가가 도와달라고 해서 도와주는 사람들이 아니었습니다. 그들은 다른 사람들이 도움을 요청하기 전에 먼저 그들의 필요를 채워 주는 사람들이었습니다.

그래서 아브라함의 종은 이삭의 아내가 될 여인이라면 남을 사랑하는 데 있어서 적극적인 사람이어야 한다고 생각했던 것입니다. 이 종은 이삭의 아내가 될 사람이 남을 사랑하는 데 있어서 2등, 3등 하는 여자라면 아내 될 자격이 없다고 생각했습니다.

예수께서 안식일에 병자들을 고치셨을 때 유대 인들은 예수님을 비난했습니다. 그때 예수님은 이렇게 말씀하셨습니다.

"예수께서 저희에게 이르시되 내 아버지께서 이제까지 일하시니 나도 일한다 하시매" (요 5:17).

하나님의 가족의 특징이 무엇입니까? 하나님 아버지나 아들은 남을 돕는 데 있어서 시간을 가리지 않으신다는 것입니다.

우리는 다른 부분에서는 다른 사람들에게 뒤질 수 있습니다. 그러나 다른 사람을 사랑하는 데 뒤진다면 곤란한 것입니다.

15-16절, "말을 마치지 못하여서 리브가가 물 항아리를 어깨에 메고 나오니 그는 아브라함의 동생 나홀의 아내 밀가의 아들 브두엘의 소생이라 그 소녀는 보기에 심히 아리땁고 지금까지 남자가 가까이하지 아니한 처녀

더라 그가 우물에 내려가서 물을 그 물 항아리에 채워가지고 올라오는지라"

아브라함의 종이 기도를 마치자마자 준비된 이삭의 아내가 등장했습니다. 일단 나타나는 모습이 너무나도 건강하고 싱싱한 모습이었습니다. 리브가는 마치 기다렸다는 듯이 가장 먼저 물을 길으러 나오고 있었습니다. 아브라함의 종이 리브가에게 물을 좀 달라고 하니 리브가는 조금도 망설이지 않고 그에게 물을 줄 뿐만 아니라 더위에 지친 낙타들을 보고 낙타들에게도 물을 주겠다고 하면서 부지런히 물을 길어서 구유에 물을 붓고, 또 우물로 달려가서 물을 길었습니다. 이때 리브가는 아무것도 모르고 있었지만 하나님의 놀라운 사랑이 나타나고 있었습니다. 이미 하나님은 오래전부터 리브가를 아셨고 아름답게 키워 오셨던 것입니다. 그리고 이제 하나님은 리브가를 드디어 모든 사람 앞에 나타내셨습니다.

아브라함의 종이 리브가에게 누구의 딸이냐고 물었습니다. 그러자 리브가는 '밀가가 나홀에서 낳은 브두엘의 딸'이라고 대답했습니다. 나홀은 아브라함의 동생이고, 밀가는 나홀의 아내였습니다. 그러니까 리브가는 밀가의 손녀인 것입니다.

하나님께서 우리에게 주시는 것은 이상한 것이 아닙니다. 이삭의 아내라고 해서 기도원에서 몇 년씩 수도만 한 그런 여자가 아니었습니다. 리브가는 아주 아름답고 건강하며 사랑이 넘치는 처녀였습니다.

우리는 모두 그리스도의 신부들입니다. 그리스도의 신부는 이 세상에서 누가 봐도 가장 아름답고 매력적이며 건강해야 합니다. 그리스도의 신부는 결코 광신자가 아닙니다. 우리는 하나님의 뜻이라고 하면서 더럽고 추한 자기 욕심으로 달려가서는 안 됩니다. 우리의 신앙이 어느 누가 보아도 아름다운 것이 되게 해야 합니다. 믿지 않는 사람들이 볼 때 신앙은 이 세상에서 가장 아름답고 합리적이며 매력적이라는 생각이 들 수 있어야 합니다.

3. 끝까지 충성하는 종

이삭의 결혼에 있어서 가장 특이한 것은 이삭의 아내를 결정하는 분이 결혼 당사자나 그의 아버지가 아니라 하나님이셨다는 사실입니다. 이것은 이삭의 결혼이 얼마나 복된 결혼이며, 얼마나 놀라운 축복인가 하는 것을 보여 줍니다.

아브라함의 종은 리브가의 가족을 만나서 다른 것을 설명하지 않았습니다. 자기 주인 이삭이 얼마나 재산이 많은 부자인지 그리고 그가 얼마나 똑똑한 사람인지 자랑스럽게 말하지 않았습니다. 아브라함의 종이 설명한 것은 오직 하나님께서 지금까지 자신을 인도하신 것이었습니다. 그때 리브가의 가족들에게 놀라운 일이 일어났습니다. 그것은 그들이 모두 이 종의 말을 믿고 하나님의 뜻에 따르기로 작정을 한 것입니다.

50-51절, "라반과 브두엘이 대답하여 가로되 이 일이 여호와께로 말미암았으니 우리는 가부를 말할 수 없노라 리브가가 그대 앞에 있으니 데리고 가서 여호와의 명대로 그로 그대의 주인의 아들의 아내가 되게 하라"

리브가의 가족이 아브라함의 종의 말을 듣고 의심을 하려고 하면 얼마든지 할 수 있었을 것입니다. 또 아무리 하나님이 인도하셨다 하더라도 자기들이 하기 싫으면 얼마든지 싫다고 우길 수도 있었을 것입니다. 그런데 리브가의 가족은 지금까지 이루어진 일이 하나님의 선한 인도하심에 따라 이루어졌다는 말을 듣고 '우리는 모두 하나님의 뜻에 순종할 수밖에 없다' 고 하면서 리브가를 데리고 가라고 했습니다. 그들은 결코 이삭을 데리고 와야 결혼을 시키겠다고 떼를 쓰지 않았습니다. 그러고는 한 번도 본 적이 없는 이삭에게 자기 동생을 아내로 주기로 결정했습니다. 왜냐하면 그것이 하나님의 뜻이기 때문에 자기들이 왈가왈부해서는 안 된다고 믿었기 때문입니다.

사실 리브가의 가족은 믿음이 그렇게 좋은 사람들이 아니었습니다. 그럼에도 불구하고 그들의 마음속 깊은 곳에는 하나님이 결정하신 것을 자기들이 거부해서는 안 된다는 믿음이 있었습니다. 이것은 하나님의 축복을 받는 데 있어서 굉장히 중요한 것입니다. 패역한 사람들은 하나님의 뜻에 따라 된 줄을 뻔히 알면서도 끝까지 방해하고 반대합니다.

사람들은 말씀을 대할 때에 여러 가지 태도를 취합니다. 어떤 사람들은 하나님의 말씀이 떨어지자마자 순종합니다. 이런 사람들에게 기적이 일어납니다. 그런데 어떤 사람들은 잘 받아들여지지 않지만 그래도 순종하려고 애를 씁니다. 이런 사람들만 해도 믿음이 좋은 사람들입니다. 그런데 사람들 중에는 자기 마음에 들지 않는다고 끝까지 반대하고 방해하는 사람들이 있습니다. 이런 사람들은 패역한 사람들입니다.

우리는 우리의 짧은 머리로 하나님의 뜻을 다 이해할 수는 없습니다. 우리는 그 과정을 보고 하나님이 하셨다고 믿어지면 무조건 믿어야 합니다. 광야의 이스라엘 백성은 하나님의 능력과 기적을 보고서도 끝까지 하나님의 뜻을 반대하다가 40년 동안 광야에서 빙빙 돌다가 결국 죽었습니다.

리브가의 가족은 하나님께서 아브라함의 종의 걸음을 인도하여 여기까지 오게 하셨고, 또 그가 기도한 대로 리브가를 만나게 하셨다면 하나님이 하신 것에 대하여 이래라저래라 할 권리가 전혀 없다고 생각했습니다.

아브라함의 종은 리브가의 가족의 승낙이 떨어지자마자 바로 하나님께 경배하고 리브가와 그의 가족에게 예물을 주었습니다.

52-53절, "아브라함의 종이 그들의 말을 듣고 땅에 엎드리어 여호와께 절하고 은금 패물과 의복을 꺼내어 리브가에게 주고 그 오라비와 어미에게도 보물을 주니라"

고대에는 신랑이 신부를 데리고 가려면 신부대금을 지불해야만 했습니다. 대개는 신부대금을 소나 양 같은 가축으로 지불했습니다. 그런데 아브라함의 종은 먼 길을 여행해야 했기 때문에 많은 가축을 데리고 올 수 없었습니다. 그래서 금은 패물과 의복을 신부대금으로 주었습니다.

아무리 하나님께서 정하신 결혼이라도 아브라함의 종은 세상적인 관습을 무시하지 않았습니다. 아브라함의 종은 하나님의 뜻이라고 하면서 마치 새가 병아리를 채어 가듯이 리브가를 채어 가지 않았습니다. 아브라함의 종은 충분히 리브가의 가족에게 예의를 베풀고, 또 그들에게 주어야 할 것을 줌으로써 그들을 위로하고 축복했습니다.

우리가 모든 것을 너무 이성적으로 생각하면 다른 사람들에게 무례해지고 비현실적인 자기 생각을 강요하게 됩니다. 어떤 사람은 돈 이야기가 나오면 머리를 절레절레 흔들면서 돈 이야기를 하는 사람을 속물 취급을 합니다. 그러나 이런 사람들은 너무 영적이어서 다른 사람의 행복을 쉽게 무시하거나 파괴합니다. 그들은 하나님의 뜻이 분명한데 무슨 잔소리냐는 식으로 자기 생각을 강요합니다. 그러나 하나님의 뜻은 그렇게 다른 사람에게 무례한 것이 아닙니다.

아브라함의 종은 바로 집으로 돌아가겠다고 말을 했습니다. 이 말에 리브가의 가족은 깜짝 놀랐습니다. 왜냐하면 이제 드디어 결혼 상대가 결정되었으므로 여유를 가지고 즐기면서 시간을 보낼 수 있을 것이라고 생각했기 때문입니다. 그러나 아브라함의 종은 하나님의 뜻이 나타났고 승낙이 떨어졌기 때문에 잠시도 지체할 수 없다고 했습니다. 왜냐하면 아브라함의 집 사람들이 자기가 돌아올 것을 학수고대하고 있었기 때문입니다. 그러나 리브가의 집에서는 인정적으로 이 종을 붙들려고 했습니다. 그러면서 최소한 열흘만이라도 신부가 집에 있게 해 달라고 부탁했습니다. 그러나 아브라함의 종은 날이 밝자마자 주인에게로 돌아가야 한다고 했습니다.

그의 결정이 너무 지나친 처사가 아닌가 생각될 수도 있지만 그러나 이 종은 대단히 신중했습니다. 우선 리브가의 가족이 한마음으로 하나님의 뜻에 순종하기로 한 것은 하나님의 특별한 간섭으로 된 것이며, 그만큼 이 일이 중요하고 시급하다는 것을 이 종은 알았습니다. 믿음이 좋지 않은 사람들의 마음이 하나가 되는 것은 쉬운 일이 아닙니다. 이럴 때는 한시라도 빨리 하나님의 뜻을 완성시켜야 합니다. 왜냐하면 시간이 지나면 사람들의 마음은 변하기 때문입니다.

우리는 하나님께서 기회를 주실 때 여유를 가져서는 안 됩니다. 하나님께서 기회를 주실 때 혼신의 힘을 다하여 그 일을 이루어 드려야 합니다. 왜냐하면 우리는 우리 앞에 어떤 장애가 놓여 있는지 모르기 때문입니다. 그래서 기회가 주어졌을 때 최선을 다해서 그 일을 끝마쳐야 합니다. 아브라함의 종은 이삭의 아내가 될 여인을 무사히 집에까지 데리고 가야 자기가 한 맹세에서 풀려나게 되는 것입니다.

아브라함의 종은 지금까지 수고한 것에 대하여 보상을 받고 싶은 유혹이 있을 수도 있었습니다. 그는 지금까지 많은 고생을 했고, 또 이삭의 아내가 될 여인을 기적적으로 잘 찾아 내었습니다. 쉽게 말해서 이 종은 이삭의 결혼에 있어 일등 공신인 것입니다. 그러나 종은 어디까지나 종이어야 합니다. "우리는 무익한 종이라 우리가 하여야 할 일을 한 것 뿐이라"(눅 17:10) 하는 자세를 가지고 있어야 끝까지 충성할 수 있습니다. 그래서 하나님의 사람은 자기를 붙들고 늘어지는 자들에 대하여 냉정할 수 있어야 합니다. 인정이 하나님의 뜻을 망칠 때가 너무나도 많습니다.

리브가의 가족은 아브라함의 종을 설득하기 어려우니까 리브가 본인의 의사를 물어보자고 하였습니다.

57-58절, "그들이 가로되 우리가 소녀를 불러 그에게 물으리라 하고 리브가를 불러 그에게 이르되 네가 이 사람과 함께 가려느냐 그가 대답하되 가겠나이다"

리브가의 가족이 리브가에게 묻겠다고 한 것은 마지막으로 리브가를 잡아 둘 기회를 찾고자 한 것이었습니다. 즉 그러한 상황에서 여자들은 누구나 가족과 더 있다가 가겠다고 할 것이 뻔하기 때문입니다. 그러나 리브가는 단호하게 종을 따라가겠다고 말을 했습니다. 즉 리브가는 아브라함의 종의 말을 들은 후부터 변하기 시작했습니다. 리브가는 아브라함의 종의 말을 듣기 전까지는 하나님께서 자기를 이렇게 사랑하시는 줄 몰랐습니다. 그러나 아브라함의 종의 말을 들으면서 리브가는 성숙한 여인으로 변하기 시작했습니다. 그래서 더 이상 가족에게 매달리지 않고 기꺼이 하나님의 뜻에 순종할 마음이 되어 있었던 것입니다.

여인들은 남자의 사랑을 받으면서 변하게 됩니다. 마찬가지로 우리는 하나님의 사랑을 받는 순간부터 성숙한 사람이 되기 시작합니다. 어느 정도로 변하는가 하면 전혀 알아볼 수 없을 정도로 변합니다. 하나님의 사랑은 한순간에 우리를 다른 사람으로 만들어 버립니다.

결국 다음날 아침 리브가의 가족은 리브가를 축복하고 아주 먼 곳으로 시집을 보냅니다.

60절, "리브가에게 축복하여 가로되 우리 누이여 너는 천만인의 어미가 될찌어다 네 씨로 그 원수의 성문을 얻게 할찌로다"

이것은 리브가의 가족이 리브가의 결단에 도전을 받아서 인간의 정에 빠지지 않고 믿음으로 끝까지 설 수 있었던 것을 보여 줍니다. '천만인의 어미가 되고 원수의 성문을 얻게 한다'는 것은 하나님의 약속입니다. 즉 리브가를 통하여 하나님의 나라가 번창하고 마귀의 세력이 굴복되기를 바란다는 축복입니다. 리브가의 결단은 가족들조차도 약한 마음을 가지지 않게 하고 사탄이 틈타지 못하게 했습니다.

아브라함의 종과 리브가가 목적지에 도착했을 때 그들은 자기들을 향해서 오고 있는 이삭을 보았습니다.

62-63절, "때에 이삭이 브엘 라해로이에서 왔으니 그가 남방에 거하였었음이라 이삭이 저물 때에 들에 나가 묵상하다가 눈을 들어 보매 약대들이 오더라"

이삭은 들에서 혼자 묵상하는 시간을 가졌습니다. 여기서 '묵상하다'에 사용된 단어는 '묵상하다'라는 뜻도 있고, '기도하다'라는 뜻도 있습니다.

이삭은 종을 보내어 놓고 그 사실을 다 잊어버리고 자기 일에 몰두하지 않았습니다. 이삭은 종을 보낸 후 계속 조용히 묵상하고 기도하면서 아내가 될 여인을 기다리고 있었습니다. 즉 그의 종이 하나님의 뜻에 따라 모든 일을 지혜롭게 잘할 수 있도록 뒤에서 기도하고 있었습니다. 결국 이 기도의 힘이 있었기 때문에 이 종은 일을 더 잘할 수 있었습니다.

리브가는 자기들을 향해서 오는 사람이 누구냐고 묻고 난 뒤 낙타에서 내려서 베일로 얼굴을 가렸습니다. 이것은 순결한 처녀가 취하는 태도였습니다.

리브가는 자신의 남편이 될 사람을 낙타 위에서 맞이하지 않았습니다. 리브가는 다른 사람이 가르쳐 주지 않았는데도 모든 것을 스스로 잘 알아서 했습니다.

이것을 통해서 알 수 있는 것이 무엇입니까? 리브가가 너무나도 빨리 성숙하고 있다는 것입니다. 리브가는 아브라함의 종을 만나기 전까지는 평범한 시골 소녀였습니다. 그러나 리브가는 아브라함의 종의 말을 듣고 하나님이 자기를 사랑하고 계시며, 구체적인 계획을 이루어 나가고 계신다는 것을 알고 난 뒤부터 급격하게 성숙해 가고 있었습니다. 즉 리브가의 마음속에 잠재되어 있던 아름다운 성품들이 마치 꽃이 피듯이 자동적으로 발산되고 있었습니다.

이는 씨앗이 땅에 떨어져 있어도 온도나 습도가 맞지 않으면 그대로 있다가 비가 오고 온도가 올라가면 우후죽순처럼 자라는 것과 같습니다. 사람들은 자신의 가치를 깨닫기 전에는 유치하고 무엇을 어떻게 해야 할지 모릅니다. 그러나 하나님의 말씀을 듣고 하나님의 놀라운 사랑을 체험하면 그 순간부터 완전히 사람이 변하게 됩니다. 이것이 바로 그 사람 안에서 놀라운 각성과 부흥이 일어나고 있는 것입니다.

우리는 이 넓은 세상에서 우리가 가야 할 길을 알지 못합니다. 우리가 배우자를 만나고 평생 자신의 할 일을 찾아서 간다고 하는 것은 이삭이 리브가를 찾는 것 만큼이나 막연하고 어려운 일일 것입니다. 그러나 하나님은 우리 앞에 천사들을 보내어 길을 준비해 놓고 계십니다. 우리가 하나님의 기준을 가지고 따라가기만 하면 하나님은 준비해 놓은 복을 주실 것입니다.

리브가가 하나님의 사랑을 깨닫고 어린애 같은 유치한 생각을 다 버린 것처럼 우리도 성숙한 사람이 되기를 바랍니다. 그리고 아브라함의 종처럼 끝까지 충성하는 귀한 성도들이 다 되시기 바랍니다.

성경 토의

1. 우리는 자녀들의 배우자를 택할 때 어떤 신앙적인 기준을 가지고 택하는가? 혹시 세상적인 기준을 기지고 타협하지는 않는가?

2. 때때로 도저히 나 자신의 힘으로는 길을 찾을 수 없을 때 우리는 어떤 방법으로 하나님의 뜻을 찾는가?

3. 우리는 때때로 먹고 마시고 인간적으로 교제하는 일에 빠져서 더 중요한 일을 뒷전으로 물리는 경우는 없는가?

4. 우리는 적어도 하나님이 준비하신 사람에게 어떤 덕목이 있어야 한다고 생각하는가?

31_아브라함이 남긴 것

창세기 25:1-11

전체적 설명

위대한 사람이 죽으면 대체로 큰 업적을 남기면서 죽는다. 예를 들어 알렉산더 대왕 같은 경우에는 자기가 정복했던 대제국을 남기고 죽었고, 베토벤은 그가 작곡했던 위대한 음악을 남기고 죽었다. 아브라함은 큰 재산을 남긴 것도 아니고, 위대한 음악을 남긴 것도 아니다. 그러나 아브라함은 믿음으로 산 생애 자체가 위대했고, 그는 하나님과의 위대한 약속을 유산으로 남겼다.

설교 프리노트

1절, "아브라함이 후처를 취하였으니 그 이름은 그두라라"

우리에게는 아브라함이 사라를 통하여 백 살에 사랑하는 아들 이삭을 낳은 후에 또다시 후처를 얻어서 다른 아들을 많이 낳은 것이 이상하게 보일지 모른다. 그러나 아브라함은 우리가 생각하는 것처럼 영웅 같은 삶만 산 것이 아니라 평범한 인생을 살기도 하였다. 우리는 어떤 사람을 영웅시하면 그가 평범한 인간의 삶을 사는 것을 용납하지 못할 때가 많이 있다. 즉 영웅은 끝까지 영웅이어야 한다는 것이다. 그러나 아브라함에게는 그런 영웅적인 생각이 전혀 없었다. 아브라함 역시 한 인간이었고, 그는 백 살이 넘었지만 건강하였을 때 그두라라는 후처를 취해서 또다시 여러 명의 아들을 낳았다. 그러나 이 아들들은 모두 신앙적인 의미를 가지는 아들들은 아니었다. 하나님은 말씀의 아들로는 오직 이삭만 허락하셨다.

2절, "그가 시므란과 욕산과 므단과 미디안과 이스박과 수아를 낳았고"

그두라가 낳은 아이들의 이름까지 소개되고 있다. 아마도 이 족속들은 당시까지만 해도 이스라엘 백성에게 친숙한 족속들이었던 것 같다. 여기에 나오는 미디안은 미디안 광야의 이름과는 상관이 없을 것이다. 그러나 대개 이들은 에돔 부근에 정착해서 부족을 이루었던 것으로 생각된다. 수아 같은 경우에는 욥의 친구 빌닷의 고향과 이름이 같다(욥 2:11).

3절, "욕산은 스바와 드단을 낳았으며"

여기에 나오는 스바가 나중의 스바 왕국을 의미하지는 않을 것으로 생각된다.

"드단의 자손은 앗수르 족속과 르두시 족속과 르움미 족속이며"

여기에 나오는 앗수르는 앗수르 제국과 무관하다. 처음에는 그두라의 아들들의 이름이 나오더니 이제는 그 자손들의 부족의 이름이 소개되고 있다. 이렇게 그두라의 자손들의 이름이나 부족의 이름이 소개된 이유는 그들도 아브라함의 자손들이며 형제들인 것을 기억하게 하기 위한 목적인 것 같다. 즉 나중에 이스라엘 자손들이 가나안 족속들을 멸망시킬 때 오직 가나안 일곱 족속만 그 대상이지 결코 이스라엘의 형제 부족들은 아닌 것이다. 하나님께서는 이스라엘 백성으로 하여금 출애굽했을 때 에돔이나 모압이나 암몬 같은 형제 나라와는 싸우지 못하게 하셨다. 그래서 이 명단이 나중에 중요한 역할을 하게 되는 것이다.

5절, "아브라함이 이삭에게 자기 모든 소유를 주었고"

아버지의 모든 재산은 본부인에게서 난 아들만이 상속할 수 있었다. 그 대신에 여종이 낳은 아들들은 오직 자유를 얻는 것으로 만족해야 했다.

그래서 옛날에는 아버지가 누구인가 하는 것도 중요하지만 재산을 상속하는 데 있어서는 어머니의 신분이 중요했다.

6절, "자기 서자들에게도 재물을 주어 자기 생전에 그들로 자기 아들 이삭을 떠나"

그두라가 낳은 아들들이 아브라함의 재산을 상속하지 못한 것을 보면 그두라가 아브라함의 여종의 신분이었던 것을 알 수 있다. 아브라함은 그두라가 낳은 아들들에게도 재물을 선물로 주었다. 그러나 이것은 어디까지나 선물이지 재산을 상속하는 것은 아니었다. 아브라함은 이 관계를 분명히 하기 위해서 자기가 살아 있는 동안에 그두라가 낳은 아들들은 모두 이삭을 떠나서 동방에 가서 살게 했다. 왜냐하면 이들이 이삭과 함께 살다 보면 이삭의 마음이 약해져서 재산을 함께 나눌 가능성이 있기 때문이다. 또 이들 형제들은 수가 많아서 더 많은 지분을 요구했을지도 모른다. 그러나 하나님은 오직 이삭만이 아브라함의 합법적인 상속자가 되게 하셨다.

7절, "아브라함의 향년이 일백칠십오 세라"

아브라함은 75세에 하나님의 말씀에 따라 하란을 떠나서 믿음으로 산 후 100년을 믿음으로 살다가 175세에 죽었다. 아브라함의 생애는 75세 이후가 훨씬 위대한 삶이었다. 아브라함은 하나님께서 가나안 땅과 하늘의 별처럼 많은 자손을 주시겠다는 약속을 붙들고 한평생을 믿음으로 살았는데 그가 죽었을 때 가진 것은 오직 이삭이라는 아들과 사라를 장사한 막벨라 동굴밖에 없었다. 그리고 그 나머지는 모두 아직 하나님의 약속으로 남아 있었는데 부도가 난 것은 아니었다.

8절, "그가 수가 높고 나이 많아 기운이 진하여 죽어 자기 열조에게로 돌아가매"

아브라함이 나이가 많아 죽은 것은 하나님께서 그에게 장수의 복을 주셨기 때문이다. 믿음으로 오래 사는 것은 아름다운 것이고 복된 인생이다. 아브라함은 이 세상에서 기운을 다 쓰고 이제 기운이 쇠하여서 죽게 되었다. 이스라엘 백성은 믿음의 사람이 죽는 것을 '자기 열조에게 돌아가는 것' 이라고 표현했다. 즉 죽어서 천국에 가면 믿음의 조상들을 만날 수 있다는 뜻이다. 만일 그들이 이 세상에서 욕되게 살면 믿음의 조상들을 만나볼 면목이 없을 것이다.

9절, "그 아들 이삭과 이스마엘이…막벨라 굴에 장사하였으니"

아버지의 죽음은 좋지 않게 헤어졌던 두 아들을 만나게 하였다. 이스마엘은 육신적으로는 아브라함의 맏아들이었지만 믿음이 없어서 맏아들 노릇을 하지 못하고 이방인 신세가 되고 말았다. 그러나 이스마엘이 겸손하게 이삭의 종이 되면 그도 얼마든지 은혜의 백성이 될 수 있었는데 그렇게 하기에는 이스마엘의 자존심이 허락하지 않았던 것이다. 아브라함은 자기가 생전에 생각했던 대로 사라를 장사했던 막벨라 굴에 장사되었다.

본문 이해를 위한 질문

1. 아브라함의 생애는 어떠했는가?

아브라함의 생애는 결코 영웅적인 삶이 아니었다. 아브라함은 평범한 삶을 살았다. 그러나 아브라함은 하나님의 말씀을 절대적으로 생각했고, 끝까지 하나님의 말씀을 붙들고 산 결과 가장 위대한 이스라엘의 약속을 받았고, 이 세상에 하나님의 축복을 가져오는 축복의 사람이 되었다.

2. 아브라함은 노년에 어떤 복을 받았는가?

아브라함은 노년에 그두라라는 여자를 첩으로 얻었는데 하나님께서는 그에게 많은 자녀를 주셔서 기쁘게 하셨다. 그러나 그두라가 낳은 아이들은 이삭과 같은 언약의 백성은 아니었다.

3. 아브라함의 죽음은 어떠했는가?

아브라함은 장수하여 175세까지 살았고, 그가 죽었을 때 이삭과 이스마엘이 만나서 사라를 장사 지냈던 막벨라 굴에 아브라함도 장사했다.

성경 강해

옛날에 찰턴 헤스턴이라는 유명한 영화배우가 있었습니다. 그는 "십계"라는 영화에서 주인공 모세의 역을 맡았고, "벤허"라는 영화에서도 역시 주인공 벤허의 역을 맡아 열연을 했습니다. 그는 말하기를, 자기는 모세도 되어 봤고 벤허도 되어 봤기 때문에 더 이상 원하는 것이 없다고 했습니다. 특히 벤허가 마차 경기에서 자기를 배신했던 로마 인 친구 멧살라를 이기는 장면은 영화사에 빛나는 명장면이라는 칭찬을 받았습니다. 찰턴 헤스턴은 자기가 모세도 아니었고 벤허도 아니었지만 영화에서 그 사람들의 역을 맡았던 것만으로도 배우로서 모든 영광과 칭찬을 받았던 것입니다.

최근 들어 우리나라에 영향력을 끼친 유명한 분들 중에서 나이가 들어서 돌아가시는 분들이 많이 있습니다. 그래서 그분들을 사랑했던 사람들은 그분들을 잊지 않기 위해서 서거 1주년 혹은 10주년을 기념해 추모 모임을 가지면서 그분들의 위대했던 삶을 되돌아보기도 합니다. 그 중에는 김수환 추기경도 있고, 박경리 씨 같은 소설가도 있고, 피천득 씨 같은 수필가도 있고, 배삼룡 씨 같은 코미디언도 있습니다.

창세기 25장에는 믿음의 사람 아브라함이 나이가 많아 기력이 쇠하여 죽는 이야기가 나옵니다. 우리 생각으로는 아브라함이 백 살에 낳은 아들 이삭을 모리아 산에서 바치고 하나님으로부터 그 믿음을 인정받았다면 그 후에 더 능력 있는 삶을 살았을 것 같습니다. 그러나 아브라함은 모리아 산에서 이삭을 바친 후에도 그렇게 특별하게 능력 있는 삶을 살지 못했습니다. 단지 이삭의 배우자를 위해 자기 친척에게 종을 보내어서 구해 오는 정도의 일을 하고는 아브라함도 나이가 많아서 결국 죽습니다.

아브라함은 하나님께서 약속하신 것처럼 가나안 땅을 차지하지도 못했습니다. 그렇다고 해서 밤하늘의 별처럼 많은 자손을 낳지도 못했습니다. 아브라함은 오직 한 명의 아들 이삭을 두었을 뿐입니다. 아브라함은 모세나 엘리야처럼 기적을 많이 일으킨 사람도 아니었습니다.

그럼에도 불구하고 아브라함의 삶은 가장 위대한 믿음의 삶이었습니다.

즉 아브라함은 우리에게 믿음이 무엇인가 하는 것을 확실하게 보여 주었습니다. 믿음의 삶이라고 하는 것은 종교적인 열정에 심취하거나 혹은 하나님을 찾아서 전 세계를 방랑하는 것이 아니었습니다. 또 믿음의 세계라고 하는 것은 철학의 세계나 특별한 지식을 가지는 것도 아니었습니다. 아브라함에게 있어서 믿음이라고 하는 것은 하나님의 말씀을 붙들고 사는 것이었습니다. 조금 더 적나라하게 표현한다면 믿음은 하나님의 말씀을 붙들고 갈 데까지 가는 것이었습니다. 여기에는 미래에 대한 어떤 계산도 없었고 복잡한 이론도 없었습니다. 아브라함은 무조건 하나님의 말씀의 능력을 믿고 살았습니다.

그렇다고 해서 아브라함의 삶이 실수나 잘못이 전혀 없는 완벽한 삶은 아니었습니다. 아브라함은 중간에 하나님의 뜻을 몰라서 엉뚱한 곳으로 가기도 했고, 그래서 큰 어려움을 겪기도 했습니다. 아브라함은 하나님의 뜻이 빨리 이루어지지 않아서 조급해하기도 했고, 인간적인 방법으로 아들을 얻기도 했습니다. 그러나 아브라함은 그것이 하나님의 뜻이 아니라는 것을 알았을 때에는 가차 없이 버리고 다시 하나님의 말씀을 붙잡았습니다. 그리고 아브라함은 오직 하나님의 약속을 붙잡고 살았습니다. 아브라함은 오직 믿음으로 살았고 많은 하나님의 약속을 유산으로 물려주었습니다.

1. 아브라함의 믿음의 특징

우리가 생각하기에 그렇게 위대한 믿음의 조상 아브라함이 죽었으면 무엇인가 거창한 기록을 남겼을 것 같은데 오히려 그 기록이 너무나도 간단하고 중요하지 않은 것 같습니다. 즉 아브라함은 사라가 죽고 난 후에 그두라라는 여자와 결혼을 해서 여러 명의 아이를 두었고, 그가 죽은 후에 사라가 묻혔던 막벨라 동굴에 묻힌 것을 기록하고 있습니다.

사실 아브라함이 위대한 믿음의 삶을 살 수 있었던 것은 하나님께서 아브라함에게 믿음을 주셔서 그렇게 살게 하셨기 때문입니다. 마치 영화에서 배우가 위대한 연기를 할 수 있는 것은 감독이 그렇게 연기를 할 수 있게 해 주었기 때문인 것과 같습니다. 결국 아브라함의 위대한 삶은 아브라함이 하나님의 뜻을 가지고 살았기 때문에 가능한 것이었습니다. 그래서 아브라함이 위대한 것이 아니라 하나님께서 위대하신 것입니다.

우리가 인간적으로 생각해 보면 이 세상에서의 아브라함의 삶은 그렇게 성공적인 삶은 아니었던 것 같습니다. 우선 아브라함은 하나님께서 약속하셨던 가나안 땅을 차지하지 못했습니다. 하나님께서 그 땅을 주겠다고 하셨으면 돈을 주고 사든지 싸워서 빼앗아야 하는데 아브라함은 하나님이 주실 때까지 기다리느라고 가나안 땅을 차지하지 못했습니다. 오직 아브라함은 가나안 땅 한 귀퉁이, 즉 사라를 장사 지냈던 무덤만 소유할 수 있을 뿐이었습니다.

그리고 아브라함은 자식을 많이 낳지도 못했습니다. 하나님께서 밤하늘의 별과 같이 많은 자손을 주겠다고 약속하셨으면 수십 명의 첩을 두어서 자식을 서른 명 정도는 낳아야 하는데 하나님이 주실 때까지 기다리느라고 90세가 다 되어서 첩의 아들 이스마엘을 낳고, 100세가 되어서 사라와의 사이에서 이삭 한 명만을 낳았을 뿐이었습니다. 그나마 이스마엘은 하나님이 안 된다고 해서 중간에 내어 보내었습니다. 그리고 아브라함의 삶은 양을 치느라고 여기저기를 돌아다니다가 볼일을 다 본 인생이었습니다.

이런 것을 보면 아브라함의 생애는 그렇게 위대하거나 모범적인 것 같지 않습니다. 그러나 실제로 아브라함은 가장 위대한 믿음의 삶을 살았습니다.

우선 첫 번째로 우리는 아브라함을 통해서 비로소 믿음이 무엇인가 하는 것을 구체적으로 그리고 확실히 알게 되었습니다. 아브라함에게 있어서 믿음은 하나님의 말씀을 붙잡고 끝까지 가는 것이었습니다. 아브라함은 어느 날 하나님의 말씀을 듣고 하나님을 믿게 되었습니다. 그 후부터 아브라함은 오직 하나님의 말씀만을 붙잡았고, 하나님을 믿는 믿음으로 끝까지 살았습니다.

우리가 보통 하나님과 가까운 사람이라고 하면 제사장 같은 종교인을 생각하기 쉽습니다. 그러나 아브라함은 전혀 종교적인 직업을 가진 사람이 아니었습니다. 아브라함은 오직 하나님의 말씀만을 붙잡고 산 평범한 사람이었습니다. 그러나 그의 믿음을 통해서 하나님의 뜻이 나타나고, 능력이 나타나고, 축복이 나타나게 되었습니다. 아브라함의 삶은 결코 완전무결한 삶이 아니었습니다. 아브라함은 하나님을 만나기 위해서 종교적인 명상에 빠지거나 혹은 철학적인 체계를 세우지 않았습니다. 아브라함은 자기에게 임한 하나님의 말씀을 믿었고, 그 후에는 오직 하나님만 믿었습니다.

두 번째로 그 결과 아브라함은 하나님으로부터 위대한 약속을 받았습니다. 하나님은 아브라함에게 맨 먼저 '너는 복의 근원이 될 것이라' 고 약속하셨습니다. 아브라함이 실제로 하나님의 말씀에 순종해서 안정된 삶을 버리고 하나님의 말씀을 붙잡았을 때 하나님은 아브라함을 존귀하게 하셨습니다. 그래서 하나님은 아브라함이 위기를 당할 때마다 책임을 지셨고, 이 세상의 어떤 왕이나 어떤 전쟁도 아브라함을 다치지 못하게 하셨습니다. 심지어 하나님은 소돔과 고모라를 멸망시키실 때 아브라함과 의논을 할 정도로 아브라함을 존귀하게 하셨습니다.

그리고 세 번째로 아브라함은 하나님의 말씀이 성취되는 것을 체험했습니다. 우리가 흔히 하나님의 말씀을 배우고 들으면서도 말씀은 말씀이고 실제는 말씀과 다를 때가 많습니다. 그런데 아브라함은 실제로 하나님의 말씀이 능력을 나타내는 것을 보았습니다.

그 하나가 도저히 아이를 낳을 수 없는 사라가 하나님의 말씀을 믿고 임신을 해서 아이를 낳은 것입니다. 사라가 이삭을 낳은 것은 90세 때였습니다. 물론 사라는 훨씬 이전에 아이를 낳을 수 없게 되었습니다. 그런데 하나님의 말씀을 믿었더니 그 말씀대로 사라는 늙은 여인의 몸으로 임신을 해서 아이를 낳았습니다.

그리고 또 하나는 하나님께서 아브라함에게 100세에 낳은 아들 이삭을 제물로 바치라고 했을 때입니다. 하나님은 아브라함에게 말도 되지도 않는 모순된 말씀을 주셨습니다. 하나는 아브라함의 후손은 이삭을 통해서

나야 한다는 것이고, 또 하나는 이삭은 죽어야 한다는 것이었습니다. 이때 아브라함은 하나님이 말씀하셨으면 이삭을 죽여도 살게 하실 것이라고 믿고 아들 이삭을 바쳤습니다. 그랬더니 하나님은 이삭 대신에 숫양을 받으시고 이삭은 아브라함의 믿음대로 살아서 돌아오게 되었습니다. 이때 하나님은 아브라함에게 여호와 이레의 하나님을 체험하게 하셨고, '네 대적의 문을 얻으리라' 는 복을 받게 되었습니다. 여기서 '대적의 문을 얻는다' 는 것은 대적을 몽땅 포로로 사로잡아 버리는 것을 말합니다. 우리가 이 세상을 살면서 하나님의 말씀이 이루어지는 것을 체험한다는 것은 엄청난 복입니다. 즉 이것은 금광을 하나 뚫어서 자기 것으로 가지는 것과 같은 것입니다.

그리고 네 번째로 아브라함은 실제로 하나님의 말씀으로 기적의 아들 이삭을 얻었습니다. 말씀으로 만들어진 아들은 엄청난 의미를 가지고 있습니다. 여기에는 두 가지 뜻이 있는데, 하나는 하나님의 아들이 사람이 되는 것입니다. 이삭은 예수 그리스도의 예표입니다. 결국 아브라함은 하나님의 아들이 이 세상에 오게 되는 약속을 받아내게 됩니다.

이 믿음의 아들에는 우리 같은 이방인으로서 하나님의 말씀을 믿는 자들이 모두 포함됩니다. 그래서 우리 같은 사람들이 아브라함처럼 오직 하나님의 말씀을 믿음으로 모두 하나님의 축복의 백성이 되는 것입니다. 특히 아브라함은 사랑하는 아들을 제물로 바치기 위해서 모리아 산에 올라감으로 자기 아들을 십자가에 죽게 하는 하나님의 모습을 잘 보여 주었습니다. 찰턴 헤스턴 같은 배우는 영화에서 모세 연기를 했을 뿐인데도 자기 소원을 다 이루었다고 했는데 아브라함은 모리아 산 위에서 아들을 죽여야 하는 하나님의 연기를 보여 주었던 것입니다.

그럼에도 불구하고 아브라함은 하나님의 뜻을 몰라서 많이 방황하기도 하고, 때로는 잘못된 길에 빠지기도 했습니다. 심지어는 하나님의 때를 기다리지 못해서 인간적인 방법으로 아들을 얻기도 했습니다. 아브라함의 삶은 전혀 결점이 없는 완전한 삶은 아니었던 것입니다.

아브라함은 처음에 가나안 땅에 왔을 때 가나안 땅에 기근이 들어서 도저히 살 수 없게 되었습니다. 그래서 아브라함은 하나님의 말씀이 무엇인가 잘못된 것이 아닌가 생각해서 양식이 있는 애굽에 내려갔는데 거기서 아내 사라를 빼앗기는 사건을 당했습니다. 사실 아브라함은 신부대금까지 다 받았고 완전히 사라를 빼앗겼습니다. 그런데 하나님께서 간섭하셔서 바로는 아브라함과 사라를 털끝 하나 건드리지 못하고 내어 보냈습니다. 그래서 이때까지만 해도 아브라함은 목숨 걸고 하나님의 말씀을 붙들어야 한다는 것을 잘 몰랐던 것입니다. 아마 나중에 아브라함은 아무리 흉년이 들어도 약속의 땅을 포기하지 않았을 것입니다.

왜 하나님은 아브라함에게 가나안 땅을 포기하지 못하게 하셨을까요? 그 이유는 가나안 땅이 하나님의 계시가 임하는 땅이었기 때문입니다. 그래서 하나님은 아브라함에게 단순히 먹고살기 위해서 하나님의 말씀을 쉽게 포기하지 말라고 하신 것입니다.

아브라함은 가나안 땅으로 돌아왔지만 곧 조카 롯과 갈등이 생겼습니다. 명목상으로는 양쪽이 모두 가축은 많고 땅은 좁았기 때문이었지만 실제로는 신앙의 차이 때문이었습니다. 즉 아브라함에게는 하나님의 말씀이 전부였고, 그는 거의 맹목적으로 하나님의 말씀만 붙잡고 나갔습니다. 거기에 비해서 조카 롯에게 있어서 하나님의 말씀은 그렇게 중요한 것이 아니었습니다. 하나님을 믿기는 하되 세상 현실도 중요했던 것입니다. 아브라함과 롯의 이러한 신앙의 차이는 목자들이 가축을 먹이는 데서 싸움으로 폭발하게 되었습니다. 이때 아브라함은 자기 신앙을 롯에게 강요하지 않았습니다. 그래서 서로 헤어져서 하나님을 믿으면서 잘살자고 하면서 롯을 보내었습니다. 이때 롯은 목초지가 최고로 좋은 소돔 들판을 차지했습니다.

그런데 또 어려움이 생겼는데 이번에는 전쟁이었습니다. 가나안 땅에 있는 다섯 나라와 바벨론 땅에 있는 네 나라가 전쟁을 했는데 소돔과 고모라가 져서 롯과 모든 사람이 몽땅 포로로 붙들려 갔습니다. 아브라함은 이 소식을 나중에 듣게 되었으나 이들을 빼낼 수 있는 힘이 없었습니다. 그러나 아브라함은 무조건 하나님의 능력을 믿고 그돌라오멜의 군대를 따라가서 밤에 습격을 했고, 놀랍게도 큰 승리를 거두었습니다. 그럼에도 불구하고 아브라함은 소돔의 그 엄청난 전리품에 손을 대지 않았습니다. 그 이유는, 이것은 하나님이 주신 것이 아니라고 생각했기 때문입니다.

그 다음 문제는 아들 문제였습니다. 사라는 아브라함에게 그가 더 늙기 전에 자기 여종 하갈을 첩으로 받아들여서 아이를 가지자고 했습니다. 사실 다른 주인들은 모두 이런 식으로 아이를 가졌고, 이들에게는 이때도 너무 늦은 것이었습니다. 그러나 하갈이 임신하면서 가출을 했고, 결국 나중에 돌아와서 이스마엘을 낳았습니다. 아브라함은 이스마엘을 매우 좋아했지만 이스마엘은 하나님이 주시는 아들이 아니었습니다. 결국 아브라함은 이스마엘과 하갈을 내어 보내게 됩니다.

그리고 드디어 사라가 90세에 임신을 해서 이삭을 낳았습니다. 그러나 하나님은 사랑하는 아들 이삭을 모리아 산에 가서 죽여서 번제물로 바치라고 명령하셨습니다. 아브라함은 그 말도 되지도 않는 하나님의 말씀에 순종해서 아들을 데리고 모리아 산에 가서 거의 아들을 죽일 뻔합니다. 하나님이 급히 말리시지 않았더라면 아브라함은 정말 이삭을 죽였을지도 모릅니다.

아브라함은 오직 하나님의 말씀만 붙들고 살았고, 모든 일에 대하여 하나님을 믿었습니다. 즉 하나님은 하실 수 있다는 것이었습니다. 이삭의 아냇감을 찾을 때에도 하나님이 사자를 보내어 미리 여자의 마음을 준비시켜 놓을 것이라고 했습니다.

아브라함의 믿음은 우리의 믿음과 같습니다. 우리는 아브라함의 믿음을 물려받은 후손인 것입니다. 아브라함이 복의 근원이듯이 우리도 복의 근원입니다. 우리도 하나님의 말씀만 붙들고 가면 하나님이 모든 것을 책임져 주실 것입니다. 여호와 이레의 하나님을 만나게 될 것입니다. 우리도 하나님의 말씀이 살아서 불가능한 것을 가능하게 하는 체험을 하게 될 것입니다.

2. 아브라함의 노년의 복

하나님께서는 아브라함의 노년에 그두라라는 여자를 후처로 주셔서 이삭 외에 아이들을 많이 낳게 하셨습니다.

1-2절, "아브라함이 후처를 취하였으니 그 이름은 그두라라 그가 시므란과 욕산과 므단과 미디안과 이스박과 수아를 낳았고"

여기에 보면 아브라함이 그두라라는 여자를 통해서 얻은 후손이 3대까지 소개되고 있습니다. 아브라함은 이삭을 낳기가 그렇게 어려웠습니다. 즉 믿음의 자손을 만드는 것이 너무나도 어려웠습니다. 아브라함은 100세가 되어서 믿음의 아들을 낳았지만 인간적인 아들들은 쉽게 얻었습니다. 그두라는 아브라함에게서 시므란과 욕산과 므단과 미디안과 이스박과 수아라는 여섯 명의 아들을 낳았습니다. 이들은 모두 이삭의 배다른 동생이었습니다.

그리고 욕산의 아들들과 욕산의 아들인 드단의 자손들 그리고 미디안의 아들이 기록되어 있습니다.

우리는 아브라함이 이삭을 낳은 후에 후처를 얻어서 이렇게 많은 아들을 낳는 것을 보고 주책없다고 생각할 수도 있습니다. 그러나 여기에는 수천 년의 문화적인 차이가 있습니다. 즉 아브라함이 100세에 이삭을 낳은 것으로 하나님의 뜻은 충분히 이루어졌지만 그럼에도 불구하고 옛날 사람들은 무엇인가 하나님의 축복이 부족하다고 생각한 것입니다.

고대 사람들은 하나님의 축복을 눈에 보이는 것으로 이해했습니다. 즉 물질적으로 부요하다든지 자손이 많아야 그가 하나님의 복을 받았다고 믿었던 것입니다. 고대에는 사람들이 마음의 축복 같은 것을 잘 몰랐습니다. 그래서 하나님은 눈으로 볼 수 있는 것들을 통하여 그들을 축복하셨습니다. 하나님께서 이삭 외에 많은 아들을 주신 이유는 하나님께서 아브라함의 삶을 참으로 축복하신다는 것을 보여 주시기 위해서였던 것입니다.

구원이라고 하는 것은 철저하게 심령에 이루어지는 것입니다. 내 마음에 하나님의 은혜가 임하고, 내 마음이 하나님의 뜻에 순종하고, 내 안에 하나님의 말씀과 성령의 능력이 부어지는 것이 진정한 복입니다. 그러나 믿지 않는 가족들이나 친척들은 그런 것을 복이 아니라고 생각합니다. 그래서 예수 믿는 사람을 보고 '너는 교회는 열심히 다니는데 왜 그렇게 복을 받지 못하느냐' 고 묻습니다. 하나님은 우리 마음에 억수같이 복을 부어 주신 후에 눈에 보이는 복도 주십니다. 즉 세상에서 유명하게 하기도 하시고, 돈도 많이 생기게 하십니다. 그런데 이런 것들은 우리가 이미 은혜 받은 것과는 비교가 되지 않는 부수적인 것들입니다. 그러나 세상 사람들의 눈에는 이런 것들이 크게 보이고 위대하게 보이는 것입니다. 그래서 우리 믿는 사람들의 복이 겉으로 나타날 때에는 이미 마음에는 큰 복이 부어졌다는 것을 알아야 합니다.

세상 사람들은 이삭이 태어난 것을 보고는 아브라함의 믿음이 대단하기는 하지만 그래도 제대로 복을 받았다고 생각하지 않았습니다. 그런데 늙은 아브라함이 그두라라는 여자를 첩으로 들여서 여섯 명이나 되는 아이를 낳았을 때 사람들은 그때서야 비로소 하나님의 복을 믿었던 것입니다. 그러나 그두라의 아이들은 이삭과는 비교할 수 없는 따라오는 복에 불과했던 것입니다.

아브라함은 늙어서 자기의 재산을 모두 이삭에게 주었습니다. 그리고 첩들에게서 난 아들들에게도 많은 재물을 주어서 이삭을 떠나 살도록 했습니다.

5-6절, "아브라함이 이삭에게 자기 모든 소유를 주었고 자기 서자들에게도 재물을 주어 자기 생전에 그들로 자기 아들 이삭을 떠나 동방 곧 동국으로 가게 하였더라"

하나님이 아브라함에게 아들을 주시지 않고 그렇게 기다리게 하신 것은 그의 믿음을 연단하시는 것이었습니다. 아브라함에게는 아들 문제가 큰 시험거리였습니다. 그러나 시험이 다 끝난 후에는 다른 아들들도 많이 주셨고, 아브라함은 이 아들들에게 재물을 주어서 모두 동방에 가서 살게 했습니다. 이것은 신앙의 문제가 아니라 일반 상식의 영역인 것입니다. 마찬가지로 하나님께서는 우리 성도들을 믿음으로 연단하실 때 세상의 복을 주지 않으셔서 낮아지게 하시고, 무릎 꿇게 하시고, 말씀을 붙잡게 하십니다. 그러나 하나님께서 그 믿음을 인정하신 후에는 이 세상에서도 풍족하게 살게 하십니다.

그래서 하나님은 우리가 이 세상에 살면서 하나님의 백성이라고 해서 매일 기도만 하고 무교병 같은 딱딱한 떡만 먹으며 농담이나 유머도 전혀 하지 않고 엄숙하게 지내게 하시지 않습니다. 하나님은 우리가 이 세상에서 복되고 아름답고 풍성한 삶을 살기를 원하시고, 또 그런 축복을 주십니다.

젊은이들 중에는 신앙심이 깊어지면 하고 싶은 공부도 못 하고 사귀는 사람과도 헤어지고 먼 곳에 선교사로 가서 복음을 전하다가 죽는 것을 두려워하는 사람들도 있습니다. 그러나 하나님은 참으로 우리의 삶을 아름답게 하시는 분입니다.

우리가 이 세상에서 얻을 수 있는 것 중에서 가장 귀한 것은 신앙입니다. 이것은 하나님의 아들이 되는 것입니다. 물론 신앙을 가지기 위해서는 모든 것을 버려야 합니다. 우리는 하나님이 아니면서 내 마음의 주인이 되려고 하는 것들을 버려야 합니다. 때로는 공부를 버려야 하고, 때로는 소득을 포기해야 하고, 때로는 이성 교제도 중단해야 합니다. 그러나 구원은 버리는 것만이 전부가 아닙니다. 하나님은 먼저 우리 속사람을 정금으로 만드신 후에 우리에게 더 좋은 선물을 많이 주셔서 우리의 삶을 더 아름답고 풍성하게 하십니다.

그러나 이런 것들은 하나님께서 우리에게 주신 소중한 선물이며, 영원한 천국의 예표로 주신 것입니다. 이런 것들을 누리는 것은 죄가 아닙니다. 오히려 이런 것들을 마음껏 누리고 하나님 앞에서 기뻐하는 것이 하나님이 주시는 축복입니다.

사도 바울은 "너희는 다시 무서워하는 종의 영을 받지 아니하였고 양자의 영을 받았으므로 아바 아버지라 부르짖느니라"(롬 8:15)라고 말했습니다. 우리는 더 이상 두려워하는 종의 영을 받지 아니하였습니다. 종의 영이 무엇입니까? 노예는 언제나 긴장해 있어야 하고, 언제나 두려워해야 하며, 언제나 주인이 시키는 대로 해야 합니다. 그러나 신앙은 그런 것이 아닙니다. 하나님께서는 우리에게 그의 무한한 풍성함을 맛보게 하셔서 우리로 하여금 기뻐하게 하시고 하나님을 찬양하게 하십니다. 그래서 우리가 물질적인 삶에 빠져서 하나님을 잊어버린다면 그것은 축복이 아니라 우상이 되는 것입니다. 나의 직장을 통하여 하나님의 풍성함을 더 느낄 수 있어야 합니다. 하나님께서 주신 부요함을 통하여 하나님이 더 가깝게 느껴져야 합니다.

아브라함이 깨닫는 것이 바로 이것입니다. 아브라함이 이스마엘을 낳았을 때에는 하나님이 멀어졌습니다. 아브라함이 이스마엘을 낳은 후에 10년이 넘게 아브라함과 하나님의 교제가 끊어졌습니다. 그러나 그두라의 아들들은 그렇지가 않았습니다. 아브라함은 아무리 아들들이 많아도 하나님과 멀어지지 않았습니다. 아브라함은 오히려 이 많은 아들들을 통해서 하나님이 더 가깝게 느껴졌고, 날마다 하나님의 풍성한 은혜를 체험할 수 있었습니다. 그러나 아브라함은 이삭과 그두라가 낳은 아들들을 분명히 차별화했습니다. 그래서 중요한 것은 이삭에게 물려주고 다른 아들들에게는 재물을 주어서 이삭을 떠나서 살게 했습니다. 이것은 아브라함이 하나님의 은혜와 축복을 바꾸지 않겠다는 것입니다. 하나님의 말씀에 축복이 따라와야지 말씀을 팽개치고 축복을 붙잡으면 둘 다 잃어버리게 됩니다.

3. 아브라함의 임종

7-8절, "아브라함의 향년이 일백칠십오 세라 그가 수가 높고 나이 많아 기운이 진하여 죽어 자기 열조에게로 돌아가매"

아브라함은 75세 때 하나님의 부르심을 받고 하나님의 말씀에 붙들렸는데 175세에 죽었습니다. 그러니까 100년 동안 아브라함은 하나님의 말씀을 붙잡고 살았습니다. 그런데 아브라함은 100년 동안에 믿음의 아들은 이삭 단 한 명을 낳았습니다. 아브라함만이 아니라 아브라함 이전에 살았던 믿음의 조상들도 거의 백 살이 되어서 믿음의 아들을 낳았습니다. 세상적인 자식들은 수두룩하게 생기는데 믿음의 아들을 낳는 것은 너무나도 어려웠습니다. 그런데 오늘 우리에게는 이렇게 많은 믿음의 사람들이 생기고 있습니다. 즉 누구든지 말씀을 듣고 예수를 믿으면 믿음의 사람들이 되는 것입니다.

아브라함은 결코 천사처럼 완전하게 산 것이 아니었습니다. 아브라함은 때때로 하나님의 뜻을 몰라서 방황하기도 하고, 때로는 잘못된 길로 가기도 했습니다. 또 아브라함은 하나님의 말씀을 믿는다고 하면서도 인간적인 염려나 인간적인 실수에 빠지기도 했습니다. 그러나 바로 아브라함의 이 실제적인 삶이 우리에게는 완전한 믿음의 교본이 되는 것입니다. 만일 아브라함이 모세같이 살았고, 엘리야 같은 능력의 종이었더라면 우리는 아브라함의 믿음의 길을 걸을 수 없었을 것입니다. 그러나 아브라함은 모세도 아니었고 엘리야도 아니었습니다. 우리와 똑같이 실수도 하고 방황하기도 하는 연약한 사람이었지만 하나님의 말씀을 붙들었을 때 끝까지 믿음의 삶을 살 수 있었습니다.

우리나라 사람들은 영웅적인 죽음을 굉장히 좋아합니다. 우리나라 사람들이 열광하는 위대한 인물은 가장 높은 자리까지 올라가야 합니다. 그런데 그 훌륭한 사람이 가진 재산이 아무것도 없고 뿔테 안경 하나만 남기고 죽었을 때 입이 마르고 닳도록 칭찬을 합니다.

그런 삶이 엄청난 자기 극복의 삶이고 위대한 삶인 것은 사실입니다. 그러나 하나님이 위대하게 생각하시는 것은 하나님의 말씀을 붙잡고 끝까지 가는 것입니다. 그러면 그 사람이 부자가 될 수도 있고, 가난할 수도 있고, 유명할 수도 있고, 유명하지 않을 수도 있습니다. 그러나 그는 하나님의 복을 가진 사람이고 부흥을 일으키는 사람입니다. 하나님은 이 사람을 통해서 하나님 자신을 나타내기를 원하시는 것입니다.

이제 아브라함은 죽음을 앞두고 있었고, 몇 안 되는 그의 자녀들이 그의 임종을 지켜보았습니다. 그러나 하늘의 허다한 무리의 천군 천사와 성도들이 막 끝난 아브라함의 삶의 연주에 우레 같은 박수로 축하하며 그를 환영했을 것입니다.

아브라함은 아무것도 없는 가운데 하나님의 말씀으로 위대한 삶을 만들어 내었습니다. 마치 식물이 수분과 태양열을 가지고 열매를 만들어 내듯이 아브라함은 하나님의 말씀과 믿음을 가지고 위대한 삶을 만들어 내었습니다. 이것은 엄청난 것입니다. 그래서 세상에서의 박수갈채와 천국에서의 박수갈채는 완전히 그 기준이 다른 것입니다.

우리는 때때로 다른 사람들보다 못한 조건에 있으면 화가 납니다. 우리는 남들보다 더 누리지 못하는 것에 대하여 불평합니다. 그러나 우리는 이런 가운데서 말씀과 믿음으로 위대한 삶을 만들어 내어야 하는 것입니다. 만일 우리가 세상 사람들과 모든 것이 똑같다면 믿음은 아무 소용이 없을 것입니다. 우리가 세상 사람들과 사는 조건이 다른 것은 당연한 것입니다.

9-10절, "그 아들 이삭과 이스마엘이 그를 마므레 앞 헷 족속 소할의 아들 에브론의 밭에 있는 막벨라 굴에 장사하였으니 이것은 아브라함이 헷 족속에게서 산 밭이라 아브라함과 그 아내 사라가 거기 장사되니라"

아브라함이 죽었을 때 자식들은 아브라함을 사라가 묻힌 막벨라 동굴에 묻었습니다.

여기서 우리는 몇 가지 사실을 생각할 수 있습니다. 그중 하나는 사람이 이 세상에 살면서 그토록 영광스럽고 특별할 수 있는 것은 하나님께서 자신의 영광의 일부를 나누어 주셨기 때문이라는 것입니다. 이 세상에 큰 권세를 휘두르는 사람들이 위대하게 보이는 것은 하나님이 자신의 능력의 일부를 빌려 주셔서 그런 것입니다. 그래서 권력자들은 그 자리에 있을 때에는 마치 자기가 절대자인 것처럼 권력을 휘두릅니다. 그러나 그 자리를 물러나면 역시 그도 한 평범한 인간으로 돌아가고 마는 것입니다. 그러나 아브라함의 삶이 그토록 영광스러울 수 있었던 것은 그의 삶에 하나님께서 늘 함께하셨기 때문입니다. 이 세상 권력은 그 자리에 있는 동안만 절대적일 수 있습니다. 그러나 하나님의 백성은 자리와 상관없이 영광스러울 수 있습니다. 그 이유는 하나님께서 그의 영광과 능력을 항상 그에게 나누어 주시기 때문입니다.

예수님은 아브라함에 대하여 이렇게 말씀하셨습니다. 즉 예수님은 성경에 하나님께서 자신을 '아브라함과 이삭과 야곱의 하나님' (마 22:32)이라고 말씀하셨는데 하나님은 결코 죽은 자의 하나님이 되실 수 없으므로 아브라함은 죽은 것이 아니라 하나님 앞에서 살아 있다고 하신 것입니다. 아브라함은 이 세상에서는 죽었지만 하나님 앞에서는 살아 있는 것입니다.

우리 성도나 성도의 가족들은 비록 죽었을지라도 하나님 앞에 다 살아 있습니다. 그래서 우리 성도들은 남편이나 아내나 자식이 죽었다고 해서 너무 절망하지 마시기 바랍니다. 오히려 그들은 이 세상보다 더 안전하고 더 행복한 가운데 살아 있습니다. 단지 잠시 동안 만나지 못하는 것이 안타까운 것입니다.

그러나 두 번째로 아브라함은 하나님의 모든 약속이 성취되는 것을 다 보지 못하고 죽었습니다. 그는 이스라엘이 나라가 되는 것도 보지 못했고, 그의 자손들이 밤하늘의 별처럼 많아지는 것도 보지 못했습니다. 그러나 아브라함은 믿음의 눈으로 다 보았습니다. 오히려 아브라함은 믿음으로 그리스도가 오실 것까지 내다보았습니다.

"너희 조상 아브라함은 나의 때 볼 것을 즐거워하다가 보고 기뻐하였느니라" (요 8:56).

우리는 모든 것을 눈으로 본 후에 이루어졌다고 생각해서는 안 됩니다. 하나님이 말씀하셨으면 언젠가는 다 이루어지게 되어 있습니다. 왜냐하면 하나님의 말씀은 일점일획도 땅에 떨어지지 않고 다 이루시기 때문입니다.

아브라함은 자신의 죽음이 하나의 믿음의 징검다리가 되기를 바랐습니다. 그래서 사라가 죽었던 그 무덤에 자기도 장사되어서 장차 이스라엘 백성이 가나안 땅으로 돌아오는 계기가 되게 한 것입니다.

아브라함은 이 세상에서 아주 작은 동굴에 누워 있지만 그는 하나님 앞에서 가장 넓은 땅을 차지하고 있을 것입니다. 그래서 본문에서는 열조에게로 돌아갔다고 말하고 있지만 이스라엘 백성은 천국을 아브라함의 품이라고 부르고 있었습니다. 마치 천국 그 전체가 아브라함의 소유인 것처럼 표현하고 있는 것입니다.

우리는 우리 시대에 최선을 다하여 하나님의 나라를 세웁시다. 아직 우리의 삶 가운데 사탄이 지배하고 있고 불의가 다스리고 있는 부분이 너무나도 많습니다. 우리는 우리 아들들과 딸들에게 더 완성된 하나님 나라의 모습을 물려줍시다. 그러면 우리 아들들은 우리를 징검다리로 해서 더 위대한 믿음으로 나아갈 수 있을 것입니다.

성경 토의

1. 우리는 때때로 믿음의 사람들을 영웅으로 만들려고 할 때가 많다. 영웅적인 삶과 믿음의 삶은 어떻게 다른가?

2. 우리는 아브라함의 믿음의 삶을 어떻게 요약할 수 있으며, 아브라함이 남긴 위대한 유산은 과연 무엇인가?

3. 우리의 믿지 않는 친척들에 대하여 우리는 어떻게 생각하며, 어떤 관계로 대해야 하는가?

32_에서와 야곱의 출생

창세기 25:19-34

전체적 설명

이삭은 리브가를 통해서 에서와 야곱이라는 쌍둥이 아들을 얻었는데 이들은 외모만이 아니라 성격도 완전히 달랐다. 그런데 하나님께서는 이 쌍둥이가 세상에 태어나기도 전에 '큰 자가 어린 자를 섬기리라' 는 말씀으로 동생을 지지하셨다. 그러나 이삭은 이 말씀을 인정하지 못하고 에서를 장자로 삼으려고 하다가 에서와 야곱의 사이는 원수가 되고, 결국 자기도 야곱에게 속아서 축복을 하게 된다.

설교 프리노트

19절, "아브라함의 아들 이삭의 후예는 이러하니라"

위대했던 아브라함의 시대가 끝나고 이제 그 아들 이삭의 시대가 시작된다. 그러나 이삭의 생애는 아브라함의 생애에 비하면 내용이 그렇게 많지 않다. 그 이유는 이삭의 생애가 아브라함의 생애에 비해서 간단하기도 하지만 우리의 구원에 필요한 내용이 적어서 그럴 것이다. 성경은 믿음의 조상의 생애라고 해서 모든 것을 다 기록하는 것이 아니라 우리의 구원에 필요한 것만 기록하는 것이다. 그래서 이삭의 생애는 그 아들 야곱의 생애와 겹쳐서 나타나고 있다.

21절, **"이삭이 그 아내가 잉태하지 못하므로 그를 위하여 여호와께 간구하매"**

이삭은 마흔이 되어서야 결혼을 했는데 결혼을 한 후에도 리브가가 아이를 낳지 못했다. 이삭은 더 이상 기다릴 수 없어서 하나님께 기도했고, 그 결과 리브가가 임신을 하게 되었다. 하나님께서는 때로 우리로 하여금 기도를 하게 하셔서 그 응답으로 필요한 것을 얻게 하실 때가 있다. 그 이유는 그렇게 해야 우리가 더 소중함을 깨닫게 되기 때문이다.

22절, **"아이들이 그의 태 속에서 서로 싸우는지라"**

아마 리브가는 자기가 임신을 한 것은 분명한데 언제나 배가 요동하는 것을 보고 매우 불안해했던 것 같다. 이것은 배 속의 두 아이가 싸우기 때문이었다. 배 속에 있는 두 아이가 싸운다는 것은 아마도 나중의 어른들의 해석일 것이다. 두 아이는 비록 배 속에 있었지만 성격이 완전히 달랐고, 비록 배 속일지라도 서로 용납하지 못하고 발로 차면서 거부했던 것 같다.

"이같으면 내가 어찌할꼬"

이 구절은 '이러면 내가 어떻게 살 것인가' 라는 뜻으로 해석할 수 있다. 아마 리브가는 자기가 큰 병에 걸린 것으로 알고 그런 식으로는 도저히 살 수 없다고 생각한 것 같다. 리브가는 배 속의 두 아들 때문에 견디기가 힘들었던 것 같다.

"가서 여호와께 묻자온대"

리브가가 도대체 어디에 있는 누구를 찾아가서 여호와께 물었을지 궁금하다. 당시 선지자가 있었더라면 선지자를 찾아가서 물었을 텐데 아브라함은 이미 죽었으므로 아마 남편 이삭을 통해서 하나님께 물었든지, 아니면 혼자 기도하는 곳에 가서 물었을 것이다. 아무튼 성경은 중요하지 않은 것에 대해서는 기록을 하지 않는다.

23절, **"두 국민이 네 태중에 있구나 두 민족이 네 복중에서부터 나누이리라"**

보통 국민이 나뉜다고 하는 것은 인종으로 나뉘거나 혹은 국경을 사이에 두고 나뉘는 것을 말한다. 그러나 리브가의 배에서 태어나는 아이는 신앙 때문에 나라가 나누어지게 된다. 우리 민족도 이데올로기 때문에 남한과 북한으로 나누어져서 적대 관계로 지내고 있다. 그런데 때로는 한 가족이나 친척들이 신앙이 다르다는 이유로 적대 관계에 있을 수도 있다. 에서와 야곱은 이미 오래전에 이런 관계를 경험했던 것이다. 즉 에서와 야곱은 쌍둥이 형제임에도 불구하고 결코 하나로 연합하지 못하고 물과 기름처럼 나누어지게 되는 것이다.

"이 족속이 저 족속보다 강하겠고 큰 자는 어린 자를 섬기리라"

하나님께서는 분명히 한 아이를 다른 아이보다 더 사랑하고 축복하실 것을 말씀하셨다. 그런데 하나님이 축복하시는 아이는 큰아들이 아니고 작은아들, 즉 동생인 것이다. 하나님께서는 두 아이가 태어나기도 전에 이미 작은 아이를 사랑하여 축복하시기로 예정하셨다. 우리는 때때로 하나님의 예정에 대하여 불공평하다고 생각하기 쉽다. 그러나 이것은 결코 불공평한 것이 아니다. 원래는 두 사람 모두 하나님의 축복을 받기에 부적합하지만 하나님은 하나라도 제대로 축복하시기 위해서 목표를 정해서 몰아가시는 것이다. 예를 들어 사자가 사슴을 사냥하려면 사슴의 무리 중에서 어느 하나를 목표로 정해서 집중적으로 공격해야 사냥을 할 수 있을 것이다. 마찬가지로 우리 인간은 하나님을 피하여 달아나기 때문에 하나님은 하나를 정해서 집중적으로 따라가서 붙잡으시는 것이다. 여기서 하나님께서 '큰 자가 어린 자를 섬기리라' 고 하신 것은 작은 자가 하나님의 축복의 대상인 것을 밝히신 것임과 동시에 큰 자가 하나님의 은혜를 받으려고 하면 겸손하게 동생의 종이 되어야 하는 것을 예언하신 것이다.

25**절, "먼저 나온 자는 붉고 전신이 갖옷**[개역개정: 털옷] **같아서 이름을 에서라 하였고"**

먼저 나온 형은 몸이 붉은 편이었고, 온몸에 털이 많아서 마치 털옷을 입은 것 같았다. 털옷은 히브리 원어로 '세아르' 라고 하는데 여기서 나중에 '세일' 이라는 지명이 나오고, 또 '에서' 라는 이름을 갖게 되었다.

26절, "후에 나온 아우는 손으로 에서의 발꿈치를 잡았으므로"

뒤에 나온 아이는 형에게 지기 싫어서인지, 아니면 우연인지 모르지만 형의 발꿈치를 손으로 잡고 나왔다. 그래서 이 아이의 이름은 '야곱' 이 되었는데, 이는 '발꿈치를 잡는 자' 혹은 '다른 사람을 속여서 밀쳐내는 자' 라는 뜻을 가지고 있다. 아마 당시에는 목축을 하면서 목동들이 씨름을 많이 한 것 같고, 씨름의 기술 중에 쓰러지는 척하면서 상대방의 발꿈치를 잡아서 넘어뜨리는 기술이 있었던 것 같다. 그래서 '발꿈치를 잡는 것' 은 상대방을 속여서 쓰러뜨린다는 의미를 가지게 된 것이다.

"리브가가 그들을 낳을 때에 이삭이 육십 세이었더라"

이삭은 무려 20년을 기다린 후에 쌍둥이 아들을 얻게 되었다. 하나님께서 아브라함에게 하늘의 별처럼 많은 자손을 주시겠다고 약속을 하셨는데 믿음의 자손은 참으로 오랜 시간에 걸쳐서 힘들게 얻어지는 것을 볼 수 있다.

27절, "에서는 익숙한 사냥꾼인고로 들사람이 되고"

에서는 힘이 세고 기질이 남성적이어서 사냥꾼이 되었는데, 당시에는 사냥꾼이 인기가 있는 직업이었던 것 같다. '익숙한 사냥꾼' 이라고 하는 것은 '기술이 뛰어난 사냥꾼' 이라는 뜻이다. 그래서 에서는 집에 있지 않고 들판에 있을 때가 많았다.

"야곱은 종용한 사람"

'종용한 사람' 은 히브리 어로 '이쉬 탐' 으로, 비활동적이고 내성적인 사람을 의미하는 듯하다. 야곱은 주로 들판으로 돌아다니지 않고 집에 있을 때가 많았다. 그래서 야곱은 집에 있으면서 자기 집에 전해 내려오는 할아버지 아브라함과 아버지 이삭의 믿음과 축복의 이야기를 많이 듣게 되었을 것이고 그 축복의 가치를 일찌감치 깨달았던 것이다. 그러나 야곱은 그 축복을 받는 방법을 몰랐다.

28절, "이삭은 에서의 사냥한 고기를 좋아하므로 그를 사랑하고 리브가는 야곱을 사랑하였더라"

여기서 이삭과 리브가가 두 아들을 대할 때에 하나님의 말씀에 따라서 하지 않고 개인적인 취향에 따라서 대하는 것을 보게 된다. 하나님께서 분명히 '큰 자가 어린 자를 섬기리라' 고 말씀하셨으면 부모도 동생 야곱이 축복받은 자인 것을 인정하고 야곱이 교만하지 않게 가르치고 에서에게는 신앙적인 부분에 관심을 가지도록 가르치는 것이 옳았을 것이다. 그러나 이삭은 나이가 들면서 사냥한 고기의 질긴 맛을 좋아하였다. 그래서 이삭은 에서가 사냥을 해 오니까 에서를 더 사랑했고, 리브가는 아무래도 밖으로 돌아다니는 에서보다는 언제나 집에 있으면서 심부름을 하는 야곱을 더 사랑하게 되었다.

29절, "야곱이 죽을 쑤었더니 에서가 들에서부터 돌아와서 심히 곤비하여"

야곱의 일상사와 에서의 일상사를 잘 보여 준다. 야곱은 주로 장막에 있으면서 죽을 쑤는 일을 하였다. 아마 야곱은 어머니 리브가를 돕다 보니까 요리도 잘하게 되었던 것 같다. 그러나 에서는 들판으로 돌아다니면서 사냥을 하니까 집에 잘 붙어 있지 않았고, 또 늘 사냥에 성공하는 것이 아니기 때문에 지친 채 빈손으로 돌아올 때도 있었을 것이다.

30절, "그 붉은 것을 나로 먹게 하라"

여기서 야곱이 끓였던 죽이 붉은 색이 나는 팥죽인 것을 알 수 있다. 에서는 너무 배가 고파서 죽 이름도 말하지 않고 '저 붉은 것을 좀 먹게 하라' 고 했다.

31절, "형의 장자의 명분을 오늘날 내게 팔라"

야곱은 형의 장자권을 노리고 있었던 것 같다. 그러다가 드디어 에서가 너무나도 배가 고파서 집에 돌아왔을 때 그 기회를 얻은 것이다. 여기서 '장자의 명분' 이라는 것은 '장자권' 을 말하는데 이는 신앙적인 의미와 세상적인 의미가 있다. 즉 신앙적인 의미는 아브라함의 복을 상속하는 것이다. 그래서 이 세상에 하나님의 복으로 축복하는 자가 되고, 그 자손이 하늘의 별처럼 많아지고 가나안 땅을 차지하는 복이다. 거기에 비해서 세상적인 장자권은 부모의 재산을 다른 형제의 배 이상으로 상속하고 집안 전체를 다스리는 권한을 가지게 되는 복이다. 야곱은 이 두 가지를 모두 알고 있었을 것이며, 그것을 형으로부터 빼앗으려고 하는 것이다.

32절, "에서가 가로되 내가 죽게 되었으니 이 장자의 명분이 내게 무엇이 유익하리요"

여기서 에서의 성격을 엿볼 수 있다. 에서는 사냥을 마치고 집에 돌아왔을 때 배가 몹시 고팠던 것 같다. 에서는 배가 고파서 죽을 지경이었기 때문에 그까짓 장자권이 무슨 소용이 있느냐고 하면서 동생에게 팔겠다고 하였다. 에서는 앞뒤를 생각하지 않고 기분 내키는 대로 행동하고 말하는 성격이었다.

33절, "야곱이 가로되 오늘 내게 맹세하라"

야곱은 형 에서가 장자권을 팔겠다고 했을 때 장자권을 빼앗을 수 있는 절호의 기회라고 생각하여 당장 에서에게 맹세를 하라고 했다. 에서는 오직 배가 고파서 죽을 먹어야 되겠다는 생각으로 별 생각 없이 맹세를 하고 장자권을 포기해 버렸다.

34절, "에서가 장자의 명분을 경홀히 여김이었더라"

에서의 자세에 대한 성경적인 해석이다. 에서는 아브라함 집의 장자권이 얼마나 중요한 의미를 가지는지 모르고 가볍게 포기해 버렸다. 에서는 오직 팥죽 한 그릇에 하늘의 축복을 포기하는 너무나도 어리석은 거래를 하였던 것이다. 에서의 관심은 오직 세상에 있었고 사람들의 인기에 있었다. 이것이 앞으로 오고 오는 세상에서 눈에 보이는 이익 때문에 하나님의 축복을 팔아 버리는 어리석은 자들의 모형이 되는 것이다.

본문 이해를 위한 질문

1. 어떻게 해서 이삭에게 자녀가 태어났는가?

이삭이 리브가와 결혼한 후 오랜 시간이 지나도록 아이가 생기지 않자 하나님께 기도하여 리브가가 아이를 가지게 되었다. 그러나 배 속에 있는 아이들이 서로 싸우기 때문에 리브가는 너무 고통스러워서 하나님께 물어서 쌍둥이가 배 속에 있고, 그들이 서로 싸우는 것이라는 것을 알게 되었다.

2. 배 속에 있는 두 아이에 대한 하나님의 뜻은 어떠하였는가?

하나님께서는 리브가의 배 속에 있는 두 아이가 신앙적인 이유로 서로 갈라져서 서로 다른 민족처럼 되어 버리며, 작은 자가 하나님의 사랑을 받고 축복받을 자인 것을 예언하셨다.

3. 에서와 야곱은 어떤 모습으로 태어났으며, 두 아들에 대한 부모의 태도는 어떠하였는가?

에서는 건강해서 피부가 붉은 색이었고, 온몸에 털이 많이 나 있었다. 그리고 야곱은 태어나면서부터 형의 발꿈치를 잡고 태어났다. 에서는 건강해서 능숙한 사냥꾼이 되었고 야곱은 비활동적이어서 집에 있었는데, 이삭은 에서가 사냥한 고기를 좋아해서 에서를 좋아했고, 반면에 리브가는 집에 있는 야곱을 좋아했다.

4. 야곱은 어떻게 에서로부터 장자권을 사게 되었는가?

야곱이 죽을 끓이고 있을 때 에서가 배가 고파서 기진맥진해서 돌아온 것을 보고 팥죽 한 그릇으로 장자권을 샀다.

성경 강해

아이들은 형제가 많은 집에서 자라는 것이 좋을 때가 많습니다. 물론 형제들끼리 싸우기도 하지만 같이 어울려서 놀기도 하고 형들로부터 많은 것을 배울 수 있기 때문입니다. 특히 다른 집 아이와 싸우게 되었을 때 형이 있다는 것이 얼마나 든든한지 모릅니다. 그러나 어렸을 때 그렇게 우애 있고 친하게 지내던 형제들도 결혼해서 가정을 꾸려 나가면서 각각 자기의 길을 걷게 됩니다. 그러다가 신앙이 서로 다르면 더 멀어집니다. 왜냐하면 공통점이 없기 때문입니다. 예수를 믿지 않는 형제들은 모이면 화투나 하고 술이나 마시는 데 비해 예수 믿는 사람들은 그런 분위기가 너무 어색해서 힘들어 하고 답답해합니다.

오래전에 상영되었던 "흐르는 강물처럼"이라는 영화는 아버지가 장로교 목사인 두 형제의 이야기를 그리고 있습니다. 두 형제는 아버지 밑에서 요즘으로 치면 홈스쿨링을 하면서 공부를 하는데 사이가 아주 좋았습니다. 그래서 같이 아버지에게 플라이 낚시를 배우기도 하고, 형이 다른 아이와 싸움이 붙으면 동생이 도와주기도 했습니다. 심지어는 한밤중에 친구들과 다른 집의 배를 훔쳐서 폭포를 타고 내려오다가 배가 다 깨어지기도 합니다. 그런데 자라면서 이 두 아들의 길은 달라집니다. 형은 공부를 열심히 해서 다트머스 대학을 졸업하고 시카고 대학의 강사가 됩니다. 그런데 동생은 신문사 기자였는데 노름에 빠지는 바람에 노름꾼들에게 무참하게 두들겨 맞고 죽습니다.

저희 집은 형제가 많아서 어렸을 때 우애가 있고 재미있게 자랐습니다. 그리고 형들은 공부도 잘하고 재주도 많아서 저는 형들을 부러워하며 자랐습니다. 저는 타고 난 재주가 하나도 없었습니다. 그래서 부모님이 심부름 시키는 것이나 겨우 했습니다. 그런데 제가 아주 잘하는 것이 하나 있었습니다. 그것은 예수 믿는 재주였습니다. 저는 다른 것은 전혀 하지 못했지만 교회에 나가고 설교를 듣고 예수 믿는 데는 특별한 재주가 있었습니다. 그래서 처음에는 아버지와 부딪히고 나중에는 형제들과도 멀어지고 친구들과도 멀어지게 되었지만 나중에 보니까 이것이 엄청난 복이었습니다.

그런데 하나님께서는 제가 이렇게 예수 믿고 믿음의 길을 걷는 것을 제가 태어나기도 전부터 예정하셨다고 말씀하고 있습니다. 결국 하나님은 저의 인생길 전체를 통해서 야생동물과 같은 저를 믿음의 길로 몰아오셨던 것입니다.

얼마 전에 아내와 저는 오랜만에 가까운 댐 위에 있는 산책로에 갔습니다. 그런데 거기에 있는 시내는 상수원 보호 지역이 되어서 사람들이 내려가지 못하도록 둑이 좀 높았습니다. 거기에 고라니 새끼가 한 마리 내려와 있었는데 저희를 보고는 놀라 달아나려 했으나 둑이 높아 아무리 도망을 쳐도 결국 시내를 따라서 갈 수밖에 없었습니다. 고라니 새끼는 아무리 도망을 쳐도 우리와 만나게 되니까 계속 시내를 따라서 도망을 쳤습니다.

우리도 모두 야생동물 같은 습성이 있어서 하나님으로부터 도망치는 사람들이었습니다. 그러나 우리는 산에 있는 야생동물과 달리 시내에 갇힌 야생동물입니다. 그래서 우리가 아무리 하나님의 은혜로부터 도망을 쳐도 결국 하나님의 은혜에 갇히게 되어 있어서 결국은 하나님을 믿게 되고 하나님의 은혜에 감격하게 되는 것입니다.

오늘 본문 말씀을 보면 이삭이 오래 기다렸다가 드디어 쌍둥이 아들을 낳게 됩니다. 그런데 이 아들들은 서로 외모도 달랐고 성격도 완전히 달랐습니다. 결국 이들은 하나님에 대한 신앙까지도 달라집니다. 그런데 놀라운 것은 하나님께서는 이 쌍둥이가 이 세상에 태어나기도 전에 이들에 대하여 다른 계획을 가지고 계셨던 것입니다.

기독교의 가르침 중에서 가장 비밀스러운 가르침이 예정에 대한 가르침입니다. 하나님은 사람들이 이 세상에 태어나기도 전에 그들을 알고 계셨으며 그들을 택하셨다는 것입니다. 즉 하나님은 어떤 사람들은 은혜를 주셔서 하나님을 믿고 구원받게 하시고, 어떤 사람들은 버리셔서 자기 멋대로 살게 하신다는 것입니다.

사실 이 예정설보다 더 화나게 하는 것이 없습니다. 만일 하나님께서 우리의 의사와는 상관없이 구원받을 자를 정하셨다면 우리의 노력은 무슨 의미가 있느냐 하는 것입니다. 그러나 하나님이 이렇게 우리가 태어나기도 전부터 예정하시고 우리를 붙잡지 아니하셨더라면 구원받을 수 있는 사람은 아무도 없을 것입니다. 우리는 그만큼 모두 하나님을 믿지 않고 도망치는 자들이기 때문입니다.

1. 아이를 위하여 기도하는 이삭

하나님께서는 아브라함에게 하늘의 별처럼 많은 자손을 주시겠다고 약속하셨는데 백 살이 되어서 이삭 한 명을 낳게 하셨습니다. 이삭은 아브라함이 노년에 가진 유일한 아들이었습니다. 그리고 이삭은 하나님께서 짝을 정해 주실 때까지 기다리느라고 40세가 다 되어서 겨우 리브가와 결혼을 했습니다. 그럼에도 불구하고 이삭은 결혼한 지 상당한 시간이 지나도록 아이를 가지지 못했습니다.

우리가 이해할 수 없는 것이 바로 이런 부분입니다. 즉 하나님께서 축복하시고 하나님이 기뻐하시는 결혼을 했는데도 불구하고 왜 아이가 생기지 않을까 하는 것입니다. 우리는 그 이유를 잘 알지 못합니다. 그럼에도 불구하고 하나님은 우리에게 좋은 것을 주시기 전에 오래 기다리게 하십니다. 그 이유는 하나님이 좋은 것을 너무 빨리, 너무 쉽게 주시면 우리가 그것이 귀한 줄 모르기 때문입니다. 그래서 하나님은 때때로 우리로 하여금 자식이나 건강이나 직장이나 교회를 위해서 오래 기도하게 하십니다. 특히 교회의 부흥을 위해서는 오래 기도하지 않으면 결코 주시지 않습니다. 왜냐하면 이것은 가장 소중한 것이기 때문입니다.

그래서 이삭은 자식 문제를 두고 하나님께 기도를 드렸습니다.

21절, "이삭이 그 아내가 잉태하지 못하므로 그를 위하여 여호와께 간구하매 여호와께서 그 간구를 들으셨으므로 그 아내 리브가가 잉태하였더니"

이삭이 모리아 산에서 죽을 뻔했을 때 깨달은 것이 '여호와 이레' 입니다. 즉 하나님은 우리에게 필요한 것을 모두 준비해 주신다는 것입니다. 그럼에도 불구하고 우리는 하나님께 맡긴다고 하면서 사실 무관심하게 될 때가 많습니다. 그래서 하나님은 우리로 하여금 오래 기다리게 하시고, 때로는 기도하게 하신 후에 응답을 주시는 것입니다. 그래서 하나님께서 우리를 사랑하심에도 불구하고 우리로 하여금 오래 기다리게 하실 때에는 굉장히 좋은 것을 주시려고 하시는 것입니다. 그러므로 우리는 하나님이 주시지 않는 것에 대하여 원망하거나 불평할 것이 아니라 오히려 더 열심히 하나님의 뜻을 찾아야 하고 기도해야 합니다.

이삭이 자식을 위해서 기도했을 때 하나님은 그 기도를 들으시고 리브가로 하여금 아이를 가지게 하셨습니다. 그런데 리브가가 임신한 후 어느 정도 시간이 흘렀을 때 너무나도 속이 울렁거리고 요동을 치는 바람에 불안해졌습니다.

22절, "아이들이 그의 태 속에서 서로 싸우는지라 그가 가로되 이같으면 내가 어찌할꼬 하고 여호와께 묻자온대"

아마 리브가는 거의 죽을 지경이 되었던 것 같습니다. 그래서 리브가는 견디다 못해 하나님께 기도를 하면서 여쭈어 보았습니다. '하나님, 제 속이 너무나도 요동을 하고 울렁거리는데 도대체 무엇 때문에 이런 일이 일어나는 것입니까? 혹시 제가 죽을병에라도 걸린 것입니까?' 요즘 같으면 산부인과에 가서 초음파로 검사해 보면 리브가가 쌍둥이를 임신했으며, 쌍둥이가 매일 배 속에서 치고 박고 싸운다는 것을 알았을 것입니다. 그러나 그 옛날에는 초음파 기기가 없어서 리브가는 무엇이 잘못되었는가 해서 깊이 근심했습니다.

본문의 '이같으면 내가 어찌할꼬' 가 다른 번역에는 '이러면 도대체 내가 어떻게 살꼬' 로 되어 있습니다. 다시 말해서 리브가는 자기 몸 안에서 일어나고 있는 엄청난 요동으로 인하여 괴로워서 죽을 지경이 되었다는 것입니다. 그래서 리브가가 이 문제를 놓고 하나님께 나아가서 물었을 때 하나님께서는 놀라운 응답을 주셨습니다.

23절, "여호와께서 그에게 이르시되 두 국민이 네 태중에 있구나 두 민족이 네 복중에서부터 나누이리라 이 족속이 저 족속보다 강하겠고 큰 자는 어린 자를 섬기리라 하셨더라"

하나님은 리브가의 불안에 대해 하나님의 말씀으로 응답해 주셨습니다. 그런데 이것이 아주 중요한 말씀이었습니다. 하나님께서는 이삭과 리브가로 하여금 오래 기다리게 하시고, 또 배 속에서 일어나는 요동을 통해서 하나님의 말씀을 듣게 하셨습니다. 이 말씀은 이 쌍둥이만이 아니라 이스라엘 민족과 에서의 후손 전체의 미래를 결정하는 말씀이었습니다. 하나님께서는 말씀으로 리브가의 현재 상태만 진단하신 것이 아니라 아이들의 미래까지 말씀해 주셨습니다. 즉 리브가의 속이 불편하여 괴로운 것은 병이 든 것이 아니라 쌍둥이를 가졌기 때문이며, 이 쌍둥이가 매일 어머니 배 속에서 싸우고 있다는 것입니다. 그리고 이 쌍둥이는 두 민족으로 갈라질 것이며, 더 중요한 것은 큰 자가 어린 자를 섬길 것이라고 하신 것입니다. 결국 하나님께서 축복하시는 사람은 형이 아니라 동생인 것입니다.

보통의 경우 형제의 성격이 아무리 달라도 형제로 살아갑니다. "피는 물보다 진하다"라는 말이 있듯이 형제는 같은 민족으로 살아갑니다. 그러나 우리나라 같은 경우에는 사상 때문에 민족이 나누어졌습니다. 즉 이데올로기가 우리 민족을 갈라 놓았습니다. 그러나 한국전쟁 때 보면 군에 끌려간 형이나 동생을 구하기 위해서 북한군이 되기도 하고 국군이 되기도 했습니다. 이것이 바로 이 민족의 '태극기 휘날리며' 인 것입니다.

그런데 이삭의 두 아들은 하나님을 믿는 신앙 때문에 민족이 갈라지게 되고, 이때 하나님은 큰 자를 택하시는 것이 아니라 작은 자를 하나님의 백성으로 택하실 것이라고 말씀을 하십니다. 그래서 큰 자가 은혜 받을 수 있는 길은 작은 자를 섬기는 것입니다. 그리고 하나님은 큰 자가 작은 자를 섬기리라고 말씀하신 것입니다.

이것을 통해서 우리가 알 수 있는 것은, 우리가 하나님을 믿게 되는 것이 우리의 노력이나 우연으로 되는 것이 아니라는 것입니다. 이것은 우리가 태어나기도 전에 하나님께서 선택하시고 예정하신 것에 따라 되는 것입니다.

예수 믿지 않는 사람들이 기독교에 대하여 가장 싫어하는 것이 바로 선택의 교리입니다. 하나님께서는 우리가 태어나기도 전에 우리를 일방적으로 선택하셨다는 것입니다. 사람들은 이런 말을 들으면, 사람이 태어나기도 전에 하나님께서 우리의 운명을 결정하셨다면 우리 인간의 의사는 도대체 무슨 소용이 있느냐고 반발을 합니다. 그러나 우리가 우리의 본성을 바로 안다면 이 하나님의 선택에 대하여 감사하게 됩니다. 왜냐하면 우리 인간들 중에서 그냥 두어서 구원을 받을 수 있는 자가 한 사람도 없기 때문입니다.

다윗은 "내가 죄악 중에 출생하였음이여 모친이 죄 중에 나를 잉태하였나이다"(시 51:5)라고 고백했습니다. 다윗의 모친이 죄악 중에서 자기를 잉태했다는 것입니다. 이것은 부부 관계나 혹은 임신 자체가 죄라는 뜻이 아닙니다. 우리 인간은 모두 처음 만들어질 때부터 죄의 본성을 가지고 만들어졌습니다. 우리는 모두 뼈가 만들어질 때부터 죄에 오염된 사람들입니다. 그래서 우리 인간들 중에서 자동적으로 하나님의 백성이 될 수 있는 사람은 단 한 명도 없습니다.

비유를 들면 모든 야생동물은 인간을 무서워하고 인간을 피하기 때문에 그냥 내버려 두어도 인간에게 올 동물이 없는 것과 같습니다. 그래서 수의사나 동물학자들이 야생동물을 치료하려면 병든 야생동물을 끝까지 따라가서 사냥을 하듯이 하여 마취를 시켜서 붙잡아야 합니다. 그러나 야생동물은 사람들이 자기를 잡아서 죽이려고 하는 줄 알고 기를 쓰고 달아날 것입니다. 그렇지만 야생동물 중에 사람의 손에 붙잡혀야 치료를 받고 살 수 있는 것들이 있습니다. 바로 이것이 예정이고 선택인 것입니다.

이삭의 쌍둥이 아들들은 둘 다 죄인이었습니다. 그럼에도 불구하고 하나님께서는 그 중에 하나를 택하셔서 한평생을 통하여 설득하시고 감동을 주셔서 결국 하나님의 백성이 되게 하신 것입니다. 그래서 야곱이 하나님의 백성이 된 것은 그가 처음부터 경건했거나 착실했기 때문이 아닙니다. 오직 하나님께서 야곱이 나기도 전에 하나님께서 그를 주목하시고 붙잡으셔서 그를 변화시키셨기 때문에 믿음의 사람이 된 것입니다. 그래서 이 선택의 교리보다 인간의 죄를 더 분명히 드러내는 것이 없으며, 이 선택의 교리보다 하나님의 은혜를 더 설득력 있게 증거하는 것도 없습니다.

그래서 예정 자체가 하나님의 백성이 되는 것은 아닙니다. 아무리 예정을 했다고 해도 하나님의 말씀으로 변화되어야 하며, 하나님의 말씀에 순종해서 사는 사람이 되어야 합니다.

그러면 우리에게 또 다른 의문이 생기는데, 그것은 왜 하나님께서는 쌍둥이를 모두 선택하시지 않았느냐 하는 것입니다. 하나님께서 공평하게 둘 모두를 선택했거나 버리셨다면 우리는 아무 소리도 하지 않을 것입니다. 그런데 왜 하나님은 불공평하게 하나는 택하시고 하나는 버리셨을까 하는 것입니다.

그것이 바로 하나님의 주권입니다. 하나님은 우리 모든 인간을 구원하셔야 할 책임이 없습니다. 만일 하나님께서 모두를 구원하셔야만 하는 책임이나 의무를 가지셨다면 인간들은 구원에 대하여 당연하게 생각할 것입니니다. 그러나 하나님은 어떤 사람들은 구원하셔서 영생을 누리게 하시고, 어떤 사람들은 자기 욕심대로 살아서 멸망하게 하심으로 구원이 얼마나 엄청난 축복인지 깨닫게 하십니다.

그래서 우리는 사람의 겉모습만 봐서는 택한 자와 택하지 않은 자를 알 수 없습니다. 그러나 택함 받지 않은 자는 하나님의 말씀을 경멸합니다. 그리고 자기 자신이 하나님보다 더 똑똑하고 능력이 있다고 생각합니다. 그래서 택함 받지 못한 자는 이 세상에서 자기가 하고 싶은 대로 다 하면서 삽니다. 그러나 하나님의 택함을 받은 자들은 결국 하나님의 말씀을 믿고 믿음으로 삽니다.

하나님은 참으로 공평한 분입니다. 이 세상에서 하고 싶은 대로 다 하면서 사는 사람들은 버리십니다. 그들은 하나님을 두려워하지 않는 사람들입니다. 그래서 그런 사람들은 구원받지 못합니다. 하나님께서 택하신 사람들은 절대로 이 세상에서 자기 하고 싶은 대로 다 하지 못합니다. 하나님께서 반드시 채찍질하셔서 말씀 앞에 무릎을 꿇게 하시고 믿음으로 살게 하십니다.

2. 두 아들의 출생과 성장

24-26절, "그 해산 기한이 찬즉 태에 쌍동이가 있었는데 먼저 나온 자는 붉고 전신이 갖옷 같아서 이름을 에서라 하였고 후에 나온 아우는 손으로 에서의 발꿈치를 잡았으므로 그 이름을 야곱이라 하였으며 리브가가 그들을 낳을 때에 이삭이 육십 세이었더라"

리브가는 하나님의 말씀대로 쌍둥이 아들을 낳게 되었습니다. 그런데 이들은 태어나면서부터 너무나도 모습이 달랐습니다. '먼저 나온 자는 붉고 전신이 갖옷 같다' 고 했는데 '갖옷' 은 털옷을 말합니다. 큰아들 에서는 온몸이 붉어서 혈기가 넘쳤고, 아기임에도 불구하고 몸에 털이 많았습니다. 어떻게 보면 거의 짐승 같은 모습이었습니다. 거기에 비해서 둘째 아들은 몸이 매끈매끈했고 붉지도 않았는데 태어나면서 형의 발꿈치를 잡고 나왔습니다. 아마 아기이지만 속으로 '어디 네가 먼저 나가려고 해!' 라고 하면서 발꿈치를 잡았던 것 같습니다. 사람들은 아기가 무슨 힘이 있어서 발꿈치를 잡느냐고 말할지도 모릅니다. 그러나 아기들도 손으로 꽉 잡으면 쉽게 빼내기 어렵습니다. 만일 엄마나 이모가 아이들에게 머리카락을 한번 붙잡히면 쉽게 빼내기가 어려울 것입니다. 아기들도 손으로 잡는 힘이 얼마나 센지 모릅니다.

그래서 큰 아이는 붉다고 하여 이름을 '에서' 라고 지었고, 둘째 아이는 발꿈치를 잡았다고 해서 '야곱' 이라고 지었습니다.

고대인들은 씨름을 자주 했습니다. 그런데 씨름의 기술 중에 넘어지는 척하면서 상대방의 발꿈치를 잡고 상대방을 쓰러뜨리는 기술이 있었습니다. 그래서 발꿈치를 잡는다는 것이 상대방을 속인다는 의미로 사용된 것입니다. '야곱' 이라는 이름은 '발꿈치를 잡은 자' 라는 뜻입니다.

태어난 두 아이는 모두 좀 특이했습니다. 하나는 들짐승에 가까울 정도로 털이 덮여 있었고 혈기 덩어리였습니다. 원래 아기들은 악을 쓰면서 울 때 전신이 빨갛게 됩니다. 그래서 일본어에서도 아기를 '아까짱' 이라고 하는데, 이는 '빨갛다' 라는 뜻입니다. 거기에 비해서 작은아이는 태어나면서부터 형의 발꿈치를 잡아 쓰러뜨리려고 하는 사기꾼의 모습이었습니다.

우리가 하나님이라면 짐승같이 미련한 형이 더 좋겠습니까, 아니면 속이기 잘하는 사기꾼 같은 동생이 더 좋겠습니까? 아무래도 우리 입장에서는 그래도 미련한 짐승이 더 순박하고 좋을지 모릅니다. 그러나 하나님은 이 사기꾼 같은 동생을 택하셔서 성숙한 믿음의 조상을 만드셨습니다. 그러나 이 간사한 사기꾼이 진실한 하나님의 사람이 되기까지는 엄청난 시련이 기다리고 있었습니다.

오늘 성경이 우리에게 말씀하시려고 하는 것이 무엇입니까? 우리가 예수 믿고 하나님의 자녀가 된 것은 우리 안에 그럴 만한 가능성이 있어서 된 것이 절대로 아니라는 것입니다. 우리는 모두 미련한 짐승 같든지, 아니면 간사한 사기꾼 같은 자들입니다. 우리는 그 어느 누구도 하나님의 백성이 되기에는 적합지 않습니다. 그러나 하나님께서는 일찍부터 우리를 하나님의 백성으로 만들기로 작정하시고 우리를 찾아오셔서 수없이 연단시키심으로 우리의 고집을 꺾으시고 결국 믿음의 사람들이 되게 하셨습니다.

그래서 우리가 오늘 예수 믿고 하나님의 백성이 된 것은 절대로 우리의 공로가 아니라는 것을 알아야 합니다. 우리는 하나님의 선택의 교리를 들을 때에 하나님이 불공평하시다고 불평할 것이 아니라 우리를 이토록 변화시키신 것에 대해 감사해야 합니다. 또 우리는 우리 자신이 변화된 것을 생각할 때 다른 어느 누구도 변할 수 있다는 것을 인정해야 할 것입니다. 곰이든 사기꾼이든 하나님은 다 변화시키실 수 있습니다.

그러나 하나님에게 모든 사람을 다 구원하셔야 하는 의무가 있는 것이 아닙니다. 우리는 가장 가까운 사람들인 가족이 끝까지 하나님을 거부하고 예수를 믿지 않는 것을 볼 때 왜 하나님께서는 저 사람들을 구원하지 않으실까 하고 원망해서는 안 됩니다. 그것은 오직 자기의 미련한 고집 때문에 멸망하는 것이지 하나님의 책임이 아닙니다. 그러나 그들은 일단 이 세상 사는 동안은 자유롭게 살았습니다. 그것으로 만족해야 하는 것입니다.

3. 에서와 야곱의 거래

아이들 중에는 부모님께 용돈을 받으면 당장 사 먹어야 직성이 풀리는 아이가 있는가 하면, 나중을 대비하여 착실하게 아껴 두는 아이가 있습니다. 그런데 나중에 보면 당장 사 먹는 아이가 아껴 두는 아이에게 늘 돈을 좀 빌려 달라고 사정을 합니다.

사실 우리의 삶에 있어서 지금 모든 것을 다 써 버리느냐, 아니면 미래를 위하여 아껴 두어야 하느냐 하는 것이 언제나 딜레마입니다. 미래는 불확실한 것입니다. 그래서 어떤 사람은 미래를 생각하지 않고 당장 필요한 것이 있으면 돈을 다 써 버리고, 돈이 없으면 카드를 사용하든지, 아니면 빌려서라도 사 버리는 사람이 있습니다. 거기에 비해서 어떤 사람은 현재 먹고 싶은 것이 있어도 사 먹지 않고, 입고 싶은 옷이 있어도 사 입지 않고 돈을 모으는 사람이 있습니다. 왜냐하면 그는 지금 참으면 보다 윤택한 미래를 누릴 수 있다고 믿기 때문입니다.

사실 개인이나 사회가 불안할수록 사람들은 소비적이 됩니다. 즉 사람들은 미래는 생각하지 않고 현재에 모든 것을 다 누리려고 합니다. 거기에 비하여 사회가 안정되고 미래에 대하여 소망이 있는 경우에는 미래를 위하여 모든 것을 아껴 둡니다. 우리 하나님의 백성에게는 반드시 약속된 미래가 있습니다. 그래서 하나님의 약속을 믿는 사람은 현재에 모든 것을 누리려고 하지 않습니다. 하나님을 믿는 자들은 미래를 위하여 현재의 많은 즐거움을 포기하면서 준비합니다.

이삭의 쌍둥이 아들 에서와 야곱은 어렸을 때부터 외모만 다른 것이 아니라 사는 방식이 전혀 달랐습니다. 형인 에서는 성격이 남성적일 뿐만 아니라 대단히 현실 지향적인 사람이었습니다. 거기에 비하여 동생 야곱은 미래 지향적이었습니다. 그래서 에서와 야곱은 자라면서 서로 다른 방식으로 살아가게 되었습니다.

27절, "그 아이들이 장성하매 에서는 익숙한 사냥꾼인고로 들사람이 되고 야곱은 종용한 사람인고로 장막에 거하니"

고대 사회는 힘이 지배하는 사회였기 때문에 남자로서 가장 우대받고 인기 있는 사람은 힘이 있고 남성적인 사람이었습니다. 그런데 에서는 상당히 남성적인 사람이었습니다. 그래서 에서는 당시에 남성의 직업으로서는 가장 인기 있는 직업인 사냥꾼이 되었습니다. 우선 사냥꾼은 힘이 있었고, 행동이 아주 재빨랐으며, 결단성이 있었습니다. 사냥꾼들은 사슴이나 노루나 곰을 찾아서 며칠이나 몇 주를 추격해서 단 한 발의 화살로 짐승을 거꾸러뜨려서 잡아서 돌아옵니다. 사람들은 이런 사람들을 영웅으로 생각했고, 또 이런 사냥꾼들이 전쟁도 잘했기 때문에 큰 일이 있으면 가장 필요한 사람들이기도 했습니다. 옛날에 국가가 안정되어 있지 않고 부족들끼리 싸움이 많았을 때에는 글을 줄줄 외우는 선생보다는 힘이 있는 장사를 우대했습니다.

그런데 야곱은 조용한 사람이었고, 언제나 집에 있는 사람이었습니다. 그래서 야곱은 집안일을 잘했고, 양들을 잘 돌보았습니다. 그러나 당시 사회는 남자가 집안일을 잘하는 것은 별로 인정해 주지 않았습니다. 오히려 여자도 할 수 있는 일을 한다고 생각하여 무시했습니다.

그래서 오늘 본문을 보면 에서와 야곱이 대조적인 모습을 보입니다. 에서는 사냥을 해서 온몸에 땀이 흐르고 목이 말라서 돌아오는데 야곱은 집에서 입맛을 다시면서 팥죽을 끓이고 있었던 것입니다. 예를 들어 두 형제가 있는데 형은 시합에 나가서 열심히 경기하고 지쳐서 들어오는데 동생은 텐트에서 국을 끓이고 있다면 정말 대조적으로 보일 것입니다.

그래서 당시에 인기가 있는 사람은 당연히 에서였습니다. 에서는 모든 일에서 두각을 나타내었고 유능한 사람으로 인정받고 있었습니다. 거기에 비해서 야곱은 사람들 앞에 나서는 것을 싫어하고 집 안에서 살림을 돕는 편이었던 것입니다.

에서와 야곱을 현대판으로 옮겨 놓으면 형 에서는 성공한 국제 변호사 자격을 가지고 비행기를 타고 여기저기를 돌아다니는 활동적인 성격이라면, 야곱은 집 안에서 다른 집의 고장 난 수도나 하수구를 고치는 사람으로 비유할 수 있을지 모르겠습니다.

우리나라 사람들은 무엇을 하든지 바쁜 것을 좋아합니다. 그래서 누군가가 "요즘 많이 바쁘신 것 같아요?"라고 인사를 하면 상대방은 "예, 이런저런 일로 약간 바쁩니다."라고 대답합니다. 그러면 상대방은 "바쁜 것이 좋지요."라고 말을 합니다. 우리나라 사람들은 가만히 놀고 있는 것보다는 이 일 저 일로 바쁜 것을 좋아합니다. 그러나 우리가 좋아하는 사회적인 인정이나 사람들의 인정이 하나님 앞에서는 중요하지 않다는 것입니다. 물론 세상에서 활기차게 사는 것은 좋은데 자기 힘으로 사는 것은 믿음이 아닙니다. 오히려 너무 바쁘면 하나님을 생각할 겨를이 없습니다. 또 사실은 너무 자신감이 넘쳐서 하나님을 의지할 생각이 없는 것입니다.

28절, "이삭은 에서의 사냥한 고기를 좋아하므로 그를 사랑하고 리브가는 야곱을 사랑하였더라"

하나님께서 이삭에게 이 두 아이를 하나님의 말씀에 따라서 잘 키우라고 이미 말씀을 주셨습니다.

'두 민족이 네 복중에서부터 나누이리라 이 족속이 저 족속보다 강하겠고 큰 자는 어린 자를 섬기리라' (23절).

하나님이 이삭에게 아이를 늦게 주시고, 또 리브가가 배가 아파서 못 견딜 때에 하나님의 말씀을 주신 것은 이 아이를 키우는 것이 결코 쉬운 일이 아니라는 것을 미리 알려 주신 것입니다. 그러나 이삭은 아이를 키우면서 하나님의 말씀을 다 잊어버렸습니다.

이삭은 사냥한 고기를 좋아했기 때문에 에서를 좋아했습니다. 그리고 리브가는 야곱이 늘 집안일을 도와주어서 야곱을 더 좋아했습니다. 이 부부가 하나님의 말씀을 중요하게 생각했더라면 큰아들이 아무리 힘이 있고 세상에서 유능해도 그것으로는 하나님의 사랑을 받지 못한다는 것을 알았을 것입니다. 그래서 자꾸 이 아들을 집 안으로 끌어들여서 하나님을 체험하게 했어야 하는 것입니다. 큰 자가 작은 자를 섬기리라고 하셨기 때문에 형은 동생의 이야기를 들으면 되는 것입니다. 형은 사냥을 하더라도 동생이 기도해 주고, 또 사냥한 것을 동생에게도 주고 말씀도 배우면 되는 것입니다. 그러나 이삭은 에서가 최고라고 생각했습니다. 즉 이삭은 세상적인 생각을 가지고 자식들을 키웠던 것입니다.

또 리브가가 야곱을 사랑한 것도 하나님의 말씀 때문이 아니라 남편에 대한 반발이나 혹은 야곱이 더 부려 먹기에 편하기 때문이었습니다. 그래서 부모의 취향이 이 성향이 다른 형제들을 더 멀어지게 했습니다.

신앙의 부모들은 자신들의 취향에 따라서 편애를 해서는 안 됩니다. 또한 세상적인 기준에 따라서 자식을 사랑해서도 안 됩니다. 큰아이를 더 좋아한다거나, 아니면 공부를 잘하고 말 잘 듣는 아이를 더 사랑한다거나 해서는 안 됩니다. 왜냐하면 하나님께서 부모를 주신 것은 자기 욕심대로 키우라는 뜻이 아니기 때문입니다. 자식들은 부모님의 사랑을 통해서 하나님을 발견하고 자신에 대한 하나님의 계획을 발견하게 되는 것입니다.

이삭이 할 일은 큰아들이 잡아다 주는 사슴 고기나 들짐승들의 고기를 먹는 것이 아닙니다. 에서가 아무리 남성적이고 사회에서 인정을 받는 자라 하더라도 그런 것을 가지고는 하나님 앞에 나아갈 수 없습니다. 에서가 하나님의 은혜를 받는 데 중요한 것은 겸손입니다. 즉 신앙에 있어서는 동생을 자기 형으로 생각해야 하는 것입니다.

"야곱아, 나는 네 형이고 힘도 세지만 사실 하나님의 말씀에 대해서는 뭐가 뭔지 무식해서 모르겠다. 내가 가끔씩 사냥한 것 중에서 한 마리씩 줄 테니까 기도도 좀 해 주고 말씀도 좀 가르쳐 줘라. 신앙에는 네가 형이 되라."라고 했으면 에서는 복을 받는 것입니다.

그러나 이삭은 에서를 더 높였기 때문에 에서는 도저히 야곱 앞에서 낮아질 수가 없었습니다. 그래서 에서는 야곱을 더 미워하였고, 결국 야곱을 박해하고 핍박하는 대적이 되고 말았습니다.

이것은 리브가도 마찬가지입니다. 만일 리브가가 하나님의 말씀에 따라 자식을 키우겠다고 생각했으면 어떻게 하든지 에서와 야곱이 서로 미워하지 못하게 중재 역할을 했을 것입니다. 그리고 야곱으로 하여금 하나님 앞에 그의 존귀함을 가지고 더욱더 하나님의 은혜로 인하여 형을 이해하고 사랑하도록 가르쳤을 것입니다. 대개 부모의 잘못된 사랑이 자식들로 하여금 자기도취에 빠지게 합니다. 이것은 잘못 가르치는 것입니다.

어느 날 야곱이 집에서 죽을 쑤고 있을 때 사냥을 나갔던 에서가 대단히 지치고 피곤한 상태로 집으로 돌아왔습니다. 에서는 야곱이 팥죽을 쑤는 것을 보자마자 당장 야곱에게 '그것을' 좀 달라고 했습니다.

29-30절, "야곱이 죽을 쑤었더니 에서가 들에서부터 돌아와서 심히 곤비하여 야곱에게 이르되 내가 곤비하니 그 붉은 것을 나로 먹게 하라 한지라 그러므로 에서의 별명은 에돔이더라"

에서는 너무나도 배가 고픈 상태였기 때문에 죽을 달라는 소리도 나오지 않았습니다. 에서는 오직 '저 붉은 것' 을 좀 달라고 말을 했습니다. 사람이 너무 배가 고프면 '밥을 좀 달라' 는 소리도 나오지 않습니다. '제발 저 흰 것을 좀 달라' 고 할 것입니다.

이 구절을 읽으면 에서와 야곱이 바로 눈앞에서 대화하는 것처럼 생생합니다. 형은 지금 배가 고파서 거의 숨이 넘어갈 지경인데 동생은 눈 하나 깜짝하지 않고 죽만 젓고 있습니다. 즉 '네가 배고픈 것은 나와 아무 상관이 없다' 는 것입니다. 그러나 에서는 거의 이성을 잃을 지경이었습니다.

이때 야곱은 마음속으로 쾌재를 부르며 비장의 카드를 제시했습니다. 그것은 팥죽을 줄 테니까 형의 장자권을 자기에게 팔라는 것입니다.

31절, "야곱이 가로되 형의 장자의 명분을 오늘날 내게 팔라"

다시 말해서 야곱은 팥죽과 장자의 권리를 바꾸자는 것입니다. 여기서 장자권을 판다는 것은 단순히 형과 동생의 순서를 바꾸자는 뜻이 아닙니다. 에서에게 장자의 모든 권리를 포기하라는 것입니다. 사실 야곱은 이것을 두고두고 억울해했을 수도 있습니다. 에서와 자기는 쌍둥이로서 어머니의 배 속에서 나올 때 순서가 늦었을 뿐인 것입니다. 그래서 비록 아기이지만 너무 원통해서 발꿈치를 잡고 나왔던 것입니다.

야곱의 제안에 대한 에서의 대답은 전혀 뜻밖이었습니다. 야곱은 에서가 이 말을 들으면 화를 내면서 말도 안 되는 소리라며 집어치우라고 야단을 칠 줄 알았는데 당장 장자권을 주겠다는 것입니다. 즉 배가 고파 죽을 지경인데 장자권이 무슨 소용이 있느냐는 것입니다. 그러면서 에서는 당장 팥죽이나 달라는 것입니다. 그래서 야곱이 맹세를 하라고 하니까 에서는 기꺼이 맹세까지 하였습니다.

33절, "야곱이 가로되 오늘 내게 맹세하라 에서가 맹세하고 장자의 명분을 야곱에게 판지라"

우리는 이 장자권을 두 가지 방향에서 생각해 볼 수 있습니다. 하나는 장자권에 대한 당시의 사회적인 관행입니다. 사회적 관행으로 장자는 부모의 재산에 대해 다른 자녀의 배를 상속할 수 있는 권리가 있었습니다. 아마 고대에도 장자가 부모를 부양할 의무가 있다고 본 것 같습니다. 그래서 장자는 다른 형제들의 배를 상속하게 되어 있었습니다.

그러나 진짜 중요한 것은 영적인 장자권이었습니다. 영적인 장자권은 하나님의 축복을 가질 수 있는 권한이었습니다. 하나님께서 아브라함에게 '네가 복의 근원이 되리라' 라고 말씀하셨는데 바로 그 말씀과 기도의 축복권을 가지게 되는 것입니다.

사실 아브라함의 집에서 가장 중요한 것은 바로 이 하나님의 축복권이었습니다. 이 세상에 있는 복은 먼저 가지는 사람이 임자이지만 그것은 진짜 복이 아닙니다. 하늘에서 내리는 복이 진짜 복인 것입니다. 이 복은 하나님을 내 하나님으로 모실 수 있는 복이며, 다른 사람을 축복하면 복이 임하고 저주하면 저주가 임하는 복입니다.

하나님의 장자에게는 하나님의 말씀이 임했습니다. 이것이 엄청나게 중요한 것입니다. 그리고 예배의 복이 있었습니다. 예배 가운데 하나님과 교제하는 감동이 있었습니다. 그리고 거기에는 죄 용서가 있었고, 모든 시험을 이기는 능력이 있었습니다. 그리고 하나님의 장자권은 돈으로 사거나 팔 수 있는 것이 아니었습니다. 특히 팥죽으로는 더 살 수가 없었습니다. 그러나 이 장자권을 포기할 수는 있었습니다. 그럼에도 불구하고 에서가 이 장자권을 포기했을 때 에서는 완전히 이 복을 잃어버리게 되었습니다. 그 이유는 그가 하나님의 축복을 가볍게 여겼기 때문입니다. 34절 끝에 '에서가 장자의 명분을 경홀히 여김이었더라' 라고 했습니다.

하나님께서는 이 영적인 축복을 야곱에서 주시기로 오래전부터 작정하셨습니다. 물론 하나님의 이 축복은 자기가 가지고 싶다고 해서 주어지는 것은 아닙니다. 그러나 하나님의 축복을 업신여기는 자는 결코 가질 수가 없습니다. 에서가 이 하나님의 축복을 소홀하게 생각한 이유는 너무 현실적인 사람이었기 때문입니다. 즉 에서는 당장 먹고, 당장 편하고, 당장 재미있게 지내는 것을 좋아했습니다. 에서는 사냥을 하면서 모든 것이 한순간의 실력에 의해 결정된다는 것을 알았습니다. 즉 순간을 잘 포착해서 활을 잘 쏘면 되는 것이지 다른 것은 필요가 없다고 생각한 것입니다. 그래서 재수가 좋으면 사냥에서 짐승을 많이 잡는 것이고, 재수가 나쁘면 아무것도 잡지 못한다고 생각했습니다. 에서는 찰나주의자였고 철저하게 미래의 복을 믿지 않았습니다. 그 결과 에서는 너무나도 보잘것없는 팥죽 한 그릇으로 장자의 축복권을 포기하고 말았습니다.

하나님의 백성에게는 반드시 축복된 미래의 약속이 있습니다. 우리가 에서같이 이 세상에서 모든 것을 다 가지려고 하면 결코 하나님의 큰 영광을 가지지 못할 것입니다. 하나님께서 이 세상에서 우리에게 주시는 것은 앞으로 주실 영광의 일부분에 불과합니다. 우리에게 중요한 것은 모두 미래의 약속의 형태로 남아 있습니다. 그래서 위대한 신앙의 인물들은 이 세상에서 모든 것을 다 가지려고 하지 않았습니다. 왜냐하면 그들은 하나님의 더 큰 축복을 믿었기 때문입니다.

주님의 제자 중 가룟 유다는 주님으로부터 말씀의 사역자로 부름을 받았습니다. 이 세상에 이것보다 더 존귀한 것은 없습니다. 그러나 가룟 유다는 눈앞의 이익에 눈이 멀어서 은 삼십에 그 귀한 장자의 축복을 팔아 버렸습니다. 그 결과 가룟 유다는 구원도 받지 못했을 뿐만 아니라 영원히 배반자의 반열에 서 있게 된 것입니다.

우리에게는 말씀과 기도와 성령의 위대한 복이 있습니다. 우리는 이 세상의 적은 것으로 이 엄청난 복을 버리지 마시고 지금 참고 인내하여 미래에 큰 복을 받으시기 바랍니다.

성경 토의

1. 믿음의 가정에서 자녀가 생기지 않을 때 어떤 식으로 기도를 하는 것이 좋은가?

2. 하나님은 우리를 어떻게 예정하셨으며, 오늘까지 어떻게 믿음의 길로 인도하셨는가?

3. 가정에서 부모가 자녀를 자신의 취향에 따라서 편애하는 것은 자식들에게 어떤 영향을 미치는가?

4. 하나님의 축복의 장자권은 어디에 있으며, 우리는 어떻게 해야 그 축복권을 가질 수 있는가?

33_그랄 땅에서의 인내

창세기 26:1-33

전체적 설명

세월은 흐르고 시대는 달라져도 사람들이 겪는 문제는 비슷하다. 아브라함은 가나안 땅에 왔다가 흉년이 들자 잠시 동안 애굽 땅으로 가서 살기 위해 내려갔고, 거기에서 바로에게 아내 사라를 빼앗기는 수모를 당했다. 그런데 이삭도 가나안 땅에 살다가 흉년이 드니까 잠시 먹고살기 위해서 애굽 땅으로 내려가는데 이번에는 하나님께서 이삭에게 애굽으로 내려가지 말라고 말씀하셨다. 그래서 이삭은 애굽으로 내려가는 길목에 있는 그랄 땅에 주저앉게 되는데 이삭은 거기서 농사를 지어서 많은 수확을 거두고 그랄 사람들은 이삭을 시기해서 그가 소유한 우물을 흙으로 메우고 거기서 살지 못하도록 몰아낸다.

설교 프리노트

1절, "아브라함 때에 첫 흉년이 들었더니 그 땅에 또 흉년이 들매"

아브라함 때에 아주 심한 흉년이 들어 가나안 사람들이 상당한 피해를 입었기 때문에 사람들은 그것을 오랫동안 기억하고 있었다. 우리나라도 옛날에 보릿고개라고 해서 가난한 농민들은 제대로 밥을 먹지 못하고 솔잎이나 나무 줄기를 벗겨서 연명하기도 하였다. 그러나 흉년이 너무 심해지면 결국 고향에 있지 못하고 모두 살길을 찾아서 다른 곳으로 떠나게 된다. 이삭 때에도 아브라함 때에 버금가는 심한 흉년이 찾아왔다. 그래서 많은 사람이 물과 양식을 찾아서 애굽으로 내려갔고, 이삭도 먹을 것을 찾아서 애굽으로 내려가려고 이동하다가 그랄 땅에 이르게 되었다.

2절, "애굽으로 내려가지 말고 내가 네게 지시하는 땅에 거하라"

우리는 하나님의 말씀이 잘 이해가 안 될 수도 있다. 왜냐하면 하나님께서 이삭에게 흉년이 들어서 먹을 것이 없는 가나안 땅을 떠나지 말라고 말씀하시기 때문이다. 때때로 하나님이 말씀하시는 것과 이 세상 현실이 모순되는 것처럼 보일 때 우리는 너무 걱정할 필요가 없다. 왜냐하면 하나님께서 기적의 손으로 살길을 마련해 주시기 때문이다. 하나님께서 이삭에게 애굽으로 내려가지 말라고 말씀하신 것은 먹고사는 것 때문에 약속의 땅을 쉽게 포기해서는 안 된다는 뜻이다. 지금 가나안 땅은 하나님의 말씀이 임하고 있는 계시의 현장이기 때문에 우리가 단순히 먹고사는 문제로 쉽게 포기해서는 안 되는 것이다.

3절, "이 땅에 유하면 내가 너와 함께 있어 네게 복을 주고"

하나님은 이삭이 가나안 땅을 떠나지 않고 있으면 하나님도 이삭과 함께 하시면서 그에게 복을 주고 그의 후손에게 가나안 땅을 주시겠다고 약속하셨다. 하나님께서는 이삭에게 아브라함에게 주셨던 약속을 재확인시켜 주셨다. 그래서 하나님은 이삭에게도 가나안 땅을 그와 그 후손에게 주실 것이며(3절), 그 후손을 하늘의 별처럼 많게 하고(4절), 천하 만민이 그 후손을 통해서 복을 받을 것이라고 하셨다(4절).

5절, "아브라함이 내 말을 순종하고 내 명령과 내 계명과 내 율례와 내 법도를"

하나님께서 아브라함을 사랑하시고 축복하신 이유는 오직 그가 하나님의 말씀을 지키고 순종했기 때문이다. 하나님의 말씀은 동일하지만 나타나는 방식에 따라서 명령과 계명과 율례와 법도로 표현되고 있다. 우선 하나님의 말씀 안에는 믿어야 하는 내용이 있고, 하나님께 예배하는 부분이 있으며, 사람들 사이에 지켜야 할 내용이 있다.

6절, "이삭이 그랄에 거하였더니"

이삭은 이미 살고 있던 가나안 땅을 출발해서 애굽 땅으로 내려가던 도중에 하나님의 말씀을 듣고 순종해서 바로 그 자리에 주저앉게 된다. 왜냐하면 그랄 땅까지 가나안 땅에 속하였기 때문이다. 이삭이 하나님의 말씀에 순종한 곳이 가나안 중앙이 아니고 경계선 지역이기는 하지만 하나님의 말씀에 순종한 것은 틀림이 없었다.

7절, "그곳 사람들이 그 아내를 물으매 그가 말하기를 그는 나의 누이라 하였으니"

우리는 종종 주위에서 부모가 했던 실수를 자녀도 그대로 따라서 하는 것을 보게 된다. 아브라함도 애굽에 가서 사라를 자기 누이라고 해서 바로에게 사라를 빼앗기는 수모를 당했는데 이삭도 그랄 사람들에게 리브가를 자기 누이라고 하였다. 그 이유는 당시의 사람들은 외지인들에 대한 텃세가 심해서 아름다운 아내를 데리고 온 남자가 있으면 남자를 죽이고 아내를 빼앗는 일이 자주 일어나고 있었기 때문이다.

8절, "이삭이 그 아내 리브가를 껴안은 것을 블레셋 왕 아비멜렉이 창으로 내다본지라"

이삭이 그 아내 리브가를 '껴안은 것' 은 단순한 포옹이 아니라 성적인 행동에 가까운 애무를 한 것이었다. 여기서 '껴안다' 에 사용된 '메사학' 이라는 단어는 '애무하다' 라는 뜻이다. 아비멜렉의 왕궁은 이삭의 집에서 가까웠고, 또 당시는 날씨가 더워서 문을 열고 생활했기 때문에 다른 사람의 은밀한 사생활도 볼 수 있었던 모양이다. 블레셋 왕 아비멜렉은 아브라함 때의 아비멜렉이 아니라 그 후세대 왕이다. 아비멜렉은 창을 내다보다가 리브가와 이삭이 서로 껴안은 것을 보고 이삭을 불러서 추궁하였다. 이삭은 리브가가 자기 아내이지만 아내라고 하면 자기를 죽일까 봐 아내라고 하지 못하고 누이라고 했다고 솔직히 고백하였다(9절). 그때 왕은 모든 신하와 백성에게 이삭과 그 아내를 범하는 자는 죽임을 당할 것이라고 공포를 함으로 이삭과 리브가의 합법적인 부부 관계는 인정되고 보호받게 되었다(11절).

12절, "이삭이 그 땅에서 농사하여 그 해에 백배나 얻었고"

이삭의 원래 직업은 목축업이었지만 그랄 땅에서는 농사도 병행했다. 그랬더니 농사가 얼마나 잘되었는지 백 배의 결실을 거두었다. 여기서 '백배' 라고 하는 것은 문자적으로 백 배라는 뜻도 있겠지만 엄청나게 농사가 잘되었다는 뜻으로 보인다. 하나님께서는 하나님의 말씀에 순종하여 애굽으로 내려가던 중간에 그랄 땅에 주저앉은 이삭을 사랑하셔서 복을 받게 하시고 부자가 되게 하셨다.

13-14절, "그 사람이 창대하고 왕성하여…블레셋 사람이 그를 시기하여"

이삭은 외국인의 신분으로 그랄 땅에서 하는 일마다 잘되어서 부자가 되었다. 그러나 그랄 사람들은 이삭이 하나님의 축복으로 부자가 되는 것을 시기해서 그를 좋아하지 않았다. 외국인이 다른 나라에서 불리한 점은, 어떤 불리한 일을 당하더라도 법적인 권리가 없다는 것이다. 이삭은 그랄 땅에 와서 아내를 자기 아내라고 하지도 못했다가 겨우 아비멜렉에 의해서 부부 관계를 인정받았는데 이제 하나님의 복을 받으니까 시기를 당하게 되었다.

15절, "그 아비 아브라함 때에 그 아비의 종들이 판 모든 우물을 막고 흙으로 메웠더라"

팔레스타인 땅에는 물이 귀하기 때문에 우물을 하나 소유한다는 것은 엄청난 것이었다. 아브라함은 그랄 땅에 와서 우물을 많이 파서 그랄 사람들을 도와주었고, 그 우물은 여전히 아브라함과 이삭의 소유였던 것 같다. 그런데 그랄 사람들은 이삭을 시기하여 그 우물이 있으면 자기들에게도 도움이 될 수 있었음에도 불구하고 그 우물들을 다 메워 사용할 수 없게 만들어 버렸다. 이것은 이삭에게 있어서 농사나 목축을 할 수 있는 근거를 빼앗아 버리는 것이었다.

16절, "아비멜렉이 이삭에게 이르되 네가 우리보다 크게 강성한즉 우리를

떠나가라"

아마도 이삭은 아비멜렉과 대등할 정도로 많은 노비와 가축을 소유하고 있었던 것 같다. 아비멜렉은 이삭 때문에 도저히 체면이 서지 않으니까 처음에는 부하들을 시켜서 이삭이 소유하고 있던 우물을 폐쇄시킨 후 그것도 성에 차지 않으니까 이제는 이삭에게 강제로 그랄 땅을 떠나라고 했다. 이것은 그랄 땅에서 겨우 정착해서 복을 누리고 있던 이삭에게는 엄청난 경제적 손실일 뿐 아니라 청천벽력과 같은 소식이었다. 그에게는 갈 만한 곳이 마땅하게 없었던 것이다.

18절, "그 아비 아브라함 때에 팠던 우물들을 다시 팠으니"

이삭은 우물이나 땅 문제로 그랄 사람들과 다투지 않고 순순히 물러나서 아버지 아브라함이 옛날에 팠던 우물을 다시 팠다. 아브라함은 여기저기에 우물을 많이 팠으며 그 기억이 이삭에게 남아 있었던 것이다. 마틴 로이드 존즈 목사는 이 본문을 가지고 "부흥"이라는 연속된 설교를 하면서 우리가 부흥을 체험하기 위해서는 새로운 유행을 따라갈 것이 아니라 믿음의 조상들이 팠던 성경을 다시 파야 한다고 주장했다.

19-20절, "이삭의 종들이 골짜기에 파서 샘 근원을 얻었더니…에섹이라 하였으며"

이삭의 종들은 옛날에 아브라함이 우물을 팠던 곳을 기억해서 다시 우물을 팠고, 거기서 샘의 근원을 얻게 되었다. 여기서 '샘 근원'이라는 것은 수량이 아주 많이 솟아나는 지하수의 근원을 말한다. 그러나 그랄 사람들은 이삭에 대한 시기를 그치지 않고 여기까지 와서 이 좋은 물을 자기들의 것이라고 하면서 다툼을 벌였다.

'에섹'이라는 말은 '다툼'이라는 뜻이다. 이삭은 적어도 우물 문제로 그랄 사람들과 다투는 것을 원치 않았기 때문에 양보하고 다른 곳에 우물을 팠다. 그만큼 이삭은 아버지 아브라함이 물려준 정신적인 유산이 풍부했던 것이다.

21절, "그들이 또 다투는고로 그 이름을 싯나라 하였으며"

이삭에 대한 그랄 사람들의 시기와 미움은 집요하였다. 그래서 이번에 판 우물에 대해서도 그랄 사람들은 자기들의 것이라고 떼를 쓰면서 빼앗으려고 하였다. 이삭은 이번 우물의 이름을 '싯나' 라고 지었는데, 이는 '적대' 라는 뜻이다.

22절, **"이삭이 거기서 옮겨 다른 우물을 팠더니 그들이 다투지 아니하였으므로"**

이삭의 온유함을 볼 수 있다. 이삭은 지금까지 여러 번 우물을 폐쇄당하고 혹은 빼앗겼지만 결코 그랄 사람들과 다투지 아니하고 양보하였다. 그 이유는 이삭은 이 세상의 눈에 보이는 것보다 더 큰 하나님의 축복을 알고 있었기 때문이다. 이삭이 세 번이나 우물을 양보하고 새로 파서 물을 얻으니까 이제는 그랄 사람들도 미안했는지 더 이상 이삭의 종들과 다투지 않았다. 이삭은 이것을 좋은 뜻으로 받아들여서 지금까지는 땅이 좁아서 사람들이 싸웠을 뿐이라고 하면서 그 우물의 이름을 '르호봇' 이라고 지었는데, 이는 '넓은 지역' 이라는 뜻이다.

24절, **"그 밤에 여호와께서 그에게 나타나 가라사대"**

하나님께서는 이삭이 위기에서 벗어났을 때 이삭에게 나타나셔서 하나님이 그와 함께하시겠다는 약속과 그 후손을 창성하게 하시겠다는 약속을 재확인시켜 주셨다. 이것이 바로 그랄 사람들은 알지 못하는 이삭의 복의 근원이었다. 이삭의 복은 이 세상에 있는 이익이나 우물이 아니라 하나님 자신이었다.

26절, **"아비멜렉이 그 친구 아훗삿과 군대장관 비골로 더불어 그랄에서부터 이삭에게로 온지라"**

이삭이 이미 그랄 땅을 떠나서 브엘세바로 옮겨 갔는데도 불구하고 아비멜렉은 자기 친구와 군대장관을 데리고 이삭과 화해하기 위해 찾아왔다. 그 이유는 혹시라도 이삭이 앙심을 품고 하나님께 자기들을 저주하는 기도를 해서 재앙이 올까 두려웠기 때문이다. 왕의 친구 아훗삿은 왕에게 여러 가지 조언을 해 주는 고문인 것 같다. 이삭은 그랄 땅에서 상당히 억울한 취급을 당하고 많은 경제적인 손실과 정신적인 상처를 받고 그랄을 떠났는데 그랄 왕이 나중에 생각해 보니 자기가 잘못한 것 같아서 사과하고 화해하기 위하여 찾아왔다.

27절, "너희가 나를 미워하여 나로 너희를 떠나가게 하였거늘"

이삭은 그랄 사람들로부터 미움을 받고 시기를 당해서 그곳에 더 있지 못하고 쫓겨나다시피 해서 떠나야만 했다. 이삭은 그들이 찾아왔을 때 그동안 참고 있었던 말을 드디어 할 수 있게 되었다.

28절, "여호와께서 너와 함께 계심을 우리가 분명히 보았으므로"

아비멜렉이 이삭을 찾아온 이유이다. 아비멜렉은 처음에 이삭을 시기하였는데 알고 보니까 이삭은 하나님이 함께하시는 사람이었다. 그래서 아비멜렉은 자기가 이삭에게 악하게 대한 것이 하나님의 진노를 살까 봐 두려워서 화해하기 위해서 찾아왔다. 이것은 사실이었다. 하나님은 일찍이 아브라함에게 약속하시기를, "너를 축복하는 자는 내가 복을 내리고 너를 저주하는 자에게는 내가 저주하리니"(창 12:3)라고 말씀하셨다.

32절, "가로되 우리가 물을 얻었나이다"

당시에는 하나의 우물을 파서 성공하는 것도 대단한 일인데 이삭은 가는 곳마다 우물을 팠고, 파는 곳마다 샘의 근원을 얻는 복을 누렸다. 이것은 하나님께서 함께하시지 않으면 불가능한 일이다. 하나님은 그랄 왕 아비멜렉을 보내어서 사과하고 화평하게 함으로 이삭이 위로받게 하시며 우물에서 물을 얻게 하셔서 위로받게 하셨다.

본문 이해를 위한 질문

1. 이삭은 흉년을 당해서 애굽으로 내려가다가 하나님으로부터 어떤 말씀을 들었는가?

하나님은 이삭에게 애굽으로 내려가지 말고 하나님이 지시하신 땅에 그대로 있으라고 하셨다. 이삭은 그 말씀에 순종해서 더 이상 애굽으로 내려가지 않고 그랄 땅에 머물렀다.

2. 이삭은 그랄 땅에서 아브라함과 똑같은 실수를 했는데 어떻게 되었는가?

이삭도 그랄 사람들이 자기를 죽이고 리브가를 빼앗을까 봐 두려워서 리브가를 누이라고 했는데 그랄 왕 아비멜렉이 이삭이 리브가를 껴안은 것을 보고 부부인 것을 알고 이삭과 리브가를 건드리지 못하도록 모든 백성에게 명령을 내려서 보호받게 되었다.

3. 이삭은 그랄 땅에서 블레셋 사람들의 시기를 어떻게 대처했는가?

이삭은 그랄 땅에서 농사를 지어서 백 배의 소출을 거두고 목축도 잘되어서 거부가 되었는데 그랄 왕과 백성들이 시기해서 아브라함이 팠던 우물을 메우고 이삭을 거기서 떠나도록 했다. 그러나 이삭은 그들과 다투지 않고 계속 양보했는데 하나님은 그때마다 이삭이 우물에서 물을 얻게 하셨다.

성경 강해

우리는 이 세상에서 신앙이 없는 사람들과 어울려 살면서 어려운 일을 당할 때가 많이 있습니다. 그때마다 우리는 스스로 '왜 나는 더 강하지 못하고 야무지지 못할까?' 하고 생각합니다. 그러나 우리는 예수를 믿음으로 완전히 변하게 되었습니다. 즉 예수를 믿기 전에 우리는 스스로 이 세상에서 살아남아야 하니까 야생동물의 기질을 다분히 가지고 있었지만 예수를 믿음으로 하나님께 대하여 대단히 의존적인 사람이 되어 버린 것입니다. 짐승에 비유하여 말한다면 야생동물이 사람에게 길들여져서 가축이 되어 버린 것입니다.

만일 야생 상태에서 순수한 야생동물과 길들여진 짐승이 같이 있다면 사람의 손에 길들여진 짐승은 절대로 살아남을 수가 없습니다. 왜냐하면 사람의 손에 길러진 짐승은 생긴 것만 야생동물이지 사냥을 할 수 없기 때문입니다. 그리고 성격조차도 공격적이지 않습니다. 동물원에서 사육된 곰이나 사자는 사냥을 하지 못합니다. 그래서 이런 짐승들은 야생 상태로 돌려보내도 적응에 실패할 때가 많습니다. 그런데 이것이 바로 오늘 이 시대를 살아가는 우리의 모습인 것입니다.

예수님은 우리에게 '무엇을 먹을까, 무엇을 입을까' 조차도 하나님께 의지하라고 하셨고, 심지어는 '원수들까지 사랑하라' 고 하시면서 누군가가 오른쪽 뺨을 때리면 왼쪽 뺨도 대 주고, 속옷을 달라고 하면 겉옷까지 벗어

주라' 고 하셨습니다. 그래서 우리는 예수를 믿고 난 후에 절대적으로 하나님께 의존적인 사람들이 되었습니다.

그런데 하나님께서는 우리를 다시 야생 상태로 돌려보내십니다. 그래서 학생들은 학교에서 치열한 경쟁을 하면서 공부하게 하시고, 청년들은 취직하기 위하여 이리저리 뛰어다니게 하시고, 어른들은 사업을 하느라고 믿지 않는 사람들과 치열하게 경쟁하게 하시는 것입니다. 우리가 야생의 세계로 나가는 것은 마치 어린 양이 이리들 틈에 섞이는 것 같아서 결국 우리는 실패할 수밖에 없고 낙오할 수밖에 없습니다. 그런데 놀라운 것은 하나님께서는 이렇게 경쟁이 치열한 세상에서 우리가 살 수 있게 하시는 것입니다. 그냥 살 수 있게 하시는 것이 아니라 복을 받게 하시고, 나중에는 세상에서 인정을 받게 하십니다. 이것을 생생하게 보여 주는 것이 이삭이 그랄 땅에서 경험한 것입니다. 그랄 땅은 블레셋 땅이고 하나님을 믿지 않는 곳이었습니다. 이삭은 가나안 땅에 흉년이 들어서 먹고살기 위해서 애굽으로 내려가다가 하나님이 내려가지 말라는 말씀을 듣고 그랄 땅에 주저앉게 됩니다. 이삭은 거기서 거친 성격을 가진 그랄 사람들 가운데서 살아남게 됩니다.

1. 똑같은 실수

우리는 우선 이삭이 그랄 땅에서 아버지 아브라함이 한 것과 똑같은 실수를 하는 것을 보게 됩니다.

1절, "아브라함 때에 첫 흉년이 들었더니 그 땅에 또 흉년이 들매 이삭이 그랄로 가서 블레셋 왕 아비멜렉에게 이르렀더니"

가나안 땅에 흉년이 들었다는 것은 생사를 좌우하는 중요한 문제였습니다. 가나안 땅, 즉 지금의 팔레스타인 땅은 우리가 아는 바와 마찬가지로 비가 1년에 두 번 옵니다. 그런데 그마저 내리지 않으면 사람만 먹을 것이 없는 것이 아니라 짐승들도 먹을 것이 없어서 죽어 갑니다. 그러나 가나안 땅에 흉년이 들어도 애굽에는 양식이 있었습니다. 그 이유는 바로 나일 강이 풍부한 물을 공급해 주기 때문입니다.

아브라함이 가나안 땅에 와서 처음으로 겪었던 어려움도 바로 이 흉년이었습니다. 하나님께서는 아브라함에게 가나안 땅에서 살라고 하시고는 가나안 땅에 흉년이 오게 하셨습니다. 하나님께서 아브라함에게 가나안 땅에서 살라고 하셨으면 적어도 흉년은 오지 말아야 하는데 현실은 그렇지 못했습니다. 그래서 아브라함은 살기 위해서 어쩔 수 없이 하나님의 말씀을 뒤로 하고 애굽으로 내려갔다가 아내를 애굽 왕에게 빼앗기는 수모를 당했습니다. 그 후 아브라함은 어떠한 일이 있어도 하나님의 말씀을 버리지 않았습니다. 그런데 이삭은 가나안 땅에 흉년이 드니까 아버지가 했던 그대로 가나안 땅을 버리고 애굽으로 내려가려고 길을 떠났습니다. 아버지가 애굽에서 그만큼 고생을 하고 겨우 약속의 땅으로 돌아왔으면 '나는 아버지의 실수를 반복하지 않고 죽는 한이 있어도 하나님의 약속의 말씀을 붙들겠다.' 라고 생각해야 하는데 이삭도 아버지와 똑같이 살길을 찾아서 애굽으로 내려가려고 했습니다.

결국 신앙이라는 것은 배운다고 해서 되는 것이 아니라 자기 자신이 실제로 겪어 봐야 깨닫게 되는 것입니다. 즉 성경 공부를 할 때에는 아무리 가나안 땅에 있는 것이 하나님의 뜻인 줄 알아도 실제로 먹고살 것이 없으면 자기도 살길을 찾아서 떠나게 되는 것입니다. 그래서 누구든지 흉년이 들었을 때 가나안 땅에 남아 있으려면 적어도 말씀에 목숨을 거는 신앙이 있어야 합니다. 그런데 아직 이삭은 말씀에 목숨을 걸 정도의 신앙은 되지 못했습니다. 그래서 아버지 아브라함이 했던 실수를 그대로 반복했고, 결국 하나님께서는 이삭이 애굽으로 내려가는 것을 말씀으로 막으셨습니다.

2절, "여호와께서 이삭에게 나타나 가라사대 애굽으로 내려가지 말고 내가 네게 지시하는 땅에 거하라"

하나님은 이삭이 가나안 땅에 흉년이 들었다고 해서 가나안을 버리고 애굽으로 가는 것을 원치 않으셨습니다. 그 이유는 가나안 땅은 죄가 많은 곳이지만 그럼에도 불구하고 하나님의 말씀이 임하고 있는 곳이었기 때문입니다. 그래서 하나님은 이삭에게 먹고사는 것이 힘들다고 해서 쉽게 하나님의 말씀이 임하는 현장을 떠나게 하지 않으신 것입니다.

사람들 중에는 산전수전 다 겪다가 나중에 다시 신앙을 가진 사람들이 있습니다. 그런데 다시 경제가 어려워지면서 직장을 잃으면 그때 무엇이라고 기도를 합니까? '하나님 아버지, 이번에는 정말 제가 제대로 믿으려고 했는데 경제 문제 때문에 안 되겠습니다. 그래서 어쩔 수 없이 잠깐 신앙을 방학하고 먹고살 만하면 다시 신앙생활을 하겠습니다.' 라고 하는 것입니다. 그때 하나님은 무엇이라고 말씀하실까요? 애굽으로 내려가지 말고 약속의 땅에서 끝까지 견디어 보라고 하실 것입니다.

어떻게 보면 하나님의 말씀은 모순된 것 같습니다. 우리가 신앙생활을 하려면 적어도 먹고살 수 있는 길은 마련되어 있어야 하는데 하나님은 그것도 되어 있지 않은 상태에서 하나님의 말씀만 붙잡으라고 하시는 것입니다. 이것은 신앙을 위해서 굶어 죽을 각오를 하라는 것과 같은 것입니다. 그래서 지금 많은 성도들이 겪고 있는 생계의 문제와 신앙의 갈등은 우리만의 문제가 아니고 아브라함도 겪었고 이삭도 겪었던 문제들입니다.

그런데 놀라운 것은 똑같은 어려움이 생길 때마다 이들은 똑같이 세상으로 내려가려고 했다는 것입니다. 그래서 우리 성도들은 오늘 말씀에서 하나님의 뜻을 깨닫고 쉽게 세상으로 가면 안 됩니다. 우리가 자신의 진로를 결정할 때 먹고사는 것이 기준이 되어서는 안 됩니다. 즉 하나님의 말씀이 있는지를 먼저 생각해야 하는 것입니다.

가나안 땅에 흉년이 들었는데 하나님께서 이삭에게 가나안 땅을 떠나지 못하게 하신 것은, '이 흉년은 너의 믿음을 시험해 보기 위한 것인데 너는 왜 시험을 치지 않고 도망치려고 하느냐.' 하는 말씀과 같습니다. 가나안 땅에 흉년이 든 책임이 이삭에게 있는 것은 아니라 할지라도 이것은 분명히 이삭이 겪어야 하는 시험이었습니다.

우리는 하나님께서 우리에게 시험을 주셨음에도 불구하고 시험을 치지 않고 도망을 칠 때가 많습니다. 하나님께서 나에게 도저히 피할 수 없는 어려움을 주실 때 그 어려움은 내가 반드시 치러야만 하는 시험인 것입니다.

우리는 그런 일에 대한 책임을 남편이나 아내에게 돌리거나, 아니면 애써 외면하려고 할 때가 많습니다. 그런 사람은 고생은 고생대로 하면서도 깨닫지 못하는 어리석은 사람과 같습니다. 우리는 아무리 흉년이 와도 살길이 있습니다.

하나님께서는 이삭에게 그가 가나안 땅에 계속 있는 것이 얼마나 중요한 것인지 말씀하셨습니다.

3-5절, "이 땅에 유하면 내가 너와 함께 있어 네게 복을 주고 내가 이 모든 땅을 너와 네 자손에게 주리라 내가 네 아비 아브라함에게 맹세한 것을 이루어 네 자손을 하늘의 별과 같이 번성케 하며 이 모든 땅을 네 자손에게 주리니 네 자손을 인하여 천하 만민이 복을 받으리라 이는 아브라함이 내 말을 순종하고 내 명령과 내 계명과 내 율례와 내 법도를 지켰음이니라 하시니라"

하나님은 이삭에게 만일 그가 이 땅에 계속 있으면 하나님께서 그와 함께하시겠으며 그에게 복을 주어 이 땅을 그와 그 자손들에게 주시겠다고 말씀하셨습니다. 즉 이삭이 고난 가운데 하나님의 말씀을 붙들 때 하나님은 그를 축복의 주인공으로 만들어 주시겠다고 하셨습니다.

드라마나 영화를 찍을 때 주인공과 엑스트라는 엄청난 차이가 있습니다. 주인공은 드라마나 영화 전체의 스토리를 끌고 가지만 엑스트라는 한두 번 등장했다가 사라지는 사람들입니다. 그러나 하나님의 축복의 주인공이 되려면 누구든지 고난과 역경 가운데서 하나님의 말씀 하나만 붙들고 믿음으로 승리해야 하는 것입니다.

그러나 이삭은 그랄 땅에서 아주 고약한 풍습으로 인해 가정이 깨어지는 것은 물론이고 생명의 위협까지 느끼게 되었습니다. 이것이 바로 야생의 습성을 가진 자와 하나님의 손에 길들여진 자의 차이인 것입니다.

당시에 가나안 땅은 어느 곳에 가든지 나그네에 대한 법적인 보호가 없었습니다. 그래서 사람들은 공공연하게 나그네가 오면 그 아내를 빼앗고 남편을 죽였던 것 같습니다. 그러나 결혼하지 않은 사람들이 오면 자기네 땅에 정착할 사람들이라고 해서 받아들였던 것 같습니다. 즉 이미 결혼한 부부가 오면 이 사람들은 언젠가는 떠날 사람들이니까 여자를 빼앗고 남자를 죽이지만 결혼하지 않은 처녀 총각이 오면 인구 증가에 도움이 된다고 생각했던 것 같습니다. 그래서 아브라함은 모르는 곳에 가면 자기 아내 사라를 아내라고 하지 않고 누이 동생이라고 소개했습니다. 그런데 이삭도 똑같은 실수를 했습니다.

6-7절, "이삭이 그랄에 거하였더니 그곳 사람들이 그 아내를 물으매 그가 말하기를 그는 나의 누이라 하였으니 리브가는 보기에 아리따우므로 그곳 백성이 리브가로 인하여 자기를 죽일까 하여 그는 나의 아내라 하기를 두려워함이었더라"

우리의 생각으로는 이삭이 자기 아버지 아브라함이 경험한 것을 보고 믿음을 가질 수도 있었을 것 같습니다. 즉 이삭의 아버지 아브라함은 두 번이나 아내를 누이라고 소개했다가 빼앗긴 경험이 있었는데 하나님께서 도로 찾아 주셨던 것입니다. 만일 이삭이 하나님의 그런 능력을 믿는다면 아내를 당당하게 아내라고 소개했을 것입니다. 그러나 이삭은 용기가 나지 않았습니다.

이것은 사람들이 숫총각을 좋아하는 것과 같습니다. 왜냐하면 자기가 아는 여자를 소개해 줄 수 있기 때문입니다. 그러나 남자가 약혼을 했거나 혹은 사귀는 여자가 있는 경우에는 여자가 없다고 말하는 편이 나을 것입니다. 그러나 이삭이 살던 때는 이 차이가 목숨이 왔다 갔다 할 정도로 살벌했던 것입니다. 그래서 이삭은 아버지 아브라함이 실수했던 그대로 자기 아내를 누이라고 하며 시치미를 뗐습니다. 왜냐하면 그곳 사람들이 자기에게 텃세를 부릴까 봐 두려웠기 때문입니다. 그런데 우연한 일로 인하여 이삭과 리브가가 부부라는 것이 들통이 나게 되었습니다.

8절, "이삭이 거기 오래 거하였더니 이삭이 그 아내 리브가를 껴안은 것을 블레셋 왕 아비멜렉이 창으로 내다본지라"

여기서 '껴안다' 라는 단어는 히브리 어로 '메사학' 입니다. 이것은 부부가 서로 애무를 하는 것을 말합니다. 그랄 왕 아비멜렉은 창 밖을 내다보다가 이삭 부부가 서로 껴안은 것을 보게 되었습니다. 그래서 아비멜렉은 당장 이삭을 호출했습니다.

9-10절, "이에 아비멜렉이 이삭을 불러 이르되 그가 정녕 네 아내여늘 어찌 네 누이라 하였느냐 이삭이 그에게 대답하되 내 생각에 그를 인하여 내가 죽게 될까 두려워하였음이로라 아비멜렉이 가로되 네가 어찌 우리에게 이렇게 행하였느냐 백성 중 하나가 네 아내와 동침하기 쉬웠을 뻔하였은즉 네가 죄를 우리에게 입혔으리라"

아비멜렉은 자기와 자기 백성들이 대단히 도덕적인 사람인 것처럼 허세를 부리면서 '네 여자가 분명히 네 아내인데 너는 왜 누이라고 거짓말을 하였느냐. 자칫하면 백성 중 하나가 네 아내와 동침할 뻔하였다.' 고 하며 책망했습니다. 이것은 아브라함이 그랄 땅에서 당한 것과 똑같은 일이었습니다. 이것을 보면 하나님의 백성이 이 세상에서 얼마나 약한 사람들인지 알 수 있습니다. 즉 아버지가 당한 어려움을 아들도 당하고, 아버지가 했던 거짓말을 아들도 똑같이 해야 하는 세상이었던 것입니다. 그래서 이삭도 아버지 아브라함이 했던 것 같이 그랄 왕 아비멜렉 앞에 불려 가서 꾸중을 들어야만 했던 것입니다. 그래서 이삭은 어쩔 수 없어서 사실 그대로 이야기했습니다. 즉 그곳 사람들에게 결혼을 했다고 하면 텃세를 부려서 자기를 죽이고 아내를 빼앗을까 봐 두려워했다고 했습니다. 그랬더니 의외로 아비멜렉은 이삭에게 호의를 베풀어서 어느 누구든지 이삭이나 그 아내를 건드리지 못하도록 특별 명령을 내렸습니다.

11절, "아비멜렉이 이에 모든 백성에게 명하여 가로되 이 사람이나 그 아내에게 범하는 자는 죽이리라 하였더라"

이것이 바로 하나님께서 하시는 것입니다. 우리 생각에 우리가 이 세상에서 하나님의 말씀대로 살면 아무것도 못 하고 굶어 죽을 것 같은데 하나님은 세상 사람들로 하여금 하나님의 백성을 해치지 못하게 하십니다. 그래서 우리는 이 세상에서 사는 것을 두려워할 필요가 없습니다. 단지 능력 주시는 범위 안에서 최선을 다하면 되는 것입니다.

2. 이삭이 그랄 땅에서 받은 축복

하나님께서는 그랄에 주저앉은 이삭을 축복하셨습니다.

12-14절, "이삭이 그 땅에서 농사하여 그 해에 백 배나 얻었고 여호와께서 복을 주시므로 그 사람이 창대하고 왕성하여 마침내 거부가 되어 양과 소가 떼를 이루고 노복이 심히 많으므로 블레셋 사람이 그를 시기하여"

이삭이 그랄 땅에서 살게 된 것은 그가 계획한 것이 아니었습니다. 이삭은 자기가 그랄 땅에 살게 될 것이라는 것을 전혀 생각지도 못했습니다. 그러나 이삭이 애굽으로 이사를 하는 도중에 하나님이 애굽으로 가지 말라고 하시니까 이삭은 순종하는 마음으로 그랄에 머문 것입니다. 이삭의 장점은 하나님이 하지 말라고 하시면 그 자리에서 순종하는 것이었습니다. 그래서 이삭은 아무 계획도 없이 그랄 땅에서 살게 되었습니다. 그런데 하나님은 그랄 땅에서 이삭에게 큰 축복을 내리셨습니다. 이삭이 농사를 지었는데 백 배의 소출을 거두게 되었습니다. 이것은 농사가 아주 잘된 것을 의미합니다.

원래 이삭은 농사를 짓는 사람이 아니었습니다. 그런데 이삭이 자기 전공도 아닌 농사를 하게 된 것은 아마도 그때 양식을 구하기가 너무나도 어려웠기 때문인 것 같습니다. 그러나 하나님께서는 이삭에게 백 배나 결실하게 하셨습니다. 여기서 '백 배' 라고 하는 것은 아마도 다른 사람들이 농사지은 것의 백 배를 말할 것입니다. 그뿐만 아니라 목축도 잘되어서 양이나 소가 떼를 이루게 되었고, 종들도 많아졌습니다.

하나님께서 그랄 땅에서 이삭을 이렇게 축복하신 이유가 무엇일까요? 그것은 이삭이 하나님의 말씀에 순종하여 자기의 고집을 꺾고 중간에 주저앉은 것을 기뻐하신다는 것을 보여 주시는 것입니다. 어쨌든 이삭은 해 보지도 않은 농사에서 백 배의 결실을 얻었습니다. 그리고 목축은 너무나도 잘되었던 것입니다.

물론 우리가 처음부터 하나님의 뜻을 잘 깨달아서 백 퍼센트 순종할 수 있으면 그것보다 더 좋은 것은 없을 것입니다. 그러나 우리 인간은 결코 하나님의 뜻을 잘 알 수 없습니다. 그래서 우리가 하나님의 뜻이 아닌 일들을 마구 할 때 하나님이 아니라고 하시면 기분이 나쁘고 자존심이 좀 상해도 중간에 포기하는 것을 아주 좋아하십니다. 여기서 말씀을 배운 자와 배우지 않은 자가 확연하게 달라집니다. 평소에 하나님의 말씀의 가르침을 받지 않은 자는 자기가 하려고 하는 것을 중간에 하지 말라고 하면 굉장히 불쾌하게 생각하면서 무슨 일이 있어도 그 일을 해내고야 맙니다. 그래서 남자답고 멋있다는 이미지를 주려고 합니다. 그러나 하나님은 그런 사람을 무가치하게 보십니다. 거기에 비해서 평소에 하나님의 말씀의 가르침을 받은 자는 아무리 자기가 계획을 세웠고, 또 추진하고 있는 중에 있다 하더라도 하나님이 하지 말라고 하시면 좀 줏대가 없는 것 같아 보여도 중간에 포기를 합니다. 하나님께서는 이렇게 고집을 꺾고 하나님의 뜻에 순종하는 자를 사랑하셔서 포기한 것 이상의 복을 주십니다.

그러나 이삭이 그랄 땅에서 하나님의 복을 받은 것이 좋은 일만은 아니었습니다. 왜냐하면 그랄 사람들이 이삭을 시기해서 이삭을 더 괴롭게 했고, 이삭을 그랄 땅에서 쫓아내려고 했기 때문입니다. 여기서부터 우리는 이 세상에서 실전을 겪게 되는 것입니다. 우리가 하나님의 축복으로 어느 정도 세상에서 성공하게 되면 그것을 시기하고 미워하는 많은 반대 세력을 만나게 됩니다. 어떤 경우에는 정부 관리가 괴롭히기도 하고, 경쟁 회사나 혹은 노조, 심지어는 동업자 사이에서 갈등이 생기기도 합니다. 이때 우리는 사소한 이익에 눈이 멀지 말아야 합니다. 우리는 넓은 마음을 가지고 끝까지 하나님을 믿어야 합니다.

15-16절, "그 아비 아브라함 때에 그 아비의 종들이 판 모든 우물을 막고 흙으로 메웠더라 아비멜렉이 이삭에게 이르되 네가 우리보다 크게 강성한즉 우리를 떠나가라"

이삭은 그랄 땅에서 농사와 목축에 성공했지만 그랄 사람들은 이삭을 시기해서 다른 방면에서 텃세를 부렸습니다. 즉 '너는 나그네이고 이 땅은 우리 땅이니까 여기서 떠나서 다른 데로 가라' 는 것입니다. 이것이 바로 나그네로 있는 사람에게 가장 불리한 것입니다. 즉 자기 땅이 아니고 자기 집이 아니면 주인이 얼마든지 텃세를 부려서 쫓아낼 수가 있는 것입니다.

예를 들어 어떤 사람이 건물을 임차하여 사업을 하는데 그 사업이 잘되어 번창일로에 있는 중에 주인이 집세를 터무니없이 올리면서 나가라고 하면 울며 겨자 먹기로 엄청난 집세를 내든지, 아니면 다른 건물을 찾아야 하는 것입니다.

이처럼 블레셋 사람들은 이삭의 우물을 흙으로 메워 버려서 농사를 짓지 못하게 하고, '너는 우리보다 더 잘사니까 다른 데로 가서 농사를 짓든지 목축을 하든지 하라' 고 하면서 쫓아내려고 했습니다.

이삭은 너무나 억울했습니다. 이삭은 하나님께서 축복하셔서 부자가 된 것이지 조금이라도 그랄 사람들에게 피해를 준 것은 없었습니다. 그리고 이삭의 우물은 아버지 아브라함이 판 것이고 전임 왕이 그 권리를 보장한 것이었습니다. 그런데 이삭은 나그네이기 때문에 선택의 여지가 없었던 것입니다. 즉 주인이 나가라고 하면 나갈 수밖에 없는 것입니다.

우리는 때로 이렇게 텃세를 당할 때가 있습니다. 즉 새로운 곳에 적응이 되려고 하고 장사가 되려고 하는데 그 지방 사람들이 텃세를 부리는 것입니다. 그런데 우리로서는 도저히 가야 할 곳이 보이지 않는 것입니다.

이러한 때 야고보 사도는 이렇게 말했습니다.

"너희 중에 누구든지 지혜가 부족하거든 모든 사람에게 후히 주시고 꾸짖지 아니하시는 하나님께 구하라 그리하면 주시리라"(약 1:5).

우리는 그 이유를 알 수 없지만 하나님은 우리에게 이런 어려움을 풀 수 있는 지혜를 반드시 주십니다. 이럴 때 필요한 것은 사고의 전환입니다. 즉 완전히 다른 각도에서 생각을 해 보는 것입니다.

만일 이삭이 농사짓던 땅이나 아브라함이 판 우물에 대하여 집착했더라면 아마 그 함정에서 빠져나오지 못했을 것입니다. 그런데 이삭은 과감하게 농사짓는 땅이나 우물에 대한 집착을 버렸습니다. 그러니까 해답이 간단하게 나왔습니다. 즉 '그래, 나는 원래 농사꾼이 아니었잖아. 나는 원래 목축업자였어. 그리고 아버지의 우물은 아깝지만 이것 말고도 아버지가 판 우물은 또 있어.' 하는 것입니다.

이삭이 붙들고 있던 것을 놓았을 때 그의 마음에 새로운 지혜가 떠올랐습니다. 즉 이삭 앞에는 다른 땅도 있고 다른 우물도 있다는 것입니다.

아마 이삭의 종들 중에는 싸워서라도 끝까지 그 땅을 지키자는 사람도 있었을 것입니다. 또 이 기회에 그랄 사람들과 싸워서 본때를 보여 주자는 사람도 있었을 것입니다. 또는 많은 권리금을 달라고 하면서 끝까지 한번 버티어 보자는 사람도 있었을 것입니다. 그러나 하나님께서 이삭에게 깨닫게 하신 것이 무엇입니까? 이삭은 땅이나 우물 때문에 그랄 사람들과 싸울 필요가 전혀 없다는 것입니다. 왜냐하면 이삭 자신이 하나님 앞에서 너무나도 존귀한 자였기 때문입니다. 만일 이삭이 그 땅을 지키고 우물을 지키기 위해서 그랄 사람들과 싸운다면 너무나도 존귀한 자신이 깨어지게 되는 것입니다.

하나님은 이삭으로 하여금 아버지 아브라함이 팠던 우물들을 생각나게 하셨습니다. 그랄 땅에는 아버지 아브라함이 옛날에 파 놓은 우물이 또 있었습니다. 이삭이 깨달은 것은 자기가 여기에 살기 전에 이미 아버지 아브라함이 살았고, 아버지가 이 땅에 살면서 남긴 믿음의 유산이 있다는 것입니다.

우리가 성경을 보면서 믿음의 사람들로부터 얻는 유익이 무엇입니까? 그들처럼 우리가 하나님을 찾으면 우리도 하나님을 만날 수 있고, 우리도 동일한 하나님의 은혜를 체험할 수 있다는 것입니다.

그래서 이삭은 과감하게 결단을 내렸습니다. 이삭은 그랄 사람들이 가라고 하니까 자기가 농사짓던 땅과 우물을 포기하고 그랄 골짜기에 가서 우물을 팠습니다. 그랬더니 거기서 물이 나왔습니다.

17-18절, "이삭이 그곳을 떠나 그랄 골짜기에 장막을 치고 거기 우거하며 그 아비 아브라함 때에 팠던 우물들을 다시 팠으니 이는 아브라함 죽은 후에 블레셋 사람이 그 우물들을 메웠음이라 이삭이 그 우물들의 이름을 그 아비의 부르던 이름으로 불렀더라"

이삭이 백 배나 수확한 농사를 포기한다는 것은 쉬운 일이 아닙니다. 또 당시 우물 하나의 가치는 어마어마했습니다. 그러나 이삭은 그랄 사람들과 싸우는 대신에 그랄 골짜기로 가서 새 우물을 팠습니다. 이것은 옛날에 아버지가 판 우물입니다. 그런데 그랄 사람들의 시기심은 끝이 없었습니다. 그랄 사람들은 이삭이 농사짓는 것을 포기한 것으로 만족하지 않고 그랄 골짜기까지 몰려와서 자기네 땅에서 우물을 파지 말라고 하면서 그 우물을 메워 버렸습니다.

19-20절, "이삭의 종들이 골짜기에 파서 샘 근원을 얻었더니 그랄 목자들이 이삭의 목자와 다투어 가로되 이 물은 우리의 것이라 하매 이삭이 그 다툼을 인하여 그 우물 이름을 에섹이라 하였으며"

'에섹' 이라는 말의 뜻은 '분쟁' 입니다. 이삭은 참으로 어려운 지경에 빠졌습니다. 이삭은 그랄 사람들과 싸우지 않으려고 골짜기로 갔는데 그랄 사람들은 거기까지 쫓아와서 이삭이 힘들게 판 우물을 자기네 우물이라고 하면서 빼앗아 버렸습니다.

그런데 이삭의 마음속에는 이미 하나의 원칙이 있었습니다. 그것은 절대로 그랄 사람들과 싸워서는 안 된다는 것입니다. 그는 이런 일로 분노하면 자기 안에 있는 존귀함이 손상된다는 것을 알았던 것입니다. 물론 이삭에게는 우물도 귀하지만 더 귀한 것이 자신의 가치였습니다. 그래서 이삭은 또 다른 곳에서 새로운 우물을 팠습니다. 그랬더니 이번에도 똑같은 일이 일어났습니다.

21절, "또 다른 우물을 팠더니 그들이 또 다투는고로 그 이름을 싯나라 하였으며"

여기서 '싯나' 라고 하는 것은 '반대' 라는 뜻입니다. 그랄 사람들은 이제 이삭에 대하여 무조건 반대하고 나섰습니다. 그러나 이삭은 끝까지 그랄 사람들과 다투지 않았습니다.

22절, "이삭이 거기서 옮겨 다른 우물을 팠더니 그들이 다투지 아니하였으므로 그 이름을 르호봇이라 하여 가로되 이제는 여호와께서 우리의 장소를 넓게 하셨으니 이 땅에서 우리가 번성하리로다 하였더라"

이삭도 인간이기 때문에 그랄 사람들이 해도 너무한다고 생각했을 것입니다. 그러나 이삭은 절대로 그랄 사람들과 싸우지 않았습니다. 그래서 다시 우물을 팠을 때에는 그랄 사람들도 양심이 있었는지 몰려와서 야단을 치지 않았습니다.

이것을 보면 인간들의 반대나 방해도 한계가 있는 것을 알 수 있습니다. 즉 그 고비만 넘기면 아무리 악랄한 사람들도 인간이기 때문에 낯이 부끄러워서 더 이상 반대하거나 괴롭히지 못합니다. 그래서 이삭은 하나님이 넓은 장소를 주셔서 다투지 않게 되었다고 해서 그 우물의 이름을 '르호봇' 이라고 지었습니다. 그러나 사실은 장소가 넓었던 것이 아니라 하나님이 이삭에게 넓은 마음을 주셨기 때문에 여기까지 오게 된 것입니다.

우리가 다른 사람과 싸우려고 하거나 이기려고 하면 마음이 좁아지게 됩니다. 즉 우리의 마음이 다시 야생동물의 생리로 돌아가게 됩니다. 이것은 결코 하나님이 주신 마음이 아닌 것입니다.

결국 이삭의 믿음은 무엇이었습니까? 이 세상에 있는 것을 가지고 그랄 사람과 다투거나 경쟁하지 않겠다는 것이었습니다. 그 결과 그는 계속 우물을 팠고, 또 그 우물들을 빼앗겼습니다. 결과적으로 그랄에는 이삭의 양보심 덕분에 우물이 많아지게 되었습니다.

우리에게는 남들이 가지고 있지 않은 풍부한 유산이 있습니다. 그것은 성경 안에 있는 믿음의 사람들의 체험입니다. 우리는 남들이 하는 짓을 똑같이 따라 하지 않아도 얼마든지 풍성하게 잘살 수 있는 길이 있습니다. 사람들은 모두 쉬운 길을 택해서 걷고 있습니다. 그 결과 어려움이 왔을 때 결국 자기들끼리 경쟁하고 다투게 됩니다. 그러나 우리는 보다 넓은 마음을 가져서 더 넓은 지평을 개발해야 합니다. 결코 우리는 좁은 땅덩어리 안에서 한정된 돈을 가지고 싸울 필요가 없습니다. 하나님께는 무궁무진한 지혜와 능력과 축복이 있습니다.

3. 가나안 땅으로 돌아온 이삭

23절, "이삭이 거기서부터 브엘세바로 올라갔더니"

이삭은 르호봇에서 우물을 얻었지만 르호봇에 오래 있지 않고 가나안 땅에 있는 브엘세바라는 곳으로 옮겨 갔습니다. 즉 이삭은 몇 번의 시행착오를 겪은 끝에 다시 가나안 땅 안으로 돌아오게 된 것입니다. 어쩌면 흉년이 더 심해져서 르호봇 우물까지 말라 버렸는지도 모릅니다. 이럴 때 이삭이 잘못 결정을 하면 모든 가족이나 종이나 짐승이 몰살하게 됩니다. 이때 이삭은 과감한 결정을 했는데 그것은 하나님의 말씀을 믿고 아예 가나안 안으로 더 깊이 들어가는 것이었습니다. 이것은 완전한 모험이었습니다. 만일 이 결정이 잘못된 것이라면 이삭의 가족은 오갈 데도 없게 됩니다. 이삭은 더 이상 그랄에도 올 수 없고, 그나마 가지고 있던 유일한 우물도 가질 수 없게 됩니다. 그러나 이삭은 하나님께서 가나안 땅에 있으라고 하신다면 분명히 살길을 주실 것이라고 생각했습니다. 그래서 마지막 보루인 르호봇을 떠나서 브엘세바라는 곳으로 옮겨 갔습니다.

물론 이삭이 처음부터 이렇게 할 수 있었던 것은 아닙니다. 이삭이 이런 결단을 내릴 수 있었던 것은 하나님의 능력을 여러 번 체험해 보았기 때문입니다. 즉 하나님은 이삭이 하는 일마다 함께하셔서 복을 주셨습니다. 이런 몇 번의 체험을 통해서 이삭은 하나님이 자기를 사랑하시며, 자기와 함께하신다는 것을 확신하게 되었습니다. 그래서 이번에는 과감하게 흉년 중에도 브엘세바로 올라가 버렸습니다. 이것은 '죽으면 죽으리라' 하고 결단을 내린 것과 같은 것입니다.

이삭은 그 어떤 것보다도 눈에 보이지 않는 하나님의 말씀을 붙들고 환난 속으로 깊숙이 들어갔습니다. 아직도 애굽은 가깝고, 또 그에게는 르호봇이라는 우물도 있었지만 이삭은 하나님의 말씀을 믿었습니다. 그래서 안정된 우물을 버리고 더 깊이 가나안 땅으로 들어갔습니다.

이삭이 하나님의 말씀을 붙들고 더 깊숙이 가나안 땅으로 들어왔을 때 어떤 일이 있었을까요? 하나님께서 이삭에게 나타나셔서 다시 말씀해 주셨습니다.

24-25절, "그 밤에 여호와께서 그에게 나타나 가라사대 나는 네 아비 아브라함의 하나님이니 두려워 말라 내 종 아브라함을 위하여 내가 너와 함

께 있어 네게 복을 주어 네 자손으로 번성케 하리라 하신지라 이삭이 그곳에 단을 쌓아 여호와의 이름을 부르고 거기 장막을 쳤더니 그 종들이 거기서도 우물을 팠더라"

이삭이 하나님의 말씀을 붙들고 더 가나안 땅으로 들어왔을 때 하나님의 말씀이 그에게 회복되기 시작했습니다. 하나님께서 이삭에게 말씀하신 것은 새로운 말씀이 아니었습니다. 이 말씀은 하나님께서 이미 아브라함에게 하신 말씀입니다. 그러나 하나님이 아브라함에게 주신 축복의 말씀이야말로 가장 중요한 말씀이었습니다.

하나님께서 이삭에게 하신 말씀은 세 가지입니다. 첫 번째는 두려워 말라는 것입니다. '나는 네 아비 아브라함의 하나님이니 두려워 말라.'

지금 이삭에게 가장 문제가 되는 것은 두려움입니다. 특히 어떤 두려움입니까? '지금 내가 하는 이 결정이 과연 하나님의 뜻인가?' 하는 것과 결정했을 때 장차 어떻게 될지 모르는 두려움입니다. 그러나 하나님께서는 이삭에게 두려워하지 말라고 말씀하십니다. 그 이유는 하나님이 흉년보다 더 크시기 때문입니다.

우리는 미래를 생각하면 두려움이 생깁니다. 지금 내가 생각한 것이 만일 잘못된 것이라면 나중에 오도 가도 못 하는 곤경에 빠지는 것은 아닐까 하는 두려움이 있습니다. 그러나 하나님은 우리에게 두려워하지 말라고 하십니다.

많은 사람들은 이런 어려움이 생기면 하나님에 대하여 화를 냅니다. 왜 하나님은 이런 일이 일어나는 것을 막지 않으셨는가 하는 것입니다. 그러나 그 결과가 무엇입니까? 고생은 고생대로 실컷 하고 아무 문제도 해결되지 않는 것입니다. 야고보 사도가 말씀한 것이 무엇입니까?

"사람의 성내는 것이 하나님의 의를 이루지 못함이니라" (약 1:20).

성을 내는 동안에는 하나님은 아무것도 하지 않으십니다.

두 번째는 하나님께서 이삭과 함께하셔서 아브라함과 같은 믿음의 생활을 하게 될 것이라고 약속하셨습니다. 훌륭한 아버지를 둔 자식들은 아버지를 보면서 열등감을 느낀다고 합니다. 아버지는 훌륭하시지만 나는 그렇지 못하다는 것입니다. 그래서 아버지가 훌륭한 분일수록 자식들은 주눅이 들어 지내는 경우가 많습니다. 사람들은 그가 하는 일마다 "너희 아버지는 그렇지 않은데 왜 너는 이런 일도 못하니?"라고 책망할 것입니다. 그런데 하나님께서 이삭에게 '내가 너에게도 함께 있어서 너도 아버지 같은 믿음의 사람이 되게 해 주겠다' 고 하셨습니다.

우리가 위대한 신앙의 인물들을 대할 때에 어떤 생각을 하게 됩니까? 대다수의 사람들이 '아, 저분은 정말 대단하고 훌륭해. 하나님께서 참으로 축복하신 사람이야. 그러나 나는 안 돼.' 라고 생각할 것입니다. 그래서 훌륭한 믿음의 사람을 만나고 나서 격려가 되고 힘이 되는 것이 아니라 더 절망을 하고 좌절을 합니다. 그러나 하나님은 우리에게 '너도 그런 사람처럼 훌륭한 믿음의 사람이 되게 해 주겠다' 는 것입니다.

그리고 세 번째는 '네게 복을 주어 네 자손을 번성케 하겠다' 고 약속하셨습니다. 하나님의 백성이 이 세상에 사는 이유가 무엇입니까? 내일의 소망이 있고 미래의 비전이 있기 때문입니다. 오늘은 고생하면서 살지만 먼 미래에는 이 모든 것이 놀라운 열매로 나타날 줄 믿기 때문에 견디는 것입니다. 만일 하나님의 백성에게서 미래에 대한 꿈이나 소망이 없다면 아마 모두 살 의욕을 잃고 말 것입니다. 하나님께서 이삭에게 약속하신 것은 '네가 여기서 방황하는 것이 방황으로 끝나지 않고 후손에 대한 축복으로 열매 맺게 될 것이라' 는 것입니다.

그리고 이삭은 예배의 기쁨을 되찾았습니다. 이삭이 '그곳에 단을 쌓고 여호와의 이름을 불렀다' 고 말씀하고 있습니다. 이것은 그가 거기서 하나님께 예배를 드린 것을 의미합니다. 이삭에게 예배의 기쁨이 회복되었습니다. 예배의 감동은 성령의 역사입니다. 우리가 어려울 때 예배의 기쁨이 회복되면 우리는 살길을 찾은 것입니다.

이삭에게 하나님의 말씀이 있고 난 후 더 놀라운 일이 일어났습니다. 그것은 그랄 왕 아비멜렉이 신하와 군대장관을 대동하고 이삭과 화친하기 위하여 찾아온 것입니다.

26-28절, "아비멜렉이 그 친구 아훗삿과 군대장관 비골로 더불어 그랄에

서부터 이삭에게로 온지라 이삭이 그들에게 이르되 너희가 나를 미워하여 나로 너희를 떠나가게 하였거늘 어찌하여 내게 왔느냐 그들이 가로되 여호와께서 너와 함께 계심을 우리가 분명히 보았으므로 우리의 사이 곧 우리와 너의 사이에 맹세를 세워 너와 계약을 맺으리라 말하였노라"

이삭은 그랄 땅에서 나그네였고 거기서 환영을 받지 못했습니다. 이삭은 그랄 땅에서 거의 쫓겨나다시피 해서 밀려났습니다. 그런데 어느 날 그랄 왕이 군대장관을 데리고 와서 다시 화해하자는 것입니다. 그 이유가 무엇입니까? 그들이 하나님이 이삭과 함께 계시는 것을 보았기 때문입니다.

사실 아비멜렉이 이삭에게 하는 말은 거짓말이었습니다. 29절에 보면 '이는 우리가 너를 범하지 아니하고 선한 일만 네게 행하며 너로 평안히 가게 하였음이니라' 라고 말을 하고 있습니다. 그러나 결코 아비멜렉은 이삭을 좋게 내어 보내지 않았습니다. 그랄 사람들은 이삭을 고통 가운데서 내어 쫓았습니다.

그러나 시간이 지난 후에 그들은 이삭이 소중한 하나님의 사람이라는 것을 알게 되었습니다. 그래서 혹시라도 이삭이 자기들에 대하여 좋지 않은 감정을 가지고 하나님께 기도할까 봐 겁이 나서 화해하려고 온 것입니다.

우리가 믿음의 길을 가다 보면 직장 상사나 혹은 형제나 이웃에게 미움을 받을 때가 있습니다. 그러나 시간이 지나면 결국 하나님은 우리를 축복하셔서 우리의 신앙이 옳다는 것을 보여 주십니다. 그때 옛날에 우리를 미워하던 사람들이 찾아와서 화해를 청하게 됩니다. 이런 것을 통해서 하나님은 다시 한 번 우리의 존귀함을 회복시켜 주십니다.

그런데 이삭이 브엘세바에서 살 수 있으려면 자기 우물이 있어야만 했습니다. 지금 이삭에게는 말씀이 회복되었고, 그랄 왕 아비멜렉이 와서 화해를 했지만 아직 물은 찾지 못했습니다. 그러나 하나님은 틀림이 없으신 하나님이셨습니다. 하나님은 브엘세바에서 이삭이 판 우물에서 물이 나오게 하셔서 물로 인한 어려움을 해결해 주셨습니다.

32절, "그 날에 이삭의 종들이 자기들의 판 우물에 대하여 이삭에게 와서 고하여 가로되 우리가 물을 얻었나이다 하매"

하나님은 자기를 의뢰하는 자들을 실망시키지 아니하십니다. 아마도 이번에 이삭이 판 우물은 아버지가 팠던 우물은 아닌 것 같습니다. 즉 이제부터는 이삭이 독자적으로 우물을 파기 시작합니다.

우리는 오늘날 치열한 경쟁 세상에서 하나님만 의지하는 자세로 살아가고 있습니다. 이것은 마치 야생동물 가운데서 어린 양 한 마리가 살아가려고 몸부림치는 것과 같습니다. 우리는 이 세상에서 물려 죽을 것 같고 힘센 자들의 텃세로 얼마 가지 않아서 쫓겨나고 말 것 같습니다. 그러나 하나님은 그 가운데서 우리로 하여금 복을 받게 하시며, 바다같이 넓은 마음으로 살아가게 하십니다. 우리는 결코 돈이나 이권 때문에 다른 사람들과 싸우지 말아야 합니다. 물론 의사 표시를 할 수 있지만 그것이 가장 중요한 것은 아닙니다. 우리에게는 하나님의 능력이 있고 축복이 있습니다. 세상 사람들이 보지 못하고 알지 못하는 엄청난 믿음의 유산이 우리에게 있습니다. 그러므로 이 세상에서 하나님이 주시는 복으로 끝까지 승리하는 성도들이 다 되시기 바랍니다.

성경 토의

1. 우리는 직장을 구하거나 혹은 우리가 살 집을 구할 때 어떤 우선순위를 가지고 선택하는가? 즉 내 생활에 있어서 하나님의 말씀은 어느 정도 비중을 차지하는가?

2. 우리는 장사를 하거나 직장 생활을 하면서 손해를 보거나 불리한 일을 당했을 때 어떻게 대처해야 하는가?

3. 우리는 본인이나 자녀들이 학교나 직장에서 따돌림을 당하거나 집단적인 괴롭힘을 당할 때 어떤 믿음을 가지고 있어야 하는가?

34_이삭의 축복

창세기 27:1-29

전체적 설명

이삭은 자기가 늙은 것을 깨닫고 아들에게 하나님의 복을 물려주려고 한다. 그러나 하나님의 말씀에 의하면 하나님께서 축복하시는 자는 큰 자인 맏아들이 아니라 어린 자인 동생 야곱이었다. 그러나 이삭은 개인적으로 에서를 좋아했기 때문에 하나님의 말씀을 무시하고 에서를 축복하려고 하다가 그 말을 들은 리브가와 야곱에게 속아서 야곱을 축복한다.

설교 프리노트

1절, "이삭이 나이 많아 눈이 어두워 잘 보지 못하더니"

이삭이 나이가 많아서 눈이 보이지 않게 되었다. 이삭은 아마도 백내장으로 앞을 볼 수 없게 되었던 것 같다. 이때가 이삭이 몇 세 때인지 분명하지 않지만 이때 에서는 두 사람의 가나안 여인과 결혼을 했고 야곱은 아직 미혼이었다. 이삭은 눈이 잘 보이지 않으니까 죽을 때가 다 되었다고 생각하여 자신의 장자권을 자식에게 물려주려고 맏아들 에서를 불렀다. 하나님께서는 두 아들이 태어나기 전에 분명히 '큰 자가 어린 자를 섬기리라' 라고 하시므로 하나님의 축복을 받을 자는 형이 아니라 동생인 것을 분명히 하셨다. 그러나 이삭은 개인적인 취향 때문에 하나님의 말씀을 무시하고 자기가 더 좋아하는 에서에게 장자권을 물려주려고 하였다. 물론 당시의 사회적인 관습을 볼 때 아버지가 맏아들에게 장자권을 물려주고 축복하는 것은 조금도 잘못된 것이 아니다. 그러나 사회적인 관습이 하나님의 말씀을 우선할 수가 없는 것이다.

4절, "나의 즐기는 별미를 만들어 내게로 가져다가 먹게 하여 나로 죽기 전에 내 마음껏 네게 축복하게 하라"

아브라함과 이삭의 집에는 하나님의 축복이 상속된다. 그런데 이삭은 몇 가지 이유로 이 축복을 다음 사람에게 물려주는데 이는 대단히 잘못된 것이다. 그가 잘못한 것 중 하나는 그 시기이다. 이삭은 단지 눈이 어두워져서 잘 볼 수 없었을 뿐인데 죽을 때가 다 되었다고 생각하여 이 복을 물려주어야 되겠다고 생각한 것이다. 두 번째는 대상이다. 하나님께서는 분명히 '큰 자가 어린 자를 섬기리라' 라고 하시므로 동생이 축복을 받을 대상임을 분명히 하셨지만 이삭은 하나님의 말씀을 무시하고 맏아들인 에서에게 이 복을 물려주려고 했다. 세 번째는 방법이다. 하나님의 복을 물려주는 것은 대단히 중요한 일이며, 이것을 위해서는 차라리 금식하고 기도하면서 물려주어야 할 텐데 이삭은 에서가 사냥한 고기를 실컷 먹고 배가 부른 상태에서 축복을 하겠다고 말을 하고 있다. 이것을 보면 시간이 오래 흐르는 동안에 이삭이 이 축복에 대한 생각이 흐려졌던지, 아니면 자기도 모르게 세상적인 방법에 오염된 것 같다.

5절, "이삭이 그 아들 에서에게 말할 때에 리브가가 들었더니"

이삭이 하나님의 말씀을 무시하고 인간적인 생각으로 하나님의 축복을 맏아들 에서에게 물려주려고 할 때 이삭과 가장 가까운 사람인 아내 리브가가 반발을 한다. 리브가는 언제나 집에 있으면서 도움이 되었던 야곱을 좋아했고, 특히 에서와 결혼한 두 명의 가나안 여자들을 너무나도 싫어하였다. 그래서 리브가는 에서보다는 야곱이 장자가 되어야 좋을 것이라고 생각하여 앞을 보지 못하는 이삭을 속이려고 생각했다. 이런 일이 일어나는 근본적인 이유는 이삭이 하나님의 말씀을 무시하고 인간적인 생각으로 중요한 일을 밀어붙이려고 했기 때문이다.

11절, **"야곱이 그 모친 리브가에게 이르되 내 형 에서는 털사람이요 나는 매끈매끈한 사람인즉"**

야곱과 에서는 신체적인 면에서 너무나 달랐기 때문에 야곱이 에서인 것처럼 흉내 내는 것이 쉽지 않았다. 야곱이 걱정했던 것은 에서는 몸에 털이 많고, 자기는 털이 없기 때문에 아버지 이삭이 만져 보기만 하면 누가 에서인지 누가 야곱인지 금방 알 수 있었던 것이다. 그래서 야곱은 어머니 리브가에게 공연히 아버지를 속이려고 했다가 들켜서 저주를 받을까 두렵다고 말을 했다.

13절, **"아들아 너의 저주는 내게로 돌리리니"**

리브가는 혹시 일이 잘못되어서 이삭이 알고 야곱을 저주하면 어미인 자기가 책임을 다 질 테니까 야곱은 오직 어미가 시키는 대로만 하라고 했다. 그런데 리브가는 이번에 남편을 속인 죄로 야곱을 오라비가 있는 라반에게 보낸 후 죽을 때까지 다시는 사랑하는 아들 야곱을 보지 못하게 된다. 우리가 여기서 생각하게 되는 것이 과연 이런 식으로 속여서 축복을 빼앗는 것이 효력이 있을까 하는 것이다. 하나님의 축복은 결코 이런 식으로 해서 받을 수 없다. 하나님의 축복은 하나님이 원하시는 자에게 주시는 것이지 인간이 원한다고 해서 받을 수 있는 것은 아니다. 야곱이 하나님의 축복의 중요성을 알고 그것을 받으려고 열심을 낸 것은 사실이다. 그러나 야곱이나 그의 어머니 리브가는 진정으로 하나님의 축복을 받는 방법을 모르고 있었다.

15-16절, **"맏아들 에서의 좋은 의복을 취하여 작은 아들 야곱에게 입히고 또 염소 새끼의 가죽으로 그 손과 목의 매끈매끈한 곳에 꾸미고"**

리브가와 야곱은 앞을 보지 못하는 이삭을 속이기 위해서 소품을 준비하였다. 즉 에서의 옷 중에서 좋은 옷을 꺼내어서 준비하고, 또 이삭이 야곱의 손이나 목을 만질 것에 대비해서 야곱의 매끈한 두 손과 목덜미를 염소 털가죽으로 둘렀다. 다른 사람이 보면 웃을 수밖에 없는 모습이었지만 이삭은 분별하지 못했다. 그 이유는 이미 이삭의 영안이 어두워졌기 때문이다.

18절, "내 아들아 네가 누구냐"

이삭은 "아버지여"라고 부르는 아들의 음성을 듣고 이미 목소리가 좀 이상하다는 생각을 한 것 같다. 그래서 이삭은 "내 아들아, 네가 누구냐?"라고 물었다. 그러니까 야곱은 천연스럽게 "나는 아버지의 맏아들 에서입니다."라고 거짓말을 하였다. 야곱은 에서 같은 목소리를 내려고 했을 것이지만 이삭에게는 이상하게 들렸던 것이다.

20절, "내 아들아 네가 어떻게 이같이 속히 잡았느냐"

대개 사냥을 나가면 하루 만에 짐승을 사냥하여 돌아오는 경우도 있었지만 어떤 때에는 이틀이나 사흘 걸려야 겨우 사냥을 해서 돌아올 때도 있었다. 그런데 야곱은 어머니 리브가의 말만 듣고 바로 우리에 가서 염소 새끼를 잡아왔기 때문에 너무 빨리 온 것이다. 그래서 이삭은 무엇인가 속고 있다는 생각이 들었던 것이다.

"아버지의 하나님 여호와께서 나로 순적히 만나게 하셨음이니이다"

야곱은 아버지가 다른 소리를 하지 못하도록 아예 하나님의 이름을 빌려서 거짓말을 하였다. 즉 아버지의 하나님께서 쉽게 사냥을 하게 하셨기 때문에 이렇게 빨리 오게 되었다는 것이다. 이것을 보면 야곱은 이제 하나님을 두려워하는 마음이 없어진 것 같다. 사람이 욕심에 눈이 멀면 하나님이 보고 계신 것을 일부러 생각하지 않으려고 하게 된다.

21절, "네가 과연 내 아들 에서인지 아닌지 내가 너를 만지려 하노라"

드디어 이삭은 진짜 에서인지 아닌지를 가장 확실하게 알 수 있는 방법으로 몸에 털이 있는지 없는지를 확인하려고 하였다. 그러나 이미 야곱은 충분히 대비가 되어 있었다. 그래서 이삭이 아무리 야곱을 만져 보아도 옷도 에서의 옷이요, 손이나 목에도 털이 있으니까 이삭은 더 혼란스러웠다.

22절, "음성은 야곱의 음성이나 손은 에서의 손이로다"

이삭은 아무리 야곱이 에서의 목소리로 흉내 냈다 하더라도 야곱의 목소리에 가까웠는데 손을 만져 보니까 털이 있었으므로 잠시 혼란스러워했으나 이삭은 자기가 속고 있다는 생각은 하지 않았다. 그 이유는 하나님께서 이삭에게 말씀을 하지 않으셨기 때문이다. 원래 이삭도 하나님의 선지자이기 때문에 감히 선지자를 속인다는 것은 상상할 수 없는 일이었다. 그러나 이삭이 하나님의 말씀을 무시하고 에서가 잡아다 주는 요리만 좋아할 때 이미 이삭에게는 하나님의 영감이 없어지고 있었던 것이다. 하나님의 말씀이 없는 이삭은 그 아내 리브가나 아들 야곱에게 그저 앞을 보지 못하는 노인에 불과했던 것이다.

24절, **"네가 참 내 아들 에서냐 그가 대답하되 내가 그러하니이다"**

이삭은 도저히 믿을 수가 없어서 다시 한 번 물어보았다. '네가 틀림없는 내 아들 에서냐.' 야곱은 자기가 맏아들 에서가 틀림없다고 대답을 하고 아버지를 속였다. 결국 하나님의 말씀을 무시했던 이삭은 자기 아내와 아들에게 업신여김을 당하게 되는 것이다.

26절, **"내 아들아 가까이 와서 내게 입맞추라"**

이삭이 야곱을 축복하려면 영감이 떠올라야 하는데 아무리 배부르게 먹어도 영감이 잘 떠오르지 않았던 것 같다. 그래서 이삭은 야곱에게 가까이 와서 자기에게 입을 맞추어 달라고 했다. 이때 이삭은 에서의 옷 냄새를 맡고 비로소 감동이 생기면서 야곱을 축복하게 되었다.

27절, **"내 아들의 향취는 여호와의 복 주신 밭의 향취로다"**

아마도 에서의 옷에는 이삭에게 늘 익숙했던 냄새가 배어 있었을 것이다. 이삭은 에서의 옷 냄새를 맡으면서 자기를 위해서 땀을 흘리며 고생하는 에서의 수고를 생각했을 것이다. 그러나 에서의 옷 냄새는 결코 여호와의 밭의 냄새일 수 없다. 왜냐하면 여호와의 밭의 냄새는 하나님의 말씀을 가지고 열심히 연구하며 씨를 뿌리는 자가 거두는 영적 열매의 밭이기 때문이다.

28절, **"하나님은 하늘의 이슬과 땅의 기름짐이며 풍성한 곡식과 포도주로"**

이삭이 야곱을 에서인 줄 알고 축복한 내용은 농사의 성공을 위한 축복이었다. 물론 이 축복은 대단히 듣기 좋고 훌륭한 세상의 복인 것은 틀림

없지만 아브라함의 복의 핵심은 아니다. 하나님께서 아브라함에게 주신 복의 핵심은 그 후손이 하늘의 별처럼 많아지고 가나안 땅을 기업으로 준다는 것이었다. 이삭이 야곱을 축복하는 내용을 들어 보면 이삭의 사고방식이 상당히 가나안 식으로 변한 것을 느낄 수 있다.

29절, "만민이 너를 섬기고 열국이 네게 굴복하리니"

이 부분은 하나님이 주신 복에 가깝기는 하지만 더 분명히 하려고 하면 '만민이 너를 통하여 복을 받는다' 고 하여야 한다. 그리고 '네가 네 대적의 문을 얻으리라' 고 해야 하는데 역시 이 복도 많이 모호하게 되었다.

"네게 저주하는 자는 저주를 받고 네게 축복하는 자는 복을 받기를 원하노라"

이 부분은 하나님이 아브라함에게 주신 복과 일치한다. 이것을 보면 이삭이 야곱에게 축복한 내용은 처음에는 세상적인 복을 이야기하다가 시간이 지날수록 좀 더 본질적인 하나님의 복에 가까워지는 것을 알 수 있다.

본문 이해를 위한 질문

1. 이삭은 왜 아들에게 축복을 넘겨주어야 되겠다고 생각을 하게 되었으며, 어떤 점에서 잘못되었는가?

이삭은 나이가 들어서 앞이 보이지 않으니까 죽을 때가 다 되었다고 생각해서 아들에게 축복을 물려주려고 했는데 하나님의 말씀을 무시하고 자기가 개인적으로 좋아하는 에서에게 이 축복을 물려주려고 하였다.

2. 리브가와 야곱은 이삭이 에서를 축복하려고 하는 것을 듣고 어떻게 하였는가?

앞을 보지 못하는 아버지를 속여서 에서인 것처럼 가장하여 복을 가로채기로 하였다. 이삭은 여러 차례 에서가 아닌 것을 확인하려고 하였지만 결국 확인하지 못하고 리브가와 야곱에게 속아서 야곱을 축복하였다.

3. 이삭의 축복의 내용은 어떤 것인가?

처음에는 세상의 농사짓는 축복에서 시작해서 점점 더 본질적인 복에 가까워졌다.

성경 강해

우리는 누구를 막론하고 이 세상에서 하나님의 복을 받는 것을 참으로 좋아합니다. 부모님들은 자녀가 좋은 학교에 합격하거나 혹은 직장에서 승진하거나 큰 상을 받으면 좋아합니다. 특히 젊은이들은 결혼을 할 때에 많은 사람들의 축복을 받으면서 결혼하는 것을 좋아합니다. 그러나 성경에는 이런 복 말고 더 크고 중요한 복이 있습니다. 그것은 바로 우리가 다른 사람이 복을 받도록 기도하면 그 복이 이루어지는 것입니다. 물론 이 복은 요술방망이처럼 무엇이든지 요구하는 대로 이루어지는 것은 아니지만 하늘의 복을 임하게 할 수 있는 복입니다. 그리고 이 복은 다른 사람들이 아무도 그 사람을 해칠 수 없는 축복입니다. 그래서 하나님은 다른 사람이 우리를 축복하면 그 사람이 복을 받고, 다른 사람이 우리를 저주하면 저주한 사람이 저주를 받는다고 하셨습니다.

하나님은 아브라함에게 귀한 믿음을 주시면서 "너는 복의 근원이 될지라"(창 12:2)라고 약속하셨습니다. 아브라함의 이 엄청난 복은 그 자손들에게 상속되었습니다. 그리고 이 귀한 복은 오늘의 교회까지 내려오게 되었습니다.

오늘날 사람들은 하나님의 복을 받기 위해서 교회에 옵니다. 교회에는 하나님의 복이 있습니다. 그런데 그 복이 그냥 복이 아니고 바로 '근본적인 복' 인 것입니다. 다시 말해서 하나님은 다 된 밥을 주시는 것이 아니라 밥을 만들 수 있는 근본 재료를 주시는데, 우리는 이것을 가지고 복을 만들어 내어야 하는 것입니다. 그 복이 어디에 있습니까? 그리고 어떻게 해야 우리가 그 복을 가질 수 있습니까? 그것이 바로 오늘 본문의 가장 중요한 내용입니다.

오늘 본문 말씀은 이삭이 이 복을 자기가 좋아하는 큰아들 에서에게 상속시키려고 하는 내용입니다. 물론 우리가 인간적으로 생각해 볼 때 이삭이 자기가 가지고 있는 축복을 큰아들 에서에게 물려주는 것은 큰 잘못이 아닌 것 같습니다. 그러나 이삭이 가진 축복은 이삭 개인의 것이 아니었습니다. 이삭의 축복은 하나님께서 이삭에게 맡겨 주신 것이었고, 이삭은 하나님이 원하시는 자에게 이 복을 물려주는 것이 마땅했습니다. 이삭이 하나님의 말씀을 무시하고 인간적인 욕심으로 에서에게 이 복을 물려주려고 하니까 그 아내 리브가와 야곱이 서로 짜서 이삭을 속이고 그 복을 가로채게 되었습니다. 이것은 그들이 너무나도 하나님의 말씀에 무지했기 때문에 생긴 일입니다.

하나님의 이 축복은 누구나 가지고 싶다고 해서 가질 수 있는 것이 아닙니다. 이 복은 하나님께서 미리 택정하시고 원하는 자에게 주시는 것입니다. 하나님께서는 에서와 야곱이 태어나기도 전에 작은 자가 이 복을 받을 것이라고 정해 놓으셨습니다. 그러나 이삭이 하나님의 말씀을 무시하고 큰아들에게 억지로 이 복을 주려고 했을 때 거짓과 분열과 다툼이 일어나게 되었습니다. 이 복은 빼앗기거나 빼앗을 수 있는 것이 아닙니다. 이 복은 하나님을 사랑하고 하나님의 말씀을 붙드는 자에게 하나님께서 주시는 것입니다. 그러나 이삭도 인간이기 때문에 그 하나님의 뜻을 몰랐고 인간적으로 이 복을 물려주려고 했던 것입니다.

우리는 오늘 바른 방법으로 이 복을 받기를 바랍니다. 우리가 하나님의 말씀을 붙들고 믿으면 이 복은 우리의 것이 될 수 있습니다.

1. 이삭의 축복의 성질

우선 오늘 본문의 배경을 이해하려면 이삭의 축복의 성질을 알아야 합니다. 고대에는 장자가 아주 중요했습니다. 장자는 사회적으로 집의 어른이며, 가정 안에서 재판권이 있었습니다. 그래서 장자는 아버지의 재산을 다른 아들의 배를 상속받았으며, 가정을 이끌어 갈 수 있는 권한이 있었습니다. 야곱이 형 에서에게 팥죽 한 그릇을 주고 산 것이 바로 이 장자권이었습니다.

그런데 오직 이삭의 집에만 있고 다른 집에는 없는 것이 있었는데, 그것은 바로 하나님의 복이었습니다. 이 하나님의 복은 기도하는 대로 이루어지는 복이었습니다. 즉 이 복은 하나님의 말씀이 임하고, 기도가 응답되며, 모든 시험을 이기고 물질적으로도 복을 받는 엄청난 복이었습니다. 이삭은 나이가 들어서 눈이 보이지 않게 되었을 때 이 복을 큰아들 에서에게 물려주려고 했습니다.

1-4절, "이삭이 나이 많아 눈이 어두워 잘 보지 못하더니 맏아들 에서를 불러 가로되 내 아들아 하매 그가 가로되 내가 여기 있나이다 하니 이삭이 가로되 내가 이제 늙어 어느 날 죽을는지 알지 못하노니 그런즉 너는 네 기구 곧 전통과 활을 가지고 들에 가서 나를 위하여 사냥하여 나의 즐기는 별미를 만들어 내게로 가져다가 먹게 하여 나로 죽기 전에 내 마음껏 네게 축복하게 하라"

우리의 생각에는 이삭이 이제 나이가 많아서 늙어 죽게 되었으니까 죽기 전에 자식에게 축복을 물려주는 것은 당연한 것 같습니다. 그러나 성경을 자세히 보면 이삭이 크게 세 가지 부분에서 잘못하고 있다는 것을 알 수 있습니다.

그 첫 번째는 이삭의 축복의 시기입니다. 이삭이 에서에게 복을 물려주어야 하겠다고 생각하게 된 것은 그의 시력이 갑자기 약해졌기 때문입니다. 1절에 '이삭이 나이 많아 눈이 어두워 보지 못하더니' 라고 했습니다. 이삭은 이제 늙어서 백내장 같은 것이 생겨서 앞이 보이지 않았습니다. 그래서 이삭은 이제 자기가 죽을 때가 다 되었다고 생각하여 하나님이 주신 축복권을 자식에게 물려주려고 했습니다. 그런데 이삭은 이후로 40년 이상을 더 살게 됩니다. 그러니까 이삭이 눈이 보이지 않는다고 해서 자기가 곧 죽을 것이라고 생각한 것은 조급한 생각이었던 것입니다.

여기서 축복권을 물려준다는 것은 영적인 후계자를 세우는 것과 같습니다. 이것은 마치 모세가 여호수아를 후계자로 세우는 것과 같으며, 엘리야가 엘리사를 후계자로 세우는 것과 같습니다. 이것은 하나님 나라를 대표하는 종을 바꾸는 것과 같은데 이삭은 자기 눈이 보이지 않는다고 해서 서둘러서 이 복을 물려주려고 하였던 것입니다. 오히려 다윗은 자기가 늙었음에도 불구하고 솔로몬이 자랄 때까지 자리를 지키고 있었습니다.

이것을 볼 때 하나님의 사람들이 몸이 조금 아프거나 힘이 없다고 해서 하나님의 일을 그만두고 다른 사람을 세워야겠다고 생각하는 것은 약한 마음이고 불신앙인 것입니다. 이것은 자칫하면 영적인 지도력의 공백을 가져오게 되어서 많은 사람을 시험에 들게 할 수 있습니다. 이삭은 눈이 보이지 않아서 이 복을 자식에게 물려주어야겠다고 생각했지만 사실 에서나 야곱은 아직 이 복을 받을 준비가 되어 있지 않았습니다. 그럼에도 불구하고 이삭이 억지로 복을 물려주려고 했을 때 이것이 자식들에게 복이 되지 못하고 오히려 혼란과 미움과 갈등을 불러일으키게 되었습니다.

이삭이 지금 영적으로 상당히 약해진 것은 사실입니다. 이럴 때 이삭은 다시 하나님 앞에서 힘을 달라고 기도를 해야 했으나 때가 되지 않았는데 무조건 이 짐을 벗어버리려고 하여 영적으로 큰 혼란을 가져오게 만들었습니다. 그래서 우리는 함부로 하나님이 주신 짐을 벗으려고 해서는 안 됩니다. 하나님께서 준비하신 다음 사람이 나타나야 하고, 또 하나님께서 그 짐을 벗겨 주셔야 하는 것입니다.

이삭이 두 번째로 잘못한 것은 축복의 대상을 잘못 선택했다는 것입니다. 하나님의 복을 받을 자는 미리 하나님께서 말씀으로 정해 놓으셨습니다. 하나님은 리브가가 아이들을 낳기도 전에 '큰 자가 작은 자를 섬기리라' 라고 말씀하셨습니다. 이것은 하나님의 축복을 상속할 사람은 모든 부분에서 뛰어난 형이 아니라 부족한 점이 많은 동생 야곱이라는 뜻입니다. 그런데 이삭은 하나님의 말씀을 무시하고 굳이 에서에게 이 복을 물려주려고 고집을 부렸습니다.

그 이유가 무엇일까요? 그것은 이삭이 야곱보다 에서를 개인적으로 더 좋아했기 때문입니다. 그러나 하나님의 복은 누구든지 하나님이 원하시는 사람에게 주는 것이지 이삭이나 야곱이 자기 마음에 든다고 해서 줄 수 있는 것이 아닙니다. 그러나 이삭은 야곱이 개인적으로 마음에 들지 않았던 것입니다. 즉 야곱은 남성답지 못했고, 하는 일도 에서에 비하여 활동적이지 못했습니다. 특히 이삭은 사냥한 고기를 아주 좋아했는데 에서는 직업이 사냥꾼이어서 아버지에게 사냥한 고기를 마음껏 대접해 드렸습니다.

그래서 이삭은 하나님의 말씀은 제쳐놓고 개인적인 취향으로 에서에게 하나님의 복을 물려주려고 했습니다. 그러나 이것은 하나님의 말씀을 거역하는 것이었습니다.

그리고 세 번째는 축복하는 방법이 잘못되었습니다. 하나님의 종이 자신의 복을 후계자에게 물려줄 때에는 하나님을 두려워하는 마음으로 기도를 많이 하고 금식하면서 후계자를 세워야 합니다. 왜냐하면 우리는 인간이기 때문에 사람의 겉모습만 보고 잘못 판단할 때가 많기 때문입니다. 그런데 이삭은 이 중요한 일을 하면서 에서가 사냥한 요리를 실컷 먹고 배가 부른 상태에서 하겠다고 생각한 것입니다. 이것은 생각 자체가 잘못된 것입니다. 왜냐하면 이 축복은 이삭의 것이 아니기 때문입니다. 이 복은 하나님께서 이삭에게 맡기신 것입니다. 이삭은 두렵고 떨리는 마음으로 하나님이 정하신 사람에게 이 복을 물려주어야 하는 것입니다. 그런데 이삭은 마치 이 복이 자기 것인 양 생각해서 실컷 고기를 먹고 배부른 상태에서 복을 물려주겠다는 것입니다.

이 모든 것이 의미하는 것이 무엇입니까? 믿음의 사람 이삭도 세월이 흐르면서 자기도 모르는 사이에 신앙이 세상적으로 많이 변질되었던 것입니다. 즉 이삭은 하나님의 복을 세상의 복과 혼동하고 있었고, 하나님의 복을 물려주는 것도 그렇게 신중하게 생각하지 않고 있었습니다.

이런 것을 생각할 때 우리는 아무리 옛날에 잘 믿었다 하더라도 지속적으로 하나님의 말씀에 붙들리지 않으면 세상의 타락한 사고방식의 영향을 받을 수밖에 없는 것입니다. 즉 우리는 하나님의 바른 말씀에서 한순간에 멀어지는 것이 아니라 자기도 모르는 사이에 조금씩 멀어지므로 본인이 잘 느끼지 못하는 것입니다.

지금 이삭과 하나님 사이에 세상의 욕심이 들어와서 막고 있습니다. 그래서 이삭은 잘못된 시기에, 잘못된 사람에게, 잘못된 방법으로 하나님의 복을 물려주려고 하고 있는 것입니다. 이것은 하나님의 복을 짓밟는 것이며, 부흥의 불을 꺼뜨리는 것이고, 하나님의 교회를 인간의 발에 짓밟히게 하는 것입니다. 그런데도 불구하고 이삭은 그 귀중한 것을 사냥한 고기에 팔려서 엉뚱한 에서에게 넘겨주려고 했던 것입니다.

대개 이스라엘이나 교회에서 부흥의 불씨가 꺼지는 것은 하나님이 세운 사람이 아닌데 인간적으로 화려한 것만 보고 복을 넘겨주기 때문입니다. 하나님의 복은 철저하게 하나님의 말씀에 사로잡힌 자에게 물려주어야 합니다. 그러나 그런 사람을 찾기가 너무나도 어려운 것입니다.

2. 집안에서 일어난 내부적인 혼란

하나님의 백성에게 가장 중요한 미덕은 겸손입니다. 그래서 남을 나보다 낫게 여기고 스스로 다른 사람의 권위에 복종하는 것이 하나님의 백성의 특징입니다. 전 세계에서 이렇게 하는 사람들은 하나님의 백성밖에 없습니다. 즉 누가 뭐라고 하지 않는데도 자발적으로 다른 사람 앞에서 스스로를 낮추고 복종하는 것입니다. 그러나 이스라엘이나 교회에서 하나님의 말씀이 없어지면 사람들은 권위를 무시하게 됩니다. 그래서 사람들마다 자기 생각이나 주장을 억지로 관철시키기 위해서 인간적인 방법을 쓰게 되어 분열과 다툼이 일어납니다.

이삭이 하나님의 말씀을 무시하면서 자기가 개인적으로 좋아하는 맏아들 에서에게 하나님의 복을 물려주려고 했을 때 이삭의 집안에 혼란과 갈등이 생기고 거짓과 속임수가 난무하게 되었습니다.

이삭은 일단 자기의 생각을 큰아들 에서에게만 이야기했습니다. 원래 이렇게 중요한 것은 모든 가족 앞에서 선포해야 합니다. 다시 말해서 "나는 몇 날 몇 시에 하나님의 말씀에 따라서 큰아들 에서에게 하나님의 복을 물려줄 테니까 모두 와서 축하해 주기 바란다."라고 공포해야 합니다. 그런데 이삭은 에서만 불러서 에서가 사냥한 고기를 가져오면 축복해 주겠다고 이야기를 합니다.

그 이유가 무엇입니까? 이것은 이삭의 마음속에도 자신의 생각이 떳떳하지 못한 것이며, 하나님의 말씀을 거역하는 것이라는 생각이 있었던 것입니다. 이삭이 하나님의 복을 후계자에게 물려주는 것이 얼마나 아름답고 떳떳한 것입니까? 그런데 이삭은 이것을 밀실에서 에서와 둘이서만 몰래 결정을 하려고 합니다. 이것은 이삭이 에서와 공모해서 하나님의 축복을 찬탈하려는 것과 같습니다.

그러나 모든 것은 인간의 생각대로 되지 않는 법입니다. 이삭이 에서에게 축복을 약속하는 말을 이삭의 아내 리브가가 듣게 되었습니다.

5-6절, "이삭이 그 아들 에서에게 말할 때에 리브가가 들었더니 에서가 사냥하여 오려고 들로 나가매 리브가가 그 아들 야곱에게 일러 가로되 네 부친이 네 형 에서에게 말씀하시는 것을 내가 들으니 이르시기를"

이삭이 에서에게만 몰래 말하려 한 이 비밀을 아내 리브가가 듣게 되었습니다. 그들의 말을 엿들은 리브가는 절대로 이 복이 에서에게 가서는 안 된다고 생각하여 이삭을 속이고 작은아들 야곱에게 이 복을 받게 해야겠다고 생각을 하게 됩니다.

지금 리브가는 자기 남편 이삭을 완전히 무시하고 있고, 그의 뜻을 정면으로 대적하고 있습니다. 어떻게 해서 이런 일이 일어날 수 있을까요? 그것은 바로 이삭이 하나님의 말씀을 무시하고 개인적인 생각을 가지고 하나님의 뜻이라고 밀어붙이려고 했기 때문입니다.

우선 리브가는 이 쌍둥이를 낳기 전부터 하나님께서 동생을 축복하시기로 했다는 것을 알았습니다. 그런데 남편은 하나님의 말씀을 무시하고 엉뚱한 아들에게 복을 주려고 하고 있는 것입니다. 그러나 리브가가 남편을 속이려고 한 것은 하나님의 말씀을 믿었기 때문이라고 생각되지는 않습니다. 왜냐하면 목적이 선하다면 방법도 선해야 하기 때문입니다. 만일 리브가가 하나님의 말씀을 믿었더라면 굳이 남편을 속이지 않고서도 하나님께서 남편의 마음을 바꾸실 것이라는 것을 믿어야 했던 것입니다.

리브가가 이렇게 한 것은 남편에 대한 반발과 작은아들에 대한 맹목적인 사랑 때문이었습니다. 즉 이삭과 리브가는 자식에 대해서만큼은 믿음으로 대하지 못하고 개인적인 편견이나 기질에 따라 사랑했던 것입니다. 이삭은 사냥한 고기 때문에 에서를 사랑했고, 리브가는 성격이 자기와 잘 맞는 야곱을 사랑했습니다. 이삭은 유별나게 사냥한 고기에 탐닉했고, 이것이 에서에게도 잘 맞았던 것 같습니다. 아마 이삭은 야곱을 볼 때마다 "사냥 하나도 제대로 하지 못하는 멍청한 자식 같으니라구!" 하는 식으로 업신여겼을 것입니다.

거기에 비해서 리브가는 사냥한 고기에는 전혀 관심이 없었고, 늘 가까이 있으면서 자기를 도와주는 야곱이 좋았던 것입니다. 리브가에게 에서는 있으나마나 한 자식이었습니다. 왜냐하면 한번 사냥을 나가면 며칠이나 몇 주 동안 집에 돌아오지 않았고, 집에 오더라도 잠만 잤기 때문입니다. 더욱이 에서의 아내들은 모두 가나안 여자였는데 하는 짓들이 얼마나 형편없는지 리브가의 마음을 많이 상하게 했던 것입니다. 그러니까 리브가도 하나님의 말씀 때문에 남편의 뜻을 거역한 것이 아니었습니다. 리브가는 리브가 나름대로 개인적인 생각 때문에 에서가 복을 물려받아서는 안 된다고 생각했던 것입니다.

그러나 더 중요한 것은 지금 이삭의 집에서는 영적인 혼란이 일어나고 있었습니다. 즉 하나님께서 이삭의 집에서 은혜를 거두어 가시니까 이제 사람들이 더 이상 다른 사람의 뜻을 존중하지 않고 자기 고집이나 자기 생각을 밀어붙이기 시작하고, 뜻대로 되지 않으면 거짓말도 하고 편을 나누기도 하고 억지를 부리게 된 것입니다.

원래 하나님의 백성이 하나님과 정상적인 관계에 있을 때에는 늘 은혜가 충만하기 때문에 거짓말도 통하지 않고 억지를 부릴 필요도 없습니다. 모든 것이 마치 물 흐르듯이 소리 없이 흘러가게 되어 있습니다. 굳이 다른 사람을 권위로 누르지 않아도 서로 사랑하고 있기 때문에 자발적으로 복종하는 것이 특징입니다. 그러나 하나님의 백성 중에서 지도자가 하나님의 말씀을 무시하고 인간적인 고집을 가지고 밀어붙이면 하나님의 은혜가 없어지게 됩니다. 그러면 하나님의 백성이 세상 사람들과 다를 것이 없어지는 것입니다.

그래서 이삭의 집에서 계속 하나님의 은혜가 충만하려면 이삭은 개인적인 취향이나 인정보다는 하나님의 말씀을 붙들어야만 했습니다. 즉 하나님의 말씀에 '큰 자가 작은 자를 섬기리라' 하였으면 이삭은 에서를 물리치고 야곱을 축복했어만 합니다. 그러나 이삭이 영적으로 분별력이 어두워지면서 자기 고집과 인간적인 욕심을 가지고 하나님의 말씀을 무시했을 때 가장 가까운 아내부터 순종하지 않고 그를 속이는 일이 일어나게 되었습니다. 이것이 바로 하나님께서 이삭으로 하여금 수치를 당하게 하시는 것입니다. 하나님께서는 사무엘에게 말씀하시기를, "나를 존중히 여기는 자를 내가 존중히 여기고 나를 멸시하는 자를 내가 경멸히 여기리라"(삼상 2:30)라고 하셨습니다. 즉 교회나 이스라엘 안에서 혼란과 속임수와 분쟁이 생기는 것 자체가 하나님께서 그들을 경멸하시는 것입니다. 왜냐하면 이미 그들이 하나님의 말씀을 업신여기고 인간적으로 행동해 왔기 때문입니다.

하나님의 종들은 아무리 사람들이 말이 많고 자기를 인정해 주지 않아도 말씀대로 하면 저절로 사람들이 존경하고 따르게 되어 있습니다. 그런데 하나님의 종들이 하나님의 말씀을 믿지 않고 인간적인 생각으로 밀고 나갈 때 결국 자기 자신이 배척을 당하고 속게 되는 것입니다.

이런 일은 아브라함 때에도 있었습니다. 아브라함이 자식이 생기지 않으니까 하나님의 말씀을 믿지 못하고 자기 아내 사라의 말만 듣고 여종 하갈을 첩으로 얻었습니다. 그랬더니 하갈이 쉽게 임신을 하기는 했지만 그때부터 여종 하갈은 여주인 사라를 업신여기고 무시했고, 결국 임신한 채로 가출하는 대혼란이 생긴 것입니다. 그 모든 원인은 아브라함이 하나님의 말씀을 믿지 않고 인간의 말을 들었기 때문입니다.

하나님의 교회나 믿는 사람의 가정에서 이런 혼란과 무질서가 일어날 때 그 일차적인 책임은 말씀을 맡은 자에게 있습니다. 교회에서는 목회자에게, 가정에서는 가장에게 일차적인 책임이 있습니다. 물론 악한 방향으로 사용한 개인에게 책임이 없는 것은 아닙니다. 하나님께서는 리브가를 벌주셨습니다. 그 벌이 무엇입니까? 살아 있는 동안 다시는 사랑하는 아들 야곱을 보지 못하는 것입니다.

우리가 이것을 통해서 깨닫게 되는 것이 무엇입니까? 우선 하나님께서는 복을 물려주실 때에는 사람의 외모를 보지 않으신다는 것입니다. 인간적으로 보기에 에서는 야곱보다 월등하게 훌륭한 사람이었습니다. 그렇지만 신앙이 좋은 아버지 이삭도 사람의 중심을 볼 수 있는 능력은 없었습니다. 그러나 에서는 하나님이 좋아하는 사람이 아니었습니다. 왜냐하면 하나님은 사람의 외모를 보시지 않고 중심을 보시기 때문입니다. 하나님은 우리가 보기에 보잘것없는 사람을 사랑하시며, 그를 복의 주인공이 되게 하기를 기뻐하십니다. 그래서 우리도 사람을 외모로 보지 않으려면 기도를 많이 해야 합니다.

선지자 사무엘도 이와 똑같은 실수를 할 뻔했습니다. 사무엘은 사울을 대신할 왕을 세우기 위해서 이새의 집에 갔을 때 큰아들, 둘째 아들, 셋째 아들을 보고 얼마나 반했던지 그들의 머리에 기름을 부으려고 했습니다. 그러나 하나님께서는 이미 그들을 버리셨다고 말씀하셨습니다. 왜냐하면 하나님은 사람의 외모를 보시지 않고 중심을 보시기 때문입니다. 하나님은 그 대신 들판에서 양을 치고 있던 막내 다윗에게 기름을 붓게 하셨습니다. 그래서 누구든지 하나님의 말씀을 미친 듯이 사랑하기만 하면 축복의 주인공이 될 수 있습니다. 우리가 이 세상에서 다른 것을 잘하기는 어렵지만 하나님의 말씀을 사랑하는 것은 누구든지 믿음만 있으면 할 수 있는 것입니다. 바로 그 사람이 이 세상에서 최고로 중요한 축복의 주인공이 되는 것입니다.

우리가 두 번째로 깨닫는 것은 하나님의 백성 가운데서 사소한 하나님의 말씀이 무시되었을 때 얼마나 큰 혼란과 미움과 거짓이 난무하게 되는가 하는 것입니다. 하나님께서는 분명히 '큰 자가 작은 자를 섬길 것이라' 고 말씀하셨습니다. 그런데 이삭이 이 말씀을 무시하고 자기 마음대로 사냥한 고기를 가져다주는 에서를 축복하려고 했을 때 그의 아내 리브가가 반발했습니다. 리브가는 그냥 반발한 것이 아니라 작은아들 야곱과 짜고 아버지를 속인 것입니다. 그리고 이것은 나중에 에서와 야곱 사이에 한평생 미움의 원인이 되었습니다. 그래서 인간적으로 열심이 있다고 해서 하나님의 뜻을 이루는 것이 아닙니다. 오히려 이런 인간적인 욕심과 고집이 하나님의 축복을 막아서 더 큰 고통과 분열을 만들어 내곤 합니다. 바로 이것이 회개해야 할 것입니다. 이삭은 하나님 앞에서 울면서 하나님의 말씀을 무시했던 죄를 회개해야 하는 것입니다.

교회에 하나님의 은혜가 막히는 것은 큰 죄를 지어서 그런 것이 아닙니다. 아주 사소한 것 같지만 하나님의 말씀이 무시되면 그 즉시 은혜와 축복이 막히는 것입니다. 그것을 뚫어서 하나님의 축복이 정상적으로 나타나게 하는 것이 부흥입니다. 교회 안에서 하나님의 말씀이 바로 증거되면 기적과 축복과 치료의 역사가 정상적으로 이루어집니다. 그런데 인간의 고집과 교만이 아주 간단한 하나님의 말씀을 막았을 뿐인데 부흥은 중단되는 것입니다.

중세 때 교회에서 '사람이 믿음으로 의롭다 함을 얻는다' 는 말씀이 무시되었을 때 무려 천 년 동안 교회에 암흑기가 계속되었고, 미신과 우상 숭배가 교회를 가득 채우게 되었습니다. 우리는 하나님의 말씀이라면 아무리 사소한 것이라도 무시해서는 안 됩니다.

3. 야곱의 속임수

야곱은 드디어 자기 아버지 이삭을 속여서 아버지의 축복을 가로챘습니다. 물론 야곱이 거짓말을 해서라도 아버지의 축복을 받으려고 하는 것 자체는 나쁜 일이 아닐 수도 있습니다. 그러나 야곱은 아버지를 속이기 위해서 어머니 리브가와 공모했고, 철저하게 위장해서 하나님의 종을 속였습니다. 이것은 리브가와 야곱이 하나님께 죄를 짓는 것이었습니다.

이삭의 아내 리브가는 자기가 싫어하는 아들 에서가 남편의 복을 받지 못하게 하기 위해서 둘째 아들 야곱에게 형이 사냥을 한 것처럼 염소를 잡아 오게 해서 남편이 좋아하는 요리를 만들고, 에서의 옷을 입히고, 심지어는 야곱은 털이 없기 때문에 털이 없는 곳에 염소 털까지 붙여 남편을 속여서 복을 받게 했습니다.

처음에 리브가는 야곱에게 이 일을 시킬 때 야곱이 실수하지 않고 잘할 수 있을까 걱정을 많이 했습니다. 그래서 리브가는 야곱을 안심시키려고 '만일 아버지 앞에서 들통이 나서 저주를 받게 된다면 내가 모두 뒤집어쓸 테니까 두려워하지 말고 내가 시키는 대로 하라' 고 했습니다. 그러나 막상 일이 실제로 진행되었을 때 야곱은 어머니 리브가의 걱정을 뛰어넘어 거짓말하는 데 천부적인 재능이 있는 것을 보여 주었습니다.

가장 심각한 것은 야곱이 자신을 속이러 들어왔을 때 이삭이 무엇인가 수상한 눈치를 챘으면서도 끝까지 속고 말았다는 사실입니다. 이삭은 자기에게 복을 받기 위하여 온 이 아들이 정말 에서인지 몇 차례나 확인을 하려고 물어보았습니다. 이것은 이삭이 생각해도 무엇인가 이상했다는 것입니다. 그러나 이삭은 끝내 분별하지 못하고 속고 말았습니다. 그 이유가 무엇입니까? 하나님께서 이삭을 미련하게 만드셔서 아내와 아들로부터 업신여김을 받게 하셨기 때문입니다.

18-20절, "야곱이 아버지에게 나아가서 내 아버지여 하고 부른대 가로되 내가 여기 있노라 내 아들아 네가 누구냐 야곱이 아비에게 대답하되 나는 아버지의 맏아들 에서로소이다 아버지께서 내게 명하신대로 내가 하였사오니 청컨대 일어나 앉아서 내 사냥한 고기를 잡수시고 아버지의 마음껏 내게 축복하소서 이삭이 그 아들에게 이르되 내 아들아 네가 어떻게 이같이 속히 잡았느냐 그가 가로되 아버지의 하나님 여호와께서 나로 순적히 만나게 하셨음이니이다"

야곱이 음식을 가지고 아버지의 방에 들어갔을 때 이삭은 무엇인가 이상하다는 생각이 들었습니다. 그 첫 번째가 음성이었습니다. 사람은 아무리 옷을 바꿔 입고 손에 염소 털을 붙여도 음성만은 바꿀 수가 없습니다. 그래서 이삭은 '내 아들아 네가 누구냐' 라고 묻습니다. 그랬더니 야곱은 천연덕스럽게 '나는 아버지의 맏아들 에서로소이다' 라고 대답했습니다. 그런데 더 이상한 것은 보통 사냥을 하려면 몇 시간이 아니라 며칠씩 돌아다니는 것이 보통인데 이번에는 에서가 너무 빨리 사냥을 해 온 것입니다. 그래서 이삭은 다시 물었습니다. '네가 어떻게 이같이 속히 잡았느냐.' 그러니까 야곱은 하나님의 이름을 팔면서 대답했습니다. '아버지의 하나님 여호와께서 순적하게 사냥할 짐승을 만나게 하셨다' 는 것입니다. 하나님께서 순적하게 짐승을 만나게 하셔서 사냥을 했다고 하는데 뭐라고 대답을 하겠습니까? 그러나 이삭은 그래도 안심이 되지 않아 야곱을 가까이 오게 해서 직접 그를 만져 보았습니다.

21-23절, "이삭이 야곱에게 이르되 내 아들아 가까이 오라 네가 과연 내 아들 에서인지 아닌지 내가 너를 만지려 하노라 야곱이 그 아비 이삭에게 가까이 가니 이삭이 만지며 가로되 음성은 야곱의 음성이나 손은 에서의 손이로다 하며 그 손이 에서의 손과 같이 털이 있으므로 능히 분별치 못하고 축복하였더라"

이삭은 무엇인가 이상해서 아들을 만져 보았습니다. 리브가와 야곱은 아버지가 손이나 등을 만져 볼 것을 충분히 예상하고 있었습니다. 그래서 야곱은 몸에 노출되는 부분에는 염소 털을 붙여 가지고 들어갔습니다. 이때 이삭은 더 이상 야곱인지 에서인지 구별할 수 없게 되었습니다. 그래서 이삭은 아주 유명한 말을 남기게 됩니다. 그것은 "음성은 야곱의 음성이나 손은 에서의 손이로다"라는 말입니다. 이 말은 도무지 헷갈려서 분간할 수가 없다는 뜻입니다.

이삭은 하나님의 선지자였습니다. 선지자는 하나님의 영이 있는 사람이며, 하나님의 영이 그에게 모든 것을 말씀하시기 때문에 사람에게 속을 수 없습니다. 그러나 선지자가 영안이 어두워지면 뻔한 거짓말에 속아 망신을 당하게 됩니다. 그것은 이삭이 하나님의 말씀보다도 에서가 가져다주는 요리를 더 좋아하여 하나님의 감동이 떠났기 때문입니다.

우리가 이 세상을 살아가는 데는 수없이 많은 거짓의 구렁텅이가 있습니다. 이 구렁텅이에 잘못 빠지면 엄청난 피해를 보게 됩니다. 그러나 하나님은 하나님의 말씀을 통해서 우리에게 영적인 감각이 살아 있게 하시고 거짓을 분별하게 하십니다. 그러나 만일 우리가 욕심에 빠지거나 죄를 짓고도 회개하지 않으면 영적 분별력이 어두워져서 속으면서도 모르게 되는 것입니다.

이삭은 지금 아들이 자기를 속이고 있는데도 분별하지 못합니다. 그 이유가 무엇입니까? 하나님의 영이 이삭 안에서 그에게 말씀하시지 않았기 때문입니다. 어떻게 감히 리브가와 야곱이 이삭을 속이려고 했을까요? 그것은 이들이 최근에 이삭의 삶에서 하나님의 영감이 떠난 것을 보았기 때문입니다. 그들은 이삭의 입에서 하나님의 말씀을 들을 수 없었으며, 그들이 보기에 이삭은 단지 앞을 보지 못하는 눈먼 노인에 불과했던 것입니다. 그러니까 누구든지 이삭을 속일 수 있는 것입니다.

이삭이 하나님의 말씀을 존중하지 않고 자기 고집에 따라서 행할 때 그에게는 하나님의 영감이 없어지게 되었습니다. 이것이 하나님의 백성에게는 가장 큰 손실입니다. 우리가 세상의 좋은 것을 아무리 많이 가져도 하나님의 영감이 떠나면 망한 것입니다. 그때부터는 이 세상에서 사람들의 밥이 될 수밖에 없습니다.

이럴 때에 우리는 어떻게 해야 합니까? 우리는 하나님께 물어보아야 합니다. 이삭이 하나님께 물어보기만 했어도 이렇게 비참하게 속지는 않았을 것입니다. 이삭이 '하나님, 지금 내 아들이라고 하면서 한 명이 들어 왔습니다. 그런데 어느 아들인지 도무지 분간이 가지 않습니다. 이 아들이 도대체 누구입니까?' 라고 물어보았더라면 하나님이 '지금 네 앞에 있는 사람은 에서가 아니라 야곱이며, 너는 내 말을 거역하고 에서를 축복하려고 했기 때문에 이렇게 된 것이다. 이제부터 네 고집대로 하지 말고 하나님의 말씀에 순종해서 야곱을 축복하라.' 고 말씀하셨을 것입니다.

이삭이 왜 하나님께 질문하지 않았습니까? 그는 자기 판단이 옳다고 확신했기 때문입니다. 하나님은 이삭을 완전히 떠나신 것이 아니었습니다. 하나님은 이삭을 도우려고 기다리고 계십니다. 만일 그가 이 혼란 가운데서 하나님께 물어보기만 했더라도 모든 것은 아름답게 해결될 수 있었을 것입니다.

야곱은 분명히 하나님의 말씀을 알고 있었을 것입니다. 하나님께서는 리브가에게 '큰 자가 작은 자를 섬기리라' 고 하셨습니다. 그런데 아버지는 하나님의 말씀을 무시하고 지금 억지로 형을 축복하려고 하고 있습니다.

그래서 야곱이 아버지 이삭을 속였다면 그것이 과연 잘한 행동일까요? 야곱이 진정으로 하나님의 말씀을 믿었더라면 하나님이 일하시기를 기다려야만 했습니다.

만일 야곱이 하나님을 믿고 가만히 있었더라면 어떻게 되었겠습니까? 만일 야곱이 하나님의 말씀을 믿고 기다렸다면 둘 중 하나의 결과가 나타났을 것입니다. 즉 하나님께서 에서가 축복을 받지 못하게 막으셨든지, 아니면 에서가 축복을 받기는 하지만 결국 에서가 적임자가 아니기 때문에 이삭이 야곱에게 다시 축복을 하든지 했을 것입니다. 그러나 야곱이 만일 하나님의 말씀을 믿고 아버지를 속이지 않고 기다렸다면 그것 자체가 엄청난 믿음입니다. 하나님께서는 야곱의 그 믿음을 아주 귀하게 보시고 축복하셨을 것입니다.

우리의 삶에 있어서 하나님을 기다린다는 것이 얼마나 귀한 믿음인지 모릅니다. 교회에서 말씀을 배운 청년들은 하나님의 확인이 없으면 기다리고 망설이면서 하나님께서 축복해 주시기를 기다립니다. 이렇게 하는 사람은 결국 하나님의 큰 축복을 받고 귀하게 사용될 것입니다.

우리는 그런 경우를 다윗에게서 찾아볼 수 있습니다. 하나님께서는 우선 사울이라는 사람에게 기름을 부어서 이스라엘의 왕으로 삼으셨습니다. 그러나 사울은 적임자가 아니었습니다. 그래서 오히려 사울은 다윗이 하나님의 기름 부음을 받았다는 것을 알고 집요하게 다윗을 죽이려고 했습니다. 그러나 다윗은 사울을 죽일 수 있는 기회가 몇 번이나 있었지만 결코 사울을 죽이지 않았습니다. 그 이유는 하나님이 말씀하셨으면 그 말씀대로 된다고 믿었기 때문입니다.

다윗은 사울이 하나님의 기름 부음을 받은 자이기 때문에 자기가 감히 해칠 수 없다고 했습니다. 그러나 야곱은 하나님을 기다리지 않았습니다. 그 이유는 야곱이 가지고 있었던 것은 믿음이 아니라 에서에게 질 수 없다는 기질이고 욕심이고 야망이었기 때문입니다. 결국 야곱도 하나님의 축복을 받는 데는 믿음이 준비되어 있지 않았습니다.

우리가 성경에서 야곱의 생애를 읽으면서 그토록 공감하는 이유는 우리 안에 바로 이 야곱과 같은 기질이 있기 때문입니다. 우리는 하나님의 말씀을 믿는다고 하면서도 실제로는 하나님을 잘 믿지 못합니다. 그래서 우리는 세상 사람들이 하는 것과 똑같이 싸우고 거짓말하고 편 가르기를 하는 것입니다. 그러나 이 축복은 진짜 축복이 될 수 없습니다.

우리가 보기에 하나님은 너무나도 늦게 일하시는 것 같습니다. 그러나 그것은 우리의 믿음을 달아 보시는 것입니다. 야곱의 속임수는 믿음이 아니고 기질입니다. 이것은 앞으로 엄청난 시련을 통하여 갈고 닦여야 할 부분인 것입니다.

오늘 본문에서 이삭이 야곱을 축복하는 것을 보면 두 가지 점에 문제가 있다는 것을 알게 됩니다. 그 하나는 그는 감동이 없는 축복을 했다는 것입니다. 이삭은 야곱을 축복하는데 감동이 오지 않아서 애를 먹었습니다. 그리고 두 번째는 축복의 내용 자체가 진짜 축복이 아니라는 것입니다. 이것을 볼 때 이삭의 신앙이 얼마나 세상적으로 변했는지 알 수 있습니다.

우선 이삭은 아들을 축복하려고 하는데 감동이 오지 않아서 애를 먹었습니다.

26-27절, "그 아비 이삭이 그에게 이르되 내 아들아 가까이 와서 내게 입맞추라 그가 가까이 가서 그에게 입맞추니 아비가 그 옷의 향취를 맡고 그에게 축복하여 가로되 내 아들의 향취는 여호와의 복 주신 밭의 향취로다"

축복이라고 하는 것은 그 안에 기쁨이 있고 감동이 있어야 합니다. 이것은 마치 저주 안에 분노가 있고 미움이 있는 것과 똑같습니다. 즉 축복이나 저주의 말 속에는 감정이 들어 있고 흥분이 들어 있다는 뜻입니다. 사람은 화가 나지 않았는데 다른 사람을 저주할 수 없습니다. 사람은 다른 사람에 대하여 분노가 있고 미움이 있기 때문에 욕이 나오고 저주가 나오는 것입니다. 마찬가지로 사람은 자다가 그냥 일어나서 다른 사람을 축복할 수 없습니다. 그것은 오직 횡설수설일 뿐입니다. 우리가 다른 사람을 축복하려면 감사의 마음이 솟아올라야 하고 기쁨이 솟아올라야 합니다. 그런데 이삭에게는 그런 기쁨이나 감동이 없었습니다. 왜냐하면 이삭의 마음속에 하나님이 주시는 감동이 없었기 때문입니다.

그래서 이삭은 영적으로 흥분하기 위해서 일단 야곱이 가져다주는 음식을 먹었습니다. 그런데도 감동이 생기지 않았습니다. 그러니까 이번에는 야곱에게 가까이 와서 키스를 해 달라고 했습니다. 그러나 야곱의 키스를 받고도 아무 감동이 없다가 아들의 옷에서 나는 냄새를 맡고 나서야 겨우 감동이 되어 아들을 축복하기 시작했습니다. 물론 에서의 옷에서는 땀 냄새가 났을 것입니다. 그래서 이삭은 에서의 옷 냄새를 맡는 순간 '내 아들이 나를 위하여 이렇게 땀을 흘리면서 짐승을 사냥하려고 애썼구나.' 하는 생각이 들고, 눈에 눈물이 핑 돌면서 감동이 되기 시작한 것입니다.

이것이 무슨 말입니까? 지금 이삭에게는 하나님이 주신 감동이 없는 것입니다. 그래서 이삭은 감동이 없는 억지 축복을 하고 있는 것입니다.

이것은 목회자가 설교를 할 때도 마찬가지입니다. 목회는 어떤 의미에서 하나님의 말씀을 가지고 교인들을 축복하는 것입니다. 그런데 설교하기 전에 맛있는 음식을 많이 먹으면 감동이 생겨서 좋은 설교가 나올 것 같아도 실제로 그렇게 하면 세상적인 성공 이야기나 혹은 대접받은 이야기만 실컷 하게 됩니다. 그런데 어떻게 해야 능력이 있는 설교가 나옵니까? 그것은 성경이 바로 해석되는 것입니다. 성경이 바로 해석되면 아무리 부족한 설교자가 설교를 해도 감동이 있고 능력이 임하게 됩니다. 그러나 설교자들이 성령의 감동이 없으면 인간적인 말 재주를 가지고 사람을 웃기려고 애를 쓰는데, 그것은 엉터리 감동인 것입니다.

이삭이 야곱을 축복한 내용을 보면 표현은 아름답지만 전혀 핵심을 찌르지 못하고 있는 것을 볼 수 있습니다.

28-29절, "하나님은 하늘의 이슬과 땅의 기름짐이며 풍성한 곡식과 포도주로 네게 주시기를 원하노라 만민이 너를 섬기고 열국이 네게 굴복하리니 네가 형제들의 주가 되고 네 어미의 아들들이 네게 굴복하며 네게 저주하는 자는 저주를 받고 네게 축복하는 자는 복을 받기를 원하노라"

원래 하나님께서 아브라함에게 주신 축복은 세상적인 축복이 아니고 하나님의 복입니다. 우리가 그 복이 하나님의 복인지 세상적인 복인지 분별하려면 그 안에 두 가지 내용이 있는지를 확인해야 합니다. 즉 하나는 가나안 땅의 약속이고, 다른 하나는 하늘의 별처럼 많은 자손의 축복입니다. 이것은 결국 영적 부흥이 일어나는 축복인 것입니다. 그런데 이삭이 야곱에게 준 축복은 이 두 가지가 빠져 있었습니다. 물론 이슬과 땅의 기름짐이 있으면 좋고, 풍성한 곡식과 포도주가 있으면 좋습니다. 그러나 이것은 하나님의 복에 따라오는 결과입니다. 이것으로는 하늘 문을 열 수가 없습니다. 우리가 받아야 하는 축복은 하나님의 보물 창고를 열 수 있는 열쇠를 받는 것입니다. 그것이 바로 하나님의 말씀이며 성령의 역사입니다.

오늘 우리가 받아야 하는 복은 하나님의 말씀과 성령의 능력으로 영적인 대부흥이 일어나는 것입니다. 우리와 하나님 사이에 믿음의 대로가 열려서 하나님께서 준비하신 복이 남김없이 우리에게 부어지는 것입니다.

하나님의 말씀이 있고 성령의 감동이 임하는 것이 하나님이 주시는 최고의 복입니다. 그러면 다른 것들은 저절로 따라오게 되어 있습니다. 진정한 하나님의 말씀의 역사가 있는 곳이 바로 축복의 근원지입니다. 거기서부터 모든 축복이 생기는 것입니다.

오늘 말씀이 우리에게 주는 일관된 교훈이 무엇입니까? 우리는 작은 것이라도 하나님의 말씀을 업신여겨서는 안 된다는 것입니다. 우리가 옛날에 잘 믿었던 것만 생각하고 작은 하나님의 말씀을 무시하면 하나님의 감동이 떠나고 그 후부터 우리 영혼은 표류하게 됩니다. 그러면 결국 우리는 이 세상에서 이리 같은 사람들에게 속을 수밖에 없는 것입니다.

우리가 하나님의 말씀을 믿는다면 야곱처럼 인간적인 방법을 쓰지 말고 끝까지 믿고 기다려야 합니다. 그렇게 했더라면 하나님께서 야곱을 참으로 존귀한 자로 축복하셨을 것입니다. 다윗은 그렇게 했습니다. 그리고 이스라엘의 위대한 부흥을 일으켰습니다.

오늘 하나님께서 우리에게 큰 부흥을 주시기를 바랍니다. 그리하여 우리가 위대한 하나님의 축복의 상속자가 되어서 우리 주위에 하나님의 복이 넘치게 하시기를 바랍니다.

성경 토의

1. 하나님께서 아브라함과 이삭에게 주셨던 축복권은 오늘 교회에 상속되어 있다. 우리는 교회의 어떤 곳에 이 복이 있다고 생각하는가?

2. 우리가 하나님의 말씀을 무시하고 내 생각대로 밀어붙일 때 가장 가까운 사람들로부터 업신여김을 당하면서 다툼과 미움이 생기게 된다. 오늘날 우리는 하나님의 일을 한다고 하면서 하나님의 말씀은 무시하고 내가 좋아하는 방식으로 밀어붙이는 것은 없는가?

3. 하나님의 선지자는 아무리 앞을 보지 못해도 다른 사람에게 속아서는 안 되는데 이삭이 아들에게 속은 것은 하나님께서 말씀하시지 않았기 때문이다. 요즘 나에게 하나님의 영감이 살아 있다고 생각하는가?

35_쫓겨나는 야곱

창세기 27:30-46

전체적 설명

야곱은 비록 아버지를 속이기는 했지만 어떻게 해서든지 아버지의 축복을 받기만 하면 아버지 집의 모든 경영권을 차지하고 아버지 집에서 주인 노릇을 할 수 있을 것이라고 생각했는데 현실은 그렇지가 않았다. 야곱은 아버지의 축복을 받았지만 집안에서는 아무 일도 일어나지 않았고, 오히려 축복을 빼앗긴 에서만 화가 나서 길길이 날뛰는 바람에 결국 야곱은 아버지 집에 더 있지 못하고 외삼촌 라반이 있는 곳으로 야반도주하는 신세가 되고 만다. 왜 야곱이 받았던 아버지의 복은 불발이었는가? 그것은 하나님의 복은 열심이나 노력으로 받는 것이 아니기 때문이다.

설교 프리노트

30절, "야곱이 그 아비 이삭 앞에서 나가자 곧 그 형 에서가 사냥하여 돌아온지라"

야곱이 아버지 이삭의 축복을 받고 나가자마자 에서가 사냥하여 돌아왔다는 것에서 에서가 이번에 아버지의 축복을 받기 위하여 얼마나 열심히 뛰어다녔는지를 알 수 있다. 에서는 이번에 꼭 아버지의 축복을 받아야겠다는 생각을 가지고 열심히 사슴이나 노루의 뒤를 쫓아서 드디어 사냥에 성공해서 잡아 온 것이다. 그러나 에서는 그런 열심으로는 하나님의 복을 받을 수 없었다. 에서는 이미 야곱이 아버지의 복을 받고 나간 줄을 알지 못하고 자기가 사냥한 것을 열심히 요리해서 아버지에게 가지고 갔다.

33절, "이삭이 심히 크게 떨며"

이삭은 분명히 자기가 에서라고 생각해서 축복을 하였는데 또 다른 에서가 나타나서 음식을 잡수시고 복을 내려달라고 했을 때 엄청나게 두려웠고 놀랐다. 이삭은 그제서야 비로소 무엇인가 크게 잘못되고 있다는 것을 깨달은 것이다. 이삭은 지금까지 하나님 앞에서 자신의 태도나 신앙에 큰 문제가 있다고 생각하지 못했다. 그런데 하나님 앞에서 이삭에게 가장 중요한 이 축복을 속아서 다른 사람에게 했다는 것을 알았을 때 이삭은 비로소 놀라게 되었다. 우리는 평소에 아주 조금씩 하나님으로부터 멀어지기 때문에 자신의 신앙이 하나님을 떠났다는 것을 잘 느끼지 못한다. 그런데 전혀 문제가 없다고 생각한 곳에서 사건이 터지기 시작할 때 우리는 그제서야 무엇인가 크게 잘못되었다는 것을 깨닫게 된다. 그런데 이것을 깨닫는 것은 필요한 것으로, 이것을 통해서 하나님과의 바른 관계로 돌아오면 되는 것이다.

"내가 다 먹고 그를 위하여 축복하였은즉 그가 정녕 복을 받을 것이니라"

이삭은 비록 자기가 속아서 야곱을 축복했다 할지라도 이 축복은 취소될 수 없다고 했다. 그 이유는 하나님의 이름으로 한 축복은 취소될 수 없을 뿐 아니라 하나님의 말씀에 의하면 결국 제대로 된 사람에게 이 복이 돌아갔기 때문이다.

34절, "에서가 그 아비의 말을 듣고 방성대곡하며"

에서가 아버지의 복을 야곱에게 빼앗겼다고 해서 이렇게 통곡한 것을 보면 에서는 이 복을 중요하게 생각한 것이 틀림없다. 그렇다고 해서 에서가 이 복의 영적인 의미를 깨달은 것 같지는 않다. 에서는 단지 아버지에게 인정을 받고 싶었던 것이다. 그리고 이 복을 받은 후에 사람들 앞에서 우쭐거리면서 잘난 체하고 싶었는데 동생에게 이 복을 빼앗기는 바람에 자존심이 크게 상한 것이다.

36절, "아버지께서 나를 위하여 빌 복을 남기지 아니하셨나이까"

에서는 하나님의 복을 중요하게 생각하지 않았기 때문에 아버지 이삭이 비록 야곱을 축복했다 하더라도 같은 축복을 자기에게도 줄 줄 알았으므로 또 다른 복이 남아 있지 않느냐고 물었다. 그러나 하나님의 복은 하나이기 때문에 나누어 줄 성질의 것이 아니다. 물론 그리스도 안에서는 누구든지 이 복을 다양하게 받을 수 있지만 이 복을 받는 길은 하나밖에 없는 것이다. 그렇지 않아도 야곱과 에서는 물과 기름처럼 생각하는 것이 달랐기 때문에 도저히 이 복을 나누어 가질 수가 없었던 것이다.

39절, "너의 주소는 땅의 기름짐에서 뜨고 내리는 하늘 이슬에서 뜰 것이며"

이삭은 야곱에게 농사의 복을 주었는데 에서에게는 농사의 복을 받지 못할 것이라고 했다. 에서는 땅의 기름짐과 거리가 멀고 하늘의 이슬도 잘 내리지 않는 곳에 살게 될 것이다. 이삭이 말하는 풍성한 농사의 복은 영적인 복의 결과로 주어지는 것이다.

40절, "너는 칼을 믿고 생활하겠고 네 아우를 섬길 것이며"

하나님의 백성은 하나님을 믿고 생활해야 하는데 에서는 칼의 힘을 믿고 살아가게 된다. 결국 에서에게는 믿음의 복이 주어지지 못하는 것이다. 그러나 에서의 희망은 동생 야곱을 영적인 지도자나 선지자로 생각해서 도움을 받는 데 있는데 에서의 자존심이 그것을 허락하지 않았다. 에서는 오히려 야곱의 멍에를 떨쳐버리고 야곱보다 더 강하게 되려고 하다가 하나님의 심판을 받게 된다.

41절, "아버지를 곡할 때가 가까웠은즉 내가 내 아우 야곱을 죽이리라"

야곱은 아버지로부터 복을 받기만 하면 바로 복을 받을 줄 알았는데 이번 복은 불발이었다. 그 대신에 에서의 분노를 자극해서 에서로 하여금 아버지가 살아 있을 때에는 차마 동생을 죽이지 못하겠고 아버지가 곧 돌아가실 테니까 돌아가시기만 하면 야곱을 죽이겠다고 생각하게 했다.

44절, "네 형의 분노가 풀리기까지 몇 날 동안 그와 함께 거하라"

리브가는 야곱에게 복을 빼앗긴 에서가 야곱을 미워해서 죽이려고 한다는 것을 알고는 야곱을 자기의 오라비가 있는 하란에 피신을 시키기로 했다. 그래서 리브가는 야곱에게 형의 분노가 풀릴 때까지 며칠 동안만 피해 있으라고 했는데 그것이 다시 야곱을 보지 못하는 길이 될 줄은 몰랐던 것이다. 할아버지 아브라함이나 아버지 이삭은 어떻게 해서든지 가나안 땅을 떠나지 않으려고 애를 썼는데 야곱은 본의 아니게 약속의 땅을 떠나게 되었다.

46절, "내가 헷 사람의 딸들을 인하여"

리브가는 야곱이 하란으로 가야 하는 이유를 배우자를 찾기 위해서라고 했다. 즉 에서의 가나안 여자들이 너무나도 행실이 좋지 못해서 리브가가 속이 많이 상했는데 야곱도 가나안 여자와 결혼하면 자기가 세상 살맛이 없어질 것이므로 외삼촌 라반에게 야곱을 보내어서 배우자를 찾게 하자고 설득해서 허락을 받았다. 그러나 리브가나 이삭에게 있어서 약속의 땅에 대한 중요성은 많이 약화된 것을 알 수 있다.

본문 이해를 위한 질문

1. 이삭은 야곱을 에서인 줄 알고 축복했는데 나중에 또 에서가 와서 축복을 해 달라고 했을 때 어떤 반응을 보였는가?

이삭은 심히 두려워하였으며, 그제서야 비로소 자기의 생각이 틀렸다는 것을 깨닫게 되었다.

2. 에서는 야곱이 자기의 복을 가로챈 것을 알고 어떻게 했는가?

에서는 아버지 이삭에게 대성통곡하면서 다른 복을 달라고 했지만 거절당했다.

3. 아버지를 속여서 형 에서의 복을 빼앗은 야곱은 어떻게 되었는가?

야곱은 아버지의 복을 받기만 하면 자기가 그 집의 주인이 될 줄 알았는데 이 복은 불발이 되었고, 형 에서가 자기를 죽이려고 벼르고 있었기 때문에 결국 집에서 도망을 쳐서 외삼촌 라반이 있는 하란으로 가게 되었다.

성경 강해

우리 크리스천 중에는 한때는 나름대로 세상에서 순조롭게 잘나가다가 어느 한순간 일이 잘못되면서 인생 밑바닥으로 떨어져서 온갖 고생을 하면서 사는 경우가 많이 있습니다. 이것은 마치 들짐승이 사냥꾼이 파 놓은 함정에 빠지거나 혹은 덫에 걸린 것과 같습니다. 덫이나 함정에 빠지면 아무리 몸부림을 쳐도 벗어날 수가 없는 것입니다.

우리는 이것을 이해할 수가 없습니다. 즉 하나님은 분명히 나를 사랑하시며 나는 세상 사람들보다 더 똑똑하고 지혜도 있습니다. 그러나 일이 잘 안 풀리기 시작하면 그때부터는 좀처럼 거기에서 벗어나기가 어려운 것입니다.

그 대표적인 사람으로 모세를 들 수 있습니다. 모세는 애굽에서 공주의 아들이 되는 바람에 출세의 길을 달리고 있었습니다. 사람들이 보기에 모세는 애굽에서 출세가 보장된 것 같았습니다. 그런데 모세가 어느 날부터 히브리 노예들에게 관심을 가지더니 결국은 히브리 인들을 돕는다고 애굽의 노예 감독관 한 사람을 때려죽이고 살인자가 되어서 도망치는 인생이 되고 말았습니다. 그러고는 무려 40년 동안을 미디안 광야에서 숨어서 살았습니다.

왜 우리에게는 이런 고난의 함정이 준비되어 있는 것일까요? 그것은 하나님께서 우리를 연단하시기를 원하시기 때문입니다. 우리는 하나님을 믿는다고 하면서 이 세상에서 잘되고 이 세상의 복을 받기를 원합니다. 그러나 우리는 하나님 앞에서 금처럼 보이지만 실제로 정금이 아니고 금 성분이 들어 있는 돌조각인 것입니다. 이런 돌조각을 가지고는 반지나 목걸이나 가치 있는 물건을 만들 수가 없습니다. 그래서 하나님은 우리를 금을 연단하듯이 연단하십니다. 즉 금 성분이 들어 있는 돌을 깨어서 부순 후에 가루로 만들어 버립니다. 그 후에는 이 가루를 수천 도 이상의 용광로에 녹여서 완전히 액체가 되게 한 후에 정금으로 만드는 것입니다.

우리가 인생 밑바닥에서 할 수 있는 것은 하나님의 말씀을 듣고 기도하면서 인내하는 것밖에 없습니다. 그러면 우리는 백 퍼센트 하나님의 능력으로 재기하게 됩니다. 이때 우리는 온전한 하나님의 사람으로 만들어지는 것입니다.

오늘 말씀을 보면 이삭의 두 아들 에서와 야곱이 아버지의 축복을 서로 차지하기 위하여 경쟁을 벌입니다. 야곱은 형이 사냥하러 간 틈에 형인 것처럼 가장해서 아버지의 축복을 받습니다. 그리고 사냥에서 돌아온 에서는 이삭으로부터 축복을 거절당합니다. 그러나 야곱도 이삭의 축복을 차지하지 못하고 집에서 쫓겨나게 됩니다. 에서와 야곱은 모두 아버지의 축복을 받기를 원했지만 에서는 거절당하고 야곱은 집에서 쫓겨납니다. 그리고 이제부터 야곱에게는 하나님의 고난의 프로그램이 시작됩니다. 결국 하나님의 이 복은 말로 듣는다고 해서 자기의 것이 되는 것이 아니라 인생의 가장 낮은 곳에서 인격적으로 하나님을 만나고 하나님의 말씀을 붙들어야 자기 것이 되는 것입니다.

1. 이삭에게 임한 두려움

이삭은 야곱에게 축복을 한 후에 또 다른 아들이 들어왔을 때 무언가 잘못되고 있다는 것을 알고는 심히 두려워했습니다.

30절, "이삭이 야곱에게 축복하기를 마치매 야곱이 그 아비 이삭 앞에서 나가자 곧 그 형 에서가 사냥하여 돌아온지라"

야곱이 축복을 받고 아버지의 방에서 나가자마자 에서가 사냥에서 돌아왔습니다. 정말 아슬아슬한 순간이었습니다. 이것을 보면 에서가 아버지의 축복을 받기 위하여 얼마나 노력했는지 알 수 있습니다. 에서는 아버지의 축복을 받고 싶어서 사력을 다해서 사냥에 성공했고, 그것을 들고 집으로 돌아왔습니다. 그러나 그때는 이미 야곱이 아버지의 복을 받고 아버지의 방에서 나간 후였습니다.

이삭은 자기가 분명히 맏아들 에서를 축복했다고 생각했는데 또 다른 에서가 복을 받으러 들어왔을 때 심히 놀랐다고 말씀하고 있습니다.

33절, "이삭이 심히 크게 떨며 가로되 그런즉 사냥한 고기를 내게 가져온 자가 누구냐 너 오기 전에 내가 다 먹고 그를 위하여 축복하였은즉 그가 정녕 복을 받을 것이니라"

'심히 크게 떨며' 라고 한 것은 이삭이 엄청난 충격을 받아서 정신을 차릴 수 없을 정도로 놀란 것을 말합니다. 이것은 심리적인 공황 상태에 빠졌다는 것입니다.

이삭이 이렇게 놀란 이유가 무엇일까요? 그것은 이삭이 단지 야곱에게 속았다는 사실 때문만이 아니었습니다. 이삭에게 있어서 아들을 축복하는 것은 가장 중요한 일이었습니다. 이삭이 아들을 축복하는 것은 그가 하나님 앞에서 할 수 있는 가장 중요한 일이었습니다. 그런데 이삭은 가장 중요한 이 일이 하나님 앞에서 너무나도 잘못되고 있다는 것을 비로소 깨달았던 것입니다.

이삭은 지금까지 하나님께서 자기와 함께하시는 줄 알았으나 두 사람의 에서가 나타났을 때 비로소 하나님이 자기와 함께하지 않으신다는 것을 알게 된 것입니다.

예를 들어 어떤 사람이 처음으로 자전거 타는 법을 배운다고 합시다. 이 사람은 뒤에서 친구나 형이 자전거를 붙잡아 주는 줄 알고 열심히 페달을 밟았습니다. 그런데 어느 순간 뒤를 돌아보았다가 뒤에서 자전거를 잡아 주고 있는 줄 알았던 친구나 형이 손을 놓아 버린 것을 알게 되었습니다. 설상가상으로 그곳은 내리막길이었습니다. 이때 이 사람은 너무 놀라서 허둥대다가 결국 구석에 처박히고 말 것입니다.

전에 가족 찾기 방송에서 어렸을 때 아버지를 잃은 사람의 사연이 나왔습니다. 이 사람은 어렸을 때 아버지와 함께 버스를 타고 어디론가 가고 있었습니다. 깜빡 잠이 들었는데 나중에 깨어 보니까 아버지는 보이지 않고 버스는 캄캄한 밤길을 달리고 있었다는 것입니다. 이 사람이 아버지가 없다는 것을 알았을 때 얼마나 두려웠을까요?

이삭은 지금까지 자신이 모든 것을 하나님의 뜻대로 잘하고 있다고 생각했습니다. 이삭은 이제 아들에게 축복을 물려주는 일도 성공적으로 잘 끝났다고 생각했습니다. 그런데 분명히 에서를 축복했는데 다른 에서가 들어와 축복해 달라고 하는 것입니다. 이때 이삭은 비로소 하나님께서 자기와 함께하지 않으셨고, 자기 혼자 엉뚱한 짓을 하고 있었다는 것을 깨닫게 되었습니다. 이때 이삭은 갑자기 자기가 하나님으로부터 떠났으며, 하나님의 은혜를 잊어버렸다는 것을 알고는 두려워했습니다.

하나님의 백성은 하나님과 정상적인 관계에 있을 때 하나님께서 모든 일에 함께하시며 복을 주십니다. 그러나 우리는 인간이기 때문에 아주 조금씩 하나님의 말씀에서 멀어지게 됩니다. 하지만 당장 표시가 나도록 나쁜 일이 일어나는 것이 아니기 때문에 우리는 자신이 하나님으로부터 멀어진 것을 깨닫지 못합니다. 그러다가 어느 순간 우리가 하나님으로부터 떠났으며 상당히 위험한 상태에 있다는 것을 알게 되었을 때 심히 당황하게 되는 것입니다.

정상적인 경우에는 하나님께서 어려운 일이 생기기 전에 미리 알려 주셔서 우리로 하여금 대비하게 하십니다. 즉 하나님은 우리가 감당할 수 없는 시험이 오는 것을 막아 주시고, 어떤 때에는 미리 알게 하셔서 대비하게 하십니다. 그러나 이번에는 하나님께서 이삭에게 아무 말씀도 하지 않으셨습니다. 하나님은 이삭을 완전히 버리셨고, 완전히 물을 먹이신 것입니다. 사실 이삭은 그동안 조금씩 하나님으로부터 멀어지고 있었는데 그것을 깨닫지 못하고 있었던 것입니다.

그러나 역시 이삭은 이삭이었습니다. 아마 다른 사람들 같으면 야곱을 불러서 욕을 하거나 저주하면서 자기 자신은 책임을 지지 않겠다고 소리를 질렀을 것입니다. 그러나 이삭은 이 순간에 하나님의 말씀을 붙들었습니다. 이삭은 이 곤경에서 살 수 있는 유일한 길은 하나님의 말씀을 붙잡는 것밖에 없다는 것을 알았습니다. 그래서 원래 하나님의 말씀대로 돌아갔습니다. 그 말씀이 무엇입니까? '큰 자가 작은 자를 섬기리라' 라는 말씀입니다. 그래서 이삭은 비록 야곱에게 속아서 에서인 줄 알고 야곱을 축복했지만 야곱을 불러서 야단을 치거나 저주하지 않았습니다. 오히려 야곱에게 복이 주어진 것을 옳은 것으로 인정했습니다.

'너 오기 전에 내가 다 먹고 그를 위하여 축복하였은즉 그가 정녕 복을 받을 것이니라.'

이삭은 비록 속아서 축복했다 하더라도 야곱이 축복을 받은 것은 정당하다는 것을 인정했습니다. 이것이 바로 이삭이 가진 신앙의 힘이었습니다. 즉 이삭은 가장 혼란스럽고 두려움에 빠졌을 때 하나님의 말씀을 굳게 붙들었습니다. 이것이 바로 이삭이 사는 길이었습니다.

이것은 우리에게도 마찬가지입니다. 우리의 삶에서 무엇인가가 잘못되어서 직장을 잃고 사업에 실패하고 옴짝달싹 못 하게 되었을 때 사람을 원망하거나 과거를 후회해 봐야 아무 소용이 없습니다. '그때 그 직장을 그만두지 말았어야 했어.' 혹은 '그때 그 사람의 말을 믿었던 것이 잘못이지.' 라는 식으로 후회를 해 봐야 아무 소용이 없습니다. 우리는 지금까지 된 것이 모두 하나님의 뜻인 것을 인정하고 이제 다시 하나님의 말씀으로 돌아가기만 하면 되는 것입니다.

그래서 그때 우리는 지금까지 하나님의 뜻인 줄 알면서도 순종하지 않았던 것을 회개하고 빨리 순종하는 것입니다. 또 하나님께서 버리라고 하는데도 버리지 않고 있었다면 빨리 그것을 버리는 것입니다.

모세가 하나님의 부르심을 받아서 이스라엘 백성을 애굽에서 이끌어 내기 위해 애굽으로 가고 있을 때였습니다. 모세가 애굽에 당도하기 전 도중에 있는 숙소에서 머물고 있을 때 갑자기 하나님께서 모세를 죽이려고 하셨습니다. 아마도 갑자기 고열이 났거나, 아니면 심장이 마비되려고 했는지도 모릅니다. 그때 모세의 아내 십보라는 그 순간에 그때까지 미루고 있던 자식의 할례를 행하고는 그것을 남편에게 던지면서 말하기를, '당신은 나의 피 남편' 이라고 했습니다. 즉 그 전에도 모세는 아들들에게 할례를 행하고 싶어했는데 아내의 반대로 하지 못했던 것입니다. 그런데 숙소에서 갑자기 하나님이 모세를 죽이려고 했을 때 십보라는 이것이 하나님께서 하시는 일이라는 것을 알았습니다. 그래서 그동안 고집을 부리면서 행하지 않았던 할례를 행했고 모세는 살게 된 것입니다.

이때 십보라가 '당신은 나의 피 남편' 이라고 한 것은, '당신은 꼭 자식의 피를 보고야 마는 남편' 이라는 뜻이었습니다. 우리가 하나님의 말씀에 불순종하면서 살아가면 언젠가는 한번 하나님의 징계를 받고 뜨거운 피눈물을 흘리게 되어 있습니다. 그때는 염치와 체면도 불구하고 무조건 하나님의 말씀에 순종하면 됩니다.

우리가 하나님을 믿는다고 하면서 순종하지 않고 꾀를 부리면서 살면 하나님께서 어느 순간 우리의 삶에 쳐들어오실 때가 있습니다. 그것은 집에 도둑이 들어오는 것으로 나타날 수도 있고 혹은 아이가 갑자기 고열로 몸부림치는 것으로 나타날 수도 있습니다. 아니면 자기 자신에게 갑자기 심장이 멎는 것 같은 고통이 찾아오거나 지금까지 세워 놓은 모든 계획이 수포로 돌아가게 하실 수도 있습니다. 이때 우리가 가장 먼저 해야 할 것은 빨리 하나님의 말씀 앞에 굴복하는 것입니다.

하나님께서 앞을 보지 못하는 이삭을 완전히 홀로 내버려 두셨던 순간이 있었습니다. 하나님은 이삭이 자기 아내에게도 속게 하시고 자기 아들에게도 속게 하셨습니다. 이것은 하나님께서 이삭에게 '네가 아무리 까불어도 너는 내 앞에서 아무것도 아니다' 라는 것을 나타내시는 것입니다. 이때 이삭은 크게 두려워하면서 바로 하나님의 말씀에 무릎을 꿇었습니다.

우리가 살다 보면 나름대로 신앙생활을 잘하고 있다고 생각하고 있었는데 실제로 그것이 믿음이 아니었다는 것이 드러날 때가 있습니다. 그때 우리가 해야 할 것은 다른 사람을 원망하거나 과거를 후회할 것이 아니라 하나님의 말씀을 붙들면 되는 것입니다.

2. 거절당한 에서

에서는 동생 야곱이 아버지를 속여서 복을 가로채어 갔다는 사실을 알았을 때 대성통곡을 했습니다.

34절, "에서가 그 아비의 말을 듣고 방성대곡하며 아비에게 이르되 내 아버지여 내게 축복하소서 내게도 그리하소서"

우리가 생각하기에 에서는 아버지의 축복에 별로 관심이 없었던 것 같습니다. 그런데 막상 축복을 빼앗기니까 대성통곡을 했습니다. 그 이유가 무엇일까요? 자기의 노력이 아버지에게 인정을 받지 못했고, 동생이 자기보다 더 하나님 앞에서 인정받는 것에 분통이 터졌던 것입니다.

물론 에서가 하나님의 축복을 귀하게 생각했던 것은 아니었습니다. 그럼에도 불구하고 에서는 자기의 노력이나 자격에 엄청난 자부심을 가지고 있었습니다. 그리고 에서는 자기가 모든 면에서 야곱보다는 나아야 한다고 생각했습니다. 특히 에서는 당연히 자기가 아버지의 인정을 받고 하나님의 축복을 받아야 한다고 생각했습니다. 그러나 에서는 자기의 노력이나 자기의 자격이 아버지에게도 인정받지 못하고 하나님 앞에서도 인정받지 못한다는 것을 알았을 때 분통이 터졌던 것입니다.

여기서 이삭이 통곡하는 에서를 위로한 말은 좋은 말이 아니었습니다.

35절, "이삭이 가로되 네 아우가 간교하게 와서 네 복을 빼앗았도다"

이삭은 야곱이 간교하게 와서 네 복을 빼앗아 갔다고 말을 했습니다. 우선 '네 아우가 간교하게 와서' 라는 말은 참으로 야곱이라는 놈이 기가 막힐 정도로 머리가 좋다는 뜻이 있습니다. 즉 이삭은 야곱이 기가 막히게 자기를 속였다는 것입니다. 그러면서 '네 축복을 빼앗아 갔다' 고 말합니다. 이 말은 '원래 이 축복은 네 축복인데 빼앗겼다' 는 뜻입니다.

그러나 이것은 이삭이 하나님의 말씀으로 에서를 위로하는 것이 아닙니다. 이삭이 정말 하나님의 말씀으로 에서를 위로하려고 했다면 야곱을 비난해서는 안 되는 것입니다. 이것은 이삭 자신의 책임이었던 것입니다. 즉 "참으로 모든 것이 묘하구나. 나는 하나님의 말씀을 불순종하고 억지로 너에게 그 축복을 주려고 했는데 결국 이 축복은 하나님의 말씀대로 야곱에게 돌아가고 말았구나. 이제 모든 것이 제대로 되었구나. 이제 더 이상 울고불고하지 말고 네 동생을 축복해 주고 우리가 함께 잘못한 것을 야곱에게 사과하자." 라고 했어야 하는 것입니다.

그러나 이삭은 한편으로는 야곱에게 복이 돌아간 것을 하나님의 뜻으로 인정하면서도 여전히 야곱에 대하여 미운 감정이 있었습니다. 그래서 야곱은 간교한 놈이며 너의 축복을 빼앗아 갔다고 말을 하고 있습니다. 그러나 결코 이 복은 에서의 것이 아니었던 것입니다. 하나님의 말씀에 불순종한 것은 이삭 자신과 에서였던 것입니다.

에서는 아버지가 야곱을 비난하는 말을 듣고 더 야곱을 비난했습니다.

36절, "에서가 가로되 그의 이름을 야곱이라 함이 합당치 아니하니이까 그가 나를 속임이 이것이 두 번째니이다 전에는 나의 장자의 명분을 빼앗고 이제는 내 복을 빼앗았나이다 또 가로되 아버지께서 나를 위하여 빌 복을 남기지 아니하셨나이까"

에서는 다시 한 번 야곱을 무시하고 비난하면서 그 이름을 '야곱' 이라고 부르는 것이 옳다고 하였습니다. 즉 '야곱' 은 사기꾼이고 거짓말쟁이라는 것입니다. 그러면서 이번까지 두 번이나 자신을 속였다고 말을 했습니다. 즉 한 번은 팥죽으로 장자권을 빼앗았고, 이번에는 아버지의 복을 빼앗았다는 것입니다.

여기서 에서가 잘못 생각하고 있는 것이 무엇입니까? 에서는 자기가 장남이고 또 인간적으로 야곱보다 훨씬 성공적인 삶을 살고 있기 때문에 하나님의 복도 당연히 자기가 받아야 한다고 생각했던 것입니다. 그러나 어느 누구도 하나님의 복을 당연히 받을 수 없습니다. 하나님의 복은 누구든지 가장 겸손한 마음으로 하나님의 말씀을 붙드는 자에게 하나님이 주시는 것입니다.

우리는 에서의 모습을 통해서 예수님 당시 유대 인들의 모습을 볼 수 있습니다. 유대 인들은 자기들이 하나님을 믿고 있기 때문에 하나님은 당연히 유대 인들만 구원하실 것이라고 생각했습니다. 유대 인들은 감히 '하나님께서 유대 인들을 구원하시지 않으면 도대체 누구를 구원하시는가' 라고 생각했습니다. 그러나 하나님은 유대 인들을 버리시고 아무것도 자랑할 것이 없는 우리 같은 이방인들을 택하셨습니다.

에서는 야곱의 이름을 '야곱이라고 하는 것이 옳다' 고 하면서 야곱이 두 번이나 자기를 속였다고 비난을 합니다. 이것은 마치 바리새인이 하나님 앞에서 자기를 자랑하는 것과 같습니다.

"나는…이 세리와도 같지 아니함을 감사하나이다"(눅 18:11).

그러나 하나님께서는 이미 그들을 버리셨습니다. 왜냐하면 하나님은 인간들을 자랑하고 높이기 위해서 우리를 구원하시는 것이 아니기 때문입니다. 하나님은 하나님 자신을 높이고 하나님께 감사하게 하기 위하여 구원하시는 것입니다.

하나님은 뛰어난 자를 더 뛰어나게 하시는 분이 아닙니다. 하나님은 사람의 생각으로는 도저히 불가능한 자를 변화시켜서 새사람 되게 하셔서 하나님의 영광을 나타내시려고 하십니다. 에서는 자기가 그토록 열심히 사냥을 했으면 당연히 그 축복이 자기에게로 와야 한다고 생각했습니다. 그러나 하나님 앞에서 그런 열심은 아무 소용이 없었습니다.

우리는 하나님 앞에서 자랑할 것이 아무것도 없어야 합니다. 내가 가지고 있는 모든 것은 다 하나님이 주신 것입니다. 머리가 좋은 것이나 운동을 잘하는 것이나 사업이 잘되는 것도 모두 하나님께서 주신 복입니다. 우리는 아무것도 자랑할 것이 없습니다.

소위 잘 믿는다고 하는 사람들 중에 자신은 너무나도 신앙이 좋기 때문에 당연히 하나님의 복을 받을 자격이 있으며, 자기가 하는 일은 무조건 잘되어야 한다고 생각하는 사람들이 있습니다. 이 사람들은 심한 자기도취에 빠져 있는 것입니다. 얼마나 많은 사람들이 자기도취의 감정을 신앙이 좋은 것으로 착각하는지 모릅니다.

교회는 때때로 이삭과 같을 수 있습니다. 즉 교회는 축복의 대상이 아닌 자를 축복의 사람인 줄 알고 인간적으로 위로하고 격려할 때가 있습니다. 그러나 그것은 바른 위로가 아닙니다. 오직 철저하게 하나님의 말씀을 가지고 가르쳐야만 진정한 위로가 됩니다.

에서는 아버지 이삭에게 자기도 똑같은 복을 달라고 조릅니다.

37절, "이삭이 에서에게 대답하여 가로되 내가 그를 너의 주로 세우고 그 모든 형제를 내가 그에게 종으로 주었으며 곡식과 포도주를 그에게 공급하였으니 내 아들아 내가 네게 무엇을 할 수 있으랴"

이삭이 깨달은 것은 비록 야곱이 자기를 속여서 복을 받았다 하더라도 하나님의 이름으로 축복한 것은 취소할 수 없다는 것입니다. 그리고 더 놀라운 것은 모든 복을 야곱에게 주었기 때문에 에서에게 줄 것이 없다는 것입니다. 즉 이삭은 야곱에게 모든 축복을 다 주었기 때문에 더 이상 에서에게 줄 축복이 없다고 대답했습니다. 이삭도 어떻게 해서든지 에서를 축복하고 싶지만 야곱에게 이미 주인이 되는 축복과 곡식과 포도주까지 다 주었으니 더 줄 수 있는 것이 없다고 했습니다. 그랬더니 에서는 꼭 복이 이런 것밖에 없느냐고 하면서 다른 복이라도 달라며 소리를 내어 울었습니다.

38절, "에서가 아비에게 이르되 내 아버지여 아버지의 빌 복이 이 하나뿐이리이까 내 아버지여 내게 축복하소서 내게도 그리하소서 하고 소리를 높여 우니"

과연 이삭은 에서에게 같은 복을 줄 수 없었을까요? 물론 이것은 불가능한 것이 아닙니다. 누구든지 하나님 안에서 하나가 되면 같은 복을 받을 수 있습니다. 그런데 에서와 야곱은 같은 공동체가 될 수 없었습니다. 하나님은 리브가에게 두 민족이 네 배 속에서 나뉠 것이라고 하신 것입니다. 적어도 하나님의 복을 받으려면 함께 공동체를 이루어야 합니다. 그러나 야곱과 에서는 생각하는 것이 너무 달라서 도저히 함께 하나님의 복을 나눌 수가 없었습니다.

우리가 하나님의 복을 받는 비결은 예수 그리스도 안에 있기 때문입니다. 하나님께서 우리에게 오직 하나의 구원의 축복을 주셨습니다. 우리가 예수를 주로 믿지 않으면서 영적인 복을 받을 수는 없습니다.

그래서 이삭은 결국 에서를 저주하게 됩니다.

39-40절, "그 아비 이삭이 그에게 대답하여 가로되 너의 주소는 땅의 기름짐에서 뜨고 내리는 하늘 이슬에서 뜰 것이며 너는 칼을 믿고 생활하겠고 네 아우를 섬길 것이며 네가 매임을 벗을 때에는 그 멍에를 네 목에서 떨쳐버리리라 하였더라"

이삭은 에서가 '땅의 기름짐에서 멀고, 즉 그가 거하는 땅이 풍요롭지 못하고 하늘의 이슬도 내리지 않는 곳에 살면서 칼을 믿고 살 것이라' 고 했습니다. 그리고 더 중요한 것은 '네 아우를 섬길 것이라' 고 했습니다. 이것은 이삭이 에서를 저주한 것입니다. 그러나 사실 이 저주가 에서가 살 수 있는 길이었습니다. 즉 이삭이 에서에게 저주한 것은 너는 겸손해야 한다는 것입니다. 그리고 동생 야곱을 영적인 스승으로 모시고 그의 가르침을 받고 그의 기도와 축복을 받아야 네가 복을 받는다는 것입니다. 성경에서 저주하는 것은 저주가 아닙니다. 이것은 미리 주의를 주는 것이고, 그것을 조심하기만 하면 얼마든지 복을 받을 수 있습니다. 그러나 에서는 자기가 야곱보다 수십 배 더 훌륭하고 성공했다고 생각했기 때문에 동생의 종이 될 생각이 전혀 없었습니다. 그래서 결국 에서는 하나님의 복을 받지 못합니다.

아무리 아버지 이삭이 저주를 하더라도 이것이 하나님의 복인 줄 알고 성공하면 에서도 야곱 못지않은 복을 받을 수 있었습니다. 그런데 에서는 하나님의 책망을 욕으로 생각하고 저주로 생각했기 때문에 복을 받지 못했습니다.

이 이삭의 예언은 단지 에서에게만 하는 것이 아니라 먼저 우리 믿는 자들에게 주시는 경고인 것입니다. 에서는 하나님의 은혜 가장 가까운 곳에 있었습니다. 그러나 에서는 하나님의 말씀에 매이기보다는 자기 욕심대로 살았습니다. 이런 사람들이 다시 부흥을 일으킬 수 있는 방법은 결국 자기보다 못한 사람에게서 하나님의 말씀을 배우고 순종하는 것입니다.

에서가 하나님의 축복을 누릴 수 있는 길은 기꺼이 야곱의 멍에를 메는 것이었습니다. 그것은 바로 말씀의 멍에입니다. 하나님의 은혜를 얻기 위하여 이스라엘의 종이 되는 자는 사람들이 무시하지 못하게 되어 있습니다. 이들은 종은 종이지만 가장 귀한 종입니다.

결국 신앙생활이라고 하는 것은 내가 원한다고 할 수 있는 것이 아닙니다. 하나님께서 은혜를 주셔야 감당할 수 있는 것입니다. 그 은혜라고 하는 것이 무엇입니까? 그것은 내가 더 낮아져서 '내가 하나님 앞에서 아무것도 아니구나' 하는 것을 깨닫고 겸손히 하나님의 말씀을 배우는 것입니다. 그러나 에서는 교만하여서 하나님의 복을 받을 수 없었습니다.

오늘 우리는 에서를 통하여 자신의 신앙을 점검해 보아야 할 것입니다.

나의 신앙은 자기 열심에 도취되어 울며 떼를 쓰면서 복을 달라고 몸부림치는 신앙은 아닌지 돌아보아야 합니다. 우리는 에서처럼 자기 열심에 도취되어 울고 떼를 쓰면서 자기가 교회에서 최고가 되어야 한다고 생각하는 것입니다. 그렇다고 해서 야곱의 신앙이 옳다는 것은 아닙니다. 이제 야곱은 말로 표현할 수 없는 연단을 받아서 거짓말하고 남을 속이는 기질이 변화되어야 하는 것입니다.

우리는 하나님께서 나에게 어려움을 주시거나 가난하게 하시고 세상에서 멸시당하게 하시는 것이 조금도 이상한 일이 아니라 참으로 나를 사랑하시기 때문에 연단하시는 것이라는 것을 알아야 합니다.

3. 쫓겨나는 야곱

야곱은 지금까지 모든 것이 자신의 뜻대로 되고 있다고 생각했습니다. 야곱은 배가 고픈 형 에서에게서 팥죽 한 그릇으로 장자권을 빼앗았습니다. 그리고 이번에는 앞을 보지 못하는 아버지를 속이고 아버지의 축복까지 받았습니다. 그렇다면 당연히 야곱은 아버지의 집에서 제2인자가 되어야 하고 장남 구실을 해야 합니다. 그러나 야곱에게 돌아온 것은 아무것도 없었습니다. 오히려 형 에서가 자기를 죽이려고 벼르고 있었기 때문에 결국 야곱은 모든 것을 포기하고 맨손으로 집에서 도망을 치는 신세가 되고 말았습니다.

예를 들어 어떤 분이 예수를 믿는다고 하면서도 실제로는 세상일에 열중해서 성공의 길을 달리고 있었다고 합시다. 좋은 대학을 나오고 직장에서도 인정을 받아서 초고속으로 승진하고 결혼도 잘했습니다. 그런데 어느 순간 일이 잘못되면서 책임을 지고 직장에서 밀려나고 유치장 신세까지 져야 하게 되었습니다. 이 사람은 세상에서 좋은 것을 모두 손에 쥐었다고 생각했는데 한순간 인생 밑바닥으로 굴러 떨어지게 된 것입니다. 이것이 바로 하나님의 고난의 프로그램이 시작된 것입니다. 이 사람은 아무리 날고

긴다고 해도 여기서 벗어나기가 쉽지 않습니다. 오직 이것을 인정하고 하나님의 말씀을 붙들고 고난 속으로 들어가야 합니다. 그러면 백 퍼센트 하나님의 능력으로 재기하게 되는데 이때는 온전한 믿음의 사람으로 나타나게 되는 것입니다. 지금 야곱에게 필요한 것은 세상의 복이 아니라 고난으로 정금 같은 믿음의 사람이 되는 것이었습니다.

야곱이 아버지 이삭의 축복을 받은 것을 보면 일종의 인간 승리 드라마 같습니다. 즉 야곱은 둘째 아들이라는 약점과 형 에서에 비해서 신체적으로 열등한 약점을 극복하고 놀라운 집념으로 아버지와 형을 속여서 아버지의 축복을 받아 내고 이 집안의 공식적인 후계자로 인정받게 되었습니다. 이것은 인간 승리의 드라마이며, 세상 사람들은 이런 사람들에게 아낌없이 박수와 갈채를 보냅니다. 그러나 하나님 앞에서는 이것이 결코 인간 승리가 아닙니다. 오히려 하나님 앞에서는 얼마나 야곱이 정직하지 못하며 간교한 자인가 하는 것을 보여 주는 것밖에 되지 않습니다.

야곱이 그토록 아버지의 축복을 받으려고 했던 이유가 무엇일까요? 그것은 하나님의 영적인 축복을 받기 위한 것이 아니었습니다. 야곱이 노리고 있었던 것은 역시 아버지 집의 막강한 재물과 명예였습니다. 이삭의 집은 아주 작은 하나의 나라라고 말할 수 있을 정도로 재산이 많았고 종들이 많았습니다. 야곱은 그것을 차지하려고 에서와 경쟁을 해서 이긴 것입니다.

사실 오늘 우리도 하나님의 말씀을 연구해서 말씀의 종이 되는 것과 좋은 지위를 차지하는 것이 있다면 사람들은 당연히 좋은 지위를 차지하기 위하여 경쟁할 것입니다. 야곱은 이 경쟁에서 에서를 이겼고, 에서는 분통을 터뜨렸던 것입니다. 그러나 막상 야곱에게 돌아온 것은 아무것도 없었습니다. 오히려 야곱은 모든 것을 잃어버리고 빈손으로 쫓겨나야만 했습니다.

41절, "그 아비가 야곱에게 축복한 그 축복을 인하여 에서가 야곱을 미워하여 심중에 이르기를 아버지를 곡할 때가 가까웠은즉 내가 내 아우 야곱을 죽이리라 하였더니"

야곱은 아버지 이삭의 축복을 받기만 하면 자기가 모든 것을 움켜쥘 수 있을 것이라고 생각했습니다. 그러나 야곱이 아버지의 축복을 받고 났을 때 그에게 돌아온 것이라고는 에서의 엄청난 분노였습니다. 이제 에서는 아버지의 재산 같은 것에는 관심도 없었습니다. 에서는 오직 아버지가 돌아가시기만 하면 이 간사한 야곱을 죽여 버리겠다는 생각 뿐이었습니다.

야곱은 도무지 이해할 수가 없었습니다. 야곱이 세워 놓은 공식에 의하면 야곱은 지금 집안의 제2인자가 되어 있어야 했습니다. 그러나 야곱은 그렇지 않아도 성격이 과격한 에서를 자극해서 미친 짐승처럼 길길이 날뛰면서 야곱을 죽이겠다고 하도록 만든 것입니다.

에서는 야곱을 미워해서 아버지가 죽기만 하면 야곱을 죽일 것이 분명했습니다. 특히 에서는 직업이 사냥꾼이었기 때문에 어떤 동물이든지 목표물을 정하면 끝까지 따라가서 죽이는 사람이었습니다. 야곱이 할 수 있는 것은 모든 것을 포기하고 목숨을 건지기 위하여 빈손으로 도망치는 것이었습니다.

이렇게 된 이유가 어디에 있습니까? 하나님께서 야곱을 연단하기를 원하셨기 때문입니다. 이제 드디어 야곱의 훈련 프로그램이 시작된 것입니다. 하나님은 야곱이 이런 거짓된 속임수로 복을 받는 것을 원치 않으셨습니다. 하나님은 그 백성이 오직 하나님 한 분만을 의지하는 믿음으로 살기를 원하십니다. 그러나 야곱은 아직 하나님을 인격적으로 만나지 못하고 있었고 거짓된 본성으로 가득한 사람이었습니다. 이제 남은 것은 하나님께서 야곱을 연단시키셔서 진실한 믿음의 사람으로 만드시는 것입니다.

지금까지 야곱을 지켜 주었던 것은 어머니 리브가의 사랑이었습니다. 그러나 하나님의 때가 되었을 때 리브가는 더 이상 야곱을 도울 수 없었습니다. 그래서 결국 리브가는 야곱을 자기 오라비 라반에게로 보내게 됩니다.

42-44절, "맏아들 에서의 이 말이 리브가에게 들리매 이에 보내어 작은 아들 야곱을 불러 그에게 이르되 네 형 에서가 너를 죽여 그 한을 풀려 하나니 내 아들아 내 말을 좇아 일어나 하란으로 가서 내 오라버니 라반에게 피하여 네 형의 노가 풀리기까지 몇날 동안 그와 함께 거하라"

사람들이 처음에 자신있게 큰소리치는 것은 믿는 구석이 있기 때문입니다. 그러나 하나님은 고난을 주실 때 믿는 것을 완전히 빼앗아 가십니다.

야곱의 신앙이 제대로 서기 위해서는 어머니로부터 떠나는 것이 필요했습니다. 어머니 리브가가 있는 이상 야곱은 하나님 앞에서 홀로 설 수가 없었습니다. 믿음이라고 하는 것이 무엇입니까? 하나님 앞에서 홀로 서는 것입니다. 우리는 우리를 책임져 주는 사람이 있으면 마음이 약해져서 늘 하나님 앞에 홀로 서려고 하지 않습니다. 그래서 하나님은 우리에게 의지가 될 수 있는 것을 모두 빼앗아 가십니다. 그래서 오직 하나님 외에는 붙들 수 있는 것이 없게 하십니다. 단 하루라도 기도하지 않고는 살 수 없도록 만드십니다.

오늘날 사람들은 별것 아닌 것을 대단한 것이나 되는 것처럼 의지하면서 살아가고 있습니다. 우리는 모두 온상 안에서 자라고 있는 나무와 같습니다. 그러나 만일 그 온상을 덮고 있는 비닐이 없어져 버린다면 온상 안에 있는 나무는 모두 죽고 마는 것입니다. 우리 인간 사회는 비닐하우스와 같습니다. 모든 것이 보호되고 있고 안전한 환경이 조성되고 있습니다. 그러나 그 온상을 덮고 있는 안전장치가 벗겨질 때에는 온상 안에 있는 나무는 다 얼어 죽게 됩니다. 우리가 하나님 앞에 서려면 그 비닐 밖으로 나와야 합니다. 그래서 하나님의 학교에는 이런 비닐이 없습니다. 거기에는 아무도 칭찬해 주는 사람이 없습니다. 오직 철저한 광야에서 하나님을 의지하는 믿음으로 살아남아야 하는 것입니다.

사기꾼 야곱을 성도 야곱으로 만들기 위해서는 뛰어난 훈련 조교가 필요했습니다. 가장 뛰어난 조교가 두 명이 있었는데 이들의 수고가 없었더라면 위대한 믿음의 사람 야곱은 만들어질 수 없었을 것입니다. 그들은 바로 야곱의 쌍둥이 형 에서와 외삼촌 라반이었습니다. 에서는 야곱을 아버지의 집에서 쫓아내는 데 혁혁한 공을 세웁니다. 에서가 아니면 아무도 감히 야곱을 이 집에서 쫓아낼 수 없었을 것입니다. 그리고 에서가 버티고 있는 한 야곱은 집으로 돌아올 수가 없습니다. 만일 야곱이 집으로 돌아와 버리면 훈련이 되지 않습니다. 그러나 야곱은 아무리 집으로 돌아오고 싶어도 돌아올 수가 없었습니다.

그리고 외삼촌 라반은 야곱을 하란에서 종살이를 시킴으로 야곱이 낮아지게 했습니다. 라반은 처음에 야곱에게 잘해 주는 것 같았지만 결국 철저하게 야곱을 이용해 먹었고, 야곱의 머리를 뛰어넘는 머리를 가지고 철저히 종살이를 시켰습니다.

에서나 라반은 모두 야곱에게는 가장 가까운 사람들이었지만 다른 한편으로는 원수였습니다. 이들이 한 역할은 야곱으로 하여금 철저하게 낮아지게 하고 자기 자신이 아무것도 아닌 것을 깨닫게 하는 것이었습니다.

하나님의 백성은 하나님의 사랑만 받아서 세상을 너무 우습게 알고, 또 하나님의 은혜도 소홀하게 생각하는 경우가 많습니다. 하나님께서는 참으로 은혜 받을 자격이 없는 우리를 무조건 사랑하시기 때문에 우리는 우리 자신이 대단한 사람인 줄 착각하기 쉽습니다. 우리는 마치 우리가 하나님의 사랑을 받을 만한 자격이 있기 때문에 하나님께서 우리를 사랑하시는 줄 압니다. 그때 하나님께서는 이런 악한 자들을 사용하셔서 우리를 환상에서 철저하게 깨어나게 하십니다. 이 사람들은 우리와 너무나도 가깝지만 신앙이 다른 사람들입니다. 그들은 놀라울 정도로 우리의 약점을 잘 알고 인정사정없이 우리의 비현실적이고 허황된 부분들을 공격합니다. 교회에서는 그렇게 훌륭하고 충성된 의인이지만 회사에서 일을 처리하거나 혹은 학교에서 시험을 칠 때에는 그렇게 미련하고 어리석은 나 자신임을 깨닫게 하는 것입니다. 이 사람들은 교회나 직장이나 학교에서 우리의 모든 미련하고 어리석은 것을 보고 있다가 가차 없이 공격하고 책망을 합니다. 이들은 너무나도 가깝지만 사실은 원수나 마찬가지입니다. 그리고 이들은 사랑이라고는 전혀 모르는 사람들인 것 같고, 우리의 약한 부분만 사정없이 파고들어서 늘 나로 하여금 비참하게 만듭니다.

그들이 바로 에서요, 라반입니다. 이 사람들은 공연히 그렇게 하는 것이 아닙니다. 이들은 바로 하나님의 명령을 받고 그렇게 수고하고 있는 것입니다. 사실 우리는 이런 분들에게 월급을 주면서 훈련을 시켜 달라고 해야 하는데 그럴 필요까지는 없습니다. 왜냐하면 그들은 무보수로도 얼마든지 우리를 괴롭힐 각오가 되어 있기 때문입니다. 특히 에서는 그뿐만이 아니라 그 후에 오는 모든 자손들까지 두고두고 이스라엘 백성을 괴롭히는데 교관 노릇을 톡톡히 한 것입니다.

그러나 이 교관들은 하나님 앞에서 아무 상이 없습니다. 단지 자신들의 교만과 기질 때문에 그렇게 한 것 뿐입니다. 그러나 나타나는 결과는 하나님의 백성이 더 순결해지고, 더 아름다워지고, 믿음이 성장하는 것입니다.

우리는 에서나 라반을 미워해서는 안 됩니다. 왜냐하면 에서가 없으면 우리는 참된 하나님의 백성으로 만들어지지 않기 때문입니다. 에서는 나를 위하여 월급도 받지 않고 수고하고 있습니다. 우리가 지금 고난 중에 있다면 이것은 사람을 원망할 것도 아니고, 과거를 후회할 것도 아닙니다. 이것은 정금으로 만들어지는 하나님의 프로그램입니다. 우리는 지금까지 금색이 나는 돌조각에 불과했습니다. 그러나 하나님의 용광로에서 흠도 티도 없는 정금 같은 신앙으로 만들어지기를 바랍니다.

성경 토의

1. 우리의 신앙은 자신도 모르는 사이에 바른 하나님과의 관계에서 조금씩 이동해서 세상으로 갈 때가 많다. 요즘 나의 신앙은 어떤 상태에 있는가?

2. 에서는 열심을 내어서 사냥을 해 오고, 또 아버지에게 떼를 쓰기만 하면 복이 오는 줄 알았으나 거절당했다. 왜 에서의 열심은 거절당했는가?

3. 야곱은 속여서라도 아버지의 복을 받기만 하면 자기가 이 집의 주인이 될 줄 알았는데 오히려 아무것도 가지지 못하고 쫓겨나는 신세가 되었다. 그 이유가 무엇이라고 생각하는가?

36_야곱의 돌베개

창세기 28:1-22

전체적 설명

야곱은 형 에서를 피하여 외삼촌 라반이 있는 하란으로 가던 도중 빈들에서 돌을 베고 잠을 자다가 살아 계신 하나님을 만나게 된다. 구약 시대에는 하나님께서 꿈과 환상을 통해서 말씀을 주기도 하시고 하나님을 체험하게도 하셨다. 꿈 가운데서 야곱은 천사들이 하늘까지 닿은 사다리를 오르락내리락하고 그 위에서 말씀하시는 하나님을 만나면서 하나님을 자기 하나님으로 삼게 된다. 사람들은 보통 하나님을 믿는다고 하면서도 실제로는 하나님을 만난 체험 없이 기계적으로 신앙생활을 할 때가 많다. 그러나 우리는 가끔씩 살아 계신 하나님을 직접 체험하고 하나님을 나의 하나님으로 모시게 된다.

설교 프리노트

1절, "이삭이 야곱을 불러 그에게 축복하고 또 부탁하여 가로되 너는 가나안 사람의 딸들 중에서 아내를 취하지 말고"

가나안 여자 중에서 아내를 취해서는 안 된다는 것은

아브라함이 이삭의 아내를 택할 때도 그 종에게 명령했던 것이다. 왜냐하면 가나안의 여자들은 정숙하지 않았기 때문이다. 그러나 아브라함은 그와 그 후손이 약속의 땅을 떠나서는 안 된다는 것을 아주 중요하게 생각해서 이삭이 아내를 얻을 때도 그 종에게 이삭을 데리고 가지 말라고 맹세를 시켰다. 그런데 이삭은 야곱이 아내를 얻으러 하란으로 간다는데 너무 쉽게 승낙을 하고 있다. 아직 자기와 에서가 가나안 땅에 있기 때문에 괜찮을 것이라고 생각했는지, 아니면 잠깐 갔다 오는 것은 괜찮다고 생각했는지 알 수 없지만 약속의 땅에 대한 생각이 많이 약해진 것 같다.

3절, "전능하신 하나님이 네게 복을 주어 너로 생육하고 번성케 하사"

이삭이 하란으로 떠나는 야곱을 불러서 축복하는 내용을 보면 이삭의 영성이 많이 회복된 것을 알 수 있다. 이제 이삭은 야곱에게 정확하게 하나님께서 아브라함에게 허락하신 그 축복으로 야곱에게 축복하고 있다. 즉 야곱과 그 후손이 생육하고 번성하여 많은 족속을 이루고(3절), 그가 우거하는 가나안 땅을 유업으로 얻는다는 것이다(4절). 이것은 결국 하나님의 나라가 야곱과 그 후손을 통해서 왕성하게 이루어지는 것을 축복하는 것이다.

9절, "이에 에서가 이스마엘에게 가서 그 본처들 외에…아내로 취하였더라"

에서는 평소에도 신앙에 별로 관심이 없었기 때문에 그를 좋아하는 가나안 여자 두 명과 결혼을 했다. 그러나 어머니 리브가가 이 가나안 여자들을 좋아하지 않고 야곱이 하란에 있는 자기 친척들 중에서 신부를 얻기 위하여 하란으로 떠나는 것을 보고 자기도 친척에 해당하는 이스마엘의 딸을 또 아내로 얻었다. 이것을 보면 에서는 아버지 이삭의 인정을 받으려고 애를 많이 쓴 것 같다. 그러나 에서에게 중요한 것은 하나님의 말씀에 관심이 없는 것이었다. 에서가 하나님의 말씀에 관심을 가졌더라면 얼마든지 하나님의 사랑을 받는 사람이 될 수 있었지만 에서는 너무나도 세상적인 사고방식을 가지고 있었다.

11절, "그곳의 한 돌을 취하여 베개하고 거기 누워 자더니"

형 에서를 피하여 도망칠 때 야곱이 얼마나 다급했고 가난했는지 알 수 있다. 야곱은 동행하는 종이나 여벌 옷 하나 없이 완전히 맨손으로 야반 도주하듯이 도망쳤다. 야곱은 얼마 전까지만 해도 부자인 아버지 이삭의 집에서 어려움 없이 지냈고, 특히 형으로부터 장자권도 사고 아버지의 축복까지 가로채어서 이제 모든 것을 가진 사람처럼 보였는데 어느 한순간 무엇인가 잘못되면서 인생 밑바닥으로 내동댕이쳐져서 빈손으로 도망을 치는 신세가 되고 말았다. 이것은 하나님께서 하신 일이다. 왜냐하면 야곱이 만일 이렇게 낮아지는 경험이 없었다면 자기가 하나님 앞에서 얼마나 나약한 존재인지 깨닫지 못하고 언제나 자기 머리를 믿고 살려고 했을 것이기 때문이다. 그러나 빈들에서 아무것도 가진 것 없이 만일 맹수가 공격하면 물릴 수밖에 없고 강도가 덤벼들어도 죽을 수밖에 없는 나약한 인간인 야곱이 하나님 앞에서 진정한 야곱의 모습이었던 것이다.

12절, "꿈에 본즉 사닥다리가 땅 위에 섰는데 그 꼭대기가 하늘에 닿았고"

구약 시대에 하나님은 꿈을 통하여 하나님의 말씀을 주실 때가 많았다. 그러나 하나님이 주시는 꿈은 보통 사람들이 꾸는 일상적인 꿈과는 엄연히 구별되었다. 즉 하나님이 주시는 꿈은 그 꿈이 강력해서 꿈을 꾸는 사람이 거의 녹초가 되었고, 그 강력한 메시지에 사로잡혀서 다른 것은 일체 할 수가 없었다. 야곱이 꿈에 본 것은 사닥다리였다. 여기 이 '사닥다리'는 '술람'이라고 하는데 계단같이 오르는 길을 의미한다. 그런데 이 사닥다리 길이 얼마나 높은지 하늘 꼭대기까지 연결되어 있었다. 아마도 누구든지 하늘에 올라가려고 하면 이 길을 통해서 가면 될 것이다.

"하나님의 사자가 그 위에서 오르락내리락하고"

하늘까지 닿아 있는 이 사닥다리 길에는 사람들은 아무도 없고 오직 하나님의 천사만이 오르락내리락하면서 이 세상과 하나님 사이를 연결하고 있었다. 즉 하나님과 사람 사이에 길이 있기는 한데 이 길은 아직 모든 사람에게 열려진 것이 아니어서 하나님께로 갈 수 있는 사람이 아무도 없었다.

13절, "또 본즉 여호와께서 그 위에 서서 가라사대"

야곱은 이 꿈을 통해서 살아 계신 하나님을 만나게 되었다. 물론 야곱이 본 여호와는 성부 하나님은 아니다. 그렇다면 이분은 나중에 이 세상에 오실 제2위 하나님이신 것이다. 결국 하나님께서 이 꿈을 통하여 야곱에게 보여 주려고 하신 것은 하나님과 사람 사이에 원수 되어서 갈라진 이 틈을 하나님께서 연결시켜서 인간들을 구원하려고 하신다는 것이다. 그런데 하나님께서는 야곱과 그 후손을 하나님과 세상을 연결시키는 사다리로 사용하려고 하시는 것이다. 지금까지 야곱이 생각한 것은, 어떻게 하면 집안에서 에서를 이기고 집 전체의 주도권을 가지느냐 하는 것이었는데 하나님께서는 야곱에 대하여 전혀 다른 계획을 가지고 계셨다.

"너의 조부 아브라함의 하나님이요 이삭의 하나님이라"

아직 하나님은 야곱의 하나님은 되지 못했다. 지금까지 야곱은 하나님을 믿는다고 하면서도 여전히 할아버지의 하나님과 아버지의 하나님을 믿었던 것이다. 그러나 야곱은 벧엘 들판에서 살아 계신 하나님을 체험한 후 하나님을 자신의 하나님으로 모시게 된다.

14절, **"네 자손이 땅의 티끌같이 되어서 동서남북에 편만할찌며"**

하나님은 야곱에게 자신의 입으로 직접 하나님께서 아브라함에게 하셨던 그 복을 다시 확인시켜 주셨다. 이 순간부터 야곱은 하나님을 자기 하나님으로 삼게 되는 것이다. 하나님께서 원하시는 것은 야곱의 후손을 통해서 온 세상 사람들이 하나님을 믿고 구원을 얻는 것이다.

15절, **"내가 너와 함께 있어 네가 어디로 가든지 너를 지키며"**

하나님은 과거에 아브라함이나 이삭과 함께하셨던 것 같이 이제는 야곱과도 어디를 가든지 함께하겠다고 약속하셨다. 이것은 야곱이 하나님의 독점적인 은혜와 축복을 언제나 누릴 수 있는 것을 의미한다. 우리가 하나님의 독점적인 은혜와 축복을 소유하기 위해서는 하나님의 말씀만 전적으로 붙들어야 한다.

16절, **"야곱이 잠이 깨어 가로되 여호와께서 과연 여기 계시거늘 내가 알지 못하였도다"**

야곱은 지금까지 살아 계신 하나님을 체험한 적이 한 번도 없었다. 단지 집에서 할아버지 아브라함이나 아버지 이삭이 체험했던 하나님에 대하여 간접적으로 들었을 뿐이었다. 야곱은 지금까지 어디에 가야 살아 계신 하나님을 만날 수 있는지 알지 못했다. 그런데 형 에서를 피하여 도망을 치면서 돌을 베고 누워 잠을 자던 그 비참한 자리에서 야곱은 살아 계신 하나님을 만날 수 있게 되었다.

'여호와께서 과연 여기 계신다' 고 하는 것은 하나님이 벧엘에 국한되어 계신다는 뜻이 아니라 하나님은 정말 살아 계신 하나님이시라는 뜻이다.

17절, "이에 두려워하여 가로되 두렵도다 이곳이여 다른 것이 아니라"

야곱은 하나님이 주신 꿈을 꾸고 난 후에 자신의 온 영혼을 사로잡는 강한 두려움에 사로잡히게 되었다. 왜냐하면 지금까지 야곱이 살아온 인생은 하나님을 진정으로 두려워하지 않는 거짓말과 교만의 인생이었기 때문이다. 우리가 진정으로 하나님을 인격적으로 만나면 지금까지 하나님을 인정하지 않고 내 멋대로 살아온 것이 정말 무서운 죄라는 사실을 깨닫고 하나님 앞에 회개하게 된다.

"이는 하나님의 전이요 이는 하늘의 문이로다"

야곱은 지금까지 하나님에 대한 많은 이야기를 들으면서도 과연 하나님이 어디 계시며 어디로 가야 하나님을 만날 수 있는지 알지 못했으나 빈들에서 하나님의 꿈을 꾸고 난 후 하나님의 꿈을 꾸는 곳이면 어디든지 성전이며 하늘의 문인 것을 알게 되었다. 우리 인간이 가장 낮은 자리에서 하나님의 말씀을 듣는 곳이 성전이며 하늘의 문인 것이다.

18절, "베개하였던 돌을 가져 기둥으로 세우고"

야곱은 아침에 잠에서 깨어난 후에 하나님이 주신 꿈을 진심으로 자기에게 하신 말씀으로 받아들이기를 원했다. 그래서 야곱은 베고 잤던 돌을 세워서 기념으로 삼았다. 옛날에 돌을 세우는 것은 변치 않는 영원한 언약을 세우는 것을 의미했다. 야곱은 하나님께서 자기에게 주신 꿈을 하나님이 자기에게 주신 언약으로 믿었다.

"그 위에 기름을 붓고"

야곱이 자기가 세운 돌 위에 기름을 부은 이유는 분명치가 않다. 아마도 야곱은 기름 붓는 것을 통해서 자기 마음과 열정과 모든 것을 하나님의 말씀에 바치기로 결심을 한 것 같다. 나중에 이스라엘에 성전 제도가 세워지면서 기름을 바르는 것은 하나님을 위해서 구별하는 것을 의미했다. 그래서 기름을 바른 물건이나 사람은 다른 용도로는 일체 사용할 수가 없었다. 그러나 야곱에게 이런 인식이 있었는지는 알 수 없다. 단지 야곱이 지금 가지고 있는 재산은 아마 이 기름 한 병이 전부였는지 모른다. 야곱은 이 기름을 그 돌 위에 부음으로 자신의 안전과 생사를 모두 하나님께 맡기는 의식을 행한 것으로 보인다.

20절, **"야곱이 서원하여 가로되 하나님이 나와 함께 계시사 내가 가는 이 길에서 나를 지키시고"**

야곱이 자신의 현실적인 어려움을 하나님 앞에 고백하는 기도이다. 즉 야곱은 지금 무사히 하란까지 갈 만한 조건이 안 되었고 그의 미래를 보장할 수 있는 것도 없었다. 그러나 하나님께서 자기를 지켜 주셔서 무사히 아버지 집에 돌아오게 하시면 하나님을 나의 하나님으로 삼겠다고 서원을 했다. 이것은 하나님을 나의 하나님으로 삼지 않겠다는 뜻이 아니라 더욱 열심히 하나님을 섬기겠다는 뜻으로 생각하게 된다.

22절, **"내가 기둥으로 세운 이 돌이 하나님의 전이 될 것이요"**

아마도 야곱이 여기서 성전 건물을 세우겠다는 뜻은 아닐 것이다. 야곱은 이 돌을 마음의 성전으로 삼아 언제나 하나님을 잊지 않고 믿음 생활을 하겠다는 것을 약속한 것이다.

"하나님께서 내게 주신 모든 것에서 십분 일을 내가 반드시 하나님께 드리겠나이다"

십일조라고 하는 것은 내 모든 삶의 주권이 하나님이라는 것을 인정하는 신앙 고백의 일환이다. 그래서 야곱은 자기가 앞으로 재산을 가지게 되면 그 전부를 하나님이 주신 것으로 인정하는 표시로 십분의 일을 하나님께 바치겠다고 약속하였다. 이것을 어떻게 바치는지는 분명치 않다. 즉 하나님께 제물로 바칠 것인지, 아니면 멜기세덱 같은 하나님의 제사장을 찾아가서 바칠 것인지는 분명치 않다.

본문 이해를 위한 질문

1. 이삭은 하란으로 떠나는 야곱을 어떻게 축복했는가?

이삭은 하나님이 아브라함에게 하신 축복 그대로 야곱의 자손이 번성해서 수가 많아지고 가나안 땅을 유업으로 얻게 될 것이라고 축복하였다.

2. 야곱은 하란으로 가던 중에 벧엘의 들판에서 어떤 체험을 하였는가?

밤에 돌을 베개로 하고 자는 중에 하늘까지 사닥다리가 놓이고 그 위에 천사들이 오르락내리락하는데, 그 위에 서 계신 여호와께서 야곱에게 말씀하시는 체험을 하였다.

3. 야곱은 꿈을 꾼 후에 어떻게 하였는가?

야곱은 살아 계신 하나님을 처음 만난 체험을 한 것을 인정하고 하나님 앞에서 심한 두려움을 가졌다. 그리고 그곳을 하나님의 집이요 하늘의 문이라고 하면서 베개로 하였던 돌을 세우고 그 위에 기름을 부어서 영원한 하나님의 언약으로 삼았다.

성경 강해

사람들은 누구나 영광을 사모하는 마음이 있어서 다른 사람들의 박수와 칭찬을 받으면 그 순간을 잊지 못하고 두고두고 행복해합니다. 예를 들어 어떤 선수가 올림픽에서 금메달을 땄다면 그 순간을 한평생 잊지 못할 것이며, 어떤 학자가 노벨상을 받았다면 그 영광을 평생 잊지 못할 것입니다. 또 어떤 영화배우가 주연을 한 영화가 아카데미 주연상을 받았다면 그 기쁨과 흥분을 평생 잊지 못할 것입니다.

그러나 대다수의 사람들은 그런 영광은 생각할 수도 없을 것입니다. 그럼에도 불구하고 우리 모두에게도 오는 영광의 순간이 있습니다. 그것은 바로 결혼을 할 때입니다. 최고로 좋은 옷을 입고 많은 사람들의 축하를 받으며 신랑을 맞이하고 신부를 맞이하는 순간은 한평생 잊을 수 없는 감동의 순간이 될 것입니다.

그런데 또 다른 영광의 순간이 있습니다. 그것은 우리가 예수 믿고 거듭난 후에 성령을 체험할 때입니다. 우리는 예수 믿기 전에는 하나님의 영광을 알지 못했으나 예수를 믿으면서 영적으로 새사람으로 태어납니다. 그렇게 새사람이 된 우리에게 하나님께서는 성령을 부으심을 체험하게 하실 때가 있습니다. 예배를 드리거나 개인적으로 기도할 때 혹은 고난 가운데서 하나님을 붙들 때 도저히 말로 표현할 수 없는 천국의 기쁨이 마음속에 넘치는 것입니다. 이것은 이 세상의 어떤 상이나 영광과 비교할 수 없는 순수한 하늘의 영광과 축복입니다. 우리는 이런 체험을 통해서 하나님께서 나를 사랑하시는 것을 깨닫게 되고 어렵고 실망스러운 현실을 이길 수 있는 힘을 얻게 되는 것입니다.

오늘 본문은 야곱의 생애에 있어서 가장 특별하면서도 중요한 체험을 다루고 있습니다. 이것은 야곱이 살아 계신 하나님을 실제로 체험하는 것입니다. 야곱이 이 귀한 체험을 한 것은 이 세상에서 성공하고 잘나가고 있을 때가 아니었습니다. 오히려 형 에서 때문에 아버지 집에서 쫓겨나서 도망을 치는 중에 빈들에서 돌을 베개 삼아 잠을 자다가 살아 계신 하나님을 만나는 체험을 한 것입니다. 이때 야곱은 살아 계신 하나님을 개인적으로 체험하게 되고, 이때부터 야곱은 하나님을 나의 하나님으로 믿게 됩니다. 우리에게도 고난의 순간이 찾아오는 이유는 바로 이렇게 살아 계신 하나님을 만나도록 하기 위한 것입니다.

1. 이삭의 새로운 축복

이삭은 자기가 야곱에게 속아서 야곱을 축복했지만 책망하거나 저주하지 않았습니다. 그는 모든 것이 하나님의 말씀대로 이루어졌다는 것을 믿었던 것입니다. 우리에게도 이런 멋진 믿음이 있어야 합니다. 우리는 때로 잘못하기도 하고 실수하기도 합니다. 그러나 모든 것이 하나님의 말씀대로 이루어지는 것을 믿고 사람을 저주하거나 책망하지 말아야 합니다.

이삭은 이 모든 일이 일어난 것은 자기가 하나님의 말씀을 무시하고 인간적으로 에서를 축복하려고 했기 때문이라는 것을 알았습니다. 그래서 우리는 다른 사람을 공격하거나 따질 때에 아주 조심해야 합니다. 그렇지 않으면 하나님의 말씀에 불순종하면서 엉뚱한 사람의 아주 작은 것을 가지고 저주하거나 책망할 수 있기 때문입니다. 그러나 이삭은 결코 그렇게 하지 않았습니다. 더욱이 이삭은 야곱이 아내를 얻기 위해서 밧단아람으로 가겠다고 했을 때 붙잡거나 야단을 치지 않고 오히려 축복했습니다. 그런데 이것이 진짜 이삭이 야곱에게 물려줄 축복이었습니다.

1-2절, "이삭이 야곱을 불러 그에게 축복하고 또 부탁하여 가로되 너는 가나안 사람의 딸들 중에서 아내를 취하지 말고 일어나 밧단아람으로 가서 너의 외조부 브두엘 집에 이르러 거기서 너의 외삼촌 라반의 딸 중에서 아내를 취하라"

야곱이 밧단아람으로 가려는 이유는 아내를 구하려는 것이 아니라 형 에서의 손에 맞아 죽지 않으려고 도망을 치는 것이었습니다. 어떻게 보면 리브가나 야곱이 이삭에게 이렇게 말하는 것도 거짓말하는 것이었습니다. 그러나 이삭은 더 이상 작은 것을 가지고 따지지 않았습니다. 사실 이삭은 야곱에게 망신을 준 것에 대한 분노를 가질 수 있었습니다. 그리고 거짓말한 것이 들통이 나자마자 밧단아람으로 도망치려고 하는 것이 얄미울 수도 있었을 것입니다. 또 이삭 자신도 아내를 구할 때 자신은 가지 않고 아브라함의 종이 가서 아내를 데리고 왔습니다. 그러니까 야곱도 굳이 밧단아람으로 갈 필요가 없는 것이었습니다. 그러나 이삭은 절대로 작은 것을 가지고 야곱을 야단치거나 저주하지 않았습니다. 그 이유는 이제부터 야곱이 어떤 일을 하더라도 하나님께서 책임지시고 축복하셔서 큰 축복의 사람이 되게 하실 것이라는 것을 믿었기 때문입니다.

우리가 다른 사람에게 줄 수 있는 최고의 축복 중 하나는 그 사람을 믿어 주는 것입니다. 그리고 그가 혹시 실수하고 잘못하더라도 하나님께서 그를 축복하셔서 큰 인물이 되게 하시고 축복의 사람이 되게 하실 것이라는 것을 믿어 주는 것입니다.

요즘은 이런 믿음을 찾아보기가 어렵습니다. 사람이 실수하고 시행착오를 하는 것에 대해 기다려 주고 믿어 주어야 큰 그릇으로 만들어질 수 있습니다. 그러나 대다수의 사람들은 다른 사람들의 실수나 부족한 것을 참거나 기다려 주지 못하고 야단을 치거나 분풀이를 해서 마음에 상처를 줍니다.

이삭은 야곱에게 가나안 여자와 결혼하지 말고 외삼촌 라반의 딸 가운데서 아내를 얻으라고 했습니다. 그 이유는 하나님의 축복을 누리는 데 있어서 바른 신앙의 가정을 세우는 것이 결정적으로 중요하기 때문입니다. 이삭은 가나안 여인들이 이미 하나님의 복을 받을 수 없다는 것을 너무나도 잘 알고 있었습니다. 왜냐하면 이 여인들은 행실이 깨끗하지 않았기 때문입니다.

어떤 의미에서는 믿음의 배우자를 만나는 것이 인생의 가장 어려운 숙제라고 볼 수 있습니다. 머리가 좋아서 공부를 잘하거나 혹은 일을 잘하는 것은 혼자서 열심히 노력하면 가능한 것입니다. 그러나 배우자를 만나는 것은 혼자 힘으로 되지 않습니다. 즉 다른 사람과 사랑을 해서 결혼한다는 것은 혼자 노력한다고 해서 되는 것이 아니라 서로 마음이 맞아야 하고 믿음이 맞아야 하는데 이것이 가장 어려운 숙제인 것입니다. 이삭은 야곱이 하나님의 축복을 받는 데 있어서 아내의 중요성을 인정하고 야곱이 밧단아람으로 떠나는 것을 허락했습니다. 이것을 보면 이삭이 얼마나 마음이 넓은 사람인지 알 수 있습니다. 이삭은 자기 방식으로 야곱을 붙들거나 따지지 않고 그의 모든 결정과 생각을 존중해 주고 축복까지 해 주었습니다.

이삭은 이미 야곱을 축복했지만 다시 야곱을 축복했습니다. 그런데 이번에 하는 축복이 더 진짜 축복에 가깝고 내용도 알찼습니다. 우리는 이것을 통해서 하나님의 축복은 한 번으로 끝나는 것이 아니라 계속 받아야 하고, 하나님의 축복을 받을수록 우리는 더 그 축복의 내용이 깊어지고 하나님의 뜻에 가까워진다는 것을 알아야 합니다.

3-4절, "전능하신 하나님이 네게 복을 주어 너로 생육하고 번성케 하사 너로 여러 족속을 이루게 하시고 아브라함에게 허락하신 복을 네게 주시되 너와 너와 함께 네 자손에게 주사 너로 하나님이 아브라함에게 주신 땅 곧 너의 우거하는 땅을 유업으로 받게 하시기를 원하노라"

이삭은 하나님을 '전능하신 하나님' 이라고 부르고 있습니다. 전능하신 하나님은 어디에나 계시며, 모든 것을 보시고 지켜 주시는 하나님입니다. 이삭이 처음에 야곱을 축복한 것은 '하늘의 이슬과 땅의 기름짐' 이었습니다. 그러나 어떤 의미에서 이 복은 믿음에 따라오는 결과로서의 복입니다. 정말 중요한 복은 영적인 부흥이 일어나게 하는 복입니다. 이삭은 야곱에게 '생육하고 번성하는' 복을 주었습니다. 이것은 하나님의 백성이 많아지는 것입니다. 영적 부흥이 일어날 때에는 수적으로도 하나님의 백성이 많아지게 되어 있습니다. 왜냐하면 그동안 하나님을 믿지 않던 자들이 은혜를 받아서 많이 믿게 되고, 또한 믿음의 자녀들이 많이 태어나기 때문입니다.

그리고 이삭은 야곱에게 드디어 '하나님이 아브라함에게 주셨던 그 복을 너에게 주시기를 원한다' 고 했습니다. 하나님께서 아브라함에게 주셨던 복은 하늘의 복이 임하게 하는 능력이었습니다. 그리고 다른 사람이 아브라함을 축복하면 자기들이 복을 받고, 저주하면 자기들에게 저주가 임하는 복이었습니다. 이것은 아브라함을 거의 하나님과 동격으로 취급하는 복이었습니다. 즉 하나님께서 다른 사람들이 아브라함에게 한 그대로 갚아 주시는 것입니다. 그러니까 이 세상 어느 누구도 아브라함을 이길 수 없고 감당할 수 없게 되는 것입니다.

이삭은 또 야곱에게 하나님께서 아브라함에게 주신 이 땅을 차지할 수 있기를 원한다고 했습니다. 이것은 요즘 식으로 표현하면 하나님께서 야곱에게 영적인 부흥을 주시기를 원하신다는 뜻입니다. 이것이 하나님이 우리 인간에게 주시는 최고의 복입니다. 이삭은 야곱에게 이 복을 다시 주었는데 두 번째 내용이 훨씬 구체적이고 하나님의 뜻에 가까웠습니다. 그래서 우리는 하나님의 복을 한 번만 받아야 한다고 생각해서는 안 됩니다. 우리는 반복해서 하나님의 복을 받을 필요가 있고, 그렇게 할수록 우리는 하나님과 더 하나가 될 수 있습니다.

그런데 에서도 자신의 문제를 깨닫기 시작했습니다. 그것은 바로 아내 문제였습니다.

8절, "에서가 또 본즉 가나안 사람의 딸들이 그 아비 이삭을 기쁘게 못하는지라"

에서는 아버지 이삭의 마음에 들기 위해서 노력을 많이 했습니다. 에서는 다른 것은 몰라도 아버지의 마음에는 들려고 했고, 아버지를 만족시켜 드리려고 애를 많이 썼습니다. 그런데 에서는 아내들 때문에 이것이 도저히 불가능하다는 것을 알게 되었습니다. 그 이유는 아내 둘이 모두 가나안 여자들이었는데 아버지 이삭과는 너무나도 맞지 않았기 때문입니다. 이 가나안 여자들은 마치 가정교육을 전혀 받지 못한 여자들처럼 이삭을 무시했고, 업신여겼으며, 말이 통하지 않을 정도로 자기 멋대로였던 것입니다. 그래서 에서는 결국 아브라함의 피가 있는 이스마엘의 딸을 세 번째 아내로 맞이했습니다. 에서는 첫 단추를 잘못 끼웠기 때문에 끝까지 맞지 않았던 것입니다. 그래서 우리는 빨리 하느냐 늦게 하느냐가 중요한 것이 아닙니다. 좀 늦는 한이 있어도 단추를 제대로 끼워야 나중에 후회하지 않는 것입니다.

2. 야곱의 돌베개 체험

야곱이 아버지 이삭에게는 아내를 찾으러 밧단아람으로 간다고 했지만 실제로는 형 에서의 공격을 피해 도망을 치는 것이었습니다. 야곱은 완전히 맨손으로 들판을 가로질러 가고 있었습니다. 그가 집에서 가지고 나온 것이라고는 오직 어머니가 주신 기름 한 병 뿐이었습니다. 그는 철저하게 망한 상태였고, 그를 도와주거나 지켜 줄 하인 한 사람도 없이 위험하고 먼 길을 혼자 여행하고 있었습니다. 이때 야곱은 하나님을 만나게 되었습니다.

10-11절, "야곱이 브엘세바에서 떠나 하란으로 향하여 가더니 한 곳에 이르러는 해가 진지라 거기서 유숙하려고 그곳의 한 돌을 취하여 베개하고 거기 누워 자더니"

야곱이 하나님을 만난 때는 자기가 원하던 것을 모두 잃어버리고 완전히 빈손으로 쫓겨나서 들판에서 돌을 베고 잠을 잘 때였습니다.

'한 돌을 취하여 베개하고 거기 누워 자더니' 라는 구절은 야곱이 여벌 옷이나 침구도 없이 입고 있던 옷 그대로 달아난 것을 의미합니다.

야곱은 지금까지 아버지의 축복을 받기 위하여 엄청난 노력을 했습니다. 야곱은 형 에서가 지친 틈을 타서 팥죽으로 장자권을 샀습니다. 또 야곱은 아버지가 형 에서를 축복하려고 한다는 것을 알고는 형인 것처럼 아버지를 속여서 축복을 받아 내었습니다. 야곱이 생각하기에는 이제는 아버지 집의 모든 것이 자신의 것이 될 줄 알았습니다. 그러나 상황은 야곱이 생각한 대로 전개되지 않았습니다. 오히려 야곱은 아버지 집에서 아무것도 차지하지 못했고, 에서는 야곱에게 속은 것이 너무나도 분하여서 야곱을 죽이려고 생각하고 있었습니다. 결국 야곱은 살아남기 위해서 완전히 빈손으로 아버지 집에서 도망을 치는 수밖에 없었습니다.

지금 야곱은 사업하다가 부도를 만나 야반도주하는 사람의 형편과 비슷했습니다. 지금까지 잘나가는가 싶었는데 어느 한순간에 인생 밑바닥으로 내동댕이쳐져서 철저하게 혼자가 되어 도망치는 신세가 되었습니다.

하나님께서 야곱을 만나 주신 것은 바로 그때였습니다. 하나님은 야곱이 가장 가난하고 가장 비참할 때 만나 주셨습니다. 왜 하나님은 야곱이 하나님의 축복을 받기 위하여 열심히 노력할 때 만나 주시지 않고 이처럼 인생 밑바닥에 누워 있을 때 만나 주셨을까요?

여기에는 중요한 이유가 있습니다. 우선 사람들은 평소에는 세상의 여러 가지 자랑 때문에 진정한 자기 자신을 보지 못할 때가 많습니다. 즉 사람들은 돈이 있거나 높은 지위에 있으면 하나님 앞에서도 그것이 통할 것이라고 생각합니다. 그래서 우리는 하나님 앞에서 낮아질 생각을 하지 못하고 자기 마음대로 하나님을 만들어서 만나려고 할 때가 많습니다. 그러나 우리가 이 세상에서 실패해서 가장 낮은 자리에 내동댕이쳐져 있을 때 우리는 하나님 앞에서 아무것도 아니라는 것을 깨닫게 됩니다. 결국 우리 인간은 하나님 앞에서 하나의 진흙 덩이에 불과한 것입니다.

우리는 어떤 존재입니까? 단지 코로 호흡하는 피조물일 뿐입니다. 우리 인간은 모두 코만 막으면 그 자리에서 죽을 수밖에 없는 존재들입니다. 그래서 하나님께서는 어느 한순간 우리를 바닥으로 내동댕이치셔서 자신의 진정한 모습을 보게 하십니다. 그때 우리는 하나님 앞에서 완전히 죽을 수밖에 없는 죄인인 것을 깨닫게 됩니다. 우리는 하나님 앞에서 정말 아무것도 아닌데 너무나도 똑똑한 체하고 잘난 체하며 살아왔던 것입니다. 그동안 우리는 자기 자신을 너무나도 대단하게 생각하고 있었던 것입니다.

그런데 죽을병에 걸리거나 재산을 다 잃었을 때 우리는 하나님 앞에서 진정으로 자기 자신의 모습을 보게 되고, 가장 진실하고 겸손한 자세로 하나님을 대하게 됩니다. 이때 우리는 하나님을 두려워하고 조심하게 되는 것입니다.

그래서 하나님은 우리에게 은혜를 주시기 전에 우리를 준비시킬 때가 많습니다. 즉 어떤 사람은 사업에 실패해서 완전히 빈손으로 길에 나앉기도 하고, 어떤 사람은 정치적으로 성공하는 듯했으나 한순간에 상황이 변하면서 감옥에 들어가기도 합니다. 또 건강을 자신하던 사람이 암이나 큰 병에 걸려 목숨을 건 수술을 하고 병상에 누워 있기도 합니다. 우리 인간은 그런 때에 하나님 앞에서 자기 자신은 정말 아무것도 아니며, 여기서 한 걸음만 더 뒤로 밀리면 죽을 수밖에 없음을 깨닫게 됩니다. 이때 비로소 우리는 하나님께 은혜를 애걸하게 되며, "한 번만 살려 주시면 이제는 모든 것을 하나님의 뜻대로 살겠습니다."라는 고백이 나오게 됩니다. 그때 하나님께서 우리를 만나 주십니다.

우리는 인생 가장 낮은 자리에서 지금까지 그렇게 열심히 추구했던 것들이 모두 유리구슬처럼 아무것도 아니었다는 것을 깨닫게 됩니다. 이 세상에서 반짝이던 것들은 모두 유리 조각이었고, 진정한 보배는 하나님 자신이라는 것을 알게 됩니다.

하나님은 우리로 하여금 하나님을 만나도록 하기 위하여 세상의 것을 빼앗아 가십니다. 그 이유는 하나님 자신을 우리에게 주시려는 것입니다.

그러면 우리가 반드시 망해야 하나님을 만날 수 있습니까? 반드시 그렇지는 않습니다. 우리가 하나님의 말씀을 듣고 미리 깨달으면 바로 하나님을 만날 수 있습니다. 하나님의 말씀이 비상한 능력으로 선포되고 내 마음에 와 닿을 때 이미 우리는 하나님 앞에 서 있는 것입니다.

12-13절, "꿈에 본즉 사닥다리가 땅 위에 섰는데 그 꼭대기가 하늘에 닿았고 또 본즉 하나님의 사자가 그 위에서 오르락내리락하고 또 본즉 여호와께서 그 위에 서서 가라사대"

야곱이 꿈에 본 것은 바로 하나님 자신이었습니다.

'또 본즉…여호와께서 그 위에 서서 가라사대' 라고 한 것은 야곱이 지금까지 한 번도 직접적으로 하나님을 체험하지 못했다는 것을 의미합니다. 야곱은 지금까지 언제나 간접적으로 하나님을 만났습니다. 즉 야곱은 자기 하나님을 믿는 것이 아니라 언제나 아버지의 하나님 혹은 할아버지의 하나님을 믿었던 것입니다. 그러니까 지금까지 야곱이 믿었던 하나님은 자신의 하나님이 아니었습니다. 그런데 이번에는 자기가 직접 살아 계신 하나님을 만나게 되었습니다.

우리가 하나님을 체험하는 것은 마치 살아 있는 호랑이를 눈앞에서 직접 보는 것과 같습니다. 반면에 우리가 하나님을 믿는 것은 그림책의 호랑이를 보는 것과 같습니다. 그림책의 호랑이는 전혀 무섭지 않고 오히려 재미가 있습니다. 아이들은 그림책에서 호랑이를 가장 좋아하고 재미있어 합니다. 그러나 만일 우리가 등산을 가거나 소풍을 갔는데 동물원에서 뛰쳐나온 호랑이를 일 대 일로 만나게 되었다면 그 호랑이를 절대로 재미있어 하지 않을 것입니다. 이것은 죽느냐 사느냐 하는 문제인 것입니다.

마찬가지로 대다수의 사람들이 알고 있는 하나님은 자기가 체험한 하나님이 아닙니다. 그들이 믿는 하나님은 부모의 하나님이든지, 아니면 아내나 남편의 하나님입니다. 그들은 하나님에 대한 이야기를 많이 듣기는 했지만 아직 체험해 보지는 못했습니다. 그래서 그들은 교회에 와서 예배를 드리지만 그 신앙이 절대로 진지하지 않습니다. 즉 그들은 다른 사람을 위해서 예배를 드려 주러 오는 것 같습니다. 그래서 예배를 드리면서도 전혀 긴장하지 않고 거의 소풍 오듯이 교회에 옵니다. 그래서 설교가 좀 길어도 불평이 많고, 예배 순서가 재미가 없으면 신경질을 부립니다.

그러다가 인생 가장 낮은 곳에서 하나님을 만나면 어떻게 될까요? 그때 이들은 완전히 죽은 것처럼 됩니다. 그리고 지금까지 하나님을 인정하지 않고 자기 멋대로 살아온 것 자체가 큰 죄였다는 것을 깨닫게 됩니다. 그래서 하나님 앞에서 완전히 낮아져서 무조건 하나님께 굴복하게 되고 그때부터는 모든 말씀과 모든 찬송이 은혜가 됩니다. 왜냐하면 살아 있는 것이 기쁘고 하나님을 믿는다는 사실 자체가 너무나도 감격스럽기 때문입니다.

지금까지 야곱에게 하나님은 야곱 자신의 하나님이 아니었습니다. 그에게 하나님은 아버지의 하나님이요, 할아버지의 하나님이었습니다. 그러니까 야곱은 얼마든지 형을 속이고 아버지를 속일 수 있었습니다. 그러나 이제 그는 살아 계신 하나님을 만나게 되었습니다. 야곱은 그 하나님 앞에서 철저하게 거짓말쟁이요, 사기꾼이었습니다. 이때가 바로 야곱이 새사람으로 태어나는 순간이며, 천국의 영광을 처음으로 경험하는 순간이었습니다.

우리 인간에게 가장 놀라운 순간은 처음으로 살아 계신 하나님을 체험하는 순간입니다. 이때 우리 마음속에 처음으로 천국의 영광이 부어집니다.

12절, "꿈에 본즉 사닥다리가 땅 위에 섰는데 그 꼭대기가 하늘에 닿았고 또 본즉 하나님의 사자가 그 위에서 오르락내리락하고"

야곱이 본 하나님은 사닥다리를 통해서 이 세상에 내려오려고 하시는 하나님이었습니다. 하나님이 오시기 전에 먼저 하나님의 사자들이 오르락내리락하고 있었습니다. 그러나 야곱이 궁극적으로 보았던 하나님은 이 세상에 내려오셔서 사람들을 만나고 구원하기를 원하시는 모습이었습니다. 야곱이 본 이 하나님은 성부 하나님이 아닙니다. 성경에서 어느 누구도 성부 하나님을 본 사람은 없습니다. 야곱이 보았던 하나님은 나중에 마리아의 몸에서 태어나신 성자 하나님이신 것입니다.

야곱이 지금까지 원했던 것은 이 세상의 복을 차지하는 것이었습니다. 즉 아버지의 많은 재산을 가지고 형 에서를 이기는 것이었습니다. 그러나 하나님께서 야곱에게 보여 주신 것은 훨씬 근본적인 것이었습니다. 하나님은 야곱에게 하늘과 땅이 갈라져 있는 모습을 보게 하셨고, 하나님과 세상의 원수 된 모습을 보게 하셨습니다. 결국 이 세상에서 가장 심각한 것은 에서 같은 사람이 아니고 죄였습니다. 이 세상의 가장 심각한 문제는 하나님과 원수 된 것입니다.

하나님께서는 야곱을 통해서 이 세상에 오시기를 원하셨습니다. 즉 하나님은 야곱의 후손을 사닥다리로 삼아 이 세상에 오셔서 이 세상과 하나님을 화해시키기를 원하셨습니다.

그리고 하나님은 야곱을 축복하셨습니다.

13-15절, "또 본즉 여호와께서 그 위에 서서 가라사대 나는 여호와니 너의 조부 아브라함의 하나님이요 이삭의 하나님이라 너 누운 땅을 내가 너와 네 자손에게 주리니 네 자손이 땅의 티끌 같이 되어서 동서남북에 편만할찌며 땅의 모든 족속이 너와 네 자손을 인하여 복을 얻으리라 내가 너와 함께 있어 네가 어디로 가든지 너를 지키며 너를 이끌어 이 땅으로 돌아오게 할찌라 내가 네게 허락한 것을 다 이루기까지 너를 떠나지 아니하리라 하신지라"

하나님은 자신을 '네 조부 아브라함의 하나님이요 네 아버지 이삭의 하나님이라' 고 소개하셨습니다. 아브라함은 죽은 사람이고, 이삭은 살아 있는 사람입니다. 하나님은 죽은 자와 산 자 모두의 하나님이 되신 것입니다. 그 하나님께서 야곱에게 복을 주시기를 원하셨습니다. 어떤 복을 주시기를 원하셨을까요? 바로 하늘의 복을 주시기를 원하셨던 것입니다.

하나님은 야곱에게 '네 후손이 땅에 편만하며 온 세상 사람들이 너와 네 자손을 통해서 복을 받을 것이라' 고 하셨습니다. 이것은 이들이 완전히 하나님의 복의 대변인이 되고 하나님의 은혜의 통로가 되는 것입니다.

그리고 이 일을 이루기까지 하나님은 야곱을 떠나지 않을 것이라고 하셨습니다. 즉 하나님은 야곱의 처지나 생각과 상관없이 이 일을 하시겠다는 것입니다. 그래서 우리가 생각해야 할 것은, 우리는 하나님의 백성이며 하나님의 복의 대변자들이라는 사실입니다.

하나님은 야곱과 그 후손에게 하나님의 말씀을 주셔서 대부흥을 주시고 사람들의 영혼을 살리기를 원하셨습니다. 이것이 바로 이스라엘의 복이었습니다. 하나님께서 야곱에게 주시는 축복은 온 세상 사람들이 그를 통하여 하나님을 알고, 그래서 영원한 멸망에서부터 구원을 받는 것입니다.

사닥다리 위에서 야곱에게 말씀하시던 그 하나님이 바로 우리 주 예수 그리스도이십니다. 예수님은 이스라엘 백성을 사닥다리로 삼으셔서 이 세상에 오셨습니다. 예수님은 친히 사람이 되어 우리에게 오셨고, 사닥다리로 하늘에 올라가신 것이 아니라 부활의 능력으로 죽음에서 일어나셔서 사셨으며, 영광의 몸으로 하늘에 오르셨습니다. 야곱에게 나타나셨던 그 하나님은 다시 하늘에 계십니다. 그러나 이전과는 다른 몸으로 계십니다. 그 하나님은 이미 죽음을 경험하셨고 사망의 권세를 깨뜨리신 왕으로, 육신을 입으신 하나님으로 하늘에 오르셨습니다. 이제 우리는 사닥다리로 연결된 것이 아니라 도저히 나눌 수 없는 한 몸으로 하나님과 연결되어 있습니다. 오늘 우리의 모임 위에 주님이 계십니다. 바로 이곳이 성전이요, 이곳에서 하나님께서 우리 과거의 모든 죄와 우리 안에 있는 모든 죄를 씻어 주십니다.

이 세상은 마치 서서히 침몰하는 배와 같습니다. 배가 침몰하기 전까지는 1등 칸과 3등 칸에 있는 것이 큰 차이가 있을 것입니다. 그러나 일단 배가 침몰하면 그런 차이는 아무 소용이 없습니다. 그 배에 탄 사람들은 모두 물에 빠져 죽을 것입니다. 예수께서 이 세상에 오신 것은 우리를 영원한 멸망에서 건지시기 위해서입니다.

야곱의 사닥다리 위에 서 계시던 하나님께서 이 세상에 내려오신 이유가 무엇입니까? 그가 굳이 십자가의 저주와 지옥의 고통을 마다하지 않으신 이유가 무엇입니까? 우리 인간의 영혼이 매우 귀하기 때문입니다. 그리고 주님은 우리에게 아주 귀한 것을 주시기를 원하셨습니다. 그것은 바로 영원한 생명입니다.

3. 새로운 하나님의 성전

야곱은 꿈에서 깨어난 후 심히 두려워하였습니다.

17절, "이에 두려워하여 가로되 두렵도다 이곳이여 다른 것이 아니라 이는 하나님의 전이요 이는 하늘의 문이로다"

야곱이 꿈에서 깨어난 후에 심히 두려워한 것은, 이 꿈이 보통 꿈이 아니라는 것을 보여 줍니다. 구약 시대 때 하나님은 꿈을 통해서 하나님의 말씀을 들려주셨습니다. 오늘날 하나님은 꿈이 아니라 설교를 통하여 말씀하십니다. 그런데 우리가 아주 특별하게 하나님의 말씀으로 은혜를 받을 때가 있습니다. 그때는 한 말씀 한 말씀이 너무나도 또렷하고 능력이 있어서 그 말씀에 사로잡혀서 시간이 가는 것도 모르고 다른 사람의 존재도 전혀 의식하지 못할 정도로 말씀에 몰두합니다. 그것이 바로 살아 계신 하나님을 만나는 것입니다. 그러고는 너무나도 그 말씀에 감동이 되어서 그 후에는 계속 그 말씀만 생각하고 혼자 웃기도 하고 다른 사람을 만나도 그 이야기만 하게 됩니다.

그러고 나서 야곱은 두 가지 일을 하였습니다. 하나는 자기가 베개 삼아 잤던 돌을 세운 것입니다. 그리고 두 번째는 돌에 기름을 부은 것입니다.

18-19절, "야곱이 아침에 일찍이 일어나 베개하였던 돌을 가져 기둥으로 세우고 그 위에 기름을 붓고 그곳 이름을 벧엘이라 하였더라 이 성의 본 이름은 루스더라"

첫 번째로 야곱은 하나님을 만나고 난 후 그것을 흔히 있을 수 있는 일로 생각하지 않았습니다. 그래서 그는 자리에서 일어나자마자 베개를 하고 누웠던 돌을 세우고 그 위에 기름을 부었습니다.

왜 야곱이 꿈을 꾸고 난 뒤에 자기가 베고 잤던 돌을 세웠을까요? 이것은 고대인들이 약속을 맺는 방법 중 하나였습니다. 옛날에는 언약을 세우면서 돌을 세우는 것은 이 언약을 영원히 취소하지 않겠다는 뜻이 있었습니다. 야곱은 하나님께서 나타나셔서 말씀하신 것을 자기에게 언약하신 것으로 믿었습니다. 마치 어떤 남자가 처녀에게 결혼하자고 약속한 것으로 받아들인 것입니다. 다시 말해서 야곱은 하나님께서 야곱의 하나님이 되시며, 그가 어디를 가든지 함께하시겠다는 말씀을 자신에게 준 약속으로 받아들인 것입니다. 즉 이 말씀은 하나님이 나에게 주신 약속이며, 절대로 다른 사람에게 빼앗기지 않겠다는 뜻입니다.

옛날에는 다른 사람이 멋진 꿈을 꾸면 돈을 주고 그 꿈을 사는 사람이 있었습니다. 그러나 아무리 돈을 주고 꿈을 사더라도 그것은 허황된 '개꿈'에 불과합니다. 그러나 하나님의 말씀은 그렇지 않습니다. 우리는 은혜로운 하나님의 말씀을 들으면 이것을 완전히 나의 것으로 만들어야 합니다. 중요한 것은 어떻게 해야 이 말씀을 나에게 주신 약속으로 삼을 수 있느냐 하는 것입니다. 우리는 그 말씀에 내 인생을 걸어야 합니다. 다른 것은 일체 생각하지 않고 이 말씀 때문에 모든 것을 잃어버리더라도 이 말씀만을 붙잡아야 합니다. 그러면 하나님이 나의 하나님이 되어 주시고 내 안에 영적인 부흥이 일어나게 됩니다.

그리고 두 번째로 야곱은 이 돌 위에 기름을 부었습니다. 나중에 이스라엘 백성은 기름 붓는 의식을 많이 행하게 됩니다. 그것은 하나님께 구별하여 바쳤다는 뜻입니다. 그리고 일단 무엇이든지 하나님께 구별해서 바친 것은 다른 용도로 쓸 수가 없었습니다. 그러나 야곱 때에는 아직 기름을 붓는 의식이 흔하지 않았음에도 불구하고 야곱은 자기가 베개를 하고 잤던 돌 위에 기름을 부음으로 자신의 인생을 하나님께 걸었습니다. 아마도 기름은 야곱이 가지고 있던 것의 전부였을 것입니다. 야곱은 집에서 황급히 나오는 바람에 황금이나 돈이 될 만한 것들을 가지고 나올 수가 없었습니다. 그래서 야곱은 길을 가다가 배가 고프면 이 기름을 팔아서 빵을 사기도 하고 혹은 벌레에게 물리거나 상처를 입으면 이 기름을 발라서 치료해야 했을 것입니다. 그런데 야곱은 가지고 있던 기름을 모두 그 돌에 부어 버렸습니다. 그것은 이제부터 자기의 인생을 하나님께 다 맡긴다는 것입니다. 나는 이제부터 먹는 것이나 입는 것이나 살아남는 모든 것을 벧엘의 하나님께 맡기겠으니 알아서 하시라는 뜻입니다.

야곱은 하나님께서 말씀으로 은혜를 주셨을 때 자기의 모든 것을 그 은혜에 부었습니다. 그리고 자기가 가지고 있는 모든 염려나 미래를 하나님께 다 맡겼습니다.

은혜를 받은 자의 자세는 바로 이러해야 합니다. 우리가 은혜 받기 전에는 앞으로 어떻게 살아야 할지 걱정이 되기도 하고, 또 겁이 나기도 합니다. 그러나 말씀으로 하나님의 큰 은혜를 체험했을 때 우리는 내가 가진 모든 것을 하나님 앞에 다 쏟아 버려야 합니다. 이제부터 나는 살든지 죽든지 나의 모든 것이 하나님의 것이며 하나님께서 알아서 하신다는 것을 믿어야 합니다. 이제부터는 나의 미래라고 하는 것이 따로 없습니다. 이제는 나의 모든 걱정과 근심을 하나님께 쏟아 버려야 합니다.

야곱은 돌에 기름을 붓고 난 후 이렇게 기도했습니다.

20-22절, "야곱이 서원하여 가로되 하나님이 나와 함께 계시사 내가 가는 이 길에서 나를 지키시고 먹을 양식과 입을 옷을 주사 나로 평안히 아비 집으로 돌아가게 하시오면 여호와께서 나의 하나님이 되실 것이요 내가 기둥으로 세운 이 돌이 하나님의 전이 될 것이요 하나님께서 내게 주신 모든 것에서 십분 일을 내가 반드시 하나님께 드리겠나이다 하였더라"

야곱은 분명히 조금 전에 하나님의 말씀을 아멘으로 믿었으며, 자신이 가지고 있던 기름을 다 부었습니다. 그런데 이제 다시 자기 먹을 것이나 입을 것이나 살아서 무사히 돌아올 것을 걱정하고 있는 것처럼 보입니다. 즉 하나님께서 나의 먹을 것을 주시면 하나님께서 나의 하나님이 되실 것이며, 만일 그렇게 하지 않으면 나의 하나님이 되지 않을 수도 있다는 것처럼 들립니다. 그러나 이것은 히브리 인들의 표현법을 알면 쉽게 이해할 수 있을 것입니다. 히브리 인들은 자신의 연약함을 하나님께 고백할 때 때로는 조건의 표현 혹은 양보의 표현으로 나타내곤 합니다.

야곱은 하나님이 분명히 나의 하나님이시며 나를 지켜 주실 것을 믿었습니다. 그러나 지금 그의 현실을 보면 아무것도 가진 것이 없는 것입니다. 당장 먹을 것이 없고, 입을 것이 없고, 무사히 살아서 돌아올 힘도 없습니다. 야곱은 이것을 조건부인 것처럼 하나님께 표현하고 있는 것입니다. 즉 나는 머리로는 하나님의 능력을 믿지만 지금 나의 현실은 매우 비참하고 어렵다는 것을 말씀드리는 것입니다.

바로 이것이 우리 인간의 모습입니다. 우리는 한편으로는 하나님의 말씀을 믿고 내 인생을 하나님께 맡기기를 원합니다. 하나님께서 말씀하신 그 놀라운 뜻이 나를 통하여 다 이루어지기를 원합니다. 그러나 나의 형편을 생각하면 하나님의 뜻을 이루어 드리는 것은 고사하고 당장 신앙을 지킬 자신이 없습니다. 집에는 먹을 것이 떨어지고 어떤 때에는 교회에 올 차비조차 없을 때도 있습니다. 은혜를 받았을 때에는 당장이라도 복음을 위해서 나 자신을 바치고 싶은데 현실을 보면 내가 할 수 있는 것이 아무것도 없는 것입니다. 이것이 바로 우리의 실제적인 모습입니다. 야곱은 이것을 솔직하게 하나님께 고백했습니다. 그러나 그의 조건의 표현 안에는 하나님께 대한 믿음이 들어 있었습니다. 즉 야곱은 하나님께서 꼭 해 주실 줄로 믿는다는 작은 믿음이 있었습니다. 그러나 하나님은 이런 작은 믿음의 기도를 얼마나 좋아하시는지 모릅니다.

우리는 한편으로는 하나님의 뜻에 순종하고 싶지만 다른 한편으로는 내 믿음이 부족해서 갈등할 때가 많습니다. 그때 우리는 우리의 모습을 있는 그대로 하나님께 고백하는 것이 중요합니다. 하나님은 우리의 이런 모습을 너무나도 잘 이해하십니다.

오늘 성경이 우리에게 말씀하시는 것은, 우리가 자신의 힘으로 무엇인가 하려고 하다가 실패해서 인생 밑바닥에 떨어져 있을 그때가 은혜를 받을 때이고 하나님을 나의 하나님으로 만날 때라는 것입니다. 야곱이 본 그 꿈에서 사닥다리 위에 서 계시던 그 주님이 이미 이 세상에 내려오셨고, 십자가 위에서 죽으셨으며, 사망의 권세를 깨뜨리고 부활하셔서 보좌 우편에서 우리를 위하여 기도하십니다.

우리는 이 세상의 성공에 기뻐하고 흥분하지만 하나님의 말씀을 통해서 천국의 영광을 체험하는 것과는 비교할 수 없습니다. 우리는 하나님의 말씀을 나의 약속으로 만드시기 바랍니다. 그리고 지금 우리 위에 하늘이 열리고 하나님의 축복이 임하시는 것을 체험하시기 바랍니다. 그리고 이제는 모든 걱정과 근심을 하나님께 맡기고 놀라운 능력으로 변화되어 세상을 이기시기 바랍니다.

성경 토의

1. 우리는 보통 하나님을 믿는다고 하면서도 실제적으로 하나님을 체험하는 일이 없이 다른 사람의 체험을 근거로 해서 믿을 때가 많다. 우리는 어떤 상황에서 하나님을 체험하게 되는가?

2. 야곱은 하나님의 말씀에 은혜를 받은 후에 그 말씀을 하나님이 자기에게 주시는 언약으로 생각해서 베개를 삼았던 돌을 세우고 그 위에 기름을 부어 표시하였다. 우리는 하나님의 말씀에 은혜를 받았을 때 어떻게 그 말씀을 나의 것으로 만들려고 하는가?

3. 야곱은 큰 은혜를 받은 후에 자신은 여전히 아무 대책 없는 가난하고 무력한 자인 것을 하나님 앞에 고백하고 하나님의 도우심을 호소하였다. 나는 나의 현실적인 어려움을 하나님께 어떻게 맡길 수 있겠는가?

37_야곱의 종살이

창세기 29:1-30

전체적 설명

야곱은 하나님의 약속대로 무사히 목적지인 하란 땅까지 왔다. 그러나 목축하는 사람들은 정해진 곳에 있지 않고 계속 돌아다니기 때문에 야곱이 하란에 왔다고 해서 외삼촌 라반을 쉽게 만날 수 있는 것은 아니었다. 그러나 하나님께서는 야곱으로 하여금 우물가에서 목동들을 만나 그들을 통해서 쉽게 외삼촌 라반의 딸 라헬을 만나게 하셨다. 그러나 야곱은 라헬을 사랑해서 자발적으로 외삼촌 라반에게 신부대금 대신에 종살이를 하겠다고 약속하여 야곱은 하란에서 종살이를 시작한다. 하나님께서 야곱으로 하여금 벧엘에서 하나님을 만나는 체험을 하게 하신 것은 야곱을 하나님의 제사장이나 선지자로 사용하시기 위함이었다. 그러나 야곱은 사람을 사랑해서 자기 스스로 종이 된다.

설교 프리노트

1절, "야곱이 발행하여 동방 사람의 땅에 이르러"

야곱이 벧엘에서 자다가 하나님을 보는 체험을 했을 때 야곱은 돈도 없고 옷도 없어서 혼자 힘으로는 하란까지 올 수 없는 형편이었을 것이다. 그런데 하나님께서는 야곱으로 하여금 여러 사람의 도움을 얻게 하셔서 큰 어려움 없이 목적지인 하란까지 오게 하셨다. 이것을 보면 하나님은 얼마나 우리에 대하여 신실하신지 모른다. 그러나 우리는 하나님의 그 신실하신 배려에도 불구하고 육신의 정욕을 이기지 못해서 죄에 빠질 때가 많이 있다.

'동방 사람의 땅' 이라고 하는 것은 아마도 하란의 경계 지역이었던 것 같다. 그러니까 야곱은 이제 겨우 하란으로 가는 경계선에 도착한 것이다. 그러나 야곱은 거기서 바로 라반을 아는 목자를 만나게 되고, 라반의 딸 라헬을 만나게 된다.

2절, **"본즉 들에 우물이 있고 그 곁에 양 세 떼가 누웠으니"**

당시에 먼 길을 여행하는 사람들에게는 우물을 만나는 것이 가장 중요한 일이었다. 그리고 양을 치는 사람들은 양들에게 물을 마시게 해야 하니까 때가 되면 우물 곁으로 양들을 데리고 와서 물을 마시게 했다. 그래서 자연스럽게 야곱과 하란의 목자들은 한 우물가에서 만나게 되었고, 거기서 야곱은 그 부근에서 목축업을 하는 외삼촌 라반에 대한 소식을 듣게 되었다. 만일 야곱이 양을 치는 사람들을 일일이 찾아다니면서 라반이 거기에 있느냐고 물어본다면 몇 년을 돌아다녀도 찾기 어려웠을 것이다. 그러나 야곱은 우연히 한 우물가에서 목자들을 만났는데 그들은 라반을 아는 사람들이었다. 하지만 이것은 결코 우연이 아니고 하나님께서 야곱으로 하여금 쓸데없이 방황하지 않도록 하기 위해서 그들을 만나게 하신 것이다.

"큰 돌로 우물 아구를 덮었다가"

빈들에는 바람이 많이 불어 우물에 흙이나 모래가 들어가 우물이 덮이거나 막히는 일이 많았으므로 우물 입구를 큰 돌로 덮었던 것 같다. 이것을 보면 목자들에게 이 우물이 얼마나 귀한 것인지 알 수 있다. 우물 아구를 덮는 돌이 컸기 때문에 혼자 여행하는 사람들은 돌을 옮겨서 물을 마시기 어려웠을 것이다. 또 현지 사정을 잘 모르는 사람은 그것이 우물인지 모를 수도 있었을 것이다.

5-6절, "너희가 나홀의 손자 라반을 아느냐 그들이 가로되 아노라…그 딸 라헬이 지금 양을 몰고 오느니라"

야곱에게 가장 중요한 것은 외삼촌 라반을 만나는 일이었다. 만일 야곱이 외삼촌을 만나지 못한다면 계속 빈들에서 잠을 자야 할지도 모르는 상황이었다. 그러나 하나님께서 얼마나 야곱의 길을 정확하게 인도하셨는지 거기에 있던 목동들은 라반을 잘 아는 자들이었고, 때마침 라반의 딸 라헬이 아버지의 양들을 데리고 물을 먹이기 위해서 오는 중이라고 했다. 이것을 보면 야곱이 라반을 본 적도 없고, 주소도 모르고, 어디에 있는지 알지 못해도 하나님이 얼마나 정확하게 야곱을 인도하셨는지 알 수 있다. 라헬은 아버지의 양을 치는 여자 목자였다. 아마 당시에는 여자들이 양을 치는 것이 드문 일이 아니었던 것 같다.

7절, "야곱이 가로되 해가 아직 높은즉 짐승 모일 때가 아니니 양에게 물을 먹이고 가서 뜯기라"

여기서 야곱이 양을 먹이는 데 있어서 하란의 목자들과 다른 것을 보여준다. 야곱은 양을 칠 때에 가능한 한 양들에게 풀을 많이 먹게 하고, 가능한 한 물을 많이 마시게 하여 대기하는 시간을 줄이는 식이었다. 왜냐하면 양들이 이렇게 해야 풀을 더 많이 먹고 배가 불러서 튼튼해질 수 있기 때문이다. 그러나 하란의 목자들은 양들을 우물가에 데리고 온 후에 다른 목자들과 같이 물을 먹여야 한다고 하여 양들을 눕혀 놓고 기다리게 하는 바람에 시간이 너무 지체되었다. 이것은 하란의 목자들이 책임의식이 없었기 때문이다. 즉 이 목자들은 시간 때우는 식으로 양을 쳤지 진정으로 양을 살찌게 하는 목자들이 아니었던 것이다. 그러나 야곱은 누구의 양을 대하든지 최선을 다해서 양들을 살찌게 하고 튼튼하게 만들려고 했다. 나중에 야곱의 이 성실함이 외삼촌 라반에게 인정을 받아서 야곱은 무려 20년 가까운 세월을 라반의 양을 치면서 결혼하여 자식들을 낳게 된다.

10절, "야곱이 그 외삼촌 라반의 딸 라헬과 그 외삼촌의 양을 보고 나아가서"

야곱은 사촌 동생 라헬이 외삼촌의 양 떼를 몰고 오는 것을 보고 미처 자기소개도 하지 않고 우물 입구의 돌을 치우고 라반의 양 떼에게 물을 먹였다. 이것을 보면 야곱이 얼마나 부지런하고 친절한 사람인지 알 수 있다. 아마도 우물 입구를 막은 돌은 커서 한 사람의 힘으로는 옮기기 어려웠을 것이다. 야곱은 다른 목자들은 어떻게 하든지 상관하지 않고 자기 힘으로 그 돌을 옮기고 라반의 양 떼에게 물을 먹였다. 아마 그렇게 하지 않고 다른 목자들이 다 모인 후에 양들에게 물을 먹이려고 했다면 많은 시간을 기다려야 했을 것이다. 그래서 다른 목자들이 양을 놀리고 있는 동안에 야곱은 재빨리 양들에게 물을 먹였다.

13절 하-14절 상, "야곱이 자기의 모든 일을 라반에게 고하매 라반이 가로되 너는 참으로 나의 골육이로다"

아마도 라반은 여동생이 이삭에게 시집을 간 후에 오랫동안 소식을 듣지 못해서 궁금해했을 것이다. 그래서 라반은 조카 야곱에게서 그동안 듣지 못했던 리브가와 집안 소식을 듣고 너무나도 가슴이 시원했을 것이다. 그리고 야곱이 전해 주는 소식은 리브가의 아들이 아니면 절대로 알 수 없는 그런 소식들이었을 것이다. 그래서 라반은 야곱이 자기 조카인 줄 확신하게 되었다. 아마도 야곱은 외삼촌이 듣고 싶어하는 어머니 리브가에 대한 이야기만 주로 했을 것이고, 자기와 에서의 관계에 대해서는 말하지 않았을 것이다.

15절, "무엇이 네 보수겠느냐 내게 고하라"

라반은 야곱이 자기들과 한 달 동안 같이 있으면서 부지런하고 성실하게 양을 치는 것을 보고 이런 일꾼은 어디를 가더라도 찾을 수 없을 것이라고 생각했다. 그래서 라반은 야곱이 왜 이곳으로 오게 되었는지 생각하지 않고 야곱을 일꾼으로 쓰기 위해서 야곱에게 정식으로 자기 양 떼를 치는 일을 해 달라고 했다. 하나님께서 야곱을 하란 땅으로 보내셨지만 하나님은 야곱에게 구체적으로 얼마 동안 하란에 있어야 한다는 말씀은 하지 않으셨다. 또 야곱에게는 양을 치는 비상한 재주가 있기는 하지만 하나님께서는 야곱에게 하란에서 양을 칠 것인지 그곳 사람들에게 하나님의 말씀을 가르칠 것인지, 아니면 가만히 있게 할 것인지 전혀 말씀을 하지 아니하셨다. 하나님께서 야곱에게 아무 말씀을 하지 아니하시면 야곱은 지금까지 해 왔던 것처럼 밥이나 얻어먹으면서 무보수로 일을 해 주는 것이 합당했다. 그러나 야곱은 하란 땅에 눌러앉을 생각을 했고, 자기 스스로 라반의 종이 되겠다고 했다. 이것은 야곱이 하나님의 뜻대로 행동하는 것이 아니라 자기 야망과 욕심대로 행하는 것이었다.

17절, **"레아는 안력**[개역개정: 시력]**이 부족하고 라헬은 곱고 아리따우니"**

'안력이 부족하다' 라는 말이 정확하게 무엇을 의미하는지는 알 수 없지만 대부분의 성경은 '시력이 나쁘다' 라는 의미로 번역하고 있다. 아마 목축하는 사회에서 시력이 좋지 못한 것은 여성으로서 치명적인 단점이었던 것 같다. 우리나라에서도 옛날에는 안경을 낀 여성들을 기피하는 경향이 있었다. 아마 레아는 보통 사람들보다 더 심한 근시였던 것 같고, 주위 사람들로부터 시각장애인 비슷하게 취급당했던 것 같다. 거기에 비해서 라헬은 얼굴도 예쁘고 건강미도 넘쳐서 야곱은 라헬을 좋아했다.

18절, **"내가 외삼촌의 작은 딸 라헬을 위하여 외삼촌에게 칠년을 봉사하리이다"**

옛날에 남자가 처녀와 결혼을 하려면 처녀 몸값에 해당하는 신부대금을 주어야 했다. 신부대금은 그 처녀가 시집을 가게 됨으로 노동력이 줄어드는 것 만큼의 돈이나 가축을 주는 것을 말하는 것이다. 야곱은 빈손으로 아버지 집에서 도망쳐 왔기 때문에 수중에 돈이 전혀 없었다. 이때 야곱이 진정으로 하나님을 믿고 의지했더라면 하나님께 여쭈어 보아야 하고 하나님의 뜻을 기다려야만 했을 것이다. 그러면 하나님께서 분명히 야곱에게 굳이 종살이를 하지 않아도 좋은 사람을 얻을 수 있게 하셨을 것이다. 그러나 야곱은 라헬을 놓치고 싶지 않았고 수중에는 돈이 없었기 때문에 7년 동안 무보수로 일을 해 주는 것으로 신부대금을 지불하겠다고 제안을 했다.

20절, **"그를 연애하는 까닭에 칠년을 수일같이 여겼더라"**

아마도 이때가 야곱의 생애에서 가장 행복한 시절이었을 것이다. 야곱은 그렇지 않아도 라헬과 같이 있고 싶었는데 야곱도 양을 치고 라헬도 양을 쳤으므로 둘은 자연스럽게 가까워져 7년이 며칠처럼 느껴질 정도로 세월이 빨리 흘러갔다. 그러나 이 7년이 야곱에게는 가장 행복한 기간이었는지 몰라도 하나님에게는 가장 답답한 기간이었다. 왜냐하면 하나님께서 야곱을 하란 땅에 보내신 것은 결코 종살이나 하면서 연애하라고 보내신 것이 아니었기 때문이다. 하나님께서는 벧엘에서 야곱에게 나타나셔서 "땅의 모든 족속이 너와 네 자손을 인하여 복을 얻으리라"(창 28:14)라고 하셨다. 그러나 야곱은 하나님의 말씀은 다 잊어버리고 사람의 종이 되어서 연애에 빠져 시간 가는 줄 몰랐던 것이다. 이것은 아브라함이 여종 하갈을 통해서 이스마엘을 낳고는 시간 가는 줄 모르고 살았던 것과 비교할 수 있다(창 17:1).

21절, "내 기한이 찼으니 내 아내를 내게 주소서 내가 그에게 들어가겠나이다"

야곱은 약속한 기간인 7년이 다 찼기 때문에 라헬과 정식으로 결혼을 하려고 했다. 그러나 야곱은 여기서 자기가 외삼촌 라반에게 속을 것이라고는 꿈에도 생각하지 못했다. 하지만 라반은 야곱보다 훨씬 교활했고, 야곱의 외국인 신분과 그의 순진함을 이용해서 결혼하기 어려운 큰 딸 레아를 끼워 팔기 식으로 야곱에게 사기 결혼을 시켰다. 여기서부터 야곱의 결혼 생활은 복잡해지기 시작했고 야곱의 종살이 기간은 배로 늘어나게 되었다.

25절, "야곱이 아침에 보니 레아라 라반에게 이르되 외삼촌이 어찌하여 내게 이같이 행하셨나이까"

당시의 풍습을 따라 신부는 온몸과 얼굴을 베일로 가리고 있어서 신랑은 신부의 얼굴을 볼 수 없었던 것 같다. 야곱은 신부가 당연히 라헬인 줄 알고 첫날밤을 보내었는데 아침에 보니까 신부는 라헬이 아닌 레아였다. 라반은 라헬을 가두어 놓고 레아를 라헬인 것처럼 속여서 결혼을 시켰던 것이다. 야곱은 자기가 7년 동안 고생을 해서 얻은 신부가 자기가 사랑하는 라헬이 아니라 언니 레아였으므로 너무나도 놀라고 당황했을 것이다. 그러나 이미 엎질러진 물이었다. 이에 대해 야곱은 장인인 외삼촌 라반에게 항의를 했으나 이곳에서는 동생이 언니보다 먼저 결혼하는 법이 없다고 대답했다. 만일 이것이 사실이라면 라반은 이것을 미리 이야기해야 했으나 라반은 고의로 야곱을 속인 것이다. 하지만 야곱은 결혼을 물릴 수 있는 처지가 아니었다. 이때 라반은 야곱에게 엄청나게 인심을 쓰는 척하면서 일단 레아와 결혼식 기간 1주일을 채우면 라헬을 줄 테니까 다시 7년을 더 봉사하라고 함으로써 야곱의 종살이 기간은 14년으로 늘어나게 되었다.

본문 이해를 위한 질문

1. 야곱은 어떻게 외삼촌 라반을 찾게 되었는가?

하나님께서 야곱에게 한 우물가에서 라반을 잘 아는 목동들을 만나게 하셨고, 그때 마침 라반의 딸 라헬이 양 떼를 이끌고 물을 먹이러 왔으므로 극적으로 만나게 되었다.

2. 라반이 야곱에게 임금을 제안했을 때 야곱은 어떻게 하였는가?

야곱은 라헬과 결혼하고 싶어했으나 신부대금이 없었으므로 7년간 무보수로 종살이를 하겠다고 약속하였다.

3. 야곱의 결혼은 어떻게 되었는가?

야곱은 라헬과 연애하느라고 7년을 하루같이 보내었으나 라반에게 속아서 레아와 결혼을 하게 되었고, 다시 라헬을 위해서 7년을 더 종살이하게 되었다.

성경 강해

우리가 보통 하나님의 은혜를 경험하고 살아 계신 하나님을 체험하는 때는 세상에서 모든 것을 잃어버려서 힘들고 어려울 때 하나님의 말씀을 듣는 가운데서입니다. 어떤 분은 사업에 실패해서 완전히 빈털터리가 되어 절망 가운데서 교회에 와서 예배를 드리는데 눈물이 쏟아지고 가슴이 뜨거워지면서 하나님의 은혜를 체험했다고 말을 하는 분도 있습니다. 또 여성들의 경우에는 시집을 와서 경제적으로나 육체적으로 힘들고 어려울 때 교회에 와서 말씀을 듣는 가운데 뜨거운 은혜를 체험했다고 말을 하기도 합니다. 또 청년들은 직장도 잘 구해지지 않고 미래도 열리지 않는 답답한 가운데 자신의 죄 문제를 가지고 고민을 하다가 하나님의 은혜를 체험하기도 합니다.

그런데 중요한 것은 우리가 이런 하나님의 은혜를 체험한 후에는 과연 어떻게 하는 것이 옳은가 하는 것입니다. 왜냐하면 우리가 어렵고 힘들 때 하나님의 은혜를 체험했다고 하지만 여전히 먹고살 길이 없기 때문입니다. 이때 우리는 자칫하면 먹고살 길을 찾기 위해서 세상으로 달려 나가기 쉽습니다. 그러면 우리는 먹고살기 위해서 몸부림치면서 사람의 종이 되고 물질의 종이 되어서 하나님께서 주신 은혜를 다 까먹어 버리고 나에 대한 하나님의 뜻을 잊어버리고 허송세월하기 쉽습니다. 그래서 우리가 이 세상에서 가장 힘든 가운데 하나님의 은혜를 체험했다면 그때부터는 이스라엘 백성이 출애굽한 후에 광야 생활을 했듯이 먹고사는 문제보다는 고난 가운데 하나님의 말씀을 듣고 은혜 받는 것을 붙잡아야 합니다. 그러면 이미 하나님께서 주신 은혜를 통해서 부흥의 역사가 계속되면서 하나님께서 나의 믿음을 더 아름답게 만들어 주시고 말씀의 능력을 통해서 더 큰 복을 우리에게 주실 것입니다.

우리는 바로 이런 문제를 야곱의 하란 생활에서 분명하게 보게 됩니다. 야곱이 외삼촌 라반이 있는 하란에 온 것은 형 에서의 칼을 피해서 도망온 것입니다. 야곱이 빈털터리로 하란까지 무사히 온 것 자체가 기적이었습니다. 그렇다면 야곱은 일단 거기서 일거리를 알아보고 먹고살 길을 찾아야 할 것입니다. 그리고 어느 정도 재산이 모이면 결혼을 하든지 해서 자신의 가정을 일구어 가야 할 것입니다. 그러나 이것은 어디까지나 야곱이 벧엘에서 하나님을 만나지 않았다고 전제했을 때의 일입니다. 그러나 야곱은 에서로부터 도망쳐 오는 중에 벧엘에서 돌베개를 하고 자다가 살아 계신 하나님의 은혜를 체험했습니다. 하나님께서는 야곱에게 야곱이 어디를 가든지 함께하시며 지켜 주겠다고 약속하셨습니다. 그리고 야곱은 정말 무사히 외삼촌 라반이 있는 하란 땅까지 왔습니다.

그렇다면 야곱이 하란 땅에서 우선적으로 했어야 할 일이 무엇일까요? 그것은 벧엘에서 만난 그 하나님을 붙들고 사는 것입니다. 즉 하란에 사는 것을 광야 생활이라 생각하고 다른 것은 다 제쳐놓고 오직 하나님의 말씀과 은혜만 붙들고 사는 것입니다. 그렇게 했다면 사람들은 분명히 야곱을 이상한 사람이라고 생각했을 것입니다. 야곱이 이 외국 땅에 와서 일자리를 찾지도 않고 결혼하려고 하지도 않고 오직 하나님께 기도하고 말씀 붙드는 생활을 하는 것이 다른 사람들의 눈에는 이상하게 보였을 것입니다. 그러나 시간이 지나면서 사람들은 야곱에게 하나님의 축복이 있고, 기도의 능력이 있으며, 하나님의 말씀의 능력이 있다는 것을 알게 되었을 것입니다.

우리가 요셉에게서 볼 수 있는 것이 바로 이것입니다. 요셉은 애굽에 종으로 팔려 갔을 때 죽어라고 하나님의 말씀을 붙들었습니다. 그래서 요셉은 여주인을 강간하려고 했다는 누명을 쓰고 감옥에 들어갔습니다. 그러나 요셉은 계속 하나님의 말씀을 붙들었고, 하나님의 은혜를 구했기 때문에 나중에 애굽의 총리가 되어서 애굽 사람들과 가족을 7년 대기근에서 살리게 됩니다.

그러나 야곱은 하란 땅에서 라반을 만나서 정착하게 되니까 당장 결혼을 위해서 7년을 종으로 일하기로 약속을 해 버립니다. 야곱은 하나님의 은혜는 포기하고 이 세상 현실에 적응하는 것을 더 중요하게 생각한 것입니다. 그래서 야곱은 7년 동안 하나님의 은혜는 잊어버리고 라헬과 연애하느라 정신이 없었습니다. 그러나 야곱은 외삼촌 라반에게 속아서 레아와 결혼을 하게 되고, 결국 7년을 더 삼촌을 위해 종살이를 합니다. 야곱은 무려 14년이라는 세월을 하나님의 은혜를 잊어버리고 종으로 일을 하게 되는 것입니다. 그러나 레아와 라헬이 데리고 온 여종들이 첩이 되는 바람에 아내는 넷으로 늘어나고 아이들이 열한 명이나 태어나는 바람에 이들을 부양하기 위하여 또 일을 하게 됩니다.

결국 야곱이 하나님의 은혜를 회복하는 데 무려 20년이라는 세월이 걸렸습니다. 그동안 야곱은 하나님께서 벧엘에서 주신 그 엄청난 약속은 다 잊어버리고 외삼촌 라반의 종살이를 하면서 시간을 낭비했던 것입니다.

우리는 하나님의 은혜를 받고 난 후에도 여전히 생계가 불안정하고 아무것도 가진 것이 없을 수 있습니다. 그러나 이때 우리는 세상에서 먹고살기 위한 길로 달려가지 말고 이스라엘 백성처럼 광야 생활을 한다고 생각하고 오직 하나님의 말씀만 붙들고 신앙 중심으로 살아가야 합니다. 그때 가난하지만 부흥의 불길이 일어납니다. 이것이 우리가 이 세상에서 안정되고 성공하는 것보다 훨씬 중요한 것입니다.

1. 야곱을 인도하신 하나님

야곱은 벧엘에서 놀라운 하나님을 체험한 후 얼마 있지 않아서 하란에서 온 목자들을 만나게 되었습니다.

1-2절, “야곱이 발행하여 동방 사람의 땅에 이르러 본즉 들에 우물이 있고 그 곁에 양 세 떼가 누웠으니 이는 목자들이 그 우물에서 물을 양떼에게 먹임이라”

여기서 ‘동방 사람의 땅’ 이라고 하는 것은 메소포타미아를 말하는데, 실제로 야곱이 메소포타미아까지 간 것은 아니고 당시에 메소포타미아 사람들이 그곳까지 관할했기 때문에 ‘동방 사람의 땅’ 이라고 부른 것 같습니다. 사실 야곱은 아무것도 없이 무작정 하란을 향하여 갔는데 실제로 야곱은 하란 가까운 곳까지 가게 되었습니다. 그러나 야곱은 하란이라는 곳을 한 번도 가 본 적이 없었고, 또 유목민들은 한곳에 머물러 있지 않고 언제나 돌아다녔기 때문에 야곱이 라반을 찾는다는 것은 굉장히 어려운 일이었습니다. 그럼에도 불구하고 하나님께서 얼마나 야곱의 걸음을 정확하게 인도하셨는지 야곱은 하란에 들어가기도 전에 한 우물가에서 라반을 아는 목자들을 만나게 되었고, 심지어는 양에게 물을 먹이기 위해서 우물가에 온 라헬과 만날 수 있었습니다. 야곱은 길을 몰라서 실컷 헤매고 있다고 생각했는데 실제로는 가장 정확한 길로 왔던 것입니다.

그러나 야곱이 하나님의 인도하심을 받아서 외삼촌을 잘 찾은 것보다 더 중요한 것은 이제부터 무엇을 해야 하느냐 하는 것이었습니다. 왜냐하면 아브라함이 하나님의 부르심을 받아서 이곳을 떠난 지 100년 후에 그의 손자가 다시 돌아온 것이기 때문입니다. 그렇다면 야곱이야말로 하나님께서 아브라함을 부르신 그 은혜의 열매로 이곳에 돌아온 것입니다. 100년 전에 야곱의 할아버지 아브라함은 본토와 친척과 아비의 집을 떠나 하나님의 말씀 하나만 붙들고 가나안으로 이민을 갔습니다. 그리고 100년 후에 바로 그 아브라함의 손자가 다시 하란 땅으로 돌아온 것입니다. 그렇다면 야곱은 바로 이 하란 땅에서 아브라함의 믿음을 가지고 부흥을 일으킬 사명이 있었던 것입니다. 그러나 야곱은 그럴 생각이 전혀 없었습니다. 야곱은 하란 땅에 오자마자 안정된 생활을 하려고 했고, 하나님으로부터 받은 은혜의 체험 같은 것은 헌신짝같이 버리고 말았습니다.

이것을 보면 인간은 얼마나 생활의 안정을 좋아하고 그런 생활로 돌아가려고 하는지 알 수 있습니다. 즉 야곱은 할아버지 아브라함이 하나님의 말씀 하나 붙들고 떠났던 그곳을 다시 찾아가서 거기서 눌러앉으려고 하는 것입니다. 사람은 가만히 내버려 두면 원래 그곳으로 흘러가게 되어 있습니다.

예를 들어 어떤 사람이 열심히 강을 거슬러서 헤엄을 쳐 올라갔다고 합시다. 그런데 너무 힘이 들어서 좀 쉬면 자기도 모르는 사이에 도로 떠내려와서 처음 있던 곳으로 다시 돌아오는 것입니다. 우리가 하나님의 말씀을 붙들고 산다는 것은 마치 강을 거슬러 헤엄쳐 올라가는 것과 같습니다. 우리에게 끊임없이 새로운 말씀의 능력이 공급되지 않는다면 우리는 어느새 신앙이 없었던 처음 그 자리로 돌아가고 마는 것입니다.

우리가 아브라함의 신앙에서 발견하게 되는 것은 하나님의 말씀대로 살기 위한 끊임없는 몸부림입니다. 아브라함은 하나님의 말씀대로 살기 위해서 모든 안정을 거부하고 끊임없이 몸부림치면서 세상을 거슬러 올라갔습니다. 아브라함은 전쟁에서 이긴 후에도 소돔의 재물을 거부했고, 첩의 자식 이스라엘을 내어 보내었으며, 이삭의 아내를 구하기 위하여 이삭을 하란으로 가지 못하게 했습니다. 또 그는 사라가 죽었을 때 헷 사람들이 묘지를 주겠다고 했지만 억지로 은을 주고 묘지를 샀습니다. 아브라함의 삶은 끝없이 헤엄치면서 하나님을 향하여 나아가는 삶이었습니다. 그러나 야곱은 그런 몸부림을 그만두고 편안하게 세상이 가는 대로 흘러가기를 원했습니다. 그랬더니 놀랍게도 야곱은 100년 전에 할아버지 아브라함이 모든 것을 버리고 떠났던 그 자리에 다시 돌아와 있게 된 것입니다.

사람들은 본능적으로 편안하고 여유 있게 살기를 원합니다. 하나님의 백성이 그런 생각을 가지고 산 결과는 100년 전 진정으로 하나님의 은혜를 받기 전 상태로 돌아가고 마는 것입니다.

야곱은 하란 가까운 어느 우물가에서 하란에서 온 목자들을 만나게 되었습니다.

4-5절, "야곱이 그들에게 이르되 나의 형제여 어디로서뇨 그들이 가로되 하란에서로라 야곱이 그들에게 이르되 너희가 나홀의 손자 라반을 아느냐 그들이 가로되 아노라"

야곱이 하란 시내로 들어갔더라면 외삼촌을 만나기가 어려웠을 것입니다. 왜냐하면 라반은 유목 생활을 하는 목축업자였기 때문입니다. 그러나 야곱은 그 우물가에서 라반을 아는 목자들을 바로 만났습니다. 그들은 자기들이 라반을 알고 있을 뿐 아니라 그의 딸 라헬이 지금 양 떼를 몰고 그곳으로 오고 있다는 것도 알고 있었습니다.

이것이 의미하는 것이 무엇입니까? 야곱은 자기가 방황하는 것으로 생각했을지 몰라도 하나님께서는 야곱의 걸음을 정확하게 인도하셨다는 것입니다. 하나님은 한 치의 오차도 없이 야곱의 걸음을 인도하셨고, 또 라반의 딸은 자기도 모르는 사이에 야곱이 있는 그 우물을 향해서 오고 있었습니다.

우리도 자주 이런 경험을 합니다. 우리는 길도 모르고 아는 사람도 없어서 이 세상에서 방황하면서 돌아다니는 것 같습니다. 그러나 우리가 하나님의 말씀을 붙들고 갈 때 하나님은 놀랍게도 우리를 가장 빠른 길로 인도

하시는 것입니다.

야곱은 이것을 통해서 하나님은 신실한 분이라는 것과 하나님께서 자기와 함께하시는 것을 믿었어야만 했습니다. 야곱이 이렇게 수월하게 라반의 가족을 만나는 것은 자기가 많은 염려하고 여기저기를 쫓아다니면서 사람들의 도움을 구했기 때문이 아닙니다. 단지 하나님께서 야곱도 모르는 사이에 그의 발걸음을 바른길로 인도하셨기 때문입니다. 그렇다면 야곱은 이 하란 땅에서도 벧엘에서 만났던 그 하나님을 가장 먼저 찾아야 했고, 하나님의 말씀을 중심으로 살면서 고난을 받았어야만 했습니다. 그렇다면 야곱은 더 많은 시간을 줄일 수 있었을 것이며, 할아버지 아브라함보다 더 위대한 믿음의 사람이 될 수 있었을 것입니다. 그러나 여기서 야곱은 현실로 돌아서는 바람에 많은 시간을 허비하게 됩니다.

야곱은 하란에서 외삼촌 라반의 딸 라헬의 아름다움을 보았습니다. 그리고 야곱은 이곳에서 목축하는 사람들의 게으름을 보았습니다. 여기서 야곱은 다시 머리를 굴리게 되었습니다. 야곱은 머리를 굴려서 집에서 쫓겨나 이곳까지 오게 되었다면 이제부터는 모든 것을 하나님께 맡기고 머리를 굴리지 말았어야 하는데 또 머리를 굴리는 바람에 엄청난 고생을 하게 됩니다.

하나님께서 때때로 우리 삶에 순탄한 길을 가게 하실 때 우리는 하나님이 나에게 원하시는 뜻이 있구나 생각하고 모든 계획이나 생각을 멈추고 하나님만 붙들어야 합니다. 그래야 우리의 신앙이 정금 같은 신앙으로 만들어질 수 있습니다.

2. 하란에서 야곱의 생활

야곱이 하란 땅에 와 보니까 이곳 목자들은 우물가에 양을 데리고 와서도 양에게 물을 먹이지 않고 풀을 뜯기지도 않은 채 방치해 두고 있었습니다. 야곱의 생각에는 이 시간에 양에게 먼저 물을 먹이고 풀을 뜯게 한다면 양들이 틀림없이 살이 찌고 건강해질 텐데 그곳 목자들은 아무것도 하지 않고 양들을 내버려 두고 있었던 것입니다.

7-8절, "야곱이 가로되 해가 아직 높은즉 짐승 모일 때가 아니니 양에게 물을 먹이고 가서 뜯기라 그들이 가로되 우리가 그리하지 못하겠노라 떼가 다 모이고 목자들이 우물 아구에서 돌을 옮겨야 우리가 양에게 물을 먹이느니라"

야곱이 보니까 우물이 있기는 한데 그 입구를 돌로 덮어 놓았습니다. 이것은 아마도 우물을 사용하지 않는 동안에 흙먼지 바람으로 인해 우물이 막히는 것을 막기 위해서였던 것 같습니다. 그래서 목자들은 그 우물을 사용하려면 먼저 돌을 치워야만 했습니다. 그런데 그곳의 목자들은 돌을 치우지 않고 다른 양들이 다 모일 때까지 아무것도 하지 않고 있었습니다.

우리 생각에 목자들이 자기 양들만 먼저 물을 마시게 하지 않고 다 모일 때까지 기다리는 것이 물 마시는 데 순서가 있어서 그런 것 같지만 반드시 그런 것도 아니었습니다. 이것은 일종의 관행이었습니다. 즉 이 사람들은 양들이 자기 양들이 아니었기 때문에 애써서 양을 잘 먹이려고 하지 않았습니다. 목자들이 이렇게 양을 치는 이유는 게으름 때문이었던 것입니다.

이것이 하란의 목자와 야곱의 차이점이었습니다. 하란의 목자들은 양을 치는 것을 자기 일처럼 하지 않았습니다. 이들은 이렇게 하든 저렇게 하든 시간만 때우고 삯만 받으면 되니까 애써서 양들을 잘 먹이려고 하지 않았습니다. 그러나 야곱은 천성이 부지런하고 책임감이 있었습니다. 야곱은 아주 작은 문제라도 그냥 넘어가는 법이 없었습니다. 야곱은 모든 것을 세밀하게 관찰했고 그 원인을 파고들어 갔습니다. 그래서 야곱은 나중에 우생의 법칙을 찾아내게 됩니다. 그러나 하나님께서 야곱에게서 원하신 것은 이런 지식이 아니었습니다. 하나님께서 야곱에게 원하셨던 것은 그가 오직 하나님의 말씀만 붙들고 몸부림을 치는 가운데 하늘의 복을 이 땅에 가져오는 자가 되기를 원하셨던 것입니다. 즉 하나님께서 야곱의 꿈에 하늘 꼭대기에 서 계셨던 것은 야곱에게 이 세상의 복이 전부가 아니라는 것을 보여 주시려고 했던 것입니다.

물론 이 세상에 많은 복이 있는 것은 사실입니다. 또 이 세상에 있는 것 중에 어느 하나만 잘하면 유명해지거나 부자가 될 수도 있습니다. 그러나 이 세상의 복은 모래를 쌓는 것과 같아서 영구적이지 않습니다. 이 세상 사람들이 진정으로 복을 받으려면 누군가가 하늘 문을 열어서 하나님의 복이 오게 해야 합니다. 그것이 바로 부흥의 복이며 영적인 복인 것입니다. 그러나 야곱은 하란 땅에서 하나님의 말씀의 복보다는 양 치는 비법을 통해서 부자가 되려고 했습니다.

하나님의 백성의 입에서 이 세상의 이론이라든지 지식이 넘치는 것이 반드시 좋은 것이 아닙니다. 즉 야곱이 하나님의 종으로서 양 치는 법이나 우생의 법칙 또는 건강 관리법 같은 것만 말한다면 곤란한 것입니다.

야곱은 그의 세밀함과 부지런함 때문에 라반의 집에 당장 고용되었습니다. 그러나 야곱은 그 뛰어난 재주 때문에 십여 년간 라반에게 종 노릇 하고 이용당하게 됩니다.

그래서 하나님의 종에게는 하나님의 말씀이 있어야 합니다. 야곱이 하란 땅에서 차라리 양을 잘 치지 못했다 하더라도 하나님의 말씀을 더 깨닫기 위하여 애썼더라면 적어도 라반의 종이 되지는 않았을 것입니다. 야곱은 양을 치는 데 전문가였습니다. 그러나 하나님께서 야곱에게 원하신 것은 야곱이 하나님의 말씀의 전문가요, 예언의 전문가가 되는 것이었습니다. 야곱은 하란 땅에 오면서 자신의 길을 바꾸어야만 했습니다. 그러나 야곱은 길을 바꾸지 않았습니다. 그 결과 자신의 재주 때문에 실컷 종 노릇만 하게 되었습니다.

믿는 자들이 이 세상의 지식에 뛰어나다고 해서 칭찬 듣는 것이 반드시 좋은 것은 아닙니다. 믿는 자들에게는 하나님의 지혜의 말씀이 있어야 합니다. 믿는 자들에게는 기도의 능력이 있어야 하고, 뜨거운 부흥의 열정이 있어야 합니다. 그렇다고 해서 우리에게 이 세상 지식이나 전공이 필요하지 않다는 것은 아닙니다. 우리에게는 그런 것도 필요합니다. 그러나 하나님이 원하시는 것은 영적인 부흥을 먼저 일으키라는 것입니다.

드디어 야곱은 라반의 식구들을 만났습니다.

9-10절, "야곱이 그들과 말하는 중에 라헬이 그 아비의 양과 함께 오니 그가 그의 양들을 침이었더라 야곱이 그 외삼촌 라반의 딸 라헬과 그 외삼촌의 양을 보고 나아가서 우물 아구에서 돌을 옮기고 외삼촌 라반의 양떼에게 물을 먹이고"

야곱이 하는 것을 보면 그가 얼마나 섬세하고 자상한 사람인지 알 수 있습니다. 야곱은 라헬이 양 떼를 끌고 오니까 먼저 우물 입구를 막은 돌을 치우고 양들에게 물을 먹인 후 라헬에게 자기가 라반의 조카라는 것을 알리고 입 맞추고 소리를 내어 울었습니다. 그리고 라헬은 이 말을 듣자마자 바로 아버지 라반에게 달려가서 이 소식을 전했습니다.

라반의 집 식구들은 리브가가 시집 간 후 처음으로 아브라함 집의 소식을 듣게 되었습니다. 이것은 너무나도 감격스러운 것이었습니다. 아브라함 집의 소식이라고 하는 것은 하나님께서 어떻게 아브라함과 함께하셨으며, 어떻게 아브라함에게 복을 주셨는가 하는 것입니다. 이것이 바로 복음입니다. 하나님에 대하여 가장 잘 알 수 있는 것은 아브라함 집의 이야기를 듣는 것입니다. 왜냐하면 하나님께서 그 집을 통해 자신을 나타내기 위하여 아브라함의 집을 택하셨기 때문입니다.

오늘도 하나님에 대하여 알 수 있는 가장 좋은 길은 우리 믿는 자들을 통해서 하나님이 일하시는 것을 듣는 것입니다. 즉 우리 성도들이 고난을 받았지만 그것을 통해서 하나님께서 우리를 어떻게 연단하셨고, 그 후에 얼마나 복을 주셨는가 하는 것을 듣는 것이 복음인 것입니다.

신앙 없이 방황하다가 예수를 믿고 완전히 변하여 새사람이 된 분의 이야기, 믿음으로 병을 이긴 분의 이야기, 아기를 수년 동안 가지지 못하다가 하나님의 축복으로 아기를 낳아서 잘 키우게 된 분의 이야기 등 하나님의 백성의 이야기는 그 자체가 복음인 것입니다.

라반은 이 모든 말을 듣고 '너는 참으로 나의 골육이라' 고 했습니다. 라반이 이 말을 했다는 것은, 처음에는 그가 야곱이 자기 조카인 것을 반신반의했다는 뜻입니다. 누군가가 조카라고 하면서 찾아왔는데 옷도 남루할 뿐 아니라 가진 것이 아무것도 없었습니다. 결혼하러 왔다면 분명히 신부대금을 가지고 왔을 텐데 그런 것도 없는 사람이었습니다. 야곱은 거지와 다를 바가 없었습니다. 분명히 리브가가 자기 아들을 보내었다면 이렇게 빈손으로 보내지는 않았을 텐데 조카라고 찾아온 사람이 거지나 마찬가지였습니다. 그런데 라반이 야곱의 말을 자세히 들어 보니까 그 모든 이야기가 하나님의 이야기였고, 틀림없는 리브가의 아들이었던 것입니다.

하나님은 이런 식으로 해서 자신의 종들을 보내십니다. 즉 주님은 말씀의 종들을 보내시는데, 아무것도 가지지 않고 오직 하나님의 말씀 하나만 가지고 가게 하십니다. 그런데 그의 말을 들어 보면 하나님이 지금까지 일하셨고 지금도 일하시는 것을 분명히 알 수 있는 것입니다.

라반은 야곱을 영접했습니다. 그러나 그 후 야곱은 자신을 이곳으로 보내신 하나님의 뜻을 찾지 못합니다. 왜냐하면 어떻게 해서든지 하란에서 빨리 성공하고 싶었기 때문입니다. 우리는 은혜를 받은 후에 세상에서 성공할 욕심에 빠지면 안 됩니다. 그것도 하나님께 맡기고 말씀을 먼저 붙들어야 합니다. 그렇게 하지 않으면 신앙은 정체되고 결국 세상의 종 노릇만 하게 됩니다.

3. 야곱의 약속

야곱은 형 에서를 피하여 하란에 있는 외삼촌 라반의 집에 와서 한 달을 지냈습니다. 라반은 야곱과 함께 한 달을 지내면서 야곱이 얼마나 성실하고 부지런한 사람인지 알게 되었습니다. 그래서 라반은 야곱에게 욕심을 가지게 되었고, 야곱에게 아예 품삯을 정해 놓고 자기 집에서 일을 하자고 합니다.

15절, "라반이 야곱에게 이르되 네가 비록 나의 생질이나 어찌 공으로 내 일만 하겠느냐 무엇이 네 보수겠느냐 내게 고하라"

라반이 야곱에게 일을 시키면서 공짜로 시키지 않고 보수를 주려고 하는 것을 보고 라반을 아주 공정하고 관대한 사람이라고 생각하기 쉽습니다.

그러나 라반은 결코 공정하거나 인정이 많은 사람이 아니었습니다. 라반이 야곱에게 임금을 제안한 것은 그만한 이유가 있었기 때문입니다.

우리는 이미 우물가에서 다른 목자들과 대화를 나눈 것을 통해서 야곱이 양을 치는 데 얼마나 책임감이 있고 머리가 잘 돌아가는 사람인지 알 수 있었습니다. 하란의 목자들은 대부분 책임감이 없었습니다. 그들은 모두 적당히 시간이나 때우려고 했지 정말 책임감을 가지고 양을 치는 자들이 아니었습니다. 그러나 야곱은 양을 치는 데 전문가였고, 아주 열심이 있는 사람이었습니다. 그래서 사람들에게 일을 시켜 보면 억지로 일을 하는 여러 명보다 헌신적으로 열심히 일을 하는 한 사람이 훨씬 나을 때가 많습니다. 라반은 야곱이 일하는 것을 보고 복덩이가 굴러 들어온 것을 알고는 어떻게 해서든지 야곱을 다른 집에 뺏기지 않고 붙들어서 일을 시켜야 되겠다고 생각한 것입니다.

야곱은 지금 라반의 집에 손님의 자격으로 있습니다. 야곱은 외삼촌을 위하여 봉사하는 것일 뿐 결코 외삼촌의 종이 아니었습니다. 그래서 야곱은 하나님께서 하란을 떠나라고 하시면 언제든지 떠날 수 있는 처지였습니다. 그런데 라반은 야곱에게 이런 식으로 어중간하게 있지 말고 정식으로 고용 계약을 체결해서 자기 집을 위해서 일을 해 달라고 하는 것입니다.

이때 야곱은 어떻게 해야 합니까? 속된 말로 하면 야곱은 하란에서 드디어 직장을 가지게 된 것입니다. 지금까지 야곱은 라반의 집에서 먹고 자고 하면서 무보수로 도와주고 있었는데 이제는 라반이 아예 야곱을 정식 목자로 고용을 하겠다고 합니다.

물론 우리가 생각하기에 야곱이 하란에서 외삼촌 라반에게 능력을 인정받아서 취직하게 된 것은 아주 좋은 일이고 바람직한 일인 것 같습니다. 그러나 이것은 어디까지나 인간의 입장에서 생각하는 것입니다. 그러면 하나님이 원하시는 것은 무엇이었을까요? 하나님은 야곱이 하란에서 외삼촌 라반의 일꾼이 되는 것을 원하시지 않았습니다. 하나님은 분명히 벧엘에서 나타나셔서 언제나 야곱과 함께하시고 축복하실 것이라고 하셨습니다. 그것은 하나님께서 야곱을 하나님의 축복의 사람으로 택하시는 것이었습니다. 그렇다면 야곱은 사람의 종이 되어서는 안 되고 하나님의 종이 되었어야 하는 것입니다. 즉 야곱은 임금 없이 시간이 나는 대로 라반의 일을 도우면서 계속 하나님께 기도하고 하나님의 은혜를 구했어야만 하는 것입니다.

그러나 사람들은 누구나 불안정한 것을 참지 못합니다. 그래서 사람들은 누구나 이 세상에서 안정되고 무엇인가 눈에 보이는 것을 붙잡기를 원하는 것입니다.

만일 야곱이 라반의 제안을 두고서 하나님께 기도를 드렸더라면 하나님은 무엇이라고 응답하셨을까요? 아마도 하나님은 야곱에게 '너는 하나님의 종이다. 너는 아브라함처럼 내 약속을 붙들어야 한다. 그래서 너는 거기에서 취직하지 말고 좀 더 기다려라.' 라는 식으로 말씀하셨을 것입니다.

우리가 이런 식으로 하나님의 뜻을 구하는 기도를 드리는 것보다 하나님께서 더 기뻐하시는 것이 없습니다. 그러나 야곱은 하나님께 묻지 않았습니다. 왜냐하면 자기 생각이 있었고, 자기 욕심이 있었기 때문입니다.

만일 아브라함 같으면 어떻게 했을까요? 아브라함이라면 절대로 그런 계약을 맺지 않았을 것입니다. 왜냐하면 아브라함은 절대로 눈앞의 이익을 좇는 사람이 아니었기 때문입니다. 아브라함은 자기에게 아주 좋은 제안이 주어졌을 때 '이것이 과연 하나님께서 나에게 주시려고 하는 것인가?' 하는 것을 반드시 생각했습니다. 아브라함은 신앙적으로 유익하지 않고 하나님의 뜻이 아니라면 어떤 제안이든 절대로 붙잡지 않았습니다. 오히려 아브라함은 하란의 좋은 것들을 모두 버리고 가나안으로 간 사람이었습니다. 아브라함이 그렇게 한 것은 바보라서 그렇게 한 것이 아닙니다. 아브라함이 그렇게 할 수 있었던 것은 눈앞에 보이는 것보다 더 큰 하나님의 세계를 믿었기 때문입니다.

야곱은 한 번만 생각해 보았다면 라반의 제안이 하나님의 뜻인지, 아니면 유혹인지 금방 알 수 있었을 것입니다. '지금 외삼촌은 나에게 노임을 주겠다고 제안하고 있다. 그런데 하나님께서 이 거친 광야에서 나를 인도하셔서 여기까지 오게 하시고, 또 중간에 하나님의 영광을 체험하게 하셨

다. 하나님이 나에게 은혜를 주신 것은 겨우 여기서 노임을 받으면서 외삼촌의 양을 치게 하기 위해서인가?'

야곱이 이 질문만 던져 보았어도 겉으로는 그럴듯한 라반의 제안이 실제로는 야곱을 하나님으로부터 떼어놓으려는 유혹이라는 것을 알 수 있었을 것입니다. 물론 아직 야곱에 대한 하나님의 뜻이 무엇인지는 알 수 없습니다. 그러나 분명한 사실 하나는, 하나님께서 야곱을 이곳까지 오게 하신 것은 월급을 받으면서 양을 치라고 보내신 것은 아니라는 것입니다. 그러면 야곱은 어떻게 해야 합니까? 하나님의 뜻이 분명히 드러날 때까지 보수 없이 그냥 지내면서 하나님의 뜻을 기다렸어야만 했습니다.

그런데 야곱은 라반에게 역으로 더 놀라운 제안을 했습니다. 라반이 야곱에게 고용 계약을 맺자고 한 것은 야곱의 재능이 너무나도 아까워서 붙들어 놓고 일을 시키기 위한 것이었습니다. 그러나 야곱의 입에서는 더 놀라운 말이 나왔습니다. 그것은 라반의 딸 라헬과 결혼하기 위하여 7년 동안 종살이를 하겠다는 것입니다.

16-18절, "라반이 두 딸이 있으니 형의 이름은 레아요 아우의 이름은 라헬이라 레아는 안력이 부족하고 라헬은 곱고 아리따우니 야곱이 라헬을 연애하므로 대답하되 내가 외삼촌의 작은 딸 라헬을 위하여 외삼촌에게 칠년을 봉사하리이다"

공짜로 일하지 말고 정식 고용 계약을 맺고 일을 하라는 라반의 제안에 대하여 야곱은 라반의 딸 라헬과 결혼하기 위하여 7년간 종살이를 하겠다고 했습니다.

여기서 우리는 당시의 풍습 두 가지를 알 필요가 있습니다. 하나는 당시에 남자가 여자와 결혼을 하려면 여자를 데려가는 조건으로 신부대금을 지불해야만 했다는 것입니다. 왜냐하면 딸이 집에 있으면 계속 일을 할 수 있는데 그 딸을 데려가면 노동력이 줄어들기 때문에 그에 해당하는 대가를 지불해야 하는 것입니다. 신부대금은 사람마다 차이가 있었지만 결코 적은 비용이 아니었습니다. 당시에 어떤 집은 소 열 마리를 신부대금으로 치르기도 했습니다. 그런데 야곱은 자기가 무일푼으로 집에서 쫓겨났기 때문에 7년간 무보수로 종살이를 해서 신부대금을 대신하겠다는 것입니다.

그런데 이것이 파격적인 제안인 것은 당시 품삯 계약은 1년 이내였기 때문입니다. 그리고 중간에 무슨 사정이 생기면 그만둘 수도 있었습니다. 그러나 야곱은 결혼을 담보로 7년 동안 무보수로 외삼촌에게 봉사하겠다고 약속을 했습니다.

여기에 보면 라반에게는 장성한 두 딸이 있었는데 큰 딸 레아는 안력이 좋지 못했다고 했습니다. 여기서 안력은 아마도 시력을 의미하는 것 같습니다. 요즘은 웬만한 사람들은 모두 안경을 끼고 있어서 안경을 낀 것이 흠이 아니지만 제가 어렸을 때만 해도 안경을 낀 학생들이 많지 않았습니다. 그래서 시력이 좋은 아이들은 안경을 끼고 싶은 마음에 일부러 어두운 데서 책을 읽기도 했습니다. 그런데 옛날에는 여자가 안경을 끼는 것은 좋지 않게 생각했습니다.

본문 말씀을 보면 레아는 아주 심한 근시였던 것 같습니다. 그래서 레아는 표정도 밝지 못하고 사람도 잘 분별하지 못했을 것입니다. 거기에 비해서 라헬은 곱고 아리따웠다고 했습니다. 여기서 아리땁다고 하는 것은 몸매가 좋다는 뜻입니다. 아마도 레아는 눈이 좋지 못해서 주로 집안에 있는 시간이 많았으므로 몸매도 별로 좋지 않았던 것 같고, 라헬은 아주 활발하고 건강미가 넘쳐서 매력적이었던 것 같습니다. 야곱은 당연히 라헬을 좋아했습니다. 그래서 라헬을 얻기 위하여 야곱은 앞으로 7년 동안 라반의 종으로 지내겠다는 것입니다. 즉 야곱은 자기가 좋아하는 여자와 결혼하기 위하여 앞으로 7년 동안을 하나님의 종이 아니라 라반의 종이 되겠다는 것입니다.

하나님의 백성에게 7년은 결코 짧은 기간이 아닙니다. 7년은 어린아이 신앙이 성숙한 신앙이 되고도 남을 기간입니다. 하나님께서 야곱에게 억수 같은 은혜를 부어 주실 시간입니다. 그런데 야곱은 이 7년을 결혼을 위해서 라반에게 바치겠다고 약속을 했습니다.

물론 야곱이 매력적인 라헬을 사랑하는 것 자체는 잘못이라고 말할 수 없습니다. 사람들은 누구나 사람을 좋아할 권리가 있습니다. 그러나 야곱은 전혀 하나님의 뜻을 생각하지 않고 자기 멋대로 자신의 미래를 결정해 버렸습니다. 야곱이 진정으로 하나님을 의지한다면 라반과 고용 계약을 해서는 안 되고, 더욱이 결혼을 담보로 해서 7년 동안 종살이를 하겠다고 해서는 안 되는 것입니다.

야곱은 하나님께 기도했어야 했습니다. '하나님, 저는 이곳에 도망쳐 오기는 했지만 아내를 얻기 위한 목적도 있었습니다. 저는 라헬이 좋습니다. 라헬과 결혼할 수 있게 해 주십시오. 그러나 저는 하나님께서 허락하신 때가 될 때까지 이것을 말하지 않고 기다리겠습니다.' 그러면 라반은 야곱이 결혼을 하려고 온 것 같은데 누구를 좋아하는 것 같은 내색도 보이지 않고 묵묵히 일만 한다면 몸이 달게 되어 있는 것입니다. 그래서 어떻게 해서든지 야곱에게 딸 중 하나라도 주려고 했을지도 모릅니다.

그러나 우리는 보통 결혼을 위해서 기도한다고 하면서도 하나님의 결정에 맡기려고 하지 않습니다. 왜냐하면 배우자를 하나님께 맡기면 하나님은 못생기고 신앙이 좋은 여자와 결혼하라고 할지 모르기 때문입니다. 또 우리는 우리의 미래를 하나님께 맡기지 못합니다. 왜냐하면 미래를 하나님께 맡기면 하던 공부 그만두고 먼 나라에 선교사로 가라고 할지 모르기 때문입니다. 그러나 하나님은 우리에게 좋은 것을 주기를 원하십니다. 하나님은 결코 우리에게 우리가 싫어하는 것을 억지로 떠맡기지 않으십니다. 그러나 우리는 하나님이 얼마나 우리에게 좋은 것을 주기를 원하시는지 믿지 못하는 것입니다.

20절, "야곱이 라헬을 위하여 칠년 동안 라반을 봉사하였으나 그를 연애하는 까닭에 칠년을 수일 같이 여겼더라"

야곱은 7년 동안 종살이를 하면서도 얼마나 세월이 빨리 갔는지 마치 며칠이 지나간 것 같았다고 합니다. 왜냐하면 야곱이 연애를 하고 있었기 때문입니다. 야곱이 라헬과 연애하는 7년은 결코 지루하지 않았습니다. 그러나 사실은 이 7년을 야곱은 하나님과 연애를 했어야만 했습니다.

우리가 은혜 받고 말씀으로 속사람이 채워지는 기간은 하나님과 연애하는 기간입니다. 물론 이 기간 동안 사람과 연애하지 말라는 뜻이 아닙니다.

우리는 하나님과 연애하면서 사람과도 연애할 수 있습니다. 그러나 야곱은 하나님을 잊어버리고, 말씀의 은혜를 까먹어 버리고 연애를 하느라고 정신이 없었습니다. 그래서 하나님께는 이 7년이 답답한 기간이었습니다. 야곱은 이 기간 동안 하나님을 찾지 않았습니다. 그리고 하나님도 야곱을 위하여 아무것도 할 수 없으셨습니다.

우리의 가장 중요한 목표는 하나님을 더 많이 아는 것이 되어야 합니다. 우리는 7년 동안 죽어라고 하나님의 말씀을 잡아야 합니다. 그러면 우리는 세상에서 가장 가난하고 비참한 사람이 될 것 같지만 하나님과 더 가까워지고 우리 안에 하나님의 축복이 가득하게 됩니다.

이제 야곱이 그토록 기다렸던 7년이 다 되어 라반에게 가서 라헬과 결혼을 하게 해 달라고 했습니다. 라반은 그렇게 하겠다고 해 놓고는 무서운 음모로 야곱을 속였습니다.

21-23절, "야곱이 라반에게 이르되 내 기한이 찼으니 내 아내를 내게 주소서 내가 그에게 들어가겠나이다 라반이 그곳 사람을 다 모아 잔치하고 저녁에 그 딸 레아를 야곱에게로 데려가매 야곱이 그에게로 들어가니라"

라반은 동네 사람들을 다 불러 모아 잔치를 베풀었습니다. 그러나 밤이 되어 정작 야곱의 침소에 들여보낸 사람은 라헬이 아니라 언니 레아였습니다. 야곱은 그것도 모르고 7년 동안 바라던 소원이 드디어 이루어졌다고 생각하여 기쁘게 첫날밤을 보내었는데 아침에 보니까 신부가 바뀌어 있었습니다. 진짜 신부는 밤새 어디에 갇혀서 울고 있고, 안력이 나쁜 언니가 동생 대신에 들어와서 신부가 된 것입니다. 야곱은 보기 좋게 외삼촌 라반에게 사기 결혼을 당하고 말았습니다.

라헬은 건강하고 아름답기 때문에 누구든지 좋아했습니다. 그러나 언니 레아는 시력 때문에 아무도 그를 데려가려고 하지 않았습니다. 그래서 라반은 이번에 야곱을 속여서 언니를 끼워서 팔기로 한 것입니다.

야곱이 아침에 신부가 바뀐 것을 보고 너무 놀라서 외삼촌 라반에게 달려가서 따졌지만 라반은 그곳의 풍습으로는 동생을 언니보다 먼저 결혼시키는 법이 없다고 딱 잘라 말했습니다. 그러고는 야곱에게 정녕 라헬과 결혼하고 싶으면 자기를 위해서 7년을 더 일을 하라는 것입니다.

26-27절, "라반이 가로되 형보다 아우를 먼저 주는 것은 우리 지방에서 하지 아니하는 바이라 이를 위하여 칠일을 채우라 우리가 그도 네게 주리니 네가 그를 위하여 또 칠년을 내게 봉사할찌니라"

외삼촌 라반은 이번에는 여자를 먼저 줄 테니까 같이 살면서 신부대금은 앞으로 7년 동안 갚아 나가라고 했습니다.

놀라운 것은 이번에는 그 머리 좋은 야곱이 꼼짝하지 못하고 속았다는 사실입니다. 야곱은 자기가 아버지를 속였던 것처럼 이번에는 자기 자신이 그대로 속았습니다. 그래서 어떤 사람들은 이번 사건을 '인과응보' 라고 말을 하기도 합니다. 그러나 하나님의 백성에게 있어서 인과응보라는 말은 없습니다. 단지 하나님께서 야곱에게 말씀하시지 않았을 뿐입니다. 야곱이 하나님 없이 7년을 연애하면서 사니까 하나님도 야곱에게 아무것도 알려 주시지 않았습니다. 제아무리 7년 동안 열심히 일을 하고 7년 동안 라헬과 연애를 했다고 해도 한순간에 야곱은 14년이라는 세월을 사기당하게 되었습니다.

야곱은 라헬과 결혼하기만 하면 행복하게 살 수 있을 것이라고 생각했습니다. 그러나 모든 것은 야곱의 생각대로 이루어지지 않았습니다. 라반의 사기 결혼으로 야곱의 종살이는 7년에서 14년으로 늘어났습니다. 그리고 두 아내가 자식을 더 낳기 위해서 자기들의 종을 첩으로 주는 바람에 야곱의 아내는 네 명으로 늘어났습니다. 또 야곱은 많은 가족을 먹여 살리기 위해서 더욱더 긴 종살이를 해야만 했습니다.

야곱이 이렇게 된 것은 하나님의 은혜를 받았지만 그 은혜를 값싸게 생각해서 세상의 안정을 먼저 구했기 때문입니다. 결국 야곱은 원하는 대로 되는 것 같았지만 인생을 사기당하게 되었습니다. 물론 하나님께서는 이것까지 모두 합력해서 선을 이루게 하셨지만 그럼에도 불구하고 야곱은 말씀 없는 20년을 허비해야 했습니다.

우리는 말씀 없이 고생하는 것은 시간 낭비이고 인생 낭비라는 것을 알아야 합니다. 우리가 하나님의 말씀을 붙들고 고생하는 것은 고생이 아니라 하나님의 손에 붙들리는 축복의 과정이라는 것을 알아야 합니다.

이미 우리의 삶은 하나님의 것이기 때문에 하나님의 뜻에 따라서 결정을 해야 합니다. 그래서 우리에게 아무리 좋은 제안이 주어져도 우리는 '하나님께서 나를 여기까지 오게 하신 것이 바로 이것을 위해서인가?' 하는 것을 생각해야 합니다. 우리 생각에 한 번만 인간적인 생각에 발을 담그고 금방 빠져나올 수 있을 것 같아도 모든 것이 생각대로 되지 않습니다.

하나님께서 우리에게 귀중한 자유를 주셨습니다. 우리는 이것을 가지고 먹고사는 데 다 허비할 것이 아니라 내 속사람을 하나님의 말씀으로 채우고 영적인 부흥을 일으키는 데 써야 합니다. 결혼이나 직장 문제 등 모든 것을 하나님께 맡기고 더 하나님을 찾으며 말씀으로 큰 부흥을 일으키는 성도들이 다 되시기 바랍니다.

성경 토의

1. 우리는 우리 자신이나 혹은 자녀들의 배우자를 결정할 때 무엇을 가장 중요하게 생각해야 하는가?

2. 우리는 자신의 미래에 중요한 영향을 미칠 수 있는 은행 융자를 얻는다든지 혹은 고용 계약을 할 때 무엇을 생각해야 하는가?

3. 야곱은 하란에서 하나님의 선지자 역할은 하지 못하고 연애나 하고 돈벌이나 하다가 결국 외삼촌에게 인생을 사기당하고 말았다. 우리가 인생을 사기당하지 않으려면 어떤 주의를 해야 하는가?

38_야곱의 자녀들

창세기 29:31-30:43

전체적 설명

야곱에게 있어 라헬과 결혼하기 위해서 외삼촌 라반의 종으로 봉사하며 라헬과 연애하며 지낸 7년은 마치 하루처럼 느껴질 정도로 달콤하고 꿈같은 세월이었으나 막상 그의 결혼 생활은 끔찍한 고통의 기간이었다. 그 이유는 야곱이 하나님의 말씀에 순종하지 않고 정욕을 앞세워 스스로 라반의 종이 되었기 때문이다. 야곱은 종살이를 하면서 네 명의 아내로부터 열한 명의 아들과 한 명의 딸을 낳는데, 야곱은 서로 질투하는 아내들과 끝없이 태어나는 아이들 그리고 무보수의 노동으로 14년 동안 고통스러운 세월을 보낸다.

설교 프리노트

29:31, **"여호와께서 레아에게 총이 없음을 보시고"**

'총이 없다' 는 것은 한국적인 번역이다. 야곱은 레아를 사랑하지 않았음에도 불구하고 장인의 속임수에 넘어가 결혼했으나 억지로 사랑할 수는 없었다. 그러나 아무리 야곱이 레아를 사랑하지 않는다 하더라도 부부로서의 최소한의 의무를 거절할 수 없게 되어 있었다. 하나님께서는 사랑받지 못하는 레아를 기억하시고 먼저 태를 열어 주셔서 아기를 가질 수 있게 하셨다. 아기를 가지는 것은 사람이 마음대로 할 수 있는 것 같지만 하나님이 태를 열어 주셔야 한다.

29:32, **"레아가 잉태하여 아들을 낳고 그 이름을 르우벤이라 하여"**

'르우벤' 이라는 이름은 '보라 아들이다' 라는 뜻이다. 레아는 자기가 남편의 사랑은 받지 못하고 있지만 아이를 낳았으므로 야곱이 아이로 인하여 자기를 사랑해 줄 것으로 기대하였다. 레아는 르우벤을 낳고 '여호와께서 나의 괴로움을 권고하셨으니 이제는 내 남편이 나를 사랑하리로다' 라고 하였다. 즉 '르우벤' 의 '르우' 가 '보다' 라는 뜻인데, 레아는 이것을 '하나님이 나의 괴로움을 보셨다' 라고 해석했다. 아마도 야곱은 레아와 라헬을 차별했던 것 같고, 레아는 혼자서 괴로운 시간을 많이 가졌던 것 같다.

29:33, **"이름을 시므온이라 하였으며"**

'시므온' 은 '들으심' 이라는 뜻이다. 레아는 둘째 아들을 낳고 '여호와께서 내가 사랑받지 못한다는 것을 들으시고 아이를 주셨다' 라고 하여 둘째 아들의 이름을 '시므온' 이라고 지은 것이다. 레아는 남편이 자기를 잘 찾아오지 않고, 오더라도 의무적으로 찾아오니까 하나님께 남편에 대해서 기도를 했던 것 같다. 이것을 보면 레아는 어떻게 해서든지 아이를 많이 낳아서 조금이라도 남편 야곱의 마음을 자기에게 돌아오게 하려고 한 것 같다.

29:34, **"그 이름을 레위라 하였으며"**

'레위' 는 '연합하다' 라는 뜻이다. 레아는 셋째 아들을 통해서 남편이 이제는 라헬과 멀어지고 자기와 연합하기를 바란다고 하였다. 그래서 레아는 셋째 아들을 낳고 이름을 '레위' 라고 지으면서 '내가 그에게 세 아들을 낳았으니 내 남편이 지금부터 나와 연합하리로다' 라고 하였다. 야곱은 아이들을 좋아했기 때문에 아이들을 보기 위해서라도 자꾸 레아의 장막에 들르게 되고, 레아는 이것을 통해서 더 남편과 가까워지기를 바랐던 것이다.

29:35, **"그가 그 이름을 유다라 하였고"**

'유다'라는 이름은 '찬송하다'라는 뜻이다. 레아는 지금까지는 아이들을 통해서 야곱의 마음을 사로잡으려고 했는데 아들을 넷이나 낳았으므로 '하나님을 찬송하리로다'라고 한 것이다. 즉 레아는 넷째 아들을 통해서 하나님이 자기를 사랑하신다는 것을 깨닫게 되었고, 이제는 자존감도 많이 회복되었기 때문에 하나님에 대하여 감사하는 마음을 가지게 된 것이다. 하나님의 자녀들은 사람의 사랑을 받지 못하는 반면 그 이상으로 하나님의 사랑을 받게 된다. 그러나 우리는 처음에는 하나님의 사랑을 잘 믿지 못하고 계속 사람에게 인정을 받으려고 하다가 하나님의 축복이 계속적으로 나타나면 그때 비로소 하나님의 사랑을 믿고 하나님께 감사하게 된다.

30:1, **"라헬이 자기가 야곱에게 아들을 낳지 못함을 보고"**

라헬은 아름답고 건강하고 남편의 사랑을 받았지만 아이를 낳지 못했다. 옛날에는 여자가 아무리 아름다워도 아이를 낳지 못하면 사람 구실을 못하는 것으로 생각했다. 더욱이 라헬은 자기 언니가 아이를 잘 낳는 데 비하여 자기는 아이를 낳지 못하고 남편이 아이들 때문에 언니를 더 가까이하는 것 같아서 투기를 하게 되었다. 남자나 여자가 사랑하는 사람에 대하여 질투심을 가지는 것은 당연한 것이다. 그런데 사람은 미련하게도 두 사람의 여인을 아내로 삼을 때는 질투심으로 서로가 견디지 못하게 된다. 라헬은 언니 레아에 대한 질투심으로 인해 남편에게 억지를 부렸다. 즉 '나로 자식을 낳게 하라 그렇지 아니하면 내가 죽겠노라'라고 했다. 레아는 남편의 사랑을 받지 못했을 때 조용히 하나님께 자기 사정을 말씀드리고 응답을 받았는 데 비해 라헬은 남편에게 화를 내었고, 아이를 낳게 해 주지 않으면 죽겠다고 떼를 썼다. 이것을 보면 신앙적으로는 라헬이 레아에 비해 믿음이 없었다는 것을 알 수 있다.

30:2, **"그대로 성태치 못하게 하시는 이는 하나님이시니 내가 하나님을 대신하겠느냐"**

야곱은 라헬을 사랑했지만 라헬이 억지를 부리고 떼를 쓰는 것은 참기가 어려웠던 것이다. 물론 라헬이 야곱에게 아이를 낳게 하라고 떼를 쓰는 것은 아이를 낳지 못하는 여인의 마음을 알아 달라는 것인데 야곱은 그런 것을 받아들일 마음의 여유가 없었던 것이다. 그래서 야곱도 라헬에게 화를 내면서 '하나님이 아이를 낳게 해 주시지 않는데 내가 하나님을 대신하겠느냐' 고 했다. 이것은 야곱의 결혼 생활이 평안하거나 행복하지 못했다는 것을 보여 준다.

30:3, **"라헬이 가로되 나의 여종 빌하에게로 들어가라"**

아브라함의 아내 사라 같은 경우에는 아들을 낳지 못했을 때 오래 기다렸지만 라헬은 그런 신앙을 가지지 못했다. 그래서 라헬은 어떻게 해서든지 수치를 면해 보려고 자기 몸종 빌하를 야곱에게 첩으로 주어서 빌하가 낳은 아이를 자기 아이로 키우려고 하였다. 옛날에는 여주인이 아이를 낳지 못하면 자기 여종을 남편에게 주어서 낳은 아이를 자기 아이처럼 키우는 일이 많았다.

"그가 아들을 낳아 내 무릎에 두리니 그러면 나도 그를 인하여 자식을 얻겠노라"

여기서 '그' 는 몸종 빌하를 말한다. 라헬은 비록 자기는 아이를 낳지 못하지만 여종 빌하를 통해서 레아만큼 아이를 낳겠다고 하였다.

30:6, **"그 이름을 단이라 하였으며"**

'단' 은 '심판하다' 라는 뜻이다. 라헬은 빌하가 아들을 낳았을 때 언니와 대결해서 승리의 판정을 받았다고 생각했다. 그래서 라헬은 '하나님이 내 억울함을 푸시려고 내 소리를 들으사 내게 아들을 주셨다' 라고 했다. 즉 라헬은 언니 레아와의 관계를 적대적인 관계로 생각했고, 언니를 반드시 이겨야 한다고 생각했다.

30:8, **"그 이름을 납달리라 하였더라"**

'납달리' 는 '경쟁하다' 라는 뜻이다. 라헬은 몸종 빌하를 통해서 언니와 자식을 낳는 경쟁을 했다. 그래서 라헬은 코치 또는 감독이고, 빌하는 선수인 셈이었다. 라헬은 '단' 을 낳고 승리의 판정을 얻었는데도 직성이 풀리지 않으니까 또다시 언니와 경쟁을 했다. 라헬은 '내가 형과 크게 경쟁하여 이기었다' 라고 했는데 이것은 한판 대승부를 벌였다는 뜻이다. 이것이 원문에는 '내가 하나님의 경쟁을 경쟁해서 이겼다' 라고 되어 있다. 아마도 라헬은 하나님께서 자식을 안 주셔도 자기는 두 번이나 해내었다는 생각을 한 것 같다. 결국 라헬은 하나님과 경쟁하고 있었던 것이다.

30:9, **"레아가 자기의 생산이 멈춤을 보고 그 시녀 실바를 취하여"**

레아는 이미 네 명의 아들이 있었기 때문에 굳이 또 자기 몸종을 야곱에게 첩으로 줄 필요는 없었다. 그러나 레아와 라헬에게 중요한 것은 아이를 낳아서 남편의 사랑을 빼앗기지 않는 것이었기 때문에 자기 몸종을 야곱에게 첩으로 주었다. 그런데 야곱은 이것을 거절하지 못하고 또 받아들였다. 이것은 아마도 레아의 요구가 집요했기 때문인 것 같다. 결국 야곱에게는 네 사람의 아내가 생기게 되었다.

30:11, **"레아가 가로되 복되도다 하고 그 이름을 갓이라 하였으며"**

'갓' 은 '복되도다' 라는 뜻이다. 레아가 아이들의 이름을 짓는 것을 보면 라헬에 비하여 덜 전투적이었던 것 같다. 그런데 레아는 자기 첩 실바를 통해서 아들을 주신 것을 보고 자기에 대한 하나님의 복이 계속된다고 생각했다. 레아는 갓을 하나님이 덤으로 주신 축복으로 생각한 것이다.

30:13, **"모든 딸들이 나를 기쁜 자라 하리로다 하고 그 이름을 아셀이라 하였더라"**

'아셀' 은 '기쁨' 이라는 의미가 있다. 레아는 이미 자신에게 네 아들이 있는데 여종을 통해서도 아들을 둘이나 얻었으므로 이 세상에서 자기 보다 더 행복한 여자는 없을 것이라고 생각했다. 어쨌든 레아는 자기도 여종을 남편에게 첩으로 주어서 추가로 아들을 얻은 후 매우 만족스러워했다. 이것을 보면 야곱이 아이들을 무척이나 사랑했음을 알 수 있다. 그러나 야곱의 영혼은 결코 행복하지 않았다. 왜냐하면 그는 벧엘의 하나님을 멀리하고 완전히 세상의 삶에 빠져 버렸기 때문이다.

30:14, **"맥추 때에 르우벤이 나가서 들에서 합환채를 얻어"**

야곱의 본업은 양을 치는 것이었지만 이때 사람들은 밀이나 보리도 재배했던 것 같다. 그래서 사람들이 들에서 밀이나 보리를 추수할 때 르우벤은 들에 따라 나가서 합환채라고 하는 풀을 뜯어 가지고 왔다. 이 풀은 당시 사람들에게 부부 관계를 좋게 하고 임신을 촉진시키는 풀로 알려져 있었다. 르우벤이 들에 나가서 이 풀을 뜯어서 사기 어머니에게 가지고 온 것은 여자들이 이 풀 이야기를 하는 것을 어린 르우벤이 자주 들었기 때문인 것 같다. 이것을 통해서 야곱의 여인들이 평소에 주로 관심을 가진 것은 남자의 관심을 끄는 것이나 임신하는 것임을 알 수 있다. 결코 야곱의 집의 분위기는 신앙적인 분위기가 아니었다.

"라헬이 레아에게 이르되 형의 아들의 합환채를 청구하노라"

야곱의 여인들 사이에 르우벤이 합환채를 구해 왔다는 소문이 금세 퍼졌고, 이것이 라헬의 귀에도 들어가게 되었다. 라헬은 그 풀을 얻기 위해 레아를 찾아가서 '형의 아들의 합환채를 달라' 고 요청하였다. 라헬은 언니인 레아는 이미 아이가 여러 명이 있어서 충분하지만 자기는 아이가 없기 때문에 이번에 이것을 먹어서 꼭 임신을 해야 하겠다고 생각한 것이다. 그 대신에 라헬은 그날 밤에 남편을 양보하겠다는 것이다. 이것을 보면 야곱은 여전히 주로 라헬의 장막에 기거했던 것 같고, 라헬은 아주 다급해했던 것 같다.

30:18, **"하나님이 내게 그 값을 주셨다 하고 그 이름을 잇사갈이라 하였으며"**

하나님은 남편의 사랑을 받지 못하는 레아에게 다시 자식의 복을 더하여 주셨다. 그래서 합환채를 끓여 먹은 라헬은 아직 자식을 낳지 못했으나 레아는 다시 아들을 낳게 되었다. 레아는 다섯째 아들의 이름을 '잇사갈' 이라고 지었는데, 이는 '보상이 있다' 라는 뜻이다. 레아는 자기 몸종을 야곱에게 첩으로 주고서 그 값을 받지 못했다고 생각하고 있었다. 즉 아무리 실바가 아들을 낳아도 그것은 실바의 아들이지 자기 아들이 아니었던 것이다. 그런데 레아는 하나님이 이번에는 자기 몫의 아들을 또 주셨다고 해서 '보상' 이라는 뜻의 '잇사갈' 로 지은 것이다.

30:20, **"이제는 그가 나와 함께 거하리라 하고 그 이름을 스불론이라 하였**

으며"

'스불론' 은 '거함' 이라는 뜻이다. 레아는 자기가 야곱에게 아들을 여섯이나 낳아 주었기 때문에 이제는 아예 야곱이 보따리를 싸서 자기 장막에 와서 살기를 바랐다. 그럼에도 불구하고 야곱은 여전히 라헬의 장막에서 살았던 것으로 보인다.

30:21, **"그 후에 그가 딸을 낳고 그 이름을 디나라 하였더라"**

레아는 '디나' 라고 하는 딸도 낳았다. 그러나 신앙적이지 못하고 정욕적인 가정에서 자란 디나는 처녀가 되었을 때 가나안의 세겜 족속의 여자들과 사귀다가 결국 세겜의 추장 아들에게 강간을 당하고, 세겜 족속 전체가 몰살을 당하게 되는 비극의 주인공이 된다. 부모의 신앙적인 자세가 자녀의 한평생은 물론이고 다른 사람들의 인생까지 영향을 미치는 것이다.

30:22, **"하나님이 라헬을 생각하신지라 하나님이 그를 들으시고"**

하나님께서는 드디어 라헬을 생각하셔서 그에게도 아들을 주셨다. 하나님은 라헬에게 단 한 명의 아들을 주셨지만 이 아들은 다른 열 아들보다 더 훌륭한 아들이었다. 그래서 하나님이 우리에게 많은 것을 주시는 것도 복이지만 적게 주시는 것도 복이 되고, 때로는 안 주시는 것도 복으로 믿어야 한다.

30:24, **"그 이름을 요셉이라 하니"**

'요셉' 이라는 이름의 뜻은 '더하다' , 또는 '씻다' 라는 뜻을 가지고 있다. 라헬은 첫아들을 낳고 '그동안 하나님이 나의 모든 수치를 다 씻어 주셨다' 라는 뜻과 '아들을 하나 더 주시기를 원한다' 는 뜻으로 '요셉' 이라고 지었다. 라헬은 그동안 아들을 낳지 못하고 오래 기다리는 가운데 신앙적 자세를 가지게 된 것 같다. 라헬은 아이를 낳게 해 달라고 하나님께 기도를 드렸고, 하나님은 그 기도를 들어주셨다.

30:25, **"라헬이 요셉을 낳은 때에…나를 보내어 내 고향 내 본토로 가게 하시되"**

야곱이 요셉을 낳은 때가 아마도 외삼촌 라반에게 약속한 14년이 끝난 때였던 것 같다. 그래서 야곱은 이제는 더 이상 라반의 집에서 종살이를 할 필요가 없어서 고향으로 돌아가겠다고 했다. 야곱은 14년간 종살이를 하면서 그동안 하나님을 찾지 않고 세상적으로 살았던 것에 대한 답답함이 있었을 것이다. 그래서 이제 야곱은 벧엘로 돌아가서 하나님께 서원한 대로 성전도 만들고 제사도 드려야 하겠다고 생각을 한 것이다.

30:26, **"내가 외삼촌에게서 일하고 얻은 처자를 내게 주어 나로 가게 하소서"**

야곱은 아내를 얻는 대가로 14년간 무보수로 일을 했지만 이것이 법적으로 효력을 가지는 것은 아니었다. 당시에는 종으로 왔던 사람이 주인의 배려로 결혼을 하고 자유를 얻게 되었을 때에는 아내를 두고 가야 했고, 더욱이 자녀를 낳았을 때에는 당연히 그 자녀는 주인의 소유였다. 야곱의 경우는 자유인으로 왔고, 신부대금 대신으로 종살이를 했기 때문에 기간이 끝나면 얼마든지 돌아갈 수 있었지만 야곱은 외국인이었기 때문에 법적으로는 불리한 것이 많았고, 더욱이 라반이 야곱의 아이들을 자기 것이라고 주장을 하면 야곱은 별 도리가 없는 처지였다. 그래서 야곱은 머리를 쓰면 일이 잘될 줄 알았지만 복잡한 문제가 한두 가지가 아니었고, 라반이 마음만 먹으면 얼마든지 야곱을 보내어 주지 않을 수도 있었다.

30:27, **"네가 나를 사랑스럽게 여기거든 유하라"**

라반은 야곱에게 목축 일을 시켜 본 결과 하란의 목자들과는 비교할 수 없을 정도로 부지런하고 충성되다는 것을 알게 되었다. 야곱이 라반의 집에 온 이후에 라반의 재산은 많이 늘어났는데 이것은 야곱으로 인해 하나님이 주신 축복이었다. 라반은 이렇게 굴러들어 온 보물과 같은 야곱을 내어 보낼 이유가 없었다. 그래서 라반은 야곱이 고향으로 돌아가지 못하도록 붙잡았고, 야곱은 라반의 허락이 없는 이상 갈 수가 없었다.

30:28, **"또 가로되 네 품삯을 정하라"**

라반은 야곱이 지금까지 무보수로 일을 했지만 이제부터는 정식으로 고용 계약을 맺어서 일을 시키겠다고 했다. 라반은 야곱이 14년 동안 그렇게 열심히 일을 한 덕분에 부자가 되었으면 야곱에게 조금이라도 품삯을 줄 수 있었을 텐데 그는 야곱을 철저하게 이용하기만 할 뿐 보수를 한 푼도 주지 않았다.

30:30, **"그러나 나는 어느 때에나 내 집을 세우리이까"**

야곱 자신도 당장 고향으로 돌아갈 처지가 안 되었던 것은, 설사 라반이 보내 준다고 해도 이미 아내가 넷이고 아이들이 열두 명이나 되었기 때문에 이들을 먹여 살릴 방법이 없었던 것이다. 그래서 야곱은 어쩔 수 없이 먹고살 수 있는 재산을 모으기 위해서 다시 라반을 위해서 일을 해야만 했다. 하나님께서는 벧엘에서 야곱에게 나타나셔서 하나님을 위하여 일을 하라고 하셨지만 야곱은 자기 스스로 종이 되는 바람에 사람을 위하여 무려 20년이나 봉사를 하게 된다.

30:31, **"나를 위하여 이 일을 행하시면"**

야곱은 라반이 장차 자기가 아무리 열심히 일을 해서 품삯을 챙겨도 모든 방법을 동원해서 그것을 빼앗으려고 할 것이라는 것을 알았다. 그래서 야곱은 보통 품삯을 정할 때 '양 새끼의 몇 퍼센트'라는 식으로 정했으나 그렇게 하지 않고 양이나 염소의 색깔로 정하자고 했다(32절). 양이나 염소들 중에는 흰 것이 대부분이었고, 예외적으로 점이 있거나 얼룩무늬가 있는 것들이 있었던 것 같다. 야곱은 자기 품삯을 그렇게 정한 이유를 나중에 외삼촌이 와서 야곱의 양이나 염소를 확인하기 위해서라고 했다. 즉 외삼촌이 야곱의 양 떼나 소 떼를 볼 때 색깔이 없는 것은 모두 도둑질한 것으로 보아서 가져가도 좋다도 했다(33절). 만일 라반이 조금이라도 양심이 있는 자라면 야곱이 그렇게 하자고 제안을 해도 그것은 안 된다고 했어야 했다. 왜냐하면 점이 있고 얼룩진 것들은 품삯이 되기에는 너무 적었기 때문이다. 그러나 라반은 선뜻 그렇게 하자고 했다(34절). 그 이유는 그렇게 해야 야곱을 더 부려 먹을 수 있다고 생각했기 때문이다. 그래서 라반은 자기 양이나 염소 중에서 점이 있거나 얼룩진 것은 아예 야곱의 양 떼와 섞이지 못하도록 모두 골라 내어서 사흘 거리를 두고 따로 관리했다(36절).

30:37, **"버드나무와 살구나무와 신풍나무의 푸른 가지를 취하여 그것들의**

껍질을 벗겨"

야곱이 라반과 이렇게 불리한 계약을 맺은 이유는 나름대로 계산이 다 있었기 때문이다. 그것은 야곱이 양들을 치면서 어떤 원리를 발견했기 때문이다. 즉 양들은 교배를 할 때 풀을 뜯으면서 교배를 하는 것이 아니라 물을 마실 때 교배를 하는데, 교배를 할 때 그 앞에 나뭇가지를 얼룩얼룩하게 해서 세워 놓으면 그것이 암양의 시신경을 자극해서 새끼 양에게 점이나 얼룩이 생긴다는 것을 알아낸 것이다. 버드나무와 살구나무와 신풍나무는 들판에서 흔히 자라는 나무들로, 껍질이 쉽게 벗겨지고 껍질을 벗기면 흰색이나 여러 가지 색이 나와서 자극적이었던 것 같다. 이 방법이 얼마나 효과가 있었는지는 모르지만 야곱은 이 방법을 사용해서 튼튼한 양들이 교배할 때에는 나뭇가지들을 세우고, 약한 양들이 교배할 때에는 나뭇가지들을 치우는 방법으로 자기 양이나 염소를 불려 나갔다. 그리고 야곱은 자기의 튼튼한 양과 라반의 약한 양들이 서로 섞이지 않게 분리를 시켜서 자기의 양을 급속도로 불려 나갔다. 그래서 야곱은 금방 부자가 되어서 양도 많고 노비나 낙타까지도 많아지게 되었다.

본문 이해를 위한 질문

1. 야곱의 첫 결혼 생활은 어떠하였는가?

야곱은 원래 자기가 좋아했던 라헬을 더 사랑하고 주로 라헬의 장막에서 기거했지만 하나님은 레아를 기억하셔서 레아에게 먼저 여러 명의 아들을 주셨다.

2. 라헬과 레아는 인간적인 방법으로 어떻게 아이를 낳았는가?

라헬은 자기가 아이를 낳지 못하니까 언니를 투기해서 먼저 자기 몸종 빌하를 야곱에게 첩으로 주어서 아이를 낳았다. 그러니까 레아도 자기 몸종 실바를 야곱에게 첩으로 주어서 아이를 낳고, 그 다음에는 레아 자신도 아이가 더 생기고 나중에 라헬도 요셉을 낳아서 아이가 열두 명이나 되었다.

3. 야곱이 요셉을 낳고 고향으로 돌아가겠다고 했을 때 라반은 어떻게 했는가?

라반은 야곱에게 정식으로 품삯 계약을 맺고 일을 하라고 해서 야곱은 다시 라반을 위해서 일을 하게 되었다.

성경 강해

사람마다 자신의 생애에서 가장 행복했던 시절은 다 다른 것 같습니다. 그러나 사람들은 대개 가장 순수하고 꿈이 많았던 시절을 가장 행복했던 시절이라고 말할 것입니다. 그래서 여성들은 꿈이 많았던 여고 시절이 가장 행복한 시절이었다고 말하기도 합니다. 어떤 사람은 대학에 합격했을 때가 사람들의 인정도 받으면서 꿈도 많았던 행복했던 때라고 말하기도 합니다. 또 어떤 사람은 사랑하는 사람과 결혼을 해서 가정을 이루고 첫 아기를 낳았을 때가 가장 행복한 시절이었다고 말하기도 합니다. 또 어떤 사람은 비록 작지만 자기 회사를 차려서 처음으로 기계를 도입해서 성공하기 시작했을 때를 가장 행복했던 시절이라고 말합니다. 그러나 이런 행복은 누구든지 경험할 수 있는 것입니다.

거기에 비해서 하나님의 백성의 가장 행복했던 시기는 다릅니다. 하나님의 백성에게 있어서 가장 행복했던 시기는 바로 자기 자신에게 영적인 부흥이 일어났을 때입니다. 어떤 사람은 어린 시절에 주일학교를 다닐 때에 부흥이 일어나서 교회에 가는 것이 기쁘고 설교를 들으면서 행복해했을 수도 있고, 또 어떤 사람은 중고등부에 다닐 때 부흥이 일어나서 교회에 가는 것이 재미있고, 여학생과 남학생이 어울려서 임원회도 하고 예배도 진행하고 수련회 가서 찬양을 부르는 것이 행복했다고 말할 수도 있을 것입니다. 또 어떤 사람은 청년 시절이 가장 행복한 시절이었다고 말할 수도 있습니다. 대학교에 다닐 때에 처음 예수를 믿고 선교 단체의 수련회에 가서 큰 은혜를 받고, 또 소그룹에서 성경 공부를 하면서 신앙의 친구들과 교제했던 때가 가장 행복했었다고 말하기도 합니다. 그리고 어떤 분은 주일학교 교사나 성가대나 권찰을 하면서 교회에서 계속 부흥이 일어나 마치 하나님과 첫사랑을 하는 것 같이 신앙생활을 했다고 하기도 합니다.

우리에게 부흥이 없을 때에는 마치 혼자서 무거운 수레를 끌고 산을 넘어가야 하는 것과 같이 모든 것이 힘겹습니다. 이때는 공부도 힘들고, 직장 생활도 힘들고, 결혼 생활도 힘이 듭니다. 모든 것이 의미가 없는 것 같고 내면 생활은 고갈되고 에너지는 자꾸 탈진되는 것 같습니다. 그런데 우리 인생에 영적인 부흥이 일어나서 하나님의 성령이 부어지고 은혜가 임하면 마치 첫사랑에 빠진 것 같습니다. 우리가 무거운 수레를 끌고 가는 것이 아니라 하나님께서 내 인생을 끌고 가시는데, 무엇을 해도 힘이 들지 않고 신바람이 납니다. 이때는 모든 것이 행복하고, 그 행복했던 감정은 아무리 시간이 흘러도 없어지지 않습니다.

야곱은 하란에 와서 자기가 원하던 여인과 결혼을 하고 아이들을 낳았습니다. 그러나 하란에서 야곱의 인생은 결코 행복하지 않았습니다. 그 이유는 야곱에게 아내가 없었거나 아이들이 없었거나 할 일이 없었기 때문이 아닙니다. 하란에서 야곱의 인생이 너무나도 힘들고 고통스러웠던 것은 야곱이 하란에서 하나님의 은혜를 잊어버려서 영적 부흥의 불이 꺼져 버렸기 때문입니다. 야곱은 하란에서 처음에 연애를 하느라고 영적인 불이 꺼진 줄도 몰랐습니다. 그러나 결혼을 하고 보니까 그 달콤했던 연애 시절은 허상이었고, 결혼한 그 순간부터 너무나도 고통스러운 현실의 무거운 짐이 야곱의 어깨를 내리눌렀던 것입니다.

야곱은 형 에서를 피해 도망치면서 벧엘 들판에서 영적인 부흥을 체험했습니다. 야곱은 아무것도 없는 빈털터리 인생으로, 돌을 베개하고 들판에 누웠다가 하나님이 나타나시고 천사들이 사닥다리에서 오르락내리락하는 가운데 말할 수 없는 하나님의 은혜를 받았고 축복의 약속을 받았던 것입니다.

야곱은 들판에서 하나님의 은혜를 받았을 때 미친 사람처럼 혼자서 들판에서 울고 부르짖으면서 하나님을 찬양했을 것입니다. 그러나 야곱은 하란에 도착하자마자 하나님이 주신 은혜는 다 잊어버리고 옛날의 야곱으로 돌아가고 말았습니다. 그래서 야곱은 하나님의 말씀을 붙잡지 않고 자기 생각대로 라헬과 결혼을 하기 위해 종이 되겠다고 약속을 하는 바람에 하나님의 은혜를 잊어버리고 말았습니다. 그래서 야곱은 하란에서 빚을 갚느라고 14년 그리고 돈을 벌기 위해서 일하느라고 6년, 이렇게 20년의 세월을 보냈는데 부흥이 없어서 너무나도 힘들고 고달픈 인생을 살았던 것입니다. 그래서 야곱이 하란에서 20년을 살면서 한 것이라고는 자식 낳고 돈 번 것밖에 없었습니다.

1. 야곱이 낳은 아이들

원래 아브라함의 집은 자식이 귀한 집이었습니다. 그 중에서도 믿음의 자손은 더 귀했습니다. 그러나 야곱은 형제가 쌍둥이 형제 둘밖에 없었는데 서로가 원수 관계였습니다. 그런데 야곱은 자기의 의사와 상관없이 많은 자식을 낳게 되었습니다. 야곱은 본의 아니게 두 명의 아내와 결혼을 했고, 또 이 두 여자가 자식 만들기 경쟁을 하는 바람에 본의 아니게 열두 명의 아이를 낳았습니다. 이것이 나중에는 하나님이 주신 큰 믿음의 복이 되었지만 아이들을 낳는 과정이나 키우는 것이 야곱에게는 큰 고통이었습니다. 그 이유는 야곱의 집에 부흥이 없었기 때문입니다.

야곱은 원래 외삼촌 라반의 딸 중에서 작은 딸 라헬과 결혼하기를 원했습니다. 또 외삼촌과도 그렇게 약속을 했는데 외삼촌이 야곱을 속여서 첫날밤에 언니 레아를 들여보내는 바람에 두 여자와 결혼을 하게 되었습니다. 그런데 하나님께서는 언니 레아를 더 사랑하셔서 먼저 아이를 낳게 하셨습니다.

29:31-32, "여호와께서 레아에게 총이 없음을 보시고 그의 태를 여셨으나 라헬은 무자하였더라 레아가 잉태하여 아들을 낳고 그 이름을 르우벤이라 하여 가로되 여호와께서 나의 괴로움을 권고하셨으니 이제는 내 남편이 나를 사랑하리로다 하였더라"

레아는 남편 야곱의 사랑을 받지 못했습니다. 그러나 당시의 풍습으로 남편은 아무리 아내를 사랑하지 않아도 의무적으로 아내의 방에 들어가야 하는 규칙이 있었던 것 같습니다. 그런데 하나님께서는 이런 레아를 사랑하셔서 먼저 태를 열어 주셨습니다.

과거에 우리나라에는 믿지 않는 남편과 결혼해서 많은 핍박과 고통 가운데서 신앙생활을 하신 어머니들이 많습니다. 이때 남편들은 아내가 신앙을 가졌다는 이유만으로 아내를 사랑하지 않고 구박을 했습니다. 예수 믿는 여자는 고집이 세다는 것입니다. 조상에게 제사를 지내는 것도 거부하고, 교회에 가지 말라고 해도 결사적으로 가니까 여자가 고집이 세다면서 구박을 했던 것입니다. 그래서 신앙을 가진 아내들은 남편에게도 사랑을 받지 못했고, 특히 시부모에게 학대를 받을 때가 많았습니다. 그러나 하나님께서는 이 신앙의 어머니들을 축복하셔서 자녀들을 많이 생산하게 하셨고, 그 아이들이 잘 자라는 것을 통해서 위로받게 하실 때가 많았습니다.

레아는 아버지가 남편을 속여서 결혼을 했고, 외모도 동생보다 아름답지 못했기 때문에 남편의 사랑을 받지 못했습니다. 그 대신에 레아는 하나님을 가까이하게 되었고 하나님을 붙들게 되었습니다. 그래서 하나님께서는 레아를 불쌍히 여기셨고 그의 태를 먼저 열어 주셨습니다.

레아는 첫아들을 낳고 너무 신기해서 그 이름을 '르우벤' 이라고 지었습니다. 르우벤이라는 이름은 '보라 아들이다' 라는 뜻입니다. 레아는 첫아들을 낳고 감격해서 '보라' 라고 했습니다. 즉 하나님께서 나를 사랑하셔서 첫아들을 주셨는데 모두 한번 보라는 것입니다.

그런데 하나님은 레아에게 계속적으로 아들을 낳게 해 주셨습니다. 그래서 레아는 둘째 아들을 낳고 이름을 '시므온' 이라고 했는데, 이것은 '들으심' 이라는 뜻입니다. 레아는 '여호와께서 내가 사랑받지 못한다는 것을 들으시고 아이를 주셨다' 라고 했습니다. 레아는 남편이 자기를 사랑해 주지도 않고 언제나 쌀쌀맞게 대했으나 이것을 감히 남편에게 표현하지 못했습니다. 왜냐하면 자기의 처지가 남편에게 큰소리를 칠 입장이 아니었기 때문입니다. 그 대신에 레아는 자기의 아픔을 하나님께 기도하면서 다 털어놓았는데 둘째 아들을 낳고는 하나님께서 '내 기도를 들으셨다' 라는 뜻으로 '시므온' 이라고 지은 것입니다.

그리고 레아는 셋째 아들을 낳고는 이름을 '레위' 라고 지었습니다. '레위' 는 '연합하다' 라는 뜻입니다. 그러니까 레아는 둘째 아이를 낳았을 때까지도 남편과의 연합을 확신하지 못했던 것입니다. 즉 레아의 마음속에는 자기가 남편으로부터 버림받을지도 모른다는 불안한 마음이 있었던 것입니다. 이것이 바로 사랑받지 못하는 여인의 아픔인 것입니다. 그런데 셋째 아들을 낳고 난 후에는 '남편이 아이를 셋이나 낳은 나를 버리지 않고 나와 연합할 것이라' 는 믿음을 가졌던 것입니다.

그리고 넷째 아들을 낳았을 때 이름을 '유다' 라고 지었는데, 이는 '찬송하다' 라는 뜻입니다. 즉 이제 나는 더 이상 부족한 것이 없고 매우 행복하기 때문에 하나님을 찬송하겠다고 고백을 한 것입니다. 그래서 야곱의 첫 신혼 생활에서 가장 행복했던 사람은 레아였던 것을 알 수 있습니다. 왜냐하면 레아는 자신의 부족함을 알았고, 야곱에게 쫓겨나지 않는 것만으로도 복이라고 생각했는데 하나님께서 계속 아들을 낳게 하셔서 결혼 생활에 자신감을 가지게 하셨기 때문입니다. 그러나 반대로 동생 라헬에게는 자기는 아이를 낳지 못하고 언니만 아이를 넷이나 낳은 이 기간이 지옥보다 더 고통스러운 기간이었습니다. 그 이유는 라헬이 자기에게 아이가 생기지 않는 것에 대하여 분노를 느꼈기 때문입니다. 그래서 라헬은 아이를 낳는 문제로 남편과 큰 싸움을 하게 되었습니다.

30:1-2, "라헬이 자기가 야곱에게 아들을 낳지 못함을 보고 그 형을 투기하여 야곱에게 이르되 나로 자식을 낳게 하라 그렇지 아니하면 내가 죽겠노라 야곱이 라헬에게 노를 발하여 가로되 그대로 성태치 못하게 하시는 이는 하나님이시니 내가 하나님을 대신하겠느냐"

물론 부부 사이에 아이가 생기지 않으면 그 문제를 가지고 걱정을 하고 의논을 하다가 책임 소재를 가지고 말다툼을 하기도 합니다. 그러나 자식을 낳지 못하는 문제를 두고 야곱과 라헬이 벌인 언쟁은 걱정하는 수준이 아니었습니다. 라헬은 야곱에게 '아이를 낳게 하라 그렇지 않으면 죽어버리겠다.' 라고 하면서 화를 내었습니다. 이것은 라헬이 아이를 낳지 못해서 그만큼 화가 나 있었고, 죽고 싶을 정도로 마음에 기쁨이 없었기 때문입니다. 그랬더니 야곱은 야곱대로 화가 나서 '아이를 낳지 못하게 하시는 분은 하나님인데 내가 하나님을 대신하라는 말이냐?' 라고 하면서 라헬에게 화를 내었습니다.

대개 남편은 아내가 아이가 생기지 않아서 걱정스러운 말을 하면 따뜻한 말로 위로하면서 좀 더 기다려 보자고 하든지, 아니면 모든 것이 다 내 책임이니까 걱정하지 말라고 하면서 위로를 할 것입니다. 그러나 야곱은 레아를 통해 아들이 네 명이나 생겼는데도 행복해하지도 않고 기뻐하지도 않았습니다. 그 이유는 야곱의 집에 하나님의 은혜가 메말랐고 부흥의 불이 꺼져 버렸기 때문입니다. 부흥이 일어나는 곳에는 아이가 하나 태어나도 기뻐하고, 감사하고 서로가 서로를 축복합니다. 왜냐하면 하나님의 백성이 한 명 태어나는 것이 무엇보다 기쁘고 감사한 일이기 때문입니다. 그러나 영적 부흥이 없는데 아이가 자꾸 태어나면 태어나는 것도 귀찮고 더 낳자고 하는 것도 부담스러워집니다.

2. 인간적인 방법

하나님은 야곱의 객지 생활에 레아를 통해서 네 명의 아들을 주셨습니다. 이제 야곱에게는 두 명의 아내에 네 명의 아들이 생겼습니다. 그런데 라헬은 언니에게만 아들이 넷이 있고 자기에게는 아들이 없는 것을 참지 못했습니다. 그래서 라헬은 야곱에게 자기는 무슨 수를 써서라도 아이를 가져야 되겠으니까 자기의 여종 빌하를 첩으로 가져서 아이를 낳게 하라고 떼를 썼습니다.

30:3, "라헬이 가로되 나의 여종 빌하에게로 들어가라 그가 아들을 낳아 내 무릎에 두리니 그러면 나도 그를 인하여 자식을 얻겠노라 하고"

우리는 남들이 다 가지고 있는 것을 내가 가지지 못한 것이 있으면 그것 때문에 너무나도 불행해합니다. 즉 우리는 모두 평범하기를 원합니다. 남들이 결혼할 때 나도 결혼하고, 남들이 아이를 낳을 때 나도 아이를 낳고, 남들이 직장을 가질 때 나도 직장을 가지면 마음이 편합니다. 그런데 남들은 다 하는데 자신은 못한 것이 있다면 우리는 너무나도 비참해하고 불행해합니다.

그러나 하나님께서 우리를 사랑하시면서 남들이 다 가지는 그 평범한 것을 주시지 않는 데는 이유가 있습니다. 그것은 하나님께서 우리로 하여금 이 세상에 있는 것들로 만족하지 말고 하나님의 복을 찾으라는 뜻입니다. 하나님께서 언니에게 주셨던 자식의 복을 라헬에게 주시지 않은 것은 하나님께서 라헬을 미워해서 버리신 것이 아니라 하나님에 대한 믿음을 가지라는 뜻이었습니다. 하나님께서는 아브라함의 아내 사라에게 아들을 주시지 않는 과정을 통해서 참으로 존귀한 믿음의 어머니가 되게 하셨습니다. 그러나 라헬은 이것을 기다리거나 참을 수 있는 믿음이 없었습니다. 그래서 라헬은 인간적인 방법을 써서 자기 여종을 남편에게 첩으로 주면서 아이를 낳게 하라고 요구했습니다.

우리나라에도 불임 때문에 어려움을 겪는 부인들이 많이 있습니다. 그리고 그들이 산부인과에서 여러 가지 방법을 시도하여 임신을 하는 것을 인간적인 방법이라고 해서 나쁘다고 볼 수는 없습니다. 그러나 자기 여종을 남편에게 주는 것은 바른 방법이 아니었습니다. 하지만 빌하는 당장 임신을 해서 아들을 낳았습니다. 그랬더니 라헬은 이 아들의 이름을 '단' 이라고 지었습니다. 그러면서 '하나님이 나의 억울함을 푸시려고 아들을 주셨다' 고 했습니다. 라헬은 자기가 진짜 아내인데 언니가 먼저 아들을 낳아서 그동안 억울했다는 것입니다. '단' 이라는 이름은 '심판하다' 라는 뜻입니다. 즉 라헬은 그동안 언니와 재판을 해서 이겼다는 것입니다. 라헬은 어디까지나 자기가 야곱의 정식 아내라고 생각했습니다. 그런데 언니가 아이를 네 명이나 낳아서 본부인의 자리를 빼앗겼는데 소송을 해서 본부인의 자리를 되찾았다는 것입니다.

그리고 또 빌하가 임신해서 아들을 낳았는데 이번에는 이름을 '납달리' 라고 지었습니다. 납달리는 '경쟁' 이라는 뜻입니다. 즉 '내가 형과 경쟁을 해서 이겼다' 는 뜻입니다. 그런데 원문에는 경쟁 대상이 형이 아니고 '하나님' 으로 되어 있습니다. 아마도 라헬은 아이 하나로는 부족하니까 아이 하나를 더 낳게 하려고 빌하와 야곱을 밀어붙였던 것 같습니다. 이것을 라헬은 하나님과 씨름하듯이 한 것입니다. 즉 하나님은 기도를 안 들어 주시려고 하는데 라헬은 끝까지 하나님을 졸라서 이 아이를 얻어 내었다는 뜻입니다. 하나님께서는 라헬이 신앙의 눈을 뜨고 믿음을 가지기를 원하셨는데 라헬은 오직 아이만 원했던 것입니다.

지금까지 언니 레아는 신앙적이었습니다. 즉 남편이 자기를 사랑해 주지 않아도 이것을 가지고 하나님께 나아가서 기도하는 가운데 응답을 받곤 했습니다. 그리고 아들을 넷이나 낳고 난 후에는 하나님의 은혜에 만족한다고 해서 이름을 '찬송' 이라는 뜻으로 '유다' 라고 지었습니다. 그런데 라헬이 인간적인 방법으로 여종을 첩으로 주어서 아들을 둘이나 낳게 되자 레아의 믿음이 흔들리기 시작했습니다. 그래서 '이런 식으로 나가서는 아들 넷이 있어도 남편 사랑을 잃어버리겠구나' 라고 생각을 하게 된 것입니다.

아마도 최근에 야곱은 빌하가 낳은 아이들을 보느라고 레아가 낳은 아이들은 별로 돌보지 않았던 것 같습니다. 그래서 이번에는 레아가 인간적인 방법을 써서 자기 여종 실바를 야곱에게 첩으로 주었습니다. 그래서 아들을 낳았는데 이름을 '복되다' 라는 뜻으로 '갓' 이라고 지었습니다. '갓' 은 '복' 이라는 뜻입니다. 우리나라에도 복남이라는 이름을 가진 분들이 있는데 이와 비슷한 것입니다. 그리고 또 실바가 아들을 낳았는데 이번에는 '아셀' 이라고 했습니다. 아셀은 '기쁨' , 또는 '행복' 이라는 뜻입니다.

그러고는 드디어 야곱의 집에 추잡한 일이 터졌습니다. 그것은 르우벤이 들판에서 놀다가 합환채라는 풀을 뜯어 왔는데 이것은 성인용품점에서나 파는 물건이었습니다. 즉 이 풀을 먹으면 남자는 성욕이 생기고, 여자는 임신을 하게 된다는 것입니다. 르우벤은 어린 나이임에도 조숙했던 것 같습니다. 그래서 자기 어머니에게 이 합환채를 바쳤습니다. 그런데 라헬이 그 사실을 알고는 언니에게 합환채를 달라고 했습니다. 언니는 동생에게 '네가 내 남편을 빼앗더니 이번에는 내 아들의 합환채를 빼앗느냐' 고 했습니다. 그랬더니 라헬은 그 대가로 오늘 남편을 언니에게 줄 테니까 합환채를 달라고 했습니다. 아마 이때 야곱은 아내들에게 들어가는 날짜가 정해져 있었던 것 같습니다. 그래서 저녁에 야곱이 들판에서 돌아오니까 레아가 나가면서 '오늘 내가 당신을 샀다' 고 하면서 자기 장막으로 데리고 들어갔습니다.

그 정도면 야곱의 집은 경건한 신앙의 집이 아니라 술집 같은 분위기가 듭니다. 어쨌든 그렇게 해서 레아가 또 아들을 낳게 되었습니다. 그래서 레아는 남편을 돈 주고 샀다고 해서 아이의 이름을 '잇사갈' 이라고 지었습니다. 그리고 레아가 또 임신을 해서 아들을 낳았는데 이번에는 '스불론' 이라고 지었습니다. 스불론은 '동거하다' 혹은 '살다' 라는 뜻입니다. 그러니까 '이제 내 남편이 나와 함께 살게 될 것이라' 는 뜻입니다.

그리고 레아는 '디나' 라는 딸을 하나 더 낳았습니다. 레아는 처음에는 신앙적이었습니다. 그래서 하나님께 기도해서 응답(시므온)을 받기도 하고, 찬송(유다)을 하기도 했습니다. 그러나 라헬이 인간적인 방법을 써서 아이를 둘이나 낳으니까 레아의 믿음도 흔들리게 되었습니다. 그래서 이제는 기도도 없어지고 찬송도 없어지고, 어떻게 해서든지 남편을 빼앗기지 말아야 되겠다는 생각이 들어서 자기도 여종을 남편에게 첩으로 주었던 것입니다.

그 후에 하나님께서 드디어 라헬을 불쌍히 여기셔서 아들을 하나 주셨는데 이 아들이 형 열 명보다 더 나은 아들 요셉입니다.

30:22-24, "하나님이 라헬을 생각하신지라 하나님이 그를 들으시고 그 태를 여신고로 그가 잉태하여 아들을 낳고 가로되 하나님이 나의 부끄러움을 씻으셨다 하고 그 이름을 요셉이라 하니 여호와는 다시 다른 아들을 내게 더하시기를 원하노라 함이었더라"

아마도 라헬은 하나님께 기도를 많이 했던 것 같습니다. 그 기도의 내용은 나의 부끄러움을 씻어 달라는 것이었습니다. 하나님께서 라헬의 기도를 들으셔서 열한째 아들 요셉을 주셨는데, '요셉' 의 뜻은 '씻다' 라는 뜻도 있고 '더하다' 라는 뜻도 있습니다. 즉 지금까지의 부끄러움은 씻고 또 다른 아들을 하나 더 달라는 뜻입니다.

야곱은 하란에 와서 7년간이나 연애했던 여자와 결혼을 했습니다. 그러나 그 결혼은 결코 행복한 결혼이 아니었습니다. 아이를 열두 명이나 낳았지만 그것도 행복하지 않았습니다. 왜냐하면 매일 두 여인이 자기를 가운데 두고 서로 차지하려고 싸웠기 때문입니다. 그 이유는 야곱의 집에 영적인 부흥이 없었기 때문입니다. 영적인 부흥이 없는 축복은 잠깐 동안은 행복한 것 같은데 얼마 있지 않아서 엄청난 고통으로 다가오게 됩니다. 사람들은 그것을 해결하기 위해서 또 다른 아이를 만들고, 또 다른 여자를 만들지만 그것은 고통을 가중시키는 것밖에 되지 않습니다.

이것은 우리에게도 마찬가지입니다. 처음에는 결혼을 하기만 하면 행복할 것 같은 젊은 부부들이 첫날밤부터 돈 문제로 싸우면서 지옥 같은 결혼생활을 시작하기도 합니다. 아이를 낳으면서도 돈 때문에 아이가 예쁜지 귀한지도 모르고 직장에서 쫓겨나지 않으려고 죽자 사자 매달려야 하는 것입니다. 이것은 부흥이 없는 결혼 생활이라서 그런 것입니다. 그러나 부흥이 있으면 돈이 있든지 없든지, 독신으로 있든지 결혼을 해서 아이가 있든지 행복할 수 있습니다.

이것은 교회도 마찬가지입니다. 교회를 개척해서 부흥이 일어날 때에는 열 명이 모이고 스무 명이 모여도 행복한데 부흥이 죽으면 아무리 좋은 건물에 수백 명이 모여도 서로 상처만 줄 뿐 기쁘거나 행복하지 않습니다.

3. 야곱의 품삯

야곱은 두 여자와 결혼한 신부대금을 다 갚는 데 무려 14년이 걸렸습니다. 그리고 이 14년 동안에 열한 명의 아들을 낳고 또 딸을 낳았습니다. 이 의무 기간이 끝난 후 야곱은 외삼촌 라반에게 아버지의 집으로 보내 달라고 말을 했습니다.

30:25, "라헬이 요셉을 낳은 때에 야곱이 라반에게 이르되 나를 보내어 내 고향 내 본토로 가게 하시되 내가 외삼촌에게서 일하고 얻은 처자를 내게 주어 나로 가게 하소서 내가 외삼촌께 한 일은 외삼촌이 아시나이다"

야곱이 요셉을 낳고 이런 말을 하는 것을 보면 아마도 요셉을 낳았을 때에 그 약속의 기한이 다 찬 것 같습니다. 이제야 비로소 야곱은 14년 동안의 의무 복무 기간을 마치고 아버지 집에 돌아갈 수 있게 된 것입니다.

14년 동안 야곱은 죽어라고 일을 했지만 아무것도 건진 것이 없었습니다. 야곱은 결혼 생활이 행복했던 것도 아니고, 하나님의 큰 은혜를 체험한 것도 아니었습니다. 그 대신 야곱은 그가 먹여 살려야 하는 아내 넷과 열한 명의 아들만 가지게 되었을 뿐입니다. 그래서 야곱은 요셉을 낳은 후에 내가 이렇게 살아서는 내 인생 전체를 망치고 말겠다고 생각해서 아버지의 집으로 돌아가고자 했습니다. 이때가 야곱이 하나님의 은혜를 회복할 수 있는 기회였습니다. 그러나 야곱은 현실적인 문제 때문에 다시 발목이 잡히고 말았습니다. 그것은 지금 당장 하는 일을 그만두면 이 많은 식구들을 어떻게 먹여 살리느냐 하는 것이었습니다.

이것이 오늘날 많은 젊은 크리스천들이 고민하는 현실적인 어려움입니다. 즉 남자들 중에서 직장이 적성에 맞아서 재미있게 직장 생활을 하는 사람은 10퍼센트도 되지 않을 것입니다. 그런데 남자들은 직장을 당장 그만두고 싶어도 가족을 먹여 살려야 하기 때문에 그만두지 못하고 억지로 다니게 됩니다. 사실 어떤 의미에서는 직장이 마음에 들지 않는다고 해서 그만두는 것은 무책임해 보일 수 있습니다. 그러나 부흥을 위해서는 결단을 해야 합니다.

대개 어른들은 영적으로 메말라 가더라도 체면이나 인간관계 때문에 교회를 옮기거나 새로운 길을 찾지 못합니다. 거기에 비해서 젊은이들은 비교적 쉽게 결단을 내려서 교회를 옮기거나 다른 곳을 찾습니다. 사실 이것이 생각에 비해 얼마나 어려운 일인지 모릅니다. 그러나 부흥을 위해서는 결단을 내릴 때는 내려야 가족의 영혼이 살 수 있습니다.

라반은 야곱을 다시 붙들기 위하여 품삯을 정해서 정식으로 고용 계약을 체결하자고 제안을 합니다. 그러니까 그때까지 라반은 야곱에게 임금을 준 적이 없었던 것입니다.

30:27-28, "라반이 그에게 이르되 여호와께서 너로 인하여 내게 복 주신

줄을 내가 깨달았노니 네가 나를 사랑스럽게 여기거든 유하라 또 가로되 네 품삯을 정하라 내가 그것을 주리라"

지난 14년 동안 야곱이 외삼촌을 위해서 열심히 일을 해 주었기 때문에 외삼촌은 그동안 엄청난 부자가 되었습니다. 그리고 라반 자신도 그것을 인정해서 '여호와께서 너로 인하여 내게 복을 주신 줄 깨달았다' 고 했습니다. 만일 라반이 야곱 때문에 그동안 그렇게 복을 받았다면 아무리 결혼 지참금으로 무보수로 일을 하기로 했다 하더라도 어느 정도는 봐주는 것이 도리일 것입니다. 그러나 라반은 정말 야곱에게 한 푼도 준 것이 없었습니다. 그러다가 무보수 계약 기간이 끝난 후에 야곱이 가려고 하니까 이 복덩이를 잡아야 되겠다고 생각해서 다시 임금 계약을 맺자는 것입니다.

이때 야곱은 외삼촌 라반이 어떤 사람인지 분명히 알게 되었습니다. 라반은 외삼촌이라고 하지만 인정사정없는 사람이었고, 철저하게 야곱을 이용해 먹는 사람이었습니다. 이때 야곱은 또다시 인간적인 생각이 들었습니다. 즉 외삼촌이 나를 인간적으로 이용해 먹은 만큼 자기도 외삼촌을 이용하겠다고 생각한 것입니다. 이것은 결코 신앙적인 생각이 아니었습니다.

야곱이 지금까지 외삼촌 라반에게 철저하게 이용을 당한 것은 자기가 영적인 부흥을 버리고 인간적인 방법을 택했기 때문입니다. 그러니까 지금까지 계속 야곱은 인간적인 방법으로 이용을 당하고 있는 것입니다. 야곱이 이 악순환의 고리를 끊으려면 손해를 보더라도 외삼촌을 떠나서 벧엘의 하나님을 찾는 것이 우선이었습니다. 그런데 야곱은 다시 자기 머리를 믿고 외삼촌의 집에서 일을 하기로 결정을 합니다.

30:32, "오늘 내가 외삼촌의 양떼로 두루 다니며 그 양 중에 아롱진 자와 점 있는 자와 검은 자를 가리어내며 염소 중에 점 있는 자와 아롱진 자를 가리어내리니 이같은 것이 나면 나의 삯이 되리이다"

보통 품삯을 정할 때에는 양이 낳은 새끼 중에서 몇 마리를 품삯으로 정했습니다. 그러나 야곱은 그렇게 하면 나중에 외삼촌이 자기 양을 도둑질했다고 할 것 같으니까 아예 색깔로 결정하자고 했습니다. 당시 양이나 염소 중에서 점이 있거나 얼룩이 있거나 검은 것은 자기 몫으로 하자는 것입니다.

만일 라반이 조금이라도 인정이 있는 사람이었다면 야곱의 제안을 거절했을 것입니다. 왜냐하면 보통 양 중에서 얼룩이 있거나 점이 있거나 검은 것은 별로 없었기 때문입니다. 야곱이 그렇게 수고를 하고서 임금으로 받는 것이 겨우 점 있는 것이나 얼룩이 있는 양 몇 마리 정도라면 그것은 거저 일해 주는 것이나 마찬가지였습니다. 그러나 라반은 그렇게 하라고 했습니다. 왜냐하면 라반은 너무나도 매정한 사람이었기 때문입니다. 그리고 라반은 할 수 있는 대로 야곱을 이용해 먹으려고 했습니다. 그래서 더 이기적인 행동을 했습니다. 그것은 자기 양 떼 중에서 얼룩이 있거나 점이 있거나 검은 것을 전부 골라내어서 사흘 길이 되는 곳에 옮겨 버린 것입니다. 그렇지 않아도 정상적인 양에게는 점이 있거나 얼룩진 것이 거의 나오지 않는 법인데 아예 라반은 그런 것을 없애버렸습니다. 그래서 야곱이 맡은 양들 중에는 점이 있거나 얼룩이 있거나 검은 것은 단 한 마리도 없었습니다. 즉 야곱은 다시 완전히 빈손에서 시작해야 했습니다.

야곱의 품삯 계약은 너무나도 불리하게 되어 버렸습니다. 야곱은 양을 훔쳤다는 의혹을 없애기 위해서 색깔이나 무늬가 있는 것으로 품삯을 정하자고 했는데 라반은 그것을 악용해서 부당한 임금 계약이 되게 했습니다.

우리는 때때로 이렇게 억울한 계약을 할 경우가 있습니다. 때로는 죽어라고 일을 했는데도 전혀 보상도 받지 못하고 맨손으로 다시 시작해야 하는 때도 있습니다. 이것은 하나님께서 하늘에 있는 복을 바라보라는 것입니다. 그러나 야곱은 다시 머리를 써서 외삼촌의 양들을 빼돌리기로 했습니다.

야곱에게는 다른 사람이 가지지 못한 양에 대한 전문적인 지식이 있었습니다. 그것은 우생학에 관한 지식이었습니다. 야곱은 지금까지 양을 치면서 계속적으로 관찰을 했습니다. 그 결과 야곱은 양에 대하여 두 가지 사실을 알게 되었습니다. 그중 하나는 양은 물을 마실 때 교배를 한다는 것이었습니다. 즉 양들은 풀을 먹을 때 교배를 하는 것이 아니라 물을 마실 때 교배를 합니다. 그리고 다른 하나는 양이 교배를 할 때 시신경에 자극을 주면

양의 피부에 점이나 얼룩이 생긴다는 사실이었습니다. 양이 풀을 먹으면서 교배를 한다면 도저히 양의 교배를 조절할 수가 없습니다. 그런데 만일 양들이 물을 먹을 때 교배를 한다면 양들이 물을 마시기 위하여 모이기 때문에 교배를 조절할 수 있을 것입니다. 그뿐만 아니라 야곱은 양들이 교배하는 것을 관찰하면서 그 앞에 무엇이 있을 때와 없을 때에 차이가 있다는 것을 알게 된 것 같습니다. 그래서 양들이 물을 먹으면서 교배할 때 양들 앞에 무엇인가 자극적인 것을 세워 두면 그것이 새끼의 색깔에 영향을 준다는 사실을 알아 낸 것입니다.

확실히 짐승들에게 시신경을 자극하거나 음악을 들려주면 생체 리듬이 최고조에 달합니다. 양계장에 밤에 불을 켜 놓는 이유는 닭의 시신경을 자극해서 달걀을 더 많이 낳게 하려는 것입니다. 또한 짐승들은 스트레스를 받을 때보다 스트레스를 받지 않을 때에 새끼를 낳는 확률이 높아집니다.

야곱은 오랜 목축을 통하여 양에 대한 전문 지식을 가지게 되었고, 그는 이 지식을 자신의 재산 증식에 이용하기로 결심했습니다.

30:41-43, "실한 양이 새끼 밸 때에는 야곱이 개천에다가 양떼의 눈앞에 그 가지를 두어 양으로 그 가지 곁에서 새끼를 배게 하고 약한 양이면 그 가지를 두지 아니하니 이러므로 약한 자는 라반의 것이 되고 실한 자는 야곱의 것이 된지라 이에 그 사람이 심히 풍부하여 양떼와 노비와 약대와 나귀가 많았더라"

야곱은 양이 물을 마실 때 교배를 한다는 것을 알고 튼튼한 양과 약한 양을 나누어 튼튼한 양이 물을 마실 때에는 그 앞에 껍질을 벗긴 나뭇가지를 세워 두었습니다. 그랬더니 튼튼한 양들이 낳은 새끼는 모두 몸에 얼룩이나 점이 있었습니다. 그리고 야곱은 약한 양들이 교배할 때에는 나뭇가지를 치워 버렸으므로 흰 양이 나왔습니다. 결국 튼튼한 양들은 교배를 더 많이 하고 새끼를 더 많이 낳게 되니까 야곱의 양들은 많아지고 외삼촌 라반의 양들은 적어지게 되었습니다.

여기서 우리가 생각하게 되는 것은 야곱이 발견한 이 방법이 과연 옳은 방법이었을까 하는 것입니다. 사실 야곱이 썼던 이 방법은 모두 옳은 방법은 아니었습니다. 이것은 부분적으로 옳기도 하고 그렇지 않기도 한 지식이었습니다. 그러나 야곱은 이것을 믿었습니다. 즉 야곱은 처음에 자기가 잘해서 자기 양들이 많아지는 줄 알았습니다. 그런데 나중에 알고 보니까 하나님께서 야곱을 도와주신 것입니다. 하나님께서 야곱을 도와주시려고 양들이 다 색깔 있고 점 있는 것으로 태어나도록 만드신 것입니다. 그런데 야곱은 자기 머리가 좋아서 그렇게 양들이 많아지는 줄 알았습니다. 하나님은 야곱에게 재산이 필요한 줄 아시고 야곱에게 복을 주셨던 것입니다.

라반은 결국 자기 약속이 올무가 되어서 점 있고 얼룩진 것을 야곱에게 줄 수밖에 없었습니다. 즉 라반이 얕은꾀를 쓰지 않았더라면 다시 복을 받았을 텐데 이기적으로 자기 것을 챙기려고 하다가 복을 다 빼앗겨 버린 것입니다. 결국 하나님은 야곱의 손을 들어 주셨습니다. 그렇지만 하나님이 야곱에게 기대하셨던 것은 외삼촌에게 인간적인 방법을 써서 재산을 늘리는 것이 아니었습니다. 하나님은 야곱이 다시 하나님의 말씀을 붙들고 영적인 부흥을 일으키기를 원하셨습니다. 물론 하나님께서는 야곱에게 많은 물질적인 복을 주셨지만 이것은 다시 하나님의 말씀으로 돌아오라는 뜻이었습니다.

물론 하나님은 야곱으로 하여금 빈손으로 고향으로 돌아가게 하지는 않으셨을 것입니다. 그 이유는 하나님은 자기 백성의 수고를 반드시 챙겨 주시기 때문입니다. 이스라엘 백성이 애굽에서 나올 때에도 반드시 그들의 수고한 값을 받아 가지고 나오게 하셨습니다. 그러나 야곱은 하나님의 축복을 믿지 못하고 자기 머리로 외삼촌의 양을 빼돌려서 부자가 되었던 것입니다. 사실은 그것도 하나님이 주신 복인데 야곱은 자기가 했다고 생각을 했습니다.

야곱이 다시 아름답고 행복한 삶을 회복하기 위해서는 영적 부흥을 되찾는 것이 필요했습니다. 그러나 야곱은 하란에서 외삼촌 라반에게 묶여서 종살이를 하는 바람에 자식도 많이 낳고 양도 많이 챙겼지만 부흥이 없었습니다. 이것이 바로 야곱의 잃어버린 20년이었습니다.

우리가 영적인 부흥 없이 결혼해서 아이를 낳고, 공부하고, 직장에서 승진해도 그것은 잃어버린 시간밖에 되지 않습니다. 우리의 삶에는 항상 하나님의 말씀이 풍성해야 하고 부흥이 떠나지 말아야 합니다. 그래야 우리는 가난하거나 성공하거나, 독신으로 있거나 결혼을 해서 아이들이 있거나, 젊어서나 나이가 들어서나 언제나 행복하고 아름다울 수 있는 것입니다.

하나님께서 벧엘에서 야곱에게 나타나신 것은, 그가 어디에 가든지 먹고 사는 것에 매이지 말고 부흥을 일으키는 사람이 되라는 것이었습니다. 만일 야곱이 하란에서 하나님의 말씀을 붙들고 부흥을 일으켰더라면 라헬과 레아 두 자매도 원수처럼 되지 않았을 것이며, 마음의 상처도 받지 않았을 것입니다. 그리고 하나님은 야곱에게 결혼도 하게 하시고 나중에는 물질적인 복도 주셨을 것입니다.

그러나 야곱은 아직 보석이기는 하지만 불순물이 많이 들어 있는 상태여서 라반이라고 하는 지독한 상전 밑에서 연단을 받았어야만 했던 것입니다. 그리고 야곱이 깨달아야 했던 것은, 다른 어떤 것보다도 하나님의 말씀을 붙들어야 한다는 것이었습니다.

사실 이 세상의 많은 이기적인 사람들은 우리를 연단하는 사람들입니다. 우리는 하나님을 믿노라고 하면서도 포기하지 못한 세상 욕심이 너무나도 많이 있습니다. 우리는 하나님의 보석이라고 하기에는 불순물을 많이 가지고 있습니다. 그래서 지독한 몽학선생 아래서 종 노릇을 해야지만 복음의 가치를 깨닫고 결국 목숨 걸고 하나님께 매달리게 되는 것입니다.

우리가 하나님의 은혜를 붙잡기 위해서는 하나님의 말씀 하나만 붙들어야 합니다. 그러면 하나님께서 다른 모든 것을 더하여 주실 것입니다. 그렇지 않으면 우리는 한 가지가 끝나면 다른 것에 종 노릇 하고, 그것이 끝나면 또 종 노릇 해서 한평생 인간에게 매여서 종 노릇 하면서 인생을 허비할 것입니다.

사람들은 하란에도 하나님이 계시니까 상관이 없다고 하지만 하란은 야곱에게는 정신적인 무덤이었습니다. 거기서 야곱은 할 수 있는 것이 아무것도 없었습니다.

우리가 내 힘으로 세상을 이기려고 하면 얼어붙은 신앙을 가지게 될 것입니다. 하나님께서 나의 모든 필요를 채워 주신다는 것을 믿고 어떻게 해서든지 영적 부흥을 일으키시기 바랍니다. 지독한 주인을 만났다고 해서 미워하거나 복수하려고 하지 마시기 바랍니다. 그렇게 하면 우리는 하나님이 하실 일을 내가 가로채는 것밖에 되지 않습니다. 언제나 하나님의 부흥으로 한평생 기뻐하고 감사하는 성도들이 다 되시기 바랍니다.

성경 토의

1. 본인이나 자녀들이 배우자를 선택할 때 어떤 원리에 따라서 해야 하며, 과연 결혼을 하나님께 맡긴다고 할 때 우리는 어떻게 해야 하는가?

2. 결혼을 하면 자녀들이 생기게 되는데 만일 불임인 경우라면 의학적인 방법(예를 들면 시험관 임신)과 신앙적인 방법(기도하면서 기다리는 것) 중 어느 것을 더 비중 있게 생각해야 하는가?

3. 우리가 자녀를 키우고 세상에서 살기 위해서는 재산이 있어야 하는데 사장이 너무 인색하거나 임금 조건이 너무 불리하다면 이것을 어떻게 받아들여야 하는가?

39_야곱의 탈출

창세기 31:1-55

전체적 설명 야곱은 하란 땅에서 외삼촌의 양을 치면서 부자가 되었고, 네 명의 아내와 열두 명의 자녀를 둔 대가족을 이루었지만 신앙적으로는 결코 행복하지 못했다. 그 이유는 레아와 라헬이 야곱을 가운데에 두고 늘 대립하고 있었고, 야곱은 그동안 외삼촌의 양을 치고 가족을 돌보느라고 하나님의 말씀을 들을 수 없었기 때문이다. 그 와중에 야곱은 외삼촌과 외삼촌의 아들들의 자기에 대한 태도가 싸늘해지는 것을 알고는 잘못하면 또 외삼촌에게 속아서 그동안 고생하면서 일군 재산과 처자식을 빼앗길지도 모른다는 위기의식이 들어서 드디어 하란을 탈출하기로 결심을 하게 된다. 인간은 미련해서 하나님께서 이런 식으로 밀어내시지 않으면 자기가 있는 자리에서 떠나려고 하지 않는다. 하나님은 결국 야곱을 하란에서 밀어내셔서 다시 약속의 땅으로 돌아오게 하신다.

설교 프리노트

1절, "야곱이 들은즉 라반의 아들들의 말이 야곱이 우리 아버지의 소유를 다 빼앗고"

여기서 라반에게 레아와 라헬 뿐만 아니라 아들들도 있었던 것을 알 수 있다. 성경은 모든 사실을 기록하는 것이 아니라 하나님의 구원에 필요한 것만 기록한다. 그런데 지금까지 이 아들들의 이야기가 전혀 없었던 것을 보면 이 아들들은 다른 일을 했든지, 아니면 아버지의 양을 치는 일에 관심이 없었던 것 같다. 그러다가 야곱이 라반의 양 떼를 치면서 부자가 되니까 이 아들들이 갑자기 배가 아파진 것이다. 그런데 사실 이렇게 된 것은 라반의 욕심 때문이다. 라반이 야곱과 애당초 노임을 정할 때 새로 나는 새끼의 몇 퍼센트를 주는 식으로 노임을 정했더라면 야곱도 복을 받고 라반도 복을 받았을 것이다. 그러나 라반은 어떻게 해서든지 야곱에게 노임을 적게 주려고 얼룩이 있는 것이나 검은 것으로 정했고, 결국 야곱만 복을 받게 되었다. 그러나 라반의 아들들은 이것을 인정하지 않고 야곱이 라반의 양들을 도둑질해서 부자가 되었다고 생각해서 미운 마음을 가졌다.

2절, "야곱이 라반의 안색을 본즉 자기에게 대하여 전과 같지 아니하더라"

여기서 '안색을 본다' 는 것은 '표정을 본다' 혹은 '태도를 본다' 라는 뜻으로 생각할 수 있다. 물론 라반은 야곱에 대하여 다정다감하거나 친절한 사람이 아니었다. 그러나 라반의 안색이 전과 같지 아니하였다는 것은 무뚝뚝하거나 불친절한 수준을 벗어나서 적대적인 감정을 느낄 정도였던 것 같다. 즉 야곱은 라반의 태도에서 결코 자신을 사위나 가족으로 생각하는 것이 아니라 적으로 생각한다는 인상을 받았던 것이다. 이것을 보면 라반의 아들들의 생각이 바로 라반의 입에서 나온 것이며, 아버지와 아들들이 모두 야곱에 대하여 적대시했던 것을 알 수 있다.

3절, "여호와께서 야곱에게 이르시되 네 조상의 땅 네 족속에게로 돌아가라"

하나님께서는 드디어 야곱에게 약속의 땅으로 돌아가라고 명령하셨다. 야곱에게 있어서 약속의 땅은 하나님의 계시가 임하는 중요한 무대였다. 예를 들어 운동선수들에게 있어서 경기장은 가장 중요한 무대이다. 그런데 운동선수들이 부상을 당하든지 슬럼프에 빠져서 집에서 쉬고 있다면 몸은 편할지 몰라도 마음은 결코 편하지 않을 것이다. 마찬가지로 하나님의 백성은 하나님의 말씀을 붙들고 영적인 싸움을 할 때가 살아 있는 것이지 말씀을 떠나서 육체적으로 편한 것은 결코 편한 것이 아닌 것이다. 하나님은 영적으로 뒤에 처져 있는 야곱을 다시 믿음의 전쟁디로 불러내신 것이다.

4절, "야곱이 보내어 라헬과 레아를 자기 양떼 있는 들로 불러다가"

야곱은 자기가 하란을 떠나는 것을 비밀리에 하기를 원했다. 그래서 자기 자신은 여전히 양을 치는 것처럼 하면서 두 아내만 살짝 들에 있는 자기에게 오도록 했다. 왜냐하면 야곱은 하란 땅에서 여전히 외국인이었기 때문에 법적인 권리를 인정받지 못하고 모든 것을 다 빼앗길 수 있었기 때문이다.

7절, "그대들의 아버지가 나를 속여 품삯을 열 번이나 변역하였느니라"

이것은 예전에는 없었던 이야기이다. 즉 라반은 처음에는 아롱지고 점이 있고 검은 것은 모두 야곱의 품삯으로 주기로 했는데 야곱의 품삯이 너무 많아지니까 품삯을 적게 주기 위하여 열 번이나 계약을 바꾸었던 것이다.

8절, "그가 이르기를 점 있는 것이 네 삯이 되리라 하면"

야곱은 처음에 자기 양들을 불리기 위하여 나무껍질을 벗겨서 양들이 물을 먹는 구유에 세웠는데 나중에는 이 방법이 필요 없게 되었다. 왜냐하면 라반이 자주 계약을 변경했기 때문에 이 방법이 통하지 않았던 것이다. 그러나 하나님은 라반이 아무리 변덕을 부려도 야곱의 품삯으로 받는 양들이 많이 태어나게 하셔서 야곱의 재산이 많아지게 하셨다.

10절, "그 양떼가 새끼 밸 때에 내가 꿈에 눈을 들어 보니"

옛날에는 하나님의 계시를 받는 방법 중 하나가 꿈을 꾸는 것이었다. 야곱은 이 꿈을 꾸기 전까지는 자기가 왜 이렇게 부자가 되었는지 잘 알지 못했던 것 같다. 즉 야곱은 처음에 자기가 머리를 잘 써서 부자가 된 줄 알았던 것이다. 그런데 알고 보니까 하나님께서 라반의 이기적인 소행을 보시고 일방적으로 야곱이 부자가 되도록 축복하셨던 것이다. 그래서 야곱이 꿈에 보니까 교배를 하기 위해서 암놈 위에 올라타는 수놈은 전부 아롱지거나 점이 있거나 검은 것들이었다.

13절, **“나는 벧엘 하나님이라 네가 거기서 기둥에 기름을 붓고 거기서 내게 서원하였으니 지금 일어나 이곳을 떠나서 내 출생지로 돌아가라”**

야곱은 지금까지 하란을 떠나야 할지 말아야 할지 확신하지 못하고 있었다. 왜냐하면 자기가 외삼촌 라반을 오해해서 공연히 걱정하고 있는지도 모르고, 외삼촌에게 하란을 떠나겠다고 말했을 때 허락받을 자신도 없었으며, 또 탈출하다가 실패할 가능성도 많았기 때문이다. 그러나 야곱은 벧엘의 하나님이라고 하시면서 그가 벧엘에서 머리에 베고 잤던 돌에 기름을 부은 것을 아시는 것을 보고 하란을 떠나는 것이 하나님의 뜻이라는 것을 깨닫게 되었다.

14절, **“라헬과 레아가 그에게 대답하여 가로되 우리가 우리 아버지 집에서 무슨 분깃이나 유업이나 있으리요”**

야곱은 자기 가족이 하란을 떠나는 문제를 신앙적으로 생각했지만 그의 두 아내는 역시 경제적으로 생각했다. 즉 하란에 있어 봐야 아버지로부터 더 받을 것도 없다는 것이다. 어쨌든 야곱은 두 아내의 동의나 협력 없이는 하란을 떠날 수 없는 형편이었다. 그런데 일단 두 아내가 야곱의 뜻에 선뜻 동의를 했기 때문에 야곱은 모든 가족을 데리고 하란을 떠날 수 있었다. 야곱에게 있어서 가장 큰 복은 온 가족을 데리고 하란을 떠날 수 있었던 것이다.

15절, **“아버지가 우리를 팔고 우리의 돈을 다 먹었으니”**

라반은 두 딸에게도 신임을 얻지 못하고 있었다. 원래 남자가 처녀와 결혼을 할 때에 신부대금을 신부 아버지에게 주어서 신부 아버지가 그것으로 딸에게 살림 밑천을 해 주었던 것 같다. 그런데 라반은 야곱을 무려 14년 동안이나 종으로 부려 먹으면서도 두 딸에게 별로 준 것이 없었던 것 같다. 그래서 레아와 라헬은 아버지와 별로 정이 없어서 쉽게 떠날 수 있었다.

19절, "라헬은 그 아비의 드라빔을 도적질하고"

'드라빔' 이라는 것은 사람 모양으로 만든 가정의 수호신을 말한다. 라반은 하나님을 믿는다고 하면서도 집 안에 수호신을 모시고 있었고, 라헬은 집을 떠나가면서 그냥 가면 불안하니까 수호신이 자기들을 지켜 주도록 아비지의 신상을 훔쳐 가지고 떠났다. 이것을 보면 라반의 식구들이 얼마나 엉터리로 하나님을 믿었는지 알 수 있다.

21절, "그가 그 모든 소유를 이끌고 강을 건너 길르앗산을 향하여 도망한지"

여기서 '강' 이라고 하는 것은 유프라테스 강을 말한다. 그리고 길르앗은 요단 동편에 있는 산이다. 하란은 가나안 북쪽에 있는 땅인데 그곳에서 야곱은 오직 가나안 땅만 바라보고 거센 유프라테스 강을 건너서 죽을힘을 다해서 도망쳤다.

23절, "라반이 그 형제를 거느리고 칠일 길을 쫓아가 길르앗산에서 그에게 미쳤더니"

라반이 거느리고 간 형제는 자기 아들 형제들일 수도 있고 친척들을 의미할 수도 있다. 하란에서 길르앗까지는 상당히 먼 거리인데 야곱이 열흘 만에 길르앗까지 갈 수 있었다는 것은 그야말로 죽을힘을 다해서 도망쳤다는 것이다. 라반은 야곱이 도망한 지 3일 만에 도망친 것을 알았고, 도망자를 잡기 위해서 7일을 추격하였다. 야곱이 요단강을 건너서 가나안 땅 안으로 들어가 버리면 더 이상 라반이 추격하지 못할 텐데 야곱은 아깝게도 가나안 땅의 문턱에서 라반에게 추격을 당하고 말았다.

24절, "밤에 하나님이 아람 사람 라반에게 현몽하여 가라사대 너는 삼가 야곱에게 선악간 말하지 말라"

만일 하나님이 라반에게 나타나지 않으셨더라면 라반은 야곱과 그 가족을 다시 하란으로 끌고 가서 평생 종살이를 시켰을 것이다. 그러나 하나님은 꿈에 라반에게 나타나셨는데 아마 거의 라반을 죽이실 것처럼 무섭게 하셨을 것이다.

'선악 간에 말하지 말라' 는 것은 라반의 행동은 물론이고, 말이라도 야곱을 해치는 말은 하지 말라고 하신 것이다.

27절, "내가 즐거움과 노래와 북과 수금으로 너를 보내겠거늘"

라반은 거짓말하고 있는 것이다. 라반은 결코 야곱과 그 아내와 자식을 보낼 생각이 없었고, 한평생 야곱을 종살이시킬 생각이었다. 그러나 하나님께서 라반에게 꿈에 나타나셔서 경고하셨기 때문에 마치 자기가 선의로 보낼 수 있었던 것처럼 거짓말을 하는 것이다.

30절, "이제 네가 네 아비 집을 사모하여 돌아가려는 것은 가하거니와 어찌 내 신을 도적질하였느냐"

라반은 야곱이 하나님에게로 돌아가는 것을 막을 수 없다는 것을 인정하였다. 그러나 야곱을 다시 붙들 수 있는 것이 있었는데, 그것은 라헬이 도둑질한 우상이었다. 만일 야곱에게서 그 우상이 발각되었더라면 라반은 그것을 핑계 삼아서 야곱이 이런 식으로 자기 재산을 훔쳤다고 하여 자기 모든 재산을 정산해야 한다고 하면서 끌고 갔을 수도 있다. 그래서 라헬이 별 생각 없이 도둑질한 우상이 마지막으로 야곱을 붙잡는 올무가 될 수 있었다. 그러므로 때때로 남편은 일을 잘했다고 생각하는데 아내가 엉뚱한 짓을 하는 바람에 남편이 망하는 일들이 있는 것이다. 그래서 부부는 신앙이 하나가 되어야 위기의 순간에 힘을 낼 수 있다.

35절, "라헬이 그 아비에게 이르되 마침 경수가 나므로 일어나서 영접할 수 없사오니 내 주는 노하지 마소서"

아마도 라반은 자기의 신상을 찾기 위해서 야곱의 짐을 샅샅이 수색했던 것 같다. 그러나 라헬은 아버지의 신상을 낙타 안장 아래 감추고 그 위에 앉아서 마침 경수가 나서 일어날 수 없다고 하였다. 옛날 하란 사람들은 여자의 생리를 너무나도 부정하게 생각하였기 때문에 라반이 차마 라헬의 치마 밑은 조사할 수가 없어서 위기를 넘기게 되었다. 이런 것을 보면 얼마나 사소한 것이 하나님의 뜻을 막을 수 있는지 알 수 있고, 또 하나님께서 얼마나 웃기는 일을 통해서 위기를 넘어가게 하시는지 알 수 있다. 여기서 하나님은 야곱으로 하여금 다시 한 번 라반의 야비함과 그 집 식구들의 치부를 보게 하신 것이다.

45-46절, "이에 야곱이 돌을 가져 기둥으로 세우고 또 그 형제들에게 돌을

모으라 하니"

드디어 야곱이 라반의 손에서 벗어나는 순간이다. 야곱은 돌을 세워서 이제 더 이상 라반이 자기를 추격할 수 없음을 선언했고, 라반도 돌을 모아서 야곱이 자기에게 당한 것을 분풀이하지 못하도록 선언하였다. 아마도 이번 언약은 큰 돌을 세우고 그 주위에 또 돌을 모아서 쌓는 방식으로 이루어진 것 같다.

47절, "라반은 그것을 여갈사하두다라 칭하였고 야곱은 그것을 갈르엣이라 칭하였으니"

'여갈사하두다' 는 아람 어로 '증거의 돌' 이고, '갈르엣' 은 히브리 어로 '증거의 돌' 이다. 아마 라반과 야곱은 사용하는 언어가 달랐던 모양이다. 아니면 처음에는 아람 어로 '여갈사하두다' 라고 부르다가 나중에 이스라엘 자손들이 '갈르엣' 이라고 불렀을 수도 있다. 그리고 더 나중에는 '미스바' 라고 불렀는데, 이것은 길르앗 땅에 있는 미스바('망대' 라는 뜻)인 것이다.

본문 이해를 위한 질문

1. 야곱은 어떻게 해서 하란을 떠나야 한다고 생각하게 되었는가?

야곱이 하나님의 축복을 받아서 부자가 된 것에 대해서 라반과 그 아들들의 태도가 변했고, 또 하나님께서 말씀으로 분명히 가라고 하셨다.

2. 야곱은 어떤 과정에 의해서 하란을 떠나게 되었는가?

야곱은 외삼촌에게 알리지 않고 몰래 도망치는 방식으로 하란을 탈출했으나 결국 요단강을 건너기 전에 길르앗에서 붙들리고 말았다.

3. 야곱이 라반의 손을 벗어나는 데 있어서 가장 큰 위기는 무엇이었는가?

야곱이 도망칠 때에 유프라테스 강이 위험하기도 했지만 가장 위험했던 것은 라헬이 훔쳐온 자기 아버지의 신상이었다.

성경 강해

가끔 목욕탕에 가 보면 전신에 끔찍한 문신을 새긴 사람들을 볼 수 있는데 이 사람들은 대개 조직 폭력배일 것입니다. 사람들은 멋도 모르고 폭력 조직에 들어가지만 일단 그런 조직에 들어가면 빠져나오는 것이 쉽지 않습니다. 어떤 사람이 폭력 조직에서 빠져나오려고 하면 조직원들이 끝까지 그를 추격해서 잡아오든지, 아니면 칼로 찌르든지 해서 보복을 하기 때문에 그 보복이 두려워서 한평생을 범죄 조직에서 종 노릇을 하게 됩니다.

이것은 술이나 약물 중독에 있어서도 마찬가지입니다. 처음에는 기분을 낸다고 술을 마시기도 하고 혹은 친구들의 꾐에 빠져서 마약을 하기도 합니다. 그러나 이것에 중독되고 난 다음에는 끊기가 매우 어렵습니다. 술이나 마약에 중독되었던 사람이 끊으려고 하면 거의 죽을 것 같은 금단 현상이 일어나기 때문에 결국 다시 술을 마시든지 마약을 하는 것입니다. 그렇기 때문에 술이나 마약을 끊으려면 죽을 각오를 해야 합니다. 죽을 각오를 하고 덤벼들면 술도 끊어지고 마약도 끊어지지만 대충 결심해서는 절대로 끊어지지 않습니다.

최근 들어 북한에서 많은 탈북자들이 얼어붙은 두만강이나 압록강을 넘어서 중국을 가로질러 태국이나 베트남으로 들어가려다가 국경에서 붙들려서 추방 형식으로 우리나라에 계속 오고 있습니다. 이 사람들은 자유를 위해서 목숨을 걸고 상상할 수 없는 고통을 겪으면서 탈북하여 우리나라로 오는 것입니다.

오늘 말씀은 야곱이 외삼촌 라반 밑에서 종살이를 하다가 탈출해서 하나님께로 돌아오는 내용입니다. 그런데 오늘 본문은 아주 긴 내용으로 되어 있습니다. 그것은 야곱이 외삼촌의 집에서 종살이를 하다가 영적인 자유를 되찾는 것이 그렇게 힘들다는 것을 보여 줍니다. 야곱은 외삼촌 라반의 집에 와서 자유롭게 종살이를 시작했습니다. 그러나 야곱이 종살이에서 벗어나 벧엘의 부흥을 되찾는 데는 무려 20년의 세월이 흘렀고, 아주 위험한 가운데 탈출에 성공하여 겨우 자유를 얻게 되었습니다.

이것을 보면 우리가 은혜를 잊어버리는 것은 쉽지만 부흥을 회복하고 영적인 자유를 되찾는 것은 얼마나 어려운지 알게 됩니다. 우리가 영적인 자유를 되찾고 부흥을 회복하려면 거의 죽을 각오를 하고 결단을 내려야 하는 것입니다.

1. 환경의 변화

우리 인간은 너무나도 미련해서 어떤 계기가 없으면 자발적으로 신앙으로 돌아오려고 하지 않습니다. 야곱은 하란에서 열두 명의 자식을 낳고 재산도 많아지게 되었습니다. 그러나 예기치 못했던 상황의 변화가 야곱으로 하여금 하란을 떠날 수밖에 없도록 만들었습니다. 그것은 야곱이 장인과 장인의 아들들과 적대 관계가 된 것입니다.

1절, "야곱이 들은즉 라반의 아들들의 말이 야곱이 우리 아버지의 소유를 다 빼앗고 우리 아버지의 소유로 인하여 이같이 거부가 되었다 하는지라"

야곱은 그동안 장인의 양을 맡아서 키워 주는 일을 했습니다. 그런데 이상하게도 야곱의 양이 장인의 양보다 많아지게 되었습니다. 이것은 누가 봐도 야곱이 장인의 양을 빼돌린 것이었습니다.

예를 들어 어느 기업의 소유주가 전문 경영인을 사장으로 고용했다고 합시다. 그런데 이 전문 경영인이 회사 주인인 회장보다 돈을 더 잘 벌어서 벤츠를 타고 다니고, 집도 회장보다 더 비싸고 좋은 집에 산다면 회장은 그 사장이 회사를 이용해서 자신의 재산을 불렸다고 생각할 것입니다.

야곱의 경우가 바로 그러한 경우였습니다. 라반이 자기의 양을 맡아 달라고 맡겼는데 라반의 양 떼는 수도 늘지 않고 모두 비실거리는 것들밖에 없고 야곱의 양 떼는 자꾸 많아져서 엄청난 거부가 된 것입니다. 이것은 야곱이 라반의 양을 빼돌리지 않는 이상 불가능한 일이었던 것입니다.

그럼에도 불구하고 라반이 항의할 수 없었던 것은 임금 계약이 그랬기 때문입니다. 즉 라반이 야곱과 임금 계약을 맺을 때 양 새끼의 몇 퍼센트를 주겠다는 식으로 계약을 맺었더라면 라반이 훨씬 부자가 되어 있었을 텐데 괜히 욕심을 부리느라고 검은 것이나 점 있는 것을 임금으로 주겠다고 했기 때문에 뭐라고 말할 수가 없었던 것입니다. 왜냐하면 야곱의 양은 모두 점이 있거나 얼룩이 있거나 검은 것이었기 때문입니다.

여기서 라반의 아들들은 야곱에 대하여 좋지 않은 이야기를 하기 시작했습니다. 즉 야곱이 아버지의 양들을 빼돌려서 부자가 되었다는 소리를 하고 다닌 것입니다. 야곱은 주위의 분위기가 석연치 않다는 것을 느낄 수 있었습니다. 라반이나 그 아들들의 안색이 전과 같지 않았던 것입니다.

2절, "야곱이 라반의 안색을 본즉 자기에게 대하여 전과 같지 아니하더라"

사람은 얼굴 표정이나 태도를 통해서 자신의 감정을 나타낼 때가 많습니다. 어떤 사람이 그동안 잘 웃고 친절했는데 갑자기 얼굴이 굳어 있고 말도 잘 하지 않으면 이 사람은 분명히 나에 대해서 좋지 않은 생각을 가지고 있는 것입니다.

야곱은 어느 날부터 장인과 처남들의 태도가 딱딱하게 굳은 것을 보고 이들이 자기에 대하여 좋지 않은 생각을 가지고 있다는 것을 알게 되었습니다. 그리고 야곱은 자칫하면 아내나 자식이나 재산을 다 빼앗기고 추방되거나 혹은 죽임을 당할 수도 있다는 것을 알게 되었습니다. 이것이 바로 야곱이 하나님께로 돌아오게 된 계기입니다.

우리가 이것을 보면 야곱이라는 사람이 얼마나 머리가 잘 돌아가는 사람인지 알 수 있습니다. 사람들은 대개 어리석어서 완전히 망해서 재산이 거덜 나고 몸에 병이 들어야 겨우 정신을 차리고 하나님을 찾게 됩니다. 그런데 야곱은 이런 일이 닥치기도 전에 미리 눈치를 채서 자기가 계속 그곳에 있으면 모든 것을 다 빼앗길 수도 있다는 것을 생각하게 되었습니다.

사람들에게 좋지 않은 일이 일어나는 것은 물론 갑자기 일어날 경우도 있지만 많은 경우 조짐이 보입니다. 그런데 사람들은 그런 변화를 사소하게 생각하고 무시하다가 한순간에 큰 타격을 받아서 주저앉게 되는 것입니다.

그러나 야곱은 외삼촌 라반이나 그 아들들의 안색이나 태도를 보고 이미 자신이 무엇인가를 결정해야 한다는 것을 알게 되었습니다. 야곱이 이렇게 깨달을 수 있었던 것은 야곱이 은혜를 받은 적이 있기 때문입니다. 하나님의 은혜를 받은 사람의 특징이 할 수 있으면 미리 정신을 차린다는 것입니다.

우리 주위에는 돈으로 해결되지 않는 것들이 많이 있습니다. 육체적인 병이나 사람들과의 관계 같은 것은 돈만으로는 해결이 되지 않습니다. 바로 이런 것이 하나님께서 우리에게 정신을 차리라고 말씀하시는 것이고 바른 신앙을 회복하라고 부르시는 것입니다. 이때는 눈을 딱 감고 인정사정 보지 말고 과감하게 모든 것을 떨쳐버리고 신앙으로 돌아와야 합니다. 그렇지 않고 일이 터지고 난 후에 정신을 차리면 그때는 이미 늦은 것입니다.

3절, “여호와께서 야곱에게 이르시되 네 조상의 땅 네 족속에게로 돌아가라 내가 너와 함께 있으리라”

야곱이 이런 생각을 하고 있을 때 하나님께서도 분명히 말씀하셨습니다. 즉 하나님도 야곱에게 하나님께로 돌아오라고 말씀하셨습니다. 그러나 야곱이 고향의 하나님에게로 돌아가려고 해도 이것은 쉬운 일이 아니었습니다. 왜냐하면 야곱에게는 이미 많은 가족이 있고, 공식적으로는 라반의 종이었기 때문입니다.

물론 야곱이 독신의 몸이라 하더라도 라반으로부터 도망치는 것은 쉬운 일이 아니었습니다. 그러나 야곱은 이미 네 명의 아내와 열두 명의 자식이 있었고, 가축도 아주 많았습니다. 야곱은 이것을 다 버리고 혼자의 몸으로 아버지 집으로 돌아가야 하느냐, 아니면 모두 데리고 가야 하느냐 하는 문제가 있었습니다.

여기에는 야곱에게 법적인 제약도 있었습니다. 물론 야곱은 외삼촌과 계약을 맺고 14년간 종살이를 해서 결혼을 했지만 외국인 신분이었기 때문에 그의 지위가 법적으로 보장되는 것이 아니었습니다. 야곱은 자칫하면 아내와 아이들 그리고 재산까지 다 빼앗길 수도 있는 불안한 처지였습니다.

야곱은 혼자라도 도망을 쳐서 신앙으로 돌아오느냐, 아니면 아내와 자식들을 설득해서 같이 돌아오느냐 하는 문제에서 결단을 내려야 했습니다.

비유하자면 탈북자가 북한을 탈출하는데 자기 혼자 탈출하느냐, 아니면 가족들을 데리고 탈출하느냐 하는 것입니다. 이러한 상황에서 야곱은 아내들을 설득했고, 결국 그는 식구들을 모두 데리고 하나님께로 돌아옵니다. 이것은 야곱이 너무나도 잘한 것이었습니다.

야곱은 무엇보다 현실에서 나타난 문제를 솔직하게 아내들에게 설명했습니다.

4-5절, "야곱이 보내어 라헬과 레아를 자기 양떼 있는 들로 불러다가 그들에게 이르되 내가 그대들의 아버지의 안색을 본즉 내게 대하여 전과 같지 아니하도다 그러할찌라도 내 아버지의 하나님은 나와 함께 계셨느니라"

야곱은 지금 아내들에게 아버지를 배반하고 자기와 함께 도망치자고 설득하고 있습니다. 이때 야곱이 분명히 이야기한 것은 하나님에 대한 신앙이었습니다. 우선 야곱은 그대들의 아버지의 안색이 달라졌다는 것과 하나님은 지금까지 나와 함께 계셨다는 것을 가지고 이야기를 합니다. 아마도 지금까지 라반의 안색이 변하면 무엇인가 좋지 않은 일들이 일어나곤 했던 것 같습니다. 그것을 딸들은 너무 잘 알고 있었던 것입니다. 야곱은 아내들에게 이제 더 이상 라반 밑에서 종살이하지 말고 하나님을 믿는 신앙으로 가자고 설득했습니다.

이때 야곱의 아내와 아이들은 동의를 하고 신앙의 길을 떠나기로 했습니다. 그래서 하나님의 백성은 과거를 후회할 필요가 없습니다. 왜냐하면 어느 순간이든지 우리가 바른 신앙을 붙들면 하나님께서 모든 것을 합력해서 선을 이루시기 때문입니다. 우리는 '그때 이런 일만 없었더라면 참 좋았을 텐데.' 하고 후회할 필요가 없습니다. 또 '내가 이 사람과 결혼하지만 않았더라면 참 좋았을 텐데.' 하고 후회할 필요가 없습니다. 왜냐하면 우리가 지금까지 어떻게 살아왔든지 간에 지금이라도 바른 신앙을 붙들면 하나님께서 모든 것이 선이 되게 하시기 때문입니다.

우리는 과거의 긴 방황을 통해서 오늘 이 축복의 자리에 오게 된 것입니다. 그래서 우리가 과거를 부끄러워하는 것 자체가 이미 우리가 그만큼 정신적으로 성장한 것이고 성숙한 것입니다. 어느 누구도 과거의 실패나 고통 없이 바른 축복의 자리로 올 수 없습니다. 그래서 우리는 결코 과거 때문에 현재의 축복을 부끄러워하거나 포기할 필요가 없는 것입니다.

여기서 야곱은 한 가지 중요한 사실을 깨닫게 된 것을 이야기합니다.

6-9절, "그대들도 알거니와 내가 힘을 다하여 그대들의 아버지를 섬겼거늘 그대들의 아버지가 나를 속여 품삯을 열 번이나 변역(개역개정: 변경)하였느니라 그러나 하나님이 그를 금하사 나를 해치 못하게 하셨으며 그가 이르기를 점 있는 것이 네 삯이 되리라 하면 온 양떼의 낳은 것이 점 있는 것이요 또 얼룩무늬 있는 것이 네 삯이 되리라 하면 온 양떼의 낳은 것이 얼룩무늬 있는 것이니 하나님이 이같이 그대들의 아버지의 짐승을 빼앗아 내게 주셨느니라"

야곱이 라반과 품삯을 정할 때 점 있는 것이나 얼룩진 것이나 검은 것으로 하기로 했습니다. 그런데 나중에 라반은 품삯을 열 번이나 바꿉니다. 라반은 처음에 야곱과 품삯을 계약할 때에는 분명히 점이 있거나 아롱지거나 얼룩무늬가 있는 것은 다 주기로 했습니다. 그러나 야곱이 큰 부자가 되니까 라반은 계약을 자꾸 바꾸었습니다.

그런데 이때 이상한 일들이 일어났습니다. 즉 라반이 점 있는 것만 주려고 계약 조건을 바꾸면 그 다음부터는 암양들이 새끼를 낳을 때 점 있는 것만 나왔습니다. 이것을 보고 라반이 안 되겠다고 생각하여 이제부터는 얼룩진 것만 품삯으로 주겠다고 하면 그 다음부터는 얼룩진 새끼들만 태어난 것입니다. 처음에 야곱은 자기가 머리를 잘 써서 양들이 새끼를 낳으면 점이 있고 얼굴이 있는 것이 나오는 줄 알았는데 그것이 아니었습니다.

나중에 야곱은 꿈을 통해서 자신의 인간적인 방법과 상관없이 양들은 얼룩이 있거나 점 있는 것을 낳은 것을 알게 되었습니다. 이것은 하나님께서 하시는 것이었습니다. 즉 하나님께서는 그동안 야곱이 받지 못했던 품삯을 라반의 입에서 떨어지는 말이 무엇이든지 간에 야곱의 품삯이 되게 하셔서 야곱을 부자로 만들어 주셨던 것입니다. 그래서 하나님께서 우리를 축복하시면 우리가 무슨 수단과 방법을 쓰든지 간에 복이 오게 되어 있습니다.

이것을 통해서 하나님은 야곱에게 '인간적인 방법을 쓰지 말라. 무엇이든지 라반이 말만 하기만 하면 그것이 다 네 것이 될 테니까 너는 하나님을 의지하기만 하라.' 라고 하시는 것입니다.

사실 하나님의 백성은 인간적인 방법을 쓸 필요가 없습니다. 왜냐하면 하나님이 우리를 축복하시면 굳이 인간적인 방법을 쓰지 않아도 복이 임하기 때문입니다.

야곱은 아내들에게 너희 아버지는 이렇게 변덕스러운 데 비하여 나의 하나님은 지금까지 한 번도 변하신 적이 없다는 말로 설득했습니다. '너희 아버지니까 너희가 잘 알 것 아니냐? 너희 아버지가 나에게 한 것을 보라. 그것이 너희 아버지의 본색이다. 그런데 하나님은 지금까지 한 번도 속이거나 그 약속하신 바를 지키시지 않은 적이 없었다. 우리 이제 아버지의 종살이를 하지 말고 하나님께 돌아가자.' 라고 한 것입니다.

13절, "나는 벧엘 하나님이라 네가 거기서 기둥에 기름을 붓고 거기서 내게 서원하였으니 지금 일어나 이곳을 떠나서 네 출생지로 돌아가라 하셨느니라"

야곱은 아내들에게 하나님이 우리를 부르고 계시므로 우리가 가야 한다는 것입니다.

우리가 하나님께 나아갈 수 있는 이유가 무엇입니까? 그것은 하나님은 진실하신 분이기 때문입니다. 하나님은 참으로 믿을 수 있는 분입니다. 그러나 사람은 언제나 변덕스럽습니다. 그리고 이 세상은 너무나도 잘 변합니다. 언제 무슨 일이 일어날지 모릅니다. 그러나 하나님은 절대로 변하지 않으십니다.

이때 야곱의 아내들은 야곱의 말을 듣고 야곱과 함께 도망을 쳐서 하나님께 돌아가기로 했습니다.

14-16절, "라헬과 레아가 그에게 대답하여 가로되 우리가 우리 아버지 집에서 무슨 분깃이나 유업이나 있으리요 아버지가 우리를 팔고 우리의 돈을 다 먹었으니 아버지가 우리를 외인으로 여기는 것이 아닌가 하나님이 우리 아버지에게서 취하신 재물은 우리와 우리 자식의 것이니 이제 하나님

이 당신에게 이르신 일을 다 준행하라"

우리는 이 말을 듣고 딸들은 키워 봐야 아무 소용이 없다고 생각할 수도 있습니다. 라헬과 레아는 자기들이 아버지 집에 더 있어 봐야 얻을 것이 아무것도 없으며, 더 머뭇거리다가는 지금 있는 재산도 다 빼앗길 것이니 당신의 말대로 도망을 치자고 했습니다. 라반은 그만큼 딸들에게도 인정을 받지 못하고 있었습니다. 사실 큰딸을 작은딸에게 끼워서 팔 때부터 딸들은 아버지를 믿을 수 없다고 생각했습니다. 그리고 그들은 이대로 있으면 틀림없이 아버지와 오빠들에게 재산을 다 빼앗기고 말 것이라는 것을 알았습니다.

대개 사람들이 하나님께 돌아갈 때에는 남은 것이 아무것도 없는 빈털터리일 때가 많습니다. 그러나 야곱과 그의 아내들은 재산을 빼앗기기 전에 결단을 내렸습니다. 우리가 자기 자신과 이 세상을 돌아본 후에 아직 모든 것이 그대로 있을 때 하나님께 돌아가면 모든 것을 건질 수 있습니다.

청년 때 바른 신앙을 가지는 것이 좋은 점이 바로 이것입니다. 청년들은 아직 인생을 다 망치기 전이기 때문에 그때 하나님께로 돌아가면 시간과 젊음과 재산과 모든 것을 그대로 살릴 수가 있는 것입니다.

또 한 가지 놀라운 것은 야곱이 하나님께로 돌아가려고 했을 때 언제나 원수같이 싸우던 야곱의 두 아내의 마음이 하나가 된 것입니다. 지금까지 레아와 라헬 두 자매는 칼만 안 들었지 원수처럼 싸웠습니다. 그런데 야곱이 하나님께로 돌아가려고 하니까 이들의 마음이 하나가 되었습니다. 하나님의 백성이 바른 하나님의 말씀으로 돌아가기만 하면 복잡하게 얽혀 있던 것들이 자동적으로 해결됩니다. 왜냐하면 그것이 바른길이기 때문입니다. 지금까지 모든 것이 복잡하게 얽혀 있었던 이유는 이 가정에서 하나님이 주인이 되시지 못했기 때문입니다. 그런데 야곱이 하나님 중심으로 돌아갔을 때 모든 것이 정상적으로 되었습니다.

2. 야곱의 탈출

아마 보통 사람들은 야곱의 탈출을 이해하지 못할 것입니다. 왜냐하면 야곱은 라반의 사위였고, 그는 이미 네 명의 아내가 있었으며, 열두 명의 아이가 있었고, 많은 재산이 있었기 때문입니다. 야곱은 굳이 하란을 도망치듯이 탈출할 필요가 없는 사람이었습니다. 그러나 야곱에게는 아내나 아이 혹은 재산만으로는 만족할 수 없는 답답함이 있었습니다. 그것은 바로 영적인 갈급함이었습니다. 그래서 야곱은 라반에게 자기가 도망친다는 사실을 알리지 않고 몰래 아내들과 아이들과 가축을 데리고 가나안 땅으로 도망을 쳐 버렸습니다.

17-18절, "야곱이 일어나 자식들과 아내들을 약대들에게 태우고 그 얻은 바 모든 짐승과 모든 소유물 곧 그가 밧단아람에서 얻은 짐승을 이끌고 가나안땅에 있는 그 아비 이삭에게로 가려할쌔"

야곱이 라반의 집을 떠나는 방법은 여러 가지가 있었을 것입니다. 물론 야곱은 라반에게 정중하게 미리 통보를 하고 작별 인사를 한 후에 떠날 수도 있었을 것입니다. 그러나 야곱은 탈출의 방법을 택했습니다. 그 이유는 라반이 절대로 자기를 그냥 보내지 않을 것이라고 확신했기 때문입니다.

야곱은 무려 20년 동안이나 라반의 집에 있었고, 실제로 그의 신세를 진 적도 있음에도 불구하고 왜 몰래 도망치는 방법을 택했을까요? 그것은 야곱은 라반이 어떤 일이 있어도 자기를 보내지 않을 것이라는 것을 알았기 때문입니다. 야곱이 라헬과 결혼을 하려고 했을 때 라반은 레아를 끼워 팔기 식으로 야곱에게 떠안겼습니다. 그리고 요셉을 낳은 후 떠나겠다고 했을 때 하나님의 축복 운운하면서 품삯을 가지고 야곱을 붙들었습니다. 그 후 그는 품삯을 열 번이나 바꾸면서 자기에게 유리한 쪽으로 모든 것을 끌고 가려고 했습니다. 아마도 이번에 야곱이 떠난다고 말을 하면 분명히 무슨 방법을 써서라도 야곱을 설득해서 하란에 주저앉게 할 것입니다. 결국 야곱은 탈출 외에는 하란을 떠날 수 없다는 것을 알았습니다.

야곱은 탈출을 위하여 상당한 준비를 한 것 같습니다. 우선 야곱은 낙타를 여러 마리 사 두었습니다. 그것은 이 더운 곳에서 부녀자들을 빨리 이동시키기 위한 최적의 운송 수단이었기 때문입니다. 그리고 야곱은 탈출 시기를 라반의 양털 깎는 때를 택했습니다. 목축업자들에게 있어서 양털을 깎는 것은 큰 축제여서 야곱에 대한 감시가 소홀해질 수밖에 없었기 때문입니다.

야곱의 탈출에는 많은 장애가 있었습니다. 야곱이 가나안 땅으로 탈출하는 데는 유프라테스 강이라고 하는 엄청난 장애가 가로놓여 있었습니다. 뿐만 아니라 라반은 야곱이 도망쳤다는 것을 알면 반드시 추격해서 도로 잡아가려고 할 것입니다.

사실 야곱이 하란을 출발해서 아무리 빨리 도망친다고 해도 라반에게 붙들릴 수밖에 없는 상황이었습니다. 그러나 야곱은 거의 무모할 정도로 하나님을 믿고 행동에 옮겼습니다.

우리는 때때로 인간의 머리로는 도저히 결론이 나지 않는 일을 당할 때가 있습니다. 이럴 때에는 무모해야 하는 것입니다. 야곱에게 중요한 것은 시간이었습니다. 야곱은 라반이 추격해 오기 전에 길르앗으로 해서 가나안으로 들어가 버려야 하는 것입니다.

야곱이 종살이하는 데서 탈출해서 하나님께로 돌아가기까지 두 번의 큰 위기를 겪게 됩니다. 이 두 위기 때에 야곱은 다시 종으로 끌려가야 할 상황이었으나 하나님께서 야곱을 지켜 주셨습니다.

그 하나는 야곱이 라반의 추격대에 붙들리게 된 것입니다.

21-22절, "그가 그 모든 소유를 이끌고 강을 건너 길르앗산을 향하여 도망한지 삼일만에 야곱의 도망한 것이 라반에게 들린지라"

야곱에게 가장 큰 장애는 유프라테스 강을 건너는 것이었습니다. 야곱은 가장 빠른 시간 안에 유프라테스 강을 건넌 후에는 죽어라고 길르앗 산을 목표로 해서 도망쳤습니다.

하나님은 이스라엘 백성이 애굽을 떠날 때에 허리에 띠를 매고 손에 지팡이를 잡고 급히 음식을 먹으라고 하셨습니다. 원래 이스라엘 백성은 먹는 것 하나 만큼은 천천히 먹었습니다. 이스라엘 백성은 식사할 때 길게 드러누워서 소화를 시켜 가면서 먹었습니다. 그러나 하나님은 이스라엘 백성이 애굽을 떠날 때에는 서서 급히 음식을 먹게 하셨습니다. 그 이유는 이스라엘 백성이 애굽의 종살이에서 떠나는 것은 긴급하게 해야 하기 때문입니다. 그렇게 하지 않으면 다시 붙들려서 종살이를 해야 하기 때문입니다.

우리는 바른 신앙을 되찾는 것을 최우선적으로 해야 합니다. 구급차는 환자를 옮길 때 긴급하게 이동을 합니다. 이렇듯 우리가 바른 신앙을 되찾고 영적 부흥을 회복하는 것은 긴급하게 해야 하는 일입니다.

그러나 결국 야곱은 도망친 지 7일 만에 라반에게 추격을 당하게 됩니다.

23절, "라반이 그 형제를 거느리고 칠 일 길을 쫓아가서 길르앗 산에서 그에게 미쳤더니"

라반이 야곱을 뒤쫓아 가 7일 만에, 그것도 길르앗 산에서 야곱을 따라잡았다고 하는 것에서 우리는 야곱 일행이 엄청나게 빨리 도망을 친 것을 알 수 있습니다. 라반은 무려 7일이 걸려서 야곱의 일행을 따라잡았는데 그들은 길르앗 지방까지 도망가 있었습니다. 길르앗에서 요단강만 건너면 가나안이고, 거기부터 라반은 더 이상 야곱을 추격할 수가 없었습니다.

야곱이 하나님만을 전심으로 섬기기 위하여 탈출했을 때 라반은 자기 주위에 있는 사람들을 모두 이끌고 그를 다시 잡아 두기 위하여 추격해 왔습니다. 그 이유가 무엇입니까? 라반은 야곱을 자기의 종으로 생각했기 때문입니다. 라반은 야곱이 하나님의 종이 되는 것을 원치 않았습니다.

이것은 우리도 마찬가지입니다. 세상은 우리가 항상 이 세상의 종이 되어 주기를 바랍니다. 그런데 우리가 세상을 위하여 살지 않고 하나님만을 위하여 살려고 하면 세상은 우리가 자기들을 배반했다고 생각합니다. 세상은 다시 우리를 종으로 붙들어 두기 위하여 잡으러 옵니다.

우리가 하나님을 바로 믿으려고 술도 끊고, 세상 친구도 끊고, 제사도 끊고 신앙생활을 하려고 하면 온 세상이 단합하여 우리를 대적할 것입니다. 이때 부모가 반대하고, 형제들이 반대하고, 삼촌들이 반대합니다. 또 회사나 친구들도 반대합니다. 이들은 우리를 다시 세상의 종으로 잡아 두려는 것입니다.

결국 야곱은 라반에게 추격을 당하게 됩니다. 그리고 정상적으로라면 야곱은 다시 라반에게 붙들려서 종살이를 하러 갈 수밖에 없었습니다. 그러나 그때 하나님께서 라반의 꿈에 나타나셔서 절대로 야곱을 건드리지 못하게 하셨습니다.

24절, "밤에 하나님이 아람 사람 라반에게 현몽하여 가라사대 너는 삼가 야곱에게 선악간 말하지 말라 하셨더라"

하나님께서 라반에게 나타나신 것은 그냥 나타나신 것이 아니라 하나님께서 꿈을 통해서 라반을 거의 초죽음이 되게 하신 것입니다. 그래서 라반은 만일 하나님의 말씀을 거역하고 야곱을 붙잡으면 죽을 수도 있을 것이라는 것을 알았던 것입니다. 그렇지 않으면 라반이 야곱을 고이 가게 할 리가 없었습니다.

이 세상에서 가장 고귀한 일은 우리가 하나님의 부르심을 받아서 하나님을 믿는 것입니다. 이것은 하나님께서 우리를 부르시는 것이기 때문에 어느 누구도 막을 수가 없습니다.

하나님께서 바로에게 재앙을 내리시면서 하신 말씀이 무엇입니까? '내 백성으로 하여금 가게 하라' 는 것입니다. 이 세상에서 가장 영광된 발걸음이 하나님의 부르심을 받아서 하나님을 믿으러 나아가는 것입니다. 이것은 어느 누구도 막을 수 없습니다. 왜냐하면 그들을 부르신 분이 하나님이기 때문입니다.

그런데 여기에는 또 다른 함정이 있었습니다. 그것은 바로 우상의 함정이었습니다. 어처구니없게도 이것 때문에 야곱의 모든 계획은 완전히 수포로 돌아갈 뻔했습니다. 그것은 바로 라헬이 아버지의 작은 신상을 훔친 것입니다.

19절 끝에 보면 '라헬은 그 아비의 드라빔을 도적질하고' 라고 되어 있습니다. '드라빔' 은 가정을 지키는 수호신을 말합니다. 당시의 사람들은 드라빔을 자신에게 행운을 안겨 주거나, 아니면 자신을 지켜 주는 수호신으로 생각했습니다. 그런데 라헬이 아버지의 집을 도망쳐 나오면서 바로 이 아버지의 드라빔을 훔쳐 가지고 나온 것입니다.

이것을 보면 라반이나 그 딸들에게 우상적인 사고방식이 얼마나 깊이 박혀 있었는지 알 수 있습니다. 우리가 하나님께 돌아가고 부흥을 회복하려면 이런 수호신 같은 것을 다 버려야 하는데 라헬은 그렇지가 않았습니다. 하나님께 돌아가기는 하지만 수호신도 있어야 한다고 생각했습니다.

라반은 야곱에게 다른 것은 용서할 수 있어도 수호신을 훔쳐 가는 것은 절대로 용서할 수 없다고 했습니다. 그리고 야곱의 모든 짐을 샅샅이 뒤져서라도 수호신을 찾아내고야 말겠다고 했습니다. 그러나 이 드라빔은 라헬이 도둑질한 것인데 야곱은 그것을 몰랐습니다. 그래서 야곱은 라반에게 다시 큰소리를 치면서 맹세했습니다. 즉 누구든지 드라빔을 훔친 자는 죽을 것이며, 우리는 다 종이 되겠다고 했습니다. 야곱이 그렇게 큰소리를 친 것은 우리는 절대로 드라빔을 훔치지 않았다는 뜻입니다. 그러나 사실 그 남편에 그 아내라고 남편은 장인의 양들을 빼돌리고, 딸은 수호신을 빼돌렸던 것입니다. 그런데 이것이 들통 나는 날에는 야곱의 식구들은 다시 끌려가야 하는 처지였습니다.

만일 야곱이 라반의 드라빔을 훔친 것이 들통이 나면 라반은 야곱이 양들도 이런 식으로 다 훔쳤다고 누명을 뒤집어씌울 것입니다. 그런데 하나님은 이것까지도 야곱을 도와주셨습니다. 라반은 야곱의 짐을 마치 이를 잡듯이 샅샅이 뒤졌습니다. 그런데 라헬은 아버지가 드라빔을 찾으러 왔을 때 낙타 안장 밑에 그것을 감추고 생리 중이어서 일어나지 못하겠다고 말을 하고 낙타 등에 그냥 앉아 있었습니다. 동방 사람들은 생리 중의 여성이 접촉한 것을 만지거나 닿는 것을 아주 부정하게 생각했고, 라반은 차마 딸에게 일어서라고 할 수 없었습니다. 결국 라헬은 기왕 훔친 것, 철저하게 거짓말을 함으로써 위기를 가까스로 넘기게 되었습니다.

이것을 보면 순진하면 완전히 망한다는 것을 알 수 있습니다. 그러나 아무것도 아닌 수호신 하나에 목숨을 건 이 탈출이 실패로 끝난다면 너무나도 억울한 일이었을 것입니다. 그래서 이 드라빔이 발견되지 않은 것도 하나님의 은혜입니다.

우리의 영혼은 하나님께로 돌아와서 영적인 부흥을 체험할 때 비로소 만족하게 되고 사는 의미를 찾을 수 있게 됩니다. 그것을 위해서는 모든 것을 버릴 각오를 하고 결단을 내려야 합니다. 이것이 바로 우리 영혼의 자유를 얻는 것입니다.

마귀는 끝까지 우리를 붙잡아서 마귀의 영원한 종이 되게 하려고 합니다. 마귀는 예수님에게도 자기에게 절을 하기만 하면 이 세상의 모든 영광을 다 주겠다고 했습니다. 그러나 그것은 거짓말입니다.

3. 자유의 선언

라반이 야곱을 가까스로 따라잡았지만 하나님의 명령으로 야곱을 붙들지 못했고, 또 자기 수호신을 도둑질했다고 짐을 샅샅이 수색했지만 찾지 못했습니다. 그래서 야곱은 외삼촌 라반을 대등한 자격으로 책망했습니다.

36절, "야곱이 노하여 라반을 책망할쌔 야곱이 라반에게 대척하여 가로되 나의 허물이 무엇이니이까 무슨 죄가 있기에 외삼촌께서 나를 불같이 급히 쫓나이까"

지금까지 야곱은 감히 라반에게 이런 식으로 말을 한 적이 없었습니다. 이상하게도 야곱은 라반 앞에 서기만 하면 고양이 앞의 쥐 같았습니다. 야곱은 라반 앞에 서기만 하면 꼼짝도 못 하고 라반이 시키는 대로 할 수밖에 없었습니다. 야곱은 라반에게 정신적으로도 지배를 당하고 있었던 것입니다.

야곱은 자신의 모든 미래를 라반이 결정한다고 생각하고 있었습니다. 야곱은 결혼을 하기는 했지만 라반이 인정하지 않으면 아내와 아이들을 빼앗길 수도 있었습니다. 또 야곱은 죽도록 일을 해서 품삯을 챙겼지만 라반이 트집을 잡고 법적으로 문제를 삼으면 다 빼앗길 수도 있었습니다. 그런데 이제 야곱이 그토록 담대해질 수 있었던 것은, 모든 것이 라반의 손에 달린 것이 아니라 하나님의 손에 달렸다는 것을 깨닫게 되었기 때문입니다.

야곱의 결혼을 인도하신 분은 하나님이었습니다. 야곱으로 하여금 이토록 거부가 되게 하신 분은 하나님이었습니다. 더 놀라운 사실은 야곱이 하나님의 말씀을 잊어버리고 자기 욕심에 빠져 있는 동안에도 하나님은 야곱을 지켜 주시고 축복하셨다는 것입니다.

야곱은 지금까지 자기가 부자가 된 것은 라반이 도와주었기 때문이라고 생각했습니다. 그러나 야곱은 라반이 아니라 하나님께서 이 모든 부를 주셨기 때문에 라반에게 고마워하거나 미안해할 것이 하나도 없다는 것을 깨달았습니다. 야곱은 하나님께서 지금까지 자신의 삶을 인도해 오셨다는 것을 깨닫게 되었을 때 라반에 대하여 담대할 수 있게 되었습니다.

사람이 어떤 사람에게 신세를 지면 그 사람 앞에서 마음이 약해지게 됩니다. 그런데 우리가 하나님의 말씀을 깨달으면 내가 사람에게 신세진 것은 아무것도 없고 모든 것을 하나님이 하셨다는 것을 알게 됩니다. 그때 우리는 다른 사람에 대하여 담대하게 됩니다.

야곱은 하나님이 라반보다 얼마나 더 강한 분인지 알게 되었습니다. 하나님은 라반의 재산을 다 빼앗아서 야곱에게 주셨습니다. 그리고 라반이 야곱을 쫓아왔을 때에도 꿈에 나타나셔서 그를 건드리면 죽일 것이라고 말씀하셨습니다. 야곱은 자기가 라반에게 미안해해야 할 이유가 전혀 없다는 것을 알았습니다.

야곱은 외삼촌에게 두 가지 사실을 분명히 했습니다. 하나는 자기가 외삼촌에게 손해를 끼친 것이 전혀 없다는 것입니다. 물론 지금 라반이 야곱의 짐을 수색해서 확인된 바이지만 야곱은 라반의 물건을 훔친 것이 없었습니다. 야곱은 그동안 양을 치면서 낙태한 것이 없었고, 찢겨 죽은 것이나 도둑맞은 것이 있으면 반드시 자기의 것으로 보충을 했다는 것입니다. 야곱은 자기의 할 일을 다 했기 때문에 이렇게 추격을 당해야 할 이유가 없다는 것입니다. 단지 20년 동안 일을 하고서 인사도 하지 못하고 떠난 것에 대해서는 도의적인 책임이 있을지 몰라도 이런 식으로 추격당할 이유는 없다고 분명히 잘라서 말을 했습니다.

그리고 자신의 재산 축적 과정에 대하여 외삼촌은 품삯을 열 번이나 변경하면서 자기를 힘들게 했으며, 하나님께서 자기를 축복하셔서 부자가 되게 하셨다는 것을 분명히 했습니다. 만일 하나님께서 자기를 지켜 주시지 않았더라면 외삼촌은 분명히 자기를 빈손으로 보내었을 것이라고 했습니다. 그리고 이것은 사실이었습니다. 그리고 야곱은 이제 다시는 당신 밑에 들어가지 않겠다고 선언을 하고 있습니다.

야곱이 이렇게 자유를 선언할 수 있었던 이유가 무엇입니까? 하나님께서 자기와 함께하신다는 것을 믿었기 때문입니다. 하나님께서 도와주시지 않으면 우리는 자유인이 될 수 없습니다. 이스라엘 백성이 애굽의 노예 상태에서 해방될 수 있었던 것은 하나님의 능력이 그들을 지켜 주셨기 때문입니다.

사람들은 세상에 자기에게 필요한 모든 것이 다 있는 줄 알고 열심히 이 세상을 위하여 삽니다. 그러나 이 세상은 결코 우리를 행복하게 해 주지 못합니다. 단지 약한 인정과 필요한 물질만 공급받을 뿐입니다. 그 대신 우리는 먹고사는 것을 위하여 한평생 마귀의 종 노릇을 하는 것입니다. 그런데 하나님은 그것이 우리의 바른 모습이 아니라고 말씀하십니다. 우리가 참으로 하나님 앞에 돌아올 때까지 우리는 자신의 바른 모습을 되찾을 수가 없습니다.

물론 우리는 갑자기 예수를 믿고 신앙생활을 하면 이 세상에서 많은 것을 잃지 않을까 두려워합니다. 그러나 사실 오늘까지 우리의 필요를 채워 주신 분은 다른 사람이 아니라 하나님입니다.

하나님은 이 세상보다 더 크신 분입니다. 하나님은 우리로 하여금 이 세상에서 믿음으로 살도록 부르셨습니다. 이 세상의 방식으로 잘사는 것은 사는 것이 아니요, 죽어 있는 것입니다.

이제 드디어 야곱과 라반은 돌을 쌓고 야곱이 진정으로 자유인이 된 것을 증거하게 됩니다.

45-47절, "이에 야곱이 돌을 가져 기둥으로 세우고 또 그 형제들에게 돌을 모으라 하니 그들이 돌을 취하여 무더기를 이루매 무리가 거기 무더기 곁에서 먹고 라반은 그것을 여갈사하두다라 칭하였고 야곱은 그것을 갈르엣이라 칭하였으니"

어떤 사람이 노예나 종으로 있다가 자유인이 되려면 그의 노예 문서 혹은 종의 문서가 공식적으로 폐기되어야 합니다. 마찬가지로 어떤 사람이 감옥에서 탈출한다고 해서 자유인이 될 수 있는 것이 아닙니다. 판사 앞에서 무죄 선언을 받아야 감옥에서 합법적으로 풀려날 수 있습니다. 그렇지 않으면 한평생 경찰이 그 사람을 잡으러 다닐 것입니다.

그래서 라반과 야곱은 돌무더기를 쌓고 이제부터 야곱은 진정으로 자유인이며 더 이상 라반의 종이 아니라는 것을 선포하게 됩니다. 이제 비로소 야곱은 20년의 종살이를 끝내고 하나님께 돌아갈 수 있게 되었습니다.

우리는 위대한 하나님의 백성이 되었습니다. 우리는 야곱의 20년 종살이를 통해서 결혼하는 것이나, 돈 버는 것이나, 공부하는 것이나 그 어떤 것도 마음껏 하나님을 섬기며 영적 부흥을 체험하는 것보다 더 중요한 것은 없다는 것을 깨닫게 됩니다.

야곱은 20년간 종살이를 하고 난 후에 가족들을 데리고 목숨을 건 탈출에 성공함으로 온 가족을 하나님 앞으로 인도하게 됩니다. 오늘 우리에게도 이런 부흥이 있기를 바랍니다. 우리 자신만이 아니라 온 가족이 다 함께 세상의 종살이로부터 탈출해서 큰 축복을 받으시기를 바랍니다.

성경 토의

1. 우리가 하나님의 말씀대로 살려고 하면 교회에서나 직장에서 스트레스를 많이 받게 된다. 우리가 이런 스트레스를 받지 않고 편안하게 사는 것이 과연 좋은 일인가?

2. 우리는 때로는 사람에게 종이 되고, 때로는 돈이나 정욕이나 나쁜 습관에 매여서 제대로 신앙생활을 하지 못할 때가 많다. 어떻게 하면 이런 나쁜 습관이나 정욕에서 벗어날 수 있는가?

3. 사도 바울은 로마서 8장 1절에서 "그러므로 그리스도 예수 안에 있는 자에게는 결코 정죄함이 없나니"라고 선언을 했다. 과거에 좋지 않은 관계에 있던 사람이 다시 나를 은혜에서 붙잡아 내리려고 할 때 우리는 어떻게 이것을 물리치고 승리할 수 있는가?